THOMAS LEIF

Angepasst und ausgebrannt

W0173501

Politik gilt heute als uncool und unsexy. Betrachtet man den politischen Betrieb in Deutschland, lassen sich in der Tat nur geringste Spuren des Eros von Engagement, Aufbruch und Erneuerung erkennen. Im Gegenteil: Die Vorherrschaft von parteiinterner Ochsentour, von Geheimbünden (meist) alter Männer, programmatischem Leerlauf und Lernunfähigkeit ist alarmierend. Was läuft schief in der abgeschotteten Welt der Parteien? Thomas Leif fragt, analysiert und scheut sich nicht vor unbequemen Wahrheiten. Er erklärt Betriebsgeheimnisse des politischen Geschäfts und nennt Verantwortliche. Seine kritische Bestandsaufnahme der deutschen Politik, gestützt auf Insider-Berichte, langjährige Beobachtung und unveröffentlichte Dokumente, changiert zwischen harten Fakten, nüchterner Diagnose und der beherzten Suche nach Auswegen aus der fundamentalen Partei- und Demokratiekrise. Die Ergebnisse dieses Buches gehen jeden an. Nur selbstbewusste gesellschaftspolitische Einmischung von unten kann den dramatischen Erosionsprozess stoppen, der massive Auswirkungen auf die demokratische Stabilität und individuelle Lebensqualität haben wird.

Autor

Thomas Leif, Jahrgang 1959, promovierter Politikwissenschaftler, ist Chefreporter Fernsehen beim SWR in Mainz, Gründer und Vorsitzender des Netzwerk Recherche e.V. (www.netzwerkrecherche.de) sowie Buchautor und -herausgeber. Er hat Politik, Publizistik und Pädagogik in Mainz und Frankfurt studiert. Sein 2006 erschienener Bestseller »Beraten & verkauft« sorgte für großes Aufsehen. Seit 2010 ist Leif Professor für Politikwissenschaft an der Universität Koblenz-Landau.

Im Goldmann Verlag ist von Thomas Leif außerdem erschienen:

Beraten & verkauft (15485)

Thomas Leif

Angepasst und ausgebrannt

Die Parteien
in der Nachwuchsfalle

Warum Deutschland
der Stillstand droht

GOLDMANN

FSC

Mix

Produktgruppe aus vorbildlich
bewirtschafteten Wäldern und
anderen kontrollierten Herkünften

Zert.-Nr. SGS-COC-001940
www.fsc.org
© 1996 Forest Stewardship Council

Verlagsgruppe Random House FSC-DEU-0100
Das FSC-zertifizierte Papier *München Super* für dieses Buch
liefert Arctic Paper Mochenwangen GmbH.

1. Auflage
Taschenbuchausgabe Juni 2010
Wilhelm Goldmann Verlag, München,
in der Verlagsgruppe Random House GmbH
Copyright © der Originalausgabe 2009
by C. Bertelsmann Verlag, München,
in der Verlagsgruppe Random House GmbH
Umschlaggestaltung: UNO Werbeagentur, München
in Anlehnung an die Gestaltung der HC-Ausgabe
(R·M·E, Roland Eschlbeck / Rosemarie Kreuzer)
Umschlagmotiv: Getty Images München
GJ · Herstellung: Str.
Druck und Bindung: GGP Media GmbH, Pößneck
Printed in Germany
ISBN: 978-3-442-15620-7

www.goldmann-verlag.de

Inhalt

Die Linksjugend ('solid) will den Straßenkampf und nicht das Mandat 109

Insight CDU: Innenansichten und Blitzkarrieren
Ein Selbstversuch von Tina Groll 112

»Zu viel Mainstream ist nicht gut«
Interview mit Lothar Probst, Professor für Parteienforschung an der Universität Bremen 135

3. *Treibhäuser für die neue Funktionärsaufzucht 138*
Kaderschmiede für Elitesozis 138 – Der steinige Weg zur Führungspersönlichkeit 143 – »Die Dinge richtig tun und die richtigen Dinge tun« 144 – »Mit Widerstand nutzbringend umgehen« 145 – Fraport, Deutsche Bank und Sparkassen Finanzgruppe treten als Sponsoren auf 148 – »Wirkungsvolle Kommunikation« 149 – Der Parteimanager als Ergebnisproduzent 149 – Drei Jahrestagungen sollen Substanz liefern 150 – Klaus Tovar: Berufsoptimist und Missionar der SPD-Parteischule 151 – »Willkürlich ausgesuchte Nachwuchspolitiker« nach dem Vorbild von Burschenschaften 154 – »Prädikat: Besonders empfehlenswert« 158 – Generationslücke zwischen den Alten und den Jungen schließen 160 – Der kleine Bruder der Führungsakademie: Die Kommunal-Akademie der SPD 161 – Sechs Wochenendkurse in vier Monaten 162 – Das Einmaleins des politischen Knigge: Smileys und Vibrationsalarm 164

»Uns fehlt ein bisschen Streitkultur«
Interview mit Andrea Nahles, SPD-Generalsekretärin und Bundestagsabgeordnete 166

4. *Geheimoperation CDU-Nachwuchs: Warum die Schulung der Partei-Elite die Öffentlichkeit nicht zu interessieren hat 177*
Beste Bewertung für die CDU in Hessen 180 – Zukunftsakademie NRW – »Unterstützung der CDU im Wahlkampf« 180 – Talentschmiede Niedersachsen: Das »CDU-Filtersystem« 183 – Der CSU-Klassiker – Kassenschlager »Mentoring« 186 – Die Grünen: Trainee-Programme und Mentoring stehen im Zentrum 188 – Die »ungeschriebenen Gesetze« der FDP jenseits der »hierarchischen Einbahnstraße« 190 – »Feindbeobachtung« und ein blinder Fleck

Vorwort

Cliquen und Claqueure in den Parteien treiben die Politik in eine Nachwuchsfalle

»Die Willy Brandts wachsen eben nicht auf Bäumen.«
Erhard Eppler

Wenn der Mitgliederschwund in den nächsten beiden Jahrzehnten so ungebremst voranschreitet wie seit Beginn der achtziger Jahre, dann zerfällt die Legitimation der einst großen Volksparteien SPD und CDU. Schon heute ist die Machtbasis der Parteien porös, das Ansehen angeschlagen und das Vertrauen verbraucht.

Jeden Monat verlassen rund 1000 Parteimitglieder SPD und CDU. 1976 hatte die SPD noch gut 1 Million Mitglieder. Seitdem hat sich die Zahl der eingetragenen Unterstützer halbiert. Wenn man den Trend mit gleicher Intensität für die Zukunft hochrechnet und die beachtliche Zahl der Nichtwähler oder Wahlverweigerer mit einkalkuliert, entsteht ein dramatisches Lagebild. Langsam, aber offenbar unausweichlich verlieren die Volksparteien ihre wichtigste und unverzichtbare Ressource: das Volk. Ihre Integrationskraft schwindet, irrationale interne Konflikte nehmen zu, das Personal verblasst, und die Wahlbereitschaft schrumpft – bei Kommunal- oder Direktwahlen von Landräten und Bürgermeistern in zuvor nicht denkbare Niedrigrekorde.

Die rapide steigende Zahl der Protestwähler, die zu Freien Wählern oder extremen Parteien flüchten, ist nur ein weiterer, seit Jahren verdrängter Ausdruck einer fundamentalen Parteien- und Demokratie-Krise. Die einzige Antwort der etablierten Akteure: verharmlosen, bestreiten und verschweigen.

Die starke und privilegierte Machtposition der Parteien und ihre in der Verfassung definierten Rechte gründen sich auf das Modell einer funktionierenden, demokratisch aufgebauten Volkspartei. Die Basis für solche breit aufgestellte Parteiformationen löst sich jedoch in rasantem Tempo auf; es gibt derzeit keinen Anhaltspunkt, dass die Sklerose der Parteien gestoppt werden könnte.

82 Prozent der Bürger haben kein oder nur wenig Vertrauen in die Parteien (ARD DeutschlandTrend, 5. 6. 2008). Nur eine knappe Mehrheit ist unzufrieden mit dem Funktionieren der Demokratie, so die Ergebnisse einer lange unter Verschluss gehaltenen Untersuchung der Friedrich-Ebert-Stiftung (FES).

Das auf funktionierende Volksparteien gestützte Demokratie-Modell der Nachkriegszeit steht also zur Disposition. Das Bewusstsein von der Tragweite dieser Entwicklung ist bei den politisch Verantwortlichen noch nicht angekommen. Die »politische Klasse« in allen Parteien verdrängt diese Fakten weitgehend und versucht, die grundlegende Frage des fehlenden Nachwuchses und der schwindenden Legitimation aus internen Krisenanalysen und öffentlichen Schlagzeilen zu halten.

Der Grund: Die Machtmechanik der führenden Politiker funktioniert auch ohne die Legitimation durch eine breite Basis. Wahrscheinlich lässt sich ohne Rückkopplung mit einer zunehmend verstörten, unberechenbaren Parteibasis und ohne deren Impulse sogar bequemer regieren und agieren.

Die »Alten«, die die Macht der Mandate und Funktionen untereinander sichern, haben offenbar kein vitales Interesse, diese Machtbasis mit den »Jungen« zu teilen. Die »Jungen« wiederum sind mittlerweile so schwach, vereinzelt oder desinteressiert, dass sie gegen die »Alten« nicht aufbegehren können und wollen. Eigentlich müsste das Immunsystem des politischen Systems schon längst Alarm geschlagen haben. Doch die Reaktionen laufen in eine ganz andere Richtung: Alles funktioniert zur besten Zufriedenheit, die absolute Zahl der Mandate ändert sich nicht, ganz gleich wie viele Bürgerinnen und Bürger sich an den Wahlen beteiligen und wie schief mittlerweile die »Repräsentation des Volkes« in den Parlamenten ausfällt.

Die kaum mehr zu steigernde Politikverdrossenheit und die Auszehrung der Mitgliedschaft treibt die Parteien in eine Nachwuchsfalle. Ein hoher politischer Preis, den die Spitzenfunktionäre der Parteien für ihre jahrzehntelange Problemverdrängung zahlen.

Schon heute ist ein echter Wettbewerb um wichtige Ämter und Mandate auf allen politischen Ebenen die Ausnahme. In zahlreichen Kommunen, in Großstädten und in vielen Wahlkreisen werden händeringend Kandidaten gesucht. Oft reicht es dann nur noch für Verlegenheitslösungen, für zweifelhafte Kompromiss-Kandidaten oder die Bestätigung von überforderten Abgeordneten. Viele Kommunal-Listen können schon heute nicht vollständig besetzt werden. In einer großen Landeshauptstadt musste jüngst eine Kandidatin von ihrer Partei gezwungen werden, als Oberbürgermeisterin anzutreten.

Ältere Mandatsträger in Kommunen und Landtagen klagen darüber, dass die Routine-Kontrollaufgaben gegenüber der Regierung nicht mehr sachgerecht wahrgenommen werden. Nicht nur hier verschwindet das nötige Know-how zur Steuerung des parlamentarischen Betriebs, zur Kontrolle von Haushalten und der ohnehin übermächtigen Verwaltung.

Die mit dieser personellen Auszehrung verbundene Krise der parlamentarischen Demokratie wird ebenfalls weitgehend verdrängt. Die unmittelbare Wirkung im täglichen Politikgeschäft: eine noch stärkere Machtverschiebung in Richtung »Verwaltung« sowie ein weiterer Einflussgewinn des Regierungsapparates und der Wirtschaft, die der überforderten Politik gerne mit eigenen Gesetzesvorlagen und Ausgabenvorschlägen zur Seite steht.

Eine gründliche Aufarbeitung von Defiziten in der Politik-Rekrutierung würde das gesamte Tableau unbequemer Fragen aufrufen. Vor allem würde deutlich, dass das »Primat der Politik« in vielen Feldern nur noch Parlamentsfolklore ist.

Über diese Schlüsselfrage der Demokratie gibt es bislang keine belastbaren Analysen, Bücher und Publikationen. Eine nicht veröffentlichte, exklusiv vorliegende Expertise der Wissenschaftlichen Dienste im Deutschen Bundestag kommt zu folgendem Ergebnis:

»Eine wissenschaftlich systematische Untersuchung der Schwachstellen und Defizite in der aktuellen Praxis der Rekrutierung und

Selektion des politischen Personals wurde bislang noch nicht vorgelegt.[1] Es liegen »gravierende Erkenntnislücken« vor, weil es sich »oftmals um ungeregelte und intransparente Abläufe und Interaktionen« und »zentrale ›Betriebsgeheimnisse‹« handelt.[2] »Die gängigen methodischen Instrumentarien der Sozialwissenschaften [sind] kaum in der Lage, diese Vorgänge adäquat zu erfassen und die entsprechenden Befunde einer systematischen Analyse zuzuführen.«[3]

Gravierende Legitimationsdefizite der Parteien

Der Auftrag der Parteien ist in Artikel 21 Abs. 1 des Grundgesetzes klar formuliert: »Die Parteien wirken bei der politischen Willensbildung des Volkes mit«.[4] Er ist erfüllt, wenn sie gestaltenden Einfluss auf die politische Willensbildung nehmen, wenn sie als eigenständige und miteinander in Konkurrenz stehende Organisationen insgesamt das Volk repräsentieren, wenn sie ihre Vermittlungsfunktion zwischen Bürger und Staat wahrnehmen und wenn sie imstande sind, demokratisch gewählte Regierungen zu bilden. Die Integrationsfähigkeit der Parteien war in den ersten Jahrzehnten ausgesprochen hoch, sie waren die »Träger der Demokratie in Deutschland, [und] ihre Versammlungen waren mal das Wohnzimmer des Volkes«.[5] Mittlerweile aber dorren die Parteien aus, sie verarmen inhaltlich, personell und finanziell. Diese erosionsartige Entwicklung hat erhebliche Auswirkungen auf den inhaltlichen und innerparteilichen Willensbildungsprozess. Nur noch vier Prozent der Bürger erklären sich dazu bereit, sich überhaupt in Parteien zu engagieren.

Christine Hohmann-Dennhardt, Richterin am Bundesverfassungsgericht, weist, bezogen auf die dominierende Rolle der Parteispitzen, auf eine wichtige legitimatorische Bruchstelle hin:

»Doch je mehr eine solche Zähmung von oben zur Sitte wird und gelingt, desto mehr besteht bei solch faktischer Entscheidungsdelegation von der Basis an die Parteispitze die Gefahr, dass die Grenze überschritten wird, die zwischen der zwangsläufigen Dominanz von

Parteispitzen und ihrer Selbstherrlichkeit liegt. Von innerparteilicher Demokratie kann dann nicht mehr viel die Rede sein.«[6]

Hinzu kommt die Delegation von Verantwortung an externe Experten und Lobbyisten, die den Gesetzgebungsprozess – wie jüngst in der parlamentarischen Reaktion auf die Finanzkrise – maßgeblich steuern. Hohmann-Dennhardt bezieht sich in ihrer Analyse auf die Hartz-Gesetze:

»Ein derartiger Durchmarsch externer Expertisen ohne ersichtliches Wenn und Aber durch Parteitage oder Parlament muss jedenfalls skeptisch stimmen, zumal wenn sie selbst noch im Nachhinein von führenden Vertretern der Partei für sakrosankt und unantastbar erklärt werden. Nicht nur die demokratische Mitwirkung gerät so in Mitleidenschaft. Bei solcher Teilauslagerung politischer Entscheidungen auf externe Gremien ist auch die Verantwortlichkeit kaum mehr durchschaubar und dingfest zu machen.«[7]

Insofern verstößt ein derartiges Vorgehen, der Verfassungsrichterin zufolge, gegen die Grundsätze der innerparteilichen Willensbildung und Entscheidungsfindung:

»Die Partizipation der Mitglieder daran, die Transparenz ihres Zustandekommens, und die notwendige Rückkoppelung erarbeiteter Positionen an die Parteitage bzw. Mitgliederversammlungen, die letztlich über die inhaltlichen Aussagen der jeweiligen Partei und ihr Programm zu entscheiden haben.«[8]

Um diesem Trend entgegenzuwirken, regt die Verfassungsrichterin wirksame Transparenzregeln an:

»Deshalb sollte m. E. darüber nachgedacht werden, ob den Parteien künftig ebenso wie bei den ihnen zufließenden Mitteln und ihrem Vermögen die Pflicht auferlegt werden sollte, offenzulegen, welche Beratungsgremien in welcher Zusammensetzung und mit welchen Ergebnissen zum Einsatz gekommen sind, und darüber Rechenschaft abzulegen.«[9]

17

Sie kritisiert außerdem die medial ausgerichteten Parteitage: »Sie werden immer mehr zu Inszenierungen, die der Öffentlichkeit demonstrieren sollen, dass die Parteireihen geschlossen hinter der Parteispitze stehen«[10], und empfiehlt stattdessen ein konträres Modell: »Inszenierungen von Parteitagen, die, statt die Stärke der Führung demonstrieren zu wollen, darauf ausgerichtet sind, eine lebendige inhaltliche Auseinandersetzung über die Ziele und Programme der Partei hervorzuheben, könnten hier Mut machen und Ansporn zum Mitmachen geben.«[11]

Diese Tendenzen deuten auf eine Entwicklung hin, die der britische Sozialwissenschaftler Colin Crouch als »Postdemokratie« bezeichnet hat. Tissy Bruns zitiert die beiden Kernaussagen aus der deutschen Übersetzung:

»Der Begriff bezeichnet ein Gemeinwesen, in dem zwar nach wie vor Wahlen abgehalten werden, Wahlen, die sogar dazu führen, dass Regierungen ihren Abschied nehmen müssen, in dem allerdings konkurrierende Teams professioneller PR-Experten die öffentliche Debatte während der Wahlkämpfe so stark kontrollieren, dass sie zu einem reinen Spektakel verkommt, bei dem man nur über eine Reihe von Problemen diskutiert, die die Experten zuvor ausgewählt haben … Im Schatten dieser politischen Inszenierung wird die reale Politik hinter verschlossenen Türen gemacht: von gewählten Regierungen und Eliten, die vor allem die Interessen der Wirtschaft vertreten. … Je mehr sich der Staat aus der Fürsorge für das Leben der normalen Menschen zurückzieht und zulässt, dass diese in politische Apathie versinken, desto leichter können Wirtschaftsverbände ihn – mehr oder minder unbemerkt – zu einem Selbstbedienungsladen machen.«[12]

Der Verzicht auf das Primat der Politik ist folglich das entscheidende Treibmittel für die Auszehrung der Legitimation der Parteien.

Diese Auszehrung führt zu einer Erosion demokratischer Willensbildung. Politische Entscheidungen werden nicht in einem offenen, partizipativ organisierten Prozess entwickelt, sondern in der Regel in einem kleinen Kreis der Parteispitzen beschlossen und dann – nachträglich – in den Parteigremien »abgesegnet«. In diesem gestörten Kommunikationsprozess werden Legitimationsreserven aufgebraucht und Zustimmung vernichtet.

Dieser eingeführte und kaum kritisierte Prozess widerspricht den Vorgaben des Bundesverfassungsgerichts (BVG). Denn die Willensbildung muss laut BVG zwischen Partei und repräsentativem Volk verbunden werden:

>> Den Parteien obliegt es, politische Ziele zu formulieren und diese den Bürgern zu vermitteln sowie daran mitzuwirken, dass die Gesellschaft wie auch den einzelnen Bürger betreffende Probleme erkannt, benannt und angemessenen Lösungen zugeführt werden. Die für den Prozess der politischen Willensbildung im demokratischen Staat entscheidende Rückkoppelung zwischen Staatsorganen und Volk ist auch Sache der Parteien.«[13]

Je anspruchsvoller und komplexer Entscheidungsprozesse sind, desto bedeutsamer wird die kommunikative Funktion der Parteien. Diese Aufgabe hat das Bundesverfassungsgericht sogar nachträglich gestärkt:

>> Die Parteien müssen darauf bedacht sein, die im Volk vorhandenen Meinungen, Interessen und Bestrebungen zu sammeln, in sich auszugleichen und zu Alternativen zu formen, unter denen die Bürger auswählen können, um ihren Willen gegenüber den Staatsorganen zur Geltung zu bringen; nur dadurch werden die Parteien ihrer Aufgabe gerecht, dem Volk Möglichkeiten zu bieten, auch zwischen den Wahlen Einfluss auf die Entscheidungen der obersten Staatsorgane zu gewinnen.«[14]

Verfassungsrichterin Christine Hohmann-Dennhardt sieht die Parteien allein durch den Mitgliederschwund noch nicht delegitimiert. Entscheidend sei ein anderer Aspekt:

>> Ist der Mitgliederschwund bei den Parteien allerdings die Reaktion auf ein Nachlassen ihrer innerparteilichen Demokratie und darauf, dass ihre politischen Programme von Regierungsseite oder von fremder Hand bestimmt werden und die Mitglieder im Faktischen

daran so gut wie nichts mehr ändern können, sondern sich bemüßigt fühlen, alles nur noch abzunicken, dann stellt sich die Frage auch nach der verfassungsmäßigen Legitimation solchermaßen agierender Parteien. Denn dann mögen zwar noch die Mitgliederversammlungen und Parteitage über die Parteiprogramme entscheiden und dem innerparteilichen Demokratiegebot formal Rechnung tragen, materiell aber wäre nicht mehr eingelöst, was unsere Verfassung den Parteien vorgibt, nämlich auch intern das zu praktizieren, was den gesamten politischen Willensbildungsprozess bestimmen soll: die demokratische Partizipation an der politischen Entscheidungsfindung und nicht das politische Diktat von oben.«[15]

Zusammengefasst: Treten die skizzierten Faktoren gebündelt auf, reduziert diese Anhäufung die Legitimationsbasis der Parteien: Der Bedeutungsverlust der Parteien führt zu einer Erosion demokratischer Willensbildung und Partizipation.

Politische Entscheidungen werden in kleinsten Kreisen gefällt, immer häufiger an externe Berater delegiert, mangelhaft vorbereitet und anschließend nicht ausreichend erklärt. Die programmatische Innenausstattung der Parteien wird in diesem ausgelagerten Verfahren zufälliger, beliebiger und situativer, sodass der notwendige Wettbewerb der Ideen leidet. Die Folgen dieser Legitimations-Vernichtung werden im Buch ausführlich analysiert.

Die Nachwuchsfalle – ein Alarmsignal für die Demokratie

Das vorliegende Buch stützt sich auf Recherchen in den Parteien und ihren Kreisen, intensiven Interviews mit kundigen Analytikern, erfahrenen Beobachtern, »alten Hasen« und Talenten im politischen Betrieb sowie (künftigen) Spitzenpolitikern.

In der Mitte des Superwahljahres '09 ist der Durchblick rund um die bedrohliche »Nachwuchsfalle« ein wichtiges Thema, das weder von den für die Misere Verantwortlichen noch von den am Allgemeinwohl Interessierten ausgeklammert werden darf. Die Fokussierung auf die »Personalfrage« hat zudem den Kollateralnutzen, dass alle Facetten und Schwachstellen des herkömmlichen Politikbetriebs aus einer zukunftsorientierten Perspektive beleuchtet werden. Wichtige Erkenntnisse unter anderem der internen Studie der Wissenschaftlichen Dienste (WD) des Deutschen Bundestages belegen die Notwendigkeit einer schonungslosen Analyse:

- »2005 schieden 23 Prozent der Abgeordneten aus. Auch die durchschnittliche Dauer der Parlamentsmitgliedschaft hat sich in den letzten Jahren erhöht und damit die Chancen für den politischen Nachwuchs weiter verschlechtert.«[16]
- »Eine Auslese von Besten für politische Spitzenämter liegt außerhalb der Reichweite dieses Systems, weil dessen Sensorik hierauf nicht justiert ist. [...] Parteien fördern politischen Breitensport, sie sind keine Talentschmiede für politische Spitzensportler.«[17]
- »Ein Großteil der Arbeitskapazitäten von Berufspolitikern wird von Aktivitäten, die auf die Erhaltung der eigenen Position abzielen, absorbiert.«[18]
- »Oligarchische Machtzirkel« sind in den Parteien also »Karriere-Gatekeeper«.[19] »Es sind vor allem die Orts-, Kreis- und Landesvorstände sowie weitere informelle Parteigremien und Zusammenschlüsse, in denen die entscheidenden Findungsprozesse, Vorklärungen und Absprachen stattfinden, Vorentscheidungen getroffen und parteiinterne Koalitionen geschmiedet werden.«[20]

Allein diese vier Analyse-Bausteine stellen die selbst formulierten Ansprüche einer funktionierenden parlamentarischen Demokratie in Frage. Nur: Sie fallen durch die gängigen Aufmerksamkeitsraster, weil die Beschäftigung mit den Symptomen dieser Befunde die amtierenden Politiker unter massiven Handlungszwang setzen würde. Der unbequeme Bruch mit gelebten, eingefahrenen Traditionen sowie der Machtverlust vieler Funktionäre wäre die Folge. Viele Krisentendenzen sind schon länger bekannt, Konsequenzen daraus wurden aber systematisch verschleppt.

Bereits vor über 15 Jahren hat ein führender CDU-Politiker die Ursachen der Misere, das Ausmaß der Politikverdrossenheit und die Tiefe der Parteienkrise analysiert. Missstände, Fehlentwicklungen und Sackgassen, die Jürgen Rüttgers 1993 in seinem Buch »Dinosaurier der Demokratie« aufgelistet hat, sind jedoch weder beseitigt noch korrigiert worden. Im Gegenteil: Alle dokumentierten Demokratie-Defizite haben sich verschärft. »Viele Parteigliederungen sind heute nur noch bedingt in der Lage, die ihnen zustehenden Positionen seriös zu besetzen«, klagte der frühere Zukunftsminister unter Helmut Kohl.[21] »Heute« – das war vor mehr als 15 Jahren. Rüttgers kritisierte unverantwortliche Ämterhäufung, Sitzungsrituale und die »inhaltliche Einkreisung der Themen auf dem Weg durch die Gremienpartei.«[22] Die Folge: Kreativitäts- und Realitätsverlust. »Wenn aber neue Fragen in den Parteien nicht gestellt werden, können sich die Parteien auch nicht auf notwendige neue Antworten zubewegen.«[23]

Rüttgers forderte sogar den »Rückzug der Parteien aus den Angelegenheiten der Bürger« und warnte entschieden vor der Überdehnung ihrer Machtansprüche von der Richterauswahl bis zur Auswahl der Sparkassendirektoren. »Die Parteien bauten in den zurückliegenden Jahren ihre Einflussbereiche stetig aus. Schritt für Schritt verzweigten sich ihre Aktivitäten in immer weitere Gebiete des gesellschaftlichen Lebens hinein. Nicht nur in Staat und Verwaltung, auch im vorpolitischen Raum, Verbänden und Vereinen, Beiräten und Kuratorien, gemeinnützigen Organisationen und öffentlichen Einrichtungen, Unternehmen und Selbstverwaltungsorganen spielen Partei-Repräsentanten eine entscheidende Rolle.

Wo öffentliche Ämter zu besetzen waren, die Gunst der Bürger winkte oder Fragen von öffentlichem Interesse zur Entscheidung anstanden, waren die Parteien zur Stelle.«[24]

Die Folge aus Sicht des amtierenden Ministerpräsidenten: »Das Primat der Politik überall und über alles wurde zum Pyrrhussieg der Parteien. Die Parteien straucheln über den Geltungsanspruch, den sie sich selbst setzten, der ihnen aber auch angetragen wurde. Die Parteien haben ihre Kräfte überspannt.«[25] Die logische Folge für den Christdemokraten: »Die Partei ist kein Selbstzweck. Wer sie für die persönliche Vorteilnahme missbraucht, vergeht sich an der Grundidee der politischen Dienstleistung der Parteien.« Sein Reformkonzept: die Entwicklung der CDU von der »Gremienpartei hin zur Bürgerpartei«. Drei Reformideen sollen dorthin führen: die Öffnung der Partei, »die Steigerung der Transparenz und veränderte Strukturen und Formen«.[26]

Forsche Töne eines CDU-Politikers – zu dieser Zeit Erster Parlamentarischer Geschäftsführer der CDU/CSU-Bundestagsfraktion –, die später sogar formale Reformpapiere der CDU prägten. Aber nüchtern muss man bilanzieren: Rüttgers blieb in dieser Sache nicht am Ball, sondern begnügte sich mit einem – zugegeben – fulminanten Aufschlag. Die Ideen verflüchtigten sich, sie waren nicht konkret adressiert und wurden vor allem nicht in einer ausdauernden Kontinuität und gezielten Konfliktbereitschaft gegen die Reformgegner durchgesetzt. Auch die Resonanz in den Medien war insgesamt schwach, weil Parteienkritik zwar en vogue war, Parteireformen aber keine Story hergaben, keinen Gesprächswert hatten und sich vor allem nicht personalisieren ließen. Alle gängigen Nachrichtenfaktoren lagen quer zur eher nüchternen Realität. Die reformskeptischen Parteiführungen taten alles, um die lästige Reformdebatte einzuhegen, in Kommissionen zu verlagern und am Rande von Parteitagen abzuhandeln. Die einzige Hoffnung, die sich aus dieser kurzen Rückschau gewinnen lässt, ist die Zuversicht, dass in einem neuen Aufmerksamkeitszyklus für diese wichtigen Themen auch konkrete und wirksame Reformschritte umgesetzt werden.

Die skizzierten Fragen, Analysen und Tendenzen werden in dem vorliegenden Buch in zahlreichen Fallbeispielen, gestützt auf Insiderberichte und geheime Strategiepapiere, untersucht. Doch das Buch beschränkt sich nicht auf die Analyse einer durchaus demokratiebedrohlichen »hidden agenda«, sondern dokumentiert in einem Streifzug durch die deutsche Parteienlandschaft auch die noch zaghaften Reformbestrebungen und konstruktive Ideen.

Beobachtet wird, was die von der Öffentlichkeit gezielt abgeschottete »Führungsakademie« der SPD bislang bewirkt hat. Welche Wirkung haben die »Nachwuchs-Kader-Schulungen«, die fast alle CDU-Landesverbände für den (kurzfristigen) Ausweg aus der Nachwuchsfalle mit hohem Aufwand betreiben?

Die neueste Mode der Nachwuchsrekrutierung heißt »Mentoring«. Was hier wirklich passiert, und was diese Form tatsächlich für die Mentees bringt, wird ebenfalls präsentiert. Am Fallbeispiel der »informellen Rekrutierungsprozesse« durch nicht legitimierte Oligarchien wird gezeigt, wie Politik wirklich funktioniert. Über die einflussreiche »Teppichhändlerrunde« in der CDU/CSU-Fraktion oder die Macht des Girls-Camp unter Kanzlerin Merkel ist bislang wenig bis nichts Belastbares bekannt. Insider erhellen in den Interviews Hintergründe und wagen sich sogar an manche Tabus.

Mit wichtigen Strategen in führenden Positionen wird zudem erörtert, welche innerparteilichen Reformen unbedingt durchgesetzt werden müssten, um den Parteien eine neue Legitimationsbasis zu verschaffen.

Schließlich werden die wichtigsten Köpfe von morgen in der Bundespolitik porträtiert und ihr politisches Profil dokumentiert. Diese (subjektive) Übersicht soll auch als Markierung verstanden werden, wie dünn das Reservoir an talentierten Politikern auch künftig sein wird. Frei nach Erhard Eppler, der kürzlich sagte: »Die Willy Brandts wachsen eben nicht auf Bäumen.«

Das Buch liefert Betriebsgeheimnisse aus den politischen Machtzentren, analysiert die Misere und benennt die politisch Verantwortlichen. Aber es zeigt auch Chancen zur demokratischen Vitalisierung; zahlreiche Praxisideen weisen Auswege aus der Krise. Insgesamt ein Stück alternative Sozialkunde – als Kursbuch für das Superwahljahr '09 und danach. Wer wissen will, wie Politik wirklich funktioniert und welche Auswirkungen die dramatischen Erosionsprozesse auf die demokratische Stabilität und die individuelle Lebensqualität haben, sollte sich mit den »Cliquen und Claqueuren«, den Strippenziehern in den Hinterzimmern der Parteien, beschäftigen.

Für die Mitarbeit an dem vorliegenden Buch danke ich vor allem den zahlreichen Informanten und Quellen für ihr Vertrauen. Viele Kolleginnen und Kollegen aus Publizistik und Wissenschaft, aber auch zahllose Experten im Politikbetrieb haben mit ihrer schier unbegrenzten Auskunftsbereitschaft das Projekt unterstützt. Mehr als fünfzig meist mehrstündige Interviews wurden für dieses Buch geführt. Vor allem danke ich Günter Bartsch für seine wertvollen Recherchen und Tina Groll für ihre anstrengende journalistische Expedition in die (Un-)Tiefen der CDU. Es ist schon überraschend, die andere Seite der Nachwuchsfalle zu besichtigen. Wer will, kann heute offenbar im Eiltempo in die professionelle Politik aufsteigen:

Das belegen die Beobachtungen ihrer spannenden Rollenreportage, die so wohl noch nicht aufgeschrieben wurde. Dr. Thomas Steg, Peter Munkelt – der Archivar der Berliner Republik – , Andreas Kolbe und Marcus Klose haben ebenfalls Informationen und wichtige Hinweise beigesteuert. Dank gilt auch dem umsichtigen Verlagsleiter Johannes Jacob mit seinem Team und dem professionell-hartnäckigen Lektorat von Sibylle Auer und Eva Rosenkranz.

Ohne die Hilfe von Nina F. – dem Fels in der Brandung – wäre auch dieses Buch nicht möglich gewesen.

Thomas Leif
Wiesbaden, im April 2010

Teil I
Mandat statt Leidenschaft –
Anatomie des Niedergangs

»Die Wahrheit ist dem Menschen zumutbar.«
Ingeborg Bachmann

1. Eine unbequeme Wahrheit:
Von der »Demokratie-Entfremdung«
zur »Demokratie-Distanz«

Es gibt Studien, die interessante Befunde zutage fördern, die allerdings niemand wahrnimmt, weil sie in der täglichen Nachrichtenflut untergehen. Es gibt aber auch Studien, die sehr heikle Befunde hervorbringen und deshalb nicht – oder nur in Ausschnitten – veröffentlicht werden.

Eine für die Klasse der Politiker in ihren Ergebnissen erschütternde Studie dieser Kategorie hat die Friedrich-Ebert-Stiftung (FES) von der Firma »polis Sinus, Gesellschaft für Sozial- und Marktforschung mbH« anfertigen lassen. Die Präsentation der 89-seitigen Repräsentativuntersuchung mit dem lakonischen Titel »Positionsbestimmungen« am 13. Mai 2008 in Berlin löste Unbehagen und ein gewisses Maß an Depression in dem exklusiven Kreis der Zuhörer aus. Denn die Befunde aus der Stichprobe von 2503 »persönlich-mündliche(n) Repräsentativbefragungen« stellen alles in den Schatten, was bisher zur »Demokratie-Entfremdung« der Deutschen bekannt war.

Es handelt sich um eine handwerklich sehr sorgfältig angelegte Arbeit von anerkannten Profis aus der Politikforschung, die die »Feldzeit« vom 24. Januar bis zum 4. März 2008 auswertet.

Die Indizien der gravierenden Demokratie-Entfremdung werden folgendermaßen zusammengefasst: Rund ein Viertel [der Befragten] distanziert sich sogar ausdrücklich und möchte »mit der Demokratie, wie sie bei uns heute ist, nichts zu tun haben«. Rund ein Drittel der Deutschen ist mit der Ausgestaltung der Demokratie unzufrieden. In Ostdeutschland ist die Distanz zur Demokratie sehr viel ausgeprägter als in Westdeutschland. So bewerten drei von zehn Westdeutschen das Funktionieren der Demokratie negativ, in Ostdeutschland sind es doppelt so viele – eine verheerende Leistungsbilanz unseres politischen Systems. Viele Deutsche sind von der Demokratie mittlerweile so entfremdet, dass sie die Frage *Ist unsere Gesellschaftsordnung es wert, dass man dafür eintritt?* negativ beantworten. Zwei von zehn Westdeutschen und doppelt so viele Ostdeutsche – vier von zehn – haben nach eigener Aussage mit dem Kapitel Demokratie abgeschlossen.

Potenziale der Demokratie-Entfremdung*

	Gesamt	West	Ost
➤ Die Demokratie in Deutschland funktioniert »weniger gut/schlecht«.	37	31	61
➤ Mit der Demokratie können wir die Probleme, die wir in Deutschland haben, »eher nicht/nicht« lösen.	32	27	52
➤ Mit der Demokratie, wie sie bei uns heute ist, habe ich nichts zu tun.			
– »Stimmt«	25	21	41
– »Stimmt nicht, aber nachvollziehbar:	34	35	32
		Prozent	

Potenziale der Demokratie-Entfremdung*

➤ Rund ein Drittel der Deutschen sind mit der Ausgestaltung der Demokratie unzufrieden.

➤ Rund ein Viertel distanziert sich sogar ausdrücklich und möchte »mit der Demokratie, wie sie bei uns heute ist, nichts zu tun haben«.

➤ In Ostdeutschland ist die Distanz zur Demokratie sehr viel ausgeprägter als in Westdeutschland.

➤ Drei von zehn Westdeutschen, aber sechs von zehn Ostdeutschen bewerten das Funktionieren der Demokratie negativ.

➤ Zwei von zehn Westdeutschen, aber vier von zehn Ostdeutschen finden, unsere Gesellschaftsordnung sei es nicht wert, dass man dafür eintritt.

* Quelle: Friedrich-Ebert-Stiftung. Persönliche Lebensumstände, Einstellungen zu Reformen und Wahlverhalten. Eine Untersuchung im Auftrag der FES, Bonn 2008, S. 72/73 (unveröffentlichte Ergebnisse)

Demokratie: Funktioniert die Demokratie?*

»Eigentlich will ich die Demokratie, aber so, wie sie bei uns heute ist, habe ich damit nichts zu tun.«

Basis: Gesamt

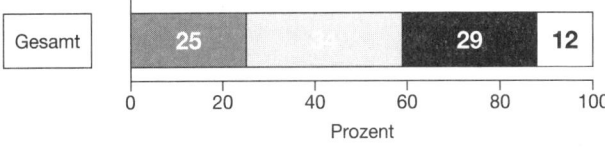

| Gesamt | 25 | | 29 | 12 |

Prozent

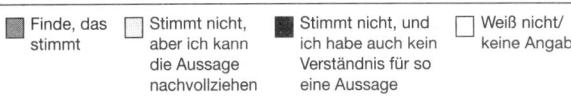

| ■ Finde, das stimmt | □ Stimmt nicht, aber ich kann die Aussage nachvollziehen | ■ Stimmt nicht, und ich habe auch kein Verständnis für so eine Aussage | □ Weiß nicht/ keine Angabe |

Alter in Jahren

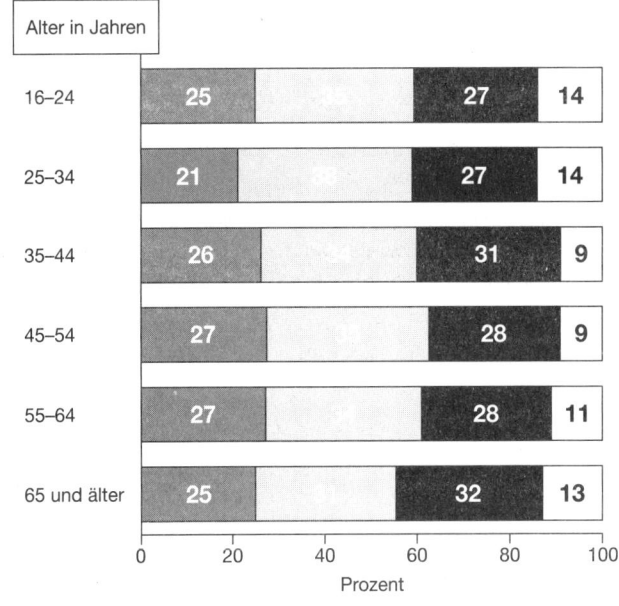

16–24	25		27	14
25–34	21		27	14
35–44	26		31	9
45–54	27		28	9
55–64	27		28	11
65 und älter	25		32	13

Prozent

* ebd. S. 68

31

Diese Einstellungen zur Demokratie bestätigt der aktuelle *Datenreport 2008* im Kapitel über »Demokratie und politische Partizipation«. Auch Dieter Fuchs und Edeltraud Roller vom Wissenschaftszentrum Berlin sehen die extreme und konstante Kluft zwischen Ost- und Westdeutschland. Das Fazit der Experten, bezogen auf die *Zufriedenheit mit dem Funktionieren der Demokratie*: »Während im Westen durchschnittlich 62% der Bürger zufrieden sind, sind es im Osten nur 38%.«[1] Im Klartext: 38% im Westen und 62% im Osten sind unzufrieden mit dem Funktionieren der Demokratie.

Die Forscher haben für die FES-Studie aber nicht nur die Einstellung zur Demokratie abgefragt, sondern auch zentrale Praxisfelder bewerten lassen. Hier schlägt die Skepsis gegenüber demokratischen Mitwirkungschancen ebenfalls durch. Fast die Hälfte der Befragten glaubt nicht, »dass die Bürger politisch so informiert werden, dass sie sich an der Politik beteiligen können«. 40% sagen, dass die Aussage *Eine starke Opposition kontrolliert die Regierung* eher oder überhaupt nicht zutreffe. Genauso hoch ist die Zahl der Skeptiker, die die Rechte von Minderheiten nicht gewährleistet sehen oder bezweifeln, dass die Bürger sich für gesellschaftliche Belange einsetzen. Fast die Hälfte der Befragten verneint die Aussage *Bürger beteiligen sich politisch*.

In der Summe ist allein dieses Kapitel der Demokratiestudie, sechzig Jahre nach Gründung der Republik, niederschmetternd. Wenn man Deutschland zu diesem Thema ein Zeugnis zur Demokratiereife ausstellen müsste, wäre die Gesamtnote »mangelhaft« wohl angemessen.

Gravierende Folgen der Demokratie-Entfremdung

Diese äußerst skeptischen Einstellungen bleiben nicht ohne Folgen für den Wählermarkt. Die Gruppe der Wahlverweigerer wird hier mit 7% taxiert, die der Nichtwähler mit 10%. Besonders interessant für die Volksparteien sind aber die sogenannten »Unsicheren«, die in der FES-Studie ein Potenzial von 31% haben. Davon sind jeweils 7% verunsicherte CDU/CSU- und SPD-Wähler. Sie stehen im Fokus der Aufmerksamkeit, weil diese Wähler die »Wahlen entscheiden«. Nüchtern schreiben die Politikforscher: »Nicht nur die SPD, sondern auch die CDU/CSU hat bei den Verunsicherten ein massives Akzeptanzproblem.«[2] 70% der Verunsicherten und 47% aller Befragten können sich vorstellen, *bei der Bundestagswahl nicht wählen (zu) gehen.*

Der massive Vertrauensverlust gegenüber Politik und Politikern bei gleichzeitig hohen Erwartungen an den Staat zieht sich als »roter Faden« durch die Untersuchung. Die zunehmende Ellbogenmentalität, die Angst, im Alter und in Notfällen nicht ausreichend abgesichert zu sein, aber auch Angst vor Geldnot und wachsende Zweifel, ob das Gerechtigkeitsprinzip und die Demokratie noch funktionieren, verstärken die Verunsicherung. Für die politische Klasse in Deutschland eine dramatische Ausgangslage im Superwahljahr.

»Hartz IV steht für Reformunfähigkeit«

Würde der Parteivorstand der SPD die Seiten 58 bis 63 der FES-Studie gründlich auf sich wirken lassen, könnte dies hochexplosiv wirken. Die Generation der Macher in der Schröder-Ära müsste zur Kenntnis nehmen: »Hartz IV steht für Reformunfähigkeit.«[3] In diesem knappen Satz bündeln die Forscher die zuvor ermittelten Zahlenkolonnen. Demnach ist die Mehrheit der Deutschen – insgesamt 57% – reformskeptisch eingestellt. 5% wünschen eine Reformpause, 22% wollen, dass viele Reformen der vergangenen Jahre wieder rückgängig gemacht werden. 37% favorisieren weitere Reformen in kleinen Schritten. Nur 6% bestätigen: *Weitere Reformen sollten möglichst schnell durchgeführt werden, auch wenn das für viele schmerzhaft ist.*

Für diese 6% wird Politik gemacht, offenbar mit erheblichen Kollateralschäden für die Akzeptanz der Demokratie und für die Glaubwürdigkeit der handelnden Politiker. Politikplaner, Strategen in den Parteien, ausführende Staatssekretäre und Minister, die sich mit diesem Lagebild wirklich vertraut machen würden, müssten wohl einen ganz neuen politischen Kurs einschlagen. Denn sie machen offenbar nicht mehr Politik für die Mehrheit der Bürgerinnen und Bürger, sondern gegen sie. Das Fazit der Analytiker – »Der Reformbegriff hat sich total verändert«[4] – verschärft die Ausgangslage noch.

Aber eigentlich ist es unfair, Politiker für den in der Studie dramatisch dokumentierten Realitätsverlust verantwortlich zu machen. Denn die meisten kennen diese Zahlen nicht. Die politisch heikle Studie ist nur an einen ganz kleinen Kreis von führenden SPD-Politikern unter der Bedingung strikter Vertraulichkeit verteilt worden. Wahrscheinlich hatte die SPD-Spitze bislang wenig Zeit, Konsequenzen aus den Befunden zu ziehen. Gut ein Jahr nach der Ergebnis-Präsentation wurde für April 2009 eine Buchpublikation zu der Studie im Dietz-Verlag (Bonn) angekündigt, die aber die heiklen Daten zur Krise der Parteien wohl nicht enthält.

Alarmierende Demokratiewerte ermitteln auch andere Forscher

Eine knappe Mehrheit der Deutschen ist unzufrieden mit dem Funktionieren der Demokratie: 52% – so der ARD-DeutschlandTREND vom Juni 2008 – sind weniger oder gar nicht zufrieden *mit der Art und Weise, wie die Demokratie in der Bundesrepublik Deutschland funktioniert*. Auch die weiteren von Infratest dimap ermittelten Daten auf der Basis von telefonisch befragten Bürgern sind alarmierend. »82% haben kein oder nur wenig Vertrauen in die Parteien.«[5] Zuvor hatte auch das ZDF–Politbarometer ermittelt, dass 73% der Bürger glauben, die Politik sei nicht in der Lage, die wichtigsten Probleme in Deutschland zu lösen.

Ähnliche Daten zum Status der Demokratie wurden schon Ende 2006 in einer weiteren Studie des Meinungsforschungsinstituts dimap ermittelt. Im Dezember 2006 hieß es: »Politikverdrossenheit in Deutschland nimmt zu. Kluft zwischen Wählern und Volksvertretern wird immer größer.« »Mehr als die Hälfte der Deutschen« sei unzufrieden damit, wie das politische System der Bundesrepublik in der Praxis funktioniert. Peter Radunski, führender Wahlforscher der CDU, konstatierte: »Nie war die Beteiligung an Wahlen

so niedrig, und noch nie war die Geringschätzung der Politikerinnen und Politiker so groß wie heute.«[6] Die Auftraggeberin der
dimap-Studie, Kerstin Plehwe von Pro Dialog – ein unter anderem
von der Deutschen Post AG finanzierter thinktank –, sagte sogar:
»Die Gleichgültigkeit gegenüber der Demokratie ist auf dem Vor-
marsch.«

Nur selten werden Motive und Hintergründe für diese insgesamt
übereinstimmenden Einschätzungen zur Verdrossenheit der Bürger präsentiert. Reinhard Schlinkert, ein «alter Hase« der Wahlforschung, analysiert: »Die Wähler sind durch den Ankündigungs-
aktionismus der letzten Jahre skeptisch geworden. Sie messen die
Politik an konkret erreichten Ergebnissen.«[7] Offenbar rechtfertigen
die Ergebnisse die skeptische Sichtweise.

Einen anderen Akzent, der aber insgesamt den Befund einer de-
mokratiemüden Stimmung bestätigte, setzte im September 2008
eine Studie mit dem Titel *Einstellungen zur Demokratie* der FU Berlin und des Meinungsforschungsinstituts Forsa. »86% der Bundesbürger halten die Demokratie für die richtige Staatsform«[8], heißt es
hier. Oskar Niedermayer von der FU Berlin fasst seine Ergebnisse in
der *Welt* zusammen: »Mit dem tagtäglichen demokratischen Prozess ist hingegen nur eine Minderheit zufrieden.«[9] Knapp die Hälfte
aller Befragten habe Kritik am politischen System oder an der Leistung der Politiker geübt.

Obgleich die ermittelten Ergebnisse sich in der Tendenz nicht
von den Befunden der FES-Studie unterscheiden, formuliert Niedermayer Kritik an der Analyse der FES, wonach jeder dritte Bundesbürger nicht mehr daran glaube, dass die Demokratie Probleme
löst: »Diese Aussage ist in ihrer Verkürzung gefährlich.« Grundsätzlich müsse nach politik- und systemkritischen Demokraten
sowie Antidemokraten unterschieden werden. Die FES-Studie differenziert jedoch sowohl nach Altersgruppen als auch nach einem
Ost-West-Profil und ist, bezogen auf Zahl und Qualität der erho-
benen Daten, die bislang wohl gründlichste und aktuellste Demokratiestudie.

Auch eine aktuelle Studie des Forsa-Instituts im Auftrag der
Berliner Zeitung kann als Alarmzeichen und Beleg für eine große
Entfremdung von den politischen Akteuren gewertet werden. Die

Frage, *ob sie mit dem politischen System, so wie es tatsächlich funktioniert,* eher unzufrieden seien, beantworteten 67% der Ostdeutschen beziehungsweise 53% der Westdeutschen mit Ja. Nur ein gutes Drittel (33% im Osten) beziehungsweise knapp die Hälfte (47% im Westen) äußerte sich zufrieden über das politische System.[10]

Die öffentlich zugänglichen und die nichtveröffentlichten Daten zur schwindenden Akzeptanz der Demokratie müssten die gewählten Volksvertreter eigentlich irritieren und den Weg frei machen für mehr direkte Beteiligungschancen der Bürger.

Aber selbst die Wissenschaftlichen Dienste des Deutschen Bundestags neigen dazu – etwa bei der Analyse der *Entwicklung von Wahlbeteiligung und Wahlenthaltung in der Bundesrepublik Deutschland seit 1990*[11] –, das bedrohlich hohe Niveau der Nichtwähler und Wahlverweigerer in ein mildes Licht zu tauchen: »Für die nachlassende Wahlbeteiligung werden auch der gesellschaftliche Wertewandel und die Veränderung der politischen Kultur in Deutschland verantwortlich gemacht«, heißt es wie in einem Beipackzettel für ein Beruhigungsmittel. »Die Beteiligung an einer Wahl werde heute… häufig nicht mehr als staatsbürgerliche Pflicht empfunden. Insbesondere in den jüngeren Alterskohorten innerhalb der Wählerschaft ist diese veränderte Auffassung zur Wahlnorm verstärkt zu finden.«

Offenbar haben die Wissenschaftlichen Dienste noch nicht zur Kenntnis genommen, was das Institut für Demoskopie in Allensbach am 20. August 2008 in der *FAZ* veröffentlichte:

»Tiefer gehendes Interesse an Politik bekunden heute nur noch 9% der Jugendlichen bis 30 Jahre, ein ebensolches Interesse an wirtschaftlichen Entwicklungen 8%.«

Auf der Grundlage dieser gesicherten Datenlage kann nachvollzogen werden, warum so wenige junge Leute zwischen 18 und 30 Jahren bereit sind, ein Mandat oder eine verantwortliche Position zu übernehmen – oder sich zumindest irgendwo in der Politik zu engagieren. Verantwortliche Politiker können nur eine Konsequenz aus diesen Demokratie-Kennziffern ziehen: Sie müssen ihre Politik einer gründlichen Inventur unterziehen und intensiv darüber nachdenken, wie die Tagesordnung des politischen Betriebs künftig aussehen könnte. Sowohl der Stil der Politik als auch die Definition der Kernziele, für *wen* Politik eigentlich gemacht wird, müssten neu justiert werden. Die sture Verdrängung der Nichtwähler und Wahlverweigerer ist ein wesentlicher Aspekt des Realitätsverlustes vieler Politiker.

»Erst, wenn es den Parteien an die eigene Macht geht, wird sich etwas ändern.«

Interview mit Michael Spreng, CDU-Wahlkampfberater, Politikexperte und Publizist

Wie sieht Ihre Krisenanalyse der deutschen Parteien aus?

Das zentrale Problem ist, dass alle Parteien die Jugend verloren haben, völlig überaltert sind. Der Altersdurchschnitt liegt inzwischen bei weit über fünfzig. Die wenigen engagierten Mitglieder sind alt, es gibt kaum noch aktiven Nachwuchs. Die jungen Menschen, wenn sie sich überhaupt politisch engagieren, gehen zu Attac, zu Amnesty International, zu Robin Wood oder zu Greenpeace. Die meisten aber flüchten sich in Online-Netzwerke. Die haben gewissermaßen die Vereine, die Parteien und andere Organisationen ersetzt. Und die Parteien haben keinen Zugang mehr zu diesem Teil der Bevölkerung.

Woran liegt das?

Parteien sind nach wie vor »closed shops«, sie schotten sich ab, sie lassen nur Karriere nach Ochsentour zu. Es gibt keine Seiteneinsteiger mehr, es gibt keine Vorwahlen wie in Amerika, es gibt keine Internetmitgliedschaften wie bei den Sozialisten in Frankreich. All dies, was in anderen Ländern dazu geführt hat, bei jungen Leuten aufzuholen und Begeisterung zu wecken, fehlt in Deutschland. Der Begriff Partizipation, ein Schlüsselbegriff für das Überleben demokratischer Parteien, ist in Deutschland weitgehend unbekannt.

Aber der Leidensdruck müsste eigentlich groß genug sein. Nichtwähler, Passivmitglieder – all das sind ja bekannte Fakten.

Ja, aber es gibt etwas, das dem stark entgegensteht, nämlich das Beharrungsvermögen. Wer Partizipation verweigert, wer Urwahlen verweigert, Vorwahlen, Internetabstimmungen, Programm-Blogs, macht dies ja auch, um seine eigene Machtposition zu erhalten, um Machtstrukturen zu erhalten. Wenn Parteien Partizipation wirklich zulassen würden, dann wären natürlich auch die Sessel der Führenden bedroht. Das ist automatisch Ergebnis eines solchen modernen Systems. Und da es in erster Linie um den Machterhalt derjenigen geht, die schon oben angekommen sind, wird von unten keiner hochgelassen. Wenn man sogenannte Jungpolitiker sieht, die die Ochsentour hinter sich gebracht haben, dann sind diese Jungpolitiker in ihrem Auftreten und in ihrer Art, Politik zu machen, steinalt. Nehmen Sie Leute wie Philipp Mißfelder von der Jungen Union oder Niels Annen von der SPD – die sind heute schon alt. Von denen ist kein Aufbruch oder Umbruch zu erwarten. Sie sind Teil der bestehenden Machtstrukturen.

Aber wenn durch Machtzementierung und Verzicht auf Reformen niemand mehr nachwächst, werden auch die Inhalte langweiliger.

Diese Gefahr sehen Spitzenpolitiker schon, aber der Machterhaltungstrieb ist stärker. Das ist ein riesiges Problem. Es fängt an mit dramatisch sinkenden Mitgliederzahlen, es geht weiter mit einer dramatisch sich verändernden Altersstruktur der Parteien und mit dramatisch sinkender Wahlbeteiligung. Was sich dort abspielt, ist aus meiner Sicht system- oder demokratiebedrohend. Und wenn die Parteien nicht bereit sind zu einer Revitalisierung ihrer selbst, wirken sie mit an dieser Demokratie-Bedrohung.

Sie verweigern die Revitalisierung nur wegen des Machterhalts?

Davon gehe ich aus. Was das Internet betrifft, so sind die deutschen Parteien in der Steinzeit. Verglichen mit den Amerikanern und den Franzosen, gibt es in Deutschland eine echte Fortschrittsverweigerung. Oder einfach Unkenntnis der modernen Kommunikations- und Partizipationsmöglichkeiten. Die Parteien sind außerdem nicht bereit, die innerparteilichen Aufstiegsmechanismen zu ändern. Wenn ein Achtzehn- oder Zwanzigjähriger in einer Partei fünfzehn Jahre warten muss, bis er Politik mitgestalten darf, dann wird er gar nicht erst in eine Partei eintreten.

Über welche Kanäle steigt man heute als junger Mensch in einer Partei auf?

Nach wie vor geht das über den klassischen Ortsverein, die Bezirksgruppe, über die Jugendorganisationen. Dort werden Karrieren gemacht. Zum Beispiel bei den Jusos: Der Ex-Vorsitzende Niels Annen ist jetzt Bundestagsabgeordneter; er ist im außenpolitischen Ausschuss und gehört zum engeren Kreis um Andrea Nahles. Das ist ein Mann, der nie ein Studium, geschweige denn eine Ausbildung abgeschlossen hat. Er ist Politiker, ohne dass er je einen Beruf hatte. Bei CDU oder FDP gibt es Leute, die pro forma ihr Jurastudium zu Ende gemacht und eine Anwaltslizenz haben – aber diesen Beruf nie ausgeübt haben. Sie sind dann existenziell von der Politik abhängig; junge Berufspolitiker, die keine ernsthafte berufliche Alternative haben. Das führt natürlich dazu, dass sie nur begrenzt den Konflikt wagen und nur begrenzt selbständig sein und Widerspruchsgeist zeigen können. All das fördert kein Charisma und keine Ausstrahlung. Und unabhängige, junge Politikerfiguren werden dadurch nicht nach oben durchkommen.

Wie schätzen Sie die politische Bedeutung von persönlichen Referenten ein?

Das ist vielleicht für deren Karriere interessant, aber nicht für die Demokratie. Diese Art politischer Karriere macht die Demokratie und das Parteiensystem nicht attraktiver. Ein Mann mit einer solchen Karriere ist zum Beispiel Andreas Pinkwart, der Landesvorsitzende der FDP in Nordrhein-Westfalen. Er war Fraktionsmitarbeiter, dann Büroleiter von Hermann Otto Solms – und hat so seine Karriere gemacht. Aber ist er deswegen jetzt ein besonderer Aktivposten für die FDP? Oder strahlt er besondere Faszination aus?

Was steckt dahinter?

Dahinter steckt ein Versorgungssystem – das gibt es in den Parteien wie auch in Unternehmen. Natürlich werden treue Zuarbeiter und Leute, die jahrelang für kleines Geld die Arbeit gemacht haben, irgendwann dafür belohnt. Die bekommen Posten in Ministerien, in den Parteizentralen, in Stiftungen oder bei befreundeten Verbänden. So wird deren ökonomische Situation und deren Karriere langfristig sichergestellt. Aber das hat ja nichts mit Begeisterung für Politik und Begeisterung für Demokratie zu tun.

Dient dieses Rekrutierungsmuster auch dazu, die eigene Identität zu verdoppeln? Dass die Mitarbeiter also das fortführen, was man selbst politisch vorantreiben möchte?

Ich glaube nicht, dass es so weit geht. Aber natürlich ist das eine bestimmte Form der politischen Sozialisation. Und wer jahrelang in einem Abgeordnetenbüro oder in einem Ministerbüro gearbeitet hat, der ist in eine bestimmte Richtung politisch sozialisiert. Der weiß gar nicht mehr, wie es geht, Karriere durch Widerspruch zu machen.

Die interessantesten politischen Figuren entstehen durch Widerspruch, nicht durch Zustimmung. Das trifft zum Beispiel auf Seiteneinsteiger zu – das sind aber keine jungen Leute.

Welche Rolle spielt die Qualifikation des politischen Nachwuchses bei der Rekrutierung?

Eine gewisse Qualifikation gehört schon dazu. Man muss die Mechanismen der Politik verstehen, man muss auf einem bestimmten Gebiet Sachkenntnis haben. Aber die Hauptfertigkeiten sind natürlich, Netzwerke zu knüpfen, Abhängigkeiten zu schaffen, Seilschaften und so weiter. Man muss eine Kontaktmaschine sein.

Selbst in Großstädten ist es inzwischen oft schwierig, überhaupt jemanden für eine Kandidatur zum Oberbürgermeister zu finden. Woran liegt es, dass so wenige bereit sind, in den Ring zu steigen und auch Kampfabstimmungen zu wagen?

Die mangelnde Attraktivität hängt mit zweierlei zusammen: Erstens mit dem geringen Ansehen von Politikern. Kein Mensch möchte einen Beruf oder einen Teilzeitberuf ergreifen, der ein so geringes Ansehen hat. Das ist auch eine Folge der mangelnden Attraktivität der Parteien und ihrer Politik. Zweitens hält sich die Bezahlung in Grenzen. Ein Abgeordneter, der sein Mandat ernst nimmt, verdient für die Arbeit, die er macht, recht wenig im Vergleich zu Jobs in der Wirtschaft. Wenn man in einer Firma Karriere macht, dann geschieht das nicht in öffentlichen Kampfabstimmungen. Da weiß entweder nur der Chef oder ein ganz kleiner, eingeweihter Kreis, ob es überhaupt Konkurrenten für die Position gab und wer diesen Konkurrenzkampf verloren hat. Jemand, der sich öffentlichen Kampfkandidaturen stellt, muss dagegen schon vorher bereit sein, auch eine Niederlage einzustecken und mit ihr fertig zu werden. Das scheuen natürlich sehr viele Menschen.

Die Schwierigkeiten der Rekrutierung haben aber auch damit zu tun, dass in manchen Gegenden überhaupt keine Partei-Organisation mehr vorhanden ist – in Teilen Nordrhein-Westfalens ist sie zum Beispiel völlig zum Erliegen gekommen, im Osten ohnehin.

Was ist der Grund für den Ansehensverlust der etablierten Politiker?

Die jahrelange Diskussion über Selbstbedienungsmentalität. Dazu gehört die unanständig hohe Altersversorgung in den meisten Parlamenten. Dazu gehört auch, dass die Politik in den Augen der Bürger nicht mehr viel bewegt, dass Politiker nicht mehr die eigentlichen Macher im Land sind, sondern dass die Entscheidungen in der Wirtschaft oder global fallen. Dazu gehört das Parteiensystem, in dem interessante Figuren nicht hochkommen, und das in den jüngeren Jahrgängen von den Mißfelders und Annens dominiert wird. Keiner von denen ist in der Lage, junge Menschen für Politik zu begeistern. Das sind doch eher abschreckende Beispiele. Es fehlt die Faszination. Es fehlt der Funke, der überspringen muss, damit sich Menschen für Menschen und für eine Sache begeistern können.

Wäre Ihrer Ansicht nach ein Obama-Effekt auch in Deutschland möglich?

Einen Obama-Effekt gibt es nur mit Obama, aber nicht mit deutschen Politikern. Das amerikanische Vorwahlsystem, in dem registrierte Sympathisanten und Mitglieder in einem langen und spannenden Prozess den Kandidaten bestimmen, hat dazu geführt, dass ein unbekannter und eigentlich chancenloser Senator sogar Präsident werden konnte. Wenn wir ein solches System in Deutschland hätten, wenn in einer viermonatigen oder halbjährigen Schlacht durch Vorwahlen der Kanzlerkandidat einer Partei bestimmt würde, dann wäre das auch begeisternd. Und das würde vielleicht auch Figuren nach oben bringen, die vorher gar nicht im Fokus gestanden haben.

Ist denn diese amerikanische Vorwahlkultur auch in Deutschland denkbar?

Ich glaube, die Bevölkerung ist der heutigen Politikformen so überdrüssig, dass sie bereit wäre für solche Experimente. Partizipation können wir von Frankreich lernen. Dort haben die Sozialisten hunderttausend neue Mitglieder durch die Einführung einer Internetmitgliedschaft gewonnen. Sie kostet zwanzig Euro im Jahr. Man muss zu keiner Parteiversammlung mehr gehen, und die Internetmitglieder haben dieselben Rechte wie normale Mitglieder. Die können mitbestimmen über den Präsidentschaftskandidaten, machen mit bei den Programm-Blogs, bei innerparteilichen Abstimmungen.

Warum löst der Politikverdruss in Deutschland keine Reformen aus?

Weil aus Sicht der normalen Politiker, insbesondere, wenn sie oben angekommen sind, immer die anderen schuld sind: Die Medien sind schuld, oder die Wähler sind zu dumm, zu uneinsichtig oder zu verstockt. Keiner ist bereit, die Schuld bei sich selbst zu suchen.

Aber treibt die sogenannte Mediendemokratie nicht auch seltsame Blüten?

Ja, durch den Hang zur Skandalisierung. Dass auch Lächerlichkeiten skandalisiert werden, schürt den Politikverdruss. Und die gründliche Recherche, der ausgewogene Artikel hat auch keine besondere Konjunktur mehr. Bei »online first« ist Schnelligkeit alles, aber nicht die gründliche Analyse. Das ist jedoch nur ein Teil der Erklärung, die Hauptursache liegt bei den politischen Akteuren.

Die Medien setzen stark auf Personalisierung, schießen die Stars nach oben und lassen sie dann wieder fallen. Warum?

Weil es keine echten Stars sind. Wir leben in einer Gesellschaft der B- und C-Promis, nicht nur in der Politik. Unsere Stars heißen Til Schweiger und Veronica Ferres – Leute, die in Amerika null Chance hätten. So ähnlich ist es in der Politik. Im Sport ist es anders, da ist die Leistung ja objektiv messbar.

Warum finden wir echte Politstars heute nicht mehr? Früher gab es sie ja offenbar.

Offensichtlich funktionieren bei uns Auswahlmechanismen und Elitenbildung nicht, zumindest nicht im Politikbereich. Figuren wie Schmidt, Wehner, Brandt und Strauß sterben aus. Originäre Politiker, die es bei der SPD noch gibt – Leute wie Peter Struck oder Otto Schily, die sich im Lauf ihres Lebens zu eigenständigen Persönlichkeiten geformt haben –, scheiden aus der Politik aus. Was nachkommt, sind die ewigen Studenten, die jungen Berufspolitiker, die schon mit dreißig glattgeschmirgelt sind.

Aus der Bevölkerung kommen keine Alarmsignale. Herrscht dort nur noch der gepflegte Frust?

Frust und Verweigerung in jeder Hinsicht – seien es Parteimitgliedschaften, sei es die Wahlbeteiligung. Und die Linkspartei ändert daran auch nichts. Das ist eher eine Graue-Panther-Partei: ehemalige Gewerkschafter, ehemalige Volkshochschullehrer, ehemalige SED-Kader. Das ist außerdem keine junge Partei, auch wenn sie cleverer ist und einige unkonventionelle junge Politiker herausstellt, wie Katja Kipping oder Petra Pau.

Nach welchem Suchraster gehen Spitzenpolitiker bei der Rekrutierung des Nachwuchses vor?

Wenn sie klug sind, suchen sie eine Mischung aus Gefolgschaft und Widerspruch. Sie brauchen Gefolgsleute, die einfach tun, was man ihnen sagt – das gehört leider in solchen Organisationen dazu. Aber sie brauchen auch zwei, drei hochkarätige Leute, die ihnen widersprechen und die vordenken. Ein Politiker ist gut beraten, wenn er solche Leute hat. Sonst ist das der Anfang vom Ende.

Sind das Ausnahmen in der Politik?

Ja. Das man sieht auch bei Angela Merkel. Sie hat sich ihre Bezugspersonen in erster Linie nach dem Kriterium Loyalität ausgesucht, erst in zweiter Linie nach Sachverstand. Dass Ronald Pofalla Generalsekretär und Volker Kauder Fraktionschef ist, hängt damit zusammen.

Aber sie hat, zum Beispiel mit dem sogenannten Girls Camp, keine unglückliche Wahl getroffen. Offenbar schafft sie damit ein Führungsinstrument im Kanzleramt, jenseits der offiziellen Machtstruktur.

Ja, aber es gibt eine starke Unruhe in der CDU, weil das positive Image von Frau Merkel nicht transferiert wird auf die Partei. Man darf Beliebtheit nicht mit Begeisterung verwechseln. In der Politik geht es immer darum, den persönlichen Erfolg auf die Partei zu transferieren. Denn der Kanzler wird ja nicht in einer Urwahl gewählt. Insofern hat auch diese geölte Umgebung nicht geholfen, die Beliebtheitswerte auf die CDU zu übertragen. Und an den strukturellen Problemen der Parteien ändert es ohnehin nichts.

Warum entlädt sich dieser strukturelle Sprengstoff nicht?

Aufgrund der Machtstrukturen. Eine Kanzlerin oder ein Kanzler hat sehr viel Macht in der eigenen Partei. Da überlegt sich mancher lange, zu widersprechen. Das gleicht dann eher der Echternacher Springprozession. Jürgen Rüttgers zum Beispiel hat ja durchaus einige mutige Vorstöße gemacht – zum Unwillen der Kanzlerin. Er musste dann auch erst mal wieder einen Schritt zurücktreten und taktieren, um nicht ins Aus katapultiert zu werden.

Es gibt in den Parteien eine Menge Anstrengungen, Führungsnachwuchs zu rekrutieren. Die SPD hat sogar eine Führungsakademie mit ausgewählten Leuten. Was halten Sie davon?

Im Prinzip ist das gut. Aber die SPD-Führungsakademie ist keine Akademie, um Führungsnachwuchs zu finden, sondern für Leute gedacht, die schon zwei Drittel der Ochsentour hinter sich haben, die schon etwas geworden sind, also Bundestagsabgeordnete, Oberbürgermeister oder andere Amtsträger, Drogenbeauftragte zum Beispiel. Die werden lediglich kommunikativ professionalisiert. Das ist so eine Art Parteischule, aber kein Ausleseystem, mit dem sich tatsächlich neue, unverbrauchte, unkonventionelle Typen finden lassen, die auch mal widersprechen und gegen den Strich gebürstet sind.

Welche Bedeutung haben interne Bündnisse wie zum Beispiel der legendäre Andenpakt der einst jüngeren Ministerpräsidentengeneration in der CDU?

Seilschaften gibt es in jedem Unternehmen, Seilschaften gibt es auch in der Politik. Die unterstützen sich gegenseitig, kritisieren sich nicht, schieben sich Posten zu, verschieben Stimmblöcke bei Parteitagen. Der Andenpakt ist aber etwas überhöht worden – und er funktioniert ja auch nicht mehr.

Wie beurteilen Sie die Strömungen in der SPD: Seeheimer, Parlamentarische Linke, Netzwerker?

Dahinter stehen ja noch weitere Untergruppierungen – selbst die Seeheimer streiten sich untereinander, wer vors Mikrofon darf. Ich finde, diese Grüppchenbildung ist ein Anachronismus. Das ist bei einem kleiner werdenden Kuchen die Schlacht am Kuchenbuffet. Keine dieser Gruppierungen trägt dazu bei, dass der Kuchen größer wird, dass die Partei attraktiver und stärker wird.

Welche Rolle spielen die Strömungen in der CDU?

Die Gruppenbildung verläuft in der Bundestagsfraktion sehr stark nach Landesgruppen. Die Vereinigungen – also die Junge Union, die Frauen Union, der Mittelstand – sind ein Machtfaktor in der Partei, aber nicht in der Fraktion.

Welche Bedeutung haben diese Gruppierungen für die Programmgestaltung und die Attraktivität der CDU ?

Die Junge Union spielt bei der Jugend keine Rolle, die Frauenunion nicht bei den Frauen und so weiter. Deshalb habe ich 2002 als Mitglied der Kommission »Bürgerpartei« vorgeschlagen, diese Gruppierungen zu entmachten, weil sie im Grunde nur noch Postenverteilungsinstrumente sind, und gleichzeitig vorgeschlagen, die Aktivitäten im Internet zu verstärken, neue Netzwerke nach Themen und Milieus zu bilden, neue Partizipationsformen zu entwickeln. Das ist am Ende gescheitert – an den Verbänden. Kurz vor der Verabschiedung des Papiers sind sie noch einmal vorstellig geworden bei Frau Merkel, um sich über mich zu beschweren. Das war's dann.

Die Untergruppierungen und Flügel sind also nur noch Agenturen für die Machtverteilung?

Eigentlich haben sie eine doppelte Aufgabe. Einerseits sollen sie die Interessen ihrer Gruppe in die Partei hineintragen. Andererseits sollen sie in der Bevölkerung, in ihrer Schicht, Sympathien für die Partei wecken. Das funktioniert aber nicht. Die Junge Union, die Jungsozialisten, die Jungen Liberalen, die Frauenunion, die Sozialdemokratischen Frauen ASF und wie sie alle heißen, haben überhaupt keine Ausstrahlung in ihre Zielgruppen hinein. Eine normale, moderne deutsche Frau von heute begeistert sich vielleicht für Ursula von der Leyen, aber doch nicht für die CDU-Frauenunion.

Welche Erfahrungen haben Sie in der Kommission »Bürgerpartei« gemacht?

Da waren interessante Leute dabei. Und es wurde ganz offen diskutiert, über all die Fragen, über die wir jetzt auch sprechen – weil Leute von außen reingeholt worden waren. Aber am Ende, als es hieß, Butter bei die Fische, da hat das Partei-Establishment beziehungsweise das Establishment der verschiedenen Vereinigungen die reinen Gruppeninteressen durchgesetzt.

Es kam also nicht viel heraus?

Nichts. Und es hatte auch keinerlei Einfluss auf den dann folgenden Zustand der CDU. Am Ende sind die Partikularinteressen und die Machtinteressen der Spitze stärker als die Einsicht in die Notwendigkeit der Reform.

Auch bei anderen Parteien scheitern Reformvorhaben – woran liegt das?

Diese mangelnde Reformfähigkeit der Parteien ist vergleichbar mit einem Unternehmen, das nicht mehr innovativ ist und nicht die Kraft hat, neue Produkte zu entwickeln. Und Parteien, die keine neuen Produkte mehr entwickeln, die nicht mehr innovativ sind, geht es irgendwann wie solchen Unternehmen: Sie finden keinen Abnehmer mehr.

Und in diesem Zustand sind wir heute?

Zumindest gehen wir stark in diese Richtung.

Was kann der Einzelne in den Parteien bewirken?

Nichts, nur in Gruppen und Bündnissen. Es gab mal eine Parteirevolution in Frankfurt: Über Nacht traten vierhundert Leute ein. Das war die damalige Gruppe Adel und Banken. Sie war programmatisch sehr auf Wirtschaftsthemen verengt, aber sie hat es geschafft, die Partei völlig umzustülpen. Die haben aus der Frankfurter CDU damals fast eine neue

Partei gemacht – zum Teil durchaus sehr innovativ, weil da viele junge Leute, Banker, Anwälte dabei waren. So etwas wäre immer noch möglich. Wenn Sie heute mit vierhundert Leuten in die Berliner CDU eintreten, dann räumen Sie den trostlosen Laden auf.

Eine wirkliche Parteireform oder Parteirevolution muss aber meiner Meinung nach von der Spitze kommen. Der an der Spitze muss souverän und sich seiner Sache sicher sein. Und er muss auch an einem Punkt seiner Karriere stehen, wo ihm seine künftigen Machtinteressen nicht mehr so wichtig sind. Und dann muss die Revolution von oben kommen.

Sehen Sie Kandidaten, die das wollen?

Im Augenblick niemanden. Die Chancen sind nicht sehr groß – die Misere wird weitergehen.

Bis zur Sklerose?

Es wird eine weitere Fragmentierung des Parteiensystems geben bei gleichzeitigem Rückgang der Wahlbeteiligung. Es wird auch irgendwann eine Partei rechts von der CDU geben, vielleicht nicht unbedingt rechtsradikal, aber eine Abspaltung von der CDU.

Wie lange wird die Demokratie, wie wir sie kennen, das aushalten?

Lange, weil wir kein revolutionäres Volk sind. Die Leute ärgern sich zwar am Stammtisch, haben aber das Gefühl, dass der Laden schon irgendwie läuft.

Lässt sich das System von Spitzenpolitikern, die in dem bestehenden System aufgewachsen sind, überhaupt verändern, etwa durch Seiteneinsteiger?

Es gab immer wieder Spitzenpolitiker, die zumindest versucht haben, Außenseiter vorne auf die Liste zu setzen und Leute von draußen reinzuholen. Aber das geschieht stets gegen den Willen des Apparats, denn plötzlich fehlen da vordere Listenplätze für die Teilnehmer der Ochsentour.

Die Seiteneinsteiger sind bereits seltene Ausnahmen.

Weil einige übel enttäuscht und verdrängt wurden oder sensationell gescheitert sind. Ich erinnere mich an eine Episode mit dem Computer-Unternehmer Jost Stollmann, Schröders Kandidaten fürs Wirtschaftsministerium. Der kam am Wahlabend 1998 in die niedersächsische Landesvertretung, freute sich über die gewonnene Wahl – nach dem Motto: »Wann geht es los, wo ist mein Ministerium?« Dann treffe ich ihn und frage ihn: »Soll ich Sie mal bekannt machen mit Ihrem künftigen Staats-sekretär?« Er antwortet: »Was heißt das – mein künftiger Staatssekre-tär? Darüber entscheide doch ich!« Da habe ich ihn mit Alfred Tacke be-kannt gemacht. Es war nämlich schon längst entschieden, dass Tacke als Staatssekretär der heimliche Minister werden sollte, damit der Sei-teneinsteiger keinen Unsinn machen konnte, wie die Partei meinte. In diesem Augenblick war Stollmann klar, dass es zu Ende war, bevor es begann, dass mit seiner Karriere schon am Wahltag Schluss war – weil selbst die Auswahl seines engsten Mitarbeiters und Staatssekretärs hin-ter seinem Rücken bereits entschieden war, ohne ihn überhaupt zu fra-gen. Die Stollmann-Kandidatur war eine reine Wahlkampfinszenierung, eine Show, um Offenheit vorzutäuschen. Aber wenn Seiteneinsteiger in solch übler Art und Weise vorgeführt werden, wie wollen Sie da noch welche finden?

Wären Kampfabstimmungen ein Instrument zur Vitalisierung der Par-teien?

Jede Kampfkandidatur ist positiv für eine Partei. Wir haben viel zu wenig Kampfkandidaturen.

Wie erklären Sie sich, dass ehemalige Politiker scharfe Kritik am Sys-tem äußern, in ihrer aktiven Zeit aber geschwiegen haben?

Weil sie das System nicht mehr brauchen, weil ihre Karriere vorbei ist, weil sie sich von diesen Abhängigkeiten durch ihr Ausscheiden befreit haben. Dann Kritik zu üben, ist wohlfeil.

Reden die Leute hinter den Kulissen anders?

Selbstverständlich.

Aber diese Kritik wird von den Medien nicht transportiert, strukturelle Fragen werden nicht aufgegriffen.

Ja, weil sie komplizierter sind. Das hängt natürlich mit der Medienent-wicklung zusammen, mit der Boulevardisierung der seriösen Presse. Es hängt mit einer immer größeren Personalisierung und Inszenierung der Politik zusammen. Das ist leichter und faszinierender, als über Struk-turfragen zu berichten, über die man auch mehr Hintergrundkenntnisse haben muss.

Ihr Fazit lautet also: Die Misere geht weiter, aber sie wird keine funda-mentalen Auswirkungen haben? Aufregung auf hohem Niveau?

Die Misere geht weiter. Aber sie wird negative Auswirkungen haben: Mitgliederzahlen werden weiter sinken, die Wahlbeteiligung wird weiter sinken, die Zustimmung der Bevölkerung zur Politik, zum System, zur sozialen Marktwirtschaft wird weiter sinken. Aber es ist nicht zu erwarten, dass der Druck so groß wird, dass der Deckel vom Topf fliegt.

Unter welchen Umständen könnte es dazu kommen?

Wenn politikferne populistische Bewegungen plötzlich in der Politik mehr Erfolg haben. Wenn Außenseiter sich organisieren und plötzlich politische Macht erringen. Die Parteien reagieren erst dann, wenn ihre Macht bedroht wird. Und Parteien ist es egal, ob sie am Ende fünfzig Prozent der Mandate haben bei vierzig Prozent Wahlbeteiligung oder bei achtzig. Die reagieren erst, wenn sie nicht mehr die Hälfte der Mandate haben. Erst, wenn es ihnen an die eigene Macht geht, wird sich etwas ändern.

2. Mythos Ehrenamt: Wie Deutschland zum Weltmeister des freiwilligen Engagements statistisch hochfrisiert wird

Die Keimzelle für gesellschaftspolitische Mitarbeit und Beteiligung sind in der Regel Vereine, Verbände, Initiativen, Selbsthilfegruppen und Bewegungen. Jedes Engagement in der Zivilgesellschaft – von der Gruppenarbeit bei den Pfadfindern bis zum Einsatz für die in Deutschland überaus erfolgreichen »Tafeln« – wird unter dem Sammelbegriff »Ehrenamt« oder »Freiwilligenarbeit« zusammengefasst.

Dieser Sektor hat eine überragende Bedeutung für den demokratischen Kitt einer sozialen Gemeinschaft. Denn hier werden Erfahrungen und Kompetenzen gesammelt, die nicht selten die Grundlage für späteres Engagement in Politik und Gesellschaft bilden. Hier entsteht der Humus, auf dem politischer und gesellschaftspolitischer Nachwuchs gedeihen. Deshalb ist die Besichtigung der Rahmenbedingungen, Strukturdaten und Konfliktkulissen des Ehrenamts von entscheidender Bedeutung. Hier liegt ein Schlüssel für die Analyse der Nachwuchsfalle in der Politik.

Das statistische Märchen: AMB Generali und der »Engagement Atlas 09«

Für den Versicherungskonzern AMB Generali Deutschland war es sicher ein genialer PR-Coup: Ende November 2008 veröffentlichten viele deutsche Regionalzeitungen die Daten des von AMB Generali finanzierten und publizierten »Engagement Atlas 09«. Damit wollte der Konzern nach eigenen Angaben »das bürgerschaftliche Engagement Älterer fördern«. Auch die *Süddeutsche Zeitung* veröffentlichte die von der Prognos AG ermittelten Daten und verkündete mit naiver Freude: »Jeder Dritte arbeitet ehrenamtlich.«[1] In Baden-Württemberg und Hessen sind es laut »Engagement Atlas«

sogar 40%, in manchen Regionen reicht nicht einmal dieser phantastische Wert: Dort sollen 50% aktiv im Ehrenamt sein. Dagegen bringt es Berlin auf weniger als die Hälfte (19%). Was konkret im angegebenen Ehrenamt tatsächlich geleistet wird, bleibt das Geheimnis der Befragten.

Grundlage für die Studie waren 44 000 fünfminütige Telefon-Interviews mit zehn Fragen. Ausgerechnet die wichtigste Frage der Untersuchung, auf deren Basis die »Engagement-Quote nach Alter und Geschlecht« errechnet wurde, fehlt allerdings in der 48-seitigen Dokumentation.[2] Die ermittelte Engagement-Quote von 34,3% liegt etwas höher als jene 34%, die 1999 im von der Bundesregierung finanzierten sogenannten Ersten Freiwilligen-Survey – so der Name der Datenauswertung zum Ehrenamt – und niedriger als die 2004 im Zweiten Freiwilligen-Survey ermittelte Quote (36%).

ABM Generali freute sich über ein zweites überraschendes »monetäres« Ergebnis: »Bürgerschaftlich Engagierte leisten 7,5% der Gesamtarbeitsstunden in Deutschland«[3] – ein gewaltiger Wirtschaftsfaktor mit 4,6 Milliarden Stunden im Jahr. Im Bundesdurchschnitt werden monatlich 16,2 Stunden von jedem Freiwilligen geleistet.

Dieses Potenzial ist – so die Forscher – freilich noch ausbaufähig: Denn »17% der engagierten Bürgerinnen und Bürger halten es für möglich, ihr Engagement auszuweiten«.[4] Dazu kommt eine Reserve von insgesamt 37%, die sich *vielleicht* oder *bestimmt* vorstellen können, sich freiwillig zu engagieren.

Auch die im kurzen Telefonat mitgeteilten Gründe für das Engagement sind rührend: 29,6% wollen die »Gesellschaft im Kleinen mitgestalten«, 25,9% wollen »mit anderen Menschen zusammenkommen«, 23,7% sagen: »Engagement ist eine wichtige gesellschaftliche Aufgabe.« 17,8% wollen »Interessen vertreten und Probleme lösen«.

In der Sozialforschung werden Antworten auf solche unpräzisen, aber positiv besetzten Fragen als die Bestätigung sozial erwünschten Verhaltens verbucht. Echte Motive und harte, belastbare Zahlen des Engagements sind seriös nur in offenen, ausführlichen Gesprächen mit gezielten Rückfragen über die genaue Qualität des Einsatzes zu ermitteln. Gerade in kurzen Telefonaten besteht die

Gefahr, dass die reine Mitgliedschaft in einem Verein oder die Teilnahme an einer Gemeindeveranstaltung bereits von den Befragten als »Engagement« eingestuft wird. Zudem hat die intensive öffentliche Debatte zum Thema Ehrenamt bewirkt, dass ein vermeintliches freiwilliges Engagement mittlerweile positiv aufgeladen und selbst bei Arbeitgebern erwünscht ist.

Frau von der Leyens Gespür für Zahlen

Es mag ein Zufall gewesen sein. Aber zeitgleich mit der Präsentation der Generali-Studie setzte die ehemalige Bundesfamilienministerin Ursula von der Leyen in Berlin einen kräftigen Gegenakzent: »Zu wenig Ehrenamtliche in Ostdeutschland«[5], polterte sie Ende November 2008. Die Begründung für diese ungewöhnliche Attacke weist in eine ganz neue Richtung:

> »Die Bundesregierung betrachtet mit Sorge das mangelnde ehrenamtliche Engagement in den östlichen Bundesländern. Dort bestehe ein Vakuum, das gefüllt werden müsse, bevor sich extreme Kräfte dort breitmachten.«[6]

Diese offizielle ministerielle Aussage ist besonders brisant, weil alle Vorgängerinnen der Ministerin stets Jubelzahlen – mit dem Tenor, jeder Dritte in Deutschland sei *sehr stark* engagiert – verkündet hatten.

Im Frühjahr 2009 startete die Ministerin eine ressortübergreifende Kampagne für mehr Zivilengagement, die aber – wie die Kampagnen zuvor – verpuffte. Gleichzeitig wagt sich Ursula von der Leyen an ein weiteres Tabu: Sie lässt das Engagement von Migrantinnen untersuchen. »Über das freiwillige Engagement innerhalb der Migranten-Communities wissen wir nichts.«[7] Für die Freiwilligen-Forscher eine Provokation. Denn sie hatten in früheren Studien für das Ministerium gerade in diesem Milieu eine überraschend hohe Aktivität attestiert.

Mit geschönten Zahlen Politik machen

Die kritischen Hinweise der Ministerin stehen im Widerspruch zur bisherigen Politik ihres Hauses. Bislang hatte die Bundesregierung, die von ihr alimentierten Ehrenamtsvereinigungen, die Landesregierungen, Parteien und natürlich Wohlfahrtsverbände keine Gelegenheit ausgelassen, in Hochglanzbroschüren und Festakten die geschönten Zahlen zu feiern: 22 Millionen Bürger in Deutschland sind laut Freiwilligen-Survey ehrenamtlich besonders aktiv. Das hieße, dass gut ein Drittel der Deutschen – genau 36 % in 2004 – in Vereinen und Verbänden, in Initiativen und Projekten aktiv sind. Praktiker von der Caritas bis zu den Sportverbänden zweifeln jedoch an den politischen Zahlen. Würden die Daten stimmen, wäre Deutschland einsame Spitze auf dem Gebiet des sozialen Engagements. Olaf Ebert von der Bundesarbeitsgemeinschaft der Freiwilligen-Agenturen (bagfa) traut den ungewöhnlich hohen Engagementzahlen nicht: »Ich bin kein Statistiker, aber zweifle die Zahlen des ›Engagment Atlas‹ auf der Landkreisebene (wo regionale Unterschiede in benachbarten Landkreisen von über 20 bis 30 % festgestellt werden) doch sehr stark an.« Der Experte gibt die Zahl der Freiwilligen-Agenturen in Deutschland mit »circa 300« an. Dreimal so hoch – unter 1000 solcher Einrichtungen – schätzt dagegen das Bundesnetzwerk Bürgerschaftliches Engagement (BBE) die Zahl der Freiwilligen-Agenturen. Trotz schriftlicher Nachfrage weigerte sich das vom Familienministerium finanzierte BBE, die Zahlen des Freiwilligen-Surveys und des »Engagement Atlas« zu bewerten.

Aber selbst die für solche Studien Verantwortlichen hegen professionelle Zweifel. Der Chef des Forscherteams von Infratest Burke, Bernhard von Rosenbladt, räumte in einer Stellungnahme ein: Eine steigende »Zahl ehrenamtlich engagierter Personen in Deutschland steht im Widerspruch zu den Klagen aus dem Bereich der Verbände über eine sinkende Bereitschaft zum ehrenamtlichen Engagement. Der Widerspruch lässt sich derzeit nicht eindeutig erklären und auflösen.« Zudem warnte der Umfrage-Profi vor »methodischen Unsicherheiten in hohem Maße« und versuchte, den politischen Missbrauch der Ergebnisse zu stoppen: »Der Freiwilligen-Survey 1999 kann vorerst nicht Grundlage von Trendaussagen sein.«

Doch diese Warnungen sollten wie eine Beruhigungspille wirken. Im Jahr 2004 wurden alle methodischen Fehler wiederholt. 2009 wird dies so bleiben, trotz intensiver fachlicher Kritik. Hinter vorgehaltener Hand distanzieren sich viele Kenner der Szene, aber kaum einer wagt dies öffentlich zu sagen. Der Organisations-Opportunismus und die Abhängigkeit von öffentlichen Fördertöpfen zwingt viele zum Schweigen.

Dies gilt nicht für Stefan Nährlich. Er leitet die Vereinigung »Aktive Bürgerschaft« und hat sich wissenschaftlich mit der Analyse des Ehrenamts beschäftigt. Für den promovierten Sozialwissenschaftler sind die veröffentlichten Zahlen weit überzogen: »Ja, es werden immer mehr. Ich halte das auf diesem Niveau für eher unrealistisch. Vor dem ersten Freiwilligen-Survey lagen die wissenschaftlichen Studien alle deutlich niedriger. Eine Fastverdoppelung der Engagementzahlen in den letzten 15 bis 20 Jahren fände ich doch sehr bemerkenswert. Aber eben politisch gewünscht, und manchmal ist ja auch der Wunsch der Vater des Gedankens.«

Der Berliner Diplomsoziologe Jens Ehrhardt beschäftigt sich in seiner noch unveröffentlichten Dissertation intensiv mit »Längsschnittanalysen zum Ehrenamt«. Er bestätigt diese Kritik: »Ich nehme an, dass die beiden Freiwilligen-Surveys die Engagementquote ein Stück weit überschätzen. Bei den Erhebungsinstrumenten besteht weiterer Forschungsbedarf. Erst nach Klärung dieser Frage sollte eine weitere große Befragung erfolgen«, so Ehrhardt. Er sieht auch eine weitere Förderung der etwa 250 Freiwilligen-Agenturen skeptisch. Diese Vermittlungs- und Beratungsagenturen benötigten seiner Meinung nach keine Förderung. Denn mit diesen Einrichtungen kann – so der Sozialwissenschaftler – die Engagementquote nicht erhöht werden, da die allgemeinen Zugangsraten bereits sehr hoch sind.

Die hohe Kunst, Statistiken zu manipulieren

Doch alle Warnungen wurden von der Ministerialbürokratie, deren »wissenschaftlichem Beirat« sowie der Verbandslobby ignoriert. Der Freiwilligen-Survey, der später auch für verschiedene Bundesländer und sogar in einem platten Wiederholungsgutachten für die Enquetekommission »Bürgerschaftliches Engagement« erneut vermarktet wurde, beruht auf folgender Schlüsselfrage an die zufällig ausgewählten Befragten: *Es gibt vielfältige Möglichkeiten außerhalb von Beruf und Familie, irgendwo mitzumachen, beispielsweise in einem Verein, einer Initiative, einem Projekt oder einer Selbsthilfegruppe. Ich nenne Ihnen verschiedene Bereiche, die dafür infrage kommen. Bitte sagen Sie mir, ob Sie sich in einem oder mehreren dieser Bereiche aktiv beteiligen.* In der Auswertung räumen die Forscher allerdings selbstkritisch ein: »Was die aktive Beteiligung in den einzelnen Bereichen konkret bedeutet, war hier nicht genauer zu untersuchen.«[8]

Um das Ausmaß der »Freiwilligkeit« zu erkunden, wählten die Auftragsforscher einen anderen Kunstgriff. Ihre Telefonfrage lautete: *Sie sagten, Sie sind im Bereich XY aktiv. Haben Sie derzeit in diesem Bereich auch Aufgaben oder Arbeiten übernommen, die Sie freiwillig oder ehrenamtlich ausüben?* Die folgende Batterie von fünfzehn positiv besetzten, aber völlig unscharfen Antwortvorgaben erweckte bei den Befragten das Gefühl der positiven Bestätigung, wenn sie auf wenigstens eine der Antwortmöglichkeiten mit Zustimmung reagierten. Denn – wer gibt nicht gerne vor, engagiert zu sein?

Im Freiwilligen-Survey, der im Herbst 2009 mit nahezu dem gleichen Design wiederholt werden soll, wird wieder das erwünschte Verhalten abgefragt. Im Klima der von allen Medien gestützten Ehrenamtsrhetorik liegt es nahe, am Telefon beispielsweise eine Mitgliedschaft in einem Verein oder einer Initiative gleich als Aktivität misszuverstehen. Diese »methodische Sünde« suchte der Forscher von Rosenbladt gleich wieder mit einem »schwierigen Messproblem« zu entschuldigen, »weil sich die Niveaufrage und die Strukturfrage des Ehrenamtes bzw. der Freiwilligkeit schwer erfassen« lasse.

»Neben dem Messproblem gibt es ein Stichprobenproblem. Dieses führt in der Tendenz dazu, dass alle repräsentativen Umfragen das Niveau ehrenamtlichen bzw. freiwilligen Engagements vermutlich überhöht ausweisen.«[9]

So viel Distanz, so viel Skepsis und so viele handwerkliche Mängel. Doch das Kleingedruckte in den Werkstattberichten ignorieren Spitzenpolitiker, Ministerialbürokratie und ihre wissenschaftlichen Berater mit Vorsatz. Sie haben ein Interesse an hohen Engagementzahlen, weil dieses Potenzial Zug um Zug als Ausfallbürge für nicht mehr finanzierbares staatliches Handeln herangezogen werden soll.

Eigentlich müsste man davon ausgehen können, dass wenigstens im Wissenschaftlichen Sekretariat der Enquetekommission »Bürgerschaftliches Engagement« die Vergleichsdaten anderer Untersuchungen zur Kenntnis genommen würden. Aber auch hier stützt man sich auf die euphorische Sprachregelung »22 Millionen sind ehrenamtlich aktiv«. Insider vom Bundesnetzwerk Bürgerschaftliches Engagement (BBE) geben zu, dass mit dieser hohen Zahl das verwaiste Politikfeld »Freiwilligenarbeit« politisch aufgewertet werden soll. Wer 36% der Bevölkerung vertritt, findet Aufmerksamkeit als Lobbyist.

Der Tabubruch des hessischen Innenministers

Mit bemerkenswerter Offenheit hat der hessische Innenminister Volker Bouffier (CDU) zwei weitere Lebenslügen im Bereich der »Ehrenamtspolitik« (un-)freiwillig präsentiert. Auf einer CDU-Veranstaltung in Großenlüder beklagte er schon vor gut sechs Jahren die gravierenden Nachwuchsprobleme der freiwilligen Feuerwehr. Wörtlich sagte er: »Zentrales Problem ist es, dass wir in Zukunft noch genügend Leute haben.« Die im Lauf der Jahre ausgezehrte ehrenamtliche Basis müsse wieder gestärkt werden. »Die Alternative Berufsfeuerwehr ist für die Kommunen nicht zu bezahlen.«[10]

Damit machte der CDU-Mann zwei Dinge klar, die von den zuständigen Politikern bis dahin stets bestritten wurden. Erstens: Es gibt Nachwuchsprobleme, obgleich der Freiwilligen-Survey das krasse Gegenteil ermittelt hat und gebetsmühlenartig wiederholt, dass 36% der Bevölkerung ehrenamtlich aktiv seien. Zweitens: Er räumte ein, dass die Ehrenamtlichen faktisch »Ausfallbürgen« für Leistungen sind, die der Staat nicht mehr übernehmen kann. Nicht nur im Revier der Feuerwehren werden die Kommunen künftig noch stärker gefordert.

Mittlerweile ist der Problemdruck so stark gewachsen, dass sich das Hessische Ministerium des Innern und für Sport Anfang 2009 direkt mit einem Prospekt an die hessischen Unternehmer und Arbeitgeber wenden musste. Der Grund: Immer mehr der 71 000 Feuerwehrangehörigen (97%) stoßen auf Widerstand bei der Freistellung im Brand- oder Katastrophenfall. Um künftige Gefahren »im Spannungsfeld der Interessen von Arbeitgebern und Gesellschaft« zu verhindern, droht das Ministerium unumwunden mit einem eher unbekannten Gesetz:

> »Wenn die Zahl der Feuerwehrangehörigen zu gering ist, können Einwohner vom 18. bis 50. Lebensjahr zum ehrenamtlichen Dienst in der Gemeindefeuerwehr herangezogen werden. ... Es liegt im Interesse der Unternehmen, dies zu vermeiden und das Prinzip der freiwilligen Mitwirkung in der Feuerwehr zu erhalten; die Einführung von Pflichtfeuerwehren würde die Betriebe stärker beeinträchtigen.«[11]

Deutlicher kann man die Notlage des Ehrenamts nicht dokumentieren. Die Feuerwehr ist ein besonderer Fall, weil die Lohnkosten für Feuerwehreinsätze, Übungen und Fortbildung von den jeweiligen Bundesländern sogar erstattet werden. Zudem werden Aktive in den Feuerwehren mit einer sogenannten »Übungsleiter-Pauschale« vom Staat finanziell unterstützt.

Doch nicht nur die Feuerwehren sind von dem leisen Rückzug der Ehrenamtlichen ins Privatleben betroffen. Ähnliche Tendenzen gibt es im Sport – auch hier kann die staatliche Alimentierung mit einer Übungsleiter-Pauschale den Rückzug nicht ausgleichen. Zahlreiche Schulen müssen ohne Elternvertreter auskommen. Die *Berliner Zeitung* meldet am 12. Dezember 2008: »Eltern lassen sich nicht mehr blicken. Erstmals findet eine Schule in Berlin überhaupt keine Vertreter für die Schulkonferenz.« Eine solche Nachricht ist für viele Lehrer von Bremerhaven bis Backnang nichts Neues.

Händeringend suchen Altenheime, Hospize und Krankenhäuser ehrenamtliche Betreuer – mit immer größerem Aufwand, unterstützt von professionellen Akquisiteuren, und doch mit immer geringerer Resonanz bei den Bürgern. Der Staat, der seit Jahren auf Pump lebt und sich auf eine unkontrollierte, wuchernde Bürokratie stützt, braucht »billige« Helfer. Aber die gesuchten Helfer planen lieber den zweiten Ski-Urlaub und suchen sich »selbst zu erfüllen«, wie Freizeit-Experten bilanzieren.

Die Tatsache, dass der Staat zunehmend auf »Freiwillige« bauen muss, ist der eigentliche Grund für eine grotesk-euphorische »Ehrenamts-Rhetorik«. Denn bislang war es ein Tabu, den Bürger für Aufgaben der Gemeinschaft zu verpflichten. Doch mittlerweile sollen Eltern Schulen renovieren, Kinder ihre Klassen reinigen und Bürger für die Sicherheit in der Innenstadt sorgen. Diese »Zumutungen« des Staates scheitern häufig, weil es keine begründete und durchdachte Engagement-Politik gibt. Diese anspruchsvolle Aufgabe haben alle politisch Verantwortlichen immer wieder vor sich hergeschoben. Der Grund dafür ist ganz einfach:

Eine glaubwürdige Engagement-Politik kann sich nicht mehr allein auf primitive Appelle stützen und die Frage der politischen Beteiligung ausklammern.

3. Die Innenausstattung des politischen Personals in Deutschland. Oder: Wer wird Politiker und warum?

Mit den Politikern ist Dieter Rickert »fertig«. Damit geht es ihm wie vielen Bürgern in Deutschland. Nur: Rickert müsste eigentlich besser informiert sein als der politikverdrossene »Normalbürger«. Er ist Deutschlands führender Headhunter und stattet seit 1990 die Management-Etagen der Republik mit qualifiziertem Personal aus. Seinen Kunden empfiehlt er nur Kandidaten, die seinem Suchraster entsprechen und »die eine vergleichbare Aufgabe mit vergleichbarer Komplexität nachweislich erledigt haben«. Dieses Qualitätsprofil und ein überprüfbarer Bewährungsaufstieg im zivilen Leben, sagt er, »müsste auch der Maßstab in der Politik« sein. *Müsste.* Der Münchner Personalmanager alter Schule vermisst bei den heute verantwortlichen Politikern vor allem Sachkunde. Rasend macht ihn, wie er selber betont, der »Umstieg von der Uni direkt in die Politik«, weil damit die berufliche Unabhängigkeit fehle.

Aber wer sind »die Politiker« überhaupt? Wer gehört zur vielgescholtenen politischen Klasse? Suzanne Schüttemeyer, renommierte Professorin aus Halle, charakterisiert den typischen Kandidaten für den Bundestag folgendermaßen:

> »Es ist ein 40 bis 60 Jahre alter Mann, der deutlich besser gebildet ist als der Durchschnitt der Bevölkerung, der mittleren oder oberen Mittelschicht angehört und überdurchschnittlich oft aus dem öffentlichen Dienst kommt. Und vor allem kann man feststellen: Die beste Voraussetzung, um als Kandidat nominiert zu werden, ist, schon Bundestagsabgeordneter zu sein.«[1]

Der Normalfall: Aufstieg in den Bundestag
nach achtzehnjähriger Ochsentour

In der Bundesrepublik liegt die Rekrutierung des Politiknachwuchses allein in der Hand der Parteien. Sie vergeben hauptberufliche Positionen fast ausschließlich an Parteimitglieder, die sich über mehrere Jahre ehrenamtlich in der Partei engagiert und Mandate auf lokaler und regionaler Ebene wahrgenommen haben. Statistiken aus dem Jahr 1998 besagen, dass Bundestagsabgeordnete ihr Mandat im Schnitt 10,5 Jahre nach der Übernahme des ersten lokalen Parteiamts und neun Jahre nach Übernahme eines Mandats im kommunalen oder regionalen Bereich erhielten. Zuvor waren sie bereits weitere neun Jahre als einfache Parteimitglieder aktiv.[2]

Vom Parteibeitritt bis zum Bundestagsmandat benötigt man im Schnitt also achtzehn Jahre – und jede Menge Ausdauer. Das ist die Reifezeit, die gemeinhin etwas abschätzig als »Ochsentour« bezeichnet wird. Dazu gehört: Plakate kleben, Infostände betreuen, Veranstaltungen organisieren und viele, viele Sitzungen besuchen. Die meisten Politikhungrigen und Politikbegabten möchten sich und ihrem privaten Umfeld das nicht zumuten.

Wer beruflich in den Bereichen Politik, Verwaltung und Staat tätig ist, hat wesentlich bessere Rekrutierungschancen. In der 15. Wahlperiode (2002–2005) hatte rund die Hälfte der Bundestagsabgeordneten einen »administrativen« Hintergrund: 40% waren vor ihrer Mandatszeit im öffentlichen Dienst tätig, 10% arbeiteten als Angestellte bei Parteien, in Fraktionen und Verbänden. Ihr Anteil hat stetig zugenommen.[3] Gestiegen ist auch der Anteil der Freiberufler wie Anwälte, Notare und Steuerberater (14% in der 15. Wahlperiode).[4] Im Verhältnis zur Gesamtbevölkerung gering ist hingegen der Anteil der Abgeordneten, die zuvor in der Wirtschaft ihr Geld verdienten – er betrug nur rund ein Drittel in der 15. Wahlperiode. Arbeitnehmer sind ebenfalls unterrepräsentiert. Der Anteil der Arbeiter war in der 15. Wahlperiode verschwindend gering, lediglich 1%; Selbstständige und leitende Angestellte brachten es immerhin auf 7%.[5] Verzerrte Welt. Die repräsentative Demokratie leidet offenbar unter ineffizienten Rekrutierungsmustern, die in sechs Jahrzehnten wie zementiert wirken.

Der Aufstieg in Spitzenämter

Eine akademische Ausbildung ist Voraussetzung für den Aufstieg in politische Führungspositionen, zum Beispiel in Regierungsämter. Das Überraschende dabei: Der Anteil der Juristen geht seit einigen Jahren zugunsten anderer Fachrichtungen zurück.[6]

Ein Abgeordnetenmandat führt in den meisten Fällen unwiderruflich in den Beruf des Politikers. Nur die wenigsten Spitzenpolitiker kehren nach ihrem Ausscheiden aus Amt oder Mandat wieder in ihren angestammten Beruf zurück. So hatten in der 14. Wahlperiode bereits zwei Drittel (36 von 53) der Regierungsmitglieder (Kanzler, Minister und Parlamentarische Staatssekretäre) vor ihrem Amtsantritt ein Bundestagsmandat inne. Fünf waren vorher Ministerpräsidenten, fünf waren Landesminister. Auch hohe Fraktionsämter fördern die Karriere.[7]

Bei sozialdemokratischen Spitzenpolitikern (Kanzler, Minister und Parlamentarische Staatssekretäre) haben Lehrer seit 1998 einen besonders hohen Anteil (in der rot-grünen Regierung ab 1998 waren es 13 von 53). Bei Union und FDP dominieren juristische Berufe.[8] Die Anzahl der Vertreter von Interessenverbänden und gewerkschaftlich organisierter Abgeordneter ist in den vergangenen Wahlperioden deutlich rückläufig.[9] Frauen sind im Bundestag nach wie vor unterrepräsentiert, ihr Anteil hat aber in den vergangenen beiden Jahrzehnten deutlich zugenommen.[10]

Wer einmal ein Abgeordnetenmandat errungen hat, ist unübersehbar darum bemüht, dieses für einen längeren Zeitraum zu behalten. Die durchschnittliche Mandatsdauer hat sich in den vergangenen Jahren erhöht. Am Ende der 15. Wahlperiode lag sie bei 9,6 Jahren.[11] Der deutsche »Rekrutierungsexperte« Elmar Wiesendahl, der an der Führungsakademie der Bundeswehr in Hamburg lehrt, nennt sogar eine Verweildauer von mehr als 14 Jahren. Bei Bundestagswahlen wird im Durchschnitt nur rund ein Viertel der Bundestagssitze mit neuen Leuten besetzt.[12] Die Erneuerungsquote ist sogar stark rückläufig: Schieden in der 12. Wahlperiode noch 35,5% der Abgeordneten aus, so waren es 2005 nur 23%.[13] Für interessierte und begabte Nachwuchspolitiker wird es also immer schwieriger, sich einen Platz im Bundestag zu erkämpfen. Dabei ist der Weg ins Parlament ohnehin anstrengend: 2005 bewarben sich insgesamt 3648 Kandidaten um 598 Sitze.[14] Sicher gehören dazu auch die aussichtslosen Zählkandidaten, die nur pro forma kandidieren.

Aufsteiger, Absteiger, Seiteneinsteiger

Die Parlamentsforscher Jens Borchert und Klaus Stolz haben das Herkunftsprofil von Landtagsabgeordneten genauer untersucht. Sie unterscheiden Aufsteiger, Absteiger und Seiteneinsteiger:[15]

- *Aufsteiger* sind demnach Abgeordnete, die vor Antritt ihres Mandats bereits Mandate oder Ämter auf einer untergeordneten Ebene (in der Regel im kommunalen Bereich, zum Beispiel in Gemeinderat oder Kreistag, als Bürgermeister oder Landrat) oder in untergeordneter Funktion (zum Beispiel ein Parteiamt, ein Verbandsamt oder einen Status als Mitarbeiter eines Politikers) innehatten. Laut der Studie liegt der Anteil der »Bewährungsaufsteiger« bei gut 75%. Davon haben fast 77% vor der Wahl in den Landtag kommunale Ämter oder Mandate wahrgenommen, gut 61% übten eine Vorstandsfunktion in ihrer Partei aus. 12,5% der Aufsteiger waren hauptamtliche Mitarbeiter von Politikern; ihre Bedeutung wächst jedoch mit fortschreitender Professionalisierung der politischen Institutionen. 4,4% waren Funktionäre in einem Verband.
- Zur Kategorie *Absteiger* zählen Borchert und Stolz jene Parlamentarier, die bereits auf höherer Ebene – etwa dem Bund – ein Mandat wahrgenommen haben (4,2%).
- *Seiteneinsteiger* sind Abgeordnete ohne vorherige politische Karriere. 20,8% der Landtagsabgeordneten zählen sich selbst zu dieser Gruppe. Borchert und Stolz gehen aber davon aus, dass es tatsächlich weniger sind. Wie bei vielen Umfragen wird hier eher das sozial Erwünschte abgefragt und verzerrt beantwortet.

Interessant ist, dass die Seiteneinsteiger vorwiegend über die von der Landesebene festgelegten Listenmandate (65,2%) in die Parlamente einziehen. Das spricht gegen den Mythos des Seiteneinsteigers als Gegengewicht zur etablierten Parteiendemokratie. Vorsichtig kommentieren die Forscher:

> »Dass Seiteneinsteiger i. d. R. den Sprung in die Politik eben nicht aus eigener Kraft schaffen, sondern kooptiert werden, sagt natürlich einiges über ihre zu erwartende politische Unabhängigkeit nach dem Mandatsgewinn aus.«[16]

Der renommierte Parteienforscher Dietrich Herzog hat hingegen zwischen Standard-Karrieren, Cross-over-Karrieren und reinen politischen Karrieren unterschieden.[17]

- Als *Cross-over-Karrieren* bezeichnet er, was oben unter dem Begriff Seiteneinsteiger definiert wurde (Herzog beziffert sie mit einem Anteil von 10% der politischen Elite[18]). Die Unterscheidung zwischen Standard-Karrieren und reinen politischen Karrieren ist für die Analyse der Rekrutierungs- und Selektionsverfahren besonders hilfreich.
- Bei einer *Standard-Karriere* werden Wahlämter in Partei und Staat erst nach Abschluss einer beruflichen Etablierung übernommen. Die politische Karriere wird zunächst ehrenamtlich und parallel zum Beruf betrieben. Die Politik gewinnt bei diesem Muster zunehmend an Gewicht und löst schließlich die berufliche Karriere ab (dies trifft auf etwa 60% der Abgeordneten zu).
- Bei reinen *politischen Karrieren* haben die betreffenden Personen schon während oder unmittelbar nach ihrer Ausbildung mit einer besoldeten politischen Berufstätigkeit im Partei-Apparat, als Mitarbeiter von Politikern oder in anderen politiknahen Bereichen begonnen. Dieses Aufstiegsmuster ist vor allem bei jüngeren Berufspolitikern zu beobachten und gewinnt an Bedeutung (rund 30% der Bundestagsabgeordneten fallen in diese Kategorie). Gegen diesen Karriereweg richtet sich immer wieder scharfe Kritik, und zwar nicht nur von arrivierten Personalberatern.

Beide Typen, die nach der beruflichen Etablierung oder berufsbegleitend in die Politik einsteigen, teilen eine Erfahrung: Ohne »Ochsentour« geht nichts voran. Auf diesem kräftezehrenden Weg durch muffige Hinterzimmer und feuchte Bahnhofshallen gilt es, mit Präsenz und Fleiß die eigene Bekanntheit zu steigern und das Wohlwollen der Parteimitglieder zu erwerben.

Schonungslos analysiert Elmar Wiesendahl den Sinn der Ochsentour:

> »Neben dem Engagement in der Kommunalpolitik geht es darum, beharrlich die innerparteiliche Karriereleiter zunächst auf der Orts-, dann auf der Kreisebene zu erklimmen. Hierdurch dringt man zu dem oligarchischen Führungszirkel vor, der eine informelle Vorauswahl akzeptabler Mandatsbewerber trifft.«[19]

Wer rekrutiert, wer selektiert?

Wer die Abgeordneten sind, lässt sich in den wesentlichen Facetten dokumentieren. Wie jedoch Rekrutierung und Selektion funktionieren, ist nicht nur professionellen Beobachtern oft ein Rätsel. Meist wird in dieser Frage leicht verdauliche Parlamentsfolklore präsentiert, damit die ohnehin schmale Vertrauensbasis in den parlamentarischen Betrieb nicht noch weiter zusammenschmilzt. »Auch die Parteienforschung tut sich bis heute schwer, Licht auf die konkrete Praxis der innerparteilichen Elitenbildung zu werfen. Innerparteiliche Nominierungsstudien sind ausgesprochen rar und reflektieren die Verhältnisse der späten 1960er-Jahre«[20], bilanziert Wiesendahl.

Auch Wilhelm Weeges Analyse für die Wissenschaftlichen Dienste des Deutschen Bundestags fällt negativ aus: »Eine wissenschaftlich-systematische Untersuchung der Schwachstellen und Defizite in der aktuellen Praxis der Rekrutierung und Selektion des politischen Personals wurde bislang noch nicht vorgelegt.«[21]

In Deutschland verfügen die Parteien über ein Monopol, die politischen Eliten zu rekrutieren und auszuwählen. Innerhalb der Parteien folgt die Selektion eingeschliffenen Mustern[22]: Mitglieder oder Delegierte entscheiden, wie im Wahl- und Parteiengesetz geregelt, über die Kandidaten auf Landeslisten und in den Wahlkreisen. Im Sinne besserer Partizipationsmöglichkeiten der Mitglieder haben die Parteien die Verfahren der Kandidatenaufstellung in den vergangenen Jahren etwas geöffnet. Immerhin wurden im Jahr 2002 gut 60% aller CDU-Direktkandidaten in Mitgliederversammlungen aufgestellt.[23] Bei der SPD dominiert hingegen das Delegiertenprinzip immer noch mit 86% der Nominierungen – und dies, obwohl die Bundespartei der Basis empfiehlt, Kandidaten in Mitgliederversammlungen zu wählen. Sogar der Ex-Vorsitzende Franz Müntefering ist mit diesem Vorschlag auf den Widerstand der Mitglieder und der Bundestagsfraktion gestoßen.[24] Sein Ziel, zehn unabhängige Kandidaten von außen in den Bundestag zu bringen, scheiterte ebenfalls.

Auch dieses Beispiel zeigt: Das Beharrungsvermögen ist ein Indiz für eine Abschottung zugunsten des eigenen Machterhalts. Formelle und vor allem informelle Gremien auf Kreisebene – so der allgemeine Befund der meisten Parteienforscher – bestimmen in hohem Maße die Auswahl der Wahlkreis-Direktkandidaten.

Die Schleusenwärter der Macht

Auf die sogenannte Basis – Mitglieder und Delegierte – kommt es allerdings, so die Rekrutierungsforscher Schüttemeyer und Sturm, bei den wichtigen Personalauswahlprozessen nicht an. Drei Viertel der von ihnen befragten Direktkandidaten gehen davon aus, dass der Ausgang der Abstimmung über ihre Kandidatur vor der Versammlung als »entschieden« oder »eher entschieden« galt. Unklar ist allerdings, wer da entschieden hat: »Über die vielfältigen Varianten der Entscheidungsprozesse, über Netzwerke und ihre Beteiligten, über Einflusschancen verschiedener Partei-Akteure können wir mehr oder minder plausible Vermutungen anstellen; mit empirischen Daten und systematischem Wissen kann die Politikwissenschaft aber gegenwärtig nicht aufwarten.« Es gebe jedoch keine Gründe, »an früheren Befunden zu zweifeln, dass die Aufstellung der Direktkandidaten die sorgsam gehütete Domäne der Parteiführungen in Orts- und Kreisverbänden ist«[25].

Für den politischen Aufstieg über ein Direktmandat seien zunächst »die langjährigen Mühen innerparteilicher Kärrnerarbeit und ehrenamtlicher kommunalpolitischer Bewährung fast schon obligatorisch«[26].

Laut Wiesendahl folgt die innerparteiliche Elitenrekrutierung dem Modell exklusiver, stark verrechtlicht-standardisierter und dezentraler Kandidatenauswahl:

> »Wahlkreis- oder Listenbewerber kommen nicht an Partei-Instanzen vorbei, die über die Vorauswahl der Kandidaten für bezahlte politische Wahlämter und damit über den Einstieg in eine politische Karriere entscheiden. Wer immer ausgewählt werden möchte, hat den Erwartungen und Selektionskriterien derjenigen zu entsprechen, die als parteiinterne Selektoren zur Wahl stehende Bewerberinnen und Bewerber prüfen und begutachten und auf Wahlkreisversammlungen oder Parteitagen für bzw. gegen sie votieren.«[27]

Von einer Befähigung der »Entscheider« zur Auswahl geeigneter Kandidaten kann nicht ohne Weiteres ausgegangen werden, da sie eher Wohlverhalten prämieren, Linientreue belohnen und Anpassungsfähigkeit honorieren. Neudeutsch heißen die wesentlichen Auswahlkriterien dann »Loyalität« und »Kompetenz«. Gleichwohl verfügen die Schleusenwärter politischer Karrieren durchaus über Qualitätsansprüche, so Wiesendahl.[28] Auf Sachkompetenz, Effizienz und Durchsetzungsvermögen wird dagegen weniger geachtet.

Nur selten – so die vorherrschende wissenschaftliche Meinung – nehmen Spitzenpolitiker auf Bundesebene Einfluss auf die Kandidatenaufstellung.[29] Die Wirklichkeit sieht eher glanzlos aus:

> »Solange ein Abgeordneter seine ›Hausmacht‹ im Wahlkreis pflegt und sich der Unterstützung der örtlichen Gremien – denen er im Übrigen sehr oft selbst angehört – versichert, solange ist es äußerst schwer, seine Renominierung ›von oben‹ zu verhindern. Höchstens im Falle von Vakanzen vermögen Bundespartei oder Bundestagsfraktion gelegentlich Einfluss zu nehmen. Aussicht auf Erfolg haben solche Interventionen dann aber als Empfehlungen oder Bitten, nicht als Befehle.«[30]

Schüttemeyer und Sturm gehen davon aus, dass auch bei der Aufstellung der Landeslisten die mittleren Partei-Eliten die wichtigste Rolle spielen. Unterbreite der Landesvorstand den Delegierten einen Listenvorschlag, so handle es sich dabei um eine sorgfältig abgestimmte Empfehlung. Dabei würden Kräfteverhältnisse und Interessenlagen im Landesverband sowie »mancherlei Proporz« berücksichtigt.[31] Elmar Wiesendahl stellt fest, dass bei der Aushandlung der Landeslisten eine Balance zwischen regionalen, sozialen, vereinigungs-, strömungs-, geschlechtsspezifischen Repräsentationswünschen hergestellt wird. Postenjäger-Seilschaften – etwa unter Helmut Kohl in Rheinland-Pfalz – sowie persönliche Freundeskreise machten ihren Einfluss ebenfalls geltend.[32]

Diese von den Parteispitzen gesteuerte Rekrutierungspraxis prägt natürlich das Verhalten der Abgeordneten, die wiedergewählt werden wollen. Den Löwenanteil ihrer freien Zeit im Wahlkreis widmen sie zwangsläufig ihren internen Unterstützerkreisen. Denn allein diese Kreise bestimmen über den künftigen Auf- oder Abstieg.

Mehr als Rituale: Kampfkandidaturen bleiben die Ausnahme

Kampfkandidaturen gibt es auch bei der Nominierung der Bewerber um ein Direktmandat – und zwar nicht selten: In den kleinen Parteien traten nach 2000 – so die vorliegenden Einschätzungen – in knapp 20% der Fälle mehrere Kandidaten gegeneinander an, bei SPD und CDU gab es sogar in 33,5% beziehungsweise 43% der Fälle Gegenkandidaten. Mit Ausnahme der Kandidaten der CSU bewertet die Mehrheit der Kandidaten den Wettbewerb um die Wahlkreis-Kandidatur positiv, zum Beispiel wünschen sich 50,6% der CDU- und 63,5% der SPD-Kandidaten Gegenkandidaturen gegen amtierende Abgeordnete. Die Chancen der Herausforderer, einem amtierenden Abgeordneten die Nominierung zu entreißen, sind allerdings gering – zumal sich diese mit lokalen und regionalen Wahlämtern absichern: Über 90% der Landtags- und Bundestagsabgeordneten behalten solche Ämter bei.[33]

Insgesamt hält sich der Konkurrenzdruck für Abgeordnete, die ihre lokale und regionale Bastion pflegen und gut mit den jeweiligen »Honoratioren« vernetzt sind, sehr in Grenzen. Der rheinland-pfälzische Innenminister Karl-Peter Bruch (SPD) nennt diese Personen in einem Hintergrundgespräch diejenigen, »die Partei machen«. An diesen »Machern« – gemeint sind die gewählten Vorstände auf Landes- und Bezirksebene sowie die Spitzen im Mittelbau – kommt niemand vorbei, der in der Politik Karriere machen, ein Mandat erringen und aufsteigen will. Die Schattenseite: Er oder sie muss den geheimen Gesetzen und Vorgaben der Macher folgen, nach dem alten Grundsatz: »Right or wrong – my party.« Frei übersetzt: Ob die jeweilige Position richtig oder falsch ist – ich halte mich an die Parteilinie.

Solche Tendenzen in der Rekrutierung der politischen Klasse fördern das Unbehagen an der Politik – nicht nur bei Personalmanagern wie Dieter Rickert aus München. »Mitläufer drängen so nach vorne«, beklagt er im Gespräch. »Die Qualität wird schlechter, die Sachkunde fehlt.« Sein Reformvorschlag: Die Abgeordneten sollten auf ihrem Referentengehalt sitzen bleiben und nicht in den Genuss der meist höheren Diäten kommen. »Dann sterben die Freibierpolitiker aus, und die normalen Abgeordneten werden nicht korrumpiert.«

«Die Rekrutierung erfolgt nicht nach dem Muster Leistung oder Eignung«

Interview mit Elmar Wiesendahl, Professor für Politikwissenschaft, Parteien- und Elitenforscher

Wie »funktioniert« der Weg in die Politik heute? Welche typischen Rekrutierungsmuster für wichtige Ämter und Funktionen gibt es?

Die Rekrutierung erfolgt nicht nach dem Muster Leistung oder Eignung, sondern nach dem Muster Prämierung von Meriten, die man in der Parteiarbeit erworben hat. Dieses Ochsentour-Muster setzt zunächst langjährige Kärrnerarbeit für die Partei voraus, ehe Ansprüche auf Kandidaturen für öffentliche Ämter – zunächst in der Kommunalpolitik, dann in der Landes- oder Bundespolitik – geltend gemacht werden können. Blitzkarrieren oder Seiteneinsteiger- beziehungsweise Cross-over-Karrieren, also Wechsel von einem Beruf in die Politik, bleiben unter diesen

Bedingungen die Ausnahme. Bei Kleinparteien wie den Grünen oder der FDP sind solche Karrieren eher möglich als in den Großparteien SPD, CDU und CSU.

Nach welchen Kriterien werden die Kandidaten ausgewählt?

Das vorherrschende Anwartschaftsmodell für KandidatInnen ist deshalb so problematisch, weil die innerparteilichen Auswahlpersonen bei der Auslese von Ämteraspiranten nicht primär nach der Ämtereignung und -befähigung fragen, sondern zurückblickend KandidatInnen für bereits geleistete aufopfernde Partei-Arbeit belohnen. Hinzu kommt, dass die innerparteiliche Selektion stark auf Ortsverbundenheit der KandidatInnen ausgerichtet ist, um die Attraktivität der aufgestellten Personen für die Wähler zu steigern. Hieraus resultiert ein nicht lösbares Spannungsmoment zwischen Rekrutierung nach Repräsentativitätskriterien einerseits und funktionalen Eignungskriterien andererseits.

Haben sich die Rahmenbedingungen der Rekrutierung durch die Veränderung der Volksparteien und die grassierende Politikverdrossenheit verändert?

Die Frage müsste anders gestellt werden, denn es ist diese neue Klasse von Lebenszeitpolitikern, die die Veränderung der Volksparteien herbeigeführt hat. Um ihre Wiederwahl zu sichern, wurden die Volks- und Mitgliederparteien zu Wählerparteien transformiert – mit entsprechender professioneller Aufrüstung und Ausbau des Parteiapparats, um möglichst viele Stimmen zu gewinnen. Gleichzeitig wurden staatliche Gelder vereinnahmt, um sich finanziell und in der Personalausstattung von der Mitgliederbasis unabhängig zu machen. Diese Deformation der Parteien zu profillosen Postenjäger- und Stimmenfangunternehmen löste eine innerparteiliche Demobilisierung aus und eine chronisch anhaltende Mitgliedermalaise.

Die Politikverdrossenheit ist dagegen unter den Wählern und Wählerinnen verbreitet, weil sie sich von den Parteien nicht mehr in ihren Interessen repräsentiert und vertreten fühlen. Auch trauen sie der politischen Klasse nicht mehr viel zu, und sie halten sie nicht mehr für glaubwürdig.

Welche Rolle spielen Qualifikationsfaktoren wie Studium, Ausbildung und Berufserfahrung bei der Rekrutierung des politischen Nachwuchses?

Es erfolgt keine Leistungspotenzials- und Bestenauslese von BewerberInnen, sondern eine Auswahl aus dem Nachwuchspool. Die Ausgewählten finden den Weg in die Parteien und erarbeiten sich per Ochsentour Anwartschaften auf eine Politikkarriere.

Es gibt keinen Ausbildungsberuf Politiker. Auch besteht kein akademisches Werdegangsmodell als Vorbedingung beziehungsweise Voraussetzung für den Einstieg in den Beruf des Politikers. Die Laufbahn steht jedermann offen, unabhängig von Befähigung oder Eignungskriterien.

Gleichwohl werden Qualifikationen durch Training on the Job und Learning by doing erworben. Als Politiker muss man reden und auch überreden können, sodass sogenannte Laberwissenschaften oder Berufe, die sich des Sprechens bedienen, durch die ein Aspirant gegangen ist beziehungsweise geprägt wurde, für eine Politikkarriere ausgesprochen förderlich sind.

Welche Rolle spielen »Empfehlungen« von etablierten Politikern – etwa für die Förderung von »Talenten« und »Seiteneinsteigern«?

Empfehlungen öffentlicher Art können bei Wahlkreiskandidaten kontraproduktiv sein. Bei Landeslistenaufstellungen spielen sie eine gewisse Rolle, was davon abhängt, ob eine Empfehlung in kleinen oligarchischen Vorauswahlzirkeln ausgesprochen wird. Begrenzt wird Nepotismus durch Proporzschlüssel und den Belohnungscharakter des politischen Aufstiegs.

Welche Defizite in der Rekrutierungspraxis der Parteien sehen Sie?

Das Rekrutierungs- und Auslesemonopol der Parteien erzwingt den steinigen Weg über die Ochsentour. Diese verlangt Abkömmlichkeit im Sinne Max Webers und eine Persönlichkeitsstruktur, die Gefallen an nach Ritualen verlaufender Versammlungskultur und Vereinsmeierei aufweist. Beides verengt das Rekrutierungsspektrum.

Welche politischen, kulturellen und ökonomischen Faktoren behindern junge Menschen heute auf dem Weg in die Politik? Ist die klassische »Ochsentour« noch zeitgemäß?

Der Weg in die Politik führt zwangsläufig über parteipolitisches Engagement, das unter Jugendlichen als uncool gilt und sehr viel Zeit und Einsatz verlangt, ohne dass man sich damit Aufstiegserfolgsgarantien einhandeln könnte. Die Blockade der begrenzten politischen Posten durch Lebenszeitpolitiker verringert die Chance des berechenbaren politischen Aufstiegs. Zudem verschafft die Mitgliedschaft in Parteien Jugendlichen kein Prestige, und der schlechte Leumund von Politikern schreckt ebenfalls ab.

Sehen Sie in Bezug auf die Rekrutierungsmuster grundlegende Unterschiede zwischen den im Bundestag vertretenen Parteien?

Die Herkunft der Parteien aus unterschiedlichen Milieus erzeugte lange Zeit ein milieuspezifisches Repräsentationsprofil unter den Politikern, was bei der Rekrutierung eine Rolle spielte. Mittlerweile ist die Gewerkschafts- oder Selbständigennähe von KandidatenInnen kaum noch von Gewicht. Die soziale Angleichung der Mitgliedschaften von CDU/CSU und SPD verschafft Vertretern politiknaher Berufe einschließlich der Angehörigen des öffentlichen Dienstes sowie Anwälten Rekrutierungsvorteile, während der klassische Gewerkschaftsfunktionär oder der Selbständige, der Bauer, der Unternehmer das Nachsehen haben.

Wie bewerten Sie die Rolle von innerparteilichen Strömungen in den Fraktionen, wie etwa des »Seeheimer Kreises« oder der »Netzwerker«?

Bei dem Einstieg in die Politikkarriere als Abgeordnete spielen solche Flügel und Seilschaften kaum eine Rolle. Allerdings werden Kandidatenlisten nach bestimmten Schlüsseln aufgestellt, sodass die Zugehörigkeit zu einer Vereinigung/Arbeitsgemeinschaft oder zu einer Landsmannschaft von Vorteil sein kann. Im innerparlamentarischen Fraktions- und Ausschussgefüge sind solche Zuordnungskriterien nach wie vor sehr wichtig. Beim Vordringen in die Parteispitze ist die Koalitionsfähigkeit dieser Gruppierungen ausschlaggebend.

Welche anderen informellen Gruppen- und Kreisbildungen gibt es in Deutschland, die sich als Kontakt- und Kommunikationsforen auch mit der politischen Rekrutierung beschäftigen und hier ihren Einfluss geltend machen?

Früher einmal waren Spitzenposten in Verbänden oder Mitgliedschaft in Burschenschaften, gar Unternehmenszugehörigkeiten, für politische Karrieren durchaus wichtig. Heute ist dieser Einfluss eher begrenzt.

Welche Rolle spielen die politischen Jugendorganisationen der im Bundestag vertretenen Parteien für die Nachwuchsrekrutierung?

Die Jugendorganisationen sind nach wie vor Talentschmieden und Nachwuchsreserve der politischen Parteien. Ihr Schrumpfen und ihr Geltungsverlust haben aber ihren innerparteilichen Einfluss gemindert. Für Spitzenvertreter der Nachwuchsorganisationen gibt es keine Karriereabonnements; sie müssen den Anschluss an die Führungszirkel auf Landesverbandsebene finden.

Welche Rolle spielen hier persönliche Mentoring-Projekte? Welchen

Stellenwert messen Sie der individuellen Begleitung politischer Talente bei?

Die Schwierigkeit liegt in der Früherkennung politischer Talente und deren Förderung. Die (Hoch-)Begabtenprogramme der Parteistiftungen zielen nicht offen auf die Identifikation und Qualifizierung politischer Talente. Anstelle von Mentoren-Modellen ist meiner Ansicht nach die Tätigkeit als Mitarbeiter von Politikern von größerem Trainings- und Erfahrungswert.

Welche Hindernisse in der Politik müssten beseitigt werden, um die Nachwuchsförderung zu beleben?

Elitenrekrutierung per Wahl ist das größte systemische Hindernis in Bezug auf gezielte Nachwuchsförderung. Durch innerparteiliche und externe Vorwahlen ließe sich der Ausleseprozess öffnen und beleben. Innerparteilich müssten zeitliche Beschränkungen für Parteiämter durchgesetzt werden. Wie in Großbritannien müssten Prüfungskommissionen für die »Eignung« von WahlkreiskandidatInnen eingesetzt werden. Abgeordneten sollte die Teilnahme an Qualifizierungsprogrammen, etwa an einer Hochschule für Politik, ermöglicht werden mit dem Erwerb eines Abschlusses als Master für Politik.

Sehen Sie mittel- und langfristig die Legitimation der Volksparteien schwinden, wenn der Nachwuchs ausbleibt? Welches Zukunftsszenario sehen Sie?

Die Transformation der Volksparteien zu Parteien in den Händen von Berufspolitikern ist ja längst weit fortgeschritten. Sie wären auch ohne Mitglieder durch Staatsgeld und Spenden finanzierbar. Im Mittelpunkt stünde ein kleiner Kreis von politisch Ambitionierten, die Karriere machen wollen.

Eine bürgeroffenere Variante wäre die Netzwerkpartei, die nach dem Modell konzentrischer Kreise von ihrem Kern aus Berufspolitiker und Stabsleute mit gelegentlich zur Mitarbeit bereiten BürgerInnen und Bündnispartnern verbinden würde. Politischer Karrierenachwuchs bliebe nie aus, da nur eine übersichtliche Anzahl von Stellen zu besetzen wäre. Für solch ein Szenario wäre der Erhalt von Volksparteien irrelevant, weil sich die Berufspolitiker im Staat häuslich eingerichtet hätten und nur für medienzentrierte Wahlkämpfe temporäre Beziehungen zur Wählerschaft herstellen würden. Die gesellschaftlich verwurzelte Parteiendemokratie bliebe dabei auf der Strecke.

Teil II
Kaderbildung statt Parlaments-
erfahrung – Karrieren am Reißbrett

»Nicht die Politik verdirbt den Charakter. Schlechte Charaktere
verderben die Politik«
Johannes Rau
Leitmotiv der Führungsakademie der sozialen Demokratie

1. Eine Deutschlandreise zu Auf- und Absteigern, zu Karrieristen, Aussteigern und Ausgestoßenen

»Im Grund sind es immer die Verbindungen mit Menschen, die dem Leben seinen Wert geben.« Diese Lebensweisheit von Wilhelm von Humboldt gilt ganz besonders für das politische Geschäft. Nicht selten sind persönliche Kontakte und unerbittliche Konkurrenz-Situationen ausschlaggebend für das politische Engagement. Die Zugangssperren und Anpassungszwänge, die zeitliche Überforderung und der Karrieredruck: Über die Untiefen des politischen Betriebs, über Chancen und Risiken berichten acht Talente und Macher auf der folgenden Deutschlandreise durch das Dickicht des Parteienstaates.

Cadenabbia am Comer See/Berlin: »Politik ist ein romantisches Geschäft.« – Parteien haben kein Interesse an qualifiziertem Personal

Die beiden haben viel gemeinsam: Sie sind heute erfolgreiche Berater beziehungsweise Stiftungsmanager, sie waren viele Jahre politisch aktiv, sie würden – trotz finanzieller Einbußen – gerne Berufspolitiker werden. Nur: In die heute gültigen Rekrutierungsmuster ihrer Parteien passen sie nicht – der Berater Ferdinand Schuster und der Ex-McKinsey-Berater und heutige Geschäftsführer der gemeinnützigen Stiftung Ashoka Deutschland Social Entrepreneurs, Felix Oldenburg. Schuster ist seit etwa fünfzehn Jahren in der CDU aktiv; zunächst im RCDS, hier sogar als Referent auf Bundesebene, danach jeweils vier Jahre im Kreisvorstand der Jungen Union und der CDU.

»Das Ende vom Lied ist: viel Lärm um nichts«, sagt Ferdinand Schuster, ein drahtiger, zupackender Jungkonservativer. Ihn würde ein Bundestagsmandat durchaus interessieren, »um bei der Lösung von Problemen, die uns alle bewegen, mitzuhelfen«. Verdiensteinbußen? »Das würde ich in Kauf nehmen. Und auch den enormen Zeitaufwand.«

Sein Pendant Felix Oldenburg war bis zum Abitur im SPD-Ortsverein in Königstein aktiv. »Entscheiden können« – das wäre auch für ihn die wesentliche Motivation für ein Bundestagsmandat, erzählt er im Park des Sommerhauses von Konrad Adenauer mit direktem Bergblick auf den Comer See. Besonders reizen würde ihn, »Teil einer Kultur zu sein, auf die ich neugierig bin«. Aber beiden ist klar: »Wir würden nicht gefragt werden, denn in den Parteien haben nur wenige Akteure Anreize, sich zusätzliche Leute von außen mit unserem Profil reinzuholen. Wir wären Konkurrenz, wir wären mühsam. Weil wir gut sind und herausfordernd.« Dazu kämen die »Dominanz des Hauptamts und die Dominanz der Leute, die eigentlich schon immer da waren«, resümiert Schuster, der die Ochsentour in der CDU bereits absolviert hat. Aber ohne Erfolg. »Ich habe mich entschieden, mich nicht verbiegen zu lassen. Ich war unangepasst. Habe meine Meinung vertreten.« Schusters Ziel: »Innovation umsetzen, die Suche nach Lösungen vorantreiben.« Aber dazu kam es nicht. Die Öffnung der Parteien ist nach Schusters Meinung »doch nur eine Phrase von denjenigen, für die Politik die Haupteinnahmequelle ist«.

Auch Felix Oldenburg, Jahrgang 1976, bilanziert: »Quereinsteiger in den Parteien sind theoretisch erwünscht, praktisch nicht.« Als er nach seiner Mitarbeit in der SPD-Jugendorganisation (1992 bis 1994) ins Ausland ging, war er raus. »Aber jahrzehntelanges Engagement an einem Ort passt mit meinem Lebenslauf nicht zusammen«, erklärt er.

Die Parteien haben – so die Erfahrungen der beiden, die jede Führungsakademie einer Partei bereichern würden – ein gestörtes Verhältnis zur wachsenden Mobilität, die viele Berufe fordern. Eine starke Ortsverbundenheit sei heute immer noch der entscheidende Faktor und Voraussetzung für eine politische Karriere, meint Schuster. Ortsfestigkeit werde belohnt, obwohl eine intensive Reisetätigkeit und viele Ortswechsel in den meisten Berufen heute eine Selbstverständlichkeit seien. »Anspruch und Realität klaffen auch hier auseinander.«

Oldenburg, der bis Januar 2009 Mitglied der Geschäftsführung und Bereichsleiter »New Governance« der Unternehmensberatung IFOK war, wäre ebenfalls gerne »mobiler Teilnehmer des politischen Zirkus«. Sein »Demokratie-Know-how« hat er kommerziell in Projekte der Bertelsmann-Stiftung eingebracht; in der SPD gab es keine Nachfrage, obwohl er ein erstklassiger Spezialist in allen Fragen der politischen Partizipation ist.

Schuster hat den Traum vom Mandat ebenfalls ausgeträumt. Seine Begründung: »Gegen einen amtierenden Kreisvorstand kann man keine Kandidatur durchsetzen. Davon habe ich jedenfalls noch nie gehört.« Er kennt die Prozesse in Wirtschaft und Politik und sieht überraschende Schnittmengen: »Die Strukturen in Politik und Unternehmen sind viel ähnlicher, als man glaubt.« Die Karrieremuster sind vergleichbar.

»Seilschaften gibt es auch in Unternehmen, nicht nur in der Politik. Es geht auch da um Posten, man muss einen Kreis haben, der einen unterstützt.« Die gefragten Qualifikationen sind, so Schuster, ebenfalls ähnlich: »Man muss sich bewegen können, gut reden können, sich darstellen können.«

Allerdings wird parteipolitisches Engagement von Unternehmen eher argwöhnisch betrachtet. Personalchefs wollen also auf die sogenannten soft skills zurückgreifen, die man in der politischen Arbeit lernt. Aber sie lehnen die politische Arbeit selbst ab, sanktionieren sie zum Teil sogar, so die Bilanz des Unternehmensberaters. »Daher ist der typische Nachwuchspolitiker – sofern er oder sie nicht ohnehin einen politiknahen Beruf hat – nicht selten Rechtsanwalt, der sich bei Bedarf auch mal vormittags freimachen kann.«

Welche Lösungen können die beiden Berater sich vorstellen? Schusters Rezept: »Die einfachen Mitglieder stärker zu Wort kommen lassen.« Und: »Zurückdrängung des Zeitaufwands für Parteiarbeit (keine Termine am Vormittag mehr, straffes Sitzungsmanagement, mehr Aufgabenteilung), Fachkarrieren ermöglichen beziehungsweise rein thematisches Engagement sowie befristete Mitarbeit (und Mitentscheidung!), mehr Öffentlichkeit in der täglichen Parteiarbeit, aktives Zugehen auf Externe ohne Verpflichtung zur Mitgliedschaft.« Das Problem: »Es wird zu viel über zu viele Ebenen gefiltert, bis man zu Entscheidungen kommt.« Besser wäre es, so Schuster, die Mitglieder unmittelbar entscheiden zu lassen.

Oldenburg ergänzt eine Reihe von Positiv-Impulsen aus seiner langjährigen Praxis, die das politische Engagement spannender und attraktiver machen könnten: »Es darf kein Parteitreffen mehr stattfinden, ohne dass man Externe einlädt«, ist eine seiner Forderungen. »Die Zahl von Teilhabe-Erlebnissen, Teilhabe-Möglichkeiten an Politik muss radikal vergrößert werden, auf jeder Ebene. Der erste Schritt heran an die Politik muss wieder einfacher werden.« Dann kommen neue Leute, ist sich der Partizipationsexperte sicher. »Aber die Öffnung an der Basis ist auch eine Machtfrage.« Schuster assistiert und ergänzt: »Es muss wieder eine größere Rolle spielen, was der Einzelne geleistet hat.« Nicht nur »Anwesenheit« dürfe belohnt werden. Entscheidend sei die Antwort auf die Frage: »Wie hat jemand die Republik vorangebracht?« Aber mit Blick auf seine praktische politische Erfahrung gibt sich Schuster desillusioniert: »Leistung spielt in den Parteien heute keine Rolle.« Nur »mehr Offenheit für Externe« könne das notwendige Reformklima fördern. Stattdessen – so Beraterkollege Oldenburg – gelte die »Verdienstmentalität« nach dem Motto: »Dem schulden wir das jetzt.« Das Woody-Allen-Zitat »Part of success is just showing up« gelte auch in der Politik. Die Show sei wichtiger als die Professionalität, ergänzt er. »Politik ist der einzige Beruf, in dem man nie nach dem Warum fragen muss, in dem man sich rationale Begründungen sparen kann. Politik ist eben kein Job wie jeder andere«, so die Bilanz von Felix Oldenburg: »Politik ist ein romantisches Geschäft.«

Tonolzbronn/Ostalb: »Politik hat keinen besonders guten Ruf.« – Ein Freundeskreis gründet einen SPD-Ortsverein in der Provinz

»Es gab mal eine Zeit, da hätte ich gerne jedem Reporter die Tür vor der Nase zugeschlagen, denn ich konnte zum einen den Medienrummel nach unserer Ortsvereinsgründung nicht nachvollziehen, und zum anderen, weil das Geschriebene oder Gesehene

immer nur Ausschnitte dessen waren, was wir sagten oder taten.«
Sigmar Zidorn hat kein Interesse mehr an Journalisten. Dabei haben er und seine Genossen gar nichts Besonderes getan. Sie haben lediglich auf der katholischen Ostalb, genauer gesagt im 43-Seelen-Dorf Tonolzbronn, einen SPD-Ortsverein gegründet. Erhard Eppler kam zur Feier, auch die SPD-Landesvorsitzende Ute Voigt reiste an.

»Der Impuls für die Gründung ging von der Unaufrichtigkeit der SPD-Spitze in Hessen aus. Es war für mich undenkbar, nach der Wahl etwas zu tun, was man vor der Wahl noch ausgeschlossen hat«, erklärt Sigmar Zidorn. Der neue Vorsitzende Jens Haas ergänzt: »Man kann nicht nur über die Politik schimpfen, sondern muss sich selbst engagieren.« Bei der Neugründung wurden sie von Stefan Oetzel, dem Regionalgeschäftsführer der SPD des Ostalb-kreises, unterstützt. Eigentlich ein ganz normaler Vorgang. Auch die Aktiven vor Ort können sich die Resonanz nicht so recht erklären. »Wir waren wohl der erste Ortsverein, der sich seit vielen Jahren neu gründete. Sogar gegen den Trend. Und gegen die Mehrheits-verhältnisse. Trotzdem hat mich die Wucht des medialen Interesses überrascht«, erinnert sich Zidorn.

Bislang arbeiten Freunde und Bekannte in der neuen Gruppe, Anfragen von Sympathisanten kamen bereits, aber niemand wollte beitreten. »Politik hat keinen besonders guten Ruf«, sagt Zidorn lakonisch. Besonders viel ist bislang – wie auch in anderen Ortsver-einen – nicht passiert. »Ich glaube, das Wichtigste war die positive Schlagzeile für die SPD, in einer Zeit, als viele schon das Sterbege-bet für sie sprachen. Ansonsten fangen wir klein an, haben erste öffentliche Veranstaltungen mit Referenten organisiert und helfen dabei, eine zweite Liste für die Gemeinderatswahl aufzufüllen. Das gestaltet sich aber nicht ganz einfach, da keiner in Begeisterungs-stürme ausbricht, wenn man hört, dass noch Plätze auf der Liste frei sind.«

Wenn bereits eine Ortsvereinsgründung solche Begeisterungs-wellen auslöst, drängt sich die Frage auf, was die SPD aus dem Glückserlebnis von Tonolzbronn lernen kann. »Den Menschen die Wahrheit sagen, nichts beschönigen, aber trotzdem mit gesundem Optimismus und Realismus die Probleme der (nahen) Zukunft an-gehen, insbesondere Wirtschaftskrise, Klimawandel, Bildung«, erläutert der Ortsvereinsvorsitzende seine pragmatische Sichtweise. Sigmar Zidorn hat sich auch Gedanken über die grundsätzlichen Schwächen der sozialdemokratischen Politikkonzeption gemacht: »Man denkt zu sehr in Parteikategorien, weniger daran, konkrete Probleme zu lösen. Ist eine Idee, beziehungsweise eine Lösungsmöglichkeit von der CDU, taugt sie von vornherein wenig... Junge Menschen schrecken solche Gedanken und Kategorisierungen eher ab. Sie sind an einzelnen Entscheidungen zu bestimmten Themen interessiert, denken überparteilich beziehungsweise problemorientiert und pragmatisch. Zudem bestimmen Gefühle ihre Wahlentscheidungen ganz erheblich, und dazu bedarf es eher einer charismatischen Ansprache als komplizierter Erklärungen in einem Fachjargon, die entweder keiner versteht oder denen keine Inhalte zu entnehmen sind.«

Ob dieser nüchterne Stil, Politik zu machen, auch die jüngere Generation fasziniert? Da ist sich auch der Neugründer nicht sicher. Junge Leute müsste man mehr einbeziehen, »sie selbst etwas gestalten lassen, sie erleben lassen, dass ihre Meinung und ihr Handeln gefragt sind und benötigt werden«.

Mainz: »Parteien wollen oft nur Mittelmaß, denn das ist nicht so anstrengend.« – Aufstieg und Ausstieg der Kurzzeit-Kommunalpolitikerin Susanne Stenner

Eigentlich ist Susanne Stenner genau der Typ von Nachwuchspolitikerin, den Parteien händeringend suchen. Ihr Profil könnte man als Muster in einem Handbuch für den politischen Nachwuchs anlegen: jung, engagiert, bürgernah, Unternehmerin mit einer eigenen Filmfirma. Warum geht so jemand für die CDU in den Mainzer Stadtrat?

»Es war wirklich der naive Wille, für die eigene Stadt positiv zu wirken«, erklärt sie im Gespräch. »In meinem Fall: Das, was man ist und täglich leistet, auch zum Wohl der Stadt einzubringen. Konkret wollte ich den Blickwinkel einer Frau einbringen, die als Selbständige beziehungsweise als Unternehmerin tätig ist, als Journalistin auch eventuell ungewöhnlichere Einblicke erhält und dadurch eine gänzlich andere Perspektive mitbringt als beispielsweise eine Lehrerin aus Mainz oder ein Mann im Angestelltenverhältnis.«

Susanne Stenner hat wertvolle Erfahrungen in der Kommunalpolitik gesammelt. »Innerparteilich habe ich viel bewegt«, bilanziert sie nach fast fünf Jahren Kommunalpolitik. Offenbar gilt für sie das Motto: Nichts ist erfolgreicher als der Erfolg. Mit einer gewissen Emphase berichtet die überzeugte Lokalpatriotin, dass man tatsächlich einiges verändern kann, dass Kommunalpolitik sehr anstrengend ist, aber auch Spaß macht. Und dass der Machtzuwachs die meisten Kommunalpolitiker selbst auf der untersten Ebene der Politik bereits nachhaltig verändern beziehungsweise korrumpieren kann. Allein das Einbringen eigener Anträge im Stadtrat kann viel bewegen. Auch der direkte Draht zu den handelnden Personen im Rathaus kann Erfolge auf dem sogenannten kleinen Dienstweg bringen.

Die forsche Christdemokratin hat durch die Kommunalpolitik ihre Stadt mit allen Facetten, sichtbaren und verborgenen Problemen »ganz neu kennengelernt«. Sie hat Einblick in Kreise gewonnen, die ihr vorher völlig unbekannt waren. Zusätzlich verfügt sie über das Politikgen, ohne das man in Mainz gar nicht erst antreten kann. Ihr macht es Spaß, »bei den Leuten zu sein«: Kirche, Dom, Fastnacht – in diesem Mainzer Bezugsdreieck kann sie sich problemlos bewegen. »Ob man etwas mit Fastnacht zu tun hat, ob man ein echter Mainzer ist, das merken die Leute. Und wenn man sich unter den Bürgern tummelt, abends auch in Kneipen das Gespräch sucht, weiß, was Sache ist und fleißig ist, kommt die Zustimmung von selbst.«

Die Ur-Mainzerin kann zudem an familiäre Traditionen anknüpfen. Ihre Mutter Ursula Stenner ist seit vielen Jahren ebenfalls in der CDU-Kommunalpolitik aktiv. Trotzdem betont die Tochter einen anderen, eigenständigen Politikstil. Sie sei nicht so »smart« und »viel kompromissloser«. Volksnah, fordernd, frech und effizient – eigentlich die Idealbesetzung für kommunale Politik, die den Slogan »Näher bei den Menschen« nicht nur als Illusionstheater für die Bürger sieht.

Im Lauf der Jahre hat Susanne Stenner aber auch eine Schattenseite der Kommunalpolitik erkannt: »Die Bürger wissen nicht, welche Aufgaben wir haben. Sie tragen Erwartungen an uns heran wie an Berufspolitiker.« Diesen Spagat zwischen extrem hohen Ansprüchen vieler Bürger, die Politik als Servicestation in allen Lebenslagen sehen, und den oftmals bescheidenen Instrumenten in der kommunalen Welt müsse man aushalten können, sonst fresse sich der Frust in den politischen Alltag.

Susanne Stenner steigt im Sommer 2009 aus der Kommunalpolitik aus, obwohl die Arbeit Spaß macht, interessante Begegnungen ermöglicht und sie sogar viel verändern und bewegen kann. Warum ein Typ wie Susanne Stenner die Politik verlässt, bevor sie überhaupt angekommen ist, scheint auf den ersten Blick nicht nachvollziehbar. Ihr Motiv: das knappe Zeitbudget. »Die Arbeit frisst wirklich viel Zeit. Wenn man als junger Mensch im Job weiterkommen will und dabei vielleicht noch Familie hat, ist die Bewältigung der kommunalpolitischen Termine kaum zu schaffen – man lässt sehr viel Energie, denn man hat kaum Freizeit.«

Susanne Stenner hat ihr Ausscheiden aus der Kommunalpolitik der Mainzer CDU-Chefin frühzeitig mitgeteilt. Umstimmen ließ sie sich nicht, ihr Entschluss stand fest. Was rät sie ihren Nachfolgerinnen? »Sich gut zu vernetzen. Gleichgesinnte zu suchen, jenseits aller Parteistrukturen. Als Frau Frauennetzwerke zu nutzen und immer einen guten, fairen Umgang mit der Presse zu pflegen.« Man dürfe sich keine Illusionen über den Partei-Alltag machen, erklärt Susanne Stenner. In diesem Befund ist sie sich mit Kolleginnen aus anderen Parteien einig: »Parteien wollen oft nur Mittelmaß, denn das ist nicht so anstrengend.«

Problem erkannt, Gefahr gebannt? Susanne Stenner hat in fünf Jahren die Spielräume der Kommunalpolitik ausgetestet und macht keinen politikverdrossenen Eindruck. Irgendwie ist sie angefixt und gleichzeitig ausgelaugt.

Der spätere (Wieder-)Einstieg in die Politik ist also nicht ausgeschlossen.

Bremen: »Gegen die alten Säcke in der Partei kommt man nicht an.« – Jens Crueger, die große Nachwuchshoffnung der Grünen, tritt zurück

Immerhin war er von 2003 bis 2007 schon Bürgerschaftsabgeordneter und bis zu seinem Rücktritt im Februar 2009 amtierendes Landesvorstandsmitglied von Bündnis 90/Die Grünen. Im November 2007 scheiterte er knapp bei der Wahl zum Landesvorsitz seiner Partei.

Nach einem systematischen Aufstieg der jähe Abstieg. Was trieb den einst »jüngsten Landtagsabgeordneten« aus der grünen Partei? »Mein Austritt steht am Ende zahlreicher frustrierender Erfahrungen, die sich allesamt auf den gleichen Nenner bringen lassen: Der Versuch, die Bremer grüne Partei aus dem Blickwinkel junger Menschen zu erneuern und ihnen Möglichkeiten zur Mitgestaltung zu geben, ist leider gescheitert«, so Cruegers Begründung. »Zwar gelang es, zahlreiche talentierte junge Menschen für die aktive grüne Politik zu gewinnen. Allerdings war die Partei kaum bereit, ihnen inhaltliche und strukturelle Zugeständnisse zu machen«, erklärt der junge Ex-Grüne weiter. Diese Entwicklung habe auch mit der Bremer Stadtstruktur zu tun. Nach dem Studium wanderten viele nach Hamburg oder in andere Städte ab. Er will nach seinem Examen in Geschichte ebenfalls nach Hamburg übersiedeln.

Ein handfester Generationenkonflikt hat Crueger zu seinem überraschenden Rückzug getrieben: »Die Kultur der grünen Gründer ist nicht mehr die Kultur der jungen Grünen, dennoch dominiert die Generation der Gründungsgrünen in Bremen nach wie vor«, bilanziert er. »Junge Parteimitglieder haben ein starkes Bedürfnis, diese Partei von innen heraus zu verändern, neu zu gestalten, offener zu machen. Die Chance dazu erhielten sie aber nicht, konstruktive Reformvorschläge wurden stets von der Parteispitze ignoriert. Es gab zwar immer wieder einzelne Junge, die es schafften, Parteiämter oder Mandate zu erringen, aber dies funktionierte eher durch Anpassung an das bestehende System, und es war kein Ausdruck von Progressivität.«

Jens Crueger und seinen Mitstreitern ist es zudem nicht gelungen, einen Parteirat einzurichten, der zwischen den Parteitagen die wichtigsten Beschlüsse fasst. Jugendförderung sei bei den Grünen zudem »keine Kernaufgabe«. Crueger moniert: »Wenn die jungen Parteimitglieder selber gestalten wollen, dann geht das erfahrungsgemäß nur, indem sie es sich erkämpfen. Ein konstruktives Miteinander wurde vom Parteiestablishment stets abgelehnt. Anstatt Angebote an die Jungen zu formulieren, ließ man sie lieber gegen die Wand laufen. Nachdem ich diesen verschleißenden Prozess mehrere Jahre erleben musste, entschied ich mich letztlich, das Projekt ›Verjüngung der Bremer Grünen‹ für beendet zu erklären. Dies ist Ausdruck der Resignation angesichts der Beharrungskräfte in der Partei.«

Crueger wendet sich enttäuscht von den Grünen ab, präsentiert eine bittere Bilanz und bezieht sich dabei sogar auf die Anziehungskraft des amerikanischen Präsidenten: »Meine enttäuschenden Erfahrungen bei den Grünen deuten darauf hin, dass dieser Partei womöglich der Nachwuchs, zumindest der qualifizierte Teil des Nachwuchses, mehr und mehr wegzubrechen droht. Parteien brauchen dringendst hochqualifizierten Nachwuchs. Unter ›hochqualifiziert‹ verstehe ich dabei vor allem die sozialen Kompetenzen der Politiker. Alle reden von Obama, aber keiner ›macht‹ Obama, sprich, keine Partei bemüht sich tatsächlich um einen politischen Nachwuchs, der es an menschlichem Format zumindest entfernt mit Obama aufnehmen könnte.«

Das ist die offizielle Begründung des jungen Bremers, der schon sehr früh sehr weit nach oben wollte. Hinzu kommen aber noch politische Gründe, die der Politiker Crueger ausklammert. Wie viele seiner Generation setzt er sich intensiv für schwarz-grüne Bündnisse nicht nur in Bremen ein. Was in Bremen als ausgeschlossen gilt, wird in der Nachbarstadt Hamburg bereits praktiziert. Dorthin treibt es Crueger nun. Seine Erfolgsaussichten: gut.

Wiesbaden: »Sozialdemokratische Veteranen pflegen den herrschaftsfreien Diskurs.« – Klaus Wagner und die JUGSOs (Jung-GebliebeneSozialdemokraten)

Sie machen das, was eigentlich die SPD-Ortsvereine tun. Sie diskutieren einmal im Monat über aktuelle und grundsätzliche Themen, debattieren, streiten und sitzen später noch im »Marcello« in Wiesbaden-Sonnenberg beisammen. Das Besondere: Von den etwa siebzig Interessenten nehmen jeden Monat zwischen fünfundzwanzig und vierzig Sozialdemokratinnen und Sozialdemokraten an den Debatten teil. »Um so eine Quote beneiden uns die meisten Ortsvereine«, sagt Organisator Klaus Wagner.

Am 60. Geburtstag des Magistratsdirektors a. D. wurde die Idee für den »herrschaftsfreien Diskurs« geboren. Mal geht es um Riesters verfehlte Rentenpolitik, mal um die Leitlinien der regionalen Wirtschaftspolitik oder um den Nahostkonflikt. Von diesem Kreis muss ein gewisser Magnetismus ausgehen. Denn hier versammeln sich viele Ex-Politiker aus der ersten Reihe der hessischen Politik: Ex-Oberbürgermeister, Ex-Kämmerer, Ex-Minister, Ex-Staatssekretäre und andere »Ehemalige«. In »ihren« Ortsvereinen scheint demnach etwas nicht zu stimmen. Offenbar sind sie heimatlos geworden.

Über die Gründung der JUGSOs im August 2001 schrieb der *Wiesbadener Kurier*: »Diskutiert werde zu wenig in der SPD, wichtige Fragen der Zukunft würden kaum noch in den Ortsvereinen oder auf Unterbezirksparteitagen behandelt, und fast nichts werde mehr von unten nach oben entschieden.«[1] Über solche Gründungsmotive dachte die Parteiführung damals überhaupt nicht nach. Sie witterte Opposition der Parteiveteranen, konspirative Zirkel, eine Vereinigung, die man nicht unter Kontrolle hatte.

Alle Befürchtungen erwiesen sich als falsch. Bis heute wird der Gründungsgedanke gepflegt: »Ein offenes, kritisches Diskussionsforum zu bieten, das sowohl grundlegende als auch aktuelle politische, ökonomische, soziale und kulturelle Themen diskutiert«, bilanziert Wagner. »Hin und wieder nehmen wir auch Stellung zu aktuellen Ereignissen oder verabschieden Resolutionen.«

Aus den Wiesbadener Erfahrungen könnten die Ortsvereine der

SPD und die Parteiführung in Berlin viel lernen. Die Generation 60 plus ist hochpolitisch, aber offenbar mit kritisch-kontroversem Diskursstoff chronisch unterversorgt.

Hamburg/Berlin: »Nur kritisieren an der Außenlinie, das gilt nicht.« – Harald Christ, Multimillionär und »außerparlamentarischer Politiker«

Anfang Februar 2009 war er wieder in den Schlagzeilen. Die Medien brachten ihn als Nachfolger für den Berliner Finanzsenator Thilo Sarrazin ins Gespräch. Aber der Sozialdemokrat und Multimillionär Harald Christ (37) winkte ab. »Es liegt auf der Hand, dass das Amt des Berliner Finanzsenators eine hoch reizvolle Aufgabe ist. In diesem Fall wäre ich für die Restlaufzeit von eineinhalb Jahren mandatiert gewesen«, erklärt der Aufsteiger und führt aus: »In einem Rot-roten-Senat wäre ich aber meines Erachtens derzeit ein ungeeigneter Kandidat gewesen. Sie brauchen dort jemanden, der sich sofort zügig in allen politischen Prozessen auskennt, der über Themen wie Länderfinanzausgleich, EU-Verfahren, Konsolidierung genau Bescheid weiß – also nahtlos an die erfolgreiche Ära von Thilo Sarrazin anknüpfen kann. Ich hätte hingegen in dieser Funktion eine gewisse Einarbeitungszeit gebraucht. In diesen schwierigen Zeiten ist dies aber nicht drin.«

So spricht jemand, der das politische Geschäft kennt, die Klippen einer neuen Aufgabe genau analysiert, andere lobt und etwas Demut zeigt. Dem Berliner *Tagesspiegel* gab er ein schablonenartiges Statement: »Ich bin nicht angesprochen worden, habe mich nicht beworben und stehe zum jetzigen Zeitpunkt auch definitiv nicht für diese Aufgabe zur Verfügung.«[2]

Die Betonung liegt auf »zum jetzigen Zeitpunkt«. Dass Christ in die (Spitzen-)Politik einsteigt, ist sicher. Es geht nur um den richtigen Zeitpunkt. Für die SPD bringt er eine biografische Mischung mit, die an einen filmreifen Lebenslauf erinnert. Arbeiterkind, Vater Fließbandarbeiter, Eintritt in die SPD mit sechzehn, »weil ich mich mit den sozialen Verhältnissen nicht zufriedengeben wollte und konnte«. Gesagt – getan. Nach allen Stationen bei den Jusos auf lokaler und regionaler Ebene stieg er sogar bis zum Juso-Bundesausschuss auf. Dann begann die Karriere in der Wirtschaft. Er war Vertriebsdirektor der BHW, Direktor bei der Deutschen Bank, geschäftsführender Gesellschafter und später Vorsitzender der Vorstands des Hamburger Finanzdienstleisters HCI. Hier erwirtschaftete er den Löwenanteil seines Vermögens. Ein Jahr lang, von Oktober 2007 bis Juni 2008, arbeitete er als Generalbevollmächtigter der Weberbank und anschließend als Bereichsvorstand bei der WestLB. Dann gründete er seine eigene Firma, die Christ Capital, in der er rund ein Dutzend Unternehmensbeteiligungen weltweit verwaltet. Zusätzlich war er in zahlreichen Aufsichtsräten und Beiräten vertreten. Eine stolze Bilanz mit 37 Jahren. Aber warum ist Christ während seiner Bankerkarriere aus der Politik ausgestiegen?

»Ich bin nie aus der Politik ausgestiegen«, kontert Christ, der mit den Medien sehr vorsichtig umgeht und vorher checkt, wem er was sagt. »Im Laufe meiner bisherigen Karriere haben sich lediglich meine Schwerpunkte immer wieder verlagert. Der SPD bin ich seit über zwanzig Jahren treu geblieben, und mein politisches Interesse und Engagement ist nach wie vor ungebrochen. Dazu brauche ich auch kein Mandat!« Dabei hatte er schon wichtige Funktionen in der SPD inne. Bis 2007 war er Schatzmeister in der Hamburger SPD; wenn er gewollt hätte, wäre möglicherweise auch die Bürgermeister-Kandidatur in der Hansestadt denkbar gewesen. »Es gab immer Anfragen als Landesminister, Senator oder auch Spitzenkandidat auf Landesebene. In Hamburg zum Beispiel musste ich ablehnen, weil ich bereits bei der WestLB unter Vertrag war. Dies hätte den Wahlkampf in Hamburg enorm erschwert. Daher muss man auch Nein sagen können, wenn es der Sache dient. Um Schaden von der Partei fernzuhalten, war es für mich folglich selbstverständlich auf ein mögliches Amt zu verzichten.«

Christ beherrscht die Kultur des diplomatischen politischen Statements, erkennt die »does« und »dont's« in der SPD. Nach 21 Jahren Parteimitgliedschaft und vielen Jahren Gremien-Erfahrung ist er auf Fehlervermeidung getrimmt.

Christ sieht sich mit diesem politischen Erfahrungsbudget als »außerparlamentarischer Politiker« – ein Bild, das sich vom klassischen Seiteneinsteiger fundamental unterscheidet. »Jeder ist verpflichtet, sich in einer demokratischen Gesellschaft nach seinen Möglichkeiten zu engagieren. Nur kritisieren an der Außenlinie, das gilt nicht.«

Was war der Hauptgrund für seinen Erfolg in der Wirtschaft? Nur Glück und das richtige Momentum? »Sicherlich gehört im Leben immer das berühmte Fünkchen Glück dazu«, räumt der Selfmademan ein. »Aber für meinen Erfolg in der Wirtschaft würde ich vor allem meine Leidenschaft an der Sache als wesentlich ansehen, die mir einen enormen inneren Antrieb ermöglicht hat. Überdies war ich bereit, risikobehaftete strategische Entscheidungen in einer komplexen Marktsituation zu treffen.«

Christ wartet weiter auf »den richtigen Zeitpunkt«. Wann wird er seinen selbst gewählten Status des »außerparlamentarischen Politikers« verlassen?

»Ich habe inhaltliche Pläne, wie die Zusammenarbeit von Wirtschaft und Politik, gerade jetzt in der Krise, verbessert werden kann. Wenn eine interessante Möglichkeit an mich herangetragen wird, werde ich mir darüber Gedanken machen. Wir werden sehen.« Bis dahin arbeitet er in der Finanzkommission des SPD-Parteivorstands, wirbt hier für eine internationale Regulierung, für Risikofrüherkennung und die Rückbesinnung der Banken auf ihre eigentlichen Aufgaben. Außerdem schreibt er Gastbeiträge in Zeitungen, hält (öffentlich) Vorträge und berät eine Reihe von politisch Verantwortlichen.

Warum treibt es einen 37-jährigen Multimillionär in die Politik? What makes him move? Christ trennt seinen wirtschaftlichen Erfolg von seiner öffentlichen Verantwortung: »Ich habe – und ich werde – nie meine Überzeugungen und meine Gründe, warum ich einst mit der Politik angefangen habe, vergessen. Das hat grundsätzlich nichts mit meinem privaten Erfolg zu tun. Von wollen kann auch keine Rede sein, Bereitschaft, Verantwortung zu übernehmen, passt da schon besser.«

Christ war im Bundestagswahlkampf im »SPD-Schattenkabinett« von Frank Steinmeier, zuständig für Wirtschaft. Nach seinem Scheitern gilt sein Leitsatz umso mehr: »Karrieredenken ist hier nicht angesagt«, rät der Banker. »Achtet darauf, dass keine Abhängigkeit entsteht, Politik zu machen, um davon zu leben. Bleibt euren Grundüberzeugungen treu und haltet Kurs.«

»Es werden Typen gefragt sein, die für etwas stehen«

Interview mit Julia Klöckner, MdB (CDU), Landesvorsitzende der CDU Rheinland-Pfalz

Die Volksparteien haben massive Legitimationsprobleme. Leiden sie darunter?

Die politische Arbeit wird nicht einfacher, im Gegenteil. Einerseits gibt es eine kleine Gruppe in der Bevölkerung, die parteipolitisch interessiert ist. Andererseits gibt es eine Gruppe, die gesellschafts-, aber weniger parteipolitisch interessiert ist. Und die dritte, wachsende Gruppe ist politisch gar nicht mehr interessiert. Zunehmendes politisches Desinteresse wirkt sich natürlich auch auf die Volksparteien aus, weil der Graben von »überhaupt nicht interessiert sein« bis hin zur Spezialisierung einer Partei breiter wird. Neue Mitglieder zu gewinnen wird dadurch schwieriger. Das hat Auswirkungen auf die Finanzen, die Mitgliedsbeiträge oder die Spendenbereitschaft. Die Volksparteien haben es auch deshalb schwer, weil sie das große Ganze und weniger Klientel-Interessen im Auge haben müssen.

Welche Konsequenzen haben die Sklerose der Parteien und die sinkende Bereitschaft, Ämter zu übernehmen?

Die Auswahl an politischem Personal wird kleiner. Immer seltener findet ein Wettbewerb der Besten statt, sondern man bittet und bettelt, jemand möge doch einen Posten im Orts- oder Gemeindeverband übernehmen.

Warum sind die Bürger nicht mehr bereit mitzuarbeiten?

Viele glauben, sie könnten sowieso nichts ändern, und viele sind auch zu beschäftigt mit anderen Engagements und Freizeitgestaltungen. Politik gilt oft als zu unsexy, verbunden mit langen Sitzungen, drögen Altherrenrunden – es sei denn, man könnte seinem Enkel darüber einen Posten verschaffen, dann gibt es situatives Mitmischen. Ich stelle auch fest, dass es nicht mehr die politischen Aufregerthemen, die Kämpfe für Weltanschauungen gibt, die ein politisches Mitmischen mobilisieren. Viele begnügen sich mit ihrem individuellen Umfeld. Was draußen passiert, ist egal, solange es einen selbst nicht tangiert. Der Staat, die Politik, die Parteien sollen sich raushalten. Geht aber etwas schief, dann ist der Ruf nach dem richtigen Agieren von Staat und Parteien plötzlich da.

Und wie soll man Ihrer Meinung nach das sogenannte Bildungsbürgertum ansprechen?

Das klassische Bildungsbürgertum – sofern es das noch gibt – ist zwar politisch, oft aber weit weg von den Zwängen der Realität, von der sogenannten Basis im Feuerwehrzelt. Es gibt viel Verachtung von oben wie von unten gegenüber der politischen Klasse. Für die Legitimation der Partei heißt dies, dass man Wahlsieger mit prozentual den meisten Stimmen sein kann, aber nur ein winziger Bruchteil der Wahlberechtigten überhaupt ihre Stimme abgegeben hat und der Sieg lediglich durch sehr wenige legitimiert ist.

Auf kommunaler Ebene heißt es, man werde demnächst nicht nur in Großstädten ein Problem haben, überhaupt die Listen vollzukriegen.

Stimmt. Das kann aber auch eine Chance sein. Man weitet den Blick auf Personen aus, die nicht in einer Partei sind, die sich nicht »hochgedient« haben oder immer mit am Stammtisch sitzen. Der Zwang wird größer, sich unter denen umzuschauen, die kein Parteimitglied sein wollen und sich den Ritualen nicht anpassen möchten, aber durchaus mit der Politik einer Partei sympathisieren. Bei der Personalsuche werden wir mehr über den Tellerrand schauen müssen – und so auch auf gute Fachleute stoßen, die bisher nicht von Parteien angesprochen wurden.

Aber diese Leute mit anderen Sichtweisen von außen werden doch von den Funktionären in der Partei mit großem Ressentiment betrachtet, nach dem Motto: »Wir kleben hier seit Jahren Plakate, sind seit Jahren dabei, und die…«

Wenn die Not groß genug ist, wird das akzeptiert werden. Nicht überall und immer, aber immer öfter. Ich selbst bin ja auch eine Seiteneinsteigerin. Ich war parteipolitisch nicht aktiv, wurde aber dennoch gefragt, ob ich für den Bundestag kandidieren wolle, weil man eine Frau gesucht hat. Nur so hatte mein Kreis eine Chance, über einen Frauenlistenplatz wieder eine Vertretung im Deutschen Bundestag zu haben.

Haben Sie da auch Ressentiments gespürt?

Anfangs ja.

Wie groß ist der Leidensdruck in den Spitzengremien der CDU hinsichtlich der Auszehrung?

Schmerzgrenzen verändern sich, während des Prozesses wird man leidensfähiger. Es gibt gewisse Grenzen, wo es einfach keinen Sinn ergibt, irgendeine Person in den Bürgermeisterwahlkampf zu schicken, von der alle wissen, dass es nicht funktionieren wird. In Spitzengremien ist die Auswahl naturgemäß größer und professioneller, weil viele Politik als Beruf ausüben.

Wie kommt man heute in der CDU in eine wichtige Position? Gibt es das klassische Karrieremuster?

Nein, das gibt es nicht. Ich bin zum Beispiel nicht eines Morgens aufgewacht und habe mir vorgenommen, Bundestagsabgeordnete zu werden. Die Stimmungslage ist ein Kriterium. Es gab Zeiten, in denen Frauen keine Chance an der Spitze einer Partei gehabt hätten – und nur zehn Jahre später ist es plötzlich so weit, weil sich auch die Gesellschaft verändert hat. Zur richtigen Zeit am richtigen Ort zu sein, ist wichtig. Aber dafür gibt es kein Patentrezept. Der Proporz ist ein weiteres Kriterium: Kommen mehrere wirklich gute Leute aus einer Region, haben die es schwerer, sich durchzusetzen. Karriereplanung in der Politik ist schwierig. Hilfreich ist natürlich, dass man in der Partei ist, dass man auf sich aufmerksam macht, für eine Sache, für ein Thema »brennt« und dadurch ernst genommen wird.

Wer ist für Karrieren im Bundestag entscheidend? Wer hat bei der Auswahl die Poleposition?

Für Bundestagsmandate spielen die Wahlkreise eine Rolle. Deshalb sind die Kreisvorstände wichtig, also Kreisvorsitzende, Kreistagsvorsitzende, Frauenunionsvorsitzende, Seniorenunionsvorsitzende.

Die Listenaufstellung im Landesverband wird auch bei anderen Parteien als Geheimdiplomatie gehandhabt. Was genau passiert da?

Man bespricht, welche Personen beziehungsweise Kreise unterstützt werden sollten, damit der Proporz gewahrt bleibt. Und es gibt Kreise, bei denen das Direktmandat nicht zu gewinnen ist – da wird zur Absicherung ein Listenplatz wichtig. Hier haben dann auch die einzelnen Bezirke ein Wort mitzureden.

Und wer mauschelt zum Beispiel bei Listenplätzen?

Bezirksvorsitzende, Kreisvorsitzende, Mandatsträger, Landesgruppenchefs und so weiter… Ich selbst habe so eine Sitzung auch schon mitgemacht. Die positive Erfahrung war, dass wir am Ende ein gutes Ergebnis hatten – auch wenn man es nie allen recht machen kann. Die Entscheidungen sollten transparent sein und einer gewissen Logik folgen. Manchmal gibt es allerdings auch zuerst ein Ergebnis, und die Logik wird hinterher erarbeitet.

Wer hat überhaupt Einblick in die Gremien, die über Karrieren ent-
scheiden? Nur die, die drin sitzen?

Ja – und die, die im engeren und weiteren Sinne betroffen sind. Die erbitten sich und fordern natürlich auch Einblick.

Kriegen sie den?

Ja, je vehementer gefordert wird. Es kommt immer auf den Typen und die Vernetzung sowie seine Akzeptanz in der Partei an.

Werden in diesen Rekrutierungsgremien auch relevante Jobs verge-
ben?

Zumindest werden sie angeboten, vergeben geht nicht immer. Viele Entscheidungen muss ein Parteitag durch eine Wahl absegnen. Dennoch werden die Vorschläge meist im Landesvorstand für die Landesebene erarbeitet. Der Landesvorsitzende schlägt zum Beispiel den Generalsekretär vor, dann wird ein Parteitag nicht dagegenstimmen. Die Personalvorschläge müssen aber schon dem Empfinden der Partei entsprechen, sonst bewegt man sich auf dünnem Eis.

Kann es sein, dass es einem solchen Gremium durchaus recht ist,
wenn es wenige Kandidaten und dadurch weniger Konkurrenz gibt?

Das kommt darauf an. Die bestbesuchten Parteitage sind die, bei denen es um Personalentscheidungen geht. Wenn es Kampfkandidaturen gibt, ist das für die Presse schön – allerdings natürlich nicht für die Betroffenen. Doch Konkurrenz belebt das Geschäft und ist auch Bestandteil lebendiger Demokratie. Nach außen hat man aber natürlich gerne den Eindruck der Geschlossenheit. Kampfkandidaturen können Gräben aufreißen und zu Lagerbildung führen. Es spricht auch nicht für die Stärke eine Parteispitze, wenn Landesvorsitzende unerwartet Gegenkandidaten bekommen. Bei den sogenannten Beisitzern des Landesvorstands ist das schon etwas anderes. Da gibt es nicht selten mehr Bewerber, als Plätze zu vergeben sind.

Welche Rolle spielt persönliche Nähe? Zum Beispiel kann man feststel-
len, dass häufig persönliche Referenten von Ministern, von Büroleitern,
von Staatssekretären in fast allen Parteien beachtliche Karrieren machen.

Das ist wie im normalen Berufsleben. Wer den Posten eines Referenten an herausgehobener Stelle hat, zeigt, dass er was kann, sich mit dem Wirkgefüge in einer Partei, in einem Land oder einem Themengebiet auskennt. Diese Personen wissen auch ziemlich gut, was auf sie zukommt, wenn sie sich um einen politischen Posten bewerben. Hintergrundwissen und Netzwerke sind hilfreich für Referenten, die in die aktive Politik wechseln möchten. Ihr Vorteil: Man kennt sie und ihre Arbeit bereits.

Aber gibt es da nicht auch eine Schattenseite, dass diejenigen, die sich ihre persönlichen Referenten aussuchen, einen jüngeren Doppelgänger haben wollen – und damit auch versuchen, sich selbst zu stützen?

Auch hier ist es wie im »normalen Leben«. Wenn ein Chefredakteur sich einen Stellvertreter oder ein Firmeninhaber sich einen Nachfolger sucht, dann holen die sich auch jemanden, der loyal ist und nicht alles anders macht.

Wie wichtig ist heute die Qualifikation für den politischen Nachwuchs?

Bei unseren Mentoren-Programmen gibt es ein Testverfahren. Jemanden zu fördern, wo das Förderpotenzial übersichtlich ist, ist auf Dauer nicht sinnvoll. Da wird auf Talente und Kompetenzen geschaut.

In den vergangenen Jahren gab es bei den großen Parteien etliche Bestrebungen zur Reform von Parteistrukturen. Wie bewerten Sie diese Aktivitäten?

Das kann man nicht von oben oktroyieren. Parteien sind viel subsidiärer eingerichtet als andere Institutionen. Ein Durchdelegieren von oben nach unten geht nicht. Die Spitze ist auch abhängig von der Basis. Wenn sich ganze Ortsverbände dem Plakatkleben oder Bezirksverbände der Mitarbeit verweigern, dann kann die Basis die Spitze ins Schwitzen bringen.

Wir wechseln von der Basis zur Spitze der CDU. Worauf legt Angela Merkel bei Persönlichkeiten besonders viel Wert?

Verschwiegenheit, Belastbarkeit, Flexibilität und Klugheit – denke ich.

Woher rührt ihr Faible für Frauen?

Das hat sie gar nicht; es arbeiten mehr Männer in ihrem Umfeld als Frauen. Man spricht zwar gerne vom »Girls-Camp«. Aber da wird plötzlich eine Strategie in etwas hineingedichtet, weil Frau Merkel eine Büroleiterin oder eine Sprecherin hat. Auch Frauen sind gute Mitarbeiterinnen, das ist doch kein Weltwunder! Der Regierungssprecher und der Kanzleramtsminister sind Männer, der Fraktionschef und der Generalsekretär sind es auch.

Ist Frau Merkel ein Naturtalent?

Nicht nur. Ihr Erfolg beruht auf Intelligenz und Analyse.

Aber Sie haben ja gesagt, dass Politik nicht nur ein rationales Geschäft ist, sondern sehr viel mit Emotionen zu tun hat.

Diesen Part beherrscht sie natürlich. Sie weiß, auch wenn sie uneitel ist, dass die Frisur sitzen muss, dass sie bei Auftritten geschminkt und gut gekleidet sein muss. Und dass sie gute Bilder und Sympathien braucht.

Zu anderen Machtstrukturen in der CDU. Welche Rolle spielen zum Beispiel die Landesgruppenvorsitzenden in der Bundestagsfraktion?

Eine sehr wichtige. Es sind geheime Chefs, die da kungeln. Das ist die sogenannte Teppichhändlerrunde, die auf die Kontingente ihrer Landesgruppe achtet, auf Kontingente für Sprecherfunktionen, für Arbeitskreisvorsitzende und andere parlamentarische Funktionen.

Das heißt, man kommt nur in wichtige Funktionen, wenn man diesen Filter durchlaufen hat?

Nicht nur, aber in der Regel.

Ist die Kontaktfähigkeit heute im sozialen Milieu der Parteien wichtiger für eine große Karriere als die fachliche Kompetenz?

Die größte Kontaktfähigkeit hilft nichts, wenn Sie halb debil und nicht ernst zu nehmen sind.

Geländegängig zu sein ist also wichtiger, als Leitanträge zu schreiben?

Auf jeden Fall ist das genauso wichtig.

Abends bis zwölf in der Kneipe zu hocken, mit Leuten, die man sonst nicht unbedingt sehen möchte – das muss man mögen.

Richtig. Man kann das aber lernen. Wenn man Abgeordneter ist, ständig mit Menschen zu tun hat und für die Gesellschaft arbeitet, dann muss man – ganz pathetisch gesprochen – die Menschen auch lieben. Misanthropen sollten sich einen anderen Beruf suchen. Ohne meine Zeit als deutsche Weinkönigin beispielsweise säße ich heute definitiv nicht im Bundestag. Ich wurde 2002 gefragt, ob ich für den Bundestag kandidieren wolle, als Seiteneinsteigerin. Man wäre sicher nicht auf mich gekommen, wenn ich vorher nicht durch die Weinköniginnenzeit bekannt geworden wäre, das Auftreten und Reden geübt, mich für eine Region und einen Berufsstand eingesetzt hätte.

Und dann Ihre Blitzkarriere, der Aufstieg zur stellvertretenden CDU-Landesvorsitzenden. Das ist auch nicht selbstverständlich.

Der Wahlkreisgewinn 2005 war ein wichtiger Schritt. Auch Medienpräsenz und dosierte Auftritte spielen eine Rolle. Sich zu wichtig zu machen und den dicken Maxe zu markieren, macht sich in den eigenen Reihen nicht so gut. Sicherlich kommt auch hinzu, dass ich jung und eine Frau bin, also ein Kontrapunkt zu dem üblichen Angebot.

Welchen Einfluss hat die Junge Gruppe in der CDU-Bundestagsfraktion? Da hört man kaum etwas.

Es geht darum, was man fordert und regelt – das ist auch ein Netzwerk. Mit Mitgliedschaften im Fraktionsvorstand, bei den Fraktionsvorsitzenden und der Teppichhändlerrunde. Sie tagt in Sitzungswochen, je nach Themenstellung – und natürlich, wenn es etwas zu vergeben gibt. Die Teppichhändlerrunde ist eine Personalrunde. Vertreten sind dort die soziologischen Gruppen, die Arbeitnehmer, der Parlamentskreis Mittelstand, die Gruppe der Frauen, die Junge Gruppe. Ihr Chef ist Schorsch Brunnhuber aus Baden-Württemberg. Er hat seinerzeit Oettinger gelobt für die Filbinger-Rede.

Wer zählt für Sie zu den großen politischen Talenten in der Fraktion?

Norbert Röttgen als parlamentarischer Geschäftsführer, natürlich unser Fraktionsvorsitzender Volker Kauder, Innen- und Rechtsexperte Wolfgang Bosbach, Ursula von der Leyen und viele mehr. Bei den Jüngeren, die man noch nicht so kennt, sind das zum Beispiel Dorothee Bär von der CSU oder Kristina Köhler, beides Innenpolitikerinnen. Außerdem Marko Wanderwitz, der Chef der Jungen Gruppe, oder Michael Kretschmer, Generalsekretär aus Sachsen.

Welche Qualitätskriterien müssen aus Ihrer Sicht die Jungen erfüllen, damit sie den »Talentstatus« erreichen?

Sie müssen fit sein, eine schnelle Auffassungsgabe haben, gut reden können und vernetzt sein, ohne arrogant zu wirken.

Kann man sagen, dass die Jüngeren ein schwächeres ideologisches Profil haben?

Ja, definitiv, und das ist positiv. Es hat aber auch zur Folge, dass man windschnittige Typen hat, bei denen man nicht mehr weiß, ob sie da oder dort hin wollen. Früher konnte man einen Jung-FDPler von einen Jung-Grünen ganz einfach anhand der Optik unterscheiden. Heute geht das nicht mehr.

Heißt das, Politiker werden künftig nur etwas bewirken, wenn sie weitgehend ideologiefrei agieren?

Das ist eine Wechselbewegung. Immer, wenn es von einem Typus zu viele gibt, wird es schwierig. In der SPD sind Typen wie Wiefelspütz oder Müntefering Kult. Oder ein Ströbele bei den Grünen. Die fallen auf.

Diejenigen, die unangepasst sind und »Stunk machen«, sind die, …

… die eigene Defizite haben. Die den Spiegel nicht ertragen.

Wie geht man mit denen um?

Da gibt es verschiedene seelsorgerische Maßnahmen. Integrieren oder bewusst außen vor lassen. Das hängt vom Typus ab.

Führt die Abmagerung der Volksparteien auch zur Auszehrung der Demokratie?

Ja, könnte sein. Es gibt dann immer mehr Klientelvertreter, der Gesamtzusammenhang wird außer Acht gelassen. Seniorenparteien, die nur das Programm Rentenerhöhung haben, oder die Linkspartei, die sich nur um die Verteilung und nicht um die Erwirtschaftung von Geld kümmert, oder die Freien Wähler, die sich von Ort zu Ort mit ihrer Programmatik durchaus widersprechen. Bei großen Volksparteien ist das anders, sie müssen die Gesellschaft als Ganzes im Blick haben, also Kompromisse finden, Interessen integrieren, die sich scheinbar widersprechen. Der Blick nach Italien zeigt, dass die Zersplitterung der Parteien nicht gerade stabilitätsfördernd ist.

Wie sieht die Zukunft der Volksparteien, bezogen auf die Nachwuchsrekrutierung, aus?

Volksparteien und ihr Personal dürfen nicht selbstgefällig sein, sondern müssen kritisch über ihr Vermittlungsproblem nachdenken. Sie müssen sich öffnen, eine andere Sprache sprechen, auch für die, die politisch nicht so interessiert sind. Sie müssen mehr Wert auf das Erklären und Erläutern von politischen Entscheidungen legen.

Das Internetangebot und andere Aktivitäten müssen sich den neuen Nutzerverhaltensweisen anpassen. Die Kommunikation mit dem Kunden und das Werben um den Kunden wird und muss anders werden. Und es werden immer mehr eingängige Typen gefragt sein, auf die können Parteien nicht mehr verzichten. Typen, die für etwas stehen, die Kanten haben. Glaubwürdige Sympathieträger. Also nicht nur Stromlinienkandidaten, sondern Typen, die als Lasso der Partei hilfreich sind. Letztlich kommt es auf den Umgang der Parteien untereinander an, dass man sich nicht außerhalb des inhaltlichen Diskurses persönlich diffamiert.

Wie bekommt man solche markanten Typen?

Indem man über den eigenen Tellerrand schaut und Dinge ertragen kann, die nicht in den Papieren der vergangenen »hundert Jahre« standen. Es kann schon nervig sein, wenn Personalvorschläge wider besseres Wissen kaputt gemacht werden, weil der eine dem anderen nichts gönnt oder dieser noch nicht genug Plakate geklebt hat.

2. Reserve hat Ruh – die ausgezehrten Jugendorganisationen

Gerhard Schröder war Juso-Bundesvorsitzender; Roland Koch und Christian Wulff haben ihr politisches Handwerk in der Jungen Union gelernt; Guido Westerwelle hat seinen Aufstieg über die Jungen Liberalen organisiert. Früher waren die politischen Jugendorganisation die Trainingslager und Kampfarenen für politische Aufsteiger. Die Bedeutung dieser früher zentralen politischen Sozialisationsinstanz hat sich grundlegend verändert. Mit weitreichenden Auswirkungen auf das heute ausgedünnte Rekrutierungsreservoir der Nachwuchsorganisationen.

Die »Ichlinge« auf dem Weg nach oben: Funktionäre der Jungen Union Deutschlands nutzen die Nachwuchslücke für die eigene Karriere

»Ich halte nichts davon, wenn Fünfundachtzigjährige noch künstliche Hüftgelenke auf Kosten der Solidargemeinschaft bekommen.« Ein knappes Jahr nach seiner Wahl zum JU-Bundesvorsitzenden drohte Philipp Mißfelder nach dieser Entgleisung das Ende seiner politischen Karriere.[1] Doch er überstand die Kritikwelle. Heute zählt der Neunundzwanzigjährige zu den dienstältesten JU-Vorsitzenden, ist Bundestagsabgeordneter, sogar Mitglied im CDU-Präsidium und kann sich ausgerechnet auf die Solidarität der Senioren-Union verlassen. Die *Bunte* präsentierte ihn in einer Homestory[2], in Talkshows macht er eine passable Figur. Es schien sogar zeitweise so, als könnte Mißfelder den seit 1984 andauernden Mitgliederschwund der JU aufhalten.

Seit 2006 sinkt die Mitgliederzahl wieder und hat im September 2008 mit 126 315 einen Stand unter jenem von 2002 erreicht. Interne Schätzungen gehen davon aus, dass nicht einmal jedes dritte

JU-Mitglied später in die CDU eintritt. Dies spricht einerseits für die geringe Bindekraft des Jugendverbands, andererseits für eine offenbar beachtliche Autonomie von der Mutterpartei.

Die Einschätzung des dpa-Korrespondenten Ulrich Scharlack zum JU-Vorsitzenden teilen führende CDU-Politiker: »Er kennt die Partei wie sonst nur ein Roland Koch, ein Peter Müller oder ein Christian Wulff, die sich ja auch ihre Sporen in der Jungen Union verdient haben. Und irgendwie haben viele Langzeitbeobachter das Gefühl, dass es Mißfelder ebenfalls weiter nach oben spülen wird. ›Der wird was‹, lauten die Prognosen.« – »Mißfelder hält die Junge Union im Gespräch. Der innerparteiliche Einfluss des Nachwuchses ist gestiegen. Die Parteien sind überaltert. Die Jungen werden deshalb ernster genommen, um nicht noch mehr dieser Generation zu verprellen.«[3]

Karrieren vom Reißbrett

Das Amt des JU-Vorsitzenden gilt in der Union seit eh und je als Karrieresprungbrett. Und selten, sagt Mißfelder, habe es so gute Aufstiegsmöglichkeiten wie heute gegeben:

»Parteien und politische Jugendorganisationen bieten zum Beispiel Schnuppermitgliedschaften an. Zudem kann man sich in Wahlkampfteams wie dem teAM Deutschland einbringen, ohne Parteimitglied zu sein. Die Hemmschwellen sind also deutlich gesenkt worden. Aber es kommt dann auf den Einzelnen an, wie stark er sich in die Parteiarbeit einschalten will. Der Eintritt in die Junge Union ist für die meisten späteren Mandatsträger von CDU und CSU die Basis und oft auch die Voraussetzung für ihren weiteren politischen Weg gewesen. Hier lernen die Mitglieder frühzeitig, was Politikmanagement ist, wie Mehrheiten organisiert werden und nicht zuletzt, dass Politik auch harte Arbeit bedeutet. Ohne Durchsetzungsvermögen und die nötige inhaltliche Kompetenz geht es nicht.«

In der JU habe sich »die Mischung aus Party und Politik« zu einem erfolgreichen Motivationsinstrument entwickelt. Mißfelders

Vorgängerin von 1998 bis 2002, Hildegard Müller, war einst enge Vertraute von Angela Merkel. Sie bestätigt diesen Trend. Als sie ihr Amt als Staatsministerin bei der Bundeskanzlerin im Oktober 2008 zugunsten der Hauptgeschäftsführung des Bundesverbands der Energie- und Wasserwirtschaft aufgab, ging der CDU aus Sicht vieler Beobachter inner- und außerhalb der Partei ein Talent verloren. Die heutige Spitzen-Lobbyistin Müller war auch die erste JU-Vorsitzende, die ins CDU-Präsidium gewählt wurde.

Müller ist nicht die Einzige, die sich für einen lukrativen Lobbyposten entschieden hat. Matthias Wissmann, der frühere Verkehrsminister und JU-Vorsitzende von 1973 bis 1983, ist heute Präsident des Verbands der Automobilindustrie (VDA). Seine engen Kontakte zur Kanzlerin sind für die Automobil-Lobby Gold wert.

Programmatisch besonders einflussreich ist die bayerische JU: Die Bundestagsabgeordnete Dorothee Bär, Jahrgang 1978, wurde im November 2008 zur stellvertretenden JU-Bundesvorsitzenden gewählt und stieg Anfang Februar 2009 sogar zur stellvertretenden CSU-Generalsekretärin auf. Seit Oktober 2007 ist das JU-Mitglied Melanie Huml Staatssekretärin in Bayern.

Dass auch bayerische JU-Chefs für Schlagzeilen gut sind, zeigte im Juni 2006 der amtierende Vorsitzende Stefan Müller, als er einen »Gemeinschaftsdienst« – eine Art Arbeitseinsatz in der Kommune – für Hartz-IV-Empfänger forderte. Markus Söder, der den bayerischen Landesverband von 1995 bis 2003 führte, wurde von Edmund Stoiber 2003 zum CSU-Generalsekretär berufen und avancierte unter Horst Seehofer zum Umwelt- und Gesundheitsminister des Freistaats. Seehofer allerdings hatte schon seine Konflikte mit der JU: 2004 kritisierte er sie als unsolidarische »Ichlinge«.[4]

Die programmatische Ausrichtung der JU ist heute konservativer als früher: Mißfelder hat als Angehöriger des sogenannten Einstein-Kreises das Grundsatzpapier *Moderner bürgerlicher Konservatismus – Warum die Union wieder mehr an ihre Wurzeln denken muss*[5] unterzeichnet. Weitere Autoren sind Stefan Mappus (CDU-Fraktionsvorsitzender in Baden-Württemberg), der damalige CSU-Generalsekretär Markus Söder und Hendrik Wüst (CDU-Generalsekretär in Nordrhein-Westfalen). Gerd Langguth, Professor für Politikwissenschaft an der Universität Bonn und früher RCDS-Vorsitzender, bescheinigt dem CDU-Nachwuchs: »Die Junge Union ist konservativer geworden.«[6] Erstaunlich ist, dass gerade Philipp Mißfelder die pragmatische Herangehensweise der JU hervorhebt. Früher seien politische Debatten, etwa in der Nachrüstungsfrage, viel stärker ideologisch geprägt gewesen. Heute gehe die Junge Union an die Themen »unideologisch« heran, um konkrete Probleme zu lösen. »Das ist attraktiver als das endlose Diskutieren um des Diskutierens willen oder die Debatte über Utopien.« Dem gegenüber steht der Einstein-Kreis, über den Mißfelder sagt, er habe der inhaltlichen Positionierung gedient, »der Forderung nach einem stärkeren Profil der Unionsparteien«. Die Beteiligten kennen sich aus ihren Zeiten bei der Jungen Union.

Konservativer als die Kanzlerin

»Belege für Langguths These gibt es reichlich«, so Matthias Drobinski in der *Süddeutschen Zeitung*. Tradition, Familie, der Leistungsgedanke werden immer wieder als Leitkultur orchestriert, im Kontrast zum vorsorgenden Sozialstaat. »Und doch ist dieser Konservatismus uneindeutig. Die JU will mehr Familie und mehr Kinderkrippen, ist gegen die doppelte Staatsbürgerschaft und wirbt um türkische Mitglieder, ist für Alternativenergie und Atomkraftwerke, Wirtschaftsliberalismus und Gemeinschaftsverantwortung. ... Es ist ein Patchwork-Konservatismus entstanden, der versucht, die Sehnsucht nach Familie, Sicherheit, klaren Lebensstrukturen und dem Wunsch nach Individualismus, Wagemut, Karriere zusammenzubringen. Es sind die Lebensthemen einer bürgerlichen Jugend, die abgesichert wie noch nie aufgewachsen ist und die fürchtet, dass es so nicht bleibt.«

Das Codewort für den Aufstieg in der Schwesterpartei CSU ist offenbar »Vernetzung«. In Erinnerung an seine JU-Zeit sagt Markus Söder: »Viele Freundschaften aus dieser Zeit halten fürs Leben.« Nur zwei von acht Kabinettsmitgliedern in der bayerischen Staatsregierung haben keinen JU-Hintergrund. Auch Mißfelder erkennt die Bedeutung von persönlicher Nähe innerhalb der JU: »Hier lernen junge Menschen, gemeinsam für eine Sache einzutreten, andere zu überzeugen und Mehrheiten zu schmieden. Oft entstehen daraus auch dauerhafte Freundschaften. Dies hat natürlich Auswirkungen auf die Personalauswahl.« Der CSU-Vorsitzende Horst Seehofer, der die Verjüngung der CSU zum Leitprinzip seiner Politik gemacht hat, sucht den engen Kontakt zum Nachwuchs, um den avisierten Generationenwechsel voranzutreiben.

Nicht zuletzt diese konsequente Verjüngungspolitik von Horst Seehofer wird künftig die Chancen der Jungen Union in der CDU noch erweitern. Denn Seehofers Signale werden sich auf die CDU übertragen und mittelfristig einen Sog entfalten. Die Jungen in der CDU werden mutiger Positionen einfordern, die Öffentlichkeit wird dies begleiten und diesen Trend befürworten. Machtpolitisch stehen die Zeichen der Zeit also gut für Mißfelder & Co.

Fakten zur Jungen Union

> *Mitglieder:* 126 315[7]; 1983: 261 984 (Höchststand)
> *Vorsitzender:* Philipp Mißfelder (seit 2002; 1998–2000 Vorsitzender der Schüler Union)
> Weitere unionsnahe Jugendorganisationen: Schüler Union und RCDS

»Eine kleine, unwichtige Arbeitsgruppe«: Die Nischenmacht der Jungsozialisten in der SPD

Rund 337 000 Mitglieder hatten die Jungsozialisten (Jusos) im Jahr 1977[8]. Heute sind es weniger als 70 000 – ein Fünftel der damaligen Mitgliederzahl. Der Mitgliederschwund trifft den SPD-Nachwuchs damit erheblich stärker als die Junge Union, die ihre Mitgliederzahl »nur« halbiert hat.

Nach Beobachtung der *Frankfurter Allgemeinen Zeitung* hat das Schwächeln der Jusos viel mit der Konkurrenz im linken Lager zu tun:

> »Wer jung ist und sich links fühlt, engagiert sich seit Jahren lieber in lokalen Bürgerinitiativen, Umweltverbänden oder bei Globalisierungskritikern wie Attac als in den erstarrt empfundenen Strukturen

einer Partei, zumal der SPD. Die erst vor wenigen Jahren geschaffene Möglichkeit, als Nichtparteimitglied Jungsozialist zu werden, nehmen nur wenige wahr.«[9]

Gerade wegen der gesunkenen Mitgliederzahlen haben die verbliebenen Jusos in der SPD auf Bundesebene dennoch beachtlichen Einfluss. Andrea Nahles, Juso-Vorsitzende von 1995 bis 1999, ist heute eine der stellvertretenden Parteivorsitzenden. Gegenwind vom rechten Parteiflügel kann die linke Sozialdemokratin durch verlässlichen Rückhalt auch seitens der Jusos widerstehen.

Den heute noch existierenden Einfluss verdanken die Jusos paradoxerweise ihrer Schwäche und dem in den vergangenen Jahren gewachsenen Einfluss der »Netzwerker« und der Parteirechten im »Seeheimer Kreis«. Um diese Schieflage an der Spitze der Partei etwas auszugleichen, können die Jusos eine gewisse Beachtung einklagen.

Auch andere ehemalige Juso-Chefs haben ihren Posten als Karrieresprungbrett nutzen können, etwa Heidemarie Wieczorek-Zeul (1974–1977), Klaus-Uwe Benneter (1977) und Gerhard Schröder (1978–1980). Der frühere Kanzler soll in einer hitzigen Debatte zu den Jusos und ihrem damaligen Vorsitzenden Niels Annen gesagt haben: »Das interessiert doch keinen, was der hier meint. Du bist doch nur Vorsitzender einer kleinen, unwichtigen Arbeitsgruppe.«[10]

Aber selbst solche rüden Attacken verhinderten spätere Karrieren nicht. Andrea Nahles' Nachfolger Benjamin Mikfeld (1999–2001) ist hauptamtlich in der SPD-Parteizentrale beschäftigt, als Leiter einer Abteilung. Mikfelds Nachfolger Niels Annen (2001–2004) sitzt für die SPD seit 2005 im Bundestag. Er verlor 2008 allerdings überraschend eine Kampfabstimmung gegen Danial Ilkhanipour um die Kandidatur bei der Bundestagswahl 2009 in Hamburg-Eimsbüttel.

Annens Nachfolger als Juso-Chef, Björn Böhning (2004–2007), hat 2008 eine Mitgliederbefragung um die Kandidatur im Bundestagswahlkreis Berlin-Friedrichshain/Kreuzberg/Prenzlauer Berg-Ost gewonnen. Klaus-Uwe Benneter, früher selbst einmal Juso-Vorsitzender, sieht die Jusos heute auf einem pragmatischen Kurs. Sie sind nicht mehr die Revoluzzer aus früheren Zeiten – so lässt sich der Tenor der aktuellen Einschätzungen zusammenfassen:

Bereits seit Mitte Juni 2000 wollten die Jusos den Kapitalismus gestalten und nicht nur abschaffen.[11]

Mit einem ziemlich unauffälligen Kurs steuert die 28-jährige Vorsitzende Franziska Drohsel die Jungsozialisten. Die Juristin aus Berlin sucht keine Konflikte mit der Mutterpartei. Anregungen und Impulse werden über die Gremien in die SPD eingespeist. Die SPD braucht den Nachwuchs; diese Notlage ist die wichtigste Ressource der Jugendorganisation: »Etwa die Hälfte aller neuen Mitglieder ist jünger als 35, mithin Juso. Schnuppermitgliedschaften sind ein Weg, mit dem sie versuchen, jungen Leuten den Beitritt zu einer etablierten Partei schmackhaft zu machen.

Nicht ohne Erfolg. Bis 2003 sank der Anteil der jungen SPD-Angehörigen im Alter bis zu 35 Jahren kontinuierlich, inzwischen steigt er wieder an – etwa zehn Prozent aller Mitglieder sind Jusos.

Der SPD-Nachwuchs sucht Bündnisse mit anderen Organisationen und den neuen sozialen Bewegungen. »Eines freilich unterscheidet sie von anderen Aktionsgruppen: Die Kontakte, Freund-, aber auch Feindschaften, die man bei den Jusos eingeht, währen zumeist ein ganzes politisches Leben lang.«[12]

Manches davon bestätigt Franziska Drohsel: Die Politikverdrossenheit nehme eher ab – Mitgliedszahlen und Aktivenzahlen sowie die Beteiligung von Nichtmitgliedern an Veranstaltungen seien gestiegen. »Die Jusos sind immer noch der wichtigste Bereich der Nachwuchsrekrutierung, deren Bedeutung eher zu- als abnimmt. Was sich vor allem geändert hat, ist, dass viele Juso-Funktionäre auch schon Verantwortung innerhalb der Partei übernehmen und dort Führungspositionen besetzen.«[13]

Bereits vor gut zwölf Jahren – während des Jugendparteitags im November 1996 in Köln – erkannte die SPD den Ernst der Lage. Der Verjüngungsantrag Nr. 253 wurde angenommen: »Für die Bundestagswahl 1998 strebt die SPD an, dass mindestens 30 Kandidaten/Kandidatinnen aussichtsreich in Wahlkreisen nominiert oder auf den Landeslisten platziert werden, die jünger sind als 40 Jahre, davon mindestens die Hälfte jünger als 35 Jahre.«[14] Ein Jahr später musste der damalige SPD-Bundesgeschäftsführer in einem Brandbrief noch einmal formal an diesen Beschluss erinnern:

»In der nächsten Bundestagsfraktion soll es eine größere Gruppe junger Abgeordneter geben – 30 unter 40, davon 15 unter 35 –, heißt der Beschluss des SPD-Jugendparteitags vom November '96. Es gibt nach unserer Information eine erhebliche Zahl von Kandidaturen junger Genossinnen und Genossen, aber bisher nur wenig Aussichten für sie. Nehmt das Anliegen bitte ernst. Es wird uns als Partei gut tun, wenn wir auch im Bundestag den Schritt zur Verjüngung gehen und der nächsten Generation eine breitere Chance geben.«[15]

Dieses Ziel konnte zwar mit viel Mühe realisiert werden. Doch von einem Lernprozess zugunsten jüngerer Kandidaten kann heute noch immer nicht die Rede sein. Das Sollziel »30 unter 40« muss in jedem Wahljahr stets erneut von oben durchgedrückt werden.

Fakten zu den Jungsozialisten

Mitglieder: SPD-Mitglieder unter 35 Jahren (automatisch Juso-Mitglieder).
Seit 1994: Juso-Mitgliedschaft auch ohne Parteibeitritt; derzeit rund 10 000 Mitglieder;
Jusos: rund 70 000 Mitglieder (Stand Februar 2008)[16].
Zum Vergleich 1977: ca. 337 000[17]
Vorsitzende: Franziska Drohsel (seit 2007)
Im Bundestag: Youngsters (alle MdBs unter 41; Sprecher: Peter Friedrich);
Bis 2005: Weitere SPD-nahe Jugendorganisationen. Sozialistische Jugend Deutschlands – Die Falken (nahezu bedeutungslos).

Die Avantgarde der Partei: Grüne Jugend kämpft um Anerkennung

Grün-Alternatives Jugendbündnis – so nannte sich die Grüne Jugend bei ihrer Gründung am 16. Januar 1994. Das »Alternative« im Namen wurde 2000 gestrichen – noch immer sieht sich die Grüne Jugend aber als »junge Kraft im grün-alternativen Spektrum«. In einer Selbstdarstellung auf der Webseite der Parteijugend heißt es:

>»Wir sind der Jugendverband von Bündnis 90/Die Grünen, aber unabhängig im Inhalt und dem Personal. Bei uns machen junge Menschen Politik für eine soziale, ökologische, demokratische und gewaltfreie Welt, ohne den Spaß am Leben zu vergessen. Dazu kämpfen wir für unsere Inhalte und Forderungen in der Grünen Partei, auf der Straße, in den Bewegungen, manchmal auch im zivilen Ungehorsam.«[18]

Nicht zu übersehen ist allerdings die Annäherung an die Partei: Zunächst war die Grüne Jugend ein eigenständiger Verband. 2001 beschloss der Bundesverband die Umwandlung von einem strukturell eigenständigen Verband in eine Teilorganisation der Partei. Auch die Bundesgeschäftsführerin der Grünen, Steffi Lemke, stellt eine »engere Kooperation mit der Grünen Jugend als früher« fest. Die Eigenständigkeit und Autonomie solle aber bewusst gewahrt werden. Inhaltliche Konflikte gebe es nicht. Im Interview sagt sie: »Mir sind die manchmal sogar zu soft.«

Dem Vorschlag des Satiremagazins *Titanic*, auch das »Grüne« im Namen zu streichen, sich nur noch »Jugend« zu nennen – »inhaltsleer, beliebig und massenkompatibel«[19] –, ist die Grüne Jugend nicht gefolgt. Es sei ganz anders gekommen, heißt es auf der Webseite:

>»Die Grüne Jugend wurde durch die Namensänderung profilierter, attraktiver, schlagkräftiger und mit unseren Inhalten deutlich wahrnehmbarer gegenüber Partei und Öffentlichkeit. Wir steuern seitdem einen erfolgreichen linksintegrativen, inhaltlichen, kritischen, kampagnenorientierten Kurs mit wachsender öffentlicher Wahrnehmung und übrigens auch wachsendem Einfluss in der Partei. Wir sind dabei ein immer wichtigerer innerparteilicher Machtfaktor geworden, ohne so wie Jusos und Junge Union zur Kaderschmiede oder spießigen Schleimerorganisation zu werden.«

Aus der stolzen Abgrenzung von den Jugendorganisationen der SPD und der Union lässt sich ableiten, dass sich die Grüne Jugend als Karrieresprungbrett bislang nur bedingt eignet. Dazu sagt die Bundesgeschäftsführerin der Grünen, Steffi Lemke: »Man geht zu den Grünen, um die Welt zu verändern, nicht, um Karriere zu machen.« Allerdings sind Mitglieder des Bundesvorstands und der Landesvorstände in den vergangenen Jahren immer wieder in Parlamente eingezogen (etwa Alexander Bonde, Kai Gehring, Ekin Deligöz, Anna Lührmann, Omid Nouripour, Grietje Staffelt, Benedikt Lux, Clara Herrmann, Ludwig Hartmann, Helge Limburg, Peter Lehmann, Filiz Polat, Jens Crueger, Ramona Popp, Stefan Ziller, Linda Heitmann). Julia Seeliger schaffte es im Dezember 2006 in den Parteirat und erhielt dafür große mediale Aufmerksamkeit. Auch der hessische Spitzenkandidat der Grünen, Tarek Al-Wazir, war vor seinem kometenhaften Aufstieg Landesvorsitzender der Grünen Jugend. Es gibt keinen Zweifel: Die Grüne Jugend ist ein wichtiges Nachwuchsreservoir der Partei.

Sie steht heute weiter links als noch vor einigen Jahren. Die vehemente Forderung des damaligen Vorstandsmitglieds Ario Ebrahimpour Mirzaie auf dem Parteitag im November 2007 nach einem Grundeinkommen »ohne Schikanen« ist dafür nur ein Beispiel: »Wenn ich so durch die Straßen von Berlin gehe und die Punker, die Leute sehe, die gern auf der Straße leben, dann denke ich mir, auch dieser Punker hat doch seine Existenzberechtigung – selbst wenn es nur dazu dient, als Projektionsfläche der Bourgeoisie zu dienen, erfüllt er doch eine Funktion in dieser Gesellschaft, oder?«, so das frühere Vorstandsmitglied der Grünen Jugend. Innerparteilicher Lieblingsfeind der Grünen Jugend sind die Realos, wie ein stilbildender Beitrag auf der Webseite illustriert:

> »Es gab im Laufe der Zeit viele Abgesänge auf die Grüne Jugendorganisation von ganz links bis ganz realo. Aber wir sind weder in der linksmauligen Ecke stehen geblieben, noch haben wir den Kniefall vor der sogenannten Realpolitik gemacht. ... Wir mögen zwar älter werden, aber nicht dümmer.«

Aber auch der realpolitische Flügel meldete sich zu Wort und reklamierte seinen Einfluss: Die Grünen führten »immer noch Diskussionen der achtziger Jahre, die an der Lebenswelt junger Menschen vorbeigehen«, beklagten die Autoren des Diskussionspapiers mit dem Titel »Junge Partei mit Jugendproblemen«, unter ihnen Alexander Bonde, heute haushaltspolitischer Sprecher der Grünen im Bundestag. »Wir möchten den Dialog darüber anregen, ob im Vorurteil der Fortschrittsfeindlichkeit nicht ein Funken Wahrheit liegt,« lautete die Mahnung.[20] Die Grüne Jugend, die mit ihren Publikationen und Werbematerialien einen Hauch von Anarchismus verströmt, pocht darauf, von den »etablierten Grünen« ernst genommen zu werden, auch wenn ihre gewählten Vertreter nicht automatisch Sitz und Stimme im Parteivorstand haben.

»Den häufig zu hörenden Vorwurf, sie seien einflusslos, halten die Junggrünen für entkräftet. Der Wandel von einer ›Jeder-bringt-sich-irgendwie-ein-Organisation zu einer professionell organisierten Jugendorganisation‹ sei vollbracht.«[21]

Fakten zur Grünen Jugend

Mitglieder: ca. 6900 (laut Webseite);
Etat: Der Bundesverbandsanteil des Mitgliedsbeitrags beträgt 20 Euro pro Mitglied und Jahr;
Geschäftsführender Vorstand: Kathrin Henneberger (Sprecherin), Max Löffler (Sprecher)

Westerwelles Kofferträger: Alles läuft in der FDP auf die Jungen Liberalen (JuLis) zu

Ähnlich wie die Jusos für die SPD oder die Junge Union für die Union sind die Jungen Liberalen für die FDP eine Talentschmiede: Parteichef Guido Westerwelle war JuLi-Vorsitzender von 1983 bis 1987. Zu den weiteren ehemaligen JuLi-Chefs zählen die heutigen Bundestagsabgeordneten Hans-Joachim Otto (erster JuLi-Vorsitzender 1980–1983), Birgit Homburger (1990–1093; heute stellvertretende Vorsitzende der FDP-Bundestagsfraktion und seit 2004

Landesvorsitzende der FDP/DVP Baden-Württemberg), Michael Kauch (1995–1999) und Daniel Bahr (1999–2004). Der aktuelle Vorsitzende Johannes Vogel tritt bei der Bundestagswahl 2009 im Wahlkreis Märkischer Kreis I/Olpe als Direktkandidat für die FDP sowie auf Platz 16 der Landesliste der FDP Nordrhein-Westfalen an.

Diese Karrierewege sprechen nicht unbedingt für das Credo Vogels, dass die JuLis »der Stachel im Fleisch der FDP sein« wollen.[22] Als Seilschaft funktionieren die JuLis offenbar gut, wie Daniel Bahr der *Süddeutschen* zu Protokoll gab: Das Netzwerk der Jüngeren sei »sehr gut ausgeprägt«, man empfehle sich gegenseitig und arbeite nicht gegeneinander. Nach Einschätzung der *SZ* ist Bahr noch lange nicht am Ende seiner Karriere angekommen. Doch sei die Generation nach Westerwelle politisch wie vom Habitus her stark auf ihren Mentor fixiert. Für die über 30-jährigen sei Westerwelle »der Guido«, sie sind politisch mit ihm groß geworden.

Doch die JuLis sind offenbar wieder etwas kritischer geworden und emanzipieren sich in kleinen Programmschritten von der Mutterpartei: Vorsitzender Vogel siezt Westerwelle und will, dass die FDP einen »ganzheitlichen Politikansatz« verfolgt, beispielsweise in der Sozialpolitik und beim Thema Bürgerrechte. Dazu arbeiten die JuLis heute mit dem Freiburger Kreis zusammen, dem etwa die profilierten Ex-Minister Gerhart Baum, Burkhard Hirsch und Sabine Leutheusser-Schnarrenberger angehören. Letztere sagt, die JuLis seien »nicht mehr durchgängig neoliberal«, sie hätten einen sozialen Zugang und sich vom einstigen Übervater Westerwelle ein Stück emanzipiert. Westerwelle habe nicht mehr die Hausmacht bei den Julis.«[23]

Dieses optimistische Bild des verkümmerten sozialliberalen Flügels scheint mehr einem Wunschdenken denn einer harten Lageanalyse zu folgen. In ihren Programmpapieren und Publikationen repräsentiert das neoliberale Politikmodell eindeutig die Leitkultur der Jungen Liberalen.

Fakten zu den Jungen Liberalen

> Die JuLis sind der Jugendverband der FDP, jedoch organisato-
> risch und finanziell unabhängig. Mitglied kann jeder im Alter von
> 14 bis 35 Jahren werden;
> *Mitglieder:* ca. 10 000[24];
> *Etat:* keine Rückmeldung trotz schriftlicher Anfrage.;
> *Vorsitzender:* Johannes Vogel (seit 2005);
> Im Bundestag: Seit der Bundestagswahl 2005 sitzen acht Junge
> Liberale als FDP-Abgeordnete im Bundestag.

Protest statt Parlamentarismus: Die Linksjugend ['solid] will den Straßenkampf und nicht das Mandat

Die »Linksjugend ['solid]« ist im Mai 2007 aus dem PDS-nahen Jugendverband »['solid] – die sozialistische Jugend«, den Jungen Linken und dem Nachwuchs der »Wahlalternative Arbeit und soziale
Gerechtigkeit« (WASG) hervorgegangen. ['solid] steht für »sozialis-
tisch, links, demokratisch«. Der Verband ist juristisch unabhängig,
jedoch von der Partei Die Linke als offizielle Parteijugend anerkannt.

Nach eigenen Angaben gehören der Linksjugend rund 3500 aktive und 9600 passive Mitglieder an (Stand: Mai 2007). Trotz der
angeblichen Zuwächse in den vergangenen Jahren ist ['solid] verglichen mit der Grünen Jugend (rund 6500 Mitglieder) und den
Jungen Liberalen (rund 10 000 Mitglieder) immer noch ein kleiner
Verband – zumal die Linkspartei mehr Mitglieder hat als FDP und
Grüne.

Ebenfalls 2007 wurde der Hochschulverband »Die Linke. Sozialistisch-demokratischer Studierendenverband« (Die Linke. SDS)
gegründet. Er ist laut Satzung eine Arbeitsgemeinschaft mit Sonderstatus und somit formell Bestandteil von ['solid]. Tatsächlich lässt
sich etwa an Berliner Universitäten ein im Vergleich zu anderen
Hochschulgruppen reges Engagement der ['solid]-Leute mit einem
relativ hohen Maß an Professionalität erkennen.

Der Verfassungsschutz erwähnt in seinen Jahresberichten sowohl
['solid] als auch den SDS im Kapitel »Linksextremistische Bestre-

bungen und Verdachtsfälle«. Unter anderem wird aus der Webseite des Hochschulverbands zitiert (Stand: November 2007):

> »Als Hochschulverband streiten wir für Sozialismus. ... Diese Ziele sind nur durch eine grundlegende Veränderung der Gesellschaft zu realisieren. Der Kapitalismus ist für uns nicht das Ende der Geschichte. Wir stehen ein für die Überwindung der kapitalistischen Gesellschaftsordnung und stellen ihr unsere handlungsbestimmende Perspektive einer sozialistischen Gesellschaft entgegen. ... Wir kämpfen dabei für die Überwindung der kapitalistischen Gesellschaftsordnung.«[25]

Ob sich ['solid] auch als Rekrutierungsquelle eignet, ist schwer einzuschätzen, da nur wenige Aktive Interesse haben, überhaupt Berufspolitiker zu werden: So will etwa Cornelia Hirsch, die jüngste Linken-Abgeordnete im Bundestag, höchstens noch einmal kandidieren – und danach ihren politischen Schwerpunkt »wieder stärker auf die Straße setzen«.[26]

Auch die Beschreibung von ['solid]-Bundesgeschäftsführer Christoph Kröpl über die Mitwirkung von Mitgliedern des Jugendverbandes in der Linkspartei zeigt deren geringe Präsenz: »Junge Parteimitglieder sind vor allem in den östlichen Bundesländern vertreten. In den Landesparlamenten sitzen derzeit vier VertreterInnen, die vom Verband nominiert wurden, im Bundestag eine Abgeordnete. Der Verband hat vor Kurzem ebenfalls eine Nominierung für die Europaliste der Partei vorgenommen.«[27]

Diesen Trend zur außerparlamentarischen Opposition bestätigt Marco Heinig, Ex-Bundessprecher: »Das gehört bei uns zum guten Ton, um keine verfestigten Hierarchien zu bauen.« Der 26-Jährige gehört inzwischen dem LandessprecherInnenrat der Berliner Linksjugend an. Berufspolitiker will er nicht werden, politische Arbeit will er bei Workshops, Aktionen und Kampagnen betreiben – Parlamente seien »nicht so wichtig«, sagte er der Süddeutschen Zeitung. Dieses Politikverständnis hat paradoxe Folgen. Die wenigen Jungen im Umfeld der Linken müssen nicht einmal um Positionen kämpfen. Sie werden umworben: Laut Bundesgeschäftsführer Dietmar Bartsch werden sie in manche Kreisvorstände im Osten mit höchster Stimmenzahl gewählt – nur weil sie sich »um die Jugend kümmern« wollen.

Hintergrund für diese Entwicklung ist eine konfliktreiche Gründungsgeschichte, die bis heute nachwirkt: Die von Bartsch 1989 als eine Arbeitsgemeinschaft in der PDS gegründete AG Junge Genoss/innen überzeugte nur wenige Jugendliche. 1999 wurde der eigenständige Jugendverband ['solid] gegründet. Doch auch hier blieb der Grundkonflikt zwischen Parteinahen und Parteifernen erhalten, vertiefte sich 2003 sogar. Im Streit um Annäherungen und Kompromisse bei (eventuellen) Regierungsbeteiligungen der PDS kam es schließlich zur Spaltung: Die Parteinäheren sammelten sich in der Gruppierung Junge Linke. Nur mit Mühe fanden die Flügel 2007 auf dem Gründungskongress der Linksjugend ['solid] wieder zusammen.

Da die Linke im deutschen Wählermarkt über ein sicheres Zustimmungsreservoir verfügt, benötigt sie vorerst keine personellen Impulse der Jugendorganisation. Auch in diesem Punkt unterscheiden sich die Linken von allen anderen Konkurrenten.

Fakten zu ['solid]

Mitglieder: Aktive Vereinsmitglieder 3420 zuzüglich der sogenannten passiven Mitglieder (alle Mitglieder der Partei Die Linke unter 35 Jahren); Gesamtmitgliederzahl des Verbands: 9400[28];
die aktiven Mitglieder gliedern sich in 16 Landesverbände und den Stundentenverband Linke.SDS; es gibt 130 regionale Basisgruppen von Linksjugend ['solid] und 50 Hochschulgruppen von Linke.SDS;
Etat: Knapp 400 000 Euro jährlich, gespeist aus Mitgliedsbeiträgen und der finanziellen Unterstützung durch die Partei Die Linke[29];
Bundessprecher: Julia Bonk, Benjamin Brusniak, Katharina Dahme, Florian Höllen, Wiebke Martens, Karin Schnetzinger, Max Steininger, Haimo Stiemer, Lisa Umlauft;
weitere Jugendorganisationen im Umfeld der Partei: Die Linke. SDS (Sozialistisch-Demokratischer Studierendenverband).

Fazit: Das Lagebild der fünf Jugendorganisationen der Parteien ist, bezogen auf die Nähe und Distanz zur Mutterpartei, ihrer organisatorischen Anbindung und programmatischen Unabhängigkeit, höchst unterschiedlich. Insgesamt kann von einer weiteren Auszehrung und von einem Bedeutungsverlust in der politischen Arena – analog zur Entwicklung der Parteien – ausgegangen werden. Gleichwohl sind auch spezifische Besonderheiten – etwa die Rolle des JU-Vorsitzenden in den CDU-Spitzengremien – festzuhalten. Ob diese Machtbeteiligung dem Verband nutzt oder ob damit eine Kooptation der Parteiführung verbunden ist, wird sich erst mit zeitlichem Abstand beurteilen lassen. Fest steht jedoch, dass die Jugendorganisationen immer noch ein Rekrutierungsbecken für künftige Berufspolitiker sind. Denn in dieser Politikwerkstatt wird die Mechanik des normalen Politikbetriebs im Kleinformat vermittelt. Es geht um Machterwerb und Machtabsicherung, Artikulation und Bündelung von Interessen und – im Idealfall – um die Verdichtung von Programm-Ideen, die auch die etablierte Politik nicht ignorieren kann. Viele Vorstandsmitglieder der Jugendorganisationen haben es in der Vergangenheit – wie im Fall Gerhard Schröder – jedenfalls bis in höchste Ämter geschafft.[30]

Insight CDU: Innenansichten und Blitzkarrieren
Ein Selbstversuch von Tina Groll

Es ist Anfang 2009. Vor mir liegen diese Mitgliederwerbe-Karten. Vier Stück. Orangefarbener Hintergrund, roter Schriftzug. *Starke Frauen wählen* steht darauf. Sechs Frauen lachen mich an. Sie sind blond oder brünett, ihre Kleidung ist elegant, konservativ. Hosenanzug, Kostüm, die Haare adrett zurückgekämmt. »*Viel getan. Viel zu tun. CDU.*«.

Bürgerlich, konservativ und liberal – so ist die CDU in Bremen, wo ich lebe. Von rechtskonservativ bis beinahe liberal bündelt die Partei ihre Mitglieder und Wähler. Mir war sie bislang unsympathisch.

Die Welt der Parteien erscheint mir abgeschottet, unzugänglich und fremd. Dabei begegnet man dort interessanten Menschen. Menschen, die mir gar nicht fremd sind. Mit ihnen habe ich als

Journalistin immer wieder zu tun. Ich will genauer hinsehen, warum sie sich engagieren, will prüfen, ob Politik vielleicht etwas für mich sein könnte.

Ich möchte herausfinden, wie der Einstieg in eine Volkspartei funktioniert. Wie schnell kommt man rein, wenn man nur die Fühler ein wenig ausstreckt? Wie stark wird es beim Einstieg um politische Inhalte gehen – und wird es möglich sein, in eine Partei zu gehen, mit der man eigentlich wenig gemeinsam hat? Ein Rechercheprojekt am eigenen Leib.

Rückblick: Sommer 2008 – die CDU schickt eine Erfolgsnachricht über den Ticker. Erstmals haben die Konservativen mehr Mitglieder als die SPD. Von einer positiven Nachricht kann aber keinesfalls die Rede sein: Das Schrumpfen der Volksparteien ist nicht aufzuhalten. Der Nachwuchsmangel grassiert wie eine Krankheit; und besonders junge Frauen scheuen das Engagement in einer Partei. Darum richten sich fast alle Mentoring-Programme entweder nur oder ganz besonders an Frauen.

Jung und weiblich sucht Partei

So ist es auch bei der CDU in Bremen. Junge Frau, Akademikerin und Journalistin – damit wecke ich das Interesse der Parteifunktionäre. Immer wieder habe ich beruflich mit der Vorsitzenden der Bremer Frauen Union zu tun: Sandra Ahrens ist selbst noch jung, Jahrgang 1974, und hat in Bremen rasch Politkarriere gemacht. Mentoren oder Mentorinnen habe sie nie gehabt, erzählt sie. Hierzulande profiliert sie sich über Frauen- und Finanzthemen. Nun soll ein Nachwuchsförderprogramm aufgelegt werden, in dem junge Frauen besonders berücksichtigt werden. Gute Chancen, in das Förderprogramm aufgenommen zu werden, hätte ich wohl, auch wenn ich, Jahrgang 1980, der Zielgruppe des Programms, den unter 25-jährigen, gerade so entwachsen bin. Eine junge Frau, eine Seiteneinsteigerin, eine, die »ein für uns interessantes Studium gemacht hat«, wie ich später vom Vorsitzenden der Jungen Union im Land Bremen hören werde. Warum also nicht? Aber werden die nicht sehen, dass ich eigentlich alles andere als konservativ eingestellt bin? Oder kommt es vielleicht gar nicht so sehr darauf an?

Werde ich am Ende womöglich eine Leidenschaft für Politik und Macht in mir entdecken?

Leidenschaft für Politik – die hat auch Sandra Ahrens an sich entdeckt. Sie scheint genau zu wissen, was sie will und wie sie es will. Ist sie vielleicht ein neuer Typus von Politikerin? Auf jeden Fall ist sie eine Frau, die sich durchaus als Berufspolitikerin versteht. Konsequent hat sie auf das Mandat in der Bremischen Bürgerschaft hingearbeitet. Ehrgeizig, fleißig und engagiert – so könnte man sie wohlwollend beschreiben. Eine karrieregeile Strategin würden ihre Gegner und Rivalen sie wohl nennen. Von ihnen gibt es einige. Der Aufstieg in einer Partei ist immer mit harter Konkurrenz verbunden; das weiß auch Sandra Ahrens.

Es sind häufig soziale Kontakte und Sympathien, die darüber entscheiden, warum ein junger Mensch Mitglied in einer Partei wird. So gibt meine Sympathie für die konservative Frauenpolitikerin den entscheidenden Impuls, sie wegen meines Partei-Eintritts anzusprechen. Ich schreibe ihr eine E-Mail – und erzähle, dass ich mich stärker mit Politik auseinandersetzen möchte und mit dem Gedanken spiele, in die CDU einzutreten. Ich frage sie, ob eine Seiteneinsteigerin wie ich überhaupt Chancen in der Partei hätte, und ob es so etwas wie Mentoring-Projekte gibt.

Ahrens antwortet nur wenig später. Meine Anfrage habe sie »aus den Socken gehauen«, schreibt sie begeistert und schlägt mir sofort ein Treffen vor, bei dem wir alles besprechen könnten. »Wir sind gerade dabei, ein Nachwuchsförderprogramm aufzulegen. Ich werde Dich morgen anrufen, und dann machen wir gleich Nägel mit Köpfen.«

Wow, denke ich – so viel offene Begeisterung hätte ich nicht erwartet. Und so viel Einsatz. Immerhin ist sie gerade schwanger, steht kurz vor dem Mutterschutz. Tatsächlich ruft die Politikerin am nächsten Tag an und bietet mir prompt an, ihre zweite Mentee zu werden. Sie möchte mit mir gemeinsam herausfinden, was ich genau in der Partei machen möchte und in welche Richtung mein Engagement gehen könnte. Von der Vermittlung von Praktika im Bundestag oder in Brüssel ist die Rede, ich könnte aber auch bei der örtlichen Pressestelle der Partei einsteigen. Wenn ich praktischen Einblick bekommen möchte, könnte ich ihr auch kleinere Arbeiten abnehmen – je nachdem, woran ich Spaß hätte. Sie will mir erklären, wie politische Arbeit funktioniert. Engagierte Leute könne die Partei sehr gut gebrauchen.

Versprechungen vom rasanten Einstieg

Wir vereinbaren ein Treffen zum Mittagessen, zu dem sie mir alle nötigen Informationsmaterialien mitbringen will. Verblüffend, dieses Tempo. Von null auf hundert. Vor dem Telefonat hab ich mit schier endlosem Herumsitzen in drögen Ortsvereins-Versammlungen gerechnet – irgendwo ganz hinten. Mit stundenlangen Diskussionen über Zebrastreifen und Ampelschaltungen, aber nicht mit Brüssel-Reisen, Pressestellen-Praktika oder einer direkten Zusammenarbeit mit einer Bürgerschaftsabgeordneten. Es ist eine Begrüßung mit ausgebreiteten Armen, persönlicher Aufmerksamkeit und vielen Anknüpfungspunkten.

Für das Treffen informiere ich mich über meine angehende Mentorin. Sie ist gerade mal 35 und hat bereits eine erstaunliche Karriere in der Bremer CDU hingelegt: Nach ihrem Wirtschaftsstudium arbeitete sie im öffentlichen Dienst und zog im Alter von 29 Jahren in die Bremische Bürgerschaft ein. Politisch gesehen steht sie wohl eher links-mittig in der CDU. Sie gilt allerdings auch als Strategin, als eine, die für ihre eigene Parteikarriere kämpft.

Für das Gespräch färbe ich meine roten Haare dunkler und achte darauf, mich mit konservativerer Kleidung etwas dem Look der CDU-Leute anzupassen. Gedeckte Farben, schwarzer Hosenanzug, schwarzer Blazer. Schwarz wie die Partei. Die hat schließlich ein Image. Konservative Werte, verhüllt in einem konservativen Look. Glaubwürdigkeit plus Vertrauen gleich Politik.

Zur Vorbereitung auf unser Meeting schickt mir Sandra Ahrens jede Menge Unterlagen von der Bremer Frauen Union. Sie denkt vorausschauend; denn im Januar stehen die Neujahrsempfänge an, an denen ich gemeinsam mit ihr teilnehmen kann. Mit mulmigem Gefühl überlege ich, ob ich mich dort wirklich als junges CDU-Mitglied präsentieren soll. Wie soll ich meinen Wunsch begründen, so plötzlich den Christdemokraten beitreten zu wollen? Kann man denen erklären, dass ich mir »das halt mal anschauen will«? Kann man sagen, dass man schnell vorankommen möchte? Fragen, mit denen viele Seitensteiger konfrontiert sind. Wie findet man beim Einstieg das richtige Maß – zwischen Ambition und Respekt vor denjenigen, denen nichts geschenkt wurde?

Doch von Misstrauen kann gar keine Rede sein. Am Abend vor unserem Treffen ruft mich Sandra gut gelaunt an und bestätigt mir noch einmal unsere Verabredung. Es ist Sonntagabend, aber für ihre Partei hat die hochschwangere Konservative immer noch etwas Engagement übrig. Sie erzählt mir, dass sie bereits mit dem Fraktionspressesprecher gesprochen habe, der sich ebenfalls über mein Interesse an der CDU gefreut habe. Ich könnte mir ja die Pressestelle der Fraktion ansehen, schlägt mir Sandra überschwänglich vor. Ich bin überrascht und freue mich. Gleichzeitig kommen mir Zweifel. Die Abgeordnete hat sich gut überlegt, was mich interessieren könnte – und was meinen Fähigkeiten entgegenkommt. Über politische Themen haben wir bislang aber kaum gesprochen.

Das etwas andere Vorstellungsgespräch

Standesgemäß treffen wir uns in der angesagten Innenstadt-Bar, wo alles ein bisschen schicker ist als in anderen Restaurants. Zur Mittagszeit verkehren hier Journalisten, Anwälte, Bürgerschaftsabgeordnete und Vertreter der Handelskammer. Im oberen Bereich der Bar gibt es eine Lounge mit schwarzen Ledersesseln. Dorthin kann man sich zurückziehen, um etwas ungestörter zu reden. Im Untergeschoss dagegen sitzt man wie auf dem Präsentierteller. Sandra hat sich ans Fenster gesetzt. Von hier aus kann sie alles gut überblicken, ist aber selbst nicht ganz so gut sichtbar.

Die Politikerin begrüßt mich herzlich mit einer Umarmung, sie trägt leichtes Parfüm, frisches Make-up und elegante, konservativ geschnittene Kleidung. Die halblangen braunen Haare glänzen und fallen in natürlichen Wellen vom Mittelscheitel. Immer wieder blickt mir Ahrens direkt in die Augen, legt den Kopf manchmal schräg, lacht herzhaft. In den folgenden drei Stunden werden sich Privates und Berufliches miteinander verbinden. Offenbar mischt sich Leidenschaft für Politik mit der Freude, auf jemanden zu treffen, der sich ebenfalls für Politik interessiert. Dabei habe ich noch nicht einmal klar gesagt, dass ich mich engagieren möchte. Ich habe bislang nur die Überlegung geäußert, CDU-Mitglied zu werden – und gefragt, ob ich theoretisch eine Möglichkeit hätte, aktiv mitzuwirken.

Kaum sitzen wir, ruft der CDU-Fraktionschef an, es geht um Termine. »Wir haben morgen eine Sitzung, für die wir uns noch abstimmen müssen«, erklärt mir Sandra und ist schon mitten drin im Thema, wie eine Partei funktioniert. Sie möchte mit dem Fraktionschef auch gleich über mich sprechen. Vielleicht könnte ich eine Ausnahmeregelung für das Nachwuchsprogramm bekommen. Es richtet sich an junge Erwachsene bis 25 Jahre; ich bin mit meinen 28 eigentlich zu alt. Weitere Ausführungen müssen nun aber erst einmal warten, denn vor uns stehen zwei hochrangige CDU-Funktionsträger. Eine stellvertretende Vorsitzende eines Ortsvereins und ein Kreisvorsitzender, denen ich gleich vorgestellt werde. Während ich den Herrn noch mühsam einordne, erklärt mir meine künftige Mentorin, wer die beiden sind und welche Funktion sie innehaben. »Wir sind eine Volkspartei; wir sprechen Leute sowohl vom einen Rand als auch vom anderen Rand an«, erklärt mir die Politikerin – und nimmt den Holztisch, um zu verdeutlichen, was sie meint. Sie deutet auf die eine Ecke, dann auf die gegenüberliegende. Und wo steht sie? Ihre Finger wanden in die Mitte – da, wo der Kellner grad ihren Tee und meinen Kaffee abgestellt hat. Mittig. Sie ist weder besonders links noch besonders rechts, nicht so wie andere in der Partei. Sie nennt Namen und Funktionen. Mir schwirrt schon jetzt der Kopf. Eine Volkspartei müsse nun einmal eine Vielzahl von Interessen, Einstellungen und Meinungen vertreten.

Namen, Funktionen, rechts, links, mittig, wer mit wem und wofür – solche Gespräche werde ich in den kommenden Wochen häufiger mithören und vom Vorsitzenden der Jungen Union erklärt bekommen, dass es »auf die gute Mischung und auf die Berücksichtigung des parteiinternen Verbändeproporzes« ankomme. Politik von innen – ein bisschen so wie Schachspielen.

Allerdings mit mehr Papieren. Jetzt packt Sandra einen ganzen Stapel aus. Interne Papiere, Programm und Pressespiegel der Frauen Union. Und das Wichtigste: Vier Beitrittskarten hat sie mir mitgebracht. »Du kannst dir eine aussuchen.« Ich könne mir auch aussuchen, ob ich zunächst nur in die Frauen Union oder gleich in die CDU eintrete. Das hinge von meinen politischen Vorstellungen und Zielen ab, davon, was ich anstrebe. »Wenn du richtig Politik machen willst, solltest du gleich in die CDU eintreten«, rät sie mir. Dann könnte man auch wegen der Nachwuchsförderung noch mal genauer überlegen. Schon, um die Frauenquote zu verbessern. »Junge Frauen brauchen wir dringend«, sagt Sandra mit Nachdruck. Die CDU sei interessiert an mir, sehr sogar. Sie zwinkert mir zu. Ich weiß nicht genau, was sie meint. Ich fühle mich ein bisschen überfordert von so viel Überschwänglichkeit, so viel Herzlichkeit, aber auch von so viel tüchtigem Geschäftssinn. Wenn ich schon genau wüsste, was ich will – könnte ich dann auf direktem Weg in ein politisches Amt kommen?

Das hinge davon ab, antwortet die Politikerin und sieht mir in die Augen. Wovon? Vom Bedarf, gewissermaßen. Davon, welche Ämter mit wem besetzt werden sollen, und davon, was der Einzelne könne, mitbringe und anstrebe. Jetzt wird Sandra Ahrens konkreter: Hin und wieder brauche man beispielsweise für Podien Leute, die gut reden können. »So etwas könntest du zum Beispiel machen!« Ich nicke etwas unentschlossen. Ja, natürlich, meint sie, ich müsse für mich schon irgendwann klären, was ich denn wolle: Politik oder Journalismus. Es gehe nur eines von beiden. Während ich noch grundsätzlich überlege, ist sie schon beim Mitgliedsantrag. »Wenn du Parteimitglied werden willst, kann es etwa sechs Wochen dauern, bis dein Antrag bearbeitet ist.«

Diese sechs Wochen könne ich aber auch schon inhaltlich nutzen. Es gebe so viel zu tun. Soll ich womöglich gleich Politik machen, Themen vorschlagen? Ich muss etwas verschreckt dreingeschaut haben, denn sie beeilt sich, Entwarnung zu geben. »So schnell geht es nun auch wieder nicht«, meint sie lachend; »das lernt man Stück für Stück.« Aber ich könnte ihr als offizielle Mentee Arbeit abnehmen, die für mich interessant sein könnte. So warte die *FU aktuell*, die Zeitung für die Mitglieder der Bremer Frauen Union, darauf, gemacht zu werden. »Da stehst du dann als Redakteurin drin. Auf die Lorbeeren kommt es mir nicht an«, versucht sie mir die eher ruhmlose Arbeit schmackhaft zu machen.

Jetzt erzählt sie davon, wie es sie genervt habe, auf Stadtteilebene über einzelne Ampelschaltanlagen zu entscheiden. Sie habe schon sehr früh »richtig« Politik machen wollen – und somit bereits mit siebenundzwanzig den Landesvorsitz der Bremer Frauen Union angestrebt. In der Jungen Union sei es ihr zu kindisch gewesen. Zu viel Party, zu wenig Inhalte.

Mitte Februar stehe ich mit einigen Mitgliedern der Jungen Union bei einer Parteiveranstaltung in der Raucherecke – und erfahre, dass die Junge Union im Sommer hin und wieder am örtlichen Badesee nackt baden geht. Man trinkt und feiert, reißt sich die Klamotten vom Leib und springt ins Wasser. Die Mädchen klauen den Jungs die Klamotten, ein Happening für junge Konservative um die dreißig. Ein bisschen Hippie-Feeling, nachdem das Familienpolitik-Papier erstellt wurde. Die Junge Union – eine Clique Gleichgesinnter. Politik und Privatleben – irgendwie eins. Wir lachen.

Was Sandra Ahrens vom Nacktbaden der Jungen Union hält, frage ich sie lieber nicht. Die meisten Mitglieder hält sie für engagiert. Einige mit großen Ambitionen und großem Talent seien darunter. Ihr sei es wichtig, die Gesellschaft zu verändern. Darum sei sie mit vierundzwanzig in die CDU eingetreten. Das Interesse für die Volkspartei hat ihr Ehemann bei ihr geweckt. Gemeinsam mit ihm besuchte sie Empfänge und Parteiveranstaltungen. Das junge Paar sympathisierte mit der Partei und trat schließlich gemeinsam ein. Ihr Mann und ihre Familie sind der Politikerin sehr wichtig. »Mein Mann hält mir den Rücken frei«, schwärmt sie.

Er sei ihr Coach und Berater, fügt sie noch hinzu. Mittig und modern. Der Mann ist stolz auf seine Frau, die Abgeordnete, die auch Bernd Otto Neumann von sich überzeugen konnte. Neumann ist seit 2005 Staatsminister für Kultur und Medien und war von 1979 bis 2008 Landesvorsitzender der Bremer CDU. An ihm kommt man hier nicht vorbei. Es heißt, dass so manche Frauen, die Parteikarriere gemacht haben, zumindest eine innige Beziehung mit ihm hätten. Ich frage meine Mentorin, was an dem Gerücht dran sei. Sie lacht und winkt ab. »Er hat großes politisches Talent«, sagt sie voller Respekt und Hochachtung.

Sie selbst sei den Weg stets über die Basis gegangen. Sandra beugt sich nun etwas vor und erzählt mir von den Rivalitäten unter den Parteifrauen und dass sie sich über die Basis immer wieder die Mehrheit sichern konnte. »Ich hatte nie sehr gute Wahlergebnisse. Irgendwas um sechzig Prozent, aber es hat gereicht.« Man müsse sein Standing gut einzuschätzen wissen, sich die Stimmen der Delegierten sichern. Strategisch sein. Ob dazu gute Menschenkenntnis nötig sei, will ich wissen. »Ich bin keine gute Menschenkennerin. Ich bin immer wieder enttäuscht worden, gerade von Leuten, denen ich vertraut habe.« Klingt anstrengend. Warum tut man sich das an? »Weil es wichtig ist, Verantwortung für die Gesellschaft zu übernehmen, in der wir leben«, antwortet sie sehr klar.

Kein Vorbeikommen an Frauenthemen

Das Gespräch mit Sandra stimmt mich nachdenklich. Es irritiert mich, dass es so einfach zu sein scheint, in eine Partei einzusteigen. Ich unterscheide mich ja grundlegend von meiner Mentorin, die die Ochsentour in der Partei absolviert hat. Ahrens hat ihr Amt mit Fleiß und Beharrlichkeit bekommen. Und sie ist genügsam. Übernimmt die Aufgaben, die ihr übertragen werden. »An den Frauenthemen kommst du als Frau nicht vorbei. Aber dann ist es wichtig, sich ein hartes Ressort dazuzunehmen«, empfiehlt sie mir. »Natürlich steckt in den Frauenthemen meine Leidenschaft. Aber wer was erreichen will, der muss durch Leistungen in einem harten Thema auffallen.« Sie fragt mich, welches »harte Thema« mich interessieren könnte.

Ich habe Wirtschaft studiert. Das sei gut, meint sie. Mit einem harten »Männerthema« wie Wirtschaft komme man als Frau prima durch – aber man müsse in seinem Rahmen bleiben. Es gebe gewisse Geschlechterrollen. »Ich bin eine moderne Frau, ich halte viel von modernen Rollenverteilungen – aber die Prioritäten sind klar.« Wichtig sei ein fester Partner. Und Kinder. In der Bremer Frauen Union hätten ihre Gegnerinnen sie mit dem Argument zu verhindern versucht, dass sie noch keine Kinder habe. Jetzt ist sie schwanger.

Da ist sie, die Familienfrage, die sich sowieso schon aufgedrängt hat. »Die Politik von Ursula von der Leyen hat mich beeindruckt«, höre ich mich sagen. Die Männer sollen ein bisschen mitwirken, das Elterngeld sei ein starker Anreiz für junge Eltern, meint Sandra. »Aber Karriere – das muss eben auch möglich sein.« Das Kind komme bei ihr immer zuerst; aber das politische Mandat, das sei ebenfalls sehr wichtig. Sie hofft, dass sie beiden Herausforderungen gerecht werden kann.

»Also, Tina, jetzt sag mir doch noch einmal, was genau du kannst, wo deine Stärken liegen, und was du gerne machen möchtest«, bohrt Sandra weiter. »Wenn du erst mal nur bei uns reinschnuppern möchtest, ist das völlig in Ordnung. Wenn du aber gleich richtig mitmischen möchtest, würde ich mich dafür nach Kräften einsetzen.«

Als wir uns nach drei Stunden voneinander verabschieden, erzählt sie mir noch, dass sie sich bei ihrem Einstieg in die Politik eine Mentorin gewünscht hätte. Manche Dinge müsse man sonst erst sehr schmerzhaft lernen. Welche Dinge? Den Umgang mit Konkurrenz, strategisches Vorgehen, Taktieren. Politik sei ein hartes Geschäft.

Junge Talente für die eigenen Reihen

Am Abend sehe ich mir zu Hause das interne Papier zum Nachwuchsförderprogramm im CDU-Landesverband Bremen genauer an. Die Partei möchte die Jungen auf die politische und parlamentarische Arbeit im Land vorbereiten. Das Nachwuchsprogramm soll Teil einer nachhaltigen Personalentwicklung sein. Ziel sei es, so der Begleittext, »junge Talente in den eigenen Reihen zu entdecken, sie stärker zu beteiligen, zu fördern und somit die Partei zukunftsfähig zu machen«. Das Angebot richtet sich an die Achtzehn- bis Fünfundzwanzigjährigen aus der Metropolregion Bremen-Oldenburg, die »hoch motiviert und bereit sind, sich auf politischer Ebene einen Namen zu machen, die Politik der CDU voranzubringen, mitzugestalten, zu repräsentieren und zum nachhaltigen Erfolg der Partei beizutragen«.

Das Programm ruht auf drei Säulen: Bildungsveranstaltungen, Unterstützung durch erfahrene Mentoren aus Politik und Wirtschaft sowie Projektgruppenarbeit. Weiter sieht es vor: »Die Teilnehmer durchlaufen ein 18-monatiges Schulungsprogramm, das unter anderem die Bereiche Rhetorik, Pressearbeit, Landes-, Bundes- und Europapolitik, soziale Marktwirtschaft sowie die christlich-demokratischen Grundwerte der CDU beinhaltet.« Ach so – die Ideologie ist also quasi nachschulbar! Gespannt lese ich weiter: »Dabei geht es auch um die Entwicklung von Kampagnen, um politische Grundlagen, Herausforderungen durch Veränderungen im Wahlverhalten, Strategien und das Führen von Verhandlungsgesprächen sowie um politische Kommunikation.«

Maximal zwanzig junge Talente können in dem Programm mitmachen. Mindestvoraussetzung: Mitgliedschaft in der CDU oder einer ihrer Vereinigungen. Die Vergabe der Plätze erfolgt durch ein Bewerbungsverfahren unter Leitung des Landesvorsitzenden und seiner Stellvertreter. Na, ob es da nicht doch zu Günstlingswirtschaft kommen kann? Auf der anderen Seite könnte so ein Programm auch eine geeignete Methode sein, dass junge Interessierte überhaupt beim Landesvorsitzenden vorstellig werden – und zeigen können, was in ihnen steckt. Am Ende der Schulung werden die erworbenen Qualifikationen mit einem Zertifikat beurkundet, heißt es. Die Kosten für das Programm trägt die Partei.

Jetzt bin ich doch gespannt – und unterschreibe den Aufnahmeantrag in der CDU. Sechs Euro kostet mich die Parteimitgliedschaft im Monat. Die Mitgliedschaft in einem Sportstudio ist teurer. Aber ein wenig unschlüssig bin ich eben doch. Mitglied in einer Partei sein. Sich engagieren. In meiner Freizeit Plakate von Angela Merkel in Bremen aufhängen…

Stimmen von außen

Nach einer Woche erhalte eine positive Rückmeldung. Die CDU hat mich aufgenommen. So anders fühlt sich mein Leben nicht an – nur, dass mir die fremde Welt Politik ein Stückchen näher gekommen zu sein scheint. Wenn die Nachrichten laufen und von Angela Merkel oder Ursula von der Leyen die Rede ist, erwische ich mich, wie ich »unsere« Politikerinnen denke.

»Ich sehe schon, du machst noch richtig Parteikarriere. In 20 Jahren sitzt du im Bundestag«, warnt mich ein linker Freund lachend. Es ist Samstagabend. Wir sind in den Bars im Hamburger Schanzenviertel unterwegs. In Sichtweite der Roten Flora, des alten besetzten Theaters, prostet mir mein Kumpel mit dem Bier zu. In der einen Hand hält er lässig eine Zigarette und entwirft meine Zukunft in der CDU. »Womöglich wirst du Staatssekretärin!«, fabuliert mein Freund. Ich lache. Aber ganz so abwegig kommt mir der Gedanke mittlerweile gar nicht mehr vor. Wer weiß denn, was kommen wird? Vielleicht könnte ich wirklich bei der Pressestelle der CDU-Fraktion in Bremen reinschnuppern. Ich habe immerhin gute Kontakte, genügend Medienkompetenz. Vielleicht gefällt mir der Seitenwechsel. Und überhaupt: Wer meckern will, soll sich halt einbringen – mitmachen ist nicht so schwer, höre ich mich sagen und fragen, warum er denn immer nur dagegen sei, aber sich nicht engagiere. »Weil diese ganzen Politiker machtversessene, verbogene, angepasste Ja-Sager sind!«, argumentiert mein Freund. »Und die Jungen, das sind die Schlimmsten! Denen kommt es gar nicht mehr auf Inhalte oder Ideale an.«

Keine Ideale? Das bezweifle ich und recherchiere erst einmal über den Politnachwuchs im Land Bremen weiter. Ich will herausbekommen, was das für Leute sind, die in ihrer Freizeit Sitzungen besuchen, Papiere verfassen, Reden halten. Haben die keine Freunde und keine andere Freizeitbeschäftigung?

Ganz tief drinnen

Ich schicke eine Anfrage an die Junge Union Bremen. Werden die Bremer Jungpolitiker so sein wie der Vorsitzende der Jungen Union und Mitglied im CDU-Bundesvorstand, Philipp Mißfelder, den ich in Berlin bei einem Pressegespräch von Korrespondenten deutscher Regionalzeitungen treffe? Mißfelder, groß und breit gebaut, wirkt in seinem schwarzen Sakko und dem blau gestreiften Hemd sehr reif, erwachsen und viel älter, als er eigentlich ist. Er ist hoch konzentriert, trinkt keinen Kaffee und nimmt auch nicht am Frühstück teil. Er redet gleich drauflos. Business as usual, geschliffen, ein Profi.

Mißfelder weiß genau, wie man von sich reden macht – offenbar nimmt sich der junge Konservative ein Beispiel an Roland Koch. Das jedenfalls deutet er an. Er sagt, dass man die Erfolge von

Koch honorieren müsse, der habe 2003 die absolute Mehrheit geholt – und nun die Wiederwahl geschafft. Dann sei aber der Wulff in Niedersachsen gekommen und habe ihm die Show gestohlen. Mißfelder glaubt, dass das Wahlergebnis der Landtagswahl 2009 Koch auf Dauer nicht schaden, sondern seine Position stärken wird. »Faktisch kann er bis 2014 Ministerpräsident sein.« Eventuell könnte er dann Kanzlerkandidat oder CDU-Vorsitzender werden.

Sich thematisch profilieren, auch mal Widerstände erzeugen wie Roland Koch, das hat auch Mißfelder bereits getan – und er wird es wieder tun. Immerhin ist Mißfelder kürzlich in den Bundesvorstand der CDU aufgerückt und muss sein Profil nun schärfen. 2003 hatte er Empörung ausgelöst, weil er sich gegen künstliche Hüftgelenke für 85-Jährige »auf Kosten der Solidargemeinschaft« aussprach. Eine Äußerung, die ihm nicht so sehr schadete, wie man vermuten könnte. Heute findet er große Unterstützung bei der Senioren Union und leitet seit 2008 gemeinsam mit deren Bundesvorsitzenden Otto Wulff den Initiativkreis »Zusammenhalt der Generationen« der CDU Deutschland. Anfang Februar wird er wieder unangenehm auffallen und bei einer Parteiveranstaltung mit Blick auf die Erhöhung des Hartz-IV-Kinderregelsatzes sagen, dass »die Erhöhung von Hartz IV ein Anschub für die Tabak- und Spirituosenindustrie« war.

Ganz so professionell wie Mißfelder scheint der Vorsitzende der Jungen Union Bremen, Denis Ugurcu, nicht zu sein. Er meldet sich nicht. Die E-Mail-Adresse scheint auch nicht zu funktionieren. Der Bremerhavener, der als Rechtskonservativer gilt, hat vor einiger Zeit in der Presse Aufsehen erregt. Da forderte er, den Ex-Guantanamo-Häftling und Bremer Murat Kurnaz abzuschieben. Er würde ihn höchstpersönlich zum Flughafen bringen, so Ugurcu laut Medienberichten.

Verlässlichkeit sieht anders aus, denke ich und probiere es noch einmal über die allgemeine Vorstands-Mail-Adresse. Nach einer halben Stunde blinkt eine E-Mail im Postfach. Malte Engelmann, der stellvertretende Vorsitzende und Geschäftsführer der Jungen Union Bremen, hat sofort geantwortet. Wir siezen uns in der E-Mail, obwohl ich von seinem Bild auf der JU-Internetseite weiß, dass wir eigentlich ein Alter sind – und vereinbaren ein Treffen.

Die Junge Union in Bremen hat fünfhundert Mitglieder, von denen etwa sechzig bis siebzig aktiv sind. Das erzählt mir Malte Engelmann während des Gesprächs. Er wirkt mit seinen neunundzwanzig Jahren zwar sehr erwachsen, aber in seiner quirligen Art auch jugendlich. Er trägt Anzug und einen eleganten dunkelgrauen Mantel. Als Erstes meint er, dass wir uns schon vor Jahren hätten treffen können, weil wir an derselben Hochschule im selben Fachbereich studiert haben. Malte hat Politikmanagement studiert und ist jetzt im Masterprogramm. Ich habe Fachjournalistik studiert. An der Bremer Hochschule sind wir uns jedoch nie begegnet – vielleicht hab ich auf den sehr erwachsen wirkenden jungen Mann auch nie geachtet. Und vermutlich bin ich, die ich zu Studienzeiten noch viel linksalternativer aussah als heute, ihm ebenfalls nicht aufgefallen. Damals trug ich bunte Röcke über Schlaghosen und einen Nasenring. Nicht ganz Maltes Welt, dessen Hemdkragen gestärkt ist und der schon bei unserem zweiten privaten Treffen Fusseln von meinem schwarzen Mantel entfernen wird. »Ich bin ziemlich ordnungsliebend«, wird er dann erzählen und lachen. Eine weitere Gemeinsamkeit – die CDU und ich, wir kommen uns immer näher.

Engelmann hat die Ausstrahlung von einem, der etwas erreichen will. »Ich bin übrigens auch gerade CDU-Mitglied geworden«, ich strahle ihn triumphierend an. Er lacht. »Wirklich?« – »Ja, die Unionsfrauen haben mich überzeugt. Ich könnte sogar Mentee bei Sandra werden.« »Ach nee! Die vertrete ich gerade im Frauenausschuss der Bürgerschaft, weil sie doch in der Babypause ist!«

Wir reden zweieinhalb Stunden lang miteinander – lauter Ideen entwickeln sich währenddessen. Malte scheint recht rührig auf dem Gebiet der Nachwuchsgewinnung zu sein. Bei der Schüler Union nennen sie ihn gerne »Malti«, aber um jeden Preis Geburtstagsfeiern der Schüler zu besuchen, um von ihnen gewählt zu werden, das muss er auch nicht haben. »Ich hab die echt gerne, da sind viele richtig Gute dabei, aus denen wird noch was.«

Mit Malte sitzt mir jedoch jemand gegenüber, für den Politik durchaus Beruf ist. Den Idealismus möchte er sich aber nicht von mir absprechen lassen. »Natürlich bin ich auch Idealist. Sonst würde ich mir einen anderen Job suchen, in dem Zeitaufwand und Einkommen in einem vernünftigen Verhältnis zueinander stehen. Auf kommunaler Ebene tut es das eben nicht.« Mit sechzehn ging der Bremer zu den Jusos, aber dort fühlte er sich nicht richtig wohl. Die SPD-Strukturen seien ihm »einfach zu links gewesen. Ich ordne mich schon der bürgerlichen Mitte zu. Also bin ich wieder ausgetreten.«

Ein halbes Jahr später ging er zur Jungen Union. Noch als Schüler wurde er Vorsitzender in dem Stadtteil, in dem er damals wohnte, mit neunzehn kam er in den Stadtteilbeirat.

Malte Engelmann hat die Ochsentour durchlaufen, war in den Stadtteilräten und Landesvorsitzender der Schüler Union. Heute ist er Deputierter in der Bürgerschaft. Er möchte schon gerne ein Abgeordnetenmandat bekommen, gibt er zu. Aber es klingt nicht gut, das so offen zu kommunizieren. »Warum nicht?«, will ich wissen. »Weil dann der Eindruck entsteht: Der kann ja nichts anderes! Das würden meine Kritiker ausschlachten.« Eine Angst, die den jungen Politikern offenbar häufig im Nacken sitzt. »Aber du hast es doch auch studiert«, wende ich ein, »das ist ja nun mal dein Job! Einem Arzt, einem Anwalt oder einem Journalisten wird schließlich auch nicht vorgeworfen, nichts anderes zu können.« – »Aber Politik ist eine besondere Sache«, erwidert er schlicht.

Ich bekomme den Eindruck, dass er genau der Typ Nachwuchspolitiker ist, der derzeit in den Parteien Karriere macht. Einer, der eben Politikmanagement studiert hat, der Politik macht, um zu gestalten, sie aber auch als Business und Beruf begreift. Einer, der akzeptiert, dass Parteien nun mal aus einem Oben und einem Unten, einer Basis, bestehen.

Malte stammt aus einer politisch engagierten Familie; seine Mutter ist seit einigen Jahren Fraktionssprecherin der FDP in einem Stadtteilbeirat. Der junge Politiker spricht sehr liebevoll über seine Mutter. »Wir haben ein fantastisches Verhältnis. Dass ich in der CDU bin, findet sie gut«, erzählt er. Die Eltern trennten sich, als er

Teenager war – mit siebzehn Jahren zog er aus, wollte früh selbständig sein. Gekickt habe ihn damals, dass er auf einmal etwas zu sagen hatte im Stadtteilbeirat. »Es ist schon etwas, wenn du dann als Schüler wegen deiner politischen Arbeit in der Zeitung stehst.«

Er erzählt, dass es leicht gewesen sei, sofort politische Ämter zu übernehmen. Heute wählt er, der Politikmanager, selbst Kandidaten aus. »Die müssen gut sein; man kann sie mit solchen Einstiegsämtern schnell testen. Nicht jeder kann Politik«, erklärt er. Mentoring- und Nachwuchsförderprogramme findet er sinnvoll; darum mischt er sich auch bei der Planung des Bremer Programms ein. »Ich bin ein Freund von individueller Förderung. Das Risiko ist zu groß, dass vor allem Leute gefördert werden, die nur die Qualifikation haben wollen, aber gar nicht auf Dauer in Bremen und in der CDU bleiben möchten«, fürchtet er. Auch will er vermeiden, dass ein zu einheitlicher Typus ausgewählt werden könnte. Nachwuchsförderprogramme müssten individuell gestaltet sein – zugeschnitten auf die jungen Talente. Das bindet aber auch eine Reihe von Kräften.

Malte Engelmann hat Mentoren – und zwar mehrere aus der Parteispitze. Der eine bringt ihm inhaltlich vieles bei, der andere erklärt ihm die Parteiorganisation – oder wie man taktiert. Taktieren könne man nur ganz praktisch lernen. Darum hält der junge Konservative die Ochsentour für wichtig. »Es ist ein großer Fehler, den viele machen, zu glauben, dass man an der Basis vorbeikommt. So funktioniert es eben nicht. Man muss sich die Neuen schnappen, sie dann sehr schnell auf die Ochsentour schicken und dabei betreuen. Man muss mit denen Seminare machen und sie qualifizieren.« Auch ideologisch. Er habe selbst eine Fortbildung gemacht, in der es um das christliche Menschenbild ging. »Es ist heute nicht mehr so, dass die Leute in eine bestimmte Partei gehen, weil sie schon deren Ideologie haben.« Es gebe kaum noch feste, starre Milieus, die einer Partei nahestünden. Politische Einstellungen seien heute etwas viel Individualistischeres.

Ich will von Malte jetzt wissen, was das für unsere Demokratie bedeutet. Er beugt sich vor, und ich kann den Duft seines süßlichherben Aftershaves riechen. Image und Look … »Wenn man nur Karrieristen heranzieht, sie drei Jahre lang schult und auf die vordersten Listenplätze setzt, kommen die schon in Ämter, aber die

Basis und die Bevölkerung werden diese Leute schnell entlarven. Politiker müssen authentisch sein. Und davon abgesehen macht die Ochsentour auch Spaß.«

Überzeugungstäter also. »Es kickt auch, Reden zu halten. Wenn die Leute einem zuhören und mitgehen. Da machst du die Erfahrung, dass man Leute berühren kann«, schwärmt Malte. Irgendwann wolle man etwas davon haben. »Es kommt einfach der Punkt, an dem man sich fragt: Warum tue ich das? Ich glaube, so viel Idealismus hat niemand, sich all das abzuverlangen und dann nicht mehr zu wollen.«

Klares Statement. Wenn er die Zeit überschlägt, die er bis jetzt in die Politik investiert hat, kommen schon einige Jahre zusammen. Malte hat viele Schulungen und Seminare bei der Konrad-Adenauer-Stiftung gemacht, das sei nun mal wichtig für eine politische Laufbahn. Eines habe er da aber nicht gelernt: den Umgang mit der Konkurrenz. Das sei eine Erfahrung, die man ganz praktisch machen müsse. Operatives Geschäft, denke ich, während Malte erzählt: »Da merkt man dann, wie es ist, wenn Leute versuchen, einen kaltzustellen. Da muss man Absprachen treffen und sich Verbündete suchen, man muss strategisch denken lernen. Dafür ist die Ochsentour notwendig, das lernt man nur da. Und aus den Niederlagen lernt man am meisten.« Jetzt möchte ich seine Meinung wissen, wie es für Seiteneinsteiger aussieht. Haben Leute wie ich eine Chance?

»Na klar! Die bringen neue Sichtweisen rein. Aber das müssen gute Leute sein.« Allerdings räumt er ein, dass die Seiteneinsteiger einen Nachteil haben: Sie beherrschen die Spielregeln meist nicht gut genug, sie können die Parteimitglieder nicht einschätzen und wissen auch nicht, wo die Gräben und die Sympathien verlaufen.

Und welche Funktion hat nun die Junge Union, kommt aus ihr der Politnachwuchs? Malte grinst. Er ist ja selbst einer, der dort professionell aufgebaut wurde. Ich rechne noch mal nach. Mit achtzehn in die Partei, jetzt ist er neunundzwanzig – elf Jahre Politausbildung liegen hinter ihm. Elf Jahre sind eine verdammt lange Zeit – und bis er auch als Abgeordneter in die Bremische Bürgerschaft einziehen kann, können noch ein paar mehr Jahre vergehen. Das Ziel, Politik zu machen, verlangt einem jungen Menschen also viel

Ausdauer ab. »In der JU geht es um Leistung und Potenzial, man knüpft dort seine Seilschaften und Netzwerke. Wenn sie gut sind, halten sie eine ganze Karriere lang. Dafür musst du präsent sein und mit den Leuten in Berührung sein. Die Liste wird von der Parteiführung am Ende klein gehalten. Die Vorsitzenden der Jungen Union oder der Frauen Union sind gesetzt. Da geht es auch um Verbändeproporz«, sagt er.

Auch mal unangenehm aufzufallen, Widerstände zu erzeugen und sich darüber zu profilieren – davon hält Malte Engelmann nur wenig. »Denk mal an Denis Ugurcu«, meint er. »Es ist sicher schlau, sich zu profilieren und auch mal anzuecken, aber das sollte unbedingt massentauglich sein. Ich habe gemeinsam mit Oliver Möllenstedt von der FDP und Jens Crueger von den Grünen die Jamaika-Option in die Diskussion gebracht. Das wird in Bremen noch Jahre dauern, bis man so weit ist – aber es war ein Thema, das angekommen ist, und wir waren es, die es aufgebracht haben«, erzählt er, der eng mit dem ehemaligen Grünen Jens Crueger befreundet ist. Beide wohnen im alternativen Viertel von Bremen, beide haben eine große politische Schnittmenge – und ähnliche Ansichten, was eine Karriere in der Politik angeht.

Malte möchte eine liberale und konkrete Politik machen – Familien- und Sozialpolitik. »Das ist etwas, wo man direkt sieht, wie sich politische Entscheidungen auswirken.« Darum möchte er in die Bremische Bürgerschaft. »In Bremen ist alles so klein. Du kannst deinen Wählern nicht entkommen.« Die CDU hat seiner Meinung nach ein Imageproblem, an dem der Politnachwuchs arbeiten müsse. »Auf Dauer wird die Partei-Elite aus Leuten zusammengesetzt, die die Ochsentour gemacht haben, und aus ambitionierten Seiteneinsteigern, die geschult wurden. Wenn das gelingt, haben die Parteien eine gute Überlebenschance in der Zukunft«, skizziert er.

»Hätte ich also Platz in der CDU?«, möchte ich von ihm wissen und bin gespannt auf sein Urteil. »Das hängt natürlich davon ab, was du willst«, meint er. »Ich habe da einen Vorschlag: Du kannst ja einfach mal am nächsten Rhetorikseminar für den Parteinachwuchs teilnehmen. Ein Wochenende in einem Hotel, es wird viel gefeiert – da haben auch alle mitgemacht, die heute in der Bürgerschaft sitzen oder in Berlin.« Damals, in den neunziger Jahren, habe es schon ein Nachwuchsförderungsprogramm gegeben – die Teilnehmer sitzen heute in der Parteiführung. Klingt nicht schlecht, finde ich und verspreche ihm, darüber nachzudenken.

Keine Hürde beim Hinschmeißen

Am Montag erfahre ich, dass der junge Grüne und gute Freund von Malte Engelmann, Jens Crueger, Jahrgang 1984, von 2003 bis 2007 Bürgerschaftsabgeordneter und große Nachwuchshoffnung der Grünen in Bremen, von der Politik zurückgetreten ist. Die Nachricht geht auch durch die Bremer Presse. Hingeworfen hat er. Als Grund gibt er an, dass er gegen das bestehende Establishment nicht ankomme. Ich schreibe Malte Engelmann, um die genauen Gründe zu erfahren. Der junge Konservative stimmt sich mit seinem Freund ab und antwortet prompt per E-Mail. Er fände es so schade; aber etwas Neues anzufangen, sei wichtig, das täte Crueger nun eben in Hamburg. »Er hatte ja immer Ärger mit dem Establishment hier in Bremen. Die hatten ständig Panik, wenn er mal eine neue Idee hatte. Und wenn du in einer Tour Knüppel zwischen die Beine bekommst, hast du dann auch irgendwann keinen Nerv mehr. Er hat in meinen Augen das Potenzial, viel zu erreichen und weit zu kommen. Schade, dass man sich dieses Potenzial nicht zunutze gemacht hat.«

Am nächsten Tag treffen wir uns im angesagten Innenstadtrestaurant, diesmal in der Lounge mit den Ledersesseln. Malte hat Neuigkeiten: Er soll zum Vorsitzenden der Jungen Union im Land Bremen gewählt werden. Damit gilt auch seine Kandidatur für die kommende Bürgerschaftswahl 2011 als sicher. Der junge Politiker steht sichtlich unter Strom, grinst und redet aufgeregt. Nach elf Jahren in der Politik endlich eine Aussicht, dass sich der Aufwand gelohnt hat. Er strahlt. Der noch amtierende Vorsitzende werde sich ins Berufsleben als Lehrer verabschieden. Für mich ist die Nachricht nicht allzu überraschend, es war eigentlich zu erwarten.

»Ach!«, seufzt Malte und grinst noch immer, rückt auf der Couch näher an mich heran und will dann wissen, was genau ich in der Partei eigentlich machen möchte. Ich habe noch immer keine Ahnung. Elf Jahre warten, bis ich einmal ein Amt bekomme, will ich jedenfalls nicht. »Ich glaube, ich will einfach erst mal schauen, wie das funktioniert in so einer Partei.« Malte holt unsere Mäntel und hilft mir in die Jacke. Gentleman. »Na ja, wir sind ja auch in einer konservativen Partei mit alten, traditionellen Werten. Ich finde das wichtig und schön!«, sagt er. Ich muss gestehen, dass mir das zu gefallen beginnt. Er übernimmt die Rechnung – »und weil du eine moderne Frau bist, zahlst du das nächste Mal!«, schlägt er vor, hält mir die Tür auf, und wir verabschieden uns herzlich.

Der Flirt mit der Jungen Union

Mein Flirt mit der CDU wird allmählich zum echten Flirt mit dem CDUler. Malte meldet sich nun häufiger und ich mich auch bei ihm. Er lädt mich zum Abendessen bei seinem Freund Jens Crueger »und dessen Lebensgefährtin« ein.

Ein paar Tage später nehme ich an meiner ersten Parteiveranstaltung teil. Wir fahren gemeinsam mit Markus, einem Mitglied der Jungen Union in Bremerhaven, zum Kampagnenkongress der Bundes-CDU nach Hannover. Eigentlich hat der CDU-Landesverband einen Bus für die CDU-Funktionsträger organisiert, aber Malte und Markus haben Wichtiges zu besprechen – und das bespricht man besser unter vier, na ja, sechs Ohren auf der gemeinsamen Autofahrt. Es geht darum, wer in der neu aufgestellten Jungen Union welches Amt übernimmt – und Malte möchte Markus gerne im Team haben. Der Bremerhavener fährt einen älteren Mercedes und pickt uns am Bremer Bahnhof auf. Auch der 27-jährige Markus begreift Politik als etwas, dem man sich, will man es ernsthaft tun, in Vollzeit widmen sollte. Jetzt ist es für ihn Ehrenamt.

Die Autofahrt ist angenehm. Markus gibt uns einen Energy Drink aus und schwärmt von seinem wenige Monate alten Sohn. Markus und Malte wollen die Junge Union auf Vordermann bringen und das Internet stärker nutzen. Darum feilt Malte schon an einer neuen Webpräsenz. Social Networks stärker nutzen und CDU-TV auf YouTube einbinden – vieles sei denkbar. »Gestern war eine starre Internetseite, heute sind Foren, Mailingliste, Blogs, Communities angesagt, was morgen kommt, kann man noch gar nicht sagen – fest steht, die Parteien dürfen den Anschluss nicht verlieren«, spult er herunter.

Manchmal fürchtet er, man habe den Anschluss schon verloren. Aber das würde er wohl nicht offiziell sagen. In Hannover wird mir klar, warum: Hier treffen sich mehrere hundert Parteifunktionäre und Amtsträger der CDU aus Bremen, Bremerhaven und Niedersachsen. Es sind viele Ältere aus der Generation 50 plus, aber auch einige Jüngere aus der Jungen Union darunter. Die CDU hat für ihren ersten Kampagnenkongress im Messezentrum einen großen Saal gemietet, der bis auf die letzten Reihen gefüllt ist. Die Herren tragen Anzug, die Damen Kostüm. Mir fällt auf, wie wenig Frauen hier sind – und dass die wenigen, die dabei sind, auffallend attraktiv und elegant gekleidet sind. Es gibt Saft, Cola und Wasser umsonst – und Pfefferminzdragees in CDU-Tütchen, die mit der Deutschlandfahne und dem Parteiemblem bedruckt sind. Kaffee und Brötchen kosten. Nach dem Kongress wird es Bier geben – und zwar ein orangefarbenes mit Fruchtanteil. Vermutlich, weil es zur Parteifarbe Orange passt. Und weil das Biermixgetränk als jung und hipp gilt. Kommt auch prima an. Die Jungs von der JU nennen es »Mädchenplörre«.

Kleider machen Leute

Die Mitglieder der Bremer Union organisieren bei diesem Kongress die Unterstützeraktion, verteilen unter den Jungen orangefarbene T-Shirts. Auch ich bekomme eines – ein Girlie-Shirt. »Du musst noch nicht mitmachen, wenn du nicht möchtest ...«, bietet mir Malte an. Ich sitze zwischen ihm und Markus – und die Jungs kündigen an, dass sie sich nun aus dem großen Saal rausschleichen würden, um die Aktion vorzubereiten. Vorne steht Ronald Pofalla und skizziert die Bundeswahlkampfstrategie der CDU.

Ich sitze da und bin hin- und hergerissen. Die internen Infos mitschreiben oder im CDU-Shirt eine Aktion vorbereiten? Ich schaue mich um. Nicht alle Jüngeren sind draußen, einige sind im Saal geblieben. Es sind welche in geschniegelten Anzügen. Sie streifen sich nicht das orangefarbene teAM-Deutschland-T-Shirt über, um Wahlkampfunterstützer-Karten an die älteren Parteimitglieder zu verteilen. Sie sind nur daran interessiert, einen Smalltalk mit den Wichtigeren unter den Funktionären zu erhaschen. »Das sind so richtige Karriereristen«, raunt mir Malte zu – zurück im Shirt und mit einem Stapel Karten. Er und die anderen ziehen nun durch die Reihen und verteilen die Werbekarten, auf denen die CDU-Mitglieder sich als aktive Wahlkampfhelfer anmelden können. Und ehe ich mich versehe, habe ich auch das orangefarbene Girlie-Shirt an und helfe beim Verteilen. Mitgehangen, mitgefangen. Ich komme mir seltsam dabei vor, aber ich möchte auch nicht unangenehm auffallen. Eine Funktionärin aus einer niedersächsischen Kleinstadt nimmt mir einen ganzen Stapel ab. Das war leicht – und hat sich gar nicht so komisch angefühlt. Aber irgendwie doch. Bin ich jetzt engagiertes Junge-Union-Mitglied? Wie weit bin ich schon drin in der Partei, die mir immer noch etwas fremd erscheint? Nach nicht einmal zwölf Wochen in der CDU hat sich meine Perspektive verändert. Von außen nach innen. Ein wenig dreht sich alles.

Nach dem Kongress stellt mich Malte noch seinen Freunden aus der Jungen Union vor. Wir stehen draußen vor der Halle, in der Raucherecke – Malte und Freunde sprechen über die letzte Party mit den Parteifreunden. Vom Besuch in der linksalternativen Kneipe im Angela-Merkel-Unterstützer-Shirt, vom sommerlichen Nacktbaden. Ich muss lachen. Die anderen lachen auch. Sie stehen noch ein wenig unter Adrenalin. Endlich geht es wieder los mit dem Wahlkampf. »Ich freue mich schon darauf!«, verkündet Malte, als wir die Veranstaltung verlassen. »Ja, bleibt nur zu hoffen, dass wir nicht wieder eins auf die Nase bekommen«, raunt ihm der Bremerhavener zu. Auf die Nase kriegen? »Na ja, du klebst wochenlang Plakate, machst coole Aktionen, bringst deine Argumente vor – und dann verliert die CDU wichtige Prozentpunkte«, hilft mir Malte auf die Sprünge.

Von innen nach außen verändert

Später an diesem Abend sitzen wir noch in einem Restaurant zusammen. »Warum machst du das eigentlich alles? Willst du nach Berlin?« – »Nicht unbedingt. Ich bin Bremer. Das hier ist mein Zuhause. Ich will hier vor Ort Politik machen, auch wenn es mal stressig ist.« Er spricht von Verantwortung für die Gesellschaft und von eigenen Karriereplänen. Ich fühle mich noch immer hin- und hergerissen und weiß nach diesem Tag gar nicht mehr, wo es den jungen, ambitionierten Politikern um echte Inhalte und wo es nur um das eigene Fortkommen in der Partei geht. Als ich nachts im Bett liege, kann ich nicht schlafen. Malte Engelmann ist mir sympathisch, weil er so viel Zeit und Engagement in die Politik investiert. Aber so viel Kraft und Energie möchte ich nicht in diese Partei investieren. Vor allem nicht dafür, sich Gedanken über Ämter und Posten, strategisches Planen und Handeln zu machen. Ich möchte auch keine Ideologieschulungen besuchen oder Wahlkampfarbeit machen. Ich habe jetzt – drei Monate nach meinem ersten Liebäugeln mit der CDU – viel über politische Karrieren erfahren. Ich habe gesehen, dass man nur einmal die Fühler auszustrecken braucht, um sofort Anknüpfungspunkte zu finden. Wenn ich mich jetzt für die Partei entscheide, könnte vieles geschehen.

Vielleicht könnte ich wirklich eines Tages Staatssekretärin werden. Aber will ich das? Bisher ging es kaum um politische Inhalte. Stattdessen ging es um Machtkalkül, Pöstchen und Ämter. Zudem kam es mir vor, als seien die Themen nur Mittel zum Zweck der Inszenierung, der Profilierung. Total austauschbar. So wie ein Großteil des politischen Nachwuchses, der durch die Schulungsprogramme herangezogen wird. Durchgeschult und durchgeschliffen – das ist etwas, das ich für mich nicht möchte. In diesem Moment wird mir klar, dass aus mir kein engagiertes Parteimitglied werden wird.

Am Tag darauf setze ich ein Kündigungsschreiben auf und trete aus der CDU aus. Nach knapp drei Monaten Flirt mit der CDU bleiben für mich einige Erkenntnisse: Junge Leute, die sich für Politik interessieren, werden in den Parteien mit offenen Armen begrüßt. Ich hatte manchmal das Gefühl, die Partei stürze sich regelrecht auf mich – vermutlich weil die Not, qualifizierten Nachwuchs zu finden, so groß ist. Diese Begrüßung mit offenen Armen ist gut – denn wer sich ernsthaft engagieren möchte, findet so leicht Anknüpfungspunkte und in den Förderprogrammen Qualifikationen, die sicher sehr nützlich sind. Die Parteien stecken viel Kraft und Energie in die Rekrutierung des Nachwuchses, der sich dennoch beweisen muss. Das ist ambivalent: Der Einstieg gelingt rasch, der Aufstieg dauert. Am Ende kommt der Typus des jungen Karrieristen in die Top-Jobs, bei dem bezahlte Arbeit für die Partei und ehrenamtliches Engagement für die Partei in einem ausgeglichenen Verhältnis stehen. Es ist ein Typus, der Politik als Business versteht. Für den geleisteten Input möchte man einen gewissen Output haben. Kommt dieser nicht rasch genug zustande, zieht man eben weiter. Wer hängen bleibt, hat oftmals keine Alternative – oder ist Überzeugungstäter.

Dass mir dieser Typus sympathisch geworden ist, überrascht mich am allermeisten. Die Innenansichten haben meine Vorurteile verändert – und die andere Welt ist mir nicht mehr ganz so fremd.

»Zu viel Mainstream ist nicht gut«

Interview mit Lothar Probst, Professor für Parteienforschung an der Universität Bremen

Haben die Jugendorganisationen der Parteien noch die Aufgabe, den Nachwuchs für die Mutterpartei bereitzustellen?

Diese Funktion haben sie tatsächlich noch. Am Beispiel der Jungen Union in Bremen konnte man das eine Zeit lang sehr gut beobachten. Die haben es geschafft, bis in die Partei hineinzuwirken und sich Bedeutung zu verschaffen – und damit dann auch auf vordere Listenplätze zu kommen. Ein anderes Beispiel ist Philipp Mißfelder, der gemeinsam mit Markus Söder und anderen in der Jungen Union ein konservatives Positionspapier entworfen hat. Die bewegen einiges. Auf Bundesebene hat die Junge Union großen Einfluss auf die Partei. Aber es gibt Veränderungen in der Bedeutung der Jugendorganisationen als eigenständige Plattformen, die auch programmatisch Einfluss nehmen.

Und trotzdem legen die Parteien Nachwuchsförderungsprogramme auf.

Weil die Mitgliederzahlen sinken. Der Anteil der unter Fünfundzwanzigjährigen in Parteien beträgt zwei bis vier Prozent, der Anteil derjenigen, die engagiert sind, ist noch viel geringer. Die Parteien trocknen von innen aus – und sie erleben zudem einen dramatischen Bedeutungsverlust, müssen in immer komplexer werdenden Wählermärkten um Stimmen kämpfen. Auf diese internen und externen Faktoren reagieren sie mit Personalmanagement. Die Parteien legen Nachwuchsförderprogramme auf, mit denen sie Partei-Eliten generieren. Dem Nachwuchs erspart man die Ochsentour und qualifiziert sie gezielt für Parteifunktionen. Für diejenigen, die da bewusst reingehen, kann das ein Karriere-Sprungbrett sein. Aber es hat Auswirkungen auf die Demokratie.

Wie wirken diese Programme zur Nachwuchsrekrutierung?

Generell können wir beobachten, dass die Arbeit der Parteien immer professioneller wird. Sie arbeiten mit hohen Professionalisierungsstrategien, entwickeln Marketingstrategien für Wahlkämpfe, und sie engagieren Medien- und Kreativagenturen und Berater. Der Einsatz solcher externer Mittel ist aber durch die knappen Ressourcen begrenzt. Darum versuchen die Parteien, ihre Leute intern für Management-Aufgaben zu qualifizieren. Die brauchen junge Akademiker. Das Problem daran ist, dass der Kontakt zur Basis und zu den Wählern noch weiter abreißt und sich die Distanz verfestigt. Die Mitglieder werden zunehmend zum Stimmvieh einer kleinen, hoch qualifizierten Partei-Elite. Und die sucht wiederum Leute, die das anstreben – und denen die Identität der Partei vielleicht gar nicht so wichtig ist.

Was lernen die Leute in solchen Programmen?

Das sind vor allem drei Hauptbereiche: Organisation und Management, Kommunikation, Programmkompetenz. Die Neuen sollen ja in der Lage sein, das Programm zu vertreten. Es ist aber auch abhängig davon, ob der Nachwuchs eher fürs Parteimanagement und Parteifunktionen qualifiziert werden soll, oder ob er Politiker werden soll. Ein Politiker muss ein Generalist sein, der eine Vielzahl von Bereichen abdeckt.

Aber ist nicht das Risiko groß, dass solche jungen Akademiker, die gezielt in Parteien gehen, um die Qualifizierung mitzunehmen, auch schnell wieder weg sind?

Die Gefahr ist groß, dass die mit den erworbenen Managementqualifikationen später woanders hingehen. Denken wir an Hildegard Müller, die ehemalige Vorsitzende der Jungen Union, die mittlerweile eine große Karriere in der Wirtschaft gemacht hat. Aber es ist ja so, dass diese Leute sich lange Zeit sehr für die Partei eingesetzt haben. Das waren hoffnungsvolle Talente.

Gewählt werden, sich Mehrheiten sichern – da muss dann eben doch Kontakt zur Basis hergestellt werden.

Und das stößt auf Verständnis. Die Basis erlebt ja, dass die Partei austrocknet. Das sieht man auch beim Wahlpflichtbewusstsein. Wir haben bei den jungen Menschen eine Wahlbeteiligung von unter vierzig Prozent, bei den jungen Frauen sogar von unter fünfunddreißig.

Wie werden die Förderprogramme finanziert?

Da fließen erhebliche Summen hinein – man kann es aus den Rechenschaftsberichten erfahren. Ein Teil dieser Programme wird auch über die Parteistiftungen finanziert, was problematisch ist. Darum haben die Programme einen allgemeineren Qualifizierungsanschein, der nicht direkt auf eine Parteimitgliedschaft abgestimmt ist.

Ein anderer Weg sind Mentoring-Programme. Können die erfolgreich sein? Binden sie nicht zu sehr die Kräfte von Spitzenkräften in den Parteien?

Das hängt davon ab, auf welcher Ebene die Mentoren tätig sind. Wenn es Landtagsabgeordnete sind, die ein eigenes Büro haben, gibt es einen Kreis von Mitarbeitern, über die das Mentoring auch läuft. Auf Kreisebene übernehmen die Mentees vermutlich sehr schnell kleinere Aufgaben und eigenen sich einiges selbst an. Zudem wird ja nicht jeder x-Beliebige gefördert. Die Parteien schauen sich genau an, wen sie als Mentee aufnehmen. Mentees müssen sich auch politisch mit den Inhalten der jeweiligen Partei identifizieren. Da werden gezielt – auch über die Nachwuchskarteien – junge, aufgeschlossene und talentierte Leute gesucht.

Welche Rolle spielen Mentoren für politische Karrieren?

Eine sehr große. Sie bieten den Zugang zu Netzwerken und Seilschaften. Ein gutes Beispiel ist die Karriere von Jens Eckhoff [Abgeordneter der Bremischen Bürgerschaft und ehemaliger Senator für Bau, Umwelt und Verkehr], dessen Mentor über Jahre Bernd Neumann [Staatsminister bei der Bundeskanzlerin und Beauftragter der Bundesregierung für Kultur und Medien] gewesen ist. In der Bremer CDU konnte man sehr gut beobachten, dass es direkte Verbindungen zwischen dem Parteichef und der Jungen Union gab.

Ist es für die Karriere wichtig, Widerstände zu erzeugen?

Ja, auf jeden Fall. Ab einem gewissen Punkt in der politischen Karriere müssen sich Politiker auch profilieren. Zu viel Mainstream ist nicht gut – ein gewisser Mainstream ist aber notwendig.

Wie werden sich die Parteien in Zukunft entwickeln?

Die Parteien werden sich in Zukunft noch stärker professionalisieren – und um die Basis nicht zu verlieren, versuchen sie, mehr direkte Mitgliederentscheide durchzuführen. Dabei wird in Zukunft auch das Internet eine größere Rolle spielen. Die eigentlichen Entscheidungen werden aber von einer herangezüchteten Partei-Elite getroffen.

3. Treibhäuser für die neue Funktionärsaufzucht

Über viele Jahre war der Problemdruck der Parteien offenbar noch nicht stark genug, um eine Neuorientierung auf den Weg zu bringen. Seit etwa sechs Jahren hat sich diese Ausgangslage jedoch grundlegend verändert. Auf den Zufallsaufstieg folgte die gezielte Elitenplanung.

Fast alle Parteien haben Führungsakademien und spezielle Nachwuchsförderprogramme auf den Weg gebracht. Mit unterschiedlichem Erfolg.

Kaderschmiede für Elitesozis

Er tauchte aus dem Nichts auf und startete gleich als Kandidat für das Amt des hessischen Ministerpräsidenten. Die meisten kennen seine markante Brille, aber nicht seinen Namen: Thorsten Schäfer-Gümbel.

Dass der große Unbekannte aus Lich-Birklar in der Nähe von Gießen plötzlich gegen den CDU-Frontmann Koch antreten durfte, hängt auch mit der, Mitte 2007 vom SPD-Parteivorstand gegründeten, SPD-Führungsakademie zusammen. Damit versucht die SPD, ihren Funktionärs-Mittelbau auf höhere Aufgaben vorzubereiten. Schäfer-Gümbel, bislang stellvertretender Vorsitzender des SPD-Bezirks Hessen Süd und Chef des Unterbezirks Gießen, ist »Fellow« dieser Akademie.

Sein Blitzaufstieg ist auch ein Symbol für die desolate personelle Innenausstattung der SPD und gleichzeitig Beleg für die Defizite der Parteien auf dem Gebiet der sorgfältigen Personalentwicklung. Gäbe es mehr qualifizierte Konkurrenten in der hessischen SPD, wäre Schäfer-Gümbel, der Vorsitzende der Sozialistischen Bildungsgemeinschaft Hessen e.V., sicher weiter in der Warteschleife junger Nachwuchstalente konserviert worden. Aber – offenbar wirkt die Teilnahme an der Führungsakademie wie ein Schluck aus der Zauberpulle. Die vier Kurse zu den Themen »Führungsbilder und Führungspersönlichkeit«, »Führungskompass und strategische Steuerung«, »Führungsqualität« sowie der Lehrgang »Wirkungsvolle Kommunikation« haben Thorsten Schäfer-Gümbel wohl das Gefühl gegeben: »Was andere können, kann ich auch...« Denn die, mit der Aura der Anonymität und dem Nimbus des Elitären ausgestattete, SPD-Führungsakademie ist offenbar eine Tankstelle zur Steigerung des Selbstbewusstseins und eine Tränke für den SPD-Mittelbau. Die Teilnehmer können sich ausrechnen, wann die Zeit reif ist für den Griff nach den Schalthebeln der Macht.

Schäfer-Gümbel mag mit seiner aus der Not des Missmanagements in Hessen geborenen Blitzkarriere vielleicht eine Ausnahme sein. Im Kreis seiner 41 »Fellows« ist er – bezogen auf seine biografischen Eckdaten – durchaus typisch. Denn die meisten SPD-Nachwuchskader (vgl. die interne Liste der Teilnehmer auf Seite 141 f.) sind zwischen 27 und 54 Jahre alt, also im Durchschnitt 40 Jahre. Darunter sind 10 Bundestagsabgeordnete, 17 Landtagsabgeordnete, 5 kommunale Wahlbeamte und 11 hochrangige ehrenamtliche Parteifunktionäre. Besonderes Kennzeichen der Fellows: Die meisten sitzen bereits in Landesvorständen und einer regionalen Untergliederung ihrer Partei.

Ein zusätzliches politiknahes und öffentlichkeitswirksames »Ehrenamt« – etwa »Sprecherin des Aktionsbündnisses Cottbusser Aufbruch für ein gewaltfreies und tolerantes Miteinander« – ist in der SPD die perfekte Garnitur einer idealen Biografie. Nicht alle Fellows können mit so etwas aufwarten. Aber viele.

Im Jahr 2007 gab es 81 Bewerbungen für die Führungsakademie. Bei der Auswahl wurde die vorgegebene Frauenquote weit übertroffen: 20 Frauen saßen schließlich neben 22 Männern in den Kursen. 2008 haben sich 82 Personen beworben, 43 Fellows wurden berufen. Garantiert wird eine »transparente Auswahl« der Kandidaten, die das SPD-Präsidium vornimmt. Die Auswahlgruppe, bestehend aus dem SPD-Generalsekretär, dem Bundesgeschäftsführer, der Schatzmeisterin, der stellvertretenden Parteivorsitzenden und den Parteivorstandsmitgliedern, mustert unter dem Vorsitz von Andrea Nahles die denkbar knapp gehaltenen Bewerbungsunterlagen (»maximal 2 DIN-A4-Seiten... Auf Anlagen, Zeugnisse etc. bitten wir zu verzichten«). Doch dieser Aufwand ist wohl etwas übertrieben; manche Landesvorstände entsenden ihre Kandidaten direkt.

Schaut man sich die Liste der Ausgewählten an, fällt auf, dass der in der SPD streng gehütete regionale Proporz präzise eingehalten wurde und fast ausnahmslos Kandidaten zum Zug kamen, die ihren Bewährungsaufstieg in der SPD bereits hinter sich haben. Zum Teil gehören sie schon zum politischen Establishment: als stellvertretende Vorsitzende der SPD-Bundestagsfraktion, als Oberbürgermeister, Generalsekretär auf Landesebene, Staatssekretärin oder Drogenbeauftragte. Die SPD-Führungsakademie schickt sich also an, etablierte, chancenträchtige Funktionäre aus dem Mittelbau der Partei nachzuschulen und nicht etwa hoffnungsvolle, neu entdeckte Talente zu entwickeln.

Der Service: sechs Wochenendseminare – von Freitag bis Sonntag – und drei Jahrestagungen in zwei Jahren. Etwa zwanzig Seminartage müssen also reichen, um aus einem Rohdiamanten einen politischen Edelstein zu formen. Mehr Bildungszufuhr und Reflexion ist nicht drin, denn das Gros der Fellows ist längst von der terminüberladenen Knochenmühle der Politik vereinnahmt. Diejenigen, die überhaupt über das klandestine Programm reden, stöhnen über die Terminlast. Mehr Zeit kann man von dieser Zielgruppe offenbar nicht fordern.

Je zwei Trainerduos arbeiten mit einer festen Gruppe von zehn Frauen und elf beziehungsweise zwölf Männern. »Weitere ›Zellteilungen‹ werden im Arbeitsprozess stattfinden. Anschließend kommen die Fellows aber stets wieder im Plenum oder in den zwei Gruppen zusammen.«[1]

Kurzvorstellung
Fellows 2007–2009*

- **Alheit**; Kristin; Hamburg; HH; geb. 23.09.67; Mitglied des Bundesparteirats, Mitglied Landesvorstand Hamburg, Vorsitzende UB Altona; Referentin im Amt für Bezirke und Verwaltungsreform.
- **Bätzing**; Sabine; Altenkirchen; RP; geb. 13.02.75; Präsidiumsmitglied der rheinland-pfälzischen SPD; Mitglied Kreistag Altenkirchen; MdB seit 09/2002 (direkt gewählt), Drogenbeauftragte der Bundesregierung seit 2005; ZDF-Fernsehrat.
- **Berg**; Ute; Paderborn; NW; geb. 24.07.53; Mitglied des Parteivorstands, Vorsitzende des Wissenschaftsforums der Sozialdemokratie in OWL e.V., Vorsitzende KV Paderborn; MdB seit 2002.
- **Böschen**; Sybille; Bremerhaven; HB; geb. 10.07.54; Mitglied im Landesvorstand; MdBB seit 2003.
- **Brunotte**; Marco; Langenhagen; NI; geb. 14.03.77, seit 1997 Ratsherr und Beigeordneter der Stadt Langenhagen (ehrenamtlich); Trainer u. Dozent f. ehrenamtliche Kommunalpolitiker u. Funktionäre (u. a. für FES Politische Bildungsgemeinschaft Hannover Arbeit a. Leben e.V.).
- **Bude**; Norbert; Mönchengladbach; NW; geb. 14.09.59; hauptamtlicher Oberbürgermeister der Stadt Mönchengladbach; Mitglied im Vorstand des Städtetages NRW.
- **Prof. Dr. Dienel**, Christiane; Berlin; ST; geb. 25.02.65; Staatssekretärin im Ministerium f. Gesundheit u. Soziales des Landes Sachsen-Anhalt; 1. Vorsitzende der Gesellschaft für Familienforschung e.V..
- **Dulig**; Martin; Moritzburg; SN; geb. 26.02.74; Mitglied des Landesvorstands Sachsen, Vorsitzender UB Dresden-Elbe-Röder; MdL Sachsen seit 09/2004 (Parlament. Fraktionsgeschäftsführer seit 2005); stv. Vorsitzender des Netzwerks für Demokratie und Courage e.V..
- **Engler-Kurz**; Silke; Baunatal; HE; geb. 24.09.73; erste Stadträtin der Stadt Baunatal (hauptamtlich).
- **Faeser**; Nancy; Schwalbach am Taunus; HE; geb. 13.07.70; Mitglied Vorstand Bez. Hessen-Süd; MdL Hessen seit 04/2003.
- **Fischer-Theobald**; Sabine; Saarlouis; SL; geb. 02.09.66; AsF Landesvorsitzende Saar; Qualitätsbeauftragte f. d. Beratungsdienst d. Sozialpädagogischen Netzwerk AWO-LV Saar.
- **Dr. Förster**; Linus; Augsburg; BY; geb. 02.08.65; Präsidiums- und Vorstandsmitglied Landesverband Bayern; MdL Bayern seit 10/2003.
- **Friedrich**; Peter; Konstanz; BW; geb. 06.05.72; Mitglied im Landespräsidium, Vorsitzender Kreisverband Konstanz; MdB seit 2005; Vorsitzender AWO Konstanz e.V., Beisitzer Bezirksvorstand AWO Baden.
- **Garling**; Karin; Bremen; HB; geb. 04.11.59; Mitglied im Landesvorstand Bremen, stv. AsF-Landesvorsitzende; MdBB seit 10/2003.
- **Hagedorn**; Bettina; Kasseedorf; SH; geb. 26.12.55; stv. Landesvorsitzende Schleswig-Holstein; MdB seit 2002; Kuratoriumsmitglied Bundeszentrale für Politische Bildung.
- **Hartmann**; Michael; Wackernheim; RP; geb. 11.05.63; Mitglied im Landesvorstand und Präsidium Rheinland-Pfalz, Vorsitzender UB Mainz-Bingen; MdB seit 2002 (Direktmandat); Präsident des dt. Baseball- u. Softballverbands
- **Hiller**; Ulrike; Bremen; HB; geb. 11.06.65; Fraktionssprecherin im Beirat Bremen-Mitte; Kandidatin für die Wahl am 17. Mai zur Bremischen Bürgerschaft.
- **Hoch**; Clemens; Andernach; RP; geb. 05.01.78; Fraktionsvorsitzender Stadtrat Andernach; MdL Rheinland-Pfalz seit 2006.
- **Dr. Högl**; Eva; Berlin; BE; geb. 06.01.69; 1997–2001 Mitglied des Parteivorstands, ASF-Landesvorsitzende Berlin; Leiterin d Referats »Europäische Beschäftigungs- und Sozialpolitik; Europabeauftragte« im Bundesministerium für Arbeit und Soziales.
- **Jost**; Reinhold; Saarbrücken; SL; geb. 04.06.66; Generalsekretär SPD Saar; MdL Saarland.
- **Juratović**; Josip; Heilbronn; BW; geb. 15.01.59; Mitglied im Landesvorstand Baden-Württemberg; Mitglied Gemeinderat der Stadt Gundelsheim; MdB seit 2005 (über Landesliste); Koordinator »Novi-Most-Neue Brücke« (bundesweite Friedensinitiative ehemaliger Jugoslawen).
- **Kelber**; Ulrich; Bonn; NW; geb. 29.03.68; Vorsitzender UB Bonn; MdB seit 2000; stv. Vorsitzender der SPD Fraktion.

141

- **Kleiminger**; Christian; Rostock; MV; geb. 27.12.65 MdB seit 2005 (Direktwahl); Kreisvorsitzender AWO Rostock, Vorsitzender der Bundesstiftung »Humanitäre Hilfe f. durch Blutprodukte infizierte Menschen«.
- **Klingbeil**; Lars; Munster; NI; geb. 23.02.78; stv. Vorsitzender Juso-Bundesvorstand, Mitglied Vorstand Bezirk Nord-Niedersachsen, Vorsitzender UB Soltau-Fallingbostel; stv. Fraktionsvorsitzender Kreistag Soltau-Fallingbostel; 01/2005–10/2005 als Nachrücker in den Bundestag.
- **Klute**; Thorsten; Versmold; NW; geb. 31.01.74; hauptamtlicher Bürgermeister der Stadt Versmold seit 10/2004; jüngster SPD-Bürgermeister in NRW.
- **Langner**; David; Koblenz; RP; geb. 20.09.75; Stadtratsmitglied in Koblenz; MdL Rheinland-Pfalz seit 2006.
- **Meier**; Brigitte; München; BY; geb. 02.01.65; Mitglied im Landesvorstand der Bayern-SPD; Stadtratsmitglied München; Honorardozentin f. allgemeine Didaktik und Methodik am Berufsbildungswerk des DGB; Mitglied im Bundesvorstand der SGK.
- **Dr. Münch**; Martina; Cottbus; BB; geb. 29.12.61; stv. Landesvorsitzende Brandenburg; MdL Brandenburg seit 04/2004 (Direktwahl); Sprecherin des Aktionsbündnisses Cottbusser Aufbruch f. ein gewaltfreies u. tolerantes Miteinander.
- **Dr. Paust**; Andreas; Dortmund; NW; geb. 27.03.61; Geschäftsführer der SPD-Ratsfraktion Dortmund (hauptamtlich); ehrenamtlicher GF der SGK-Kreisverbände Wuppertal bzw. Dortmund.
- **Radziwill**; Ülker; Berlin; BE; geb. 10.06.66; Landesvorsitzende der Berliner AG Migration, Mitglied Projektgruppe »Migration« des PV, kooptiertes Mitglied Landesvorstand Berlin; MdBA seit 2001.
- **Rebmann**; Stefan; Schwetzingen; BW; geb. 20.06.62; Mitglied Landesvorstand Baden-Württemberg; Gewerkschaftssekretär (hauptamtlich); aktuell: DGB-Vorsitzender Region Rhein-Neckar; stv. DGB-Bezirksvorsitzender Baden-Württemberg.
- **Rix**; Sönke; Eckernförde; SH; geb. 03.12.75; Mitglied Landesparteirat Schleswig-Holstein, Vorsitzender Kreisverband Rendsburg-Eckernförde; MdB seit 2005.
- **Schäfer-Gümbel**; Thorsten; Lich-Birklar; HE; geb. 01.10.69; stv. Vorsitzender Bezirk Hessen-Süd, Vorsitzender UB Gießen; MdL Hessen seit 02/2003; Vorsitzender der Sozialistischen Bildungsgemeinschaft Hessen e.V..
- **Dr. Schubert**; Hartmut; Gößnitz; TN; geb. 27.01.60; Vorsitzender Kreisverband Altenburg; Mitglied des Kreistags Altenburger Land, Mitglied des Stadtrats der Stadt Gößnitz sowie 2. Beigeordneter der Stadt; MdL Thüringen seit 2004.
- **Schulze**; Svenja; Münster; NW; geb. 29.09.68; Mitglied im Landesvorstand NRW, Vorsitzende UB Münster; MdL NRW 1997–2000 und erneut seit 2004.
- **Schumann**; Michelle; Herne; NW; geb. 09.04.80; Mitglied des Landesvorstands NRW; Stadtverordnete im Rat der Stadt Herne (ehrenamtlich); Presse- und Öffentlichkeitsarbeit für den Verband der Wohnungswirtschaft Rheinland Westfalen und Südwest.
- **Schwarzelühr-Sutter**; Rita; Waldshut-Tiengen; BW; geb. 13.10.62; Vorsitzende Kreisverband Waldshut; Mitglied im Kreistag Waldshut, Mitglied im Gemeinderat Lauchringen; MdB seit 2005; ehrenamtliche Richterin am Verwaltungsgericht Freiburg.
- **Sippel**; Birgit; Arnsberg; NW; geb. 29.01.60; Mitglied Bundesparteirat, Vorsitzende UB Hochsauerlandkreis, stv. Vorsitzende Region Westliches Westfalen; seit 1994 Leiterin des Regionalbüros von Helmut Kuhne (MdEP).
- **Dr. Spies**; Thomas; Marburg; HE; geb. 27.06.62; Mitglied im Bezirksvorstand Hessen-Nord, stv. Vorsitzender UB Marburg, dto. ASG-Bundesvorsitzender, Vorsitzender ASG Hessen-Nord; Mitglied im Kreistag Marburg-Biedenkopf; MdL Hessen seit 1999; Gründungsvorsitzender »Wissenschaftsforum der Sozialdemokratie in Hessen e.V.«.
- **Stinka**; André; Dülmen; NW; geb. 13.06.65; Mitglied im Bundesparteirat, Vorsitzender UB Coesfeld; Mitglied Kreistag Coesfeld u. stv. Landrat des Kreises Coesfeld; MdL NRW seit 06/2005.
- **van den Berg**; Guido; Bedburg; NW; geb. 24.02.75; Vorsitzender UB Rhein-Erft-Kreis, Mitglied des Bundesparteirats; stv. Vorsitzender Kreistagsfraktion Rhein-Erft-Kreis; Projektleiter Public Affairs beim Deutschen Wirtschaftsverband (Angestellter).
- **Zauner**; Margrit; Berlin; BE; geb. 01.12.61; Mitglied im AsF-Bundesvorstand; Fraktionsvorsitzende BVV Tempelhof-Schöneberg; seit 2005 Leiterin des Referats »Berufliche Qualifizierung« in der Senatsverwaltung für Integration, Arbeit u. Soziales, stv. Vorsitzende der SGK Berlin.

* ausgewählte Daten, ohne Gewähr, ohne Anspruch auf Vollständigkeit

Der steinige Weg zur Führungspersönlichkeit

Im ersten Modul geht es um »Führungsbilder und Führungspersönlichkeit«. Alle Teilnehmer bekommen zum besseren Verständnis ein 75-seitiges wie ein Geheimnis gehütetes »Handout«, das vorwiegend im PowerPoint-Stil ein Potpourri der gängigen Management-Theorien bietet. Die Trainer haben offenbar verstanden, dass man diese Zielgruppe nicht mehr mit langen Texten animieren kann. Auf knappen Charts muss die »message« schnell transportiert werden können. Alle »Unterrichtsmaterialien« sind auf einen Schnellkurs ausgerichtet, der höchst sparsam mit Texten umgeht. Denn offenbar fehlt die Zeit zum Lesen. Der Streifzug durch die Management-Erfolgsliteratur wirkt wie die »Best-of«-Listen, die ein 400-Seiten-Buch für »Schnellleser« auf vier Seiten reduzieren.

---

9 Essentials für Politische Führung*

Führungsakademie
der sozialen Demokratie

(1) Wer Politik entwickeln und gestalten will, muss Politik verstehen, also die politischen Strukturen kennen und handhaben lernen.

(2) Wer politisch mitreden will, muss fachlich ausgebildet sein, die Grundlagen des Wirtschafts- und Sozialsystems kennen und in der Lage sein, sich darauf aufbauend weitere Fachgebiete zu erarbeiten.

(3) Wer politisch Verantwortung übernehmen will, muss wissen, worauf er/sie sich einlässt, das heißt: Man muss eine Vorstellung von den Rollen, Aufgaben und Handlungsoptionen in der Politik haben.

(4) Wer in der Politik mehr erreichen will, als kraft seiner eigenen Persönlichkeit möglich ist, muss Allianzen bilden und bewegen. Nur wer weiß, wie andere zu motivieren sind, kann auf Dauer im politischen Maßstab wirkungsvoll sein.

(5) Wer politisch etwas bewirken will, muss moderieren und vermitteln können, muss Problemlösungskompetenz und Verhandlungsgeschick beweisen.

(6) Wer dauerhaft um politisches Vertrauen werben will, muss Vertrauen in die Entfaltung der Meinungsbildung und Entscheidungsfindung geben und die Prinzipien der innerparteilichen Demokratie vorleben.

(7) Wer politisch aufzeigen will, wohin er führen möchte, muss sich seiner Wurzeln und Traditionen bewusst sein.

(8) Wer sich werteorientiert politisch engagiert, muss Wertmaßstäbe intellektuell herleiten und begründen können.

(9) Wer von Solidarität redet, muss sie praktizieren.

* Quelle: Internes Schulungsmaterial der SPD-Führungsakademie 2009

Diese Spiegelstrich-Methode, gespickt mit allerhand Zitaten von wichtigen und unwichtigen Menschen, von bekanntem und abseitigen, ist heute im politischen Geschäft offenbar der einzig denkbare Weg des Wissenstransfers.

In neun Punkten haben die Macher der »SPD-Parteischule« die Philosophie der Akademie definiert. Eine Mischung aus hohen Ansprüchen, etwas Pathos und einer Spur Zukunftsvision professioneller Politik, die das Geheimnis der Kaderschmiede etwas entschlüsselt (vgl. Schaubild S. 143).

»Die Dinge richtig tun und die richtigen Dinge tun«

Einen eigenen Führungsbegriff aus der schier unbegrenzten Welt der Definitionen hat die SPD offenbar nicht. Aber es scheint einen stillen Favoriten zu geben, auf den sich die »Fellow-Manager« immer wieder beziehen: Das »Malik-Managementmodell« – benannt nach dem aus Österreich stammenden Management-Guru Fredmund Malik – dient offenbar der geistigen Inspiration. »Seid liberal, nicht neoliberal«, wird Malik in einem Merksatz zitiert: »Echter Kapitalismus schafft Wohlstand durch Investitionen. Wir aber leben in einem zerstörerischen Pekuniarismus.« Ein Text, der lange vor dem Kollaps der Finanzmärkte erschien und zu dieser Zeit sicher nicht zum Mainstream der SPD-Granden gehörte. Maliks Glaubensbekenntnis lässt sich mit dem Begriff »Ergebnisorientierung als Führungsgrundsatz« zusammenfassen. Mit fünf weiteren Leitideen ist dieses Credo unterlegt:

> »Es kommt im Zweifel einzig und allein auf die Ergebnisse an. Führung ist der Beruf des Erzielens von Ergebnissen. Es zählt nicht, wie viel man gearbeitet hat, sondern was erreicht wurde. Gute Leute begnügen sich nicht mit Begründungen. Freude soll nicht die Arbeit machen, sondern der Erfolg.«[2]

Manche der dann folgenden Empfehlungen haben eher die Qualität von Kalenderblatt-Sprüchen aus dem fantasievollen Repertoire der Management-Literatur. So verlangen die Trainer stakkatoartig die

»Konzentration auf das Wesentliche. First things first. Die Hauptsache ist, die Hauptsache bleibt immer die Hauptsache. Schwerpunkte auf Wesentliches. Prioritäten setzen – für sich selbst und die Mitarbeiter. Die Dinge richtig tun und die richtigen Dinge tun.«[3]

Führungsrollen, Führungsstile, Führungsprozesse – im Schnelldurchlauf reiht sich ein Schaubild an das andere. Doch die Fellows sollen nicht nur aufnehmen, was andere denken, sondern auch gelegentlich ihre eigene(n) Rolle(n) reflektieren. Dabei hilft das Grundmodell »Funktionen, Aufgaben in der politischen Führung«. In einem Schaubild sollen die Teilnehmer ihr politisches Rollenbild, ihre Funktionen und ihr Aufgabenprofil notieren. Auf weiteren Formblättern wird die Selbsteinschätzung des persönlich bevorzugten Führungsverhaltens abgefragt, das Mitarbeiterprofil in Kompetenzklassen geordnet, ein detaillierter Arbeitsauftrag für einen Mitarbeiter formuliert und der individuelle »Wertekatalog« mit elf reflektierenden Fragen abgeklopft. Die Kursteilnehmer werden aufgefordert, ihre persönlichen Grundüberzeugungen zu notieren.

Hier geht es um die Übersetzung der eigenen Lebensphilosophie in den Alltag: »Angenommen, ich würde mich einen Tag konsequent an meinen Werten orientieren. Was würde ich unterlassen? Was anders machen? Was neu tun?« Das Ganze mündet in weiteren Fragebögen und einem »Selbstcoaching«. Links auf dem ansonsten leeren Blatt steht: *Meine Werte.* Daneben: *Was sie bewirken.* Dann sollen die Fellows noch zehn persönliche Führungsgrundsätze dokumentieren und schließlich das »Commitment Führungsgrundsätze der Fellows 2007« ebenfalls in zehn Punkten ausfüllen. Was hier eingetragen wird und ob diese Übungen überhaupt »erledigt« werden, bleibt jedem selbst überlassen. Der Impuls zur Reflexion der eigenen Rolle ist so etwas wie der »rote Faden« der Akademie.

»Mit Widerstand nutzbringend umgehen«

Im nächsten Quartal erwartet die Teilnehmer der Führungsakademie etwas härtere Kost. »Führungskompass und Führungspersönlichkeit« heißt das zweite Modul. Was gelernt und welche »Werkzeuge« eingesetzt werden können, ist wieder auf 64 Seiten zusammengefasst. Die »geistige Klammer« des gesamten Unternehmens ist schon auf dem Werbeprospekt vermerkt: »Leben, lieben, lernen und ein Vermächtnis hinterlassen.«

Die Vision von Stephen R. Covey – einem der Gurus in der internationalen Management-Literatur – soll den »Führungskompass« der Nachwuchsmanager justieren. Wie schmal der Grad zwischen spiritueller Inspiration und politischer Scheinrealität sein kann, illustriert der Prolog, der den folgenden Schaubildern, Grafiken und Textfragmenten vorausgeschickt wird: »Je weniger ein Politiker als Star auftritt, desto erfolgreicher ist seine Karriere auf Dauer!«, heißt es hier. Dann folgt die sozialdemokratische Norm, die nach der Amputation zahlreichen SPD-Chefs in den vergangenen zehn Jahren grotesk klingt:

> »Erfolgreiche Führungspersönlichkeiten lenken ihre persönlichen Egoismen um und richten sie auf das höhere Ziel, Spitzenpolitik im Sinne unserer Grundwerte Freiheit, Gerechtigkeit und Solidarität zu gestalten. Natürlich haben Top-Politikerinnen und -Politiker ein starkes Ego und handeln im Eigeninteresse: Sie sind unglaublich ehrgeizig – aber ihr Ehrgeiz gilt vor allem der Sache und nicht ihnen selbst. Die wirkliche Führungskraft sorgt durch eine paradoxe Mischung aus persönlicher Bescheidenheit und professioneller Durchsetzungskraft für nachhaltige Spitzenleistung.«[4]

Wie würden wohl Gerhard Schröder, Otto Schily, Wolfgang Clement, Franz Müntefering und viele weitere sozialdemokratische Spitzenpolitiker diese Führungskräfte-Prosa im Licht des täglichen Machtkampfes bewerten? Nur vier Stationen der SPD aus jüngster Zeit: beim Mannheimer Parteitag und dem Duell Scharping – Lafontaine, bei der »Abwahl« von Heide Simonis in Kiel, beim Beckschen Drama am Schwielowsee oder die perfekte Inszenierung der vier »Gewissensträger« beim Sturz von Andrea Ypsilanti wenige Stunden vor der Ministerpräsidentenwahl im hessischen Landtag; sie tauchen den Ehrgeiz der Egomanen in ein anderes Licht. Solche Paradoxien werden die Selbstreflexion des Führungsnachwuchses sicher beflügeln. »70% aller Veränderungsprojekte verfehlen ihr Ziel«, verraten die Trainer in einem weiteren Chart und empfehlen,

»mit Widerstand nutzbringend umzugehen«. Auch dazu gibt es einen »Tipp« aus dem Rezeptbuch:

»Führungskräfte sollten sich verstärkt um die Antreiber kümmern. Das motiviert auch die Unentschlossenen. Formulierte Bedenken ernst nehmen, aber ›Nörglern‹ nicht zu viel Aufmerksamkeit schenken.«

Auch die Lektionen zum Thema »Strategie« – dem schwierigsten Gebiet der Politik – sind weniger differenziert als die Unterlagen für die theoretische Führerscheinprüfung. Hingewiesen wird auf die im Beratermarkt gängige »SWOT-Analyse«, die Stärken (strength), Schwächen (weakness), Chancen (opportunities) und Risiken (threats) eines Vorhabens ausbalancieren will. Der Merksatz für alle ist entsprechend eindringlich: »Die Grenzen des Denkens sind die Grenzen des Erfolgs! Nicht das Machbare, sondern das Denkbare denken.«

Wie stark bei dieser Art von Vademecum-Leitfäden die Erfahrungswelt der Funktionäre durchschimmert, zeigen die dokumentierten »Impulse« zum Thema »Bürgerschaft und Management«. In der Zusammenfassung empfehlen die Trainer folgende »Faustregel«:

»Politik sollte sich auf die Ebenen der Leit-, Entwicklungs- und strategischen Ziele konzentrieren. Projekt- und Maßnahmeziele liegen stärker im Verantwortungsbereich der Verwaltung. … Generell sollte durch ein ausgefeiltes Berichtswesen die Politik vom operativen Geschäft befreit sein. Wenn das nicht funktioniert, ist häufig bei der Zielvereinbarung schlampig gearbeitet worden – dann muss auch an dieser Stelle nachgebessert werden!«

Wer mit dieser »Faustregel« in der Praxis arbeiten will, kommt wohl aus der Spirale der Nachbesserungen nicht mehr heraus. Viele Kommunalpolitik-Profis berichten verzweifelt, dass die strategischen Vorgaben in der Regel von der Verwaltungsspitze und nicht aus dem Kreis der Politiker geliefert werden. Verwaltung – Berichtswesen – schlampige Zielvereinbarungen: ein weites Feld, das auf fast ironische Weise unfreiwillig die Notwendigkeit von Führungsakademien unterstreicht.

Auch im zweiten »Modul« gibt es wieder eine Praxisaufgabe, die sich über das gesamte Training erstreckt. Ein sogenanntes »Transferprojekt« soll »Führungspraxis für den Fellow erbringen und zugleich für die soziale Demokratie, für die SPD wirken. ... Die Projektliste wird allen Fellows öffentlich gemacht, um Vernetzung, Kooperation und Austausch zu fördern«. Jeder Fellow muss in den Kompetenztrainings regelmäßig über den Fortschritt des Projekts berichten. Nicht alle »Führungspersönlichkeiten« betreiben diese Aufgabe mit gleicher Intensität.

Am Ende dieser Lerneinheit öffnen die Trainer noch einmal ihren bunten Werkzeugkasten. Die Bedeutung der Farbenlehre, Brainstorming, Technik der Zielformulierung, Reframing (Umdeutung von Ordnungsrastern, die Ereignisse und Erwartungen strukturieren) und Controlling-Instrumente werden abgehandelt. Für alle Untiefen des politischen Alltags und die Realisierung von Projekten gibt es Formblätter, Übersichten und Schautafeln.

Spätestens nach dem Studium der Inhalte des zweiten Moduls wird klar: Die Textkultur ist zumindest in der Führungsakademie der Sozialdemokratie längst abgelöst worden durch eine einfache Visualisierungstechnik im PowerPoint-Stil. Damit wird ein allgemeiner gesellschaftlicher Trend nachvollzogen, den zuvor schon Fachverlage für wissenschaftliche Literatur festgestellt haben: Auch akademische Einführungsbücher für Jungakademiker kommen heute nicht mehr ohne bunte Bilder, Grafiken, Charts und Schautafeln aus. Es geht nicht mehr um Sinnzusammenhänge, die man sich selbst erschließt, sondern um schnell konsumierbare Rankinglisten.

Fraport, Deutsche Bank und Sparkassen Finanzgruppe treten als Sponsoren auf

Besondere Bedeutung haben in den 78-seitigen Arbeitsmaterialien die Werkzeuge mit dem Titel »Menschen fördern«. Die Themen: »In Sitzungen Ergebnisse erzielen. Selbststeuerung optimieren. MitarbeiterInnen motivieren. Schwierige Gespräche führen.«

Für dieses und das folgende Modul treten drei Sponsoren mit ihren Logos auf: Der Frankfurter Flughafenbetreiber Fraport, die

Deutsche Bank und die Sparkassen Finanzgruppe. Ohne eine Finanzspritze der Industrie kann eine Führungsakademie offenbar nicht überleben. Die Teilnehmer steuern jeweils 900 Euro plus Reisekosten für den gesamten Kurs bei.

Dafür wird das Einmaleins der praktischen Politik gelehrt. Dass man Oberbürgermeistern, stellvertretenden Vorsitzenden einer Bundestagsfraktion, Staatssekretären oder Drogenbeauftragten aber noch erklären muss, wie man eine vernünftige Tagesordnung formuliert, Sitzungen leitet, Ergebnisse visualisiert oder seine Zeit vernünftig einteilt, wirkt irritierend.

Immer wieder wird die eigene Rolle im Politikrahmen infrage gestellt; die Teilnehmer sollen sich über Anforderungen, Sackgassen und Schleudersitze klar werden. Sie sollen vom »Zeitmanagement zum Lifemanagement« umsteigen, ihre »Komfort-Zonen verlassen«, um bedeutende Ziele zu erreichen.

Typisch für diese Lerneinheiten ist die Zusammenfassung der »7 Gewohnheiten zur Steigerung der Effektivität«.

»Wirkungsvolle Kommunikation«

Im vierten Modul kommt es den Trainern darauf an, das kommunikative Handeln ihrer Probanden zu verbessern. Die Maxime von Paul Watzlawick, »Du kannst nicht nicht kommunizieren«, und die Lebensweisheit von Fritz B. Simon, »Information entsteht beim Empfänger«, werden wieder in zahlreichen Charts transportiert.

Der Parteimanager als Ergebnis-Produzent

»Ergebnisbezogenes Handeln« heißt der offizielle Titel des fünften Moduls. Im Zentrum dieser Arbeitseinheit steht vor allem das Ziel, die Reflexion der Nachwuchsmanager zu stimulieren, Suchpfade für ergebnisorientierte Politik zu öffnen und das Nachdenken über richtige Strategien zu stimulieren. Diese Einheit – nun auch vom Sponsor Evonik, dem Industriekonzern aus Essen, unterstützt – greift auch Verhandlungsstile auf.

Nach dem »Harvard-Verhandlungsmodell« empfehlen die Trainer Verhandlungen »als gemeinsame Problemlösung« zu verstehen; diese Methode sei »am Ergebnis und am Menschen orientiert«. Erstmals werden Kreativitätstechniken eingeführt, die helfen sollen, Optionen zu entwickeln und eine »Denkraumerweiterung« vorzunehmen. Dazu gehören Fragetechniken, die das Vordenken, Hineindenken und Querdenken ermöglichen.

»Gut aussehen vor der Kamera« – eine Handreichung der Bonner Agentur *bildschön* – rundet dieses weit gefasste Kompetenzprogramm ab. Die Modeberaterin Silke Frink schreibt: »Im Business und im Fernsehen sind innere Werte nur so viel wert, wie sie nach außen zu sehen sind.«[5]

Offenbar geht es hier auch um einen «Knigge für Politiker«. Das Spektrum der Beratungen reicht von »Strategischen Analysen mit der Balanced Score Card (BSC)« bis zum Einsatz des Kamelhaarmantels im Winter. Die Lerneinheit endet mit der Analyse des Outfits von Barack Obama: Er »zeigt, wie es geht. Modisches Understatement mit Perfektion im Detail. Ein Highlight am Firmament«, schwärmt die Modeberaterin.

Aber – Obama ist nicht nur gut gekleidet. Er formuliert politische Visionen, grenzt sich vom politischen Gegner ab und kommuniziert seine eindeutigen politischen Botschaften in *social communities*. Er hat mit mutigen Positionen Flagge gezeigt und Meilensteine in der Wahlkampf-Kommunikation gesetzt. Mit diesem entschlossenen Politikstil hat er eine bislang ungekannte Begeisterungswelle ausgelöst. Von diesem »Highlight« jenseits der Kleiderordnung ist hier aber offenbar nicht die Rede.

Drei Jahrestagungen sollen Substanz liefern

Aber was nutzen Techniken, Tricks und Tipps, wenn man nicht weiß, wofür man sie einsetzen soll? Damit die Managerausbildung auch mit einem inhaltlichen Navigationssystem ausgestattet wird, gehen die Teilnehmer dreimal in Klausur. 2007 stand der »Versorgende Sozialstaat und Zusammenhalt« im Zentrum. Ein Jahr später ging es um »Globalisierung und Wertschöpfung«. Die »Aktive Bürgerschaft und die Perspektiven der Parteiendemokratie« rundeten das Programm der Jahrestagungen ab.

Der Sinn solcher Diskurse wird im Prospekt zum »Fellowship-Programm« (Slogan: »Persönlichkeiten in Führung fördern«) offen und schonungslos mit einem sehr typischen Fallbeispiel unterlegt: »Ein ehemaliger Spitzenpolitiker... bekennt in einem Zeitungsinterview, dass er in den vierzehn Jahren, in denen er Ämter in der Top-Etage ausgeübt hat, eigentlich nie Zeit gehabt habe, mal in Ruhe ›neue Gedanken zu entwickeln‹.« Der Urheber dieses Zitats ist Wolfgang Clement, der mit entwaffnender Ehrlichkeit wohl für die gesamte politische Klasse spricht.

Die Verantwortlichen der Führungsakademie sehen in den Jahrestagungen einen dringend notwendigen »geschützten Lernraum«:

> »Die mehrtägigen Jahrestagungen sind dazu da, inhaltliche Substanz gegen die politische Beliebigkeit aufzubauen und den programmatischen Akku gegen ideologische Sprachlosigkeit neu aufzuladen. Raus aus dem politischen Alltagsbetrieb, wo die Politikerinnen und Politiker immer auf Achse, immer in Aktion, immer auf dem Sprung sind.«[6]

Aber vielleicht sind Politiker im Sog besagter »ideologischer Sprachlosigkeit« einfach auf der Flucht – aus Angst vor der Überforderung, die mit intellektueller Anstrengung und programmatischer Arbeit verbunden ist.

Klaus Tovar: Berufsoptimist und Missionar der SPD-Parteischule

Verantwortlich für die Entwicklung, Betreuung und Organisation des »Fellowship-Programms« ist der Historiker Klaus Tovar. Offiziell nennt er sich »Leiter der Parteischule im Willy-Brandt-Haus«. Selbst sieht der Westfale und bekennende FC-Bayern-Fan sich als »professionellen Dienstleister der sozialen Demokratie«. Tovar, der seine Freizeit mit Yoga und Wandern verbringt, könnte aber auch ein sensibler Personalplaner in der Deutschen Bank oder bei RWE sein.

Besonderes Kennzeichen des stets erfrischend freundlichen Anti-Funktionärs ist sein Faible für Personalentwicklungs-Aktivitäten. Landauf, landab predigt er Ortsvereinen, Unterbezirken, Bezirken und allen anderen Parteigliederungen unermüdlich per Power-Point das Chancenpotenzial des lebenslangen Lernens. So auch Mitte August 2008 während der Sommerakademie der Friedrich-Ebert-Stiftung. Im großen Seminarraum des Waldhotels Gietz in Geisenheim-Marienthal/Rheingau hängen die jungen Stipendiaten an seinen Lippen, während er den Studierenden seine Thesen von »Politik als Beruf« vermittelt.

In den Folien 17 und 18 formuliert er, worauf es ihm ankommt: *Meide Autismus, Defätismus und Zynismus,* lautet eines seiner Glaubensbekenntnisse. *Sei hart in der Sache und fair zu den Menschen* – so der zweite Merksatz. Tovar wirbt bei seinen Zuhörern für die sperrige Erkenntnis, dass *Ausdauer in der Politik nottut* und Politiker *Ecken und Kanten und Kurven* brauchen. *Sage, was du meinst, und tue, was Du sagst. Kennst Du den Unterschied zwischen Meinen und Wissen? Dann nutze ihn! Präsentiere Deinen Standpunkt eindrucksvoll, aber setze dich argumentativ durch.*

Es sind diese Maximen, Haltungen und Werte, die bei den Zuhörern ankommen. Man müsse »abgehärtet und sensibel« sein, sich selbst schützen, so Tovar. Er vermeidet Klischees des Politikgeschäfts und ermutigt die Gruppe, für sich selbst persönliche Erfolgsgaranten festzulegen: *Definiere für Dich Deine Tugenden als Maßstab Deines politischen Wirkens. Setze Dir Ziele, mit denen Du politisch und persönlich wachsen kannst. Beweise Dich in einem Spezialgebiet, ohne Themenlobbyist zu sein.*

Widerspruch gibt es in diesem Kreis nicht. Nur ein paar Stipendiaten sind in der SPD aktiv; sie setzen eigene Erfahrungen gegen Tovars reine Parteilehre. Der Leiter der SPD-Parteischule, der auch für die innerparteiliche Personalentwicklung und Qualifizierung zuständig ist, verzichtet auf Illusionstheater. Einer jungen Studentin antwortet er auf die Frage, was es heiße, Politiker zu sein: »Wer geregelte Arbeit will, sollte nicht in die Politik gehen.«

Seine Ausführungen klingen immer noch wie aus einer heilen SPD-Welt, die es nie gegeben hat. Er wirkt wie ein unentwegter Sozialkundelehrer, der hochmotiviert vor seinem ziemlich müden

Publikum steht und an das Bohren ganz dicker Bretter glaubt. Nichts kann ihn aus der Ruhe bringen. Der zum Teil kannibalische Stil der SPD-Führungen vor allem im vergangenen Jahrzehnt ist an ihm spurlos vorbeigegangen. Tovar funktioniert wie eine gut geölte Motivationsmaschine und strahlt gleichzeitig die Sekundärtugenden eines sensiblen Therapeuten aus. Der SPD-Parteivorstand sollte ihn als Mediator in seine Sitzungen einsetzen.

Privatdozent Karsten Rudolph, ein Ausnahmetalent im nordrhein-westfälischen Landtag, macht in seinem Referat vor der Sommerakademie dagegen klar, dass der politische Betrieb nicht nur aus Gutmenschen besteht: Politik sei »ein gefährlicher Beruf«, sie sei »unberechenbarer, unübersichtlicher als alle anderen Berufe«. Aber dem »Sog des Politischen« könne man sich nur schwer entziehen. »Keiner wartet auf Dich. Die Rollen sind verteilt«, erläutert er den Stipendiaten der Friedrich-Ebert-Stiftung. Eine Chance habe man, wenn man »zur richtigen Zeit an der richtigen Stelle« sei. Rudolph spricht über seine Erfahrungen, mit Beispielen aus der politischen Praxis in Nordrhein-Westfalen.

Wie hart das politische Geschäft sein kann, illustriert demnach die Mahnung von Johannes Rau an einen Nachrücker-Kandidaten im Landtag, der zweifelte, ob er in den Landtag gehen solle. »Wenn du absagst«, so die Überlieferung, »dann werden wir dich dreißig Jahre lang nicht mehr fragen.«

Alle, die Johannes Rau gefragt hat, sind etwas geworden. Er hat eine ganze Reihe von talentierten »Seiteneinsteigern« aus dem Umfeld der SPD nach vorne geschoben und darüber keine Worte verloren.

Dabei gibt es noch ein anderes Personalreservoir, aus dem sich die Politik bedienen kann.

Mehr als eine Million hauptamtliche Mitarbeiter sind in den sogenannten Non-Profit-Organisationen (NPO) tätig (3,7% aller Beschäftigten in der Bundesrepublik). Jeder zehnte Arbeitsplatz im Dienstleistungssektor wird derzeit von Vereinen, Verbänden und anderen Non-Profit-Organisationen bereitgestellt. Viele dieser »Politikprofis« wechseln nicht selten das Lager und gehören dann zu den etwa 18 000 Berufspolitikern in Deutschland. Darunter fallen 99 Europa-Abgeordnete, 661 Bundestagsabgeordnete, 1950 Landtagsabgeordnete, einige hundert Minister, Staatssekretäre sowie kommunale Wahlbeamte im Hauptamt (Oberbürgermeister, Bürgermeister, Landräte und gewählte Beigeordnete).

Allein in der SPD gibt es etwa 70 000 bis 100 000 Funktions- und MandatsträgerInnen. Davon, so Tovar, leben rund 3500 von der Politik. Hinzu kommen etwa 900 Parteiangestellte – mit abnehmender Tendenz – sowie einige tausend Mitarbeiter von Fraktionen und Parlamentariern. Hier ist die Beschäftigungstendenz steigend.

Ein Vergleich illustriert die Dimension dieses Arbeitsmarkts: Allein in der Ministerialbürokratie – Besoldungsgruppe A13 und aufwärts – arbeiten 20 000 Menschen im Bund und 50 000 in den sechzehn Ländern. Für Klaus Tovar der Beweis, dass die Politikausbildung professionalisiert werden muss. Jens Borchert schrieb in seiner Dissertation zum Thema politische Elitebildung: »Indem Politik zum Beruf wurde, wurde die Politik unumkehrbar eine andere.«

»Willkürlich ausgesuchte Nachwuchspolitiker« nach dem Vorbild von Burschenschaften

Das Presse-Echo auf die SPD-Führungsakademie war bislang fast durchweg positiv. Interne Kritik – etwa am Auswahlverfahren – ist kaum wahrzunehmen. Proteste von Kandidaten, die von der Parteispitze übergangen wurden, wurden nicht öffentlich. Kritische Bemerkungen kommen nur aus der Entfernung des Ruhestands. Helga Ziemann, 1987 bis 2001 Geschäftsführerin der SPD-Parteischule und rechte Hand des früheren SPD-Bundesgeschäftsführers Peter Glotz, meldete sich in einem Leserbrief zu Wort. In der *Rhein Zeitung* schrieb sie am 27. August 2007, dass die »Eliteschulung« nicht im Sinne der Gründungsväter der Parteischule sei. Die »Förderung willkürlich ausgesuchter Nachwuchspolitiker, die der Parteileitung politisch genehm« seien, führe in die falsche Richtung. »Das ist nichts anderes als das, was Burschenschaften oder große Firmen seit Jahrzehnten praktizieren. Das wurde von der SPD bisher kritisch beurteilt.«

In einem Interview mit der *Rhein Zeitung*, auf das sich der Leserbrief bezog, erwiderte der aufstrebende Landtagsabgeordnete Clemens Hoch:

»Zum Beispiel neigen Parteien dazu, wenig zielorientiert zu arbeiten. ... Ich meine das nicht negativ. Wir schreiben viele Papiere, mit denen wir die Welt ein Stück besser machen wollen, mit hohen Zielen. Aber die Frage ›Kann ich das auch umsetzen?‹ kommt manchmal zu kurz.«[7]

Solche selbstkritischen Hinweise sind die Ausnahme. In den Medien wird die Führungsakademie idealisiert, obwohl bis heute kein Journalist sich ein eigenes Bild von der Akademiepraxis machen konnte. »SPD-Hoffnungsträger«, »Eliteschmiede«, »...das Zeug zum Minister«, »Schule für Elitesozis«, »Kaderschmiede« oder »Die SPD sucht den Kanzler 2020« – solche Überschriften zur SPD-Führungsakademie wecken Erwartungen, die niemand nach einem Dutzend Wochenendseminaren erfüllen kann.

Klaus Tovar legt die Latte der Erwartungen noch eine Stufe höher. In der *Westdeutschen Allgemeinen Zeitung* vom 8. August 2007 schrieb er:

»Mit der Führungsakademie betreten wir Neuland in westlichen Demokratien. Wir helfen dabei, die Besten innerhalb der Partei auf ihre verantwortungsvollen Jobs vorzubereiten.«

Die frühere Partei-Vizechefin Ute Voigt gab sich in der *Neuen Ruhr Zeitung* vom 24. August 2007 etwas bescheidener: »Die wenigen, die wir haben, müssen wir gut qualifizieren.« Sie gehörte einst zu den wenigen und hat hautnah erlebt, wie schnell der Höhenflug zu Ende gehen kann.

Ein Pragmatiker im SPD-Parteivorstand fasst die Lage nüchtern und unsentimental zusammen: »Wir werden weniger. Die wenigen müssen besser werden.«

Michael Hartmann, früher Pressesprecher im rheinland-pfälzischen Innenministerium, ist der geborene Mann für die zweite Reihe. Der 46-Jährige drängelt sich nicht vor, hat aber als »junger Konservativer« in der SPD-Fraktion bewiesen, dass er in heiklen

Ausschüssen rund um Fragen der Nachrichtendienste »funktioniert«. Auch er gehört – wie viele der Führungsakademie-Fellows – zum Kreis der SPD-»Netzwerker«. Seine Bilanz der Führungsakademie[8] repräsentiert wohl das Mehrheitsbild. Zu den »Aktiva« zählt er:

> »Spannende Menschen mit hohem politischem Potenzial treffen aufeinander, manche sind schon in Entscheiderfunktionen, manche stehen kurz davor. Man lernt sich kennen und kann offen über Stärken und Schwächen kommunizieren – angeleitet von professionellen Trainern. Voneinander lernen bedeutet auch, dass man nach dem Abschluss der Akademie viele Beziehungen fortführen kann, dass Netzwerke entstehen.«[9]

Auch Hartmann betont den Prozess der Selbstfindung durch die Angebote der Führungsakademie:

> »Ich bemühe mich um stringentere Büro-Organisation, die mir Freiräume schafft. Im Zuge dessen versuche ich vor allem, zu einer sinnvollen ›Work-life-balance‹ zu gelangen. Die Führungsakademie verabreicht nicht Charisma, das gibt es sowieso nicht aus dem Lehrbuch. Aber sie vermittelt für jeden Charakter und für jedes Temperament Techniken, um die eigenen Stärken zu verbessern.«[10]

Nach Ansicht des Abgeordneten aus Rheinhessen kann die Führungsakademie durchaus stilbildend für die gesamte SPD wirken:

> »Einzelne Personen müssen begeistern und die anderen mitziehen. Ihnen kommt eine hohe Vorbildfunktion zu. Das muss sehr authentisch nach außen und innen wirken und sein. An die Stelle der immer gleichen, ausgetretenen Pfade sollte Offenheit gegenüber innovativen Wegen und einer mutigen Weiterentwicklung im persönlichen und politischen Bereich stehen. Um dies zu erreichen, ist eine Führungsakademie, wie wir sie haben, gut geeignet.«[11]

Auch Thorsten Klute, Bürgermeister im westfälischen Versmold, schätzt die Lernangebote der Akademie, weil dies »in dieser Intensität im politischen Alltag sonst nicht möglich ist«. Gleichwohl hat diese Intensität offenbar auch ihre Schattenseiten:

»Die notwendige Zeit für die Teilnahme an der SPD-Führungsakademie muss ich mir regelmäßig freischaufeln. Dafür hat mir die Führungsakademie sehr konkret geholfen, in Konfliktsituationen besser vermitteln, schwierige Gespräche führen und Verhandlungen besser vorbereiten zu können.«[12]

Klute sieht zudem noch eigenes Wachstumspotenzial:

»Bei vielen Teilnehmerinnen und Teilnehmern der SPD-Führungsakademie ist der Höhepunkt der politischen Karriere sicher noch nicht erreicht. Da ist es hilfreich, weiteres Handwerkszeug für das Bewegen in der Politik zu erhalten.«

Fortbildungen können jedoch nicht – so Klute – die Leidenschaft für eine politische Idee ersetzen.

»Der bedeutsamste Punkt für die Entscheidung der Mitarbeit in einer Partei wird aber auch in Zukunft der politische Inhalt sein. Nur wenn man sich für Politik begeistern kann, werden Jugendliche bereit sein, in einer Partei mitzuarbeiten.«[13]

Ulrich Kelber sieht die Vorzüge der Führungsakademie ähnlich wie seine Kollegen. »Ich habe einige der erlernten beziehungsweise wiederentdeckten Instrumente zur Professionalisierung von Führungsaufgaben eingesetzt und interessante Kontakte gewonnen«, bilanziert der stellvertretende Vorsitzende der SPD-Bundestagsfraktion. Er hofft, dass die Akademie sich nach zwei Jahren nicht einfach auflöst, sondern die Gruppe sich auch künftig regelmäßig trifft.

Eine Teilnehmerin, die bereits vergleichbare Schulungen absolviert hat, analysiert den Wert der Akademie für die Persönlichkeitsentwicklung der Politiker: »Wir befinden uns hier in einer positiven Ausnahmesituation und genießen Vertrauensschutz. Niemand ist Teil des Problems, aber alle wissen, wovon du redest.«

»Prädikat: Besonders empfehlenswert«

Mitte 2008 ließ die SPD das erste »Fellow-Programm« in einer schriftlichen Befragung auswerten. Professor Dr. Andreas Deckmann von der Technischen Fachhochschule Berlin – zuständig für Betriebswirtschaft und Unternehmensführung – steuerte die 32-seitige Evaluation: »27-mal Bestnote, siebenmal gut, einmal befriedigend« und eine Durchschnittsnote von 1,26. Mit dieser Halbzeitbilanz können die Planer der SPD-Parteischule zufrieden sein. Allerdings muss mit eingerechnet werden, dass sieben von 42 Teilnehmern die Mitwirkung an der Befragung verweigerten.

Die »Wirkungsqualität« des Programms kann auch durch einen Fragebogen nicht annähernd realistisch bewertet werden. Die »geplante Folgenlosigkeit«, die vielen Weiterbildungsangeboten unterstellt wird, lässt sich folglich weder bestätigen noch entkräften. Auffällig zudem:

> »Der Schritt von der Erkenntnis zum Handeln fällt offensichtlich etwas schwerer. Aber auch hier sind sich die Fellows in der kollektiven Rückmeldung sicher, ihre Fähigkeiten und Fertigkeiten gezielter zu nutzen als zuvor.«[14]

»Typen wie Schröder, die an Gittern rütteln, gehen nicht auf solche Schulen.« Diese Einschätzung des Parteienforschers Franz Walter stößt bei den Fellows auf Ablehnung. Auf Nachfrage sprechen sie von »Horizonterweiterung«, »Effizienzgewinn zugunsten der inhaltlichen Arbeit« und sehen auch kein Defizit in der Auswahl der bereits fortgeschrittenen Kandidaten, weil alle Teilnehmer »zu einem großen Teil Autodidakten sind und jedem Weiterbildung und Professionalisierung auf seiner Handlungsebene guttut.«

Die Teilnehmer der Führungsakademie sollen zwar ihre eigene Rolle reflektieren, nach außen werden sie aber abgeschottet. Selbst sehr differenzierte Bewertungen der Führungsakademie sind nur unter strikter Vertraulichkeit und Anonymisierung zu erhalten. So sagt ein Fellow im vertraulichen Gespräch:

»Die Stärke ist der professionelle Zuschnitt, die hohe Qualität der Dozenten, die Akademie ist hoch angehängt in der Partei und damit sowohl für das Lernen wie für die Vernetzung sehr attraktiv. Die Schwäche ist vielleicht die Nähe zu normalen Fortbildungen, das heißt, es gibt etwas zu viel ›normale‹ Arbeit mit Trainern und PowerPoint-Vorträgen. Außerdem gelingt die Balance zwischen persönlicher Lust am Vernetzen, am Austausch und intensiven Lernphasen nicht immer – mir wird oft etwas zu viel geschwätzt.«

Weiter analysiert der Fellow: »Auf der mittleren Ebene gibt es so viel schlechte, unprofessionelle Führung in der SPD«, sodass eine Führungsakademie dringend nötig erscheint. »Wer meint, die politische Führung in der BRD verfüge bereits über die notwendigen Kompetenzen, hat darüber offensichtlich noch nicht genügend nachgedacht.«

»Ich« – so die für die Gesamtgruppe typische Selbsteinschätzung des Fellows – »empfinde den Aufruf zu mehr Charisma als Ermutigung, mich auch zu trauen, meinen eigenen Stil durchzuziehen, wirklich zu beeindrucken, zu glänzen, zu führen, zu begeistern usw. Das Thema Charisma hilft mir, solche Fähigkeiten bei mir selbst freizulegen und selbstbewusst zu nutzen.«

Positiver, als viele Zahlenkolonnen es ausdrücken können, fällt die Steigerung des Selbstbewusstseins ins Gewicht. Das Fazit des Fellows: »Ohne die Akademie wäre ich in Konflikten oft unsicherer und schneller bereit, mich den scheinbar politisch Erfahrenen anzupassen, und würde dadurch meine Überzeugungen von guter Führung gefährden.«

Cordula Drautz koordiniert im Juso-Bundesvorstand die Außenpolitik des Verbandes und hat es schon zur Vizepräsidentin der Vereinigung internationaler Jungsozialisten (IUSY) gebracht. Zusammen mit zwei weiteren Vorstandsmitgliedern bekam die aufstrebende junge Frau einen Platz im zweiten Jahrgang der Führungsakademie. Politik lernt sie zum großen Teil »autodidaktisch«. Von der Akademie erwartet sie sich deshalb eine Systematisierungshilfe. Damit sie die »eigene Perspektive erweitert und die Komplexität politischer Entscheidungsprozesse und Interessenlagen sozialdemokratischer Politik besser versteht«. Außerdem erhofft sie sich,

die »manchmal fehlenden Freiräume, um mal über den Tag hinaus-
zudenken, und man verbessert damit auch die Fähigkeit, tatsächlich
über den Tag hinauszuhandeln«. Ein Gedanke, den Cordula Drautz
mit der Ausbildung in der Führungsakademie verbindet, wird sicher die gesamte Parteiführung beflügeln: »Die Kritik an der Politik
der anderen hat noch keinem die eigene Leistung erspart.«

Generationslücke zwischen den Alten
und den Jungen schließen

Die SPD-Führungsakademie ist ein Seismograf für die tiefe Krise
der SPD, der langsam, aber sicher das qualifizierte Personal für
Funktionen, Ämter und Mandate ausgeht. Das bescheidene Modell
mit insgesamt 85 Teilnehmern in bislang zwei Jahrgängen illustriert
sicherlich die Vorsicht in der Anlage des Feldversuchs. Bei der letzten Zusammenkunft des ersten Jahrgangs in einem Hotel irgendwo
in Brandenburg kristallisierte sich in zahlreichen Gesprächen eine
durchgehend positive Bilanz der Teilnehmer heraus. Nur – es gibt eine
klare Hierarchie in der Bewertung der Führungsakademie, die sich
von den offiziell kommunizierten Zielen unterscheidet. Die Reflexion der eigenen Rolle in der Politik, die Analyse von Konflikten und
Belastungen des »Kärrner-Jobs« hat die höchste persönliche Wertschöpfung für die Teilnehmer. Die sogenannte »Netzwerkbildung« –
persönliche Kontakte, das Kennenlernen und der Aufbau von belastbaren Arbeitsbeziehungen – folgt an zweiter Stelle. Dann erst,
so die persönlichen Bewertungen der Teilnehmer, kommen die vermittelten Führungstechniken.

Die speziellen Themenangebote haben in dieser Skala kaum eine
Bedeutung.

Die Führungsakademie ist in diesem Sinne ein großer Kontakt-
hof für den zum Teil verspäteten »Nachwuchs« – mit einem Handicap: Die Aura des Klandestinen und der Kult des Geheimnisses
rund um die Führungsakademie ist überflüssig wie ein Kropf und
hat wohl nur die Funktion der Kontrollvermeidung. Man will sich
nicht in die Karten schauen lassen, will Skeptikern keine Argumente
liefern und natürlich die politische Konkurrenz im Unklaren lassen.

Denn die Führungsakademie der SPD ist in der politischen Landschaft noch ein einsamer Weiterbildungsleuchtturm. Aber offenbar ist die erfolgreiche Kaderschmiede nicht so abgesichert, wie man vermuten könnte. Vor dem Abschlussgespräch des ersten Kurses am Sonntag um 10 Uhr sind alle etwas angespannt. Der alte und neue SPD-Vorsitzende Franz Müntefering hat sich angesagt. Er gilt nicht als glühender Anhänger dieser Form der Funktionärsschulung. Sie ist ihm fremd. Sein eigener SPD-Bewährungsaufstieg liegt ihm als Folie für die SPD-Kaderschulung näher. Sein zwanzigminütiges Eröffnungsstatement verläuft wenig überraschend. Das Wichtigste steht in einem längeren *Spiegel*-Interview am darauf folgenden Montag. Er begegnet einem dankbaren, demütigen Publikum, das auf einen harmonischen Ausklang nach einer langen Nacht eingestellt ist. Aber Müntefering spricht auch über die Distanz, die er ausstrahlt, und warum das so ist. Das beeindruckt den politischen Nachwuchs, ein Hauch von Nähe kommt in dem Tagungs-Zweckbau auf. Die Art von Nähe, die auch Beckmann in seiner Talkshow mit dem SPD-Chef erzeugte.

Der brutale Umgang mit Führungskräften in der SPD, die Reichweite und Treffsicherheit medialer Heckenschützen, der Stil des »Wolfsrudels«: Das sind die Erkennungszeichen der politischen Welt da draußen; in der Führungsakademie gibt es dafür keinen Platz.

Der kleine Bruder der Führungsakademie: Die Kommunal-Akademie der SPD

Kommunalpolitisch engagierte junge Leute kann man mit der Lupe suchen. In der Regel sind sie Einzelkämpfer, die in den Kommunalparlamenten von Backnang bis Baiersbronn arbeiten. Weil Erfahrung und Wissen fehlen, sind sie hier oft das fünfte Rad am Wagen. Die Folge: Frustration, Leerlauf und Abhängigkeit vom Goodwill der Altvordern.

Deshalb wurde bereits 2001 die Sozialdemokratische Kommunal-Akademie gegründet, die jedes Jahr hundert Talente motivieren und aufbauen will. »Mit der Kommunal-Akademie verleihen wir der nächsten Generation lokaler Demokratie auch ein Gesicht – das ist ein ganz entscheidender Faktor«, heißt es in einem internen Papier zur Nachwuchsförderung. »Die Kommunal-Akademie bringt diese Generationen zusammen und ermöglicht auch über die Wochenenden hinaus Kontakte, Networking, Zusammenarbeit, Austausch, sich durchsetzen.« Die SPD bewertet diese Ausbildungsform als »innovatives und ausstrahlungsfähiges Erfolgsmodell«. Der »neuartige Mix von Fachwissen, Soft Skills und Networking« löse Begeisterung aus und fördere das Selbstbewusstsein der Nachwuchspolitiker.

Einmal im Jahr werden die achthundert Absolventen zu einer Sommerakademie eingeladen. All das kostet Geld, viel Geld. Und Geld ist in den schrumpfenden Parteien immer knapp, weil die meisten Mittel «gebunden« sind. In dieser Situation helfen nur Zahlen, um diejenigen zu überzeugen, die Mittel freigeben.

Eine Zahl, die den Sinn der Nachwuchsarbeit illustriert, wird die skeptischen Granden der SPD sicherlich überzeugen: Von den hundert Teilnehmern, die 2001 in der Kommunal-Akademie starteten, haben – so die vertrauliche interne Auswertung – heute vierzig herausragende Positionen in Fraktionen, Ämtern und Verwaltungen inne. Nur drei Teilnehmer sind später aus der SPD ausgetreten. Eine Bilanz, die auch auf die unteren Ebenen abstrahlt. Vierzehn von sechzehn Landesverbänden haben ergänzend zu dem Angebot vom Parteivorstand und der SGK (Sozialdemokratische Gemeinschaft für Kommunalpolitik) eigenständige Qualifizierungsprojekte für den Nachwuchs aufgelegt. Nur das Saarland und Berlin fehlen.

Sechs Wochenendkurse in vier Monaten

Sechs Wochenendkurse reichen, um sich vom Anfänger zum konfliktgestählten Kommunalpolitiker zu entwickeln. Ähnlich wie in der Führungsakademie werden auch in der Kommunal-Akademie Fachthemen vermittelt, Prozess-, Methoden- und Sozialkompetenzen gelehrt. Das Spektrum der »Lehrpläne« bietet für alle etwas: Die Handlungsfelder der kommunalen Politik werden ausgeleuchtet, die »Inszenierungskompetenz« wird geschult, der »Sicherheitsanbieter Staat« analysiert und systemisches Denken am Beispiel der Kommunalfinanzen geübt. Auch Konfliktthemen stehen auf der Tagesordnung: Dazu gehören die Beschäftigung mit kommunalen Wirtschaftsbetrieben und die Neujustierung der kommunalen Sozialpolitik. Eingerahmt wird dieses Programm von Tischreden der Teilnehmer und »Kamingesprächen« mit Spitzenpolitikern. Noch werden die Kurse in den vier Großregionen Deutschlands – Nord, Süd, Ost, West – angeboten. Nach der Bundestagswahl 2009 soll sich das ändern. Eine »Entregionalisierung« – so ein Insider – wird angestrebt, damit die Kommunikation untereinander verbessert wird und die Teilnehmer nicht zu sehr in ihrer »regionalen Suppe schwimmen«. Die Lehrgänge für künftig 120 Bürgermeisterkandidaten und Kommunalwahlkämpfer unter vierzig Jahren sollen dann nur noch an zwei Veranstaltungsorten in Springe (Niedersachsen) und Würzburg (Franken) stattfinden. Die »nächste Generation der lokalen Demokratie« wird auch künftig mit dem »bewährten Mix von Fachwissen, Soft Skills und politischer Wertorientierung« bedient.

Bei der Auswahl gelten noch die »alten Prinzipien« der SPD. »Die Bezirke erhalten ihr Auswahlrecht«, heißt es im Kreis der Verantwortlichen lakonisch. Aber offenbar ist man mit diesem Verfahren nicht ganz zufrieden. Ein internes Planungspapier postuliert: »Das Anspruchsniveau an die Teilnehmer wird erhöht. Die teilnehmenden Personen müssen eindeutig die geforderten Qualitätskriterien (potenzielle Führungskraft; eines der besten Talente) erfüllen.«

Nicht nur das Trainerteam ist bislang nahezu identisch mit den Akteuren in der Führungsakademie, auch einzelne Bausteine der Seminare, die in dem 84-seitigen Arbeitsbuch zur Kommunal-Akademie dokumentiert sind, erweisen sich als deckungsgleich mit den Übungen für die Fellows der Führungsakademie. Die inhaltliche und organisatorische Verzahnung der »Kommunal-Akademie« und der »Führungsakademie« soll künftig noch stärker vorangetrieben werden – ein Ergebnis des Kostendrucks. Denn selbst für solche Erfolgsprojekte fehlt das Geld.

Bei beiden Programmen steht am Beginn eine Art »Selbstverpflichtung«, die Eigenverantwortung der Teilnehmer für die Ergebnisse der Fortbildung herausstreicht. »Wir sind klar und eindeutig in der Sache, fair und höflich zu den Menschen. Wir berichten über Ergebnisse, nicht über andere Teilnehmende.« Auch für die Kommunal-Akademie gilt: Informationen sollen nicht nach außen dringen. »Es handelt sich um einen geschützten Lernraum und um Betriebsgeheimnisse.« Besonders gegenüber dem politischen Gegner wolle man nicht »nackt dastehen« und vor allem das »Copyright« für die mühsam erarbeiteten Lernmodule nicht aus der Hand geben.

Dutzende von Schaubildern zu den Themen »Zeitdiebe«, zur »Alpen-Methode im Zeitmanagement« oder die Weisheiten des »Pareto-Prinzips« (»$\frac{1}{2}$ des Einsatzes bringt $\frac{4}{5}$ des Erfolgs!«) wären allerdings auch bei den »etablierten« Politikern gut aufgehoben. Solche Lebensweisheiten sollten nicht nur für den Nachwuchs reserviert werden.

Das Einmaleins des politischen Knigge:
Smileys und Vibrationsalarm

Besonders wichtige Erkenntnisse bringen die Vorgaben auf Seite 49 und 50 des Arbeitsbuchs. Hier lernen die Jungtalente »Neun wichtige Regeln für elektronische Post«. Eine Kostprobe:

»Verwende Abkürzungen und Smileys für ›ich freue mich‹ nur, wenn du sicher bist, dass der Empfänger sie kennt und versteht.«

Wie man bei Handy-Telefonaten »Kultur und Stil beweist«, ist ebenfalls in zehn »Handy-Etikette-Regeln« dokumentiert:

»Stelle sicher, dass Dein Mobiltelefon in Besprechungen auf ›aus‹ oder ›lautlos‹ gestellt ist.«

Weiter heißt es:

»Unterbreche niemals ein Gespräch, um ans Mobiltelefon zu gehen.«

Aber noch wichtiger:

»Lege dein Mobiltelefon nicht mit eingeschaltetem Vibrationsalarm auf den Tisch.«

Die Etikette scheint bei den Nachwuchstalenten ziemlich verwahrlost zu sein: »Aktiviere die Tastensperre, um ungewollte Anrufe zu vermeiden«, heißt es explizit. Offenbar ist auch dies keine Selbstverständlichkeit.

Bei der Vermittlung von Moderationstechniken geht man ebenfalls von einem sehr geringen Niveau aus: »Keine Pinnwand ohne Papier benutzen!« heißt es hier – fett eingerahmt und mit erhobenem Zeigefinger. Auf Seite 67 wird ein ziemlich vollständiges Reservoir an »Killerphrasen« (»Ausreden gegenüber Wandel und Innovation«) dokumentiert. Das Spektrum reicht von »Das ist juristisch nicht machbar« bis »Dazu brauche ich mehr Personal«. Fraglich ist nur, ob die Killerphrasen als abschreckende Mahnung oder als nützliche Fallbeispiele im politischen Alltag genutzt werden.

Zum Schluss geht es noch einmal ans Eingemachte, um die »innerparteiliche Kandidatenauswahl«. »Wer hat beim Wahlvolk die besten Wahlchancen?« wird hier gefragt. »Das ist die wichtigste, aber nicht die einzige Frage.« In einer Übung soll das vorgelegte Qualifikationsprofil einmal aus einer »parteiinternen Sichtweise« und einmal aus einer »externen Sichtweise« durchgespielt werden.

Die Mitarbeiter der SPD-Parteischule werteten anhand von 16 Kriterien die Kurse der Kommunal-Akademie aus. Die Teilnehmer konnten Noten von 1 bis 8 geben. Ganz gleich, ob es um Inhalte, Methoden oder den Praxisbezug ging, um Klima, Netzwerk, special guests oder die Trainer: Die Bewertungen liegen meist zwischen sechs und sieben Punkten und signalisieren Zufriedenheit. Nur bei der Verpflegung gab es gelegentlich einen Ausrutscher nach unten.

Auch externe Kritiker von der politischen Konkurrenz werten die Kommunal-Akademie als sinnvolle Werkstatt für künftige Talente. Kai Gehring, heute Bundestagsabgeordneter der Grünen, hat sich bereits 2003 in seiner Diplomarbeit an der Uni Bochum mit der »Nachwuchsförderung politischer Parteien«[15] befasst. Auf 153 Seiten untersuchte er »Innerparteiliche Strategien zur Qualifizierung und Entwicklung junger Professionals«. Die Kommunal-Akademie bezeichnete er schon in der damaligen Entwicklungsphase »als besonders innovative Konzeption«, die für die innerparteiliche Nachwuchsförderung »vorbildhaft« sei. Im Konzert der Konkurrenz fällt Gehrings Bilanz für die SPD günstig aus:

»Insgesamt kommt die SPD durch ihre große Bandbreite an nachwuchsfördernden Initiativen am ehesten einer umfassenden Gesamtstrategie nahe, wobei die einzelnen Maßnahmen noch besser verzahnt sein können. Durch die führende Rolle im Sinne der Nachwuchsförderung (NWF) und Personal-Qualifizierung dürfte sich die SPD in diesem Bereich Wettbewerbsvorteile erarbeitet haben.«

Solche »Wettbewerbsvorteile« müssen gegenüber den Funktionären immer wieder nachgewiesen werden. Das beste Überzeugungsmittel sind Statistiken. Der Jahrgang 2001 wurde deshalb empirisch genau überprüft. Das Ergebnis: Vierzig von hundert AbsolventInnen der Kommunal-Akademie haben es geschafft. Sie konnten die Karriereleiter hochsteigen und in den Bundestag oder den Landtag einziehen. Bürgermeister und Fraktionsvorsitzende gelten auch als Erfolgsgaranten des Weiterbildungsmodells. Ob es solche Wettbewerbsvorteile gegenüber der politischen Konkurrenz wirklich gibt, muss der Vergleich mit den »Talentschmieden« der CDU, der FDP und Bündnis 90/Die Grünen zeigen.

»Uns fehlt ein bisschen Streitkultur«

Interview mit Andrea Nahles,
SPD-Generalsekretärin und Bundestagsabgeordnete

Wie bedrohlich ist das Nachwuchsproblem der SPD?
Die SPD hat in den letzten Jahren erfreulicherweise die meisten Eintritte von Jungen gehabt: Allein im Jahr 2005 sind sechstausend junge Leute eingetreten. Aber wir haben eine Riesenlücke zwischen vierzig und fünfzig. Da fallen uns zurzeit die Sünden der Vergangenheit auf die Füße, weil dies genau das Alter ist, wo die Glaubwürdigkeit, die man braucht, um beim Wähler Vertrauen zu erzeugen, am höchsten ist. Insoweit haben wir schon ein Nachwuchsproblem.

Sind es nur die Zahlen, oder ist es auch die unzureichende Qualität der Kandidaten, die Ihnen Sorgen machen?
Zu wenige Leute entscheiden sich für die Politik. Ich war mit zwei, drei Leuten die Einzige in meiner Abiturklasse, die sich politisch engagiert hat. Bei den meisten hieß es: Ich kümmere mich erst mal um meine

berufliche Biografie und um meine Familie. Der Staat? Das regeln andere. Das Gefühl, dass Demokratie von »den anderen« gemacht wird, ist so eklatant, dass wir ein riesiges Rekrutierungsproblem in den letzten fünfzehn Jahren hatten. Insoweit sind sowohl die Anzahl der Leute, die sich zur Verfügung stellen, nicht größer, das Berufsspektrum, das eine gewisse Breite haben sollte, nicht weiter und das Qualifikationsniveau der Leute nicht besser geworden.

Wie haben sich die typischen Rekrutierungsmuster in der SPD verändert?

Ich bin 1988 in die SPD eingetreten. Damals musste man sich noch einen Platz in einem Kreisvorstand, also der untersten, wichtigsten Ebene, richtig erkämpfen. Heute bekommen junge Leute, die gut sind, die sich selbstbewusst bewegen, die sich artikulieren können oder die einfach engagiert sind, sofort die Chance, eine Aufgabe mitzugestalten. Für die wenigen, die kommen, ist die Situation gut, weil sie viel Platz haben. Vor zehn, fünfzehn Jahren war das noch ein Spießrutenlauf. Da wurde man auf die Bank gesetzt, nach dem Motto: Du darfst erst mal nur kleine Brötchen backen.

Wer heute in eine Partei eintritt, wird direkt in die Verantwortung genommen. Das Problem ist dabei, dass diese Leute keinen Schimmer davon haben, was eigentlich der Kern der Verantwortung ist. Denn der Wissenstransfer, der früher automatisch durch dieses Warten-Müssen, Erkämpfen-Müssen erfolgte, ist heute nur noch dadurch herzustellen, dass man ihn organisiert.

Aber besteht dadurch nicht die Gefahr, dass vor allem glatte »Karrieristen« durchkommen?

Wer in die Politik geht, will immer Karriere machen. Das finde ich nicht verwerflich, sofern es nicht das einzige Motiv ist. Es ist auch ein bisschen ein Märchen der Älteren, allen, die sich engagieren, Karrierismus zu unterstellen. Bei den meisten, die ich kennengelernt habe, ist es eine Mischung verschiedener Motive. Zum einen ist es eine gewisse staatspolitische Verantwortung: Ich möchte etwas tun und nicht nur zugucken. Zum anderen gibt es das ganz nüchterne Interesse: Das könnte eine berufliche Perspektive für mich sein.

Wenn es nach oben geht: Welche Rolle spielt die persönliche Nähe von Kandidaten zu Spitzenpolitikern?

In meiner eigenen Biografie eigentlich keine so starke – bis zu dem

Zeitpunkt, als ich Juso-Bundesvorsitzende wurde. Da hatte ich ein enges Verhältnis zu Oskar Lafontaine. Wichtig ist: Ich hatte einen Kreisvorsitzenden, der mir Rat gegeben hat, ohne sich mir aufzudrängen. Das war Hans-Dieter Gassen, ein Bundeswehroffizier. Er brachte seine Personalführungskompetenz auch in die regionale Partei ein. Ein Glücksfall. Ich glaube, dass man tatsächlich so etwas wie Personalführung braucht. Aber die Bedeutung von Seilschaften nimmt eher ab. Die Leute investieren weniger Zeit in die Politik. Früher war das eine Lebensentscheidung, die weit ins Private hineinging. Heute machen junge Leute eine wesentlich deutlichere Unterscheidung zwischen politischem Engagement und privaten Interessen.

Welche Qualifikation müssen Interessenten mitbringen, um in der SPD für ein Landtagsmandat oder ein Bundestagsmandat infrage zu kommen?

Die Leute, die in die erste Reihe gestellt werden und noch jünger sind, müssen durch kompetente Aktionen auffallen. Man muss sich entweder als guter Rhetoriker ausgewiesen haben, als junger Anwalt oder als jemand, der schon mal etwas erfolgreich auf die Beine gestellt hat, und sei es ein karitatives Projekt. Zum Beispiel spielt bei Bürgermeistern die Verankerung in Vereinen eine viel größere Rolle als die Parteiverbundenheit. Ich habe schon Verbandsbürgermeister aufgestellt, die gerade mal zwei Jahre in der Partei waren und das Amt gewonnen haben. Die Vernetzung oder die Akzeptanz in der SPD hat nicht mehr dieselbe Relevanz, wie das noch vor zwanzig Jahren der Fall gewesen wäre.

Diese Tendenz wirkt sich sicherlich auch auf andere Kandidaturen aus?

Bei Kandidaturen für den Bundestag und den Landtag spielt eine Parteiverankerung noch eine größere Rolle, insbesondere auf der Bundesebene, weil plötzlich die Mehrheitsfindung nicht mehr regional, in einem Ort erfolgen muss, sondern viele Orte zusammengeführt werden. Da gehört dann ein gewisser Bekanntheitsgrad, eine gewisse Vernetzung dazu.

Welche Rolle spielen Empfehlungen?

Kandidaten werden selten erfolgreich »von ganz oben« durchgedrückt. Es ist wichtig, dass man sich zumindest in einem Kreis von Entscheidern darüber einig wird, ein Talent zu beobachten. Man hat in den letzten Jahren versucht, stärker bewusst nach Namen, Talenten zu gucken und sich die immer wieder mal vorzunehmen, um zu sehen, wie sie sich entwickelt haben. Weil wir nicht mehr so viele haben, ist plötzlich die Wertschätzung der einzelnen Talente höher. Man geht mit ihnen behutsamer, sorgfältiger um.

Welche Defizite gibt es heute trotz dieser Fokussierung auf einzelne Talente? Warum ist es so unattraktiv, den Weg in die Politik zu gehen?

Wer in die Politik geht, der hat bei durchschnittlicher Bezahlung praktisch kaum ein Wochenende frei, und das, was er tut, unterliegt sehr stark sozialer Kontrolle. Du bist eine öffentliche Person. Du brauchst einen Partner oder eine Partnerin, der oder die das mitträgt.

Das Image von Politik ist außerdem nicht besser geworden, sodass auch Partner oder Freunde das nicht begrüßen. Es ist erst mal nicht »in«, es ist nicht cool. Und bei den Männern oder Frauen, mit denen man sich vielleicht eine Beziehung vorstellen kann, wenn man Mitte zwanzig ist, läuft es eher auf interessiertes Kopfschütteln hinaus. Das heißt, es ist nicht automatisch attraktiv, sich politisch zu engagieren.

Welche Rolle spielen Multiplikatoren bei der Rekrutierung neuer Talente?

Ich habe festgestellt: Da, wo die Klassensprecher in einer Stadt sich entschieden haben, kollektiv bei den Jusos einzutreten, haben sie eine ganze Menge von interessanten jungen Leuten mitgezogen – in meinem Wahlkreis in Andernach waren zum Beispiel ganze Cliquen plötzlich interessiert. In Städten, in denen es nicht gelingt, einen zu gewinnen, der die Multiplikatorenrolle schon in der Schule spielen kann, kriegen wir manchmal über Jahre keine neuen jungen Leute. Man braucht die Anchorwoman oder den Anchorman in den einzelnen Jahrgängen.

Es ist also keine gesamtgesellschaftliche Stimmung, sondern es ist sehr punktuell von Einzelentscheidungen abhängig, dass motivierte Leute zu uns stoßen. Dieses Phänomen beobachte ich übrigens bei der Union oder anderen konkurrierenden Parteien auch. Das hat also nicht alleine mit einer Partei zu tun, sondern mit Parteien und deren Image insgesamt.

Was unternehmen die Parteien, um gegen die Misere anzugehen?

Wir haben darauf reagiert. Ich bin eine der Vorsitzenden des Beirats der Parteischule. Das ist bisher eine Qualifizierungseinheit für Hauptamtliche gewesen. Wir haben mit Schulungen versucht, mehr Koordination in den hauptamtlichen Apparat zu bringen. Wir haben eine Führungsakademie gegründet. Wir wollen junge Leute, die in der SPD verantwortliche Positionen bekleiden, für den Landtag kandidieren oder sogar schon Bundestagsabgeordnete sind, weiterqualifizieren und ihnen persönlich helfen, das Optimum aus sich herauszuholen. Diese Führungsakademie, bei der man sich bewerben muss, hat wie eine Granate eingeschlagen. Daran kann man sehen, dass das den Nerv getroffen hat. Wir haben jetzt die zweite Runde eingeläutet. Wir versuchen also ganz gezielt gegenzusteuern. Wir nehmen uns der Probleme an, wir kehren sie nicht unter den Teppich. Und wir haben die Hoffnung, dass dieses Beispiel auch in den Ländern Nachahmung findet.

Was verlangt der politische Betrieb heute von zentralen Akteuren?

Die Anforderungen sind enorm gestiegen. Die siebziger Jahre, wo sich Helmut Schmidt qualmend, mit einem Stapel Papier auf dem Tisch, mit Strauß gestritten hat, sind nicht mehr der Standard. Du musst heute ein ganz anderes Niveau erreichen, was die Klamotten, die Rhetorik, die Projektierung, die Zeiteinteilung, das Selbstmanagement angeht.

Bluten die Jugendorganisationen deshalb aus?

Ich erinnere noch einmal an die vielen Neueintritte bei den Jusos! Die Qualifikationsphase, die sich automatisch durch die Zusammenarbeit in den Ortsvereinen ergeben hat, ist reduziert oder verkürzt oder gar nicht mehr vorhanden. Das müssen wir auffangen durch Professionalisierung – sprich: Angebote wie die Führungsakademie präsentieren. Zweitens sind die Anforderungen an die Leute gestiegen. Drittens ist es auch wieder eine Netzwerkbildung: Du versuchst, Leute, die sich früher im Juso-Verband begegnet wären, zusammenzubringen. Wer in einer Region mit weniger Aktiven sitzt, bekommt den Eindruck, es gebe außer ihm gar keine Guten mehr. Aber das ist meistens nicht wahr. Deswegen ist es wichtig, den Austausch herzustellen und damit zu versuchen, ein bisschen Boden unter die Füße zu kriegen.

Welche Rolle spielen Mentoring-Programme in der SPD?

Das machen wir auch. Ich habe gerade jetzt wieder einem Mentee zugesagt, der mit mir zusammen im nächsten halben Jahr die wichtigen politischen Stationen durchläuft. Dieses Programm hat sich bewährt. Fast alle Mentees sind nachher bei der Stange geblieben. Einige kann man sogar schon in verantwortlicheren Aufgaben sehen.

Wie wichtig ist die politische Apparat-Erfahrung, wenn man Karriere machen will?

Das können Sie an mir sehen. Ich habe eine Zehn-Stunden-Stelle bei meinem Vorgänger gehabt, eigentlich nur für zwei Jahre. Dann bin ich Juso-Landesvorsitzende geworden und habe die Stelle aufgegeben. Diese Art des Arbeitens ist mehr als das Mentee-Programm. Du bist selbst für einen kleinen Teilbereich verantwortlich, machst eigene Projekte. Du lernst die Arbeit kennen, siehst auch die negativen Seiten, sodass die Entscheidung, in die Politik zu gehen, dann realitätsbezogener ist.

Warum wird Politik als Beruf in der Öffentlichkeit häufig so unrealistisch eingeschätzt?

Man macht sich einfach keine Vorstellung davon, welche Belastung Politik darstellt. Weil der Bundestag oft ziemlich leer ist, denken die Leute, das sei ein Job, den man auf einer Arschbacke absitzen kann, um es mal krass auszudrücken. Ich sage dann immer: »Begleitet mich ein paar Wochen, bringt aber flache Schuhe mit!« Man lernt dabei einfach den Druck kennen, den Abgeordnete und Politiker generell haben. Sowohl den medialen Druck als auch den Druck, mit Fehlern, die man auch mal macht, leben zu müssen. Und natürlich den zeitlichen Druck. Man hat einfach wenig Privatleben. Wenn man das als Abgeordneten-Mitarbeiter mal eine Weile mitgemacht hat und sich trotzdem für die Politik entscheidet, ist das aus Sicht der Parteibasis oft schon eine gute Qualifikation: Hier weiß einer, was auf ihn zukommt. Abgesehen davon ist Politik eine spannende Aufgabe, die durchaus erfüllend sein kann.

Ist die politische Konkurrenz bei der Rekrutierung effizienter und besser?

Ja. Ich habe den Eindruck, dass die Union systematischer im Bereich der Wirtschaft und in einem Spektrum von Leuten sucht, die nicht automatisch Mitglieder der Partei sind. Was wir aber im Gegensatz zur Union nicht haben, ist ein »Sympathisanten-Screening«, wo man gezielt auf jemanden zugeht, von dem man weiß oder ahnt, dass er uns nahestehen könnte. Da sehe ich in meiner Partei Defizite.

Das Interesse für eine Karriere in Brüssel scheint nicht so ausgeprägt zu sein.

Ich weiß nicht, ob das tatsächlich so ist. Europa wird wichtiger. Der Job eines Europa-Abgeordneten ist aber auch hart. Man wird zwischen Brüssel, Straßburg und einem viel zu großen Wahlkreis zu Hause verschlissen. Das ist mörderisch.

Welche Rolle spielen Interventionen von oben bei der Aufstellung von Kandidaten für den Bundestag?

Von der Bundesebene aus hat man keinen großen Einfluss auf die Rekrutierung von Bundestagsabgeordneten. Man kann allerdings Kandidaten, die man gerne drinhaben will, auf einer anderen Ebene helfen – mit Rat, Tat und Geld. Aber gerade auf der kommunalen Ebene ist zumindest meine Partei außerordentlich widerborstig und empfindlich. Wenn Kandidaten den Geruch kriegen, dass sie von oben durchgedrückt werden sollen, haben sie schon fünfzig Prozent weniger Chancen.

Welche Bedeutung haben Strömungen in der SPD, etwa die Netzwerker, als Karriere-Kraftwerk?

Das war die Schröder-Jugend. Die hatten das Neue-Mitte-Flair, das sich auch kulturell ausdrückte. Man gebärdete sich dem Zeitgeist entsprechend – und war irgendwann auch der Zeitgeist. Schröder hat das am Anfang sehr gefördert, weil er sich eine eigene Jugend aufbauen wollte. Die politische Lage hat sich aber geändert: Erstens hat sich das Hauptstadtklima weiterentwickelt. Zweitens ist die Neue Mitte verunsichert und hat Angst, in Hartz IV abzurutschen. Offen gesprochen setzt jemand, der geradeausdenken kann, nicht mehr allzu viel auf die Netzwerker. Außerdem streiten die jetzt seit einem halben Jahr, ob sie mit dem Seeheimer Kreis fusionieren sollen. Das gefährdet das gesamte Projekt der Netzwerker.

Aber wissen Sie, was das eigentliche Drama ist? Die (»Seeheimer« und »Netzwerker« in der SPD) haben nicht kapiert, dass wir in der SPD kein Zentrum mehr haben. Sie machen eine Mischung aus Bauchladenpolitik, die den eigentlichen Kern der SPD nicht erwischt, kombiniert mit ideologischen Ressentiments: Man bekämpft eine SPD, die es so gar nicht mehr gibt, eine SPD, die ich seit Jahren nirgendwo mehr angetroffen habe, weil die frühere Linke in der SPD mittlerweile in der Links-Partei angekommen ist.

Welche langfristige Strategie steht hinter dem Netzwerk?

Es geht um die Umkrempelung der SPD in eine Zwanzig-Prozent-Partei. Und ehrlich gesagt: Die fühlen sich gar nicht mal unwohl damit. Leute, die sie immer schon zum Kotzen fanden, sind nicht mehr dabei. Jetzt toben noch ein paar herum, die man irgendwie noch loswerden muss. Das ist Selbstmord auf Raten.

Welche Bedeutung haben die linken Strömungen heute in der SPD?

Wir müssen immer wieder die feine Unterscheidung machen zwischen Parlamentarischer Linker (PL) und Demokratischer Linker (DL): Die Parteilinke organisiert sich in einem übrigens extra von mir ins Leben gerufenen Verein namens Demokratische Linke. Björn Böhning ist der Sprecher. Der Verein bereitet im Wesentlichen Parteiratssitzungen, Parteivorstandssitzungen und vor allem Parteitage vor. Hier machen wir immer eine Kombination aus inhaltlichen Vorschlägen und versuchen damit, das, was man als klassische Programm- und Mitgliederpartei bezeichnen könnte, zumindest wach zu halten.

Und dann haben wir die Fraktion. Dort haben wir eine Parlamentarische Linke, die spiegelbildlich funktioniert wie die Seeheimer und die Netzwerker. Sie hält Mittagstische und sonstige Veranstaltungen ab, versucht aber auch, durch Gespräche mit dem Fraktionsvorsitzenden Einfluss zu nehmen. Sie ergreift in der Fraktion das Wort zu bestimmten Gesetzesvorhaben. PL und DL arbeiten zusammen, aber sie sind nicht dieselbe Organisation.

Welches inhaltliche Profil bietet die Linke in der SPD?

Wir haben in den letzten Jahren einiges an Krisenregulation machen müssen, und da sind sehr viele Kräfte gebunden worden. Aber vom Anspruch her ist es so, dass wir uns politisch-inhaltlich positionieren. Die Föderalismusreform I war zum Beispiel ein ganz klarer, auch wahrnehmbarer, inhaltlicher Beitrag.

Das klingt nicht opulent.

Wenn sich die Fraktion eigenständig politisch-inhaltlich aufstellt, kommt das aus der PL, das sah man auch in der Auseinandersetzung mit Ulla Schmidt über den Gesundheitsfonds. Auf den Parteitagen kann man beobachten, dass die Anzahl der Anträge, die Debattenkultur insgesamt, nachlässt. Das liegt aber nicht unbedingt an den Linken, uns fehlen auch die Gegenspieler. Wann hat ein relevanter rechter Beitrag auf einem Parteitag dafür gesorgt, dass es eine richtig spannende Diskussion gegeben hat? Offen gesagt: Es fehlt uns wirklich ein bisschen Streitkultur.

Welche Bedeutung hat die Denkfabrik in der SPD, die ja Brücken zur Partei Die Linke schlagen soll?

Ich fand es bemerkenswert, dass einige junge Abgeordnete, die sowohl aus der PL als auch aus anderen Bereichen kommen, sich entschlossen haben, quer zu den eingefahrenen Verhaltensweisen zu sagen: »Was soll das?« Wir brauchen auch eine langfristige Orientierung. Selbst wenn man erst 2013 oder überhaupt nie in Erwägung zieht, mit der Linkspartei zu kooperieren, dann muss man jetzt beginnen, Brücken zu bauen. Die von der bürgerlichen Presse unterstellte Behauptung, es gebe größte Übereinstimmung, und alles sei ganz einfach, stimmt nicht.

Sind die Volksparteien am Ende?

Unsinn. Für mich ist die Volkspartei keine Frage der Quantität, sondern des Projekts. Volkspartei heißt für mich – das ist mit ein Grund, weshalb ich aus Überzeugung Sozialdemokratin bin –, dass ein Bündnis geschlossen werden muss zwischen denen, die Eigentum haben, und denen, die nur ihre Arbeitskraft anbieten. Anders ausgedrückt: das Mitte-Links-Bündnis, das einer Gesellschaft zu einem menschlichen Antlitz verhilft. Ich denke immer noch, dass es möglich sein muss, so etwas hinzukriegen.

Welche Auswirkungen wird der Mitgliederverlust für die SPD langfristig haben?

Es gibt niemanden, mit dem man darüber diskutieren könnte, weil alle sich nur über die negative Mitgliederentwicklung der anderen Parteien freuen. Auch die Medien suchen die Defizite meist bloß aufseiten der Politiker. Niemand thematisiert diese Grundhaltung: Ich kümmere mich erst mal um meine eigene berufliche Vita, den Rest erledigen andere. Diejenigen, die in den achtziger Jahren sozialisiert wurden, die unter Kohl groß geworden sind, sind politisch völlig entwöhnt. Das ist eine ganz schlechte Voraussetzung, denn das sind diejenigen, die eigentlich unsere Republik in den nächsten zwanzig, fünfundzwanzig Jahren tragen müssen.

Was müsste sich in der medialen und politischen Landschaft verändern?

Erstens müsste neben der professionellen Inszenierung von Erfolgen auch ein Raum geschaffen werden, der eine Selbstreferentialität im positiven Sinne ermöglicht. Ich hatte immer den Eindruck, dass die überregionalen Zeitungen das bis vor einigen Jahren teilweise noch abgebildet haben. Heute fehlt der Raum, der diese Selbstreferentialität ermöglicht, ohne daraus sofort skandalisierungsfähige Schlagzeilen zu machen. In den USA und in Großbritannien gibt es dafür akzeptierte Thinktanks und referentielle Räume, auch an Universitäten. Die deutsche Universität ist im Vergleich dazu politikfrei.

Zweitens sollte das Nicht-Verhältnis zwischen Wissenschaftlern und

Lebenslanges Lernen in der Politik*

Mentoring/
10 unter 20

Betriebliche
Weiterbildung
(IPQ/QIP)

Schulungen
§§ & Co.

Betriebsgruppen
(Bundesministerien)

Wahlkampf:
Spezialmaßnahmen

**Netzwerk
Politische
Bildung**

**Parteischule im
Willy-Brandt-
Haus**

Seminare
»Neue
Mitglieder«

Exzellenzangebote
(im Aufbau)

Führungsakademie der
sozialen Demokratie

»Politik-
Diplom« der
Jusos

Sozialdemokratische
Kommunal-
Akademie

Seminare
Juso-HSG

Schulungen
für Funktionäre

* Quelle: SPD-Parteischule (Angebote zur Weiterbildung)

Politikern beendet werden. Da könnte man viel tun, und das habe ich mir persönlich auch vorgenommen als eines der wichtigsten Projekte in den nächsten zwei, drei Jahren. Diese Sprachlosigkeit muss aufhören. Und was ich über Wissenschaftler sage, kann man auch auf Unternehmer und andere Gruppen übertragen.

Drittens muss es eine Re-Kommunalisierung geben, also Rot vor Ort. Ich glaube, dass die Kommune noch immer der gesündeste Teil der SPD ist, obwohl es da auch viele Probleme gibt. Aber die kann man beherrschen. Insoweit bin ich der Meinung, dass man die Gestaltungsmöglichkeiten wieder ernster nimmt. Alles fixiert sich nur auf Bund oder Länder; in Wirklichkeit liegt das Potenzial für die Erneuerung der sozialdemokratischen Volkspartei auf der Ebene Rot vor Ort.

Viertens muss die SPD wieder streiten. Sie tut es nicht, aus Angst vor ihrer eigenen Schwäche. Es ist seit zwei, drei Jahren nicht mehr möglich, sich inhaltlich wirklich auseinanderzusetzen, ohne dass daraus sofort eine Personalie wird.

Auf welche Veränderungen im Verhältnis Bürger – Politik müssen Sie sich künftig einstellen?

Oft wollen die Wähler etwas Paradoxes: Sie wollen, dass wir in Berlin immer im Plenum sitzen und gleichzeitig jeden Termin im Wahlkreis wahrnehmen. Sie wollen eine lebendige Partei. Sie wollen, dass die Politiker offen und ehrlich ihre Meinung sagen. Gleichzeitig bestrafen sie bei Umfragen und Wahlen Parteien, von denen sie den Eindruck haben, dass sie nicht geschlossen sind. Die Leute wollen nicht von uns jeden Tag mit Streit belästigt werden!

4. Geheimoperation CDU-Nachwuchs: Warum die Schulung der Partei-Elite die Öffentlichkeit nicht zu interessieren hat

Alexander Zell, Referent im Landesverband der hessischen CDU, gibt sich wortkarg. Über das Nachwuchsprogramm der Partei, für das er zuständig ist, will er sich nicht äußern. Da müsse er sich mit dem Generalsekretär rückkoppeln. Dann kommt die Antwort in einigen wenigen Zeilen: »In der Anlage schicken wir Ihnen ein Interview, das Herr Boddenberg im Januar 2005 der Agentur dpa zu diesem Thema gegeben hat. Die darin enthaltenen Informationen können Sie gerne nutzen. Darüber hinaus können wir Ihnen allerdings keine Informationen oder Interviewpartner zur Verfügung stellen.«[1]

Ein merkwürdiges Informationsverständnis. Selbst Geheimdienstler oder Investmentbanker sprechen offener über ihren Beruf.

Die künftigen Führungskräfte der hessischen CDU – die Liste der fast hundert Seminaristen reicht von Albert (Florian) bis Zuber (Harald) – berichten dagegen recht offen über ihre Erfahrungen mit den acht Seminaren, die sie aus dem Nichts nach oben bringen sollten. Ungewöhnlich häufig fallen in Telefonaten mit den Teilnehmern auf die Frage nach der Qualität des Programms Urteile wie »nichts gebracht«, »zu geringes Niveau«, »wirkungslos« oder die Bemerkung »die falschen Leute am falschen Platz«. Die Entsendung durch die CDU-Kreisverbände und die Partei-Organisation führe dazu, dass vor allem diejenigen zum Zuge kämen, die ohnehin schon ihren Platz in den Parteistrukturen gefunden hätten.

Achtzehn Monate dauert das Programm, an sechzehn Tagen besteht eine Präsenzpflicht, um am Ende ein Teilnahmezertifikat zu erhalten. Offizielles Ziel ist es, »begabte junge Menschen auf die Übernahme von Verantwortung in Politik und Wirtschaft, Wissenschaft und Medien, im Kultur- und Verbandsbereich« vorzubereiten.

Im September 2004 wurde die sogenannte »Stabsstelle für Personalentwicklung« im CDU-Landesverband Hessen eingerichtet. Zur Aufgabe der Stabsstelle (eine Vollzeitstelle und eine Hilfskraft) gehört es auch, eine Personaldatenbank zu pflegen. Darin werden die Potenzialanalyse und die Profile von aktiven CDU- und JU-Mitgliedern dokumentiert. »Die vorliegenden Personalprofile werden u. a. genutzt, um Vorschlaglisten für alle kommunalen Partner, Landesparteitage und politische Führungskräfte nach Bedarf zu erstellen«, schreibt Eser Kiziloglu Sönmez in seiner Diplomarbeit zu den »Personalentwicklungsmaßnahmen« der Parteien in Hessen.[2] Aber auch der junge Student aus Frankfurt wurde offenbar nicht mit Informationen überhäuft.

Relevante Informationen über die interne Personalentwicklung in Hessen sucht man vergeblich in der akademischen Abschlussarbeit. Für die strikte Geheimhaltung rund um die künftigen Führungskader der hessischen CDU mag es Gründe geben.

Immer wieder muss Alexander Zell seine Stipendiaten schriftlich auffordern, doch an den Pflichtseminaren teilzunehmen. Dies geht aus der elektronischen Korrespondenz hervor, die von der »Stabsstelle« an die Stipendiaten geht. In mehreren Mails moniert Zell das schwache Interesse der mühsam ausgesuchten Talente. Zum Rhetorikseminar liegen nur »acht Anmeldungen vor (32 Stipendiaten ohne Anmeldung), Christlich-demokratische Idee / sieben Anmeldungen (19 Stipendiaten ohne Anmeldung), Kommunalpolitik / zehn Anmeldungen (19 Stipendiaten ohne Anmeldung)«, klagt er und mahnt: »Bei den genannten Seminaren handelt es sich um Pflichtveranstaltungen, die für das Zertifikat nachgewiesen werden müssen. ... Auch für die obligatorische Veranstaltung ›Tage der Wirtschaft‹ haben sich bislang nur wenige angemeldet. Ich fürchte, dass wir dieses Seminar nicht wie die anderen mindestens dreimal anbieten können.«

Dann wird der Ton schärfer. Auf Wunsch der Teilnehmer seien die Seminare auf Wochenenden verlegt worden. Es habe »viel Überzeugungskraft gekostet, die Referenten an einem Sonntag zu gewinnen. Diese werden es sich zweimal überlegen, ob sie noch für weitere Sonntage zur Verfügung stehen, wenn sie nur vor einem Dutzend Teilnehmern referieren.«

Auch bei der tatsächlichen Präsenz auf den wunschgemäß organisierten Tagungen »gibt es Anlass zur Besorgnis«. Das Seminar

Dopik – also zum Thema Doppelte Buchführung – habe nur mit neun Teilnehmern stattgefunden, obwohl zwanzig angemeldet waren, bedauert Zell. Das Seminar zur Hessischen Gemeindeordnung musste »sogar ganz abgesagt werden«. Die Arbeitsmoral der künftigen Elite scheint demnach nicht so ausgeprägt zu sein, wie sich die Erfinder der Talentschmiede das vorstellen. »Sonntagmorgens«, so eine Teilnehmerin, »fehlen viele, die noch müde vom Feiern sind.[3]«

Organisiert und durchgeführt werden die meisten Seminare von der hessischen Dependance der Konrad-Adenauer-Stiftung. Mal spricht ein IHK-Vertreter über die zentrale Frage: »Was Unternehmen heute leisten müssen.« Oder ein Professor Hülshoff von der Akademie Führungspädagogik e.V. parliert »über die Verantwortung von Führungskräften in Politik und Ökonomie«. Von 13.30 Uhr bis 15.00 Uhr heißt es: »Politik trifft Wirtschaft: Was der öffentliche Sektor von Unternehmen lernen kann«.

Nach der Finanz- und Wirtschaftskrise müssen solche Seminare wohl ganz neu konzipiert werden. Denn der hessische CDU-Landesvorsitzende Roland Koch lässt keine Gelegenheit aus, den Bankern am Finanzplatz Frankfurt ihr katastrophales Risikomanagement und ihre mangelnde Professionalität vorzuwerfen.

Regelmäßig werden die »Stipendiaten« auch auf fakultative Seminarangebote hingewiesen. Beim Informations-, Bildungs- und Beratungswerk e.V. der Kommunalpolitischen Vereinigung können sie lernen, wie sie sich auf ein kommunales Wahlamt vorbereiten können. Siegbert Seitz von der Beratungsgesellschaft TREND mbH erklärt in solchen Seminaren, wie man Kampagnen professionell plant und umsetzt. Er ist einer der wenigen, die sich hier wirklich auskennen. Er gilt als Erfinder von Roland Kochs erster »Ausländer-Kampagne«, die den CDU-Landeschef in die Staatskanzlei befördert hat. Auch das Thema »Körpersprache« wird auf besonderen Teilnehmerwunsch von der Hessischen Akademie für politische Bildung im »Goldenen Fass« in Friedberg angeboten. Dieses Seminar und die Fachausbildung zum Thema »Politische Etikette« kamen sehr gut an, wie Teilnehmer berichten.

Einer, der das Stipendiatenprogramm der hessischen CDU absolviert hat und wohl alle formalen Karriere-Kriterien der Partei erfüllt, zieht jedoch eine nüchterne Bilanz des Programms: »Nach außen hin werden diese Aktivitäten zwar als wichtig und entscheidend dargestellt. In Wirklichkeit verlaufen die Rekrutierungsmuster und -wege aber in den bewährten Mustern und Bahnen.«

Beste Bewertung für die CDU in Hessen

Parteien leiden offenbar unter einem derartigen Nachwuchsmangel, dass selbst die Politikwissenschaft das Thema erkannt hat und es genauer untersucht. Lothar Probst, Professor für Politikwissenschaft an der Universität Bremen, hat in einem Vortrag vor der Deutschen Vereinigung für politische Wissenschaften im Oktober 2008 eine »Benchmark der institutionellen Professionalisierung« am Beispiel Hessens vorgelegt. Entlang der Kriterien »Formalisierung/Standardisierung«, »Ressourcen« und »Maßnahmen« bescheinigt er der hessischen CDU einen professionellen Status mit 16 Punkten. Einen Punkt weniger bekommt die SPD. Die Grünen bringen es auf 12 Punkte, und die FDP ist mit lediglich drei Punkten deutlich abgeschlagen. Sie bekommt damit nur einen »Amateurstatus« zugewiesen. Eindrucksvoll ist – am Fallbeispiel Hessen – der Parteienvergleich (siehe Seite 181), bezogen auf die organisatorische und finanzielle Ausstattung und die Personalausgaben.

Demnach gibt die SPD 30,04% ihres Gesamtbudgets für Personal aus, die CDU 23,93%. Die Grünen investieren mit 24,38% sogar etwas mehr als die CDU. Schlusslicht ist die FDP mit 8,89%. Ein interessanter Befund, der auch belegt, wie unterschiedlich Parteien mit ihren finanziellen Ressourcen umgehen. Geld allein kann Geist offenbar nicht einkaufen oder gar ersetzen.

Zukunftsakademie NRW – »Unterstützung der CDU im Wahlkampf«

Die Kulisse des CDU-Landesparteitags 2008 in Dortmund ist wirklich beeindruckend: Da präsentiert sich Ministerpräsident Jürgen Rüttgers stolz, eingerahmt vom zweiten Jahrgang der sogenannten »Zukunftsakademie«. Fast fünfzig junge Menschen posieren vor

Parteienvergleich von SPD, CDU, FDP und Bündnis 90/Die Grünen in Hessen

	CDU	FDP	Grüne	SPD
Mitglieder	50.610	6.524	3.855	74.000
Orts-verbände	426	304		161
Kreis-verbände	26	26	26	26
Bezirks-verbände	6	5		2
Rein-vermögen	10,7 Mio €	2,5 Mio €	2,2 Mio €	9,8 Mio €
Einnahmen	11,7 Mio €	2,4 Mio €	1,8 Mio €	13,6 Mio €
Gesamt-ausgaben	11,4 Mio €	2,1 Mio €	1,8 Mio €	13,3 Mio €
Personal-ausgaben	2,7 Mio €	188.694 €	443.167 €	4,0 Mio €
Personal-ausgaben-quote nach Gesamt-ausgaben	23,93 %	8,89 %	24,38 %	30,04 %

- CDU und SPD bzw. FDP und Grüne als geeignete Vergleichspaare.

- CDU und SPD mit tendenziell ähnlichen Voraussetzungen bei Mitgliederzahl und finanzieller Ausstattung.

- FDP und Grüne mit deutlich geringeren Mitgliederzahlen und finanzieller Ausstattung im Vergleich zur ersten Gruppe, jedoch mit ähnlicher Tendenz.

- Deutliche Abweichung nach oben bei der Personalausgabenquote der Grünen zur FDP.

Quelle: Rechenschaftsberichte für das Jahr 2007; Webseiten der Landes- bzw. Bezirksverbände der hessischen Parteien; nach Prof. Dr. Lothar Probst, E. K. Sömmez, Universität Bremen, 10. 10. 2008

dem Parteitagsmotto »Gemeinsam für Nordrhein-Westfalen«. Unter dem gleichen Slogan könnte auch jeder SPD-Parteitag laufen.

Wenn es um Anmutung, Stil und landesväterliche Semantik geht, dann ist der frühere nordrhein-westfälische Ministerpräsident Johannes Rau das persönliche Navigationssystem von Jürgen Rüttgers. Nicht nur diese Inszenierung beweist: Die gezielte Förderung des Nachwuchses ist in der CDU mittlerweile auch ein Modernitätsversprechen und ein Motor zur zwanghaften Verjüngung. Rüttgers hat sich höchstpersönlich um die fünfundzwanzigjährige Verena Vitz aus Erkelenz gekümmert. Der Erfolg: Heute ist sie Geschäftsführerin der CDU-Fraktion im Regionalrat Köln. Noch schneller ist Carsten Linnemann (30) die Erfolgsleiter in der Union hochgeklettert. Der Nachwuchspolitiker tritt in seiner Heimat Paderborn für den Bundestag an.

Die Erfahrungsberichte des ersten Jahrgangs lösten vor dem Landesparteitag eine nahezu euphorische Stimmung aus: Der zwanzigjährige David Ludwigs aus Wuppertal und die zweiundzwanzigjährige Stefanie Breitenströter aus Gütersloh können ihren Start nach oben gar nicht mehr abwarten. Die Landesverbände in NRW, Niedersachsen und Hessen gelten intern als Zugmaschinen, wenn es um die Nachwuchsförderung geht. Viele andere haben vergleichbare Programme in kleinerem Maßstab aufgelegt oder werten die Erfahrungen der drei West-Landesverbände noch aus.

Bis zur offiziellen Feierstunde im Frühjahr 2010 müssen die 47 sorgfältig ausgewählten Nachwuchs-Führungskräfte noch fünfzehn Seminare – davon zehn im Pflichtprogramm und fünf freiwillig – absolvieren. Dann folgt ein einmonatiges Praktikum im Umfeld der CDU. Aber vor allem müssen sie die CDU Nordrhein-Westfalen im Wahlkampf unterstützen. Dies gehört zu den erklärten Zielen der Akademie, da ein »besonderer Bedarf an engagierten Kräften« bestehe. Man will eine engere Bindung von Talenten an die CDU und gleichzeitig einen Einblick in die Arbeit und Funktionsweise der Union zwischen Rhein und Ruhr bieten.

Dekoriert wird das Programm mit dem modernen Schlüsselwort »Netzwerkbildung«. Der »ZA'ler« – also der Teilnehmer der Zukunftsakademie – »erhält einen Mentor. (Die) Auswahl erfolgt durch die CDU Nordrhein-Westfalen«.

So die interne Ausschreibung. Zur Betreuung gehören der regelmäßige Kontakt mit dem Mentor, der seinen Schützling »in Sachen politische und/oder persönliche Entwicklung« berät. Der Mentee soll in die Wahlkreisarbeit integriert werden, seinen Mentor begleiten und bei den Wahlkämpfen anpacken.

Die zweite Säule neben dem Mentoring – das Praktikum – muss von den »ZA'lern« selbst organisiert werden. »Angerechnet« werden Stationen in der Landesgeschäftsstelle, in der Adenauer-Stiftung, aber auch bei CDU-Fraktionen in Land, Bund und Europa.

Die dritte Säule – das Seminarprogramm – ist ebenfalls klar geregelt. Zum Pflichtprogramm gehören die Themen Christliche Demokratie, Bundes- und Europapolitik, Rhetorik I und II, Fit für das Mandat, Offensive 09 und die Pressearbeit. Fakultativ kommen hinzu: zwei Veranstaltungen der CDU Nordrhein-Westfalen – etwa der Landesparteitag oder Wahlkampfveranstaltungen – und drei weitere Seminare. Sie umfassen eintägige Angebote zu den Themen Sitzungs- und Diskussionsleitung, Tag der Wirtschaft, Internet-Schulungen oder Presse- und Öffentlichkeitsarbeit in der Kommune. Die »ZA'ler« müssen sich dafür meist einen Tag von 10 Uhr bis 17 Uhr Zeit nehmen. Damit es nicht zu einer Überforderung kommt, steht am 10. Oktober 2009 ein ganz besonderes Thema auf der Tagesordnung, mit dem sich jeder Spitzenpolitiker vertraut machen sollte: »Stressmanagement«.

Talentschmiede Niedersachsen: Das »CDU-Filtersystem«

Ob ein sorgfältig ausgesuchtes Talent am Ende auch wirklich ein politisches Talent ist, das weiß nicht einmal Ulf Thiele, der Generalsekretär der Niedersachsen-CDU. Für ihn ist die »Talentschmiede« der Landespartei auch eine »Herausforderung« und ein »Filtersystem«. Nach 18 Monaten intensiver Schulung und Betreuung widmet sich Thiele persönlich den 48 Stipendiaten und Stipendiatinnen. Kontinuierlich pflegt er die Kontaktdatenbank in der CDU-Landesgeschäftsstelle in der Hindenburgstraße in Hannover: »Wir beobachten dauerhaft, wie sie sich weiterentwickeln«, erklärt er im Gespräch. Man solle im »Vorfeld nicht aussortieren«. Denn meist zeigt sich erst im Lauf von fünf Seminaren (insgesamt gibt es elf Seminartage), wo die Stärken und Schwächen der Kandidaten zu verorten sind.

Das Themenspektrum der »Talentschmiede« ist mit den in Hessen und Nordrhein-Westfalen erprobten Modulen vergleichbar: Gestartet wird mit der CDU-Programmatik, es folgen ein Ausflug in die Kommunalpolitik und eine Kurzvisite der politischen Kommunikation (gemeint ist Rhetorik); die nächsten Lernstationen führen die Stipendiaten in die niedersächsische Landespolitik, um zum Schluss in Europa zu landen.

Ende November 2008 wurde der erste Jahrgang feierlich mit Abschlusszertifikaten in die raue Welt der Politik entlassen. Wie im Nachbarland Nordrhein-Westfalen gehört auch in Niedersachsen ein Mentoring-Programm mit zur Grundausstattung der Förderung. Dazu kommen zwei einwöchige Praktika im politiknahen Bereich (fünf Tage) und in einem Unternehmen. Explizit wird aber in Niedersachsen darauf verwiesen, dass die Talentschmiede »auch als Investition in die eigene berufliche Entwicklung« zu verstehen sei. »Es ist kein Schnellaufstieg in die politische Karriere.«[4]

Die Ausschreibung für den Neustart der nächsten Talentschmiede in kräftigem Orange auf Hellblau vermittelt unfreiwillig den Personalnotstand. *Talente für die Politik gesucht,* steht in großen »Wanted«-Lettern auf dem A-4-Blatt, das an alle Interessenten und CDU-Multiplikatoren verschickt wird. Einzige Bedingung: abgeschlossene Schulausbildung und bis 35 Jahre alt. Außerdem soll man in der Gesellschaft »etwas bewegen und voranbringen« wollen und dies natürlich in der CDU tun.

Mittlerweile wirbt die CDU intensiv für dieses Projekt. Zugelassen wird aber nur, wer der hochkarätig besetzten Auswahlkommission auch ein Empfehlungsschreiben des örtlichen Kreisvorsitzenden vorlegen kann. Christian Wulff kündigt in dem offiziellen Prospekt[5] ohne Umschweife an, um was es geht:

> »Ziel ist es, auch in Zukunft politisches Führungspersonal auf allen politischen Ebenen aufbieten zu können. Gerade auch junge Frauen wollen wir für die Übernahme von politischer Verantwortung begeistern.«[6]

184

Der eigentlichen Talentschmiedin Wiltrud Kuchenbecker, der zuständigen Referentin für die Nachwuchsförderung in der CDU-Landesgeschäftsstelle, ist klar, dass ihre Kandidaten »unten anfangen und nicht oben einsteigen können«. Diese Haltung muss sie in den Seminaren immer wieder vermitteln, weil die Ansprüche manchmal »unangemessen hoch« sind und alles auf »dem Tablett serviert« werden soll.

Für den ersten Jahrgang wurden 75 Talente ausgewählt; 64 sind angetreten, 48 haben bis zum Schluss durchgehalten. Zehn weitere müssen noch Praktika nachholen, um die eher bescheidenen Anforderungen zu bestehen. Mehr als die Hälfte der Kursteilnehmer hat schon praktische Politikerfahrung in der Jungen Union gesammelt. Besonders positiv fallen diejenigen auf, die »mitten im Berufsleben stehen«, erläutert Frau Kuchenbecker.

Dies ist nicht bei allen Studierenden der Fall. Künftig will man sich bemühen, eine größere Bandbreite der Studienfächer zu erreichen. Politikwissenschaft und Jura dominieren noch zu sehr. Und allen Beteiligten – das ist auch die Erkenntnis anderer Parteien – ist nach den ersten Erfahrungen klar, dass die Förderung von Sozialkompetenz einen höheren Stellenwert bekommen muss. Denn »das Selbstverständnis mancher Talente ist erschreckend«, so eine Teilnehmerin der Talentschmiede. Auch das Wechselverhältnis zwischen Mentor und Mentee ist nicht immer konfliktfrei.

Auf die Störanfälligkeit und Komplexität dieser Beziehung sind die Macher in der Talentschmiede vorbereitet. In einem vierseitigen Werbeprospekt werden die wechselseitige Erwartungshaltung und die Gestaltung des Austausches in der Praxis genau beschrieben. »Vertraulichkeit, Offenheit, Ehrlichkeit, Zuverlässigkeit, Kontinuität, kritisch-konstruktive Auseinandersetzung« – die Anspruchslatte liegt hoch. Professionelle Beobachter wissen, dass nicht nur die karriereorientierten Stipendiaten damit überfordert sind, sondern auch die Landtagsabgeordneten, die als Mentoren unter der Last ihrer Termine stöhnen. Die Chancen und Defizite von Mentoren-Programmen werden öffentlich nur selten analysiert.

Viele Praktiker haben die anfängliche Euphorie jedoch aufgegeben und betrachten diese Austauschbeziehungen nun mit einer zunehmenden Distanz. Kein Zweifel: Die Akademien der CDU sollen sich unmittelbar für die Partei auszahlen. Wer den Bewerbungsfilter passiert hat, wird deshalb von den jeweiligen Landesverbänden unter die Fittiche genommen. Dies zeigt auch die direkte Einbeziehung in die laufenden Wahlkämpfe. Die meisten CDU-Landesverbände aktualisieren die Teilnehmerdatei ständig. Nachbetreuung und Vernetzung werden auch hier mit großem Aufwand betrieben.

Für die CDU gibt es neben diesem direkten Nutzen in der langfristigen Rekrutierung von geeignetem Personal noch drei weitere Vorteile. Erstens sendet sie mit der Werbung für die Programme ein Signal der Öffnung aus. Zweitens zwingen solche Programme, den eigenen Apparat zu modernisieren, der sich auf die Ansprüche der Talente einstellen muss. Und schließlich mobilisieren solche Aktivitäten zwangsläufig Ressourcen und Reflexionen, die dem Idealbild einer »lernenden Organisation« nahekommen. Wer Qualität von anderen fordert, muss auch sein eigenes Qualitätsmanagement überprüfen. Ein allseits produktiver Prozess.

Der CSU-Klassiker – Kassenschlager »Mentoring«

Wer die Bereitschaft mitbringt, an herausgehobener Stelle Verantwortung in der Politik und der CSU zu übernehmen, den können die CSU-Bezirksverbände für die »CSU-Akademie« vorschlagen. Seit Sommer 2007 werden jedes Jahr maximal dreißig jüngere CSU-Mitglieder mit überdurchschnittlichem Engagement auf Führungsaufgaben vorbereitet. Als Talentscouts beteiligen sich der CSU-Generalsekretär und der Vorsitzende der Hanns-Seidel-Stiftung in der Auswahlkommission. Die Themen der fünf Wochenendseminare reichen von »politischen Grundlagen« bis zur »politischen Kommunikation«. Ein Mentoring-Programm und zahlreiche Einzelveranstaltungen ergänzen die Talentbörse der CSU.

CSU-Geschäftsführer Markus Zorzi leitet die Akademie, die sich laut *Bayernkurier* als »Werkstatt für Nachwuchspolitiker« versteht. Zu den Referenten gehören der Politikwissenschaftler Heinrich Oberreuther, der CDU-Wahlkampfmanager Peter Radunski und der Direktor der Katholischen Akademie in Bayern, Monsignore Florian Schuler.

Sabine Quaas (27), eine Teilnehmerin aus München, lässt ihrer Begeisterung freien Lauf: »Mir persönlich hat die ausgewogene Mischung aus fundierten Vorträgen, Hintergrundgesprächen und Erfahrungen der Gruppendynamik sehr gut gefallen.«[7]

Stephan Mayer, einer der jungen, aufstrebenden Abgeordneten der CSU im Bundestag, hat den Eindruck, »dass es insgesamt weniger junge Menschen gibt, die sich bereit erklären, sich für politische Mandate und Funktionen zur Verfügung zu stellen. Die jungen Menschen jedoch, die Interesse haben, ein politisches Amt oder eine Funktion in der Partei anzustreben, tun dies mit mehr Seriosität und Substanz als vielleicht noch vor zehn oder zwanzig Jahren.«[8] Generell meint er, »dass in der CSU mittlerweile erkannt wurde, dass die jungen Nachwuchskräfte nicht auf den Bäumen wachsen und man daher mit den Personen vor Ort und im Landkreis, die ernsthaft Interesse an einem verstärkten Engagement in der Politik haben, auch sehr sorgsam umgehen muss. Sind noch vor zehn, fünfzehn oder zwanzig Jahren die Mitglieder der Jungen Union als ›Plakatierclub‹ der CSU-Ortsverbände oder ›Wurfzettelverteiler‹ angesehen worden, so hat sich dieses Bild verändert.« Entscheidend sei mit Blick auf die zeitlichen Belastungen, »in der Partei und der Politik auch etwas bewegen zu können. Und mit ›etwas bewegen‹ meine ich auch die Möglichkeit, bestimmte Positionen beziehungsweise Mandate zu erlangen.« Für Mayer reicht die gezielte Förderung von Nachwuchskräften längst nicht aus. Auch bei den Mentoring-Programmen sieht er Defizite. Sie »sind gut gemeint und ein richtiger Schritt, insgesamt jedoch zu kurzfristig angelegt«.

Interessanten Talenten würde – so Mayer – oft keine realistische Karriereperspektive aufgezeigt. Es wird »zu wenig darauf geachtet, dass man potenziellen Nachwuchskräften schon frühzeitig ein Signal gibt, dass es sich durchaus auch lohnen kann, eine gewisse Zeit auf das erhoffte Mandat zu warten«.

Nach der Niederlage der CSU bei der jüngsten Landtagswahl hat der neue CSU-Vorsitzende Horst Seehofer das Ruder herumgerissen. Mit der Neustrukturierung seines Kabinetts und der CSU-Führung brachte Seehofer in einem Zug ein gutes Dutzend junger Nachwuchspolitiker in Spitzenpositionen. Noch nie gab es in einer Landesregierung und Landespartei in Deutschland eine derartig nachhaltige Personalveränderung. Den aufstrebenden Talenten bleibt der mühsame Weg über eine Nachwuchsakademie damit erspart.

Die Grünen: Trainee-Programme und Mentoring stehen im Zentrum

Bündnis 90/Die Grünen setzen, wie auch die Liberalen, im Gegensatz zu den beiden Volksparteien ganz bewusst auf die persönliche Begleitung und Betreuung von ambitionierten Talenten. Auffällig ist, dass sowohl Grüne als auch Liberale Mentoring-Programme nur für Frauen anbieten. Zwischen »50 und 100 Mentees« werden – so die Geschäftsführerin der Grünen – jedes Jahr begleitet. Zusätzlich bieten die Grünen jedes Jahr für 15 bis 20 Nachwuchskräften sogenannte Trainee-Programme an. An drei Wochenenden werden Projektmanagement, Wahlkampftechnik sowie Presse- und Öffentlichkeitsarbeit vermittelt. Ein eigenes Projekt der Trainees ist fester Bestandteil der Ausbildung. Betreut werden die Talente von erfahrenen Politikern aus den Landesverbänden. Auch Steffi Lemke kümmert sich um dieses »Flaggschiff« der grünen Nachwuchsförderung. Vier Stunden investiert sie monatlich in ihren Trainee. Für die gesamte Personalentwicklung haben die Grünen nur 15 000 Euro an Haushaltsmitteln im Jahr. »Ich hätte auch gerne mehr Mittel«, erläutert die Geschäftsführerin.

Der »Leidensdruck« bei den Grünen als relativ »junger« Partei scheint noch nicht so ausgeprägt zu sein wie bei der Konkurrenz. Steffi Lemke zeigt sich insgesamt sehr zufrieden über den offenbar nicht versiegenden Nachwuchs.

Zwar gibt es auf Bundesebene eine »Arbeitskreis Nachwuchs« – aber »der funktioniert nicht«. »Im Wahljahr habe ich den auf Eis gelegt«, räumt die Geschäftsführerin ein.

Trotz des geringen Problemdrucks: Ende 2007 haben die Grünen ihr schon seit vielen Jahren betriebenes Mentoring-Programm sogar in einem förmlichen Beschluss von der Bundesdelegiertenkonferenz in Nürnberg absegnen lassen. Gleichwohl hat dieser Vorschlag vorwiegend appellativen Charakter:

»Mit dem Grünen Mentoring 2008 schaffen wir ein Angebot, das unsere Partei noch attraktiver für Frauen macht, die sich politisch engagieren wollen.«[9]

Gleichzeitig würden ressourcenschwache Landes- und Kreisverbände vom Bund dabei unterstützt, die »weibliche Nachwuchsgewinnung anzuschieben«.

Wie mühsam die Installierung solcher Programme offenbar ist, illustriert die insgesamt nicht gerade opulente »praktische Hilfe«. Drei Seminare für die Mentees auf Bundesebene, die Beratung der Frauenbeauftragten und die Evaluation umreißen das Programm.

In einem undatierten, achtseitigen Papier werden die Ziele des grünen Mentorings definiert und die Entwicklungsgeschichte in den vergangenen zehn Jahren rekonstruiert. Die Idee, eine »Mentoring-Kultur zu etablieren«, wurde demzufolge bereits am 4. Dezember 1998 in Magdeburg geboren. Mehr als ein Jahrzehnt lang hat sich der feministische Anspruch des Projekts nicht grundlegend gewandelt, nämlich »jungen Frauen beim Einstieg, Durchhalten und Weiterkommen in der Partei (und) der Politik den Rücken zu stärken«. »Mit fairen Mitteln und guten Techniken« sollen die Mentees »bewusst in die Konkurrenz des Parteilebens gehen. Es sollen Ängste thematisiert werden und der Mut zur Konkurrenz bewusst gestärkt werden«.

Anstöße, Kontakte, Selbstreflexion und der Aufbau von Selbstbewusstsein sind das Vertrauensfundament des jeweiligen Tandems aus Mentorin und Mentee. Minutiös sind Auswahlkriterien und ein »Vertrag« definiert, der auch die heiklen Aspekte »Privatsphäre« und »Vertragsbruch« aufgreift.

Intern hat man festgestellt, dass nicht selten die Mentees rasch zu handfesten politischen Konkurrentinnen ihrer Mentoren aufsteigen. Von solchen Prozessen bleiben auch die Grünen nicht verschont, wie die Auswertung der Erfahrungen der Modellphase für sechzehn Tandems ergab. Eine präzise Klärung der wechselseitigen Erwartungen, eine genaue Abstimmung der Mentoren-Paare und eine längere Laufzeit der Austauschbeziehungen sind offenbar die Dreh- und Angelpunkte für eine Optimierung der Projekte. Die knappe Ressource »Zeit« markiert auf beiden Seiten die Konfliktpole. Im

Auswertungsbericht heißt es dazu: Es brauchte Zeit, »bis die Mentees die ›Wand der schützenden MitarbeiterInnen‹ zu den Mentoren durchbrechen konnten, oder anders herum, sie die Zuständigkeiten einzelner MitarbeiterInnen der Mentorin achten gelernt haben«.

Die zahlreichen Probleme bei Mentoring-Projekten werden hier noch diplomatisch verpackt. Offenbar können Mentoring-Aktivitäten nur dann wirklich Effekte auslösen, wenn Mentee und Mentoren nahe beieinander leben. Auf Bundesebene stehen Dienstreisen, Konferenzmarathon, Hektik und die hochfrisierte politische Betriebsamkeit den Prinzipien geduldiger Beratung, aktiven Zuhörens und unaufgeregter Reflexion entgegen.

Bei der Durchsicht aller Aktivitäten sind eine gewisse Sprunghaftigkeit und ein Testcharakter zahlreicher Aktivitäten festzustellen. Immer wieder haben die Grünen kleinere Initiativen von »WeltverbesserInnen gesucht«, über »Grüne testen« oder »Green Scouts« initiiert. Fast all diese Programme dienen aber zunächst der Mitgliederwerbung. Der Nachwuchsdruck scheint im alternativen Milieu noch nicht so stark zu sein, dass Aktivitäten jenseits der insgesamt quantitativ bescheidenen Mentoring-Projekte entschlossen vorangetrieben werden. Nadia vom Scheidt gilt als Expertin in grünen Mentoring-Prozessen. Die größten Gefahren sieht sie, wenn das Thema »Konkurrenz« nicht thematisiert wird und die jeweiligen Rollen nicht eindeutig definiert sind. Fatal sei eine »gönnerhafte Mama-/Papa-Rolle, ohne die Impulse der Mentees durch Rückkopplung und Herausforderung einzubeziehen – oder wenn umgekehrt, Mentees in Sofa-Mentalität Wissen des Mentors in Anspruch nehmen, ohne auch Feedback zu geben«.

Die »ungeschriebenen Gesetze« der FDP
jenseits der »hierarchischen Einbahnstraße«

In der Nachwuchsförderung haben ausgerechnet die Liberalen die größte Nähe zu den Grünen. Dies hat mehr als symbolische Bedeutung, verweist die politische Entscheidung für ein gezieltes, zweijähriges Frauen-Mentoring doch auf die gleiche Prioritätensetzung.

Das Thema Nachwuchsförderung handelt die FDP am 10. November 2008 in einem dreizeiligen Beschluss ab: »Der Bundesvorstand verlängert die Pilotphase des Mentoring-Programms [aus dem Jahr 2007, Anm. d. Verf.], beschlossen vom FDP-Bundesvorstand im Rahmen des Sieben-Punkte-Programms zur Frauenförderung, um weitere zwei Jahre.« Das war's.

Ein Jahr zuvor, am 10. Dezember 2007, war etwas genauer festgelegt worden, was die dreißig Teilnehmerinnen mit akademischem Abschluss oder abgeschlossener Berufsausbildung in neun Monaten im Programm »Top-Nachwuchstalent« lernen sollten: Um am Ende ein Zertifikat zu bekommen, müssen sie begleitende Grundlagenseminare zur Verbandsarbeit an der Virtuellen Akademie der Friedrich-Naumann-Stiftung belegen, zwei Praxisphasen in liberalen Institutionen absolvieren und an Mentoring-Gesprächen sowie Pflichtseminaren teilnehmen. FDP-Spitzenpolitiker aus Bund und Ländern treten als »Mentoren« auf.

Liberaler Feminismus kommt hier nicht zum Zug, weil es wohl nicht genügend weibliche Führungskräfte als »Schleusenöffner« in diesen Höhen gibt. Eine direkte Bewerbung ist nicht möglich. Die Spitzen der Partei-Organisation und der »Vorfeldorganisationen« empfehlen die Kandidatinnen.

Das Anspruchsniveau für ein Jahr Mentoring ist sehr hoch: Kommunikative und rhetorische Fähigkeiten werden geschult, Führungs- und Teamfähigkeit gefördert, die Überzeugungsfähigkeit trainiert. Und schließlich geht es auch noch darum, politische Ideen zu entwickeln und Wege für deren strategische Durchsetzung zu bestimmen.

In den Begleitpapieren zum Mentoring-Konzept werden die Rollen der zeitlich arg belasteten Mentoren noch einmal präziser beschrieben. Sie sollen informelle Berater, Vermittler wichtiger Informationen, Kontakt- und Erfahrungsmakler, Vorbild und emotionaler Beistand sein. In einem »Assessment-Verfahren« wird der »Matching-Prozess« durchlaufen, damit sich tragfähige und belastbare »Tandems« finden.

Erste Priorität bei den Seminarinhalten hat bei der FDP die Vermittlung des »informellen Wissens«. Zu der »hidden agenda« der Liberalen gehören heikle Fragen: »Welche ungeschriebenen Gesetze gelten in der Partei? Welche Tabus sind zu beachten? Wie wird Erfolg definiert und honoriert? Welche sind die wirklich wichtigen Personen? Welche internen und externen Netzwerke existieren? Wie erhalte ich Zugang zu diesen Netzwerken? Wo verhält sich der Mentee karriereförderlich und wo eher hinderlich?«

Keine andere Partei nennt Ross und Reiter der tatsächlichen Tagesordnung einer politischen Karriere in ihren Papieren so offen und schonungslos. Ob diese Offenheit in den internen Konzepten sich später in der Praxis spiegelt, darf bezweifelt werden. Welches Interesse sollten die Träger dieser informellen Praxis – also die Mentoren – haben, ihre eigene Machtbasis durch eine derart umfassende Transparenz zu gefährden? Gleichwohl handelt es sich hier um ein Schlüsselzitat, weil nur die Kenntnis der ungeschriebenen Gesetze und der Tabus einen reibungslosen Aufstieg denkbar erscheinen lässt.

Die Vermittlung von Allgemeinwissen und eine Art Basis-Sozialkunde für Unpolitische fallen hinter den Lektionen zu den »informellen Gesetzen der liberalen Politik« weit zurück. Ähnlich wie bei den Grünen werden die Schattenseiten des Mentorings am Ende nicht verschwiegen: Zeitmangel und Desillusionierung gehören zu den typischen Fallen. Im besten Funktionärsdeutsch heißt es in dem internen Papier zu den typischen Fallstricken in der Praxis:

> »Mentee gewinnt den Eindruck, dass schwierige Strukturen, Widerstände und persönliche Angriffe politisches Engagement nicht ratsam erscheinen lassen.«[10]

Weitere Stichwörter aus den Niederungen des politischen Alltags sind »Angst vor dem Mentor: Kommunikationsstörungen zwischen Mentee und Mentor durch starke Betonung hierarchischer Strukturen«. Auch die Imitationsfalle droht: »›Kloning‹ von Mentees: Mentee entwickelt keine eigenen Standpunkte, sondern übernimmt kritiklos Wertvorstellungen des Mentors.« – »Stagnation nach den ersten Erfolgen: Mentee ruht sich aus…«[11]

Offenbar droht neben zu starken Belastungen im Spannungsfeld zwischen Politik, Familie und Beruf auch noch die Ausbeutungsfalle (»den Mentee in die eigene Arbeit einzubinden«). All diese Gefahren könnten jedoch »aufgefangen« werden, »wenn allen Beteiligten klar ist, dass das Programm keine hierarchisch geprägte Einbahn-straße ist«.[12] Der Mentor dürfe den Mentee nicht nur als »Lernen-den« wahrnehmen, sondern müsse in ihm einen gleichberechtigten Sparringspartner sehen. Beide – Mentor und Mentee – müssten die parteiinternen Rituale hinterfragen und gemeinsam »Leadership-Kompetenzen« entwickeln.

Das liberale Anspruchsniveau liegt also sehr hoch. Um diesen Höchstleistungen zu entsprechen, müssten die Mentoren aus der ersten Reihe der FDP-Spitzenpolitiker wohl zuerst eine umfassende Mentoren-Ausbildung samt systemischer Selbstreflexion absolvie-ren, ehe sie den Mentees mit ihrer hochprofessionellen und thera-peutisch gestählten Haltung begegnen dürfen. Die Herausforde-rung, dass konkurrenzgetriebene Parteifunktionäre diese innere Distanz und das gewünschte Reflexionsniveau mitbringen, erinnert an die Quadratur des Kreises.

»Feindbeobachtung« und ein blinder Fleck bei der Linken

»Die Partei Die Linke wurde in der folgenden Übersicht nicht er-fasst.« So lautet die nüchterne Bilanz des Gutachtens von Dieter Schlönvoigt, dem stellvertretenden Direktor der Akademie für poli-tische Bildung der Rosa-Luxemburg-Stiftung (RLS) in Berlin. Seine Expertise mit dem Titel *Übersicht über aktuelle Beschlüsse, Pro-gramme und Verfahren politischer Nachwuchsarbeit der im Deut-schen Bundestag vertretenen Parteien* vom August 2008 ist im Stil eines Dossiers für die »Wissenschaftlichen Dienste des Deutschen Bundestags« abgefasst.

Zu den markanten Defiziten der Linken auf diesem Gebiet der Personalentwicklung heißt es im marxistischen Stil von »Kritik und Selbstkritik«:

»Das hängt einfach damit zusammen, dass es vergleichbare inner-parteiliche Nachwuchsförderprogramme hier (noch) nicht gibt. Ele-mente existieren durchaus: In den Ländern Berlin, Brandenburg und Thüringen gibt es Beschlüsse zur Personal- und Nachwuchsarbeit, es gibt die Kommission Politische Bildung beim Vorstand die Linke, die an einem Programm politischer Bildung arbeitet, ... es gibt Praktika auf unterschiedlichen Ebenen der Partei und in den Fraktionen, Mentoring-Programme laufen in allen Landtagsfraktionen der Partei im Osten und im BT [Bundestag, Anm. d. Verf.] ... Was fehlt, ist ein Gesamtkonzept politischer Nachwuchsförderung, die Einsicht in deren Notwendigkeit und ihre Verankerung in verbindliche Beschlüsse sowie größere Konsequenz bei ihrer Umsetzung. Vielleicht ist die folgende Zusammenstellung dafür eine Anregung.«[13]

Vor diesem Hintergrund muss man das Papier der Rosa-Luxemburg-Stiftung lesen. Denn die dreiseitige *Betriebsvereinbarung zur Durchführung von Praktika in der Bundesgeschäftsstelle des Parteivorstands der Partei Die Linke* vom 17. September 2008 illustriert den »Schlusslicht-Charakter« dieser Partei, bezogen auf die notleidende Nachwuchsförderung.

Auch die *Informationen für Fraktionen, MentorInnen und Mentees* der stellvertretenden Vorsitzenden der PDS-Fraktion im Sächsischen Landtag, Caren Lay, dokumentiert den guten Willen, aber gleichzeitig mangelnde Erfahrung. Zum Thema »Shadowing« schreibt sie:

»Beim Shadowing, also der Beschattung einer/eines Abgeordneten durch den parlamentarischen und politischen Alltag, kommt es vor allem auf eine/n MentorIn an, der/die sich konsequent darauf einlässt, ihren/seinen Mentee buchstäblich und zu jedem Termin mitzuschleppen.«[14]

Mentoring birgt – so die Bilanz von erfahrenen Profis in der Personalentwicklung – viele Klippen und ist mit großem zeitlichem Betreuungsaufwand verbunden. Den kann man wohl durch die Formalisierung von Mentoring nicht reduzieren. Auch ein »Muster-Abschlusszeugnis«, in dem nur noch der Name der Mentees eingetragen werden muss, wird den stets notwendigen persönlichen Einsatz der Mentoren nicht ersetzen können.

Die »Weiterbildungslüge«: Achtzig Prozent aller Weiterbildungen scheitern am mangelhaften Praxis-Transfer

Richard Gris wusste offenbar, warum er für seinen Wirtschafts-Bestseller *Die Weiterbildungslüge. Warum Seminare und Trainings Kapital vernichten und Karrieren knicken*[15] ein Pseudonym gewählt hat. Hätte der promovierte Diplompsychologe mit zwanzigjähriger Trainer- und Coach-Erfahrung seinen Klarnamen auf den Titel seines Buches geschrieben, wäre dies riskant gewesen. Denn Gris spricht aus, was erfahrene Trainer wissen: Viele Seminare sind sinnlos, Weiterbildung hat keine Folgen, »21 Milliarden Euro werden jedes Jahr sinnlos verbrannt«[16].

Gris hat mangelnde Lernlust und zu schwach ausgeprägte Veränderungsmotivation als zentrale Defizite aus der Praxis herausdestilliert. Er stützt sich bei der Diagnose mangelnder Lernoffenheit unter anderem auf eine Studie[17] der Trainerin Sabine Seufert vom Swiss Centre for Innovations in Learning. Demnach gelingt es 77% der Seminarteilnehmer nicht, gelernte Inhalte in ihren Arbeitsalltag zu transferieren.

Seuferts Kollege Harald Geißler von der Hamburger Bundeswehr-Universität stellt fest, dass eine Praxisumsetzung des Gelernten nur in 10 bis 20% der Seminare gelingt. Die Gründe für den unzureichenden Lerntransfer seien ein offenes Geheimnis:

»Fehlende Motivation oder Zeit aufseiten der Teilnehmer, die Inhalte umzusetzen, eine zu hohe Erwartungshaltung, mangelnde Anwendungsmöglichkeit des Gelernten, die Schwellenangst, Neues auszuprobieren, und fehlendes Interesse und Unterstützung bei den Vorgesetzten.«[18]

Zudem wollten die Teilnehmer zwar den »Nürnberger Trichter« nach dem Motto »Bitte einmal volltanken!« Aber jeder wisse, dass einfaches, schnelles und bequemes Lernen eine Illusion sei. Lernen und Veränderung erfordere »Disziplin, Dranbleiben, Zeit- und Arbeitseinsatz. Genauer gesagt: Wissen pauken und wiederholen, Verhalten üben, trainieren und mit Feedback reflektieren.«

Der Trainer ist sich sicher: Nur Leidensdruck führt zum Lerner-folg. Es fehlt seiner Ansicht nach der »ultimative«, »existenzielle« Leidensdruck, damit Mitarbeiter die Inhalte der Weiterbildung in die Praxis transferieren.

Zumindest in diesem Punkt muss dem Weiterbildungsexperten widersprochen werden. Ein noch höherer existenzieller Druck als auf dem desolaten Gebiet der Nachwuchsrekrutierung ist kaum denkbar.

Fazit: Boom-Thema »Nachwuchsförderung« bringt vielfältigen Kollateralnutzen

Innerparteiliche Nachwuchsförderung für künftige Mandatsträger und Funktionäre ist zunächst aus der Not des personellen Mangels geboren. Zwischenzeitlich haben vor allem die Volksparteien SPD und CDU erkannt, dass es beachtliche »Mitnahme-Effekte« und »Image-Pluspunkte« gibt, wenn man gezielt den politischen Nach-wuchs fördert. Allein die Etablierung der Nachwuchsförderung als wichtigste Säule der Personalentwicklung birgt ein Modernisie-rungsversprechen der Parteien. Die (unfreiwillige) Thematisierung der Nachwuchsfalle durch den Prozess der Rekrutierung und die öffentliche Werbung geeigneter Kandidaten setzt das Thema auf die Tagesordnungen der Parteien. Der mit der systematischen Förde-rung ausgelöste Öffnungsprozess wird die Parteien über kurz oder lang unter weiteren Handlungsdruck setzen.

Neue Ideen, höhere Ansprüche, vermehrte Kritik an der bislang gültigen Parteimechanik – all das wird nicht folgenlos bleiben. Wenn zurzeit schon vierzigjährige Bürgermeister als »Talente« gel-ten, wird man sich bald die Frage stellen, wo der wirkliche Nach-wuchs in der Kohorte der Zwanzigjährigen zu finden ist. Schließ-lich verändert die Beschäftigung mit der heiklen Nachwuchsfrage auch die Parteien von schwerfälligen Tankern zwangsläufig zu ler-nenden Organisationen. Auch wenn es bei den überschaubaren Nachwuchsprojekten keinen Grund zur Euphorie gibt, so sind diese konkreten Schritte hin zur Öffnung und Professionalisierung der Parteien sicher ein kleiner Schritt in die richtige Richtung.

Mentoring ist in der CSU, der FDP und bei den Grünen der Mega-Trend der Nachwuchsentwicklung. Die problematischen Nebenwirkungen dieser speziellen Begleitung werden noch äußerst defensiv angesprochen. Solche Aktivitäten können jedoch nur erfolgreich entwickelt werden, wenn die nicht unkomplizierte Teambildung sehr sorgfältig synchronisiert wird und die wechselseitigen Erwartungen harmonisiert werden können. »Schlecht gemachte Mentoring-Programme können Günstlingswirtschaft unterstützen oder Gerüchte und Verdächtigungen rund um Pöstchenschieberei auslösen«, warnt Klaus Tovar von der SPD-Parteischule. Sein bitteres Fazit: »Mentoring ist eine besonders anspruchsvolle Form der Nachwuchsförderung mit geringer Reichweite. Sie bindet erhebliche Ressourcen, um eine kleine Personengruppe zu unterstützen. Mentoring kann hohe Qualität für wenige bieten.«

Diese Skepsis scheinen zwei Teilnehmer der SPD-Führungsakademie nicht zu teilen. Denn die rheinland-pfälzischen Landtagsabgeordneten Clemens Hoch und David Langner haben im Rahmen des vorgeschriebenen Praxisprojekts der Führungsakademie in Rheinland-Pfalz ein groß angelegtes Mentoren-Programm aufgelegt. Im September starteten 55 Mentoren und 113 Mentees in eine »kontinuierliche Qualifizierung«[19].

»Motivatoren und Mentoren werden immer wichtiger«

Interview mit Christian Wulff (CDU), Ministerpräsident von Niedersachsen und stellvertretender CDU-Vorsitzender

Was sind Voraussetzungen für einen Einstieg in die Politik?
Der wichtigste Weg in Parteiämter und politische Kommunal-, Landes-, Bundes- oder Europamandate erfolgt über die Mitarbeit in einer Partei. Aus der Zusammenarbeit erfolgt eine Auslese der Engagierten, derjenigen, die andere begeistern können, die Leitfiguren sind für Themen und aktuelle Ereignisse. In der demokratischen Willensbildung einer Partei braucht man natürlich Unterstützerinnen und Unterstützer, letztlich Befürworter in offener Redeschlacht, aber auch in geheimen Abstimmungen wie Vorstandswahlen.

Bei sogenannten Seiteneinsteigern beobachte ich, dass hier immer mehrere Aspekte zusammenkommen müssen: die Bereitschaft der einen Seite, sich stark in die politische Arbeit einzubringen, und die Bereitschaft der anderen Seite, jemanden aktiv und aufgeschlossen in diese innerparteilichen Kreise aufzunehmen. Wenn es an einer der beiden Bereitschaften mangelt, wird es für Seiteneinsteiger aus vielerlei Gründen außerordentlich schwierig.

Wie hat sich das Interesse an Politik verändert?

Ich beobachte, dass Junge wie Ältere, die neu hinzustoßen, in hohem Grade idealistisch sind und für bessere Verhältnisse in unserem Land sorgen wollen. Heute geschieht das etwas weniger programmatisch und dafür eher auf konkrete Themen bezogen, um beispielsweise kurzfristig Probleme anzusprechen und deren Lösung zu erarbeiten. Das Team »Zukunft 2005« oder die niedersächsische Initiative der CDU, »Gemeinsam unser Land bewegen«, hat tausende Menschen einbezogen, die sich für eine gewisse Zeit engagiert haben. Ähnliches konnten wir in ganz anderer Dimension in den USA, vor allem beim Wahlkampf von Barack Obama, beobachten. Die Parteien müssen völlig neue Konzepte entwickeln, um diese punktuell Aktiven dauerhaft an die Partei zu binden, in die Parteiarbeit einzubeziehen und unter ihnen die Mandatsträger der Zukunft zu finden.

Warum ist es so kompliziert, die politische Klasse aufzufrischen und mehr Frauen für die Politik zu gewinnen?

Der ehemalige niedersächsische Ministerpräsident Ernst Albrecht hat mir schon vor fünfzehn Jahren als seine größte Sorge geschildert, dass es nicht mehr so leicht wie früher sei, führende Vertreter aus Kultur, Wissenschaft, Wirtschaft und Gesellschaft für die Arbeit in Parteien und in Parlamenten zu gewinnen, und dass er deswegen einen Niveauverlust politischen Personals befürchte.

Ich beobachte, dass die Notwendigkeit der Förderung von Frauen zu einer veränderten Rekrutierungspraxis geführt hat. Durch das Frauenquorum können Wahlkreise, die direkt kaum zu gewinnen sind, anschließend im Parlament vertreten sein. Die CDU hat die Notwendigkeit erkannt, mehr Frauen aufzubieten, und bemüht sich deshalb stärker um Frauen, denen dann bestimmte freie Wahlkreise im Land vorgeschlagen werden.

Beim Thema der Rekrutierung fällt mir auf, dass die führenden CDU-Politiker des Landes Niedersachsen schwerpunktmäßig aus Zeiten der Jungen Union kommen. Die führenden Frauen der CDU Niedersachsen

dagegen sind gerade nicht über die JU in die Politik und die Führungs-
reihen aufgestiegen, sondern eher als Seiteneinsteiger. Ich denke an
Bundesfamilienministerin Ursula von der Leyen, an Martina Krogmann,
die parlamentarische Geschäftsführerin der CDU-/CSU-Bundestags-
fraktion, die NRW-Landesministerinnen Elisabeth Heister-Neumann und
Mechthild Ross-Luttmann.

Der neue JU-Bundesvorstand hat zwei stellvertretende Bundesvorsitzende und sieben Beisitzerinnen gewählt, sodass dort 41 Prozent
weiblich sind. Das bedeutet einen Höchststand in der Geschichte der
Jungen Union, sodass auch hier in Zukunft mit der Rekrutierung von
Führungsfrauen aus dem Bereich der eigenen Nachwuchsarbeit gerechnet werden kann.

In vielen Kommunen werden händeringend Kandidaten gesucht. Wo
sehen Sie die Ursachen für den Kandidatenmangel?

Die Bereitschaft sinkt, für einige Jahre oder auf Dauer in die Politik zu
gehen. Man spürt dies im kommunalen Bereich, wenn es um die vielen
Zehntausende kommunaler Mandate und Ehrenämter geht. Ernst Albrecht hat mir vor vielen Jahren gesagt, dass es vielleicht einmal zum
größten Standortproblem Deutschlands werden könnte, dass viele Vertreter aus der Wirtschaft und anderen wichtigen gesellschaftlichen Bereichen immer weniger Bereitschaft zeigten, sich auf Zeit der Politik zur
Verfügung zu stellen. Manchmal ist auch die gestiegene Politikverdrossenheit ein Schutzschirm. Mit der Begründung, dass Politik den Charakter verderbe, signalisiert man, dass man mit Politik nichts zu tun haben
will, weil man einen guten Charakter hat. Dabei ist das eigentliche Motiv
die Freizeitgestaltung.

Wachsende Mobilität und häufig größere Entfernung zwischen Arbeitsplatz und Wohnort machen es Einzelnen sicher schwerer, sich in
Parteien zurechtzufinden. Dementsprechend müssen die Parteien sich
klarmachen, dass sie für neu zugezogene oder neu eingetretene Mitglieder die Schwelle zu sofortigem Engagement und sofortiger Einbindung
absenken müssen. Hier gibt es sicher einiges zu verbessern.

Fast alle »persönlichen Referenten« machen Karriere. Warum?

Persönliche Referentinnen und Referenten spielen nach meiner Erfahrung eine eher untergeordnete Rolle bei der Rekrutierung politischen
Personals. Manchmal sind politische Talente auch eine gewisse Zeit
lang im Umfeld von Politikern tätig, weil diese ihre Qualifikation erkannt

haben. In meinem Umfeld war es stets so, dass diejenigen, die in die öffentliche Verwaltung gegangen waren, darin verbleiben und dort Karriere machen wollten, statt sich dem Risiko einer Wahl für vielleicht nur eine Wahlperiode zu stellen. So hatte ich Beate Baumann in jungen Jahren für politische Arbeit in meiner Heimatstadt Osnabrück gewonnen und sie später Angela Merkel als Mitarbeiterin empfohlen. Irgendwann hat die Osnabrücker CDU sie gefragt, ob sie nicht für Osnabrück in den Bundestag einziehen und in Osnabrück als Osnabrückerin für ihr Mandat kandidieren wollte, was sie ablehnte.

Was halten Sie von Mentoren, die sich intensiv um den Nachwuchs kümmern?

Das Verhältnis eines Nachwuchspolitikers zu älteren Mentoren ist von großer Bedeutung. Ich selbst hatte viele Kontakte zu Älteren, die mir geholfen haben, mich in der Partei und andernorts durchzusetzen. Die Rolle von Mentoren, die sich für junge Leute verantwortlich fühlen, ist gar nicht hoch genug einzuschätzen. Diese können junge Leute fördern, herausfordern, aber auch von Irrwegen abhalten. In meinem Fall hatte Werner Remmers vierzehn Jahre lang den Bezirksvorsitz der CDU Osnabrück/Emsland inne, bis ich als niedergelassener Rechtsanwalt unabhängig war und seine Nachfolge antreten konnte. Ältere Bundes- und Landtagsabgeordnete hatten darauf gedrungen, dass ein genereller Neuanfang erfolgen sollte und eigene Ambitionen zurückzustellen seien. So haben Spitzenpolitiker eine große Verantwortung und einen großen Einfluss bei der Auswahl von Personal. Sie entscheiden bei jeder Personalbesetzung ganz wesentlich, in welche Richtung sich die Partei personell entwickelt und gegebenenfalls öffnet.

Meine Beobachtung ist, dass gute, qualifizierte Leute andere gute und kompetente Personen befördern, während schwache Persönlichkeiten eher darauf drängen, dass ihnen keine Konkurrenz im eigenen Umfeld erwächst. Angesichts der steigenden Anforderungen an Kandidaten und der möglicherweise abnehmenden Bereitschaft zu Kandidaturen scheint mir die Funktion von Motivatoren und Mentoren immer wichtiger zu werden.

Was sind die wichtigsten Kriterien für einen Aufstieg in der Politik?

Entscheidend ist, dass man andere Menschen für sich und für die von einem selbst vertretenen Ideen begeistern kann. Man muss Verantwortung tragen können und aktiv sein. Der in der Region verwurzelte

Landwirt, die kommunalpolitisch aktive Hausfrau, der promovierte Quereinsteiger oder die kreative Selbständige sind vielfältigste Profile, um erfolgreich zu sein. Ich beobachte allerdings auch, dass die Mitglieder und Delegierten völlig zu Recht darauf achten, dass jemand aufgrund seiner erworbenen Abschlüsse und Qualifikationen unabhängig ist. Kandidaten, die diese Unabhängigkeit nicht haben, weil sie beispielsweise noch studieren, müssen in anderen Bereichen Herausragendes vorweisen und geleistet haben, um dennoch für Mandate nominiert zu werden.

Wo sehen Sie Defizite in der Rekrutierung des politischen Personals?

Es wird sicher zu wenig auf die große Bandbreite von Qualifikationen, Generationen und Berufsgruppen geachtet. Es gibt auch einen Mangel an Menschen mit Immigrationshintergrund. Diese Bevölkerungsgruppe wächst stetig und fühlt sich zu Recht in den Parlamenten nicht ausreichend repräsentiert. Die ständige Suche nach interessanten Persönlichkeiten und neuen Mitgliedern oder auch nach parteilosen Mitstreitern auf kommunaler Ebene ist häufig nicht genügend ausgeprägt. Manchmal hat das auch damit zu tun, dass man sich so die Konkurrenz vom Hals halten will. Es gibt Verbände, die auf Bürgerversammlungen aktiv dazu aufrufen, auf den Listen der CDU für das nächste Kommunalparlament zu kandidieren und die Listen zu erweitern; in anderen Bereichen nutzt man die Plätze bei Kommunalwahllisten nicht einmal aus, um die Wahl bestimmter Kommunalpolitiker in den Gemeinden nicht zu gefährden, oder stellt die Listen so schnell und unauffällig auf, dass manche von der Aufstellung erst erfahren, wenn diese bereits erfolgt ist.

Wie können Sie mehr Begeisterung für politisches Engagement erzeugen?

Es muss sicher mehr Begeisterung für Politik und Politiker einkehren, und das Ansehen der Politik muss gesteigert werden. Mehr Obamas in der deutschen Politik könnten bestimmt ein größeres Engagement von mehr Menschen nach sich ziehen. Wir brauchen ganz generell eine höhere gesellschaftliche Anerkennung von Menschen, die sich für das Allgemeinwohl, für die Gesellschaft und das Lösen wichtiger Zukunftsfragen einsetzen. Das geschieht zuhauf auf kommunaler Ebene, und deswegen ist es schlicht traurig, dass Kommunalpolitiker nicht viel höheres Ansehen in der Bevölkerung genießen. Manchmal stelle ich mir vor, die demokratischen Politikerinnen und Politiker, die sich viele Abende in der Woche um die Ohren hauen, würden zu einer Kommunalwahl schlicht nicht antreten und für einige Jahre in den Streik treten. Es stünde um unsere Gemeinden, Städte und Landkreise wesentlich schlechter, wenn sich diese verdienten Politiker nicht kümmern würden, wo Buslinien entlangführen, wie die Ver- und Entsorgung gesichert werden kann, wo Kinderkrippen auszubauen sind und wo Radwege angelegt werden müssen.

Haben Mitarbeiter von Politikern besonders gute Einstiegschancen?

Ich halte eine derartige Verallgemeinerung für falsch. Natürlich sind viele von denen, die großes Interesse an Politik haben, Talent und Begabung für Politik besitzen, einige Zeit mal Mitarbeiter eines Abgeordneten. Aber auch ohne diese Zeit wären sie in die Politik gestrebt, weil sie diese innere Berufung spüren. Viele der Abgeordneten der CDU/ CSU haben Erfahrungen in Unternehmen, in der Selbständigkeit oder in vielen gesellschaftlichen Bereichen gesammelt, die sie für ihre parlamentarische Arbeit nutzen. Diese breite Aufstellung unterstreicht gerade das Charaktermerkmal der Volkspartei CDU. Der Blick ins Landtagshandbuch des Niedersächsischen Landtags für die Wahlperiode 2008 bis 2013 ist hier sehr aufschlussreich: Die CDU-Landtagsfraktion setzt sich aus 68 Abgeordneten zusammen. Davon sind 30 selbständig, 37 nicht selbständig, eine Abgeordnete ist Hausfrau. So ergibt sich doch eine breite Repräsentation der Bevölkerung. Bei den anderen im Parlament vertretenen Parteien sieht das ganz anders aus. Der Anteil der Nichtselbständigen ist hier generell überproportional hoch.

Worauf kommt es beim Aufstieg in der CDU besonders an?

In der Volkspartei CDU kommt es darauf an, dass man vor Ort über berufliche und gesellschaftliche Erfahrungen verfügt, die eine große Bandbreite abdecken. Da im Bundestag und in den Landtagen keine Single-issue-Parteien vertreten sind, ist das Rekrutierungsmuster zu Recht sehr breit aufgestellt, auch wenn einzelne Schwerpunkte anhand der Programmatik zu erkennen sind. So gibt es in der CDU überproportional viele Landwirte, während in der SPD überproportional viele Gewerkschafter sind. Durch die Lockerung der Parteibindungen verlieren solche soziologischen Kriterien jedoch an Bedeutung. Die CDU kümmert sich heute genauso um berufstätige Frauen, um ökologischen Landbau, um Fragen der Integration oder um den Klimaschutz. Befürworter der Windkraft sind demnach ebenso in der CDU wie ursprünglich eher bei den Grünen zu finden.

Welchen Einfluss haben einzelne Parteiströmungen, etwa der Andenpakt, in dem Sie auch Mitglied sind?

Diese Einflüsse werden allesamt überbewertet. Vereinigungen wie die Junge Union oder die Frauen Union haben vor Ort Einfluss, weil sie sehr mitgliederstark sind. Auch auf Landes- und Bundesebene verfügen sie über Einfluss, wenn sie sich für ihren Spitzenkandidaten ins Zeug legen. Das gilt in gewisser Weise für alle Vereinigungen der Partei. Die Bedeutung wird allerdings mystisch verklärt. So ist der Andenpakt ein Freundeskreis von JU-Politikern aus den Jahren um 1980, die sich auch über ihr Ausscheiden mit der Altersgrenze 35 hinaus weiter treffen wollten und seitdem einmal im Jahr eine Auslandsreise unternehmen. Es spricht ja auch gar nichts dagegen, Freundschaften in der Politik zu pflegen, allerdings ist der Einfluss eines solchen Kreises bei politischen Karrieren in keinem Fall erkennbar. Da gibt es viel Dichtung und wenig Wahrheit.

Welche Bedeutung messen Sie den Thinktanks in Deutschland bei?

Thinktanks und informelle Gruppierungen, die sich der politischen Rekrutierung widmen und Nachwuchs fördern, fehlen in Deutschland. Ich sehe in erster Linie die Stiftungen der politischen Parteien, die geeignetes Führungspersonal in Seminare, Schulen oder auf Auslandsreisen schicken. Die Möglichkeit, Erfahrungen im Ausland zu sammeln, ist sicher von herausragender Bedeutung, weil sich hier im positiven Sinne Netzwerke bilden. Ich selbst habe Kontakt zu vielen Menschen in der Wirtschaft, in der Medizin, in der Kultur, die ich bei der Konrad-Adenauer-Stiftung, bei der Atlantikbrücke oder bei anderen Organisationen kennen- und schätzen gelernt habe. Generell vermisse ich aber einen Dialog der Führenden – auch der Jüngeren – in der Politik, in der Wirtschaft, in wichtigen gesellschaftlichen Gruppierungen und in der Kultur. In anderen Ländern wird hier ein sehr viel intensiverer Austausch gepflegt und organisiert. Dort besteht auch mehr Respekt vor den Aktiven in der jeweiligen anderen gesellschaftlichen Sparte.

Welchen Einfluss hat die JU als Führungsreserve in der CDU?

Viele Führungspersonen kommen auch heute aus den jungen Organisationen. Programmatisch wirken unsere jüngeren Organisationen aktiv mit, wie deren Anträge bei Parteitagen beeindruckend zeigen. Diese Mischung aus personellen und programmatischen Angeboten ist für eine Volkspartei überlebenswichtig. Die Junge Union wird für die CDU und CSU diese Rolle auch weiterspielen müssen. Auf den jetzigen Landesvorsitzenden der CDU Niedersachsen, David McAllister, und den Generalsekretär Ulf Thiele sind wir jedenfalls schon zu JU-Zeiten aufmerksam geworden.

Und die Konrad-Adenauer-Stiftung?

So mancher Spitzenpolitiker wurde während seines Studiums als Stipendiat der Begabtenförderung der Konrad-Adenauer-Stiftung unterstützt. Auslandserfahrungen und Kontakte zu gleichgesinnten Gleichaltrigen wie auch zu älteren Erfahrenen sind über die Stiftung entstanden. Die Parteien selbst müssen aber in diese Richtung aktiver werden.

Was bringt Ihre »Talentschmiede« in Niedersachsen?

In Niedersachsen haben wir frühzeitig erkannt, dass die Bandbreite derer, die bereit sind, aktiv zu werden, schmaler geworden ist. Deshalb hat die CDU Niedersachsen im Jahr 2006 ein Programm und Förderkonzept »Talentschmiede« aufgelegt, das in Abstimmung mit der Konrad-Adenauer-Stiftung Kurzpraktika in Verbänden, in den Kirchen, bei Unternehmen sowie bei Abgeordneten und den Geschäftsstellen der CDU bietet. Es ist ein Mentoring-Programm, bei dem die Teilnehmer von Älteren vorgeschlagen und von diesen auch betreut werden. Somit ermöglichen wir es Talenten, sich weiterzubilden, an Parteitagen und anderen Veranstaltungen teilzunehmen und Prozesse innerhalb der Gesellschaft und der Partei kennenzulernen, von der Wahlkreisarbeit bis hin zur Neumitgliederrekrutierung. Für die berufliche Weiterbildung und die Persönlichkeitsbildung sorgen Kurzpraktika.

In Niedersachsen waren für die »Talentschmiede« etwa 180 Personen vorgeschlagen, 75 begannen das Programm, etwa 50 hielten bis zum Schluss durch und haben vor wenigen Tagen ein Zertifikat für ihr achtzehnmonatiges Engagement erhalten. Besonders interessant ist, dass die Mehrzahl derer, die das gesamte Programm absolviert haben, Frauen waren. Einige der Absolventen werden in der Politik landen, andere werden ein geändertes Bild von der Politik haben, wenn sie in den unterschiedlichsten Berufen aktiv sein werden.

Was passiert auf lange Sicht, wenn junge Leute sich noch stärker von den Parteien distanzieren?

Unser Land braucht Menschen, die bereit sind, in die Politik zu gehen, und die Politik braucht Menschen, die bereit sind, die Türen weit aufzumachen. Wenn das misslingt, muss man sich ernsthaft Sorgen um Deutschlands Zukunft machen. Deshalb ist es wichtig, dass politisches

Engagement gesellschaftlich stärker anerkannt wird, dass geworben wird, sich für andere und das Gemeinwesen einzusetzen. Die Verantwortlichen in der Politik, also insbesondere die Parteien, müssen Probleme erkennen und an der Lösung aktiv arbeiten. Das heißt letztlich, Talente und interessierte Bürgerinnen und Bürger zu suchen, sie zu finden und sie zu überzeugen, aktiv zu werden. Dann wird unsere Demokratie auch in Zukunft über den notwendigen Nachwuchs verfügen.

Sehen Sie die Gefahr, dass Parteien im Zuge der Auszehrung ihre Legitimation verlieren?

Eine Partei ist nur dann Volkspartei, wenn sie Mitte und Mehrheit als Ziel formuliert. Sie muss alle Altersklassen und Berufsgruppen mit unterschiedlichen gesellschaftlichen Hintergründen umfassen. Alte wie Junge, Frauen und Männer, Menschen mit Migrationshintergrund müssen gesellschaftliche Querschnitte widerspiegeln. Die Qualifikation der Nachwuchskräfte und die Anzahl der potenziellen Verantwortlichen müssen erhöht werden, sonst verliert die Partei an Reputation und die Politik an Legitimation.

Teil III
Closed shop statt Bürgerpartei – Lernunfähigkeit als Parteiprinzip

» Visionen brauchen Fahrpläne.«
Ernst Bloch

1. Das Scheitern aller Parteireformen: Die SPD in der Umsetzungsfalle

Die SPD Mecklenburg-Vorpommern hat nichts mehr zu verlieren; der Landesverband bildet das Schlusslicht in der SPD-Mitgliederstatistik. Ende November 2008 waren gerade noch 2793 Parteimitglieder offiziell gemeldet. Damit sind in dem Bundesland weniger SPD-Mitglieder registriert als in mancher Großstadt. In Hamburg etwa gibt es rund 30 000 Sozialdemokraten. Die Auszehrung der Mitgliedschaft – nicht nur in Mecklenburg-Vorpommern – hat verheerende Folgen für die Bodenhaftung der Parteien. Wenn sie nicht mehr im Volk verankert sind, leiden sie unter einem zunehmenden Realitätsverlust. Die Gremienrealität ersetzt dann das wahre Leben.

Der marginale Organisationsgrad – das Verhältnis zwischen Bevölkerungszahl und Parteimitgliedschaft – beträgt beispielsweise zwischen Schwerin und Parchim nur 0,2 Prozent. Im Bundesdurchschnitt wird immerhin noch ein Prozent erreicht. Wie kompliziert die politische Arbeit etwa in einem Landkreis wie Parchim ist, illustriert eine Vergleichszahl: In dieser Region, die so groß ist wie das Saarland, gibt es gerade mal zweihundert eingetragene SPD-Mitglieder. Die Folge: Die Funktionärs- und Mandatsdichte ist enorm hoch. Auf vielen Kommunalwahllisten der SPD sind mehr Parteilose als Genossinnen und Genossen platziert. In dem kleinen Dorf Pinnow stehen sechs Kandidaten auf der Liste der SPD, nur einer davon ist Sozialdemokrat.

Diese Diaspora-Erfahrung ist im Osten nicht die Ausnahme, sondern die Norm. Auch der frühere Bundesgeschäftsführer der SPD, Martin Gorholt, hat sich mit der Mitgliedermisere beschäftigt. Nach der Wende begann er eine Karriere in Brandenburg, ehe ihn das kurze Intermezzo des »Stippvisiten-Vorsitzenden« Matthias Platzeck an die Spitze der SPD-Zentrale führte.

Gorholt kennt die »echten Zahlen«. Er geht von einer Aktivenquote von zehn Prozent aus. Demnach kann sich die langjährige Regierungspartei SPD in Mecklenburg-Vorpommern auf gerade mal 280 aktive Personen stützen. Die Marke von zehn Prozent gilt bei Organisations-Insidern ohnehin als hochfrisierte Zahl. Wenn man von weniger als der Hälfte ausgeht – einem aktiven Kern von zwei bis fünf Prozent –, ist man sicher näher an der Realität.

Fünf Parteimitglieder aus Mecklenburg-Vorpommern haben aus der Not eine Tugend gemacht und am 12. Oktober 2005 das ehrlichste und beste Papier zum Thema Parteireform vorgelegt, das in den vergangenen Jahrzehnten offiziell aus der SPD hervor gegangen ist. Die Landes-SPD hatte die Gruppe beauftragt, um Impulse für einen radikalen Neuanfang in Mecklenburg-Vorpommern zu bekommen. Auf 33 Seiten liefern Landesgeschäftsführer Thomas Krüger und die Landesvorstandsmitglieder Michael Kunze, Ulrike Lehmann und Martina Tegtmeier unter der Leitung von Stephan Bliemel eine ehrliche Krisenanalyse. Der gründliche Abschlussbericht blieb bis heute intern und wurde von einer breiteren Öffentlichkeit nahezu ignoriert.

Diese »Arbeitsgruppe Mitgliederentwicklung« beginnt mit der eigentlich selbstverständlichen Frage »Warum eine Parteireform?« Jede Analyse sollte mit einer nüchternen Betrachtung von Zahlen, Fakten und Daten starten. Doch die Besichtigung der Realität wird von allen Parteien seit Jahren vermieden, die Zahlen werden schöngerechnet. Auffällig ist, dass selbst die intern vorliegenden ausführlichen Wahlanalysen zu Bundestags- und Landtagswahlen immer öfter mit dem Stempel *Sperrvermerk: nur für den internen Dienstgebrauch* versehen sind. Selbst eine parteiinterne Auswertung und Diskussion der bestürzenden Daten zu den Motiven der Nichtwähler, Protestwähler und Wechselwähler gilt als zu heikel für die Parteiführungen. Die echten Zahlen würden die Legitimation der Parteien infrage stellen.

Umso erstaunlicher, dass der Landesverband Mecklenburg-Vorpommern das »dramatische Ausmaß« der Mitgliederverluste als »Symptom für die tiefe Vertrauenskrise« einordnet.[1] Eine »weit verbreitete undifferenzierte Ablehnung gegenüber jeglicher Parteipolitik und damit auch gegenüber den Personen, die sie vertreten« diagnostiziert die Arbeitsgruppe in ihrem Abschlussbericht. »Es ist schon so weit, dass für viele Menschen und für bestimmte berufliche und gesellschaftliche Aufgaben eine Parteimitgliedschaft eher zur Belastung wird – man muss sie verstecken, oder man wird gar nicht erst Mitglied.«[2] Diese »Vertrauenskrise« markiere die tiefe Kluft zwischen Bürgern und Parteien, so die Autoren, und bedeute »eine Gefahr für die Demokratie, denn eine moderne Demokratie ist nicht vorstellbar ohne Parteien«.

»Hoher Handlungsdruck«, weil sich die »Situation mittelfristig nicht ändern wird«

Die Autoren des brisanten Abschlussberichts versuchen nicht einmal, mit Wortgirlanden von den Tatsachen abzulenken:

> »Wir müssen annehmen, dass sich diese Situation mittelfristig nicht ändern wird, sodass der Handlungsdruck, die Parteistrukturen zu reformieren, für die ostdeutschen Landesverbände weitaus größer ist als in der West-SPD. Um es kurz zu sagen: Wir können uns die Defizite, die durch die versäumte Parteientwicklung hervorgerufen wurden, bei unserem geringen Organisationsgrad einfach nicht mehr leisten.«[3]

Mit einem Teil der Prognose lagen die Verfasser richtig, mit dem anderen falsch: Die Krisentendenzen verschärften sich in den folgenden drei Jahren, der erwartete Handlungsdruck aber blieb aus. In einer Mitgliederbefragung hatten sich fünf zentrale Problembereiche herauskristallisiert, die sicher auch für die gesamte SPD und die anderen Parteien gelten: »die Mitbestimmung, die Informationsweitergabe und Kommunikation, die politische Diskussion, die Weiterbildung und die Mobilisierung und Präsenz der Partei außerhalb der Wahlkämpfe.«[4] Die Autoren machen jedoch auch klar, dass es nicht darum geht, die bisherige Parteiarbeit »straffer und effektiver zu organisieren«, sondern dass eine »kreative Erneuerung« mit »ganz neuen Möglichkeiten der Parteiarbeit« im Zentrum stehen müsse.

Mit diesem grundlegend anderen Denkansatz dementieren die

Reformer die bisher vorherrschende Denkrichtung der SPD-Partei-führung, die mit dem Slogan der Effizienzsteigerung von organisatorischen Abläufen alle programmatischen Kurskorrekturen stets ausgeklammert und entsprechende Debatten bereits im Keim erstickt hatte. Sämtliche Energien werden von der SPD-Führung auf die Blockade wichtiger Streitfragen, wie beispielsweise die »Auswirkung der Agenda-Politik«, gerichtet, nicht aber auf eine substanzielle Zukunftsdebatte mit breiter Beteiligung gelenkt.

Unter dem Stichwort »Strategische Jahresplanung« ist ein ganz besonderer Reformimpuls dokumentiert. Die Autoren der Reform-Arbeitsgruppe fordern für die SPD eine völlig neue Beteiligungskultur, »ohne basisdemokratischen Träumereien nachzuhängen«. Die Partei sollte – so die Empfehlung der Praktiker – frühzeitig mit zwei oder drei zentralen Grundsatzentscheidungen konfrontiert werden, um dann in einem nachhaltigen Diskussionsprozess um Lösungen zu ringen. Denn:

> »Eine in die Zukunft blickende Partei sollte Themen im Voraus diskutieren. Bisher arbeiten wir zumeist nach folgendem Muster: Eine bestimmte Kräftekonstellation entsteht, Fraktion und/oder Regierung haben sich entschieden, und dann versucht man die Zustimmung der Mitgliedschaft einzuholen. Ein gutes bundespolitisches Beispiel für einen völlig misslungenen innerparteilichen Vorgang ist die Diskussion um die ›Agenda 2010‹.«[5]

Fast lakonisch klingt der Lösungsansatz der Reformer, dass »zukünftig anhand einer strategischen Jahresplanung die Aktivitäten der Partei verbindlicher und transparenter gestaltet werden«. Jedes Jahr sollte die Landes-SPD sich auf einen inhaltlichen und einen organisatorischen Schwerpunkt konzentrieren.

Viele Anregungen und Hinweise sollten eigentlich selbstverständlich in der politischen Praxis sein. Da jedoch manche Kernideen explizit im Abschlussbericht der Parteireformer hervorgehoben werden, ist davon auszugehen, dass es in der SPD nicht einmal eine gezielte Evaluierung von Arbeitsgruppen, Foren und Projekten gibt. »Um effektiver zu werden, müssen wir uns konkrete Ziele setzen und das Erreichte irgendwann abrechnen.«[6]

Das System der Willensbildung:
»Von oben nach unten nach oben«

»Kaum ein politischer Prozess kommt aus der Mitte der Partei«, stellen die Reformer des kleinsten SPD-Landesverbandes fest.[7] Einen vergleichbaren Tabubruch – in einer offiziellen Analyse einer Landespartei das tatsächliche Ausmaß der Krise ungeschminkt zu publizieren – gab es in der SPD bislang nicht.

In ihrem Abschlussbericht beschreiben die Parteireformer schnörkellos das »korrektive System aus ›checks und balances‹« als Ersatz für echte Mitbestimmung:

> »Führungsmitglieder der politischen Parteien entwickeln aufgrund ihres Wissensvorsprungs und ihrer Sachkompetenz Problemstellungen und Lösungsansätze, die dann möglichst in der Breite der Partei diskutiert werden. ... Man könnte diese praktizierte Form der Willensbildung als ein von ›oben nach unten nach oben‹ bezeichnen.«[8]

Gelegentlich werde dieser Rest von »korrektiver demokratischer Willensbildung von unten« von den Führungspersonen sogar umgangen, um Zeit und Nerven zu sparen.

Dass Programmplanungen für die Fraktionen im Landtag oder für die Partei im Wahlkampf in den Planungsstäben der Staatskanzleien geschrieben werden, ist keine Besonderheit von Mecklenburg-Vorpommern. Fragt man altgediente Abteilungsleiter in Grundsatzabteilungen – von Düsseldorf bis Mainz –, so erfährt man, dass dieses Verfahren zur »üblichen Routine« gehört. Dies ist auch ein Grund für den tiefen Absturz langjähriger Regierungsparteien, wie etwa der SPD in NRW. Ohne die gewohnten ministeriellen Ressourcen stehen sie blank da und finden keinen Weg aus der intellektuellen Auszehrung.

Die Autoren der Untersuchung verharren jedoch nicht in der bequemen Rolle der Kritiker. Sie unterbreiten präzise Vorschläge, wie diese Misere der Programmsteuerung von oben – etwa bei der Formulierung des Regierungsprogramms – behoben werden könnte.

Die unzureichende Betreuung und Begleitung von Mitgliedern halten sie für dringend verbesserungsbedürftig.

»Eine alte Binsenweisheit der Parteiarbeit lautet, dass ein Parteiaustritt mit dem Parteieintritt beginnt. Wir wissen, dass man etwa das zehnfache an Engagement und Energie zur Gewinnung neuer Mitglieder braucht, als zur Betreuung und Unterstützung der Alten. Ein Drittel der nicht betreuten Neumitglieder verlassen schnell wieder unsere Partei.«[9]

Persönliche, intensive Betreuung – so wird hier der Lösungspfad beschrieben. Keine leichte Aufgabe bei einem dermaßen kargen Mitgliederreservoir.

Das dritte Tabuthema, das offiziell nicht angesprochen wird, blendet das Schweriner Autorenteam ebenfalls nicht aus: Es handelt sich um den weitgehenden Verzicht auf die direkte persönliche Kommunikation, die lebendige Debatte und den klaren Diskurs in den Parteien. Die Chancen und das Bedürfnis nach der persönlichen Weitergabe von Information würden unterschätzt, heißt es in der Untersuchung: »Angesichts der massenmedialen Informationsflut ist das Bedürfnis auch bei unseren Mitgliedern vorhanden, für die eigene politische Willensbildung das persönliche Gespräch zu suchen.«[10]

Gefordert wird deshalb »eine freiwillige Selbstverpflichtung« von Mandatsträgern und gewählten Funktionären, in ihrer zweijährigen Amtsperiode etwa fünf bis zehn Ortsvereine zu besuchen und den SPD-Mitgliedern hier Rede und Antwort zu stehen. In ihrer Bescheidenheit illustriert diese Forderung das Ausmaß der dramatischen Abschottung des Führungspersonals von der Basis.

Die Autoren des Reformpapiers wenden sich auch gegen das von der Parteispitze stets diktierte Gebot der »Geschlossenheit«, die angeblich von den Wählern erwartet werde. Ihr Argument: Die »kommunikative Offenlegung unterschiedlicher Positionen« könne die SPD als »zentralen Ort, an dem um die entscheidenden Zukunftslösungen ernsthaft gerungen wird« attraktiver machen. Dies sei das Gegenteil vom »unkoordinierten Parteienstreit über die Medien«[11.]

Die Analyse endet auf Seite 32 mit einer großen Desillusionierung. Denn die komplizierte Mechanik einer Partei und deren »innere Modernisierung« bedürften »in besonderem Maße der intensiven politischen Führung«. Und dann folgt die bittere Pointe:

> »Die größten Widerstände gegen eine Parteireform liegen weniger in der Kompliziertheit der Aufgaben als in mangelndem Problembewusstsein bei einer Vielzahl von Funktionären. Solange man Parteireform als Randaufgabe betrachtet und sie nicht als zentrale Frage des Überlebens einer Partei begreift, werden Erneuerungsprozesse in größerem Umfang blockiert bleiben.«[12]

Diese Prophezeiung sollte sich bewahrheiten. »Im Grunde haben wir für den Papierkorb gearbeitet«, bilanziert Stephan Bliemel im Gespräch. Denn die Parteireform sollte mit der geplanten Reduktion der Kreise von achtzehn auf fünf synchronisiert werden. Dies scheiterte aber am Landesverfassungsgericht. Im Zuge dieser Entwicklung versandete auch die Diskussion um die Parteireform. Nennenswerten Widerstand gegen die Reformimpulse habe es nicht gegeben, so Bliemel, aber auch keine leidenschaftliche Unterstützung. Allenfalls bei der Definition von Strukturfragen – etwa der Objektivierbarkeit von Aufgaben in den Parteivorständen – kam Kritik auf. Für die skizzierte Parteireform habe sich niemand stark gemacht, die »Beharrungskräfte« und die »trägen Parteistrukturen« hätten den Stillstand zementiert. Dieser Gleichgültigkeitsfilter ist keine Schweriner Spezialität. Es ist die schwerste Hypothek, die Öffnungsimpulse jeder Art abwürgt und Innovation blockiert.

Wie so oft gab es aber auch eine Reihe von positiven Begleiteffekten der Reformdebatte, die Bliemel durchaus als Pluspunkte verbucht. So habe man die »strategische Jahresplanung« zumindest zu einem Thema verankern können; die Arbeitsgemeinschaften stellen nun ihre Projekte vor. Andernfalls werden Haushaltsmittel gestrichen. Man hat sich außerdem auf ein Verfahren zur Entwicklung des Regierungsprogramms verständigt. Einmal wurde sogar eine Ortsvereinsbefragung zu einer politischen Kontroverse durchgeführt. Auch Neumitglieder-Seminare und ein Newsletter gehen auf die Reformdiskussion zurück.

Der Mehltau der Gleichgültigkeit: Die Empfehlungen der »Arbeitsgruppe Mitgliederpartei« auf Bundesebene

Für Stephan Bliemel muss der Bericht der parallel zur Arbeitsgruppe aus Mecklenburg-Vorpommern tagenden Reform-Arbeitsgruppe auf Bundesebene eine merkwürdige politische Erfahrung gebracht haben. Er vertrat seinen Landesverband in einer 47-köpfigen »Arbeitsgruppe Mitgliederpartei«, einer Mammut-Kommission mit zahlreichen Spitzenfunktionären aus allen Ländern, die von Mai 2004 bis März 2005 sechsmal tagte und ein Hearing zum Thema »Ehrenamt« veranstaltete. Auffallend ist, dass kein einziger Gedanke der ostdeutschen Reformer in dem 36-seitigen Abschlussbericht[13] vom 15. Juni 2005 auftaucht.

Bliemel hat diese Kommission als Lernstation genutzt, die jeweils nur zwei- bis dreistündigen Sitzungen verfolgt und Ideen für seine »Reformgruppe« gesammelt. »Ich hatte als Neuling mit 26 Jahren keine Ambitionen, etwas zu verändern«, bilanziert er mit einigen Jahren Abstand. An dem Bericht, den die Hauptamtlichen des Willy–Brandt-Hauses nach den Referaten und anschließenden Kurzdiskussionen der dreißig bis vierzig gewichtigen Kommissionsmitglieder verfasst hatten, hat er nicht mitgewirkt.

Jede Kommission entwickelt ihre Eigendynamik und ihren Arbeitsstil. Ein Aufbruch oder eine gründliche Analyse waren offenbar nicht vorgesehen. Denn in diesem Bericht wird die ramponierte Welt der SPD noch in Pastelltönen gezeichnet: Statt die Mitgliederverluste zu analysieren, werden die 20 000 neuen Mitglieder in den Jahren 2003 und 2004 gefeiert, statt von Austritten ist die Rede von »geringen Beitrittszahlen«. Es sind Sätze wie der folgende, die das Ausmaß der Verdrängung kennzeichnen: »Das Ansehen der Parteien entspricht nicht ihrer Bedeutung und ihrer wichtigen Rolle für die Demokratie.«[14]

Warum das Ansehen der Partei Schaden genommen hat und wer dafür verantwortlich ist – darüber hat sich die eilige Kommission offenbar nicht den Kopf zerbrochen. Das Ergebnis steht fest; eine tiefergehende, ehrliche Analyse ist nicht vorgesehen: »Die SPD bleibt Mitglieder- und Volkspartei«, so die tibetische Gebetsmühle und das Wording, das die wirkliche Krise übertüncht. In einem Sammelsurium von Allgemeinplätzen, Textbausteinen aus Parteibeschlüssen und semantischen Weichmachern gehen die wenigen echten Reformideen fast unter. Sie stehen wohl nicht zufällig in Spiegelstrichen, ohne jede Priorisierung oder praktische Umsetzungshilfe.

Neu ist das Angebot einer Gastmitgliedschaft, eines Engagements »auf Zeit«. Doch diese Idee wird ebenso wenig ausgeführt und eingeordnet wie die zentrale Forderung nach mehr innerparteilicher Demokratie: »Beteiligung von Mitgliedern ausweiten und offensivere Umsetzung der Beschlüsse von Wiesbaden 1993 mit Urwahl, Mitgliederbefragung und Mitgliederentscheid.«

Dass diese schon seit 15 Jahren – genau seit 1993 – zur Verfügung stehenden Instrumente bisher fast ausschließlich in ausweglosen Krisensituationen – wenn sich die Parteigranden gar nicht mehr einigen konnten – eingesetzt wurden, bleibt unerwähnt. Wie oft das sogenannte »Vollversammlungsprinzip zur Nominierung von Kandidatinnen und Kandidaten für die Landes- und Bundesebene« tatsächlich angewendet wurde, ist nicht zu ermitteln. Es dürfte sich jedoch immer noch um Ausnahmen von der Regel des Delegiertenprinzips handeln. Mitgliederbefragungen in Programmfragen hatten zudem meist Alibi-Charakter, da keine Entscheidungsfragen vorgelegt, sondern eher Meinungen im Stil der Demoskopie abgefragt wurden. In Rheinland-Pfalz wurde dieses einmal mit dem Ziel der Mobilisierung durchgeführte Verfahren nicht mehr wiederholt. Der Appell an die Mitglieder, die vorhandenen Partizipationschancen intensiver zu nutzen, mutet grotesk an, da alle wesentlichen Entscheidungen in der SPD bislang »top down« und nicht »bottom up« organisiert sind. Immerhin bilanziert die Kommission:

»Die SPD hat also kein Defizit bei Beteiligungsmöglichkeiten, wohl aber ein Defizit in der Wahrnehmung dieser Möglichkeiten durch die Mitglieder. Deshalb müssen die Möglichkeiten, in der SPD mitzuwirken und Einfluss auf politische und personelle Entscheidungen zu nehmen, innerhalb der SPD besser dargestellt werden. Wir empfehlen, von dem Instrument der Mitgliederbeteiligung und Mitgliederbefragung offensiver Gebrauch zu machen.«[15]

Unverbindlicher kann man es nicht mehr formulieren. Einerseits wird die Basis zu mehr Partizipation ermuntert, andererseits sind die Ortsvereine – für die Parteiführung – lediglich als Klebekolonnen und Wahlkampfhelfer interessant. Neudeutsch nennt man diese Art von Empfehlungen geplante Folgenlosigkeit.

Die wichtigste Aufgabe der Ortsvereine ist – so das jüngste Reformpapier der Sozialdemokratie – »die Gestaltung eines attraktiven und geselligen Vereinslebens«. Erst an zweiter Stelle folgt »die Begleitung kommunalpolitischer Willensbildung«. Die gesellige Begleitung der Kommunalpolitik reduziert aber die Einfluss-Möglichkeiten aktiver Interessenten so stark, dass nach einer nüchternen Kosten-Nutzen-Analyse oft eine skeptische Bilanz steht. Denn ein »geselliges Vereinsleben« bieten viele Organisationen an, in der Regel mit einem differenzierteren Angebot.

Der Bericht endet ohne eine Zusammenfassung, ohne ein Fazit oder eine Zuspitzung. An deren Stelle werden acht Einzelbeispiele gelungener Basisarbeit von Rodenbach bis Auenkirchen kurz dokumentiert. Auch diese Sammlung hat Symbolcharakter. Sie sollen die Botschaft vermitteln: Erneuerung entsteht von unten, gelungene Projektarbeit vor Ort in der Kommune ist das Synonym für erfolgte Partizipation.

Man kann den 36-seitigen Bericht als ein Dokument des Stillstands und der Problem-Ignoranz lesen. Das Parteileben soll besser administriert werden. Mehr als die »Einführung einer Gastmitgliedschaft« scheint allerdings nicht denkbar. Die »Öffnung der Partei« übersteigt offenbar nicht den Horizont einer »großzügigeren Auslegung des Wohnortprinzips«. Der Blutzoll der Mitgliederverluste treibt die mutlosen Parteireformer nicht an neue Ufer. Hubertus Heil, heute SPD-Generalsekretär, hatte zum Auftakt der Kommission eine ketzerische Frage gestellt: »Machen wir eine ehrliche Analyse?« Diese Frage wurde dann in den nächsten Sitzungen indirekt im Stil »business as usual« beantwortet. Heil hatte verstanden. Es ist deshalb auch nicht erstaunlich, dass diese Kommission weder innerparteiliche Resonanz noch öffentliche Wirkung erzielte. Warum das so ist? Die Antwort eines erfahrenen Mitglieds im Parteivorstand: »Parteifunktionäre spüren keinen Leidensdruck, sie brauchen eine mobilisierte Basis nur in Wahlkämpfen, ansonsten ist sie eher lästig.«

Zentrales Beitrittsmotiv: Politische Teilhabe und Mitwirkung

Die »Arbeitsgruppe Mitgliederpartei« hätte – auf gesicherter empirischer Grundlage – klare Positionen beziehen und mutige Reformimpulse aussenden können. Denn ihr lag eine bis heute nicht veröffentlichte »Neumitgliederbefragung« von 10 000 frisch eingetretenen SPD-Mitgliedern vor.

Diese von dem Münchner Institut *polis* im September 2004 für die Arbeitsgruppe erarbeitete Untersuchung[16] differenziert erstmals zwischen zwei Kulturen in der SPD: den »Offlinern« (ohne Bezug zum World Wide Web) und den »Onlinern«. Dieser »Typ« ist zu 53% »online beigetreten«, hat sein Beitrittsformular über die SPD-Webside (www.spd.de) ausgefüllt. Auf die stetig steigenden Zahl müsste – so die auf SPD-Analysen spezialisierten *polis*-Forscher – die SPD mit Veränderungen in Organisation und Kommunikation reagieren.

Folgerungen aus dieser Defizitanalyse sucht man im Bericht der »Arbeitsgruppe Mitgliederpartei« allerdings vergebens. Auch das wohl wichtigste Ergebnis der aufschlussreichen Untersuchung bleibt offenbar unbeachtet: »Mehr als 70% der Mitglieder geben ›Teilhabe‹ und Mitwirkung als Eintrittsmotivation an. Damit bestätigen sich frühere repräsentative Umfragen, dass Partizipation und Mitwirkung einen überwältigend hohen Stellenwert haben«, heißt es in der dreiseitigen *polis*-Zusammenfassung vom September 2004. 66% der Neumitglieder sagen: »Ich will dazu beitragen, dass die Werte, für die die SPD steht, weiterhin Gültigkeit haben.« Und immerhin 41% der Befragten knüpfen ihre Parteimitgliedschaft an konkrete Mitwirkungschancen: »Ich will mit entscheiden, welche Personen die SPD in Ämtern und Mandaten vertreten.«

Auffällig ist der sehr hohe Anteil der Neumitglieder, die sich offenbar nur als Unterstützer sehen. Fast ein Drittel (28%) sagt: »Ich will die SPD mit meiner Mitgliedschaft unterstützen, möchte/kann aber nicht mitarbeiten.« 34% verbinden mit der Parteimitgliedschaft dagegen die Möglichkeit, »mich für eine Funktion in der Partei zu qualifizieren«. Die Aussage »Ich will politisch teilhaben und mitwirken können« ist mit 29% – und der Möglichkeit nur einer Nennung in der Umfrage – der absolute Spitzenreiter für den Partei-Eintritt. Diese empirisch nachgewiesene Ressource wird aber in der SPD-Führung offenbar nicht registriert und abgerufen. Auch dieser »blinde Fleck« ist Teil einer gefährlichen Selbstbezogenheit der Führung. Denn mehr echte Partizipation würde die Parteiführung etwas entmachten und gleichzeitig stärker fordern.

Profis in der Umfrageforschung wissen, dass die Formulierung der Fragen die Antworten wesentlich beeinflusst. Deshalb antworteten auf die wachsweich formulierte Frage: »War die Aufnahme durch die Partei alles in allem…?« mit »gut« 85%, mit »nicht so gut« 11%, mit »ärgerlich« 2% und mit »keine Angabe« 2%. Die »große Mehrheit« der 85%, die die Aufnahme »gut« fand, steht dann aber in auffälliger Diskrepanz zu den Antworten auf eine andere offene Frage nach der »positiven Bilanz der Erfahrungen seit dem Parteieintritt«. Hier schmelzen die Werte deutlich zusammen: Nur 32% ziehen eine »positive Bilanz der Aufnahme«, gerade mal 22% eine »positive Bilanz der Parteimitgliedschaft«. Und nur 13% geben eine »positive Bewertung der SPD-Politik« ab.

Diese und andere heikle Werte tauchen in der dreiseitigen Zusammenfassung der interessanten Studie auf valider Datenbasis jedoch nicht auf. Spitzenpolitiker – so der Befund ihrer persönlichen Referenten und des direkten Umfelds – lesen selten mehr als drei Seiten Text. In der Fachsprache nennt man solche Kondensate deshalb »Management-Fassung«. Umfragen dieser Art kann man jedoch nur dann sinnvoll nutzen, wenn man sich mit den Einzelheiten und Widersprüchen der Ergebnisse beschäftigt und daraus Konsequenzen zieht. Das war offenbar nicht vorgesehen, denn bis heute ist die *polis*-Untersuchung nicht einmal in der wissenschaftlichen Insider-Literatur ausgewertet worden.

Kein untypischer Vorgang. Auch die *polis*-Analyse beweist noch einmal nachdrücklich, dass es in der Politik kein Erkenntnisproblem, sehr wohl aber ein Umsetzungsproblem gibt. Wären die Untersuchungsergebnisse intensiv analysiert und auf notwendige Folgerungen hin abgeklopft worden, hätte die »Arbeitsgruppe Mitgliederpartei« sich nicht auf den scheinbar alternativlosen und gnadenlos anspruchslosen »Weiter-so-Kurs« eingelassen.

Fazit: Modernes Wissensmanagement, »privilegierte Informationen« und Transparenz werden zwar immer wieder angekündigt, aber auf der sogenannten »Arbeitsebene« selten eingelöst. Der Grund ist einfach: Wer auf die dokumentierten Widersprüche hinweist, stört die verordnete Harmonie und wird deshalb rasch als »belastender Faktor« ausgemendelt.

»Ausstrahlungskraft und Bündnisfähigkeit« als Erfolgsgaranten

Etwa ein Jahr vor seiner Ablösung hat der auffällig unauffällige frühere SPD-Bundesgeschäftsführer Martin Gorholt sich etwas getraut. Bei einem Forum der Friedrich-Ebert-Stiftung (FES) mit dem Titel »Die Zukunft der Mitgliederpartei in Europa« am 20. Juni 2007 beschrieb er das Elend der Parteiorganisationen ungewöhnlich klar und schonungslos. Assistiert von Forschern und Kennern der französischen Parti Socialiste (PS) und der britischen Labour Party sah der sonst scheue Sekretär in Berlin offenbar die Chance für einen intellektuellen Befreiungsschlag.

Seit den neunziger Jahren verliert die SPD Monat für Monat etwa 2000 Mitglieder. »Meiner Ansicht nach hat die Mitgliederentwicklung in erster Linie etwas mit der politischen Ausstrahlungskraft und Bündnisfähigkeit der SPD in die Gesellschaft hinein zu tun«, analysiert Gorhot. Der gängigen These, die individualisierte Wissensgesellschaft mit ihren zerfallenden Milieus sei für diesen Trend verantwortlich, widerspricht Gorholt:

> »Aus meiner Sicht hängt die Stärke einer Partei vielmehr davon ab, wie sie politisch aufgestellt ist, ob sie überzeugend ist, ein glaubhaftes Projekt verkörpert, ob sie Antworten auf die Fragen der Zeit geben kann, auf gesellschaftliche Entwicklungen reagiert und mit politischen Bündnissen für Mehrheitsfähigkeit sorgt.«[17]

Konfrontiert man diese Ansprüche mit der SPD-Realität der vergangenen Jahre, so kommt man zu einer desolaten Bilanz. Deshalb empfiehlt Gorholt eine »nachholende Auseinandersetzung mit der Agendapolitik, besonders die Diskussion über die Umwandlung des

Sozialstaates in einen vorsorgenden Sozialstaat«.[18] Gorholt liefert auch einige aufschlussreiche Zahlen:

> Real gebe es »etwas weniger als 10000« Ortsvereine. 1500 von ihnen hätten in den vergangenen fünf Jahren keine Neumitglieder geworben. Mehr als die Hälfte der Ortsvereine haben weniger als fünfzig Mitglieder. »Wenn man davon ausgeht, dass etwa 10% aktiv sind, bedeutet das, dass diese Ortsvereine gerade einmal fünf aktive Mitglieder haben. Eine aktive Vereinsarbeit ist mit ihnen kaum auf die Beine zu stellen.«[19]

Übersetzt in Klardeutsch heißt das: Mehr als die Hälfte der registrierten SPD-Ortsvereine sind nicht arbeitsfähig. Der Ex-Bundesgeschäftsführer hat begriffen: »Ohne aktive Arbeit der Partei in ihrer eigenen Keimzelle wird es kaum eine Stabilisierung der SPD als Mitgliederpartei geben können.«[20] Gorholts Fazit klingt fatalistisch: »Wir tun alles, um mehr Mitglieder zu werben, und stellen uns gleichzeitig darauf ein, dass die SPD möglicherweise nicht Mitgliederpartei im bisherigen Sinne bleiben kann.«[21]

Er formuliert im perspektivischen Konjunktiv, was längst schon Wirklichkeit ist. Aber die Annahme dieser Realität ist offenbar so schmerzhaft und folgenreich, dass man sie lieber in die Zukunft verdrängt.

Die Lage ist ernst, aber kaum veränderbar

Die von Gorholt in der Not skizzierte »Doppelstrategie« ist aber nicht mehr als naiver Wunschglaube. Zu diesem Schluss muss man gelangen, wenn man die Analysen von Oskar Niedermayer, Professor für Politikwissenschaft an der Freien Universität Berlin, heranzieht. Die SPD kennt Niedermayer – ein Guru in der Parteimitglieder-Forschung – seit seiner Promotion über die pfälzische SPD wie seine Westentasche.

Den Teilnehmern des FES-Forums in Berlin kann Niedermayer im Sommer 2007 wenig Hoffnung machen. Drei Lösungspfade – wenn auch mit wenig Aussicht auf Erfolg – empfiehlt der Experte.

Zunächst gilt es, Beitrittsanreize zu schaffen und zu verstärken, »das heißt, die Partei als soziale Gemeinschaft, als Wertegemeinschaft, als Partizipationsraum und als Gratifikationsmedium für das potenzielle Mitglied attraktiver zu machen, wobei die Möglichkeiten allerdings ziemlich begrenzt sind«.[22] Zudem könne man noch Beitrittshemmnisse verringern oder ganz abschaffen (etwa durch projektbezogene Mitarbeit oder Schnuppermitgliedschaften) und Beitrittsgelegenheiten schaffen oder ausweiten.

Doch gleich danach frisst der Forscher wieder seine eigenen Worte: »Bei all diesen Maßnahmen sind jedoch nur begrenzte Erfolge zu erwarten, da die vielfältigen Ursachen des Mitgliederschwunds von den einzelnen Parteien in nur geringem Maße zu beeinflussen sind.« Niedermayer referiert im Anschluss die nüchternen Erkenntnisse der sozialwissenschaftlich abgesicherten Forschung:

>»Die Parteien haben das Monopol auf die politische Beteiligung der Bürger verloren, die Mitgliederkonkurrenz zwischen den Parteien hat sich verschärft, die von den Bürgern – insbesondere der Jugend – bevorzugte Art und Weise der politischen Beteiligung hat sich verändert, die Freizeitgestaltungsmöglichkeiten der Bürger haben sich vervielfältigt, die Bürger sind nicht mehr auf die Parteien als Informationsvermittler und Weltdeuter angewiesen, die beitrittsfördernden sozialen Milieus lösen sich immer mehr auf, die Vorfeldorganisationen wie zum Beispiel die Gewerkschaften fallen als Rekrutierungsfelder zunehmend aus, die gesellschaftliche Individualisierung führt allgemein zu einer Abkehr von Großorganisationen, und schließlich kommt für Ostdeutschland eine Organisationsabstinenz als Reaktion auf die frühe Zwangspolitisierung hinzu.«[23]

Eine Batterie von gesicherten Fakten also, die bei den verantwortlichen Partei-Managern allerdings eher weitere Unsicherheiten nährt. Denn sie wissen nicht, was sie tun sollen. Sie wünschen sich ein Navigationssystem, dass die Mutlosen risikofrei zum Erfolg führt.

Tiefe Kluft zwischen Basis und Mandatsträgern, zwischen Wählern und Mitgliedern

Auch Patrick Seyd, Professor für Sozialwissenschaften in Sheffield, ein Kenner der britischen Labour Party, verzichtet in seiner Analyse vor dem FES-Forum auf verharmlosende PowerPoint-Präsentationen und rhetorische Beruhigungspillen. Er sieht nur einen entschlossenen Reformkurs als »Alternative zum unerbittlichen Niedergang«:

> »Wenn die Parteien neue Mitglieder für sich gewinnen wollen, müssen sie erstens eine Reihe klarer politischer Werte definieren, und sie müssen deutlich aufzeigen, dass eine eindeutige Beziehung zwischen diesen Werten und ihrer Parteipolitik besteht. Zweitens müssen Parteien klare Strukturen schaffen, die die Möglichkeit bieten, persönliche politische Ambitionen zufriedenzustellen. Und drittens müssen Parteien sicherstellen, dass durch gute soziale Netze Gleichgesinnte zusammengeführt werden, damit sie sich leicht austauschen können.«[24]

Dass diese Trilogie der notwendigen Veränderungen für die vom Schwund befallenen Parteien allein noch keine Lösung bieten würden, macht Ernst Hillebrand seinerseits auf dem Forum der FES deutlich. Der promovierte Sozialwissenschaftler leitete bis Juni 2007 das FES-Büro in London. Bezogen auf Labour sieht er als organisationspolitisches Hauptproblem nicht den Verlust von Mitgliedern, sondern – den Bruch zwischen Oben und Unten:

> »Weit problematischer erscheinen langfristig die wachsende soziale Kluft zwischen Parteibasis und Mandatsträgern auf der einen und die erhebliche politisch-inhaltliche Kluft zwischen den Labour-Wählern und den Mitgliedern der Partei auf der anderen Seite.«[25]

Eine Entwicklung übrigens, auf die die Labour Party kein Copyright hat. Diese Kluft kann – ohne Einschränkung – auch in der Politik der SPD besichtigt werden. Die Fallstudie aus Mecklenburg – Vorpommern hat dies belegt.

Pathologische Lernunfähigkeit: Das Reformkonzept »SPD 2000«

Die Tagesordnung und die Ergebnisse der Kommission »SPD 2000«, die Anfang der neunziger Jahre tagte, sind ein Lehrstück für die Entdeckung der Langsamkeit in der SPD – zumindest wenn man die Qualität der Analyse zur Reichweite der Beschlüsse in Beziehung setzt. Es lohnt sich, diesen Blick zwei Jahrzehnte zurück zu wagen. Denn bereits zu diesem Zeitpunkt stimmten sowohl die Krisenanalyse als auch die Lösungsvorschläge mit den heutigen Erkenntnissen weitgehend überein. Überraschend und fatal ist jedoch die mangelnde Konsequenz in der Umsetzung der für richtig erkannten Analysen und Reformideen.

Karlheinz Blessing, der damalige Geschäftsführer der SPD, wechselte seinerzeit von der IG-Metall-Führung zur SPD. In der SPD-Funktionärspostille *Informationsdienst intern*[26] präsentierte er sein Umsetzungskonzept für die aufwendige Kommissionsarbeit »SPD 2000«. Das Thema »Beteiligung der Mitglieder« stand dabei ganz oben auf der Agenda:

> »Die Verbesserung der Bindung der Mitglieder an die Partei erfordert neben differenzierten Angeboten zur Mitarbeit auch die Eröffnung zusätzlicher Möglichkeiten der Beeinflussung von Entscheidungen. Als ein Instrument der Aktivierung von Mitgliedern hat sich die gezielte Befragung durch aktive Funktionäre ihres Ortsvereins erwiesen.«[27]

Die »Verbesserung des Wissenstransfers« wurde schon damals als besonders wichtiges Ziel definiert. »Es sind neue Überlegungen zum Transfer dieses Know-hows [Gutachten und Expertenwissen etc., Anm. d. Verf.] nötig, damit zumindest die Möglichkeit zur Dezentralisierung von Kompetenz eröffnet wird.«[28] Auch »neue Formen der Partei-Arbeit« sollten Reformimpulse auslösen:

> »Politik soll mehr Spaß machen, die Partei will sich den gesellschaftlichen Diskussionen stellen, und Nichtmitglieder sollen größere

Chancen zur Beteiligung an Partei-Aktivitäten erhalten. Dazu dient die Entwicklung neuer Veranstaltungsformen.«[29]

Die Entwicklung »direkter Produktivität«, der Einsatz von Projektgruppen und die Verbindung von Kultur und Politik waren weitere Eckpfeiler der Reformen. Auch Urabstimmungen und Vollversammlungen wurden empfohlen. Das Reformkonzept »SPD 2000« war bislang sicherlich das Projekt mit den größten Ambitionen, der gründlichsten Vorbereitung und der intensivsten Kommunikation nach innen und außen, aber offenbar auch mit einer chronisch unterentwickelten Umsetzungsenergie. So kann festgestellt werden, dass zwar viele Ideen und Anregungen langsam in die SPD eingewandert sind, aber sehr wenige Projekte explizit organisatorisch umgesetzt wurden. Seit 1993 sind Urwahlen in der SPD möglich. Mitgliederentscheide und Mitgliederbegehren wurden später in das Organisationsstatut aufgenommen. Angewendet wurden diese engagementfördernden Instrumente jedoch lediglich in homöopathischen Dosen.

Das Reformkonzept »SPD 2000« kann somit als Symbol für eine pathologische Lernunfähigkeit großer Organisationen herangezogen werden und als Beweis für die alte Erkenntnis dienen, dass Analysen mit kombinierten Reformideen noch keine Garantie für die praktische Umsetzung bieten. Kritiker aus dem SPD-Apparat machten aus ihrer Skepsis denn auch keinen Hehl. Heinrich Tiemann, der – ebenfalls von der IG Metall kommend – als Abteilungsleiter »Politik und Zielgruppen« zur SPD wechselte und heute als rechte Kontrollhand für den SPD-Kanzlerkandidaten Frank-Walter Steinmeier arbeitet, schrieb 1993 in einem internen Vermerk:

»Der Kommissionsbericht nimmt die interne Differenziertheit der Partei nicht oder nur selektiv zur Kenntnis. Anstatt eine Mehrebenen-Analyse zu wagen, herrschen Kollektivsingulare wie ›die Partei‹, ›die Wähler‹ vor, obwohl diese auch in der Perspektive der Kommission in der gesellschaftlichen und politischen Wirklichkeit so nicht mehr existieren. Die sozialdemokratische Partei ähnelt heute eher einer verschachtelten Holding, denn einem straff geführten Konzern (Greven), eher einem loosely coupled system (ein locker verkoppeltes System,

Anm. d. A., Mintzberg) als einem geschlossenen System. Die Partei ist heute ein Netzwerk von unterschiedlichen sozio-ökonomischen und kulturellen und regionalen und gesellschaftlichen Interessen.«[30]

Tiemann schrieb diese Kritik vor 15 Jahren. Auch aus seiner Analyse wurden jedoch bislang keine operativen Konsequenzen gezogen. Möglicherweise hat diese Umsetzungsblockade auch dazu geführt, das Funktionäre vom Schlage Tiemann, die überragenden Einfluss in der SPD ausüben, einen administrativen Politikansatz verfolgen. In der Mediendemokratie ist die Partei eher zu vernachlässigen; sie wird in ihren eigentlichen Funktionen von einer medialen Kommunikation ersetzt, die über die Ministerien gesteuert wird. Dass dieser Gedanke in der SPD-Führung schon weit vorangeschritten ist, glaubt auch Karlheinz Blessing, der es zum Arbeitsdirektor bei Saarstahl in Völklingen gebracht hat. Zwanzig Jahre nach der Konzeptentwicklung »SPD 2000« ist für ihn klar, dass die »SPD als Mitgliederpartei nicht mehr existiert«, das Ende sei innerlich bei der Parteiführung vollzogen. Parteireformen – räsoniert er am Rande der Abschiedsfeier für Ex-IG-Metall-Chef Jürgen Peters Ende März 2009 in Frankfurt – haben »nur eine Chance, wenn die Parteiführung voll und ganz dahintersteht«. Das sei durch den Abgang von Björn Engholm seinerzeit nicht möglich gewesen. Zudem seien alle Reformkonzepte bislang an der Macht der Mandatsträger gescheitert. Diejenigen, die ein Mandat behalten wollten, hätten kein Interesse an echten Reformen, weil jeder Öffnungskurs ihre Wiederwahlchancen schwäche. Eine Öffnung der Parteien sei aber nötig, um die Selbstbezogenheit und interne Abgrenzung aufzuheben.

»Unzureichende Organisationsstruktur, unklare Identität, unattraktive Kommunikation, diffuse Motivation«

Schon in der Kommission »SPD 2000« und vor allem beim früheren SPD-Bundesgeschäftsführer Karlheinz Blessing gab es eine auffällige Affinität zu Gutachten und Studien, die mit ihren exklusiven Befunden und frischem Wissen die Partei »treiben« sollten. Dabei hielt der forsche Parteimanager Blessing sogar fest, dass die Ergebnisse der Partei-Untersuchungen »auf den unterschiedlichen Ebenen der Organisation präsentiert und zum Ausgangspunkt weiterer Diskussionen gemacht werden«.[31] Dieses vermeintlich basisdemokratische Versprechen gilt aber offenbar nicht für die 1997 von der Wiener Agentur Interbrand Zintzmeyer & Lux erstellte Studie mit dem Titel *Auf dem Weg zur modernen Parteizentrale. Das Fundament legen.* Die Ergebnisse dieses Organisationsgutachtens sind bis heute nicht veröffentlicht worden. In diesem Gutachten zeichnete sich bereits ein von der SPD-Parteiführung eingeleiteter Organisationswandel ab: Nicht mehr Parteigremien oder gewählte Vorstandsmitglieder steuern den notwendigen Modernisierungsprozess. Im Gegenteil: Sie delegieren diese zentrale Aufgabe der Organisationsentwicklung an kommerzielle Unternehmensberatungen. Da diese Prozesse wenige Jahre nach dem anspruchsvollen, basisorientierten Konzept »SPD 2000« eingeleitet wurden und einen Bruch mit der bislang gelebten Parteipraxis bedeuteten, entschied man sich für die Geheimhaltung.

Im Vorfeld der Bundestagswahl 1998 und in Vorbereitung auf den Regierungsumzug nach Berlin präsentierten die Berater von Zintzmeyer & Lux ihr Szenario der künftigen gesellschaftlichen, politischen und ökonomischen Veränderungen. Sie sehen »zunehmende Politikverflechtung, sinkende Integrationskraft von Großorganisationen, zunehmende Politikdistanz, veränderte politische Erwartungshaltung von Interessenten und Mitgliedern«. Diese Agenda, die heute eine entscheidende Rolle in den Reformdiskussionen spielt, identifizierte die SPD also bereits vor gut zehn Jahren. Die Konsequenz der Berater: »Die Parteizentrale muss sich wandeln.« Sie müsse »aktiv, kommunikativ, aktuell, koordiniert, ambitioniert, kooperativ« sein.

In beeindruckender Kürze fassen die Berater anschließend ihren Befund für den Patienten SPD zusammen. Die Diagnose: »Im Kern ein strukturelles Problem.« Die vier »bullet points« haben es in sich: »unzureichende Organisationsstruktur, unklare Identität, unattraktive Kommunikation, diffuse Motivation«. Aus den Intensivinterviews mit den Mitarbeitern des Parteivorstands wurde das gesamte denkbare Reservoir der Schwächen einer Organisation gefiltert: »Informationsabschottung und Leistungsferne, Küchenkabinette und zentralistische Denkstrukturen, lange Entscheidungswege und zu späte Entscheidungen, ungenutzte Mitarbeiterkompetenzen und zu wenig Anerkennung …«, so das extrahierte Wissen.

Die Agentur diagnostiziert ergänzend die »fehlende Aufgabenbündelung« sowie die »unklaren Leitungs- und Führungsstrukturen«. Im Sinne der Effizienzsteigerung definiert sie anschließend das Anforderungsprofil für eine moderne Parteizentrale: »klares Dienstleistungsverständnis, starke Kommunikationsausrichtung, deutliche Außenorientierung, hohe Flexibilität, transparente Strukturen, hohe Motivation«. Die bisher in Einzelreferaten segmentierten Politikfelder – von Wirtschaft bis Internationales – werden zur »Politischen Beratung« umgewandelt, der Bereich Service wird aufgewertet: »Eindeutige Service-Orientierung, effiziente Parteiorganisation, externe Transparenz und flexible Einzelfunktionen« sollen den reinen Service-Charakter der SPD-Parteizentrale prägen.

Formal wurden die Organisationsvorschläge der Agentur mit dem Umzug der SPD-Parteizentrale nach Berlin weitgehend umgesetzt. Ob sich dadurch Kompetenz, Motivation und interne Kommunikation verbessert haben, wird dagegen von Insidern bezweifelt, da der Apparat ein Spiegelbild der Partei ist. Der extrem häufige Personalwechsel an der Spitze der SPD, mitsamt den jeweiligen »Küchenkabinetten«, hat zudem viel Unruhe und Brüche produziert und das Gegenteil von Kontinuität bewirkt. Aktuell sind diese Widersprüche in der ungeklärten Rolle des SPD-Generalsekretärs zu besichtigen.

Hubertus Heil bekleidet zwar das Amt des SPD-Generalsekretärs, gleichwohl muss er hinnehmen, dass der Initimus des SPD-Vorsitzenden, Bundesgeschäftsführer Kajo Wasserhövel, de facto diese Spitzenfunktion und die Wahlkampfleitung in der SPD-Zentrale wahrnimmt.

Controlling statt Konzepte für den langsamen Tanker SPD

Die rückläufigen Finanzen zwingen alle Parteien, ihre klassischen Strukturen und ihre Präsenz in der Fläche anzupassen. Die Gewerkschaften haben diesen schmerzhaften »Bündelungsprozess« schon hinter sich. In der SPD wird diese Konzentration in Richtung Regionalgeschäftsstellen weiter vorangetrieben. Statt einer Geschäftsstelle pro Unterbezirk sollen Service-Einheiten gebündelt und der Apparat weiter gestrafft werden.

Dieses neue »Geschäftsmodell« hat auch im mitgliederstärksten Landesverband Nordrhein-Westfalen einer Unternehmensberatung einen Großauftrag beschert. Der 29-seitige Abschlussbericht zur »Organisationsuntersuchung für die NRW-SPD« vom 21. November 2004 kann als ein Dokument der Hilflosigkeit gelesen werden. Die »Dr. Malcher Unternehmensberatung« mit Sitz in Köln erhielt den Auftrag, die 54 hauptamtlich besetzten Unterbezirksgeschäftsstellen zu bündeln und auf etwa 30 zu reduzieren. Bis Ende 2006 sollte die Halbierung der Posten erledigt sein.

Johann Malcher durchleuchtete mit seinem Team alle NRW-Geschäftsstellen von Gütersloh bis Warendorf. Seine bis heute geheim gehaltenen Ergebnisse dokumentieren eine desolate SPD-Organisationskultur. Knapp zusammengefasst: Die Aufgabenfelder der Geschäftsführer werden individuell als »One-Man-Show« definiert und führen »zwangsläufig zu einer beruflichen Vereinsamung«.[32] Es gibt »keinen eindeutigen Vorgesetzten«, keine geregelten Mitarbeitergespräche und kaum Feedback. Ein überprüfbarer Aufgabenkatalog fehlt, die Kontrolle und Bewertung der Arbeit gilt – so der Unternehmensberater – als Überforderung des Landesverbands. Unterbezirksgeschäftsstellen und Landesverband sind unzureichend miteinander verzahnt. In der Regel wird eher wild kommuniziert, von einer strukturierten Kommunikation kann keine Rede sein, eher schon von einer »Informationsüberflutung«. 41% der Arbeitszeit der Geschäftsführer werden für politische Arbeit mit Außenwirkung genutzt, 30% für politische Arbeit mit Innenwirkung, 16% werden in den Service für Ortsverbände investiert, und 13% der Zeit schluckt die Administration.

Die Unternehmensberater haben vier von den Geschäftsführern selbst gewählte Rollenbilder aus den Interviews herausdestilliert: Immerhin 36% der Geschäftsführer entsprechen dem »Idealbild« des »Managers von Politik«, der mit hoher kommunikativer Kompetenz auch konzeptionell für die SPD arbeitet. 23% der Akteure sehen sich als »Servicestelle« vor allem für die Ortsvereine. Der Typus »Familie SPD« (21%) sieht das sozialdemokratische Umfeld als Solidargemeinschaft und löst »bevorzugt ad hoc auftretende Probleme seiner Umgebung«.[33] Dieser Typus tritt entweder als »heimlicher Patriarch« oder sehr zurückhaltend auf. Mit dem gleichen Prozentsatz (21%) ist der Geschäftsführer als »Lokalpolitiker« in NRW anzutreffen.

Die Lösung aus dem dokumentierten Organisationsdesaster sollte nach Vorstellung der Unternehmensberater die Bildung von »Regio- und Teamstrukturen« sein. Am 1. Dezember 2005 legten sie einen »Bericht zur Umsetzung des Strukturvorschlags zur Einführung von Regio- und Teamstrukturen und der Einrichtung des Service-Centers« vor. Auf 23 Seiten wird jede Dienstleistung einer Parteigeschäftsstelle detailgenau erfasst, werden die genauen Arbeitsprozesse – etwa bei einem Parteiaustritt – definiert. Anforderungsprofile, Stellenpläne, die Organisationsstruktur des Landesbüros, Ausbildungspläne – kein einziger Aspekt der politischen Organisation bleibt undefiniert. Wie beim Discounter – alle Prozesse sind genau geregelt.

Jochen Schmidt ist für dieses Projekt in der Landesgeschäftsstelle der SPD in Düsseldorf zuständig. Für ihn ist es keineswegs selbstverständlich, auf Fragen zu einem geheimen Projekt zu antworten. Anfang Februar 2009 liefert er schließlich eine gemischte Bilanz: Die Einrichtung der Service Center »hat sich inzwischen bewährt und als vollkommen richtig herausgestellt«. Allerdings sei der »Umgewöhnungsprozess« der mehr als 1800 ehrenamtlich organisierten Parteigliederungen und der Hauptamtlichen »noch nicht abgeschlossen«. Die Loslösung der Geschäftsführer aus ihrer lokalpolitischen Verbundenheit hin zu »parteipolitischen Gestaltern« ist ebenfalls noch im Fluss. Fest steht für Schmidt: »Der Personalabbau führt zu einer erheblichen Leistungsverdichtung für die ›Übriggebliebenen‹.« Auf eine ähnliche Entwicklung müssen sich wohl alle Parteien in Deutschland in Zukunft einstellen.

Die »Dr.-Malcher-Kontrolleure« haben aber nicht nur den Parteiapparat einer Kernschmelze unterzogen. Wie Politik künftig gemacht werden soll, wissen die Unternehmensberater auch: Sie schlagen die »Neuausrichtung der Referentenprofile«, die »eindeutige Zuordnung von Mitarbeitern« und die »Etablierung eines Arbeitsbereichs ›Politische Themenentwicklung/-aufarbeitung‹« vor.

Die Tatsache, dass der größte Landesverband mit jahrzehntelanger Regierungserfahrung die gesamte Organisations- und Personalentwicklung von einem kommerziellen Dienstleister bestimmen lässt, wirft ein Schlaglicht auf unprofessionelle bis amateurhafte Strukturen und auf eine verdorrte politische Kultur. Ergebnisorientiertes Arbeiten – so das Fazit – ist in der politischen Praxis offenbar eher ein Produkt des Zufalls.

Die Tatsache, dass der gewählte Vorstand die gesamte Planungsverantwortung an eine Unternehmensberatung delegiert, ist zudem ein kaum zu überbietendes Eingeständnis eigener Überforderung. Die Studie zur SPD in Nordrhein-Westfalen gibt einen exklusiven Einblick in die regionale Organisationsstruktur der Partei: In den abgemagerten Apparaten von Kiel bis München, von Hannover bis Mainz dürfte die Infrastruktur nicht viel anders aussehen. Mit einer Ausnahme: In Nordrhein-Westfalen gibt es immer noch eine vergleichsweise gute Mitarbeiter-Ausstattung.

Ideen ohne Umsetzungspotenzial

Neben den zaghaften und unklaren Zielvorgaben der SPD-Reformprojekte fällt auf, dass stets ein durchdachter und überprüfbarer Umsetzungskatalog fehlt. Durchgehend dominiert die Philosophie der Effizienzsteigerung, der Service-Orientierung, der professionellen Erschließung eines größeren Mitglieder- und Wählermarkts sowie einer Optimierung der Politik-Inszenierung mithilfe moderner Managementtechniken. Vermeintliche Angebote der Beteiligung werden als Instrumente zur Effizienzsteigerung genutzt, nicht aber als wirksames Mittel für mehr echte Partizipation.

Auffällig ist zudem, dass kein SPD-Parteiführer bislang die Reform der SPD zu seiner oder ihrer Sache gemacht hat. Stephan Bliemel, mittlerweile Pressesprecher im Finanzministerium von Mecklenburg-Vorpommern und aussichtsreicher Bundestagskandidat für 2009, würde wahrscheinlich nicht noch einmal eine Analyse zur Parteireform schreiben. Solche Anstrengungen sind auf Erfolglosigkeit programmiert. Er ist aber im Arbeits- und Diskussionsprozess zu einer wichtigen Erkenntnis für alle anderen Parteireformer gelangt: Jede Reform müsse man künftig »von den Menschen her denken, nicht von den Strukturen«. Viele würden verkennen, »wie Parteien funktionieren«. Das Wichtigste seien »ausstrahlungsfähige politische Inhalte«. Die würden meistens von »motivierten Einzelpersonen« aufgegriffen und weitergetragen. »Die wichtigste Rolle der Parteien ist die Personalauswahl«, so Bliemel. Deshalb müssten die Parteien Antworten auf die Frage geben, »wie Menschen unterstützt werden, aktiv zu bleiben«. Dies gehe nur durch »Einbindung und Kommunikation«. Man müsse »ständig im Gespräch« bleiben, »motivieren«.[34]

Der Nachwuchsmann aus Mecklenburg-Vorpommern hat offenbar begriffen, wie Reformen vorangebracht werden können. Vielleicht sollte Franz Müntefering, ein erklärter Anhänger der Effizienzsteigerung politischer Prozesse, ihn bei Gelegenheit mit dem Projekt einer wirklichen »Parteireform« beauftragen. Die von Herbert Wehner überlieferte Funktion der SPD als »Partei der Kümmerer« bekommt im Licht der meist erfolglosen Reformprozesse eine neue Dimension. Parteifunktionäre und gewählte Abgeordnete müssen sich nicht so sehr um die Sorgen der Bürger kümmern, sondern um die Nöte der wenigen Aktiven an der Parteibasis.

Dr. Malcher
Unternehmensberatung

Ergebniss aus den Interviews
– Praktizierte Rollenmodelle der Geschäftsführer –

»Manager von Politik« ➡ 36 %	»Lokalpolitiker« ➡ 21 %
• Besitzt hohe kommunikative Kompetenz nach innen und außen • Liefert konzeptionelle und innovative Grundlagen für die SPD-Arbeit • Hält sich geschickt bei innerparteilichen »Machtspielen« heraus	• Verwendet einen nicht unerheblichen Teil seiner Arbeitszeit für kommunalpolitische Aktivitäten • Betont die herausragende Rolle der kommunalen Fragen für das Selbstverständnis der SPD vor Ort • Gehört tendenziell einem SPD-»Lager« an
»Familie SPD« ➡ 21 %	»Servicestelle« ➡ 23 %
• Hat eine hohe emotionale Bindung an die örtlichen SPD-Strukturen • Ist entweder sehr machtorientiert (»heimlicher Patriarch«) oder sehr zurückhaltend (»braver Junge«) • Arbeitet sehr ad-hoc-orientiert	• Besitzt eine ausgeprägte Arbeitnehmer-Orientierung (»SPD als Job«) • Konzentriert sich auf organisatorische und technische Serviceleistungen für Ortsvereine • Ordnet sich dem UB-Vorsitzenden stark unter (»persönlicher Referent«)

Quelle: Organisationsuntersuchung für die NRW SPD – Abschlussbericht (Stand: 21.11.2004)

2. Programmatische Sackgassen: Die SPD in der Zwickmühle der Linken

Wie stark grundlegende strategische Fragen der Parteien mit programmatischen Positionen verschränkt sind, lässt sich an einem signifikanten Lehr- und Trauerspiel dokumentieren. Es geht um das bis heute nicht verbindlich geklärte Verhältnis der SPD zur Linkspartei.

Nach dem spielfilmreifen Desaster rund um die 2008 zweimal fehlgeschlagene Wahl einer rot-grünen Minderheitsregierung mit Tolerierung der Linken in Hessen überlagert diese Frage die gesamte innenpolitische Kräftekonstellation. Die Debatte birgt enorme politische Sprengkraft, da es – hinter der offenbar hoch emotional aufgeladenen Kooperations- und Abgrenzungsfrage – um zentrale Einflusssphären und Machtkonstellationen geht. Die Gemengelage ist unübersichtlich, und das schon länger als ein Jahrzehnt. Eine klare Linienführung, die über den Tag Bestand hat, ist nicht erkennbar.

Sollte man den Kern der SPD-Positionierung zusammenfassen, so lautet das Credo, bezogen auf die Linke: Auf Bundesebene kommen keine Koalitionsvariante und keine Tolerierung einer Regierungsformation mit SPD-Beteiligung infrage. Auf Länderebene dürfen die einzelnen Landesverbände – je nach Lage-Einschätzung – autonom entscheiden. Diese Grundvariante wird immer wieder von sehr unterschiedlichen Akteuren in der SPD jeweils neu tenoriert und akzentuiert. Dabei gibt es offenbar eine Win-win-Situation zwischen den auf Kurzstatements geeichten Politikern und den auf griffige Zitate abonnierten Medien. Politiker der SPD werden mit solchen Statements garantiert zitiert, die Medien können einen beim Publikum eingeführten, emotional aufgeladenen, aber immer noch ungeklärten Konflikt stimulieren. Damit wird »Gesprächswert« geschaffen, mittlerweile einer der wichtigsten Nachrichtenfaktoren, die Auswahlprozesse in den Agenturen, Zeitungen und Sendern steuern.

Ein paar wenige Zitate des SPD-Spitzenpersonals genügen, um zu illustrieren, wie verfahren die Lage ist, wie unkoordiniert und widersprüchlich Sozialdemokraten aus der ersten Reihe agieren. Und das fast ein Jahr nach dem vom früheren SPD-Vorsitzenden Kurt Beck Ende Februar[1] eingeleiteten vorsichtigen Öffnungskurs gegenüber der Partei Die Linke.

Becks Nachfolger Franz Müntefering sagte vor Weihnachten 2008 dem Magazin *stern* auf die Frage nach möglichen rot-rot-grünen Bündnissen etwa in Thüringen oder dem Saarland: »Wenn es uns gelingt, mehr sozialdemokratische Ministerpräsidenten zu stellen, würde uns das helfen, mehr als es schadet.«[2] Wenige Tage später antwortete Kanzlerkandidat Frank-Walter Steinmeier und lehnte in der *Welt am Sonntag* Münteferings Öffnungsrhetorik, bezogen auf Koalitionen in den Ländern, ab: »Es gibt eine Reihe von Bundesländern, in denen ich der Linkspartei eine Regierungsbeteiligung nicht zutraue, weil dort politische Sektierer am Ruder sind.« Auf Bundesebene sei die Linkspartei »nicht regierungsfähig« und verfüge nicht einmal über ein Programm.[3] Klaus von Dohnanyi, konservativer SPD-Freidenker, meldete sich mit einer dritten Meinung in der *Welt* zu Münteferings Einwurf zu Wort: »Jede Koalition mit der Linken ist ein gravierender Fehler.«[4] Ex-SPD-Fraktionschef Peter Struck hatte bereits Mitte November 2008 – nach einer früheren Serie harter Distanzierungen – in der *Super Illu* eine neue Linie formuliert:

> »Wenn die Linkspartei sich ändert, wenn ein Herr Lafontaine nicht mehr dabei ist, wenn sie eine andere Außenpolitik und eine realistischere Wirtschafts-, Finanz- und Sozialpolitik verfolgt, dann haben wir eine andere Geschäftsgrundlage.«[5]

Diesen Positionen könnten noch Dutzende andere Einschätzungen führender Sozialdemokraten hinzugefügt werden. Natürlich stets begleitet von Gegenstimmen, Oppositionsbewertungen und weiteren Stellungnahmen. Ein vielstimmiger Chor, der der Linken sogar »nationale soziale Politik« (Müntefering) attestiert – aber keine klare Linie.

Emotionaler, polarisierender Gesprächswert bildet die ideale Nachrichtenkulisse

Die hohe Aufmerksamkeit der Medien für das Meinungs-Potpourri um das jeweilige Maß zwischen Abgrenzung und Kooperation mit der Linken hat drei wesentliche Gründe.

Erstens: Die Kooperationsfrage hat eine hohe emotionale und polarisierende Substanz. Unverarbeitete antikommunistische Reflexe, jahrzehntelang das Treibmittel zur Abgrenzung zwischen »Konservativen« und dem »rot-grünen Spektrum«, wirken in der Debatte mit und können sich stets aufs Neue entladen. Zudem dient die Partei Die Linke unterschwellig als Symbol für die von vielen innerlich nach zwanzig Jahren immer noch abgelehnte »deutsche Einheit«. Political Correctness ist nicht mehr gefragt, wenn man Die Linke – stellvertretend für eine als falsch eingeschätzte Politik – ablehnen darf. Dazu kommen substanzielle und ernsthafte Einwände gegen ein unberechenbares Programm und eine hoch problematische Erblast.

Zweitens: Hinter der Kooperations- und Abgrenzungsfrage zur Linken steht in der SPD in Wahrheit eine ungeklärte Richtungsfrage. Weil jede Annäherung und jede Abgrenzung zur Linken stets auch ein Statement auf der Links-rechts-Achse der SPD ist, schwingt in der Positionierung zur Linken immer auch das Pendel der jeweiligen programmatischen Ausrichtung mit. Weil die Programmfrage, besonders in der immer noch offenen Bewertung der »Agenda-Politik« und der »Hartz-Gesetze«, nach wie vor einen tiefen Graben durch die SPD zieht, bleibt die Haltung zu den Linken der entscheidende Konflikt-Katalysator in den noch unterdrückten internen Debatten. Dynamisiert werden diese Konflikte durch die für viele schier unerträgliche Provokation der Person Oskar Lafontaine, der als Ex-Parteivorsitzender für die Spaltung des linken Parteienspektrums verantwortlich gemacht wird.

Drittens: Für die politische Konkurrenz in der CDU/CSU und der FDP ist das programmpolitische Irrlichtern der SPD ein unbezahlbares Geschenk. Mit Verweis auf Die Linke kann sich die CDU einfach, emotional und polarisierend von der SPD abgrenzen. Es ist die wertvollste politische Zwickmühle, über die das konservative Lager verfügt. Auf der streng von der Öffentlichkeit abgeschotteten »Kampagnen-Konferenz« der CDU am 17. Februar 2009 in Hannover präsentierte Ex-Generalsekretär Ronald Pofalla die auf dieser Erkenntnis aufbauende Strategie der CDU zum »Konfliktfeld SPD und Die Linke.« Im Superwahljahr wittert die CDU auf diesem Feld reiche Beute.

Dieses Argumentationsmuster braucht keine Differenzierung, um seine Wirksamkeit zu entfalten. Auffällig ist auch die intensive mediale Resonanz. Die Medien greifen dieses Konfliktthema immer wieder auf, tragen aber im Großen und Ganzen wenig dazu bei, die Argumente zu differenzieren. Gehört es nicht auch zur Sachanalyse, dass in einer Demokratie der Souverän in freien Wahlen Kandidaten und Parteien frei wählen kann, ganz gleich, ob die Kandidaten den Konkurrenten gefallen oder missfallen? Übernimmt Die Linke – abseits ihrer populistischen Ausrichtung – nicht auch eine Integrations- und Repräsentationsfunktion besonders für ostdeutsche Wähler und stellt unter Beweis, dass die Demokratie wirkliche Auswahl ermöglicht? Müssten die etablierten Parteien nicht zunächst selbst prüfen, warum es ihnen nicht gelingt, Die Linke als stärkste Volkspartei im Osten im politischen Wettbewerb auszuschalten und der Wahlklientel der Linken überzeugende Politikangebote zu unterbreiten?

Einfache Fragen, die im politischen Diskurs der Republik aber selten aufgeworfen werden. Die Stigmatisierung verdrängt die Realität und nutzt der prosperierenden Ost-Partei. Die SPD und ihre Spitzenfunktionäre haben sich oft und scharfzüngig zur Linken geäußert, stets begleitet von einem Gegen-Statement der jeweiligen Kritiker aus den eigenen Reihen oder der politischen Konkurrenz. Die Positionierungen aus jüngster Zeit illustrieren eine neue Unübersichtlichkeit, als Ersatz für ungeklärte Programmfragen. Hier zeigt sich das Führungsvakuum der SPD.

Internes SPD-Geheimpapier zu Die Linke: Empfehlungen zum »strategischen Umgang« und »zentrale Angriffspunkte«

Wie heikel und kompliziert das Thema Die Linke für die SPD ist, dokumentiert ein internes, unveröffentlichtes Strategiepapier des SPD-Parteivorstands mit dem Titel *»Die Linke« – ihre Wählerschaft im Westen, Programmatik und strategischer Umgang* vom April 2008.

Die Untersuchung, die aktuelle Befunde der Wahlforschung analysiert, eigene qualitative Befragungen von Wählern der Linken auswertet und die parteiinterne Stimmungslage nach vielen Diskussionen und externen Beratungen bündelt, ist in acht Punkten zusammengefasst. Die Ergebnis-Zusammenfassung beginnt mit dem Appell an das eigene Selbstbewusstsein:

> »Über eigene Themen Profil zeigen. Zentraler Gegner ist die Union.«

Damit spielen die Autoren auf die komplizierte Gefechtslage in der großen Koalition an, die das Profil der SPD unter dem Druck notwendiger Kompromisse immer weiter abschleift. Implizit heißt dies auch: Die Linke ist nicht der zentrale Gegner der SPD.

Die zweite Strategie-Empfehlung zielt auf die abgestumpfte Watte der Gleichsetzung von SED/PDS und der Linken:

> »20 Jahre nach dem Mauerfall: Rhetorik des Kalten Kriegs (und damit auch implizite Wählerkritik) vermeiden. Dort wo klar nachweisbar, unklares Verhältnis zur Vergangenheit aufzeigen.«

Mit dieser Orientierung will der SPD-Parteivorstand wohl auch die in zwei Jahrzehnten angesammelten Fehler ausbügeln. Die neu gegründete SPD im Osten leidet bis heute unter der Abgrenzung von ehemaligen SED-Mitgliedern. Die Konsequenz: Der Parteiaufbau stützte sich nach dem Mauerfall 1989 auf politisch unerfahrene, aber gutwillige Amateure, die unzureichend Stimmungs- und Gefühlslage einer breiten Bevölkerungsschicht repräsentierten.

Die dritte Empfehlung definiert den Stil der künftigen Auseinandersetzung:

»Souveränität zeigen. Als gegnerische, aber legitime Partei im demokratischen Wettbewerb akzeptieren. Spitzenpersonal in der Sache angreifen, nicht persönlich attackieren.«

Mit diesem Kernsatz weisen die Autoren offenbar auf eine »Lex Lafontaine« hin. Dass ausgerechnet ein hoch dekorierter, zum Teil verehrter Ex-Vorsitzender der SPD jetzt an der Spitze der Linken steht, wird von vielen als unverarbeitete Demütigung und unerträgliche Provokation empfunden. Der damit verbundene biografische Bruch einer ganzen Politikergeneration wirkt bis heute nach. Hertha Däubler-Gmelin hatte in diesem Zusammenhang einmal in einem Gespräch betont, man müsse die Leiche im SPD-Wohnzimmer rasch beerdigen.

Die vierte Aussage kann wohl wieder als allgemeiner, aber wohl schwer realisierbarer Appell gelesen werden:

»Glaubwürdigkeit: Klare Aussagen vor Wahlen.«

Der fünfte Punkt illustriert die Bemühungen um einen taktischen Vorteil im täglichen Meinungsstreit:

»Auseinandersetzung in die Linke tragen – innere Widersprüche und Klärungsbedarf innerhalb der Linken offenlegen.«

Die Strategie-Empfehlung Nummer sechs ist aus Sicht der SPD-Führungsspitze – bezogen auf die Bundesebene – offenbar schon lange geklärt:

»Infrage stellen, ob Linke Verantwortung für das Land übernehmen kann und will.«

Dann folgt als siebter Punkt eine komplizierte Differenzierung, die den Erfolg der Linken in der politischen Praxis bereits spiegelt:

»Fallen vermeiden und richtiges ›Framing‹: Angriffe nicht auf deren Gewinnerthemen konzentrieren bzw. deren Schlüsselbegriffe verwenden.«

Um welche »Gewinnerthemen« beziehungsweise »Schlüsselbegriffe« es geht, kann man nur vermuten. Selbst in dem internen Papier bleibt diese heikle Frage offen.

Der achte und letzte Punkt im Set zum »Strategischen Umgang mit der Linken« setzt wieder auf Pragmatismus:

> »Konzentrieren auf drei bis vier zentrale Widersprüche.«

Alle Punkte dieses Geheimpapiers des SPD-Parteivorstands beziehen sich auf die Zeit vor der Bundestagswahl 2009. Sie sind geprägt von einem taktischen Umgang, nicht von grundsätzlichen Erwägungen. Die Analyse gründet auf der realistischen Annahme, dass auf Dauer mit der Partei Die Linke gerechnet werden muss. Nach der Bundestagswahl wird die Debatte mit Blick auf klare Rollen in Regierung und Opposition sicher noch deutlicher justiert werden.

»Luftbuchungen« und »Geld fürs Nichtstun«

Zu den strategischen Widersprüchen der Linken zählen die SPD-Strategen das »›Strategische Dreieck‹: sozialer Protest, Gestaltung in Regierungsverantwortung, demokratisch-sozialistische Perspektiven« und die »Konzentration auf gewerkschaftlich orientierte bedrohte Arbeitnehmerschaft, sozial Schwache sowie ›linke Milieus‹/ sozialpolitische Symbolforderungen«.

Auf vier weitere Dilemmata machen die SPD-Planer aufmerksam: »Ost vs. West«, »Regierungs- und Gestaltungspartei vs. Protest- und Gesinnungspartei vs. Ego-Projekt... Linkes Emanzipationsprojekt vs. Sozialstaatsprotektionismus vs. Antikapitalismus«. Und schließlich werden die ideologischen Kampfplätze aufgerufen: »Forum demokratischer Sozialismus vs. Sozialistische Linke vs. Antikapitalistische Linke.«

Diese Konfliktlinien tauchen auch in den folgenden fünf Seiten immer wieder auf. Hier werden – bezogen auf Programm und Inhalt – die »Schnittmengen mit SPD« und die »Konfliktpunkte mit SPD« in den wichtigsten Politikfeldern gegenübergestellt (siehe Seite 242 f.).

Dieser Vergleich kann sich allerdings nur auf die programmatischen Eckpunkte des Vereinigungsprozesses von PDS und WASG, den Beschluss des Bundesparteitags 2008 sowie Anträge der Bundestagsfraktion der Linken stützen. Denn die Linke will sich erst im Jahr nach der Bundestagswahl 2009 ein Programm geben. Bislang existieren aufgrund der extremen Heterogenität der Partei lediglich widersprüchliche Programmfragmente.

In den Themenblöcken »Arbeit«, »Wirtschaft«, »Innenpolitik«, »Bildung« und »Energie« fällt auf, dass die Konflikte von der SPD nicht als unüberbrückbar eingeschätzt werden, auch wenn die Autoren die »Staatsfixierung« und das »ungeklärte Verhältnis zu Märkten in der Beschäftigungspolitik« der Linken monieren. Im Grunde bestätigt sich hier die frühe Analyse Günther Verheugens, die PDS (also die Vorgängerin der Linken) sei »radikalisierte Sozialdemokratie«[6].

Auf den Feldern »Sozialstaat« und »Internationale Politik/Europa« zerbröseln allerdings die vermeintlichen Schnittmengen Forderungen wie »Hartz IV muss weg«, »Abschaffung Renten mit 67«, »Ablehnung Bundeswehreinsätze«, »Überwindung NATO«, »Ablehnung EU-Reformvertrag« etc. dürften aus heutiger Sicht nicht konsensfähig sein; es sei denn, die Aufweichung dieser Positionen würde in möglichen Koalitionsverhandlungen »personell teuer bezahlt« werden. Aus dieser Sachanalyse übersetzen die SPD-Strategen dann die »zentralen Angriffspunkte« gegen die Linken im politischen Alltag. Vier Punkte mit einem Dutzend abgeleiteten Attacken formulieren die Analysespezialisten aus dem Willy-Brandt-Haus für den täglichen Wettbewerb in der politischen Arena. Erstens: »Sozialpolitik zulasten der gesellschaftlichen Mehrheit«; zweitens: »Finanzpolitische Luftbuchungen und leere Versprechungen«; drittens: »Deutschland stünde mit der Linken international isoliert da«; viertens: »Es fehlt jede Idee einer modernen sozialen Marktwirtschaft.«

In diesen vier Angriffspunkten spiegeln sich erneut die scharfen gesellschaftspolitischen und parteipolitischen Spaltungslinien – bezogen auf Die Linke – wider. Die von den SPD-Gegnerbeobachtern ausgewerteten Untersuchungen deuten darauf hin, dass rund 30 Prozent der Befragten positive, hingegen rund 40 Prozent nega-

»Die Linke«
Ihre Wählerschaft im Westen, Programmatik
und strategischer Umgang

6. Strategischer Umgang mit der Linken

1. Über eigene Themen Profil zeigen. Zentraler Gegner ist die Union.

2. 20 Jahre nach dem Mauerfall: Rhetorik des kalten Kriegs (und damit auch implizite Wählerkritik) vermeiden. Dort wo klar nachweisbar, unklares Verhältnis zur Vergangenheit aufzeigen.

3. Souveränität zeigen. Als gegnerische, aber legitime Partei im demokratischen Wettbewerb akzeptieren. Spitzenpersonal in der Sache angreifen, nicht persönlich attackieren.

4. Glaubwürdigkeit: Klare Aussagen vor Wahlen.

5. Auseinandersetzung in die Linke tragen – Innere Widersprüche und Klärungsbedarfe innerhalb der Linken offenlegen.

6. Infrage stellen, ob Linke Verantwortung für das Land übernehmen kann und will.

7. Fallen vermeiden und richtiges »Framing«: Angriffe nicht auf deren Gewinnerthemen konzentrieren bzw. deren Schlüsselbegriffe verwenden.

8. Konzentration auf 3–4 zentrale Widersprüche.

Quelle: SPD-Parteivorstand, Abteilung Planung und Kommunikation, April 2008

tive Effekte im Zusammenhang mit den Linken verbinden. Diese Spaltungslinie zwischen Zustimmung und Ablehnung der Partei Die Linke dokumentiert auch der ARD-DeutschlandTREND vom Februar 2008.

Angriffslinie »soziale Gerechtigkeit«

»Soziale Gerechtigkeit« ist das wichtigste Wahlmotiv für Die Linke. Die Auswertung der Landtagswahlen 2008 und die Ergebnisse der von den Autoren der Studie durchgeführten Gruppendiskussionen mit Wählern der Linken illustrieren noch einmal den massiven Problemdruck, unter dem die SPD steht.

7. Programm und Inhalt der Linken – Zentrale Angriffspunkte

SPD
Das soziale
Deutschland.

Sozialpolitik zulasten der gesellschaftlichen Mehrheit

- Grundsätzliche Ablehnung der Eigenverantwortung von Bürgern
- Geld fürs Nichtstun
- Massive Belastung der kommenden Generationen
- Rentenbeitragssteigerung von 28 Prozent

Finanzpolitische Buchungen und leere Versprechungen

- »Mehr Geld für alle« ist eine Luftbuchung
- Versprechungen haben eine Finanzierungslücke von über 150 Mrd. Euro
- Steuererhöhungspartei: Etliche Steuern sollen erhöht werden

Deutschland stünde mit der Linken international isoliert da

- Bruch mit bewährten und historisch gewachsenen Bündnissen
- Ohne-uns-Haltung gegenüber internationalen Konflikten
- Keine ernsthafte Perspektive für Europa
- Unklare Haltung zu Menschenrechten bei der Bewertung von Diktaturen

Es fehlt jede Idee einer modernen sozialen Marktwirtschaft

- Vergesellschaftung von »Schlüsselbereichen«
- Kein Konzept zur Stärkung des Wirtschaftsstandortes und Zukunftsbranchen im globalen Wettbewerb

Folgt man den Auswertungen im SPD-Strategiepapier, ist das Thema »soziale Gerechtigkeit« mit großem Abstand und bei zwei Dritteln der Linken-Wähler (zwischen 60% und 69%) das zentrale Wahlmotiv. Diese Einschätzung wird in den für die Studie durchgeführten qualitativen Interviews wiederholt. Auch hier ist eine »ungerechte Gesellschaft« (»fehlende Verteilungsgerechtigkeit«, »fehlende Leistungsgerechtigkeit«, »fehlende Chancengleichheit«, »fehlende Gerechtigkeit in der Justiz«) das zentrale Antriebsmotiv für die Wahl der Linken. Das heißt: Die SPD wird von der Konkurrenz gerade in ihrem identitätsstiftenden Markenkern »soziale Gerechtigkeit« angegriffen. Dieser Grundkonflikt forciert die Ratlosigkeit der SPD im Umgang mit der Partei Die Linke.

Die »Unzufriedenen«, »Frustrierten« und »Protestwähler« formulieren ihre Hoffnung auf »mehr soziale Gerechtigkeit, SPD auf ›Kurs bringen‹, Gegenmacht«, wie die Autoren des Strategiepapiers feststellen. Auch die Bewertung der SPD aus der Perspektive der Wähler der Linken wird dokumentiert und belegt mit dem vorhandenen Material der Wahlforschung eine relative Stabilität und Festigung des Wählerreservoirs für die Linken. Der SPD (»die es so nicht mehr gibt«) werden folgende Schwachpunkte attestiert: der »Verlust der Glaubwürdigkeit«, »hat Grundsätze aufgegeben«, »keine Unterscheidbarkeit«, »kaum Neigung, die SPD derzeit wiederzuwählen«.

Diese in der Wahrnehmung verfestigten Defizite korrespondieren mit der Struktur der Wählerschaft der Linken. 36,2% gelten als »überzeugte Anhänger«, 40,3% als »potenzielle Stammwähler« und 23,5% als »Protestwähler«. Auch diese Trends illustrieren – eingebettet in die gesamtpolitische Stimmungs- und Konfliktlage – eine überraschende Stabilität der Linken, gemessen an ihrer jungen Parteigeschichte. Die SPD kann also nicht darauf setzen, dass sich dieses Konkurrenzproblem von selbst löst. Diese Illusion war in der SPD-Führung noch bis Ende 2007 verbreitet.

Zwischenfazit: SPD-Strategen fahren eine Doppelstrategie

Mit dem hier vorgestellten, aber nicht veröffentlichten SPD-Strategiepapier unternimmt die SPD-Spitze offenbar den Versuch, die wilde, vorwiegend emotionale Diskussion um Die Linke – vorerst intern – in eine geregelte, rational geprägte Debatte zu überführen. Durch die Auswertung von Zahlen, Daten, Fakten und Motiven bemüht sich die SPD, in einem ersten Schritt das Dunkelfeld in der Einschätzung der Linken aufzuhellen. Gleichzeitig wird im Subtext der geheimen Analyse eine gewisse Doppelstrategie empfohlen: eine Mischung aus Umarmung, Themenaufnahme und Abgrenzung bezogen auf die markierten Angriffspunkte. Erschwert wird dieser angestrebte Prozess aber durch eine zurzeit unüberbrückbare Spaltungslinie, die sich durch die gesamte Wählerschaft und das Lager der SPD-Anhänger zieht. Im Grunde müsste die SPD eine innerparteiliche und öffentliche Aufklärungsaktion starten, um einen weiteren Normalisierungsdiskurs zu beschleunigen. Das wiederum scheint derzeit ausgeschlossen, weil damit auch das unklare Gerechtigkeitsprofil der SPD ins öffentliche Gespräch käme. Alle Debatten rund um die Agenda-Politik der rot-grünen Bundesregierung werden jedoch seit Jahren mit großem Aufwand verdrängt und blockiert.

Im Zuge einer Gerechtigkeitsdebatte müsste die amtierende Führung der SPD mit lästigen Diskussionen und Reflexionen aus der Zeit der rot-grünen Agenda rechnen. Zahlreiche geheim tagende Zirkel und wissenschaftliche Beraterkreise im SPD-Parteivorstand oder im Umfeld der Friedrich-Ebert-Stiftung haben die grassierende Ratlosigkeit bislang nicht beseitigen können.

Allein die Existenz der hier erstmals präsentierten Expertise zum »strategischen Umgang« mit der Partei Die Linke signalisiert jedoch den offenbar erkannten Handlungsdruck. Der SPD-Führung ist im Grunde klar, dass der SPD in einem Fünf-Parteien-System – ohne Integration der Linken in eine wie auch immer geartete Konstellation – nur die Rolle des Juniors in einer großen Koalition als einziger realistischer Option übrig bliebe. Mit entsprechenden Effekten – weiteren Mitgliederverlusten, Rückzugsströmen und Abwanderungen zu anderen Parteien – müsste gerechnet werden.

Auch wenn nur ein ganz enger Kreis der SPD-Führungsmannschaft das Papier kennt, ist die Bedeutung eines solchen Strategie-Entwurfs nicht zu unterschätzen. Das Konzept ist offenbar hochbrisant: Es wurde bislang nicht einmal intern – im Kreis des gesamten Parteivorstands oder Parteirats – kommuniziert.

222 Seiten Gutachten zum Diskurs mit den Linken

Wie ernst, belastend und herausfordernd für die SPD die Konkurrenz zu der Partei Die Linke ist, belegt ein weiteres Großgutachten[7], das die Berliner Politikberatungsfirma Nautilus 2008 für die SPD erstellt hat. Mit ihrer differenzierten Analyse grenzen sich die Politikberater erheblich von den üblichen PowerPoint-Präsentationen ihrer Zunft ab.

Die Nautilus-Autoren präsentieren auf 222 Seiten einen anspruchsvollen theoretischen Entwurf zur Rolle der SPD als »Leitpartei«. Sie empfehlen der Sozialdemokratie, den öffentlichen »Diskurs« – moderiert und gestaltet von der SPD – als politisches Prinzip einzuführen. Sie gehen davon aus, dass sozialdemokratische Grundprinzipien im weitesten Sinne von unterschiedlichen Parteien aufgegriffen wurden. Die SPD müsse diese in Leitmotiven bündeln und gezielt in Diskursen kommunizieren.

Besonders reizvoll ist, dass das Gutachten diesen innovativen akademischen Ansatz mit einer peniblen und materialreichen Lage-Einschätzung zu allen relevanten Politikthemen verknüpft. Die Autoren analysieren die »strategische Diskurssituation« der SPD und der Partei Die Linke, historisch grundiert, detailbesessen und empirisch gesättigt. Kein Konfliktthema der jüngsten Zeit wird ausgeklammert. Das Forscherteam analysiert »Schnittstellen« und »Konfliktzonen« und skizziert praktische Empfehlungen für den notwendigen Brückenbau im politischen Alltag.

Offenbar hatten die Berater keine Vorgaben. Denn auch heikle, bislang ausgeklammerte Fragen, beispielsweise »Wie umgehen mit Schröder« oder »Strategische Probleme mit der großen Koalition« werden durch das Säurebad einer schonungslosen Analyse gezogen und klar beantwortet. Besonders aufschlussreich ist eine Detailanalyse der Talk-Show-Welt. Im Kapitel »TV-Diskurs mit links« werden die einschlägigen Sendungen des Berliner Meinungsbetriebs, die Moderationsstile und die Argumentationsspannen aufgespießt und die Defizite der SPD-Protagonisten in diesen Sendungen selektiert. Eine wahre »Deutschstunde« für Journalisten, Politiker, Pressesprecher und alle, die die nicht reflektierten Muster der medialen Kommunikation entziffern möchten.

Der SPD attestieren die Autoren schwere Versäumnisse in der Strategie-Entwicklung (»Lage günstig – Performance schwach«). Ursache seien der »Verlust der normativen Orientierung und Identitätskrise«[8] und die »Krux mit der konkurrierenden Leitideologie«[9]. Ausführlich diagnostizieren die Berater die »strategischen Probleme mit der großen Koalition«. Ihr Ergebnis: Die große Koalition »begünstigt die Union«.[10] Dazu kämen eine »defensive Rechtfertigung der Regierungspraxis«, »zu viel Oppositionslust anstatt Regierungswille«, eine »zu hohe Identifikation mit der großen Koalition« sowie »keine Perspektive über die große Koalition hinaus«[11]. Die strategischen Probleme der SPD mit der Linken seien »zum großen Teil hausgemacht und selbst verschuldet«. Es gebe »keine gemeinsame und kohärente Einschätzung der Linken«, eine »diskursive Verdrängung« sowie »partielle Diskursverweigerung«[12].

Auch die Linken werden unter der Lupe der kundigen Berater seziert. Das strategische Problem der Partei wird mit der »Populismusfalle« und der »Angst vor der Realpolitik« markiert. Dazu kämen ein »gesellschaftspolitischer Utopismus« sowie eine »strategische Illusion«. Die Idealisierung des Zusammenspiels von »Partei und Bewegung« sei eine »Quadratur des Kreises«. Die Linke sei zudem eine »Formation voller Spaltungen« und eine »Randpartei mit geringen Koalitionsalternativen« sowie einer »Fixierung auf die SPD«.[13]

Aus dieser schonungslosen, nüchternen und realistischen Lage-Einschätzung leiten die Berater allgemeine strategische Leitlinien für die SPD sowie spezielle Strategievorschläge für den Diskurs mit der Linken ab. Zu den Empfehlungen gehört zunächst der zentrale Leitsatz: »Die Rolle der SPD als Leitpartei selbstbewusst nach außen vertreten.« Die Sozialdemokratie soll sich als »Partei in der Mitte und Schutzmacht der kleinen Leute« verstehen, »den diskursiven Stil einer Leitpartei kultivieren – Diskursangebote aufgreifen«. Sie regen zudem an, »in Diskursen die Moderationsrolle an(zu)streben«. Der »Gerechtigkeitsdiskurs« – unterlegt mit konkreten und heiklen Fragen – solle als »Leitdiskurs forciert« werden.[14]

Parallel dazu empfiehlt das Gutachten, »den neoliberalen Leitdiskurs zu attackieren« und den »Armutsdiskurs der Linken aufzugreifen«. Dann sollten die nächsten Programm-Schwerpunkte folgen. Dazu gehören: die »Kapitalismuskritik akzentuieren«, die »Leitdiskurse der Union aufdrängen« und die »Programmdebatte in die öffentlichen Leitdiskurse einspeisen«. Angeregt wird, »offensiv über die Koalitionsalternativen für 2009 [zu] debattieren« und die »Ära Schröder (zu) verteidigen«[15].

Nautilus fordert – bezogen auf die politisch nicht gründlich aufgearbeitete rot-grüne Koalition – mehr Selbstbewusstsein und Klarheit:

»Rot-Grün hat sich jenseits der Sozialreformen in der Außenpolitik, in der Energie- und Umweltpolitik, in der inneren Sicherheit und der Migrationspolitik sowie der gesamten Präsentation eines friedfertigen, kultivierten und verlässlichen ebenso wie eines ökonomisch und sozial ambitionierten Landes bleibende Verdienste erworben.«[16]

Die Leitidee für den Umgang mit der Linkspartei umschreiben die Autoren des Gutachtens mit dem Begriff »kritische Normalisierung« und fordern ganz salopp nicht mehr und nicht weniger als einen Quantensprung über abgrundtiefe Gräben:

»Kritische Normalisierung heißt, in der sozialdemokratischen Diskursstrategie gegenüber der Linken auszudrücken und anzuerkennen, dass nicht die Linke ein Problem für die Leitpartei SPD darstellt. Die Linke ist vielmehr Ausdruck sozialer Probleme, die die SPD ihrerseits ernst nimmt.«[17]

Mit diesem Strategievorschlag gehen die Ratgeber weit über den im SPD-internen Strategiepapier formulierten Status hinaus. Auch die Begründung für diese Lage-Einschätzung von Nautilus dürfte Zweifel bei den Auftraggebern provozieren:

»Tatsächlich steht keine Partei im Parteienspektrum der Bundesrepublik der SPD ideologisch näher als die Linke. Die kritische Normalisierung empfiehlt sich mit nüchternem Blick auf die Wähler der Linken, aber erst recht mit einem nüchternen Blick auf die Mehrheit diesseits der Union.«[18]

Begleitet werden soll diese Generalstrategie, indem »Diskursangebote der Linken« aufgegriffen und »Differenzierungsdiskurse … entlang von Konfliktlinien«[19] geführt werden. Die hohen Hürden bei diesen Empfehlungen werden nicht ausgeklammert. Denn: »Die die Linke will nicht regieren«, sie hat deshalb einen »Demokratievorbehalt« und pflegt eine »strategische Naivität«.

Die Hypothek »Personal und Geschichte« bleibt in der bislang unter Verschluss gehaltenen Studie nicht unerwähnt. Fast naiv heißt es zu dem wohl kompliziertesten Spannungsfeld:

»Ein anderer Aspekt der Personaldebatte könnte die mangelnde charakterliche Eignung (Zuverlässigkeit, Durchhaltevermögen, intellektuelle Redlichkeit und Konsistenz) der beiden Protagonisten Gysi und Lafontaine für Regierungsämter sein.«[20]

Zu den Themen Agenda 2010 – Hartz IV, Rente, Mindestlohn, Afghanistan, Tornado-Einsatz – listen die Autoren (vermutlich Herbert Hönigsberger u. a.) dann die Argumente für die zuvor vorgeschlagenen »Differenzierungs-Diskurse« im Einzelnen auf.

Fazit: Programmarbeit ist anstrengend, aber unentbehrlich

Die beiden nicht veröffentlichten Studien, die im SPD-Parteivorstand vorliegen, zeigen die programmatische Misere der Partei an einem Fallbeispiel mit höchster innenpolitischer Brisanz. Beide Papiere belegen, dass nur eine gründliche intellektuelle Durchdringung der Konfliktkonstellationen notwendige Klärungsprozesse befördern könnte. Diese können aber nicht quasi-stellvertretend im kleinsten Kreis der SPD-Spitzenfunktionäre betrieben werden. Selbst wenn ein gründlicher Elitediskurs stattfände, wäre damit die gesellschaftspolitische Debatte nur aufgeschoben.

Es entbehrt nicht einer gewissen Kuriosität, dass die SPD einerseits als neue »Leitpartei« eingeführt und ihre Kernaufgabe in der Organisation von Diskursen lokalisiert wird. Dass aber andererseits solche Vorschläge, unterlegt mit einem soliden Faktengerüst, nur als »streng vertrauliche und nicht für die Öffentlichkeit bestimmte Papiere« klassifiziert werden. Dies nährt die Hypothese, dass (partei-)öffentliche Diskurse nur mehr oder weniger zufällig entstehen und die wesentlichen Debatten zunächst mit auffälligem Zeitverlust intern bearbeitet werden, ehe sie als Ergebnis an die unteren Ebenen »durchkommuniziert« werden.

Diese strukturelle Fehlentwicklung in der ohnehin porösen Programmarbeit führt bei der SPD zu einer irrationalen »Closedshop«-Mentalität und verhindert wichtige Debatten, denen man – entsprechend der skizzierten Konfliktkulisse – ohnehin nicht ausweichen kann. Diese schizophrene Haltung hat sich jedoch über

Jahre verfestigt und offenbar aus Sicht der Parteispitze »bewährt«. Ausgeklammerte, verschobene und verdrängte Konflikte werden in Kauf genommen, auch weil die Ergebnisse öffentlich geführter Debatten in der Mediendemokratie als ein unkalkulierbares Risiko eingeschätzt werden. Fast alle führenden Politiker haben die größte Angst vor »wilden offenen Debatten«, deren Ende sie nicht kalkulieren können. Für diese Erkenntnis lassen sich durchaus Argumente finden.

Bequemlichkeit, Konfliktvermeidung, Entlastung von Widersprüchen erscheinen so auf der vermeintlichen Haben-Seite. Auf der Soll-Seite steht dafür aber ein hoher Preis: der Verzicht auf programmatische Klärung wichtiger Grundsatzfragen, die Verhinderung der Basisbeteiligung und – in der Konsequenz – der Abschied vom Diskurs. Die CDU profitiert von diesem programmatischen Vakuum. Auf der internen, für die Öffentlichkeit nicht zugänglichen »Kampagnen-Konferenz« für das Superwahljahr 2009 am 17. Februar 2009 in Hannover sagte CDU-Generalsekretär Pofalla: »Wir müssen nur intelligent reagieren, die SPD soll sich erklären, nicht wir selbst. Wir werden nicht mit der Keule herumlaufen...« Die Partei Die Linke sei nicht die primäre Zielsetzung der Kampagne, vielmehr ginge es darum, die SPD in eine Situation zu bringen, in der sie betont, sie würde nicht mit den Linken regieren. So würde die Glaubwürdigkeit der SPD ausgehöhlt.

»Politik gilt als unsexy«

Interview mit Hans-Peter Bartels, MdB (SPD), Gründer der
»Netzwerker« in der SPD

Wie gefährdet sind die Parteien in der Demokratie?

Es gibt eine Mode in der öffentlichen Diskussion, eher davon abzuraten, sich mit Politik zu beschäftigen. Politik wird immer noch als schmutziges Geschäft dargestellt. Politik gilt als unsexy, als etwas für Leute, die absonderliche Freizeit-Interessen haben. Das ist nichts für junge Leute, die Geld verdienen oder ins Ausland gehen oder eine tolle Ausbildung machen wollen. Man muss sich allerdings fragen: Wem nützt das? Ich glaube, diese Geringschätzung des Politischen hat mit einer ökonomistischen Tendenz in unserer Zeit zu tun. Der Generalangriff der Ökonomie auf alle anderen Sphären der Gesellschaft schlägt sich auch darin nieder, dass die konkurrierende Leitsphäre »Politik« in einer Weise wahrgenommen wird, die abturnt. So zerstört man von Anfang an jede Motivation.

Was sind die Folgen dieses Klimas?

Dass zu wenige sich engagieren und dass zu viele, ohne selbst allzu viel darüber zu wissen, schlecht über Politik denken. Politiker sind in den Augen vieler Mitbürgerinnen und Mitbürger eine korrupte Bande von Leuten, die sich selbst bereichern und nichts können. Dagegen ist oft der Abgeordnete des eigenen Wahlkreises, wenn man ihn persönlich kennt, ganz okay und von dieser Generalkritik ausgenommen. Auch die fernsehbekannten Politikhelden bekommen meist ganz gute Noten. Unpopulär ist der Typus des Gewählten, der anonyme Politiker als solcher. Darunter leidet die Demokratie.

Diese negativen Imagefaktoren treffen also nicht den einzelnen Abgeordneten. Er fühlt sich nicht als Looser.

Ja, erstaunlich, nicht? Das negative Image schlägt noch nicht direkt auf den einzelnen Abgeordneten durch. Abgeordnete werden nicht verfolgt, sie können sich gut auf der Straße sehen lassen. Sie können sehr gut mit Bürgern im Wahlkreis ins Gespräch kommen. Das findet immer auf einer vernünftigen Ebene statt. Und es gibt kontinuierlich viele solcher Begegnungen, oft mit Menschen, die selbst Verantwortung tragen in Unternehmen, in Behörden, in Betriebs- und Personalräten, in Sportvereinen, in Schulen und Kirchen. Überall da, wo Menschen selbst engagiert sind, auch Interessen artikulieren, ist das Verhältnis ganz gut – bis hin zur Bürgersprechstunde, wo tatsächlich nicht in erster Linie Leute kommen, um zu schimpfen, sondern um zu diskutieren, oder weil sie Hilfe bei Problemen suchen.

Wie sieht der klassische Pfad aus, der in den Bundestag führt?

Es gibt keinen klassischen Pfad, keinen Königsweg ins Parlament. Sie denken vielleicht an den Jungakademiker, der seit Anfang der siebziger Jahre die Karikatur des politischen Karrieristen darstellt. Solche kenne ich natürlich auch. Aber üblicherweise kommen Abgeordnete aus den verschiedensten Berufen, aus unterschiedlichen Regionen des Landes, sie sind akademisch oder gewerblich ausgebildet, sind in der Kirche oder auch nicht. Sie finden im Bundestag alles: von Franz Müntefering mit dem Abschluss »Hauptschule Sauerland«, wie er selbst gern sagt, bis zu Professor Karl Lauterbach, von der Programmiererin Angelika Graf bis zur Rechtsanwaltsgehilfin Heidi Wright, vom gelernten Fliesenleger Walter Riester bis zum Kfz-Mechaniker Jošip Juratović, um nur mal in der SPD-Bundestagsfraktion zu bleiben.

Es gibt heute also kein typisches SPD-Rekrutierungsmuster – Merkmale, die gehäuft vorkommen?

Es gibt eine Berufsgruppe, die in allen Fraktionen überrepräsentiert ist: die Juristen. Übrigens wird immer gern öffentlich geklagt, die freien Berufe, das Unternehmertum seien unterrepräsentiert im Parlament. Das Gegenteil ist richtig. 20 Prozent der Mitglieder des Deutschen Bundestags gehören freien Berufen an oder sind unternehmerisch tätig, aber nur 10 Prozent der Bevölkerung gehören in diese Gruppe. Also sind sie überrepräsentiert! Ansonsten hat man querbeet alles, was es im realen Leben auch gibt. Wo übrigens würden Sie Gerhard Schröder einsortieren? Ist er Jurist oder Realschüler mit kaufmännischer Lehre? Der hat eben schon manches in seinem Leben gemacht.

Wie bewerten Sie die Tendenz, dass es bei der Auswahl von Kandidaten vor Ort weniger Wettbewerbsdruck gibt, weniger Konkurrenz?

Vielleicht ist das so. Bei mir persönlich war es nicht der Fall. Es gab 1998 drei Kandidaten, die sich, als es darum ging, einen Nachfolger für den damals zum Oberbürgermeister gewählten Vorgänger zu bestimmen, um die sozialdemokratische Nominierung im Wahlkreis beworben haben.

Mich wundert tatsächlich, dass in solchen entscheidenden und offenen Situationen wie der Wahl von Bürgermeistern oder Landtagskandidaten immer recht wenige ihren Hut in den Ring werfen.

Woran liegt das?

Dass viele die Zumutungen der innerparteilichen Konkurrenz, die Vorstellungstournee, das Abgeschätzt-Werden und das Risiko des Nichtgewählt-Werdens nicht gern in Kauf nehmen.

Und wer »macht« die Kandidaten in den Wahlkreisen? Gibt es eine Führungsgruppe vor Ort?

Wenn Leute in Ämter gewählt sind, sind sie nach den Regeln der innerparteilichen Demokratie die verantwortlichen Funktionäre. Und wenn sie die Ämter wieder abgegeben haben, sind sie es nicht mehr. In der Regel führen Vorstände, Vorsitzende, wie es ihre Aufgabe ist. Und sie machen das besser oder schlechter.

Aber die Frage ist doch, wer vor Ort, sagen wir, in einer Stadt wie Kiel, den Ton angibt. Der rheinland-pfälzische Innenminister Karl Peter Bruch nennt sie »die, die Partei machen«.

Es gibt meist mehrere Gruppen. Bei uns in Kiel wählt üblicherweise eine Vollversammlung aller Parteimitglieder im Wahlkreis. Wir waren damals wie gesagt drei Bewerber. Eine Kandidatin wurde vorgeschlagen von der Arbeitsgemeinschaft für Arbeitnehmerfragen, eine Bewerberin wurde querbeet unterstützt, und ich hatte wesentlichen Rückhalt bei den Jusos.

Und wer ist maßgeblich, wenn es um Listenplätze geht?

Der Landesparteitag und der Landesvorstand, der die Liste vorschlägt. Bei den letzten drei Bundestagswahlen in Schleswig-Holstein hat allerdings die Liste überhaupt nicht gezogen, weil wir 1998 elf von elf und 2002 zehn von elf Wahlkreisen direkt gewonnen haben. Das Listengeschäft ist in den kleinen Parteien und in den Diaspora-Landesverbänden der Volksparteien viel interessanter.

Ist die Liste in dem Fall als Instrument entwertet?

Nein, aber es ändert sich gerade etwas. Im Fünf-Parteien-System wird für die beiden Volksparteien der Gewinn von Wahlkreisen noch entscheidender. Die Landesliste wird in den Volksparteien, wenn sich die Zweitstimmen nicht mehr auf drei oder vier, sondern auf fünf Parteien verteilen, weniger häufig ziehen. Die nach Zweitstimmen gewonnenen Mandate werden dann oft schon durch die Direktkandidaten gewissermaßen »konsumiert« sein.

Welche Bedeutung sehen Sie im Zusammenhang mit der Kandidatenfindung in einzelnen Trainee-Programmen, die die Parteien jetzt auflegen?

Ich bin skeptisch, ob eine solche »Talentschmiede« viel bringt. Menschen sind aus unterschiedlichem Holz geschnitzt. Der eine kann gut im Fernsehen auftreten, der andere nicht. Angela Merkel zum Beispiel hat inzwischen unglaublich viel Fernseh-Erfahrung gesammelt, dennoch würde ein Medienberater ihr vielleicht noch Verbesserungsratschläge geben können. Aber sie kommt trotzdem an.

Ich glaube, dass das Wichtigste sich nur im Job, nur durch eigenes Tun lernen lässt. Andere Fähigkeiten kann man sicher studieren und trainieren, zum Beispiel an der SPD-Kommunal-Akademie. Die Akademie ist eine gute Sache, weil man dort lernt, was ein städtischer Haushalt ist, wofür Ausschüsse zuständig sind, was in der Satzung der Gemeinde zu finden ist, was »Kommunalverfassung« bedeutet. Auf den anderen Ebenen aber sollte man vielleicht schon ein bisschen Einblick in die Politik gewonnen haben, bevor man sich zur Wahl stellt.

Welche Gruppen innerhalb der SPD-Bundestagsfraktion haben den größten Einfluss? Man zählt Netzwerker, Seeheimer, Parteilinke und Ungebundene?

Wahrscheinlich ist die Parlamentarische Linke im Moment am größten, dann relativ gleich stark Netzwerk und Seeheim. Vierzig zu zwanzig zu zwanzig, plus die Nichtorganisierten.

Worin besteht die Macht des Netzwerks?

Macht? Das Netzwerk ist anders als die beiden klassischen Gruppen. Es wurde gegründet als ein Zusammenschluss von Leuten, die Spaß daran haben, miteinander zu diskutieren, ohne am Ende immer einer Meinung sein zu müssen. Es gibt nicht vorher schon eine Linie. Das macht das Netzwerk machtpolitisch eher schwach. Deshalb wird da auch nicht so wahnsinnig viel beschlossen. Es geht vielen individuell, glaube ich, vor allem darum, durch Diskussion zu lernen, sich auszutauschen, ohne immer gleich durch Beschlüsse festgelegt zu werden. Im Netzwerk kann man jederzeit drei, vier oder auch zehn Mitstreiter finden für die eine oder andere Idee, die man in der Fraktion durchsetzen will. Das Netzwerk ist – jedenfalls auch – eine Art Pool.

Und wie ist der Einfluss auf die Vergabe von Macht- oder Einflusspositionen wie dem parlamentarischen Geschäftsführer, Sprecherrollen und ähnlichem?

Manches geht nach Gruppenproporz, manches nach Seniorität und Anciennität – also der Berücksichtigung langjährigen Engagements –, manches nach dem Arbeitsgruppenprinzip. Ich habe allerdings den Eindruck, dass dieses System der Gruppen in der Fraktion inzwischen am äußersten Ende angekommen ist, wo es noch nützlich sein kann, um es mal höflich auszudrücken. Mehr Polarisierung wäre nicht hilfreich. Natürlich braucht man Vordiskussionen in kleineren Gruppen, weil die Bundestagsfraktion mit ihren 222 Mitgliedern ja nicht gerade der Ort ist, wo jeder immer zu allen Themen unbegrenzt seine Meinung einbringen kann. Also braucht man Gruppen von Gleichgesinnten, in denen das besser möglich ist. Aber das darf nicht dazu führen, dass man sich in Schützengräben gegenübersitzt und die Auseinandersetzung, wenn sie nach außen gerade mal wieder schwierig geworden ist, dann lieber im Inneren führt.

Wie einflussreich ist das Netzwerk heute in der SPD-Fraktion?

Nicht ganz so einflussreich, wie es der Anzahl der Mitglieder entspräche.

Es wird also nicht richtig ernst genommen?

Es steht zwischen den beiden klassischen Flügeln und deckt vielleicht achtzig Prozent des Meinungsspektrums der Fraktion ab, man kann auch sagen: jenseits der Flügel der linken Achtundsechziger und der Anti-Achtundsechziger. Das ist keine Powerposition, aber ein ziemlich guter Ort der Diskussion.

Inwieweit spielen die regionalisierten Netzwerkprozesse eine Rolle? Hat sich das Netzwerk auch auf Landesebene verbreitert? Es gab in Hessen sporadische Treffen...

Es gibt den Versuch, das Netzwerk auch auf Landesebene zu etablieren. Aber bisher ist die einzige flächendeckend organisierte Strömung in der SPD die Demokratische Linke. Das Netzwerk ist natürlich ein Faktor bei der Mehrheitsbildung in der SPD, aber gewiss noch nicht mit dem Anspruch, sich jederzeit durchzusetzen.

Und warum gibt es so wenige programmatische Papiere und Impulse aus dem Netzwerk, aber auch aus den anderen Strömungen?

Das kann man beim Netzwerk so nicht sagen. Die »Berliner Republik« ist ja ein Ort der »intellektuellen Produktion«, etwas, worum die anderen Gruppen uns beneiden. Aber wenn es um Beschlüsse geht: Man einigt sich nicht so leicht in einer so breiten Gruppierung auf Papiere, die mehr als 10 Prozent wirklich Neues enthalten.

Und welche Bedeutung haben die Jahreskongresse?

Die braucht man, wenn eine Organisation auf Dauer aufgestellt sein soll, damit man sich einmal im Jahr versichert: Wir können so was organisieren, sind attraktiv, setzen die aktuellen Themen auf die Tagesordnung, sodass es auch von außen wahrgenommen wird. Denn das meiste, was wir hier in der Sitzungswoche tun, ist ja Parlamentsarbeit.

Und wie ist es gelungen, so viel Geld aus offiziellen Kassen für die »Berliner Republik« zu bekommen?

Wir zahlen einen Mitgliedsbeitrag und haben daneben den Vorwärts-Verlag, der sich dankenswerterweise sehr früh bereit erklärt hat, einen Teil des verlegerischen Risikos zu übernehmen. Außerdem gibt es Sponsoren, etwa für das Netzwerk-Sommerfest. Die stehen dann mit auf der Einladung und können sich bei der Veranstaltung darstellen.

Ist das Netzwerk so eine Art Rekrutierungsbasis für politische Karrieren?

Sicher auch. Das Netzwerk ist ein Pool, in dem man interessante, intelligente Leute findet, mit denen man politisch gemeinsam arbeiten kann.

Wie wirkt sich das auf die Rekrutierung aus? An den Seeheimern und Linken wird kritisiert, dass sie inhaltlich wenig zu melden haben. Sie hätten aber Bedeutung als Vermittlungsagenturen für wichtige Personalentscheidungen.

Leute, die sich politisch näherstehen und sich zusammenschließen, versuchen Positionen und natürlich auch Personal durchzusetzen. Das für etwas Besonderes zu halten, wäre absurd.

Wie bewerten Sie die zurückliegenden Parteireformen? Ansätze gab es bei Blessing und bei Beck, bevor er Vorsitzender wurde. Meist haben diese Papiere ja wenig bewirkt.

Ich glaube, was Gesine Schwan jetzt als Kandidatin um das Amt der Bundespräsidentin macht, ist das Wichtigste, was man tun kann: gut über Demokratie reden; die Bedingungen erklären, unter denen Politik gemacht wird; ermuntern zum Selbermachen; Freude am politischen Tun vermitteln. Da können Sie Organisationsstrukturen verändern, wie Sie wollen – wenn es keinem Spaß macht, nützt es nichts. Wenn es aber Spaß macht, dann sind selbst Geschäftsordnungs- und Satzungsdiskussionen wie in den siebziger Jahren klasse.

Sie würden diesen vielen Kommissionen also keine große Bedeutung beimessen?

Es ist gut, dass man sich vergewissert: Was ist heute zeitgemäß? Dabei kommt immer auch Schnickschnack zu Papier. Bei Blessing gab es ja den Vorschlag, das amerikanische Vorwahlsystem auszuprobieren. Das hat sich aber nicht bewährt. Auch dass man einen Parteivorsitzenden durch Mitgliederbefragung bestimmt – das ist ein Hingucker in einer bestimmten Situation, aber keine Regel für den Alltag. Die einzelnen Elemente der innerparteilichen Demokratie müssen schon zusammenpassen. Und es wäre eben gerade nicht von Vorteil, wenn Reformen dazu führten, dass ausgerechnet die Aktiven und Engagierten entmachtet würden.

Sagen Sie, der Diskurs über den Nutzen der Demokratie sei wertvoller als alles Formale?

Ja, vor jedem Diskurs die Vermittlung, das Mitreißen, das Dafür-Werben. Denn Demokratie vererbt sich nicht. Jede Generation muss sie immer wieder neu erwerben und sich zu eigen machen.

Welche Rolle spielen Seiteneinsteiger in der Politik? Die werden ja immer wieder als Auflockerungsmotiv herangezogen.

Gegenfrage: Was ist eigentlich ein Seiteneinsteiger? Andrea Ypsilanti ist gewissermaßen eine Seiteneinsteigerin, auch Hannelore Kraft oder Ernst Ulrich von Weizsäcker, der statt in den Ruhestand für sieben Jahre in den Bundestag ging. Spätberufene sind gar nicht so ungewöhnlich.

Was sind Ihre Reformideen? Wie könnte man mehr Talente in die Politik bringen? Wie kann man das System auflockern, damit es interessanter wird?

Ich glaube nicht, dass man mit Organisationsreformen sehr weit kommt. Wir brauchen eine Veränderung des politisch-kulturellen Habitus in Deutschland. In den letzten Jahren hatten wir eine Bewegung weg von der Politik, auch weg von der Demokratie. Wenn 26 Prozent in Umfragen angeben, sie fänden es eigentlich besser, wenn es nur eine Partei gäbe, und nicht so unübersichtlich viele, dann ist das mit dem Demokratieprinzip überhaupt nicht vereinbar. Oder wenn zwei Drittel der Deutschen sagen: »Die Aufgabe der Opposition ist, der Regierung zu helfen.«

Wahrscheinlich muss man sehr früh anfangen, von mir aus im Kindergarten, jedenfalls in der Schule, über die Medien, in der Journalisten- und Lehrerausbildung, zu vermitteln, worauf es ankommt: dass Demokratie den Streit braucht, dass Demokratie Pluralismus bedeutet, die Freiheit, etwas sagen zu dürfen, was die Mehrheit nicht hören will. Dass Demokratie aber auch Konsens und Kompromiss braucht und dass Kompromisse dann nicht immer »faul« sind, sondern meist etwas ganz Konstruktives am Ende eines Streites.

Der Streit ist das Ausprobieren, das Sichtbarmachen verschiedener Möglichkeiten. Warum gibt es nicht an allen weiterführenden Schulen in Deutschland Rhetorik- oder Debattier-AGs, *debating societies*, wie im angelsächsischen Raum? Wenn man dabei erlebt, dass das Vergnügen bereitet, dass man das lernen kann und dass man hinterher mit der anderen Seite nicht überworfen sein muss, sondern eben nur mit Worten um eine Sache gerungen hat, dann gewinnt die Demokratie. Das bringt gewiss mehr als zum Beispiel die Senkung des kommunalen Wahlalters auf fünfzehn Jahre.

Hinter vorgehaltener Hand beklagen sich viele erfahrene Politiker über den schlappen Nachwuchs.

Es gibt eine Art, über die Nachkommenden zu reden – und das ist gewiss eine Alterserscheinung –, dass die Jüngeren von heute nichts mehr taugen würden: Sie hätten nicht das gleiche Format wie die Vorgänger! Früher war alles knorriger und echter und stärker!

Das ist vermutlich zu jeder Zeit Quatsch gewesen. Jede Generation bringt neue und unterschiedliche Typen hervor. Gerhard Schröder ist um nichts schlechter als Erich Ollenhauer. Wir haben gute Leute, doch niemals genug. Deshalb sollten wir, auch wenn das im Moment schwer ist, zu jeder Zeit für demokratische Beteiligung werben, für die Beteiligung von möglichst vielen.

3. CDU-Parteireform: Mutige Antragstexte – weiche Beschlüsse ohne Praxisrelevanz

Eigentlich ist eine Parteireform kein Thema für die CDU. Denn seit Ende Juni 2008 sind die Christdemokraten mitgliedsstärkste Partei. Erstmals seit ihrer Gründung 1945 hat die CDU mehr Mitglieder als die SPD. Ansporn für den Ex-Generalsekretär Ronald Pofalla, diesen »historischen Tag« in der Parteizentrale zu feiern. 530 755 Mitglieder – davon nur etwa 16 % unter vierzig Jahren –, das ist ein Triumph, allerdings mit schalem Beigeschmack. Denn die CDU altert rascher und schrumpft – im Vergleich zur SPD geschieht das hier nur langsamer. Im Jahr vor der Jubel-Pressekonferenz verlor die Partei 15 000 Mitglieder. Trotz Kanzlerinnen-Bonus ist nur jedes vierte Mitglied weiblich. Wenn die Fakten düster sind, muss man sich die Realität schönreden. Diesen Eindruck vermittelt das »Argumentationsdossier«, das die CDU zu dieser »Zäsur in der deutschen Parteiengeschichte« unter www.cdu.de publizierte. Typisch für das Werbemantra in eigener Sache ist der folgende Satz, dessen Entschlüsselung sich durchaus als Quizfrage für Günther Jauch eignen würde: »Mehr als jeder fünfte Kreisverband verzeichnete in den letzten sechs Monaten einen positiven Mitgliedersaldo. Das ist eine Verdreifachung gegenüber dem Vorjahr.«

Nicht nur die CDU formuliert solche Placebotexte, um sich mit den harten Fakten (mehr Austritte als Eintritte, signifikante Überalterung, krasse Unterrepräsentation von Frauen und jungen Leuten etc.) nicht ernsthaft zu beschäftigen. Wir erfahren auch: »In zwei der letzten sechs Monate traten mehr Menschen in die CDU ein, als uns aus politischen oder finanziellen Erwägungen verließen.«

Und wie sah es in den anderen Monaten aus? Aber zwischen der Statistikprosa gibt es auch eine hochinteressante Information, die auf einen neuen Trend hinweist:

»Über die persönliche Kontaktaufnahme mit Austrittswilligen durch das Konrad-Adenauer-Haus können wir rund 20 Prozent der Mitglieder wieder für die CDU begeistern. Das ist auch ein Erfolg des vor rund einem Jahr eingerichteten ›Team Mitgliederbetreuung‹.«[1]

Die Gegnerbeobachter der anderen austrittsgeplagten Parteien werden diese Erfolgsstory sicherlich genauer studieren. Über das Seelenleben und den Motivationshaushalt der Parteimitglieder wissen die Zentralen jedoch wenig bis nichts. Deshalb befragte die Konrad-Adenauer-Stiftung im Oktober 2006 schriftlich 25 000 repräsentativ ausgewählte CDU-Mitglieder.

Weniger als ein Drittel der Befragten (29,9%) beteiligten sich überhaupt an dem kollektiven Röntgenbild. In der Dokumentation der Ergebnisse[2] wird die christdemokratische Familie mit ihrem »hohen Aktivitätsniveau« in leuchtenden Farben porträtiert. »Etwa ein Drittel der Mitglieder ist durch ein Amt oder ein Mandat in die tagesaktuelle Arbeit in der Partei eingebunden.«[3] Im Vergleich zu 1977 und 1993 »ist 2006 in der Mitgliedschaft eine wesentlich größere Bereitschaft zur aktiven Mitarbeit vorhanden. 44 Prozent könnten sich vorstellen, aktiv in der Partei mitzuarbeiten und auch ein Amt oder ein Mandat zu übernehmen. Dies ist ein Zuwachs von 20 Prozent gegenüber 1993«.[4] Auch der Veranstaltungsbesuch soll gestiegen sein: »2006 sind etwa 16 Prozent der Mitglieder als ›Aktivisten‹ zu charakterisieren, die regelmäßig Veranstaltungen besuchen.«[5]

Mehr als die Hälfte der Befragten (55%) hat schon einmal Flugblätter für die CDU verteilt, fast die Hälfte (45%) hat Plakate geklebt, und 41% haben sogar bereits Mitglieder geworben. Fast genauso viele (39%) haben zusätzlich Geld gespendet. Annähernd ein weiteres Drittel »wäre bereit«, sich auch mit Geldspenden zu engagieren.

Mit diesen Daten werden die Einwände aller Skeptiker, die seit Jahrzehnten ein Ende der Mitgliederpartei mit einem Füllhorn von Daten belegen, kurzerhand beiseite geschoben.

»Palliativmittel von oben« – Die Rätsel der Parteienforscher: Viel Schatten, wenig Licht

Die Studie zu den CDU-Mitgliedern zeigt aber auch die Schwächen einer »trägen Wahlforschung«, so ein renommierter Parteiforscher, der ungenannt bleiben möchte. »Methodisch wird diese perfektioniert, aber mit immer weniger inhaltlichen Fragen.« Deshalb müsse es eine »Neujustierung der Wahlforschung geben. ... Parteimitglieder können große Probleme bereiten; ihr Einfluss wird oft unterschätzt«. So verabreiche die Parteispitze »Palliativmittel von oben«, damit »sie ruhig sind, nichts ausrichten«. Grund für diese Situation sei, so der CDU-Insider, »die Wagenburg-Mentalität der Volksparteien ... Sie bilden einen ideologischen Nukleus, der nach außen nicht mehr vermittlungsfähig ist«.

Diese Lage-Einschätzung wurde auf einer internen Tagung mit Wahlforschern bestätigt: »Die Parteien sind ratloser geworden ... Viele Reformen werden nicht angegangen, weil man nicht weiß, in welche Richtung.« Zudem seien die meisten Politiker viel zu »parlamentfixiert«. Das Parlament sei ihre Referenzgröße, nicht die Partei. Viele Spitzen der CDU fragten sich zudem, wie repräsentativ die CDU-Mitglieder für die Wähler überhaupt seien. Emotionen würden zudem im politischen Geschäft nach wie vor völlig unterschätzt.[6]

Folgt man der Experten-Einschätzung aus dem Umfeld der CDU-Zentrale, dann sind die CDU-Mitglieder »sozial-strukturell und ideologisch nicht repräsentativ«. Dazu komme, dass das »Wahlverhalten zunehmend unberechenbarer geworden« sei und die Wahlforschung den »sprunghaften Wandel« nicht erklären könne. Gleichzeitig sei das Kandidatenangebot für die Wechselwähler (also ein Drittel des Wählermarkts) von entscheidender Bedeutung.[7]

Viele Parteiforscher wälzen folglich den Stein, wie Sisyphos es tat. Einer, der dabei nach vier Jahrzehnten immer noch heiter geblieben ist, heißt Peter Radunski. Er ist das »brain« vieler CDU-Wahlkämpfe, Amerika-verliebt und ein alter Fuchs im Kommunikationsdreieck »Parteimitglieder – Wähler – Wahlkämpfe«. Radunski setzt hier auf emotionale, polarisierende Themen und auf eine saubere empirische Forschung. Seine Kernstrategie: Er versucht das Wissen der Wahlforschung in allen Details auf die praktische Wahlkampfführung zu übertragen: die Identifizierung von Wechselwählern und deren Motiven, die Bedeutung der Stammwähler für die Mobilisierung, die Personalisierung der Spitzenkandidaten und die Konzentration auf die Schlussphase des Wahlkampfes.

Diese Rezepte vermittelt er immer und immer wieder. Nicht immer mit Erfolg. Im rheinland-pfälzischen Wahlkampf ist auch er an den Vorstellungen des einstigen Spitzenkandidaten Christoph Böhr schier verzweifelt. Und gescheitert.

Helmut Kohl und die »Verbonzung« der CDU

Was das Engagement, die Aktivitäten und den Einsatz der CDU-Mitglieder betrifft, so kann man bei der CDU von blühenden Landschaften ausgehen. Zumindest wenn man sich auf die veröffentlichten Daten stützt. Die Krise der Partei und das Ausbluten der Basis – von vielen CDU-Insidern diagnostiziert – entsprechen jedenfalls nicht dem öffentlich vermittelten Bild der CDU. Deshalb haben Parteireformen in der CDU-internen Debatte auch keinen besonderen Stellenwert. Die heimliche Botschaft: Wo keine Krise existiert, müssen auch keine Krisentendenzen bekämpft werden.

Dabei gab es Ende der achtziger und Anfang der neunziger Jahre schon einmal zaghafte Versuche, Parteireformen anzugehen. Den Anstoß gab ausgerechnet Helmut Kohl, der eine »Verbonzung« der Partei beklagt hatte. Auf dem Bundesparteitag der CDU 1989 in Bremen wurde sogar ein umfangreiches Reformpapier verabschiedet. Die Strukturdefizite und die Schwächen der Parteiarbeit sind hier noch sehr vorsichtig formuliert.

Im selben Jahr beschloss die CDU Rheinland-Pfalz sogar eine Amtszeitbegrenzung ihrer Mandatsträger auf zehn Jahre. Niemand sollte mehr als drei Ämter und Mandate wahrnehmen. Aber auch diese frühen Reformanstrengungen versandeten. Zu einer stärkeren Orientierung an den Interessen und dem Bewusstsein der Bürger verpflichtete sich die Hamburger CDU Anfang 1992. Ein Kernsatz hat seine Aktualität nicht verloren. »Bodenhaftung, mehr Zugang zu den Menschen und das Erkennen der wirklichen Bedürfnisse unserer Bürger gehören zur Verbesserung unserer Leistungskompetenz.«[8]

Vertrauen zurückgewinnen, einen neuen Aufbruch wagen, neue Wählerschichten erreichen: Die Ansprüche waren hoch, auch in Bezug auf die angestrebte Leistungskontrolle: »Stärker als bisher muss es eine kontinuierliche Idee der Leistungsbewertung geben, die Auswirkungen auf Kandidaturen zu Partei- und Fraktionsämtern hat,« hieß es in dem Hamburger Beschluss. Auch hier blieb es bei wortstarken Erklärungen.

Im selben Jahr nahm die CDU Niedersachsen den Trend auf und präsentierte die wohl radikalste Reformsemantik: »Die innerparteiliche Demokratie muss wieder ernst genommen werden, Ämter und Mandate müssen weitgehend voneinander getrennt werden, um den Parteien die zur inhaltlichen Arbeit notwendige Eigenständigkeit zurückzugeben« – so der Beschluss des CDU-Landeshauptausschusses vom 10. Oktober 1992.

Ein halbes Jahr später, im März 1993, kritisierte der Landesparteitag der CDU Schleswig-Holstein, dass die Meinungsbildung in der CDU im Wesentlichen von oben nach unten stattfinde. Die demotivierte Basis »empfindet das als die Herrschaft von wenigen Berufspolitikern. Diejenigen, die Parteimitglied werden, um etwas zu bewegen, wenden sich daher bald frustriert ab«.

Der größte CDU-Landesverband reihte sich in den Chor der Kritiker ein und forderte mehr Direktwahlen sowie die Selbstbeschränkung der Parteien im öffentlichen Leben. Der CDU-Landesparteitag am 3. Juli 1993 stellte fest:

»Die Krise, in der sich die Parteien gegenwärtig befinden, ist im Kern darauf zurückzuführen, dass sie die Lebenswelt, die Erfahrungen und sich wandelnden Bedürfnisse der Bürger nicht angemessen berücksichtigen. Dieses Manko äußert sich in der Sicht der Mitglieder und Wähler als ein allgemeines Defizit der Parteien an Kompetenz, Glaubwürdigkeit, Dialogbereitschaft und Partizipationsmöglichkeiten.«

Aber auch diese Serie von scharf formulierten Beschlüssen verpuffte irgendwo im Nirgendwo der Unionswelt. Auffällig ist, dass solche relativ frühen Impulse vor fast zwanzig Jahren weder in der wissenschaftlichen noch in der Sachbuch-Literatur über die CDU eine Rolle spielen.

Die Frage, warum eine solche Fülle von Reformideen wirkungslos blieb und kaum Fernwirkungen in die Partei-Arbeit entfalten konnte, ist nicht schlüssig zu beantworten, zumal sich die Krisentendenzen noch wesentlich verschärft haben. Eine Hypothese: Aus Sicht der führenden Gruppen in der CDU haben solche Beschlüsse eher eine kathartische Ventilfunktion. Jeder darf mal seinen Unmut formulieren, dann kann man die tieferen Erkenntnisse zu den Gründen für die Schwachstellen schneller wieder ad acta legen. Erst mit der Parteispenden-Affäre kamen die vergessenen Reformpapiere der Landesverbände wieder auf die Tagesordnung der Vorstände.

»Das Bild einer verkrusteten, verbrauchten und überalterten Partei« sollte verhindert werden

Fast zehn Jahre gingen ins Land, bis das CDU-Präsidium eine Kommission »Parteireform« einsetzte. Unter dem Eindruck der sich Ende 1999 offenbarenden CDU-Spendenaffäre legten die Partei-Experten am 4. April 2001 ein historisches Dokument mit dem Titel *Lebendige Volkspartei – Reformprojekte der CDU Deutschlands für eine moderne, demokratische und interessante Parteiarbeit* vor.

Grundmotive der bereits früher von zahlreichen Landesverbänden formulierten Kritik wurden aufgefrischt und in einen größeren Zusammenhang gestellt. Auf 32 Seiten werden Lebenslügen und Tabus, Defizite und Unzulänglichkeiten einer von der Spendenaffäre gebeutelten Funktionärspartei aufgelistet.

Die Autoren sehen die Gefahr für die CDU,

»in der öffentlichen Wahrnehmung das Bild einer verkrusteten, verbrauchten und unter ihren Funktionsträgern überalterten Partei abzugeben. Die zeitliche Befristung von Amtszeiten und die Beschränkung auf wenige gleichzeitig ausgeübte Ämter können dazu beitragen, die notwendige personelle und ideelle Innovation institutionell zu sichern«.[9]

264

Empfohlen werden ein »verpflichtender Verhaltenskodex für alle Mitglieder« und strenge Maßstäbe, um bei Interessenkonflikten zwischen der Funktion als Mandatsträger und der privaten oder beruflichen Tätigkeit zu trennen. Ein Schwerpunkt der Empfehlungen: Die Mitgliedsrechte sollen nicht nur bei Wahlen und der Kandidatenauswahl erheblich ausgebaut, die Mitgliedschaft »gewichtiger, spannender und verantwortungsvoller« werden.[10]

Die Forderung, »Meinungsbildung von unten nach oben« zu organisieren, klingt zunächst harmlos, entfaltet aber ihre Wucht in der Begründung:

> »Die Partei und ihre Mitglieder sind nicht der Herrschaftsbereich einiger weniger Spitzenpolitiker. Grundlegende politische Weichenstellungen der CDU dürfen nicht nur auf Parteitagen ›durchgezogen‹, sondern müssen an der Basis intensiv diskutiert werden. Sogenannte ›Leitanträge‹ des Bundesvorstands dienen nicht der Disziplinierung der antragberechtigten Gliederungen, sondern sollen zur ergebnis-offenen Diskussion anregen.«[11]

Solche Sätze wurden natürlich aus den späteren formalen Beschlüssen der CDU zum Thema Parteireform getilgt. Gleichwohl gilt der Befund auch heute noch für alle Parteien.

Der gesamte Reformtext ist von einem starken Plädoyer für ein echtes Ehrenamt und gegen die auf Disziplinierung ausgerichtete Übermacht der Apparate geprägt:

> »Nicht der ›closed shop‹ ist das zukunftsträchtige Modell, sondern der offene Marktplatz, den zu betreten niemand gehindert wird und niemand zu fürchten braucht.«[12]

Die Vorschläge für die Begrenzung von Amtszeiten und die Vermeidung von Ämterhäufung erinnern an Gedanken aus der Gründungsphase der Grünen:

> »Um Nachwuchskräften und neuen Ideen realistische Chancen zu gewähren, spricht sich die CDU für die Begrenzung von Amtszeiten sowie für die Begrenzung der Ämterhäufung aus.«[13]

Spitzenämter sollten »in der Regel nicht länger als 12 Jahre ununterbrochen wahrgenommen werden. Parteiämter dürfen nicht der Absicherung von Mandaten dienen«.[14] Auch diese Passage hätte die Praxis vor Ort vom Kopf auf die Füße gestellt und wurde später im Beschlusstext entfernt.

Bereits 2001 fokussierte die Reformgruppe ihre Leitideen rund um die »Internetpartei CDU«. Die gezielte Nachwuchsförderung – »Jüngere Mitglieder, die durch politisches Talent auffallen, müssen gezielt in die Gremien und Arbeitsweise integriert werden«[15] – war seinerzeit schon ein zentrales Anliegen der Kommission.

Lebendigere Parteitage, entmachtete Antragskommissionen, gezielte Aufgabenkritik – mit diesem Reformkonzept war die CDU 2001 auf der Höhe der Zeit, zumindest die damals eingesetzte Kommission »Parteireform«. Doch offenbar überforderten die Fülle der konkreten Vorschläge, die ungewöhnlich klare Problemanalyse und der mitgliedsorientierte Ansatz der Autoren die CDU-Spitzengremien.

Fast zwei Jahre brauchte der CDU-Bundesvorstand, um die Ideen der Kommission zu verdauen und dann eine »Kommission ›Bürgerpartei‹… zur Verbesserung der politischen Arbeit der CDU Deutschlands… unter Leitung des Generalsekretärs«[16] einzusetzen. In dem dreiseitigen Beschluss vom 16. Dezember 2002[17] werden immerhin die Nachwuchsnot und die »fehlende mittlere Generation« thematisiert: »Die Mitgliedschaft der CDU altert; es steht zunehmend weniger politischer Nachwuchs bereit.«

Von der neuen Kommission erwartete sich der Bundesvorstand bis Ende Mai 2003 einen Bericht mit Antworten auf die Schlüsselfrage: »Welche Möglichkeiten hat die CDU, gezielt junge Menschen für sich zu gewinnen und in politische Verantwortung zu bringen?«

Im Säurebad der Partei-Semantiker

Auf diese Kernfrage des CDU-Bundesvorstands gab die Kommission keine präzisen Antworten; sie verlor sich eher in bekannten Appellen. Am 21. Juni 2003 hatte die CDU schließlich ihren Reformprozess abgeschlossen. Mit einem 39-seitigen Beschlusspapier.

Der biedere Titel: *Bürgerpartei CDU – Reformprojekt für eine lebendige Volkspartei.*[18]

Dieses Papier war für die gut zwei Jahre zuvor aktive Reformkommission Erfolg und Niederlage zugleich. Erfolg, weil der gesamte Grundtenor und der Löwenanteil der Textbausteine in den Beschluss vom Juni 2003 einflossen. Niederlage, weil der gesamte Text durch das Säurebad der Funktionäre geschickt worden war. Übrig blieb ein sehr vorsichtig formulierter Text mit vielen »Weichmachern« und geprägt von einer »Sowohl-als-auch«-Haltung. Auffällig, wie instinktsicher und konsequent alle harten, demokratiebelebenden Forderungen – vom Kodex für Mitglieder über Amtszeitbegrenzung, Willensbildungsprozesse von unten nach oben bis zur Entmachtung der Antragskommissionen und Interessen-Offenlegung der Mandatsträger – aus dem Urtext herausgefiltert wurden.

Die Kontrolleure übersahen keine heikle und damit relevante Textpassage.

Nach gut zwei Jahren Beschäftigung mit dem Thema Parteireform musste allen Beteiligten klar sein: Symbolische Reformen, die ein Modernitätsversprechen transportieren sollten, waren gefragt. Eine Vitalisierung der gesamten Partei und eine demokratisierte Willensbildung von unten nach oben waren illusorisch. Nüchtern kann man bilanzieren: Die Thematisierung von Reformen sollte ihre Realisierung ersetzen.

Bereits auf dem CDU-Parteitag am 1. und 2. Dezember 2003 wurde der vom Bundesvorstand bereinigte und abgesegnete Antragstext ohne weitere Korrekturen in Leipzig beschlossen. Die Abstimmung war Routine, die Parteitagsregie funktionierte, und die mutige Reformgruppe aus dem Jahr 2001 verstummte. Ihr Text war offenbar ein Betriebsunfall und ein Ergebnis mangelnder Vorabkontrolle. Der Parteiführung gelang es, die Reformdebatte wieder einzugrenzen. Auch in der CDU war mit diesem Beschluss die gesamte Reformdebatte erst einmal abgehakt. Nennenswerte Diskurse oder eine konkrete Umsetzung der ausgedünnten Reformvorschläge konnten nach dem Parteitag nicht mehr registriert werden.

Die größte Reform der Volksparteien besteht offenbar darin, das heikle Thema Parteireform überhaupt auf die Tagesordnung zu setzen, ganz gleich, wie mit den Beschlüssen später verfahren wird. Reformdebatten sind faktisch Phasen der Selbstvergewisserung der Partei, innere Kläranlagen, aber praktisch weitgehend folgenlos. Dies liegt wohl auch daran, dass Reformen eher aus der Mitte der Partei – oft in Oppositionszeiten – angestoßen, aber vom jeweiligen Establishment innerlich nicht getragen werden und deshalb nach relativ kurzer Zeit ersticken.

»Die Volksparteien werden gezwungen sein, sich neu zu erfinden«

Interview mit Kristina Schröder, Ministerin für Familie, Senioren, Frauen und Jugend

Warum sind politische Ämter so unattraktiv?

Es gibt zu wenige Leute mit originellen Ideen, die Politik für ein spannendes Geschäft halten. Die meisten, die so jung angefangen haben im Parlament wie ich, haben sich schon mit zwölf, vierzehn Jahren in der Jungen Union oder in der Schülerunion engagiert. Genau die waren es dann oft, die später, als die Kommilitonen oder die Mitschüler ins Ausland gingen, dageblieben sind, weil sie ihren Posten im JU-Kreisvorstand hatten oder Stadtverordnete waren und deswegen nicht so einfach weg konnten.

Was sind die wesentlichen Hindernisse für politisches Engagement?

Wahrscheinlich hält viele das Gefühl ab, dass man unglaublich lange Dinge tun muss, die einem nicht attraktiv erscheinen, bis man wirklich Entscheidungen beeinflussen kann. Viele Jüngere denken politisch, reden auch gerne bei politischen Entscheidungen mit, aber sie haben das Gefühl, erst drei Jahre lang Stammtische besuchen und Plakate kleben zu müssen, bevor sie überhaupt mal politisch Einfluss nehmen können.

Welche Ereignisse haben Ihren Einstieg in die Politik gefördert?

Ich komme aus einer eher unpolitischen Familie, aber die Wiedervereinigung hat mich damals enorm fasziniert. Während in meiner Klasse alle für Pferde schwärmten, habe ich für Helmut Kohl geschwärmt. Deswegen war für mich völlig klar: Ich will in die Junge Union, und ich will politisch etwas machen.

Ein Aufstieg ohne Ochsentour?

Die habe ich auf jeden Fall absolviert. Aber ich hatte das Glück oder auch das Privileg, dass meine Ochsentour relativ kurz war. Ich bin mit vierzehn in die Junge Union eingetreten und hatte mit vierundzwanzig, nach meinem Soziologie-Examen, die Chance, für den Deutschen Bundestag zu kandidieren.

Wo lag Ihr Vorteil?

Ich glaube, der ausschlaggebende Punkt war, dass ich schon zehn Jahre dabei war, in den zehn Jahren solide und gut gearbeitet hatte. Ich hatte aber eine parteiinterne Gegenkandidatin, eine Rechtsanwältin, gegen die ich mich mit fünfundachtzig zu fünfzehn Prozent durchgesetzt habe.

Hatten Sie einen Mentor?

Mein Mentor war der jetzige Fraktionsvorsitzende der Wiesbadener CDU, mit dem ich auch damals schon eng in der Jungen Union zusammengearbeitet hatte und der mich immer sehr unterstützt hat.

Wie wichtig ist ein persönliches Netzwerk?

Man braucht ein Netzwerk, auf das man sich verlassen kann und dessen Angehörige in den verschiedensten Parteigremien für einen werben.

Wer gehört zu Ihrem Netzwerk?

Mein Netzwerk geht weitgehend auf die Junge Union zurück. Es sind alles Leute, mit denen ich in irgendeiner Art und Weise schon in meinen ersten Jahren in der Jungen Union zu tun hatte und die jetzt führende Positionen im Stadtparlament, in der Fraktion, auf der Landesebene und auch als Dezernenten im Magistrat innehaben. Wir gehören gewissermaßen zu einer Generation, wobei Generation hier eine Spanne von fünfundzwanzig Jahren bedeutet. Man könnte auch so sagen: Wir sind gemeinsam in der Partei vorangekommen.

Ist das ein typisches Aufstiegsmuster in der CDU?

Ja, total. Ich kenne eigentlich keinen Kollegen, bei dem das nicht etwa so verlaufen wäre.

Was zeichnet solche Netzwerke aus?

Man vertraut sich, unterstützt sich. Wichtig ist der persönliche Faktor: dass man sich sympathisch ist. Das kann man gar nicht hoch genug einschätzen.

Es geht also nicht nur um Politik?

Genauso wichtig wie das Inhaltliche sind die Chemie, der Stil zu denken, zu handeln, der Habitus.

Wie erarbeitet man sich Vertrauen?

Indem man es sich verdient, indem man selbst Vertrauen schenkt, aber auch mit Dingen vertrauenswürdig umgeht. Und eine gewisse Solidarität. Wenn sie erst einmal da ist, muss sie auch belastbar sein. Ich finde nicht alles hundertprozentig gut, was meine Netzwerkpartner machen. Ich sage das denen auch. Aber trotzdem ist klar: An sich stehe ich zu ihnen. Da muss schon viel passieren.

Wie viele Schlüsselpersonen in der Politik sind für Sie von Bedeutung?

Für meine politische Arbeit ganz besonders wichtig sind zehn Leute.

Wie funktioniert der Kontakt?

Man lädt mal zu einem Glas Wein ein, bekocht sich und solche Dinge. Daraus sind teilweise echte Freundschaften erwachsen.

Welche Bedeutung hat der Informationsaustausch untereinander?

Ich versorge die Netzwerkpartner mit Informationen, telefoniere mit ihnen. Wobei man sich mit denen nicht mehr so oft treffen muss wie mit solchen, zu denen man vielleicht noch ein Netzwerk aufbauen kann. Das ist stabil, das läuft auch so.

Gibt es hier auch Konkurrenz-Situationen?

Das kann natürlich passieren. In meinem Fall ist es deswegen kein Thema, weil jeder auf einem anderen Pfad unterwegs ist.

Welche Eigenschaften braucht man als »Aufsteigerin« in der CDU?

Man braucht Verlässlichkeit, eine gewisse Verschwiegenheit, die Fähigkeit, persönliche Kontakte aufzubauen. Und man muss das Gefühl vermitteln, dass das Ganze keine reine Kosten-Nutzen-Kalkulation ist. Das Persönliche halte ich für den wichtigeren Faktor für die Tragfähigkeit solcher Netzwerke als die inhaltliche Übereinstimmung in jeder Frage.

Was verbindet Ihren engen Kreis?

Wir profilieren uns vor allem über inhaltlich-fachliche Arbeit und glauben nicht, dass der Königsweg der ist, so viele Hände wie möglich zu schütteln. Wir haben ein relativ professionelles Verständnis von Politik.

Könnte man die gemeinsame Klammer als »neoliberales Denken« bezeichnen?

»Neoliberal« ist ja ein negativ konnotierter Begriff. Aber das, was damit gemeint ist, teilen wir in gesellschaftspolitischen und in wirtschaftspolitischen Fragen durchaus: Wir teilen die Überzeugung, dass wir ein Land brauchen mit weniger Umverteilung und mehr Eigenverantwortung, dass wir die Freiheit bei uns massiv einschränken, und dass sich das ändern muss. In innenpolitischen Fragen, die echte sicherheitspolitische Fragen sind, befürworten wir einen starken Staat. In gesellschaftspolitischen Fragen, Familienpolitik, Schulen, Lebenspartnerschaft und so weiter sind wir alle sehr liberal.

In der Politik wird mitunter ja auch mit harten Bandagen gekämpft. Wie kommen Sie damit zurecht?

Damit muss man leben. Man hat natürlich immer das Problem, dass einen viele Bürger gar nicht kennen, einen aber beschimpfen bis aufs Letzte. Das ist eine andere Ebene als innerhalb der Fraktion, wenn man dort irgendwelche Misslichkeiten und Missgünstigkeiten feststellt. Wahrscheinlich muss man sich ein dickes Fell zulegen. Aber auch nicht zu dick, weil man dann ja irgendwann ein Unmensch wird.

Wie hilfreich sind beispielsweise Jobs in Abgeordnetenbüros für die politische Karriere?

Ich habe während meines Studiums auf 580-Mark-Basis für einen Landtagsabgeordneten gearbeitet. Das war einfach ein praktischer Studentenjob, der mich auch interessiert hat. Da lernt man, wie ein Parlament funktioniert. Insofern hat sich das für mich später als ausgesprochen segensreich herausgestellt, denn letztlich sind die Mechanismen überall ähnlich. Man lernt Pressearbeit, man lernt, dem Bürger politische Sachverhalte klarzumachen. Man lernt, sich auf die unterschiedlichsten Menschen einzustellen und mit ihnen umzugehen. Auch da knüpft man natürlich Netzwerke.

Welche Karriereschritte sind entscheidend für jemand, der nach oben will?

Conditio sine qua non ist die Nominierung im Wahlkreis. Dafür muss es einem gelingen, eine doch unglaublich heterogene Partei hinter sich zu bringen. Um das hinzubekommen, muss man in der Lage sein, die einzelnen Stadtbezirksgruppen, die Ortsvereine davon zu überzeugen, dass man, auch wenn man natürlich für ein bestimmtes Lebensumfeld steht, in der Lage ist, sich auf ihre Lebensumfelder einzulassen, dass man sich da reindenken kann, dass man eine gewisse Empathie hat, dass man aber trotzdem analytisch in der Lage ist, die Probleme zu erfassen und abzuwägen.

Sie brauchen also die Qualitäten eines Sozialarbeiters?

Vielen ist zunächst einfach wichtig, dass sie das Gefühl haben, ich verstehe, wo die Problematik liegt. Den meisten ist klar, dass ich die Situation nicht im Handstreich ändern kann. Aber auch in meinen Bürgersprechstunden, die ich regelmäßig abhalte, habe ich das Gefühl, dass die Leute dann zufrieden weggehen, wenn sie das Gefühl haben: Frau Köhler hat verstanden, was mich drückt, und sie konnte das auch nachempfinden.

Was ist der Preis für Ihren Aufstieg?

In den Sitzungswochen siebzig bis achtzig Wochenstunden Arbeit, in den sitzungsfreien Wochen fünfundfünfzig – und im Wahlkampf zwischen achtzig und neunzig. Ohne einen hohen Zeiteinsatz geht es einfach nicht. Wobei junge Leute, die in Großkanzleien oder Beratungsfirmen Karriere machen, auch nicht weniger arbeiten. Trotzdem ist es vielleicht abschreckend. Der Tag kann auch ganz schön zerfasert sein: Vielleicht hat man an einem Tag nur zwei Termine, aber wenn der eine samstags um neun ist und der andere abends um fünf, ist trotzdem der ganze Tag irgendwie verplant.

Kann man auch mit geringerem Einsatz erfolgreich sein?

Dann muss man damit rechnen, nicht wieder nominiert zu werden.

In den Kreisverbänden bestimmen oft nur wenige »Honoratioren«, wer etwas wird und wer nicht.

Ja, die sind wichtig. Und es ist wichtig, dass möglichst viele davon zum Netzwerk gehören, denn die können auch Parteitage prägen. Mir fallen jetzt keine Entscheidungen in den letzten Jahren ein, die gegen den Willen dieser Leute gefallen sind.

Sind solche Oligarchien der Normalfall?

Ja, natürlich, solche Tendenzen gibt es in jeder Partei. Gerade hier in Hessen haben wir einen sehr starken Landesvorsitzenden. Ohne Roland Koch läuft im Grunde gar nichts.

Welchen Politikertyp favorisiert er?

Er honoriert es, wenn einer in der freien Wirtschaft als Mittelständler einen Betrieb geleitet hat. Genau so einem Typ vertraut er. Und er schätzt das gleichzeitige Denken auf der inhaltlichen und auf der taktischen Ebene. Oder die Fähigkeit, auf der inhaltlichen und strategischen Ebene zu denken. Darin ist er selbst brillant, und natürlich guckt er nach Leuten, die das ähnlich können.

Kann der Landesvorsitzende auch Seiteneinsteiger in die Politik befördern?

Mit seiner Autorität kann er das, aber ich glaube, dass er hier meine Skepsis teilt. Ich denke, dass die Seiteneinsteiger es deswegen immer verdammt schwer haben, weil sie die Spielregeln der Politik nicht erlernt haben. Wenn sie nicht aus irgendeinem Grund unglaublich talentiert auf diesem Feld sind, werden sie deswegen fast immer scheitern.

Welche Spielregeln im politischen Alltagsgeschäft muss man beherrschen?

Im Grunde geht es darum: Wie schafft man sich für bestimmte Dinge Mehrheiten? Wann geht man offensiv ran, wann telefoniert man rum, wann hält man besser die Klappe, wann geht man nach vorne, wann bleibt man stehen, wie sucht man sich seine Verbündeten, wie stellt man sich dar? Wer ist wichtig, wer ist nicht wichtig? Das passt nicht in Algorithmen, dafür entwickelt man ein Feeling. Man muss natürlich eine gewisse soziale Intelligenz haben. Man muss sich auf andere Denkarten einlassen können. Aber man muss an bestimmten Punkten auch aggressiv sein, man muss eine gewisse Führung an den Tag legen. Es ist immer wieder interessant, wie sehr das im Grunde auch gewünscht wird. Und daran sind Seiteneinsteiger wie Stollmann und Kirchhoff gescheitert. Politik ist eben ein echter Beruf, den man erlernen muss. Die Ausbildung ist im Grunde die Arbeit auf unteren Parteiebenen. Es ist Quatsch, zu sagen, Politik sei kein Beruf.

Was ist der tiefere Grund für die Streuwirkung des mythenumwobenen Seiteneinsteigers?

Dem Mythos des Seiteneinsteigers liegt eine bestimmte Denke zugrunde: Politik sei schmutzig und die Parteien erst recht – und der Seiteneinsteiger sei gut, weil der ja an die Werte denke und nicht an die Partei. Das ist meines Erachtens Käse. Zum einen ist es so, dass niemand in der Partei sagt: Ich denke jetzt nur an die Parteipolitik, unabhängig von den Inhalten. Vielmehr ist jeder davon überzeugt, dass seine Partei auch die richtigen Inhalte vertritt. Insofern gibt es den Widerspruch nicht, der da konstruiert wird. Wenn man versucht, die Parteien außen vor zu lassen, generiert man viel abgehobenere Politiker, als man sich das immer so vorstellt. Deswegen glaube ich, dass dieser Seiteneinsteiger-Ideologie im Grunde immer noch der alte Anti-Parteien-Reflex zugrunde liegt.

Verhindert der grassierende Hedonismus auch im konservativen Milieu den Einsatz in der Politik?

Ja, wobei die jungen, leistungsorientierten Typen, die ich kenne und die gerne Karriere machen wollen, gar nicht so hedonistisch sind. Das Problem ist eher, dass man, selbst wenn man all die skizzierten fachlichen und sozialen Skills erfüllt, trotzdem nicht automatisch Karriere in der Politik macht. Wenn ich ein guter Berater bin, dann werde ich irgendwie weiterkommen. Wenn ich unbedingt in den Bundestag will, da aber seit zwanzig Jahren einer hockt, der das Mandat innehat, habe ich einfach Pech. Insofern ist es weniger kalkulierbar.

Wer ist in der CDU-Bundestagsfraktion besonders einflussreich?

Die Landesgruppenvorsitzenden. Wir nennen die intern auch die Teppichhändlerrunde. Sie sind unglaublich einflussreich, von außen wird das kolossal unterschätzt. Diese Runde entscheidet nicht über den Fraktionsvorsitzenden, aber über die Ausschussbesetzung und über viele Funktionen.

Welchen Einfluss haben die Frauen in der CDU?

Das Kriterium »Frau« ist relativ unwichtig, weil so ein soziales Kriterium nicht trägt. Nur weil man jung oder eine Frau ist, wird man nicht unbedingt gleich ans Ruder gelassen.

Worauf achtet Frau Merkel?

Sie guckt auf kluge, originelle und unaufgeregte Ideen. Sie guckt vielleicht auch auf eine gewisse Unprätentiösität, die sie ja selbst an den Tag legt.

Welche Bedeutung hat der »Einstein-Kreis«?

Solche Gruppen müssen beweisen, welche Substanz und welche Zusammengehörigkeit wirklich dahinter steckt. Beim »Einstein-Kreis« bin ich da eher kritisch.

Wie bewerten Sie deren Grundsatzpapier?

Dem würden fünfundneunzig Prozent aller Abgeordneten, völlig egal, von welchem politischen Flügel, sofort zustimmen.

Sie sind Mitglied der »Pizza-Connection«, einem informellen Kreis, der perspektivisch Schwarz-Grün favorisiert.

Die »Pizza-Connection« ist sehr atmosphärisch. Man trifft sich und diskutiert keine Inhalte durch, schlägt auch kein gemeinsames Regierungsprogramm vor. Die »Pizza-Connection« hat wesentlich dazu beigetragen, dass Schwarz-Grün jetzt ein realistisches Szenario im Bund ist. Sie hat uns verdeutlicht, dass ein bürgerlicher Habitus Schwarze und Grüne verbinden kann. Hamburg war der Vorbote für die schwarz-grüne Annäherung.

Warum sind Schüler Union und Junge Union immer noch für die Nachwuchsrekrutierung so wichtig?

Dort lernt man, wie Qualität funktioniert. Die verbissensten Satzungsstreitigkeiten gibt es in der Schüler-Union. Da spielt man das Ganze durch. In der letzten Legislaturperiode waren wir allein in der CDU/CSU-Fraktion sechsundzwanzig Abgeordnete unter fünfunddreißig Jahren. Ich behaupte mal, dass von denen fünfundneunzig Prozent eine klassische JU-Laufbahn hinter sich haben.

Welche Rolle spielt die Junge Gruppe – der Kreis der Jungen in der CDU-Fraktion – heute?

In der letzten Legislaturperiode hatte sie größeren Einfluss, weil das diese Kohorte war: sechsundzwanzig Leute, die alle gemeinsam 2002 angefangen haben. Jetzt hat jeder seine Position, seinen Schwerpunkt, seine Arbeit. Wir sind inzwischen alle unglaublich stark eingebunden. Ich bin im BND-Untersuchungsausschuss, der nimmt mich derart in Anspruch, dass ich schon deswegen zu nicht viel anderem komme.

Welche Eigenschaften braucht man heute, um in der Politik an die Spitze zu kommen?

Man muss fachpolitisch sein Thema finden. Wenn man Glück hat, ist es ein einigermaßen kommunizierbares Thema. Pech ist, wenn das Thema das »Legehennenbetriebsregistergesetz« ist.

Nachwuchsschulungen für Talente sind derzeit groß in Mode. Was halten Sie von diesen Karriere-Trainings?

Das ist der Versuch, das Ganze zu professionalisieren. Ich glaube, dass das eine sehr wichtige Sache ist, zum Beispiel für Bürgermeister in kleinen Kommunen. Die brauchen das Wissen, wie sie eine Verwaltung führen. Wie man einen Haushalt liest, lernt man nicht unbedingt so nebenbei. Es gibt viele Parlamentarier, die das auch nach zehn, fünfzehn Jahren noch nicht können. Es ist gut, da strukturiert ranzugehen. Jeder Kreisverband kann zwei Leute vorschlagen, die dann ein bestimmtes Pensum an Seminaren und Vorträgen absolvieren. In der Zeit macht man sich ein Bild über die Teilnehmer und geht gegebenenfalls auf sie zu, wenn irgendwo eine Position vakant ist.

Wie beteiligen Sie sich am Mentoren-Programm?

Im Rahmen der Hessen-Akademie betreue ich einen Mentee. Den nehme ich gezielt zu allem mit, nicht nur zum Unternehmerempfang, sondern auch zur Bürgersprechstunde. Er soll das ganze Spektrum meiner Arbeit sehen. Das Programm finde ich gut, wobei ich nicht glaube, dass es die Junge Union ersetzen kann. Man lernt das Handwerk, aber nicht die Spielregeln. Mein Mentee ist jetzt auch in der Jungen Union aktiv. Der, den ich davor hatte, war das nicht. Der ist letztlich von selbst wieder ausgestiegen.

Es gibt offenbar große Unterschiede bei der Auswahl der sogenannten Talente.

Ja, wobei interessant ist, wie unterschiedlich die Auswahl der Kreisverbände ist. Manche Kreisverbände schlagen den Talentiertesten aus der Jungen Union vor, und manche schlagen bewusst keine Leute aus der Jungen Union vor. Das ist Quatsch. Ich finde es vernünftig, Leute aus der Jungen Union vorzuschlagen, wenn es da gute Leute gibt – denn genau die brauchen dann auch dieses fachliche Wissen.

Wie aufwendig sind die Kurse der Hessen-Akademie?

Sie umfassen zehn, zwölf Wochenenden im Jahr.

Die SPD unterhält sogar eine Führungsakademie. Was halten Sie davon?

Ich bedaure es, dass es bei uns in der CDU ein solches Angebot nicht gibt. Die Abgeordneten haben da vielleicht eine gewisse Scheu. Aber wenn man sich auf die Qualität verlassen kann, finde ich so etwas hervorragend. In der Regel kriegt man seine Vor-Ort-Kreispartei allerdings nicht davon überzeugt, ein solches Angebot, das ja kostenintensiv ist, aus dem klassischen Wahlkreisbudget zu finanzieren. Davon werden lieber Kugelschreiber gekauft. Die Kreisparteien sind fest davon überzeugt, dass Kugelschreiber mehr bringen. Da kommt man kaum gegen an.

Wie sehen Ihre Ideen für eine wirksame Parteireform aus?

Zum einen muss man den Leuten mehr Möglichkeiten geben, ihr Wissen direkt einzubringen. Es gibt so viele Menschen, die beruflich einen brillanten Hintergrund haben, die aber keine Zeit haben, erst drei Jahre lang den Stammtisch zu besuchen. Für solche projektbezogenen Möglichkeiten der Partizipation brauchen wir gute Mechanismen, vielleicht sogar das Internet. Eventuell müssen wir da amerikanischer werden. In den USA kann man auch mal substanziell für ein paar Monate im Wahlkampf mitarbeiten, weil man darauf Lust hat und weil es interessant ist.

Was muss sich ändern, wenn der Einstieg in die Politik wieder attraktiver werden soll?

Ins Ausland zu gehen, den Wohnort zu wechseln, sich eine gewisse Zeit voll auf sein Studium oder seine Dissertation zu konzentrieren – das dürfte nicht schädlich sein.

Worauf kommt es beim Umgang mit den Medien an?

Für Nachwuchsabgeordnete ist die Wahlkreispresse das A und O. Der ist man auf Gedeih und Verderb ausgeliefert. Mit der muss man einen Start finden, sonst existiert man nicht für den Wahlkreis. Da kann man zu noch so vielen Festen gehen, man wird immer nur einem Prozent seiner Wähler begegnen. Ohne die Lokalpresse hat man gar keine Chance. Während meines ersten Wahlkampfes hatte ich auch viele Geschichten in der Boulevardpresse, weil es hieß: jüngste CDU-Kandidatin gegen alte, linke SPD-Front. Das war natürlich ganz hübsch. Da habe ich bewusst in der *Bunten*, in der *Cosmopolitan* und in der *Petra* Geschichten gemacht. Was ich auf diese Art und Weise an Bekanntheit erreicht habe, hätte ich sonst nicht so einfach bekommen. Ich habe das aber, als ich in den Bundestag kam, radikal wieder abgeschaltet und mich auf fachliche Dinge konzentriert, weil ich keine Lust hatte, immer nur als die junge blonde Frau wahrgenommen zu werden. Jetzt sehe ich das wieder entspannter. In den überregionalen Medien – *Tagesschau*, *Spiegel* etc. – ist der entscheidende Punkt für Nachwuchsmenschen wie mich die fachliche Expertise. Man muss ein Alleinstellungsmerkmal haben.

Wie werden sich die Volksparteien unter dem Druck der »Nachwuchsfalle« ändern?

Die Volksparteien werden vielleicht einen anderen Charakter bekommen. Es wird weniger auf die Masse der Mitglieder ankommen, sie werden sich in bestimmten Punkten auch professionalisieren müssen. Die Volksparteien müssen attraktiver werden für kürzere Aktionsformen. Sie werden gezwungen sein, sich in gewissem Maße neu zu erfinden. Aber es wird sie immer irgendwie geben.

4. Happy Hour, Ladies Lunch @ Beachparty: Die FDP auf dem Weg zur modernen Marketing-Partei

Die Zahl »18%« auf Guido Westerwelles Schuhsohlen im Talk-show-Wohnzimmer von Sabine Christiansen vor der Bundestagswahl 2005 war kein Betriebsunfall. Sie war Ausdruck eines neuen Parteimodells, das die FDP mithilfe einer Art Dauer-Parteireform nach vorne treiben will.

Es geht bei diesem von der FDP-Spitze konsequent verfolgten Reformkonzept um die Etablierung einer »Partei neuen Typs«, die den Gesetzen der Management-Methoden und Kundenbindungsprogramme der Wirtschaft folgt. Im Zentrum steht das sogenannte Customer Relationship Management (CRM), das mit den Instrumenten der Konsumforschung, der Werbung und der direkten Kommunikation möglichst viele Kunden an sich binden will und diese Kunden zum Zwecke der Durchdringung des Wählermarktes intensiv betreut. Die Partei changiert geschmeidig und lautlos zum Unternehmer, die Mitglieder und Wähler mutieren zu Kunden, der Politikbetrieb wandelt sich zum Markt.

Nicht nur theoretisch ist dieses Modell bereits weit vorangetrieben. Dies belegt das interne Strategiepapier der FDP-Arbeitsgruppe »Parteireform« vom 20. Juli 2008. Unter dem Titel *Willkommen, Bürgergesellschaft, Konzept zur Reform der Parteiarbeit in Deutschland*[1] wird die FDP einer Rosskur unterzogen. Im gesamten Design der Parteiarbeit und der Priorisierung von Aufgaben unterscheiden sich die Liberalen fundamental von allen Konkurrenten. Keine andere Partei hat ihre Organisationskultur in vergleichbarer Konsequenz radikal Richtung Markt vorangetrieben.

Bereits der erste Satz ist in seiner Rigidität die Plattform für die liberale Neuausrichtung.

»Das deutsche Parteiensystem ist auf dem Weg in eine Legitimationskrise. Sinkende Wahlbeteiligungen, wachsende Distanz zur Politik, abnehmendes Vertrauen in die Parteien und immer heftigere Pauschalkritik an Politikern sind messbare Anzeichen für ein zunehmend gestörtes Verhältnis zwischen Wählern und Gewählten.«[2]

Die FDP-Vordenker stehen vor einer paradoxen Situation, denn: »Zugleich erwarten die Wähler aber ausgerechnet von denen, denen sie immer weniger zutrauen, die Lösung immer größerer Probleme.«[3]

Die Ansprüche, schnelle Problemlösungen herbeizuführen, wachsen, aber die Bereitschaft zur Mitwirkung am Gemeinwesen sinkt. »Das wird immer weniger erkannt.«[4] Schonungslos und genau analysiert die Arbeitsgruppe Parteireform:

>»Aber gleichwohl geht die Bereitschaft zu Mitgliedschaft und aktiver Mitarbeit insgesamt überall zurück. Die Parteien reagieren auf diese Entwicklung leider oft nur trotzig. Sie beklagen vordergründig eine gesellschaftliche Entwicklung mit insgesamt abnehmendem ehrenamtlichen Engagement und schimpfen teilweise sogar über die ›politische Faulheit‹ der Bürger.«[5]

Aus diesem Befund ziehen die Liberalen folgende Konsequenz:

>»Die deutsche Gesellschaft wird aber nie wieder parteinäher werden. Das bedeutet, dass die Parteien gesellschaftsnäher werden müssen, denn sonst werden sie irgendwann nicht mehr gesellschaftsfähig sein.«[6]

Diesen Klartext hört man zwar auch von führenden Christ- und Sozialdemokraten, aber allenfalls in persönlichen Hintergrundgesprächen.

Doch es gibt gemeinsame Schnittmengen. Wie bei SPD und CDU werden auch in der FDP Modernisierung, Öffnung und Beteiligung als Leitmotive für weitere Parteireformen ausgerufen:

>»Die Partei, die den Einzelnen größer machen will in unserem Land, muss dem Einzelnen in der eigenen Parteiarbeit größtmöglichen Stellenwert geben.«[7]

Bedürfnisorientierte Informationsangebote, optimierte Kampagnenarbeit, effizienter Service sind die Orientierungsmarken des »lernenden Unternehmens« FDP, »das in einem ständigen Prozess der Reform offensiv die weitere Entwicklung zur Informationsgesellschaft annimmt«.[8] Der eigene Anspruch ist hoch:

> »Unser Konzept gliedert sich bewusst von außen nach innen und von unten nach oben. Strukturelle und technische Maßnahmen stehen am Ende.«[9]

Gutscheine, Premium-Infopakete und Primaries

»Mehr Rechte« für den Einzelnen, heißt der liberale Werbeslogan. Analog zu Kundenbindungsprogrammen sollen Bürger mit einem »Gutscheinheft« angelockt werden. Die Konzeption: Jeder Bürger kann bei seiner Partei Leistungen einfordern. Dazu gehören Fraktionsbesuche und Premium-Infopakete. Jeder Bürger, der sich bei seiner Partei als Wähler registrieren lässt, soll sich nach Plänen der Liberalen – zunächst auf kommunaler Ebene – an Vorwahlen (Primaries) beteiligen und über die Reihenfolge der Listenplätze mitbestimmen können.

Der »große Wurf« der FDP auf dem Papier könnte sich allerdings in der politischen Praxis schnell als Mogelpackung entpuppen. Denn: »Die endgültige Listenaufstellung bleibt den Parteigremien vorbehalten«[10], heißt es kleinlaut, nachdem die fulminante Forderung angepriesen wurde.

Dieser Stil ist typisch für die FDP, wenn es um die Kommunikation von Reformen geht. Man fühlt sich ein bisschen an die Welt der Kopplungsgeschäfte erinnert. Nicht alle FDP-Slogans bestehen nach der Produktprüfung den Sinntest. Neue Veranstaltungsformen sollen die Partei-Arbeit »einfacher, transparenter, aktiver und attraktiver machen«. Dafür hat die FDP bereits Eventkonzepte mit liberalen Frühstücken, Happy Hour, Ladies Lunch, Beachparty, Themenspaziergang und vielem mehr entwickelt. Wenn es nach der FDP geht, muss Politik »mehr zum Erlebnis werden, um in einem breiten Freizeit- und Unterhaltungsangebot attraktiv zu bleiben«.[11] Die Parteireformer empfehlen auch ganz praktische Tricks:

»Die alte Weisheit, dass manchmal der Berg zum Propheten kommen muss, gilt auch in der Politik: FDP-Vertreter bei einer Bürgerversammlung, die dort unter Erwähnung der Partei deren Position vortragen, können oft mehr bewirken als ein Vortrag vor halbleerem Saal bei einer eigenen Veranstaltung.«[12]

Die Liberalen definieren die FDP als eine Partei die sich nach den Prinzipien einer »Weltanschauung« (nicht nach Interessen) organisiert, die »Stilgruppen« (nicht Zielgruppen), »Haltungen und Lebensgefühle« (nicht Einstellungen) anspricht. Hinter diesen der Lebensweltforschung des Heidelberger sinus-Forschungsinstituts entliehenen Kriterien steht jedoch nur die Fassade einer Wunsch-FDP, die sich individueller, interessenfreier und sinnlicher gebärden will, als sie in Wirklichkeit ist. Die FDP baut um sich herum ein liberales Fantasialand. Aber auch das ist im Sinne ihrer Marketing-Politik durchaus erfolgversprechend.

Auch auf dem Feld der Kommunikation rufen die liberalen Reformer eine kleine Revolution aus. Schlüsselfigur in den Vorständen soll ein »Informations-Schatzmeister« sein, der für den Vertrieb der »Premium-Informationen« sorgt. Überhaupt: Die Kampagne an sich ist die zentrale Aktionsform, Dialog-Marketing und das Internet sind die wichtigsten Instrumente. Über die Kommunikationsplattform »my.FDP« können Mitglieder bereits heute individuelle Newsletter erstellen, Vergünstigungen und Rabatte abrufen und sogar die Stellenbörse »Yourcha« nutzen.

Eine Marketing-Partei, nach dem Vorbild der Wirtschaft organisiert

In der »Vorfeldarbeit« soll sich bei der FDP einiges ändern, etwa mit der »Liberalen Initiative Mittelstand«. Hier sollen – analog zum Dienstverhältnis in der Wirtschaft – »Zielvereinbarungen« mit den jeweiligen Parteigliederungen zu konkreten Projekten abgeschlossen werden. Das Gleiche gilt für die Geschäftsstellen, die zu Kunden-Centern umgebaut werden sollen.

Auch die gewohnte Gremienarbeit gehört laut dem Reformpapier der Vergangenheit an. Jede zweite Gremiensitzung soll künftig virtuell über das Internet absolviert werden. Ob die Parteibasis diese zeitsparenden Ideen überhaupt versteht und akzeptiert, wird nicht einmal infrage gestellt.

Zum Schluss ziehen die Autoren der Arbeitsgruppe »Parteireform« eine überaus positive Bilanz nach »über zehn Jahren konstanter Parteireform«. Gleichwohl verschweigen sie, dass die meisten Ideen bislang nur auf dem Papier stehen und die FDP – ähnlich wie CDU, SPD, Grüne und Linke – vor Ort in der Regel noch die tradierten introvertierten Vermittlungs- und Versammlungsformen praktiziert. Denn noch ist eine Geschäftsstelle kein Callcenter, eine Podiumsdiskussion keine Happy Hour und ein Vortrag kein Lunch.

Auf dem Papier ist der Wähler als Kunde bei den Liberalen König. Die FDP forciert mit ihren Ideen ihr Selbstbild als politische Marketing-Partei. Kopf dieser Revolution von oben ist der frühere FDP-Bundesgeschäftsführer, Hans-Jürgen Beerfeltz. In einem ausführlichen Brief vom 18. Februar 2008 an den Autor spricht er sogar von der FDP als »liberalem Konzern«, der bei seinen Mitarbeitern »verantwortungsvolles Handeln« voraussetzt. Seine Konzernphilosophie erläutert er ergänzend in einem 13-seitigen Text für ein Buch mit dem Titel *Führungspraxis und Führungspersönlichkeit*.[13] Sein Kerngedanke: »Die FDP will Wirtschaftskompetenz auch in der eigenen Unternehmensführung.«[14] Ausgehend vom »wirtschaftlichen Tief 1994« – die FDP war zu dieser Zeit mit Beerfeltz' Worten ein »wirtschaftlicher Sanierungsfall« und befand sich in einer »dramatischen wirtschaftlichen Position« – berichtet der Spitzenliberale von seinen Sanierungsbemühungen. Seine Tätigkeit begann er 1995 mit der Präsentation einer Folie auf einer Betriebsversammlung der FDP. Sein Motto: »Wir haben hier so viel zu tun, wir können uns nicht auch noch um die Zukunft der FDP kümmern.«[15]

Mit dieser Haltung räumte Beerfeltz, der früher stellvertretender Direktor der Bundeszentrale für politische Bildung war, auf und verwandelte die Parteizentrale in ein »Profit-Center«. Alle Aktivitäten sollten dem Markenkern der FDP (»freiheitlich, optimistisch, modern«[16]) untergeordnet werden.

Nach 15 Jahren Umbauarbeit ist Beerfeltz zufrieden mit seiner Bilanz:

»Zugleich wurde die ›Unternehmenskultur‹ auf der betriebswirt-schaftlichen Seite der Parteiarbeit mehr und mehr an die politischen Ziele angepasst, aus der Mischung von Problemen und Chancen im ›Change-Management‹ letztlich neue Wertschöpfung erzielt, die der größer gewordenen FDP eine insgesamt leistungsfähigere Organisa-tionsstruktur zur Verfügung stellen.«[17]

Liberale Unternehmensberater als geistige Schrittmacher der FDP

Inspirieren lassen sich die FDP und ihr Geschäftsführer unter ande-rem von Frank Baumgärtner von der Frankfurter TellSell Consul-ting GmbH. Beim Kongress der Friedrich-Naumann-Stiftung zum Thema »Parteien der Zukunft« am 16. Dezember 2008 in Berlin lieferte er das geistige Rüstzeug für die Marketing-Partei FDP.

Baumgärtner kommt zu dem Schluss, dass die »Gemeinsamkeiten zwischen Parteien und Unternehmen überwiegen«.[18] Da beide vor den gleichen Herausforderungen stünden – budgetseitige Restriktio-nen, zu motivierende Mitarbeiter und komplexe Fachthemen – wür-den sich klassische Projektmanagement-Methoden auch für Parteien eignen. Für den Partei-Erfolg – gestützt durch zahlreiche Marketing-Aktivitäten – gibt es laut Baumgärtner allerdings eine wesentliche Voraussetzung: »Vor allem solide Finanzen (Fundraising) und eine erfolgreiche Mobilisierung des eigenen Teams.«[19] Er empfiehlt ein konsequentes Datenbankmanagement, um den »Mehrwert« von Mitgliedern zu ermitteln und den CPO (Cost per Order) niedrig zu halten (vgl. das TellSell-Konzept auf S. 285).[20]

Dann wartet der Unternehmensberater mit einer echten Über-raschung auf: Er unterscheidet »Mitglieder« und »ideale Mitglie-der«. Ideale Mitglieder sind »aktive Sympathisanten«, die Zeit und Geld spenden und als Multiplikatoren beim Fundraising und beim Transport von Ideen arbeiten. Aus dieser von der Marktforschung abgeleiteten »Kunden-Segmentierung« definiert Baumgärtner drei Typen von Mitgliedern: das »befriedigende Mitglied«, das »Mit-glied mit Potenzial« und das »ideale Mitglied«. Damit überträgt er das System der Kreditkarten-Industrie auf die Partei. Hier werden die jeweiligen Kunden auch en detail kategorisiert, um sie dann mit spezifischen Dienstleistungen und Gratifikationen anzusprechen.

Marketing und Kunden-Segmentierung kosten Geld, viel Geld. Deshalb weiht Baumgärtner die FDP in die Einzelheiten eines höchst differenzierten Spendenmarktes ein und erklärt: »Neben dem Generieren von Spenden dient das Fundraising auch dem Transport von Ideen.« Zudem empfiehlt er den Aufbau eines »Methodenbaukastens«.

Um diese Ziele zu erreichen, empfiehlt er außerdem SMS-Marketing, Telefonmarketing und etwas ganz Neues: Incentivieren. Ein wirklicher Clou für die moderne Bürgerbeteiligung entsprechend der Brieftaschen-Größe: »Spender, die im Wahlkampf mindestens 50 EUR geben, können über Website mitentscheiden, welche Motive auf das Plakat kommen.«[21]

Turbokapitalismus, Themenscouts und Fußballromantik

Auch Wolfgang Fürstner vom Verband Deutscher Zeitschriftenverleger hilft der FDP auf dem Weg zur Marketing-Partei mit konstruktiven Vorschlägen aus der Welt der Werbewirtschaft. »Gehen Sie mutig below the line!«, fordert er in seinem Vortrag während des Kongresses der Friedrich-Naumann-Stiftung. Sein Rat an die FDP: sich nicht auf die »Präsenz von Politikern in den Anne-Will-Beckmann-Kerner-Illner-Zirkeln, deren ewige Themenwiederkehr nur vermeintlich Bodenhaftung verheißt«, zu verlassen. Auch Fürstner empfiehlt die Erfolgstreiber der Werbung für die Partei-Arbeit.

> »Bilden Sie Teams junger Leute, bunt gemischt nach Geschlecht und Ausbildungshorizont, und schicken (Sie) diese quer durch die Republik zu den Menschen, lassen Sie die Themen abgreifen, die die Menschen bewegen, auf den Straßen, in Jugendclubs, Frauenhäusern, Universitäten, Krankenhäusern oder den Pflegestationen der Altenheime.«[22]

Aus den Ergebnissen dieser »Recherche- oder Dialogteams« und »Themenscouts« sollen »Themencluster« im »Sinne der thinktanks

»Modernes Parteimanagement«: Konkrete Maßnahmen ermöglichen den Partei-Erfolg

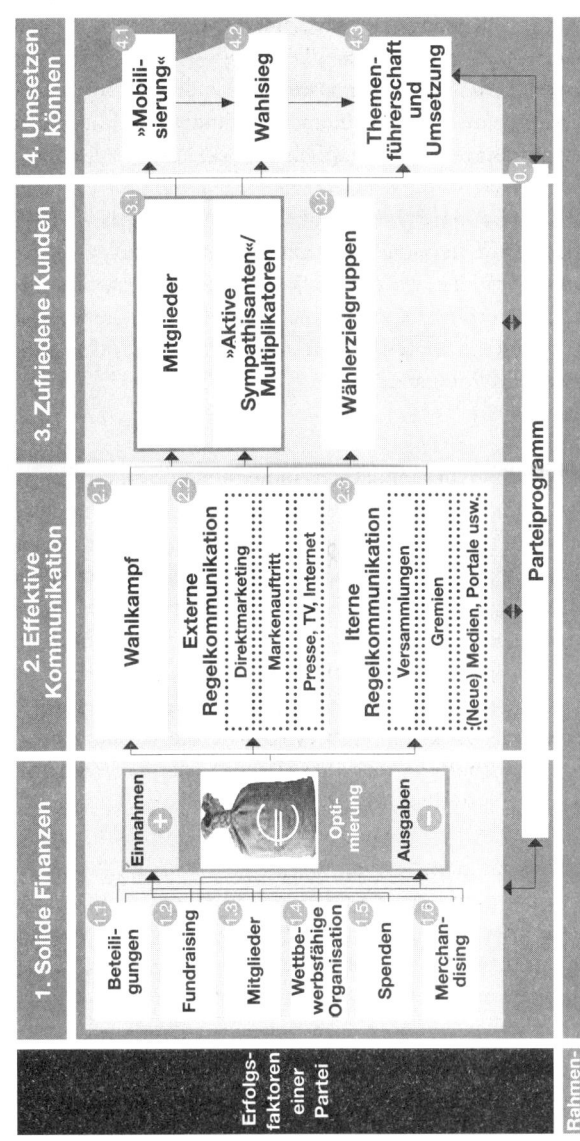

▶ Voraussetzung für den Erfolg sind vor allem solide Finanzen (Fundraising) und eine erfolgreiche Mobilisierung des eigenen Teams.

Quelle: Frank Baumgärtner. TellSell Consulting GmbH, 2008

TellSell Consulting

à la Silicon Valley« identifiziert werden. Der Verleger-Lobbyist erklärt auch, warum die FDP von den Methoden der Werbe-Industrie lernen sollte:

> »Autismus und die ständige Innenschau der Parteien aber machen diese für die Menschen draußen nicht attraktiv, sondern evozieren Distanz, Ablehnung und irgendwann – Desinteresse.«[23]

Ob damit »draußen im Lande« nicht auch die braven, bürgerlichen FDP-Mitglieder überfordert sind? Wer Ausschau nach den »Parteien der Zukunft« hält, kann viel vom Fußball lernen, glaubt Michael Meeske, Geschäftsführer des FC St. Pauli. Der Kultverein mit dem Totenkopf, auf dessen Logo stolz der Markenkern »Non established since 1910« eingeprägt ist, soll die Liberalen auf ihrem Kongress inspirieren.

Denn Fußball ist »primär (ein) Vermarktungsprodukt« im »Spannungsfeld Turbokapitalismus – Fußballromantik«.

Im Fußball gelten »allgemeine Marktmechanismen«, die man offenbar auf die Politik übertragen kann. Aber es gibt durchaus ein Problempotenzial, so Meeske: Das »Spannungsfeld zwischen wirtschaftlicher Unternehmensführung eines Vereines und emotionalen Fan- und Mitgliederinteressen« fordere einen »ständigen Kommunikationsaustausch diverser Institutionen«.[24] Eine zentrale Botschaft geht von dem ungewöhnlichen Kongress der Friedrich-Naumann-Stiftung zur Parteireform aus. Es gilt das Toyota-Prinzip: Nichts ist unmöglich.

Auch die FDP hatte – analog zur CDU – ein historisches Vorspiel in Sachen Parteireform, das aber heute vergessen ist. Damals – im Oktober 1992 auf dem Parteitag der FDP in Bremen – hieß die Dachmarke der Reformanstrengungen »Zielimage liberale Clubs«. »Fitness-Center für Politikbeschäftigung« sollte die FDP sein, informelle Treffpunkte für interessierte Bürger schaffen. Das war die Leitidee, die aber schon bald im Partei-Alltag versickerte.

Das Modell erinnert in der Rückschau an eine Parallelkonstruktion zu den klassischen Parteistrukturen:

»Liberale Clubs bieten ihren Teilnehmern Diskussionsplattform, Partizipation, Aus- und Fortbildungsangebote, soziale Kontakte auch im internationalen Bereich sowie vielfältige Angebote anderer liberaler Organisationen und Dienstleister. Liberale Clubs diskutieren Probleme der Gesellschaft auf den verschiedenen Ebenen und erarbeiten und formulieren Lösungen.«[25]

Und dann folgte die Einschränkung und Trennungslinie zur eigentlichen FDP-Mitgliedschaft: »Sie werden mit ihren Vorschlägen initiativ bei der FDP, die ihnen Antrags- und Diskussionsrecht anbietet.«[26]

Der frühere FDP-Generalsekretär Uwe Lühr war bereits im Oktober 1992 ein Hellseher. Parteireformen – so sein Credo – könnten nur funktionieren, wenn alle bereit seien, auf lieb gewordene Posten und lang gepflegte Traditionen zu verzichten. »Radikale Schritte« seien nötig, um eine wirkliche Parteireform auf den Weg zu bringen.[27] Zu den »radikalen Schritten« kam es allerdings nicht. Stattdessen änderte die Partei ihren Kurs: weg von einer Mitgliederpartei hin zu einer professionellen Marketing-Partei. Ihr Erfolg in der Wirtschafts- und Finanzkrise beflügelt die FDP in dieser Kursbestimmung. Über die programmatische Verantwortung der FDP für diese Krise spricht niemand. Weder in der FDP noch in den Medien. Aber alles Verdrängte kehrt wieder.

Die Reform-Abstinenz der Grünen und der Linken

Von einem vergleichbaren Konzept zur Parteireform sind die Grünen und die Linken weit entfernt. Offenbar sehen sie – aus unterschiedlichen Motiven – keinen Bedarf für ähnliche Aktivitäten. Die Grünen haben mit viel Mühe ihre in der Gründungsphase etablierten basiskulturellen Entscheidungsstrukturen Stück für Stück zurückgebaut. Der Verzicht auf die Trennung von Amt und Mandat, die Verkürzung von Amtszeiten, die Aufhebung des Rotationsgebots und vieles mehr ist heute gelebte Praxis. Die Linke hat ihre turbulente Gründung noch nicht verarbeitet und plant erst 2010 die Verabschiedung eines Programms. Bis dahin sollen die tiefen Spaltungslinien zwischen Ost und West, neuen Linken und alten

Linken sowie allen denkbaren sozialistischen Strömungen erst einmal befriedet und eingehegt werden. Sollte dies – wider Erwarten – gelingen, könnte das Thema Parteireform irgendwann auch an Bedeutung gewinnen.

»Die Ochsentour hat keine Tradition in unserer Partei«

Interview mit Dietmar Bartsch,
stellvertretender Fraktionsvorsitzender Die Linke

Wie »funktioniert« der Weg in die Politik bei den Linken?

In der Linken haben sich noch keine typischen Rekrutierungsmuster herausgebildet. Von den dreiundfünfzig MdBs unserer Fraktion hatten fünfzehn schon einmal ein Bundestagsmandat inne, acht waren vorher Mitglieder eines Landtags. Das heißt, mehr als die Hälfte der MdBs hatte ursprünglich keine parlamentarische Erfahrung auf Bundes- oder Landesebene; sie kommen auch nicht aus der Mitarbeiterebene. Die Mehrheit der MdBs wurde im Jahr 2005 aus der Mitte der damals für die Parteibildung Aktiven aufgestellt.

In den fünfzehn Jahren der Vorgängerpartei PDS hat sich herausgestellt, dass bei etwa der Hälfte der Abgeordneten der Weg in den Bundestag über Kommunal- und/oder Landesparlamente führte, wenige waren vorher Mitarbeiterinnen oder Mitarbeiter, viele in Parteiämtern. In jeder Legislatur kamen aber auch Quereinsteiger, zum Teil ohne Parteibuch, dazu.

In der Kommunalpolitik sucht die Linke neue Kandidatinnen und Kandidaten unter den jüngeren Mitgliedern und im Parteiumfeld. Die Begeisterung für die Kommunalpolitik hat in den vergangenen Jahren abgenommen, weil die Spielräume für kommunalpolitische Entscheidungen geringer geworden sind.

Welche Motive sind für junge Leute heute maßgeblich?

Im Umfeld unserer Partei werden junge Menschen durch Unzufriedenheit mit den politischen Zuständen – Krieg, soziale Ungerechtigkeit, Abbau demokratischer Rechte, mangelnde Bildungschancen – für die Politik motiviert. Es gibt einen hohen Grad von Idealismus; ein wichtiges Motiv ist der Ausstieg aus dem Mainstream. Oft ist das Engagement zunächst temporär und auf ein Thema angelegt.

Hat sich die Rekrutierung durch die Veränderung der Volksparteien und die grassierende Politikverdrossenheit geändert?

Allgemein hat die Parteibindung abgenommen, Engagement – sei es politisches, aber auch in Vereinen – wird heute vorwiegend projekt- oder kursbezogen realisiert. Die Menschen nehmen eher konkrete Projekte an: beispielsweise einen Sportkurs statt der Mitgliedschaft in einem Verein, eine Kampagne statt der Mitgliedschaft in einer Partei. Es ist heute schwerer geworden, Kommunalpolitikerinnen und -politiker zu gewinnen, weil der Entscheidungsspielraum für die Kommunalpolitik kleiner geworden ist und speziell im Osten die Begeisterung für die politische Betätigung und Selbstorganisation abgenommen hat, nachdem die große Politik immer wieder als Fremdbestimmung und Anhäufung leerer Versprechungen erlebt wurde.

Welche Rolle spielt in diesem Zusammenhang die Tätigkeit von persönlichen Referenten?

Persönliche Referenten oder Assistenten müssen oft andere Qualitäten mitbringen, als sie Spitzenpolitikerinnen oder -politiker brauchen. Eher haben schon fachliche Mitarbeiterinnen oder Mitarbeiter eine Chance, wenngleich solche Anstellungen aus meiner Sicht auch kein »Sprungbrett« sind. Die meisten entscheiden sich bewusst für eine Mitarbeiterposition, ohne eine spätere Karriere als Abgeordnete/r oder Ähnliches anzustreben.

Wie hilfreich ist die »persönliche Nähe« in Ihrem Milieu?

Persönliche Nähe ist wichtig, schafft Zugänge und ist sicher ein Motiv bei der Förderung von politischem Nachwuchs. Bei der Auswahl kommt es kaum zum Einsatz, weil die demokratischen Auswahlprozesse für Mandate oder Wahlämter das nicht zulassen.

Welche Rolle spielen die klassischen Qualifikationsfaktoren?

Eine abgeschlossene Ausbildung oder ein Studienabschluss sind – vor allem im Osten – wichtige Kriterien.

Und welche Rolle spielen »Empfehlungen« von etablierten Politikern – etwa für die Förderung von »Talenten« und »Seiteneinsteigern«?

Empfehlungen werden sehr ernst genommen und geprüft. Es gibt einige prominente Beispiele für Seiteneinsteiger besonders in der PDS-Vergangenheit: Heinrich von Einsiedel, Elmar Schmähling, Peter Sodann.

Welche Defizite in der Rekrutierungspraxis belasten Sie?

In der Kommunalpolitik besteht das Problem des zu geringen Entscheidungsspielraums sowie der geringen Anerkennung angesichts des enormen Arbeitsaufwands. Für die Vorbereitung auf andere Ämter oder Mandate stehen zu geringe Mittel für eine längerfristige Betreuung und Vernetzung zur Verfügung. Wo Idealismus und Selbstverwirklichung beziehungsweise Erfolg wichtige Motive sind, ist kontinuierliche Betreuung notwendig.

Ist die klassische »Ochsentour« noch zeitgemäß?

Die »Ochsentour« hat keine Tradition in unserer Partei. Für junge Menschen ist sicherlich ein Hindernis, dass parlamentarische oder Parteienpolitik als »uncool« gilt und aus ihrer Sicht von Bürokratie, Langeweile und Einfallslosigkeit geprägt ist. Dazu kommt, dass der Einstieg in die Politik oft mit dem Berufseinstieg konkurriert und erste Berufserfahrungen unter Umständen sogar verhindert, wobei die Politik keine langfristig gesicherte Berufsperspektive bietet.

Sehen Sie bei den Rekrutierungsmustern grundlegende Unterschiede zur politischen Konkurrenz?

Die Rekrutierungsmöglichkeiten sind auch an das finanzielle und personelle Vermögen der Parteien gebunden. Wer längerfristige Mentoringprogramme und Betreuungsprojekte bezahlen kann oder wer über den Einfluss verfügt, jungen Menschen beim Wechsel zwischen Job und Politik und wieder zurück zuverlässig helfen zu können, hat hier mehr Möglichkeiten. Bei den Unionsparteien und bei der SPD steht sicher die klassische »stramme« Karriere über die Jugend- und Studierendenorganisationen im Vordergrund. Bei der Linken sind Durchlässigkeit und Chancen für Quereinsteiger größer.

Welche Strömungen spielen in Ihrer Partei eine wichtige Rekrutierungsrolle?

In der PDS gab es eine Gruppe der »U30«, der unter dreißigjährigen Abgeordneten und Mandatsträgerinnen und -träger auf Bundes- und Landesebene, die sich ein bis zweimal jährlich trafen, um sich gegenseitig zu vernetzen. Dieser lose Kreis war ein Gremium der Integration von Nachwuchspolitikerinnen und -politikern, aus dem gelegentlich auch Vorschläge für Kandidaturen kamen, die meistens Erfolg hatten. Insofern ist die Selbstorganisation der Jüngeren aus Sicht der Nachwuchsförderung zu unterstützen.

Welche Rolle spielen die politischen Jugendorganisationen in Ihrer Partei?

Für die PDS war die Jugendorganisation immer ein wichtiges Feld der Nachwuchsgewinnung. Das scheint sich bei der Linken ähnlich zu entwickeln.

Was bewirkt die Rosa-Luxemburg-Stiftung für den Nachwuchs?

Stipendien und Integration der Stipendiat/inn/en in die Gesprächskreise der Rosa-Luxemburg-Stiftung sowie in Zusammenschlüsse, selbstorganisierte Strömungen und Netzwerke der Partei.

Welche Rolle spielen gezielte Förderprogramme und Ausbildungskonzepte?

Solche Programme gibt es bei der Linken nicht. Wir orientieren junge Nachwuchstalente auf das Projekt Politikmanagement bei der Rosa-Luxemburg-Stiftung, auf Praktika und das Mentoring-Programm.

Und Mentoring-Projekte?

Mentoring-Projekte spielen eine große Rolle. Die individuelle Begleitung ist sehr wichtig, wird teilweise auch sehr intensiv betrieben, findet allerdings nicht organisiert statt.

Welche Hindernisse in der Politik müssten beseitigt werden, um den Nachwuchs zu fördern?

Wir müssen neue Politikformen aufgreifen und ausprobieren. Dazu gehören die Neuerungen im Internet und die noch nicht absehbare Rezeption US-amerikanischer Wahlkampfelemente. Wir brauchen mehr projektbezogene, zeitlich begrenzte Angebote, konkretere Aufgaben mit klarem Bezug zu Inhalten. Und wir brauchen Authentizität, die Traditionslinien und aktuelle konkrete Politik einschließt, wie es zum Beispiel vom Studierendenverband mit der Marx-Lese-Bewegung mit großem Zuspruch praktiziert wird.

Sehen Sie die Legitimation der Parteien schwinden, wenn der Nachwuchs ausbleibt?

Wenn der Nachwuchs ausbleibt, dann geraten die Parteien in der Tat in eine Legitimationskrise. Doch das ist absehbar nicht der Fall. Politisches Engagement bei jungen Leuten ist konjunkturell unterschiedlich. Die positive Entwicklung des Studierenden- und des Jugendverbands der Linken ist ein erfreuliches Beispiel. Parteien werden ihre Arbeit dahingehend umstellen müssen, dass sie ihre Grenzen durchlässiger machen und ihre Betätigungsfelder modernen Bedürfnissen stärker anpassen. Die PDS hat mit Gastmitgliedschaften und Arbeitsgemeinschaften Anfang der neunziger Jahre bereits Maßstäbe gesetzt, heute bieten fast alle Parteien Schnuppermitgliedschaften oder Ähnliches an. Ein neues Feld werden sicher auch Online-Communities sein, die ebenfalls Umfelder für die Parteien schaffen, die stark auf die Parteien zurückwirken. Nach dem 2009er-Wahlkampf ist auszuwerten, ob Elemente des US-amerikanischen Wahlkampfes, die Außenstehenden wichtige politische Betätigungsfelder im Kontext der Parteien eröffnen, in Deutschland eine Rolle spielen können.

Teil IV

Geheimbünde statt Arena – Lobbyisten als parlamentarische Schrittmacher

»Die wahren Feinde sind die falschen Freunde.«[1]
Angela Merkels Macht-Devise

»Wir machen ja keine Geheimbündelei«

Interview mit Schorsch Brunnhuber, Ex-Vorsitzender der CDU-Landes-
gruppen, oberster »Teppichhändler« in der CDU und Chef der Geheim-
loge »Xantener Bund«

Der »Xantener Bund« ist ja sagenumwoben. Warum eigentlich?

Das ist ein Freundeskreis, den wir hier in Berlin pflegen. Den Xantener
Bund haben wir noch in Bonn gegründet. Es ist kein Geheimbund, aber
wir reden darüber nicht.

Ist das ein Kreis, der Politik koordiniert?

Nein, da würden wir uns zu wichtig nehmen. Der Bund entwickelte
sich aus einem Stammtisch in der Berliner Kneipe »Xantener Eck«. Wir
diskutieren Politik, überlegen, was wir machen können, trinken unser
Bier und treffen uns ungefähr einmal im Quartal.

Sie sagen: Da reden wir nicht drüber. Der Bund ist doch nichts Ver-
werfliches!

Aber er geht niemanden etwas an. Wir müssen selbst als Abgeordnete nicht jedem erzählen, mit wem wir einen Stammtisch haben. Es ist
nichts Geheimes, aber es ist auch nichts, was in irgendeiner Weise thematisiert werden muss. Nicht einmal unsere Kollegen wissen, wer sich
da trifft. Und so soll es auch bleiben.

Landesgruppen, Frauengruppen, soziologische Gruppen – es ist doch
ganz normal, dass es im parlamentarischen Geschäft Gruppenbildungen
gibt. Warum sind Sie so verschlossen?

Wir sind keine Gruppe der Fraktion. Wir sind ein Freundeskreis, der
sich zum Biertrinken trifft und dabei auch politische Diskussionen führt.

Welchen Einfluss haben Sie als Chef der sogenannten »Teppichhändler-
runde«, der Koordination der Landesgruppen in der CDU/CSU-Fraktion?

Die Landesgruppen sind die herausragenden Funktionsträger in der
Fraktion. Deren Vorsitzende sind vor allem Frühindikatoren für politische

Strömungen. Wer wissen will, wie sich Stimmungen in der Fraktion verschieben und verändern, der hat den Stand am schnellsten, wenn die Landesgruppen-Vorsitzenden tagen. Wir diskutieren mit den Vertretern der Vertriebenen, den Frauen, der Jungen Gruppe, den Kommunalpolitikern sowie den Wirtschafts- und Mittelstandsvertretern der Fraktion Stimmungslagen, politische Überlegungen, Strategie-Überlegungen. Wir haben auch regelmäßige Besprechungen mit der Kanzlerin und dem Fraktionsvorsitzenden. Beide gehören nicht automatisch zu dieser Runde. In einem frühen Vorfeld können wir so aufmerksam machen auf Strömungen, auf Meinungen, die aus den Wahlkreisen kommen. Da sind wir mittlerweile doch sehr wichtig geworden. Bevor etwas in der Zeitung steht oder ein Papier geschrieben worden ist, diskutieren wir Vorschläge aus dem Kabinett und der Fraktion und klären, wie weit das trägt, wie weit etwas unstrittig ist.

Wann hat sich der Einfluss der »Teppichhändlerrunde« in diese Richtung verstärkt?

Im Jahr 1998, nachdem die CDU/CSU in die Opposition ging. Die politische Rolle wurde in der Regierung beibehalten. Seit 2005 ist in der Satzung der Fraktion der Vorsitzende aller Landesgruppen aufgenommen, und er ist automatisch Mitglied im geschäftsführenden Vorstand. Er wird gewählt von den Landesgruppen-Vorsitzenden und den soziologischen Gruppen und bestätigt von der Fraktion. Damit haben wir jetzt diese Funktion noch mehr gestärkt und einen ganz anderen Status als früher, als das eher eine lose Geschichte war.

Was zeichnet Sie für diesen Dolmetscherjob aus?

Erst einmal muss man Landesgruppen-Vorsitzender sein. Meine Kollegen haben gesagt: Da können wir doch den Schorsch Brunnhuber nehmen. Der hat das Gefühl und das Gespür dafür.

Sie sind also der geborene Diplomat?

Wenn Sie einen Vorsitz haben, egal in welcher Position, dann brauchen Sie Diplomatie im Blut. Sonst geht die Geschichte gleich den Bach runter. Wir haben in unserer Runde übrigens ganz selten Kampfabstimmungen. Das ist auch ein Zeichen dafür, dass wir durch Koordination und Vorgespräche viele gemeinsame Entscheidungen treffen, ohne dass man sich ständig gegeneinanderstellt.

Der Chef der »Teppichhändlerrunde« – die Nummer zwei nach dem Vorsitzenden?

Man kann schon sagen, dass das Gremium der Landesgruppen-Vorsitzenden und die soziologischen Gruppen einen sehr starken Einfluss auch auf die politische Handlungsweise der Fraktion haben. Wir möchten aber den Eindruck vermeiden, wir seien das oberste Gremium über der Fraktion, das dann noch mal filtert. Wir steuern den Output und den Input. Wir sind ein Instrument, das in einer frühen Phase politischer Diskussionen so sensibel ist, dass es schon weitergeben kann, was erst in vier Wochen vielleicht richtig auf dem Tisch liegt. Wir sind so eine Art Frühwarnsystem. Insofern sind wir sicherlich nicht unwichtig.

Viele Abgeordnete sagten mir, die »Teppichhändler« hätten den größten Einfluss in der Fraktion. Ist das richtig?

Wenn die anderen das so sehen, möchte ich das nicht bestreiten.

Wo investieren Sie die meiste Zeit?

Die Hauptarbeit ist die, mit allen Beteiligten in den Landesgruppen ständig Kontakt zu halten, sodass ich frühzeitig von Dingen erfahre, ehe die zu großen Diskussionen irgendwo in der Partei führen.

Gibt es in der CDU-Fraktion noch Konkurrenz zum »Xantener Bund«, etwa die Gruppe um den Abgeordneten Wilhelm Josef Sebastian (Gruppe 94)?

Diejenigen, die sich öffentlich wichtig machen, haben schon gar keine Bedeutung, und die, die man nicht kennt, haben vielleicht Bedeutung. Aber das ist ja der Vorteil, dass man sie nicht kennt.

Ihr Kollege Wolfgang Bosbach schätzt den Einfluss des Xantener Bundes – zum Beispiel im Hinblick auf Personalpolitik – wichtiger ein als Sie.

Wenn ganz ausgewählte Freunde, die 1999 in Bonn gesagt haben, wir bleiben in Berlin zusammen und wir sorgen dafür, dass wir uns politisch in Berlin auch gegenseitig und persönlich unterstützen, dann ist doch ganz klar, dass da auch personalpolitische Diskussionen stattfinden und Personalpolitik gemacht wird. Dass man sich bespricht – da steht demnächst die Benennung einer XY-Funktion an. Wer könnte denn da geeignet sein?

Und dann sagt man: »Der wäre vielleicht ganz gut.« Und dann guckt man auch, dass man den mit unterstützt. In dem Moment, in dem bekannt wird, dass so ein Gremium sich trifft, um so was zu entscheiden, da hat es schon keinen Wert. Dann blocken alle anderen. Das muss alles doch relativ im Vertrauten bleiben. Wir machen uns da nicht wichtig. Es kommt immer mal wieder vor, dass irgendwo Journalistenkollegen versuchen, herumzubohren. Ich bin der Vorsitzende, und ich habe keine Prokura, mitzuteilen, was wir da machen und wer dabei ist.

Der »Xantener Bund« vertritt den konservativen Flügel der CDU.

Absolut. Reine Konservative, das kann man sagen. Es sind alles altgediente Abgeordnete mit konservativer Grundhaltung, die die Partei in ihrer Mehrheit in den Wahlkreisen besitzt.

Welche Abgeordnete tragen den »Xantener Bund«?

Auch wenn Sie noch zehnmal fragen, wir sagen darüber nichts. Wir möchten ganz bewusst nicht, dass sofort bei jeder Wortmeldung einer der Teilnehmer erkannt wird: Ah, das kommt wieder aus dem Bund. Damit wäre das Thema verbrannt. Darum wollen wir das nicht. Nur so viel: Es ist alles legitim, wir machen keine Geheimbündelei. Aber ich muss niemandem erklären und sagen, wer bei uns dabei ist. Denn da sind gleich mal vierhundert beleidigt, die nicht dabei sind.

Da haben wir schon ein Problem. Wir haben uns da gegründet, ein Teil davon ist schon verstorben. Und da haben wir uns damals verpflichtet, wir lassen uns in Berlin nicht aus den Augen. Es hat sich herausgestellt: Die Idee war gut. Denn Berlin hat so viel Ablenkung in den parlamentarischen Bereich hinein. Wir haben regelmäßige Treffs, und im Zweifelsfall machen wir auch mal einen schnellen Treff.

Also ist der Bund eine Art persönliches Kraftzentrum für die Akteure?

Genau. Das braucht man in der Politik auf jeden Fall. Man hat es als Politiker ja auch nicht leicht. Da braucht man gelegentlichen Zuspruch. Wie man im Verlauf einer Diskussion zu einer Idee kommt, die so gut ist, dass man sagt: Das ist die Chance, dass wir wieder ein Stück weiterkommen. Unsere Ideen versuchen wir dann umzusetzen. Und je lautloser das passiert, umso erfolgreicher.

Wenn sich ein politisches Talent für den »Xantener Bund« bewerben würde, wären Sie dann offen?

Es gibt keine Bewerbungen. Wir entscheiden in einer kleinen Runde, wen wir ansprechen. Und nachdem niemand weiß, dass es uns richtig gibt, kann uns auch niemand anfragen.

In der SPD gibt es die Parlamentarische Linke, die Netzwerker und die Seeheimer. Warum haben Sie keine vergleichbare Organisation der politischen Strömungen in der CDU?

So etwas gibt es bei uns nicht, und das verhindern wir auch. Es führt nicht zu einer Verbesserung der Gesamtarbeit, sondern es bedeutet immer sofort Konfrontation, von den Personen bis hin zur Sache. Das machen wir nicht. Ich bin strikt und streng hinterher, dass ich solche Dinge unterbinde oder zumindest dafür sorge, dass sie gar nicht erst zustande kommen.

Wie verhindern Sie das?

Indem wir mit den Leuten reden. Die Fraktion ist in sich organisiert durch die Landesgruppen. Und jeder, der ein Problem hat, kann es dort offen ansprechen, und dann kann der Landesgruppen-Vorsitzende im Auftrag seiner Landesgruppe über mich oder direkt mit dem (Volker) Kauder die Dinge besprechen. Das ist viel vernünftiger als solche Sondergruppen, die irgendwann dafür sorgen – Sie sehen das ja in der SPD –, dass Vorsitzende kippen, dass Vorsitzende plötzlich in der falschen Richtung auftauchen. Das darf nicht sein.

Da kann der gemütliche Schorsch Brunnhuber ganz ungemütlich werden?

Fragen Sie mal meine Landesgruppe! Da bin ich konservativ konsequent. Übrigens zeichnet uns aus, dass wir nicht so lange um den heißen Brei herumreden, bis kein Mensch mehr weiß, worum es geht. Ich bin da ganz offen. Es gibt Punkte, wo man durch ein klares Wort zur rechten Zeit viel Unheil verhindern kann.

Immer wieder fahren die Ministerpräsidenten einen eigenen Kurs in der CDU.

Die Ministerpräsidenten müssten untereinander CDU-Positionen klären. Aber da hat ja auch jeder eine andere Meinung. Im Grunde könnten die Ministerpräsidenten darstellen, was man immer von uns fordert: Profil zeigen. Denn sie könnten in ihren Ländern parteipolitisch stärker wirken. Das funktioniert aber nur leidlich.

Wollen Sie noch einmal in die Regierung wechseln?

Die Landesgruppen-Vorsitzenden haben die Regierungstauglichkeit alle auf dem Schreibtisch liegen.

Würden Sie bei einem Angebot zugreifen?

Nachdem ich im Herbst nicht mehr antrete, stellt sich die Frage nur bedingt. Aber ich habe noch keinen gesehen, der ein Angebot der Bundeskanzlerin abgelehnt hätte.

1. »Schweigen und herrschen« – Geheimbünde und informelle Kreise der Parteien

Es gibt eine zentrale Erkenntnis, die jeder ambitionierte Nachwuchspolitiker recht früh lernt und beherzigen muss. Die Erkenntnis, dass offizielle Sitzungen von Vorständen, Gremien oder Parteitagen lediglich dazu dienen, bereits im Vorfeld erfolgte Abstimmungs- und Klärungsprozesse offiziell »abzusegnen«. Die entscheidenden Weichenstellungen werden meist zuvor in informellen Kreisen, Strömungen und Geheimbünden vorgenommen. Die hier gültigen Kommunikations- und Entscheidungsstrukturen, die Motive und Zielsetzungen bleiben in der Regel nur das Geheimnis der Eingeweihten. Diese tiefe Kluft zwischen »offizieller« und »informeller« Politik bestimmt die Machtpolitik der Parteien nachhaltig. Deshalb ist ein Einblick in die gegenüber der Öffentlichkeit abgeschottete Welt der Kreise hilfreich.

Der »Xantener Bund« – Die Geheimloge der CDU

Fraktionsvorsitzender Volker Kauder gehört dazu, der frühere Verteidigungsminister Rupert Scholz, der stellvertretende Fraktionsvorsitzende Wolfgang Bosbach und der außenpolitische Experte Andreas Schockenhoff sind dabei. Einige weitere CDU-Politiker sind ebenfalls Mitglieder in der wohl einflussreichsten Loge in der CDU – dem Xantener Bund. Zusammengehalten und koordiniert wird dieser geheime Kreis von Georg (»Schorsch«) Brunnhuber, dem Vorsitzenden der CDU-Landesgruppe Baden-Württemberg und Sprecher aller Landesgruppen in der CDU-Bundestagsfraktion.

Wenn der Chef der sogenannten »Teppichhändlerrunde« in die biedere Gaststätte »Xantener Eck« in Berlin Charlottenburg einlädt, geht es um »Machtpolitik pur«, wird Tacheles geredet, werden Weichen gestellt, Karrieren festgelegt. Einen Steinwurf vom Ku'damm entfernt sitzt dann der konservative Flügel der CDU beim Pils und berät, wer auf welchen Posten gehievt, wer verhindert werden soll und welche Positionen in der »Merkel-CDU« verankert oder blockiert werden müssten.

Brunnhuber, erzkatholisch und erzkonservativ, organisiert zudem noch die Unions-Abgeordneten, die sich der Politik der katholischen Kirche verpflichtet fühlen. Er war einer der wenigen CDU-Politiker, die Merkels Intervention beim Papst wegen dessen Nachgiebigkeit gegenüber der Pius-Bruderschaft öffentlich kritisiert hatten. Schorsch Brunnhuber ist gleichzeitig Leiter des Gesprächskreises der Katholiken in der Unionsfraktion, dem sogenannten Graf-Galen-Kreis. Aber vor allem wirkt er als Koordinator des Xantener Bundes und ist in dieser Funktion wohl wichtigster Strippenzieher im Hintergrund.

Eigentlich will er kein Wort über den klandestin organisierten Bund verlieren. Denn er weiß, dass Macht die »Schaffung von Ungewissheitszonen« ist. Im Interview (auf S. 295 ff.) hat er erstmals die Anatomie dieser wichtigsten CDU-Loge erklärt und begründet, warum niemand wissen soll, was man beim Bier im »Xantener Eck« in Berlin politisch vereinbart.

Mythos »Andenpakt« – Privater Freundeskreis oder effizientes Machtkartell?

Die Ministerpräsidenten Roland Koch, Christian Wulff, Peter Müller und Günther Oettinger sowie Hamburgs Erster Bürgermeister Ole van Beust gehören dazu. Der Präsident des Europäischen Parlaments, Hans-Gert Pöttering, Verteidigungsminister Franz-Josef Jung sowie Hessens Innenminister Volker Bouffier stehen auf der Logen-Liste. Privatfunk-Lobbyist Jürgen Doetz, Auto-Lobbyist Matthias Wissmann und der Bertelsmann-Lobbyist und einflussreiche EU-Abgeordneter Elmar Brock sind dabei. Auch jüngst gescheiterte Politiker wie Friedbert Pflüger oder Christoph Böhr sind eingetragene Mitglieder. Wulf Schönbohm (Vertreter der Konrad-Adenauer-Stiftung in Ankara), Heinrich Haasis (Präsident des Sparkassen- und Giroverbands) und Helmut Aurenz (Geschäftsführender Gesellschafter ASB Greenworld) werden ebenfalls gelistet. Außerdem sollen der Geschäftsführer des Arbeitgeberverbands

BDA, Reinhard Göhner, und der gefährlichste Gegner Angela Merkels, der frühere Fraktionsvorsitzende der CDU-Fraktion, Friedrich Merz, später aufgenommen worden sein.

Eine illustre Runde also, mit breiter Verankerung in den Regierungszentralen der Länder und den Landesverbänden der CDU. Rechtsanwalt Bernd Huck führt die Geschäfte. All diese Herren verbindet eine Gemeinsamkeit in ihrer Biografie: der politische Einstieg in der Jungen Union vor etwa dreißig Jahren. Während einer Lateinamerika-Reise im Juli 1979 haben sie sich die (politische) Treue geschworen und den »Andenpakt« gegründet. Bis 2003 war der Geheimbund wirklich geheim und möglicherweise einflussreich, weil Vermutungen nie zu Gewissheiten wurden. Die Feinmechanik der Macht in diesem Kreis funktionierte. Auf zentralen Parteitagen traf man sich zu eigenen Sitzungen, um die gemeinsame Linie und die Wahllisten abzustimmen.

Den Treueschwur »Schweigen und herrschen« hatten alle Mitglieder verinnerlicht. Spätestens mit der Analyse von Ralf Neukirch und Christoph Schult im *Spiegel* vom 30. Juni 2003[2] war der Mythos des »Andenpakts« jedoch zerstört. Denn jeder Geheimbund lebt vom Geheimnis, der Unwissenheit seiner Konkurrenten und der Angst vor möglichen Verschwörungen. Mit der Veröffentlichung der Akteure, ihrer Arbeitsweise und Zielsetzung wurde das Bündnis publizistisch entweiht. Der Mythos zerbröselte – sicherlich war die Platzierung im *Spiegel* kein Zufall.

»Seither konnten Koch, Wulff, Oettinger und tutti quanti kaum noch etwas Kritisches tun oder sagen, ohne damit das Klischee ›Konservative West-Machos wollen pragmatische Ost-Frau [Anm. d. Verf.: gemeint ist Angela Merkel] fertigmachen‹ zu nähren. Was konnte Merkel Besseres passieren? Hätte es den Andenpakt nicht gegeben, vielleicht wäre sie 2005 nicht Kanzlerin geworden.«[3] Angela Merkel musste das Gefahrenpotenzial des »Andenpakts« ernst nehmen, weil sich hier zahlreiche Mitglieder von CDU-Spitzengremien in einem strategischen Zentrum versammelten und sie über keinen vergleichbaren Unionsfreundeskreis verfügte.

Für die Mitglieder des »Andenpakts« war klar, dass sie mit einer gemeinsam abgestimmten Linie in der CDU einen maximalen Einfluss ausüben konnten. Der Kanzler nach Helmut Kohl sollte aus ihren

Reihen kommen. Doch mit der internen Konkurrenz wuchs auch die Missgunst. Mindestens vier Ministerpräsidenten sahen sich zu höchsten Ämtern berufen. Die Solidarität des Jugendbunds wurde damit überstrapaziert. Die *Spiegel*-Veröffentlichung der Einzelheiten aus dem Innenleben des Geheimbunds illustriert diesen Bruch.

Spätestens seit Mitte 1993 konnte die Ost-Frau Merkel auf das Treiben ihrer Gegner im westlichen Männerbund verweisen. »Damit war der Kreis enttabuisiert und unschädlich gemacht worden«, analysiert der Merkel-Biograf Gerd Langguth[4], der alle Beteiligten nicht nur aus seiner Zeit als RCDS-Vorsitzender aus nächster Nähe kennt.

Organisiert wird der Pakt von Braunschweig aus. Hier sitzt der Wirtschaftsanwalt Bernd Huck, der als »Generalsekretär« fungiert. Er wirkt als Kommunikationsscharnier des Bundes: »Bei ihm laufen alle Fäden der Loge zusammen. Er hat den Stift geführt, als sich der Pakt (…) sein Gründungsmanifest schrieb. Bis heute hütet er das Dokument in einem Ordner in seinem Büro. Er organisiert die geheimen Zusammenkünfte. Er sondiert, wann die Mitglieder Zeit haben, legt Termine fest und verschickt die Einladungen. Sie tragen den Briefkopf: PACTO ANDINO, El secretario General.«[5]

Zur Arbeitsweise des früheren Führungskaders der Jungen Union schreibt der *Spiegel*:

»Weil die Treffen der Geheimhaltung unterliegen, wird wenig schriftlich festgehalten. In den Einladungen ist stets nur von ›Interna‹ die Rede. Da heißt es dann, es gebe wieder ›hinreichend Gesprächsstoff‹ wegen der ›Ereignisse vor, während und nach dem Bundesparteitag wie auch durch anstehende Parlamentswahlen‹. Auf den Treffen, die in der Regel zweimal jährlich stattfinden, werden die wichtigen Fragen der Parteipolitik erörtert. Wer soll ins Präsidium? Wer soll nächster Bundespräsident werden? Wer Kanzlerkandidat? ›Wir haben keine Regeln‹, sagt Huck. Aber es gibt ungeschriebene Gesetze. Das wichtigste: Kein Mitglied des ›Andenpaktes‹ wird jemals öffentlich den Rücktritt eines anderen fordern – eine in Krisen womöglich überlebenswichtige Absicherung.«[6]

Dieser innerparteiliche Schutzschirm – der wechselseitige Nichtangriffspakt – ist wohl der Kitt, der die Vereinigung zusammenhält.

Diese Form der bedingungslosen Seilschaftssolidarität konnte noch funktionieren, solange die Macht im Bund unter Helmut Kohl unerreichbar schien. Auffällig ist der hohe Grad an Verbindlichkeit und Verlässlichkeit des konservativen Männerbunds: »Daraus vor allem bezieht der Pakt seine Macht. Vereinbarungen, die hier getroffen werden, haben Bestand. Egal, ob es um einen Präsidiumsplatz oder die Frage geht, wer nächster Kanzlerkandidat werden soll: Ist sich der Andenpakt einig, ist gegen ihn in der CDU keine Entscheidung möglich.«[7]

Zumindest geht die Platzierung des glücklosen Christoph Böhr[8] als stellvertretender CDU-Vorsitzender und Nachfolger von Volker Rühe auf die Vereinbarungen im Andenpakt zurück.

Nach der Veröffentlichung und der Entmystifizierung des Andenpakts ist es Angela Merkel gelungen, einzelne Mitglieder des Geheimbunds auf ihre Seite zu ziehen. »Nichts ist erfolgreicher als der Erfolg«, so könnte man diesen Anpassungsprozess an die Macht erklären. Wichtige Positionen können schon seit Längerem nicht ohne die Zustimmung der Kanzlerin und CDU-Vorsitzenden vergeben werden. Möglicherweise hat die Physikerin in dieser Frage von der Feinmechanik der Machtsteuerung im »Andenpakt« gelernt.

Ein weiteres Gesetz der Anden-Gang hat sie auf jeden Fall für ihren wichtigen Kreis im Kanzleramt übernommen: Nur wer schweigt, bleibt; wer irgendetwas erzählt oder den Medien steckt, gehört nicht mehr zum vertrauten »inner circle«.

2007 ließen sich die Mitglieder des »Andenpakts« bei einer Reise nach Kopenhagen noch einmal von der *Bild*-Zeitung ablichten. Anfang Februar 2008 verabschiedete sich die sonst wohlwollende Zeitung *Die Welt* von dem Männerbund mit der Schlagzeile: »Der Geheimbund der CDU-Männer ist am Ende. Warum der ›Andenpakt‹ keinen Einfluss mehr hat.«[9]

»Die Tankstelle« – das Machtzentrum der hessischen CDU

Drei Mitglieder des »Andenpakts« ziehen auch in einem hessischen Geheimbund die Strippen. Ministerpräsident Roland Koch, Verteidigungsminister Franz-Josef Jung und der hessische Innenminister Volker Bouffier bilden die Kernmannschaft der sogenannten »Tankstelle«. Im Grunde ist diese Vereinigung der hessische Vorläufer des »Andenpakts«. Die Arbeitsprinzipien sind ähnlich: Man kennt sich, man hilft sich, man hält zusammen und befördert sich mit vereinten Kräften nach oben. Beide Kreise verbinden die klandestine Arbeitsweise und die strikte Abschottung gegenüber Partei und Öffentlichkeit.

Der Kampf- und Karrierekreis wurde Anfang der achtziger Jahre von aufstrebenden Mitgliedern der Jungen Union gegründet. »Die ›Tankstelle‹ habe geplant, gemeinsam und möglichst lautlos den Marsch durch die CDU-Parteihierarchie anzutreten und sich dabei wechselseitig zu unterstützen.«[10] Zentrale Personalentscheidungen – wie etwa die Bestellung des künftigen CDU-Fraktionsvorsitzenden – seien in diesem Kreis gefallen, berichtet ein enger Mitarbeiter eines hessischen CDU-Ministers, der ungenannt bleiben möchte.

Angesprochen auf Sinn und Zweck des Karrieren-Netzwerks, agieren die Mitglieder recht einsilbig. Der mittlerweile wegen Korruptionsvorwürfen geschasste Ex-Europaminister Volker Hoff kann am Tankstellenkreis »nichts Geheimbündlerisches« entdecken: »Ich kenne Koch seit 25 Jahren, und wir haben damals auch politische Meinungsverschiedenheiten ausgetragen.«[11] Die »Tankstelle« sei kein politischer Flügel der CDU, sondern »rein persönlich ein Kreis von Leuten, die sich irgendwann in ihrer JU-Zeit zusammengetan hatten«.[12]

Auch Innenminister Bouffier ist bemüht, dem Kreis, der sich regelmäßig in der auf einer Anhöhe der A5 bei Ober-Mörlen (zwischen Frankfurt und Gießen) gelegenen Raststätte Wetterau trifft, die Aura des Besonderen zu nehmen. »Das ist kein Geheimbund gewesen.« Bouffier versucht den von nahezu allen hessischen Korrespondenten als »politisch überaus relevant« eingeschätzten Kreis, als Privatclub zu verharmlosen. »Die Tankstelle ist ein vor über 25 Jahren aus der JU entstandener Freundeskreis.«[13] Der Kreis sei nicht geschlossen gewesen und habe sich auch nicht auf eine feste Mitgliedschaft gestützt. »Im Gegensatz zu allen Behauptungen haben wir uns nicht nur mit Personalfragen beschäftigt, sondern auch mit Inhalten«, sagt der mögliche Nachfolger von Roland Koch, Volker Bouffier.[14]

Im Februar 2003 beleuchtete der CDU-Intimus Peter Scherer in der *Welt die* »Tankstelle« und akzentuierte den Erfolg der Karriere-seilschaft:

> »In der Tat besteht Kochs Kabinett zu einem großen Teil aus ei-nem Netzwerk von Freunden, das parteiintern unter dem Begriff der ›Tankstelle‹ firmiert. Mit ›Tankstelle‹ ist eine Autobahnrastanlage nahe Wiesbaden gemeint, in der die ›Koch-Truppe‹, die sich in der Jungen Union zusammengefunden hatte, ihre Strategie für eine Ab-lösung der ›Altherrenriege‹ um Alfred Dregger und Manfred Kan-ther entworfen hat. Und tatsächlich: Der Marsch der ›Tankstelle Koch‹ durch die Partei-Institutionen war erfolgreich: Koch hat es bis zum Landesvater gebracht. Seinen Freund Volker Bouffier hat er zum Innenminister gemacht, Karlheinz Weimar wurde Finanzminis-ter, Karin Wolff Kultusministerin, und Koch-Spezi Franz-Josef Jung besorgt Koch als neuer Chef der CDU-Landtagsfraktion die notwen-digen Mehrheiten.«[15]

Die Existenz und Machtfülle der »Tankstelle« wird von Landes-vorstandsmitgliedern der hessischen CDU nicht bestritten. Gleich-wohl dringt kaum Kritik zu diesem Führungskreis an die Öffent-lichkeit. Nur einmal – im Juli 2006 – gab es eine Ausnahme: »Der frühere Kreistagsvorsitzende und CDU-Landtagsabgeordnete aus Allendorf/Eder sprach bei seinem Partei-Austritt nach 37 Jahren von »Enttäuschung« über das »engmaschige Netzwerk« des CDU-Landeschefs Roland Koch.« Direkt bezog er sich auf die straff or-ganisierte, aber für die Parteibasis nicht kontrollierbare Nebenor-ganisation. »Grund für den Austritt sei vor allem das engmaschige Netzwerk (›Die Tankstelle‹), das in Jahren aufgebaute engere Um-feld Kochs, das nun Hessen regiert‹.«[16]

Für diese äußerst effiziente Abschottung hat ein Spitzenbeamter, dessen Chef selbst Mitglied in der »Tankstelle« ist, eine viel ein-fachere Begründung: »Die wichtigsten Köpfe von Regierung und Partei sind fest in das ›Tankstellen‹-System integriert. Der Rest hält den Mund, weil sie selbst gern dabei wären.«[17]

Gerd Langguth, Professor für Politikwissenschaft an der Univer-sität Bonn, sieht die Besonderheit des »Tankstellen«-Kreises darin, dass er die »Superiorität von Koch anerkannt hat. Er hat etwas für seine Leute getan, und die haben ihn in Krisenzeiten voll durchgetragen. Dadurch hat er eine Geschlossenheit der CDU herbeigeführt, die es so in keinem anderen Landesverband gibt«.[18]

Vergleichbare Kreise – wenn auch mit anderem Zuschnitt und wesentlich geringerem Einfluss – gibt es auch in anderen CDU-Landesverbänden. Im Landesverband Berlin hat sich etwa die »Mallorca-Connection« gegen den früheren CDU-Fraktionschef Friedbert Pflüger, ebenfalls Andenpakt-Mitglied, verschworen. Als Kopf der Gruppe gilt der Bundestagsabgeordnete Kai Wegner. Auch dieses CDU-Netzwerk, das für ein konservativeres CDU-Profil eintritt und wie eine innerparteiliche Opposition wirkt, ist aus der Jungen Union heraus entstanden, wie die *Berliner Zeitung* berichtet: »Zu dieser Gruppe zählen die Neu-Abgeordneten Heiko Melzer und Sven Rissmann, aber auch Frank Henkel, der als parlamentarischer Geschäftsführer der Fraktion eine herausgehobene Rolle spielt.«[19]

2007 reiste der damalige CDU-Landeschef Ingo Schmitt mit nach Mallorca. Aber auch das hat offenbar nach Darstellung der Akteure keine Bedeutung: »Wir sind ein Freundeskreis, der gemeinsam nach Mallorca fährt«, wiegelt die »Mallorca-Connection« ab.[20]

Der »Einstein-Pakt« – Die konservative CDU-Revolte: Mehr als nur eine Eintagsfliege?

Stefan Mappus (Ex-Fraktionsvorsitzender und heute Ministerpräsident in Baden-Württemberg), Markus Söder (Ex-CSU-Generalsekretär und heute bayerischer Umweltminister), Hendrik Wüst (Ex-CDU-Generalsekretär Nordrhein-Westfalen) und Philipp Mißfelder (Vorsitzender der Jungen Union) wollten wohl in die Fußstapfen der Andenpaktler treten und deren politisches Erbe übernehmen. Im September 2007 legten sie ein 16-seitiges Programmpapier zum »Modernen bürgerlichen Konservatismus« vor. Mitten in der Debatte um ein neues CDU-Grundsatzprogramm wollten die »Schwarzen Jedi-Ritter« – so der Partei-Jargon – damit einen Gegenentwurf zur allzu liberalen Programmpolitik unter der CDU-Vorsitzenden Angela Merkel präsentieren. Zwar kennzeichneten sie ihr Papier als »Entwurf«. Aber der bewusst gewählte Charakter der Vorläufigkeit fand keine Gnade bei den »CDU-Watchern« der Hauptstadtpresse. »Konservative Häppchen« würden serviert, befand der *Spiegel*. »Das lautstark angekündigte Manifest konservativer Unions-Politiker hat sich als Ansammlung von Plattitüden entpuppt.«[21]

Noch härter urteilt das Urgestein der konservativen Publizistik in Berlin, Georg Paul Hefty von der *Frankfurter Allgemeinen Zeitung*. Gnadenlos seziert er die Defizite des Papiers, die Lücken und die Oberflächlichkeit unausgegorener Positionen: »An keiner Stelle vertiefen die vier Hoffnungsträger der Union bisher Gesagtes oder Geschriebenes.« Die Autoren hätten es »versäumt, sich als präzise Vordenker oder gar Zukunftsdenker zu beweisen. Sie haben eine Chance für ihre Parteien vertan und der Vermutung Nahrung gegeben, dass selbst innerhalb der Union das Konservative keine eigenständige Kraft, sondern eine Reihung von ohnehin mehr oder weniger anerkannten Floskeln ist«.[22]

Die Gruppe, die im Berliner Café Einstein tagte und deshalb unter dem Namen »Einstein-Pakt« rubriziert wurde, hatte sich offenbar auch intern nicht ausreichend abgestimmt. Kaum war das »konservative Manifest« auf dem Markt, beeilten sich der junge niedersächsische Fraktionschef David McAllister und der rheinland-pfälzische Partei- und Fraktionschef Christian Baldauf, ihre kristallklare Distanz zum »Anti-Merkel-Papier« zu erklären. Sie wurden zuvor als Unterstützer der Neudefinition einer »christlich-bürgerlichen Politik« präsentiert.[23] Noch zwei Jahre nach der Veröffentlichung des Papiers ist die Abgrenzung etwa des rheinland-pfälzischen CDU-Chefs Baldauf so demonstrativ eindeutig und kristallklar (»Damit habe ich nichts, rein gar nichts zu tun«)[24], dass man den Programmaufschlag des »Einstein-Paktes« ernst nehmen muss. Offenbar ist jede Art von programmatischer »Klageschrift«[25] für die Parteiführung ein Fanal.

Das Credo der aufstrebenden vier lautet: »In der öffentlichen Wahrnehmung ist das bürgerlich-konservative Element aber in den Hintergrund getreten, weil die große Koalition zu vielen Kompromissen zwingt.«[26] Diese Aussage findet an der CDU-Basis und bei zahlreichen Funktionären beachtliche Zustimmung. Nur: Solche Positionen verhallen und verkümmern zu folgenlosen Ressentiments, weil Angela Merkel sich die CDU angeeignet hat und die früher starken konservativen Bastionen in der CDU keine populären Protagonisten mehr aufzuweisen haben. Es gibt in der gesamten CDU keinen konservativen Intellektuellen von Gewicht mehr. Auch ein Grund, warum die programmatische Verdichtung dieser in der CDU einst mächtigen Strömung so dürftig ausfällt.

Diese für die CDU spezifische Lücke zwischen latenter Zustimmung zu einer (diffusen) konservativen Leitkultur und faktischer Unsichtbarkeit solcher Positionen weiß die ultrapragmatische und machtpolitisch versierte Kanzlerin für sich zu nutzen. Deshalb hat sie sich vorerst für eine Vereinnahmungsstrategie entschieden. Ihren Generalsekretär ließ sie mitteilen: »Das Papier liest sich gut, inhaltlich finden sich viele Punkte des Entwurfs zum neuen Grundsatzprogramm wieder.« Und: »Als Volkspartei der Mitte brauchen wir starke Flügel, die gemeinsam schlagen.«[27]

Mit dieser Umarmung und gleichzeitigen Distanzierung wichtiger Mitstreiter wurde der »Einstein-Pakt« schnell von oben marginalisiert. Nach dem einmaligen Aufschlag der »Kaffeehaus-Konservativen«[28] im September 2009 gab es keine weiteren Lebenszeichen dieses Kreises. Offenbar haben die vier am Ende doch vom Andenpakt gelernt und meiden künftig die Öffentlichkeit. Mißfelder, Söder und Wüst arbeiten zusammen mit dem baden-württenbergischen JU-Vorsitzenden Steffen Bilger in einem konservativen Zirkel weiter an ihrem Ziel »Konservativ im Herzen – progressiv im Geist.«

Der »Leichlinger Kreis«: Merkels Zentrum steht vor blühenden Karrierelandschaften

Als aktueller Gegenpol zum konservativen »Einstein-Pakt« fungiert der eher liberale »Leichlinger Kreis«. Nach Einschätzung des *stern*-Autors Hans-Peter Schütz ist er »heute das wichtigste parteiinterne Machtinstrument Angela Merkels. Denn ihm gehören an: ihr Generalsekretär Ronald Pofalla; der im Wirtschaftsministerium arbeitende Staatssekretär Peter Hintze; der neue Staatsminister Hermann Gröhe; der Justiziar der Unionsfraktion, Günter Krings; der parlamentarische Geschäftsführer der CDU-/CSU-Fraktion Norbert

Röttgen.«[29] Pofalla ist heute Chef des Kanzleramtes, Gröhe CDU-Generalsekretär und Röttgen Umweltminister. Gibt es einen besseren Beleg für die Wirksamkeit solcher Netzwerke in der CDU?

Zu Beginn der achtziger Jahre gründete der frühere Generalsekretär der CDU Nordrhein-Westfalen, Herbert Reul, (heute Europa-Abgeordneter), diesen Kreis. Fast alle Akteure waren zu dieser Zeit in der Jungen Union in wichtigen Positionen und kämpften mit »liberalen Positionen« gegen die rechtskonservative Gruppe »Bewegung«. Man trifft sich seitdem regelmäßig in Leichlingen, der »Blütenstadt an der Wupper« im Rheinisch-Bergischen Kreis, eine Stunde von Köln entfernt. Bis heute sind sie zusammengeblieben und bilden das politische Stützkorsett für die Kanzlerin.

Wie zuvor der »Andenpakt« schotten sich die Mitglieder des Leichlinger Kreises von der Öffentlichkeit strikt ab. Dies hat einen besonderen Grund: Es handelt sich hier um einen Steuerungskreis eines wichtigen Landesverbands. Die Akteure müssen Rücksicht auf Jürgen Rüttgers, den Landesvorsitzenden der nordrhein-westfälischen CDU und Ministerpräsidenten, nehmen. Parteiintern gilt er als der schärfste Kritiker Angela Merkels und geht zum Zweck der eigenen Profilbildung immer wieder auf Konfliktkurs zur Kanzlerin. Gleichzeitig sind die stärksten Stützen Merkels im Leichlinger Kreis versammelt und auf das Wohlwollen Rüttgers' angewiesen.

Der CDU-Vorsitzenden waren der Ausbau und die Stabilisierung ihrer Machtposition in der CDU vor allem durch eine geschickte personelle Einbindung der Spitzenkräfte aus den beiden größten CDU-Landesverbänden, Nordrhein-Westfalen und Baden-Württemberg, gelungen. Aus dem Leichlinger Kreis mit seinen zentralen Protagonisten wird deshalb wohl in der Zeit nach Angela Merkel die Führungsreserve der Union erwachsen.

Merkels Inner circle: Girls Camp, der Kreis der CDU-Granden und die Leitungsrunde im Kanzleramt

Über die wichtigsten Spindoktoren, die engen politischen und freundschaftlichen Bindungen der Kanzlerin, gibt es viele Spekulationen, aber wenig belastbare Fakten. Dies ist nur folgerichtig.

Denn oberste Maxime der Kanzlerin ist absolute Diskretion in Fragen ihres Führungsstils, ihrer engsten Entscheidungs- und wichtigen Beratungskreise. Anders als ihr Vorgänger, der mit den »frogs« (friends of gerd)[30] gerne die Seiten bunter Magazine füllen ließ, schweigt sich Angela Merkel aus, wenn es um die Besetzung ihres Küchenkabinetts geht. Wer in die wichtigsten Kreise vorgelassen wird und anschließend plaudert, wird ganz einfach zum Schweigen gebracht: Solche »whistleblower« bekommen keine Einladung mehr und werden auf diese Weise ins kommunikative Abseits gestellt. Eine aufstrebende Bundestagsabgeordnete berichtet vom »Absolutheitsgebot der Diskretion«: »Selbst SMS-Botschaften dürfen niemandem gezeigt werden.«[31]

Diese Linie passt zum gesamten technokratischen Politikverständnis der Kanzlerin, die in manchen CDU-Kreisen auch als »Geschäftsführende Präsidentin einer sozialdemokratischen Minderheitsregierung« tituliert wird. Schorsch Brunnhuber, Chef der »Teppichhändlerrunde« in der Union, lobt die Verlässlichkeit der Kanzlerin: »Sie analysiert. Sie ist als Wissenschaftlerin in der Lage, die Emotionen mal rauszuhalten.«[32]

In Angela Merkels Machtwelt muss man drei zum Teil miteinander verwobene Kreise unterscheiden: das sogenannte »Girls Camp«, die Runde mit den wichtigsten CDU-Vertrauten, und die im Kanzleramt angesiedelte Führungsrunde der administrativen Spitze. Alle drei »Kreise« mit ihren Verzahnungen bilden die Machtarchitektur der Kanzlerin. Bei Angela Merkel spielen klare Beratungsstrukturen offenbar wieder eine größere Rolle als bei ihren Vorgängern.

Bürochefin Beate Baumann arbeitet seit 1992 für die Kanzlerin. Christian Wulff kannte sie aus Osnabrück und empfahl sie. Sie ist die wichtigste »gatekeeperin« im Kanzleramt. Wer Kontakt zu Frau Merkel möchte, muss an ihr vorbei. Doch »Merkels Schattenfrau«[33] – so der Tenor zahlreicher Beobachter – bereitet nicht nur Entscheidungen vor, sondern prägt diese auch. Sie gilt als wichtigste Beraterin der Kanzlerin. »Sie ist die Einzige, der Merkel nahezu vollständig vertraut. Sie ist die geschäftsführende Vorsitzende der Merkel-Loge«, analysiert der *Spiegel.*[34] Diese Einschätzung bestätigt Merkel-Biograf Gerd Langguth: »Merkel vertraut ihr völlig. Sie haben sich gemeinsam hochgekämpft.« Das Vertrauen der »ähnlichen Typen« sei so groß, das sie sich sogar »gegenseitig anschreien, wenn es sein muss«.[35]

Dazu kommt Eva Christiansen, die seit 1998 – zunächst als stellvertretende Parteisprecherin – für Angela Merkel arbeitete und ihr 2002 in die CDU-Fraktion folgte. Heute ist sie die wohl engste Medienberaterin der Kanzlerin.[36] Ihre Aufgabe ist es, sensible Politikvermittlung zu betreiben, ohne irgendwelche Spuren zu hinterlassen. Für die klare Rollenverteilung – etwa mit den beiden Regierungssprechern – spricht, dass diese in der Ära Kohl konfliktanfällige Arbeitsteilung heute völlig geräuschlos funktioniert.

Bis Juli 2008 gehörte auch die frühere Staatsministerin Hildegard Müller zu diesem Kreis. Sie war vor allem für die sogenannte »Bund-Länder-Koordination« im Kanzleramt zuständig. Das heißt: Sie wirkte als Beobachtungs- und Kontrollposten der Ministerpräsidenten und nahm zudem für Angela Merkel an allen wichtigen Gremiensitzungen von Partei und Fraktion teil. Die Funktion als Frühwarnsystem und Protokollführerin schien die frühere JU-Vorsitzende jedoch nicht auszulasten. Im Sommer 2008 wechselte sie als Vorsitzende der Hauptgeschäftsführung Bundesverband der Energie- und Wasserwirtschaft ins lukrative Lobbyfach.

Maria Böhmer, Vorsitzende der für die Kanzlerin wichtigen Frauen Union, hat die Funktion, die Frauen in der CDU positiv für Merkels Politik einzustimmen und entsprechend zu berichten. Offiziell ist sie Beauftragte für Migration mit dem Rang einer Staatssekretärin. Zu diesem Girls Camp – der abschätzige Name wurde in der CDU-Zentrale erfunden – kommen gelegentlich auch aufstrebende Frauen aus der CDU-Fraktion und den Landesverbänden dazu.

Dieser Kreis – mit der einzigartigen Topposition von Beate Baumann – prägt das persönliche Umfeld der Kanzlerin, sollte aber in seiner politischen Funktion nicht überbewertet werden. Denn die relevanten Positionen werden auch in zwei weiteren Kreisen besprochen. Zur zweiten Säule, dem politischen Zentrum der Kanzlerin, gehören zunächst die Mitglieder der Parteihierarchie: in erster Linie Ex-Generalsekretär Ronald Pofalla. Er nimmt eine »gewaltige Rolle« ein, weil er mit der Präsenz als Generalsekretär praktisch »alle Rechte eines Parteivorsitzenden« hat, wie ein Insider analysiert. Fraktionschef Volker Kauder hat ebenfalls besonderen Zugang zur Kanzlerin. Auch die parlamentarischen Staatssekretäre Peter Hintze (Wirtschaft) und Peter Altmaier (heute parlamentarischer Geschäftsführer der CDU-Fraktion) agieren im engsten Kreis. Zu Hintze, der der Ex-Ministerin Merkel bereits als parlamentarischer Staatssekretär diente, besteht ein besonderes, gewachsenes Vertrauensverhältnis. Nicht selbstverständlich, weil er ja bereits unter Kohl Generalsekretär der CDU war. Auch der frühere beamtete Staatssekretär und CDU-Geschäftsführer Willi Hausmann sowie Bildungsministerin Annette Schavan genießen in Merkels Umfeld eine privilegierte Stellung. Die »Merkel-Loge« funktioniere »wie ein Geheimbund – nach außen gilt äußerste Verschwiegenheit«, notiert Ralf Neukirch im *Spiegel*.[37] Der Preis für die Mitgliedschaft im mächtigen Merkel-Kreis ist hoch, so Neukirch. »Die gültige Währung ist Loyalität, und das bedeutet den weitgehenden Verzicht auf einen eigenen politischen Gestaltungsanspruch. ... Es ist eine Gruppe, die nach dem Logenprinzip funktioniert. Nach innen herrscht Offenheit. Man diskutiert über alle Aspekte der Politik, aber auch über die richtige Frisur und das passende Jackett darf hier geredet werden, es gibt keine Sprechverbote. Nach außen herrscht Schweigen. Es gilt die Linie, die Merkel vorgibt.«[38]

Die dritte Säule des Merkel'schen Machtapparats stützt sich auf die Spitzen-Administration des Bundeskanzleramts. Hierzu gehören Ex-Kanzleramts-Chef Thomas de Maizière, Michael Wettengel (Zentralabteilung, vormals Chef des CDU-Fraktionsbüros), Regierungssprecher Ulrich Wilhelm, Klaus-Dieter Fritsche (Geheimdienste, Inneres, Justiz), Ulrich Roppel (Gesundheits-, Sozial- und Arbeitsmarktpolitik), Christoph Heusgen (Außenbeziehungen), Stéphane Beemelmans (Büroleiter de Maizière), Kulturstaatssekretär Bernd Neumann, Staatssekretär Hermann Gröhe (heute CDU-Generalsekretär) sowie Staatssekretärin Maria Böhmer.

Die drei Säulen[39] sind miteinander kommunikativ verknüpft und entsprechen der Handlungslogik der Kanzlerin, die klare Strukturen schätzt. Regelmäßige Telefonkonferenzen – mit themenspezifischen Experten und Fachpolitikern – ergänzen das Kommunikationssystem im Kanzleramt.

Die Grammatik der Macht: Fein austarierte politische Kreise steuern die SPD

Die SPD-Bundestagsfraktion verfügt im Deutschen Bundestag über 222 Sitze. Drei politische Flügel – ein linker, ein rechter und einer in der politischen Mitte – prägen den parlamentarischen und indirekt auch den politischen Prozess. Auffallend ist, dass alle drei Flügel faktisch zu »Personalbesetzungs-Maschinen« – so ein Insider der Fraktion – mutiert sind. Programmatische Positionierungen oder gar klare Kontrastprogramme zu politischen Streitfragen haben in der politischen Praxis nur eine nachgeordnete Bedeutung.

Die fließenden Übergänge zwischen den Flügeln belegen auch die vielen Doppelmitgliedschaften. Sowohl Mitglieder der Parlamentarischen Linken als auch der »rechten« Seeheimer sind gleichzeitig Mitglieder im sogenannten »Netzwerk«.

Stärkste Gruppe im Geflecht der Fraktion ist die Parlamentarische Linke mit etwa achtzig Mitgliedern, gefolgt von den Seeheimern mit etwa siebzig und den Netzwerkern, die etwa fünfzig Mitglieder (inklusive Doppelmitgliedschaften) angeben. Nur selten geht es bei diesen Kreisen um die Durchsetzung von politischen Programmen. »In der Regel sind es Strömungen für die politische Karriere«, bilanziert ein SPD-Spitzenmann. »Je länger Abgeordnete in der Politik sind, umso stärker wird dieses Motiv.«[40] In den Sitzungswochen treffen sich die Mitglieder der drei Strömungen jeden Dienstag, meist um 13.30 Uhr, unmittelbar vor den Sitzungen der SPD-Bundestagsfraktion. Es geht zu wie in einem Taubenzüchterverein: Ein paar cheerleader sagen an, wie argumentiert werden soll, was später im Plenum passieren soll, und was nicht.

Die Parlamentarische Linke (PL) – Jobvermittlung statt Programmideen

Vorsitzender der Parlamentarischen Linken ist der Bundestagsabgeordnete Ernst-Dieter Rossmann aus Elmshorn (Schleswig-Holstein). Der bildungspolitische Sprecher koordiniert die Arbeit seiner Fraktionsgruppe.[41] Im Grunde sind sich Parlamentarische Linke und Seeheimer Kreis über ihre Zweckbindung einig. Absprachen über personelle Besetzungen in der Fraktionsführung (Vorstand, Sprecher, Ausschussvorsitzende etc.) funktionieren in der Regel reibungslos. Nur ganz selten kommt es zu Kampfabstimmungen, etwa wenn man sich zuvor nicht auf eine personelle Balance der Strömungen verständigen konnte.

Zur Anatomie der beiden Flügel gehört, dass sie sich wechselseitig in ihren Einflusssphären und ihrer Organisationsdichte überschätzen. So kolportiert der rechte Flügel folgende Einschätzung über die politische Konkurrenz: »Nach Ansicht der rechten Modernisierer beruht der Erfolg der Linken vor allem auf einer straffen Organisation durch die Wortführer Andrea Nahles, Niels Annen und Björn Böhning. Vor wichtigen Sitzungen würden sie Strategiepapiere schreiben, ihre Debattenbeiträge untereinander abstimmen und systematisch Mehrheiten organisieren.«[42] Allein der Blick auf die Zusammensetzung der SPD-Spitze in Partei und Fraktion sowie die Absetzung des früheren Parteivorsitzenden Kurt Beck, der sich selbst als traditioneller Sozialdemokrat sieht, illustriert die groteske Überschätzung der Parlamentarischen Linken. Richtig ist, dass die drei genannten Exponenten des linken Flügels zusammen mit einigen weiteren Akteuren im ständigen Kontakt stehen, sich intensiv abstimmen und fast täglich in einer späten Telefonkonferenz gegen 22 Uhr das Tagesgeschehen reflektieren. Hier warnen sie sich gegenseitig vor dem Ungemach des nächsten Tages, koordinieren ihre Vorhaben und definieren diese. In ihrer Selbstwahrnehmung sehen sich maßgebliche Vertreter der Parlamentarischen Linken keineswegs als dominierende Kraft. »Wann wurde in der Vergangenheit mal ein Minister aus dem Kreis der PL ins Kabinett geschickt?«, merkt ein SPD-Insider ironisch an.

Die Parlamentarische Linke hat auf Parteiebene ein Pendant: das Forum Demokratische Linke (DL 21). Vorsitzender dieser Vereinigung – ohne offiziellen Status – ist der Ex-Juso-Vorsitzende Björn Böhning. Eine weitere Ausgründung mit einer ganz speziellen Aufgabe ist die Denkfabrik, die im Sommer 2004 von einem Dutzend Abgeordneten, darunter Andrea Nahles und Niels Annen, gegründet wurde.[43] Besonders öffentlichkeitswirksame Aktivitäten und markante Positionsbestimmungen dieser Arbeitsgruppe sind nicht festzustellen. Dies räumt auch der Koordinator, der SPD-Abgeordnete Sönke Rix, ein. Fast vier Jahre nach der Gründung erreichte des Arbeitskreises »Denkfabrik« nur einmal öffentliche Aufmerksamkeit. Der Grund: Die SPD-Abgeordneten Niels Annen, Frank Schwabe und Christine Lamprecht diskutierten mit den Vertretern der Partei Die Linke, Stefan Liebich, Jan Korte, Barbara Höll und Halina Wawzyniak. Organisiert wurde die Debatte von Angela Marquardt, die bis 2002 für die PDS im Bundestag saß und heute stundenweise im Büro Nahles und im SPD-Parteivorstand arbeitet.[44] Ein SPD-MdB kommentierte den Wirbel um dieses Treffen lakonisch: »Wir müssen endlich dahin kommen, dass nicht jeder Kontakt mit Abgeordneten der Linkspartei eine Nachricht ist.«[45]

Die Seeheimer – natürlicher Führungsanspruch ohne Kompass

Bis zum Sturz von Kurt Beck koordinierte Peer Steinbrück, Finanzminister und stellvertretender Vorsitzender der SPD, persönlich den »Seeheimer Kreis«.[46] Nach Becks Rücktritt zog sich Steinbrück demonstrativ wieder von dieser Aufgabe zurück. Im Hintergrund bringt er seine Truppen aber nach wie vor in Stellung. Nach ihrem Aufstieg zur SPD-Vizechefin verabschiedete sich Andrea Nahles von ihren Koordinationsaufgaben in der Parlamentarischen Linken. Eigentlich gehört es zum guten Ton, dass Spitzenpolitiker, die auch eine explizit integrierende Funktion haben, sich aus der Organisation der Parteikreise raushalten. Dieses ungeschriebene Gesetz galt augenscheinlich für den Finanzminister und SPD-Vize nicht.

Steinbrück plante über einen längeren Zeitraum ein Bündnis gegen die Parlamentarische Linke und wollte hierfür die »unideologischen Kräfte« in der SPD-Fraktion bündeln.[47] »Der Minister hatte am Rande der SPD-Vorstandsklausur in Hannover gut 20 Spitzengenossen zu einer Besprechung geladen. Generalsekretär Hubertus Heil war gekommen, Verkehrsminister Wolfgang Tiefensee und etliche Funktionäre aus der Bundestagsfraktion. Alle, die sich nicht der Parteilinken zugehörig fühlten, sollten sich stärker organisieren, sagte Steinbrück gleich zu Beginn der Sitzung. Die Linke dürfe nicht allein den Kurs der Partei bestimmen. Es gehe darum, der »›schweigenden Mehrheit‹ eine Stimme zu geben. Die anwesenden Genossen waren begeistert, man war sich einig, dem ersten Treffen weitere folgen zu lassen.«[48] Ähnliche Aktivitäten unternahm Steinbrück in Nordrhein-Westfalen sogar vor dem SPD-Landesparteitag. Die intensiven Bemühungen Steinbrücks, ein Bündnis der Seeheimer mit den Netzwerkern – gegen die Parlamentarische Linke – zu etablieren, scheiterte 2008 nach drei Fusions-Sitzungen.[49]

Ein wesentlicher Grund: Die Netzwerker hätten damit ihre selbst gewählte Identität als »unabhängige politische Kraft« in der Sozialdemokratie, die sich explizit gegen die Macht des linken und rechten Flügels gegründet hatte, aufgegeben. Die parallel unternommenen Aktivitäten, die Netzwerker-Zeitschrift *Berliner Republik* mit der offiziellen SPD-Zeitschrift *Neue Gesellschaft/Frankfurter Hefte* zu fusionieren, scheiterten ebenfalls. Hätten sich die Netzwerker als »Untergruppe« des rechten SPD-Flügels eingeordnet, so würde ihr Einfluss auf wichtige Parteipositionen schwinden. Die Leitidee des Netzwerks – »Eigenständigkeit als Prinzip« – wäre geopfert worden. »Es gab zu viel Widerstand«, berichtet einer der Netzwerk-Gründer, »das Thema ist ad acta gelegt worden.« Ein erfahrener Netzwerker analysiert, was die Zukunft bringen wird: »Das Werben der Seeheimer wird weitergehen. Die wollen sich verjüngen und die Mehrheit der Parlamentarischen Linken brechen.«

Vorerst werden die drei etablierten Flügel wohl weiter um das Personaltableau in der SPD ringen; in der Programmarbeit werden sie wohl auch künftig weitgehend abstinent bleiben.

Die Netzwerker – Der Charme der goldenen Mitte

Genau 47 SPD-Bundestagsabgeordnete arbeiten im Netzwerk Berlin mit. Etwa ein Drittel von ihnen gehört gleichzeitig einer der beiden konkurrierenden Strömungen an.[50] Die Netzwerker haben im Laufe der vergangenen acht Jahre viele ihrer Protagonisten in wichtige Ämter platzieren können. Der Ex-Generalsekretär Hubertus Heil, der parlamentarische Geschäftsführer Christian Lange, zahlreiche Ex-Minister (Olaf Scholz, Sigmar Gabriel), Ex-Staatsse-

kretäre (Matthias Machnig) und etliche Ausschuss- und Sprecherfunktionen wurden über die Netzwerker gemakelt.

Den Netzwerkern eilt seit ihrer Gründung der Ruf voraus, eher
die eigene Karriere und weniger eine sorgfältige Programmarbeit
zu verfolgen. Der SPD-Insider Norbert Seitz skizzierte das Profil
des mittleren SPD-Blocks so: »Während die Linke wieder die Sys-
temfragen stellt und die Uraltparole vom demokratischen Sozialismus neu auflegt, ging es den braven Netzwerkern zu Schröders
Zeiten meist nur um ein kommodes Arrangement im Rahmen der
herrschenden Verhältnisse. Gegen das ideologische Herzblut und
intakte Unternehmerfeindbild von Björn Böhning, Niels Annen,
Andrea Ypsilanti und Nahles trägt die Abteilung um Generalsekretär Hubertus Heil nur adrette Anzüge zur Schau.«[51] Öffentliche Resonanz des Netzwerks und tatsächlicher politischer Einfluss
stehen jedoch in Kontrast zueinander. Der politische Einfluss der
Netzwerker sinkt – so die Einschätzung der Gründer: »Wenn Seeheimer und Parlamentarische Linke sich einig sind, hat das Netzwerk keine Chance.« Zudem habe die Programmarbeit erheblich
gelitten, so ein Abgeordneter aus dem Führungskreis »Es ist schwierig, sich auf neue, originelle Ideen zu einigen, weil das Netzwerk
zu heterogen ist«, räumt der Gründer Hans-Peter Bartels ein. »Wir
haben zu wenig produziert«, sagt ein Kollege. »Mittlerweile gibt es
nur noch in jeder zweiten Sitzungswoche eine Veranstaltung. Auch
die gemeinsamen Treffen werden immer seltener und kürzer.« –
»Wir leiden unter einer gewissen Abnutzung«, bilanziert ein füh-
rendes Mitglied selbstkritisch.

Selbst die Jahreskonferenz des Netzwerks wird selten mit Bei-
trägen der eigenen Mitglieder bestritten. In der Regel dominieren
Prominente aus der ersten Reihe der Sozialdemokratie den Kon-
ferenzinput. Die Netzwerk-Sprecher moderieren dann. Auch die
mit intensiver öffentlicher Aufmerksamkeit begleitete Zeitschrift
Berliner Republik kann sich nur selten auf Originalbeiträge der
Netzwerk-Herausgeber stützen. Selbst ein Macher aus der Gründergeneration klingt etwas verzagt und räsoniert nach acht Jahren
nüchtern: »Wir haben vom Gründungsimpuls gelebt.« Seine Zukunftsvision erinnert ein bisschen an den fragilen Status, der auch
auf die konkurrierenden Strömungen zutrifft: »Der Verband löst

sich langsam auf.« Ein Trend, der beispielsweise auch in der hessischen SPD-Landtagsfraktion zu besichtigen ist. Nach der historischen Niederlage der SPD im Januar 2009 lösten sich die beiden verfeindeten Gruppierungen »Vorwärts« und »Aufwärts« auf. Nun tagt nur noch die Fraktion – ohne die früher üblichen Vorbesprechungen der verfeindeten Kreise. Aber auch diese Innovation ist offenbar nicht von Dauer. Die Abtrünnigen, die mit Furor Andrea Ypsilanti stürzten, wollen nun einen »Seeheimer Kreis« in Hessen aufleben lassen.

Bündnis 90/Die Grünen: Friedliche Koexistenz der Lager

Die Lagerschlachten seien von gestern, sagte Robert Habeck, Grünen-Vorsitzender in Schleswig-Holstein, im Juni 2008 über die Flügel der Partei, über Realos und Fundis.[52] In den Ländern und auch auf der kommunalen Ebene spielten diese Strömungen und Lagergruppen längst keine Rolle mehr – sie seien nur noch »ein Symptom der Berliner Bundespolitik«. Tatsächlich sind die Gräben zwischen Realos und Fundis heute schmaler als bei ihrer Entstehung Anfang der achtziger Jahre. In der Parteiführung geht man heute etwa von einem Verhältnis 60 (Linke) zu 40 (Realos) aus. Die »Parlamentarische Linke« der Grünen und die Realos treffen sich – analog zur SPD – vor ihren Fraktionssitzungen in der Parlamentarischen Gesellschaft. Ähnlich wie in den Volksparteien dienen Fraktionsbildungen heute vor allem als organisatorische Zentren zur Personalvermittlung für die jeweiligen Kreise.

Der Name der Realos leitet sich ab vom »Arbeitskreis Realpolitik«, der 1981 in Frankfurt von Joschka Fischer, Daniel Cohn-Bendit und anderen Wortführern der Sponti-Szene sowie Autoren des von Cohn-Bendit herausgegebenen Frankfurter Stadtmagazins *Pflasterstrand* als außerparteilicher Gegenpol initiiert wurde. Ihre Gegner waren die Ökosozialisten um Jutta Ditfurth, die von den Realos als »Öko-Fundamentalisten« oder »öko-sozialistische Fundamentalisten« bezeichnet wurden – als »Fundis«.

Viele Fundis haben die Partei im Lauf der Jahre verlassen, die Realos setzten sich als meist stärkere Strömung durch – wobei die

Parteilinke vor allem auf Parteitagen immer noch ein beachtliches Verhinderungs- und Gestaltungspotenzial aufzuweisen hat. »Der Konflikt spielt heute nicht mehr die Rolle wie in den Anfangsjahren, allerdings kommt die Fundi-Realo-Kontroverse bei der innerparteilichen Willensbildung immer wieder zum Vorschein«, schreibt der Sozialwissenschaftler Serkan Agci.[53] Ähnlich schätzt auch die Bundesgeschäftsführerin der Grünen, Steffi Lemke, die Lage ein. Insbesondere Personalentscheidungen werden nach wie vor auch im Dialog der Flügel getroffen. Dies wird bei der Wahl der Vorsitzenden deutlich: Der Vorsitzende Cem Özdemir gehört wie sein Vorgänger Reinhard Bütikofer dem Realo-Flügel an, während die zweite Hälfte der Doppelspitze, Claudia Roth, zu den Parteilinken zählt.

Dass die grüne Basis den von Realos und Parteilinken ausgehandelten Vorschlägen nicht immer blind folgt, zeigt der Fall Werner Schulz. Mit einer bemerkenswerten Rede wurde der frühere DDR-Bürgerrechtler und Bundestagsabgeordnete entgegen den Plänen der Parteispitze auf den aussichtsreichen Platz 8 der Liste gewählt.

Eine interessante Entwicklung könnte das 2004 von jüngeren Grünen ins Leben gerufene Netzwerk »Realismus & Substanz« nehmen. Es besteht nach eigenen Angaben aus ungefähr vierzig Personen, die grundsatzprogrammatische Fragen aufwerfen und diskutieren.[54] In einer Beschreibung seiner Positionen betont das Netzwerk die Notwendigkeit der grundlegenden Blutauffrischung der Linken:

> »Eine erneuerte Linke und eine neue Politik für soziale Gerechtigkeit muss darauf reagieren, dass sich die Bedingungen für die Verteilung von Wohlstand im postindustriellen Zeitalter drastisch verändert haben. Wir brauchen deshalb eine dynamische, reformfreudige Linke. Wenn sie die Kraft zu den notwendigen Reformschritten nicht aufbringt, werden die Konservativen den Reformkurs bestimmen – in eine verheerende Richtung. ... Dabei geht es uns mit ›Links Neu‹ nicht um die Beschreibung klassischer Lager. Diese sind längst am Erodieren. ›Links Neu‹ ist vielmehr der Versuch einer normativen, programmatischen Orientierung.«

Realismus & Substanz diskutiere flügelübergreifend und oft auch jenseits der real existierenden Flügel, schreibt Initiator Peter Siller.[55] Auch Steffi Lemke, eine exponierte Vertreterin der Linken in den Grünen, beteiligt sich an den Debatten der Gruppe Realismus & Substanz. »Hier treffe ich extrem fitte junge Leute, die primär konzeptionell arbeiten.« Lemke kennt die Stimmung in der gesamten Partei und betont, dass vielen Aktiven an der Basis »die Flügel tierisch auf die Nerven gehen«. Interessant ist, dass sich die Gruppe Realismus & Substanz – ähnlich wie das Netzwerk in der SPD – in Ablehnung zu den rechten und linken Flügeln gegründet hat. Die Programmdebatte soll hier vorangetrieben werden.

Die »Pizza-Connection«: Medial überbewertet

»Das Politische war eigentlich das Unpolitische«, so umschreibt der heutige Schatzmeister der CDU, Eckart von Klaeden, einen informellen Kreis von Grünen und Christdemokraten, der sich im Sommer 1995 zu lockeren Runden traf. Hermann Gröhe, heute Staatssekretär im Kanzleramt, und Matthias Berninger, heute Lobbyist beim Süßwarenkonzern Mars, luden von Zeit zu Zeit junge Abgeordnete beider Fraktionen ein. Dieser Kreis wurde später als »Pizza-Connection« – als Novum in der Bonner Politiklandschaft – in seiner Wirkung medial überbewertet. Auffallend ist jedoch, dass vor gut zehn Jahren bereits fast alle heute wichtigen Stützen von Angela Merkel damals dabei waren: Norbert Röttgen, Ronald Pofalla, Peter Altmaier, Eckart von Klaeden und Hermann Gröhe gehörten dazu. Weitere Akteure wie Armin Laschet und Andreas Krautscheid wurden Minister in Nordrhein-Westfalen oder Staatssekretäre in Berlin, wie Andreas Storm und Thomas Rachel. Auffallend ist, dass die Karrieren der Gesprächspartner auf der grünen Gegenseite keinesfalls diesen Aufstieg einer politischen Generation verkörpern. Im Gegenteil.[56] Matthias Berninger, Andrea Fischer und Margareta Wolf wechselten ins Lobby-Gewerbe; Oswald Metzger landete im Nirgendwo zwischen CDU und FDP. Mit dem Wechsel nach Berlin und den besonderen Konstellationen der großen Koalition schrumpfte die »Pizza-Connection« und mutierte zu einem lockeren Stammtisch in loser Folge.[57] Neuerdings scheinen die Verbindungen von FDP und Grünen aufgenommen zu werden.[58]

In der FDP spielen Strömungen nach der fast vollständigen Amputation des sozialliberalen und bürgerrechtlichen Flügels kaum eine Rolle. »Nachdem wir den Bindestrich-Liberalismus (gemeint ist der sozialliberale Flügel, d. Verf.) abgeschafft haben, gibt es keine Flügelprobleme mehr«, kommentiert ein Spitzenliberaler nicht ohne Stolz den Status in der FDP. Lediglich den Jungen Liberalen gelingt es gelegentlich, in wichtigen Wahlen und Nominierungen ihre Kandidaten zu platzieren. Stärker als bei allen anderen Parteien tritt die »parteinahe« Friedrich-Naumann-Stiftung als neoliberaler Treiber in der Programmarbeit auf. Dies scheint den Kontrolleuren der parteinahen, aber nicht parteisteuernden Stiftungen nicht aufzufallen.

In der Partei Die Linke gibt es eine schier unüberschaubare Zahl von Strömungen, Plattformen, Gruppen und Zirkeln.

Dazu gehören die Emanzipatorische Linke (Katja Kipping), das Netzwerk Reformlinke (Heinrich Eckhoff, Katina Schubert), der Verbund junger Parteimitglieder U35 (Falk Neubert) und die Kommunistische Plattform (Sarah Wagenknecht). All diesen Gruppierungen ist jedoch gemein, dass sie als Bündnis in einem Bündnis im Schatten der übermächtigen Solospieler Oskar Lafontaine und Gregor Gysi keine Wirkung entfalten können.

Fazit: Intransparenz als Navigationssystem

Die Bedeutung der Kreise für die Rekrutierung, Platzierung und Absicherung der politischen Klasse wird gemeinhin unterschätzt. Dies hängt auch damit zusammen, dass es nicht einfach ist, die Prozesse in diesen Kreisen verlässlich zu analysieren. In acht Thesen werden abschließend Sinn, Zweck und Wirkung der Kreise bilanziert:

(1) Informelle Gruppen in den Parteien sind die Drehscheiben der Machtverteilung von Positionen, Ämtern und Mandaten. An den Spitzen dieser Gruppierungen sammeln sich meist ambitionierte Protagonisten, die später auch zentrale Positionen übernehmen. Als Drehscheiben-Funktionäre sitzen sie oft in den auch für die Personalauswahl entscheidenden Gremien.

(2) Kreise, Bünde, Pakte etc. bieten den Zugang zu zentralen politischen Strukturen, ermöglichen eine spezifische, immer noch typische Parteisozialisation – was mit »Stallgeruch« umschrieben wird. Sie schaffen eine große Zahl von potenziellen Verbündeten und bilden langfristig belastbare politische Seilschaften.

(3) Die Kreise und Bünde dienen als Informationspool für privilegiertes Wissen, als Frühwarnsystem bei geheimen Vorhaben und Strategiewechseln und als Schutzschirm gegen interne Anfeindungen und Kritik. Sie sind Solidaritäts-Agenturen in einem Kleinklima des strukturellen Misstrauens und schmutziger Attacken.

(4) Informelle Gruppen leben von dem Prinzip der Geheimhaltung und der gezielten Intransparenz. Jede Form von Öffentlichkeit reduziert den Handlungsspielraum und eröffnet die Chance der politischen Widersacher, ein Komplott zu identifizieren und damit die vorgetragene Position zu disqualifizieren.

(5) Kreise und Bünde scheitern meist dann, wenn sich die Spitzen einer Strömung ins Gehege kommen. Nur eine Machtspreizung – zum Teil auch gestützt auf föderale Strukturen – oder die umfassende Anerkennung einer überragenden Führungsfigur garantiert die notwendige Stabilität.

(6) Spitzenpolitiker, Partei- und Fraktionsvorsitzende haben nur ein geringes Interesse an der Entfaltung von geheim agierenden Kreisen in ihren Parteien, da ihre Einflusszonen und Führungsreserven dadurch reduziert werden. Möglicherweise können unkalkulierbare Konfliktherde und unregulierbare Positionsbestimmungen entstehen. Ein strategisches Zentrum einer Partei kann angegriffen werden und die Führung einer Partei oder Fraktion erschweren.

(7) Offen agierende, konkurrierende Kreise, die aber – etwa in einer Fraktion – miteinander verhandeln, erfüllen in heterogen zusammengesetzten Parteien auch Strukturierungsfunktionen. Kreise, die die Spitzen stützen und deren Politik kontrollierbar und berechenbar ist, werden von den Parteiführungen meist akzeptiert.

(8) Das konservative Lager hat aufgrund einer stärkeren Affinität zur Übernahme von Machtpositionen einen stärkeren Hang zur Bildung von Kreisen und Bünden. Diese Strömung ist disziplinierter und konsequenter in der Pflege und Nutzung solcher Kreise.

»Diese Gruppenbildung ist das zentrale Problem der SPD«

Interview mit Kurt Beck, Ministerpräsident von Rheinland-Pfalz und Landes-Vorsitzender der dortigen SPD

Nach welchen Kriterien wählen Sie Ihre wichtigsten Mitarbeiter aus?

Fachliche Kompetenz steht im Zentrum meiner Entscheidungen, die Kandidaten müssen zudem mit ihrem Arbeitsstil und ihren verbindlichen Umgangsformen in das Team passen. Darüber hinaus muss sie oder er über den Tellerrand schauen und sich beispielsweise auch gesellschaftspolitisch und ehrenamtlich engagieren. Damit bin ich in den 15 Jahren als Ministerpräsident ohne Panne gut gefahren.

Wie reagieren Sie auf Talente, die Sie während Ihrer Reisen treffen?

Dann notiere ich mir die Namen, komme darauf zurück oder gebe die Information an Kollegen weiter. Ich lerne immer wieder junge Leute kennen, die interessiert, gut ausgebildet und engagiert sind. Ich bin zuversichtlich, dass wir im nächsten Jahrzehnt auf ein Reservoir zurückgreifen können

Also kein Anlass zur Sorge?

Es ist Anlass zur Mühe. Es ist immer noch ein zu schmales Spektrum, das wir bislang erreicht haben. Doch jetzt wächst wieder etwas heran. Ich erinnere mich an meine Generation: Da war es ja ganz dünn, da musste man mit dem Fernglas gucken, um Leute zu finden. Heute gibt's wieder einen neuen Ansatz. Nicht mehr, aber immerhin.

Was halten Sie von einer Jugendquote für alle Ämter und Positionen in den Parteien?

Das lähmt zu sehr. Ich war kein Anhänger der Frauenquote, bin heute aber überzeugt, dass eine Einführung die richtige Entscheidung gewesen ist.

Jugend allein ist kein Kriterium. Wer es nicht aus eigener Kraft hinkriegt, schafft es auch nicht über die Quote.

Wie bewerten Sie das Ausbluten der Parteien?

In den letzten zwei, drei Jahren stelle ich fest, dass junge Leute wieder Zugang zu den traditionellen Parteien finden. Ich bin gar nicht so skeptisch für die Zukunft. Wir haben sicher ein Loch gehabt in den letzten acht Jahren. Meine These: Ich glaube, dass die Generation der 68er und Nach-68er ihren Machtanspruch so extensiv ausgelebt hat, dass ein wirkliches Interesse bei den Generationen dazwischen und danach nicht aufkeimen konnte.

Sie haben die letzte SPD-Kommission für eine Parteireform geleitet. Große Reformen wurden damit in der SPD nicht bewegt.

Die Arbeit war erfolgreich. Wir haben eine Schnuppermitgliedschaft eingeführt, uns geöffnet – auch bei der Listenaufstellung.

Aber das Konzept »10 Abgeordnete von außen« für den Bundestag hat doch nicht funktioniert.

Da war ich auch eher skeptisch, ob es klappen würde. Weil man nicht jemanden, der sich ein Bein für die Partei ausgerissen hat und kandidieren möchte, einfach übergehen kann. Das ist mir zu theoretisch.

Das heißt: Die traditionellen Strukturen sind nicht veränderbar?

Ich kann doch nicht Leuten, die sich ein Leben lang engagiert haben, 30 Jahre treu ihre Arbeit gemacht haben, sagen: Jetzt kommen ein paar Leute von außen, die bestimmen jetzt genauso wie du mit. Dann sagen die: Warum bin ich denn Mitglied, warum engagiere ich mich, warum zahle ich Beiträge, warum renne ich herum, verteile Flugblätter, lasse mich beschimpfen?

Wer klug ist, muss wissen, dass es auch einen Anreiz geben muss, Mitglied zu sein. Wenn jeder, der vorübergehend in der Partei vorbeikommt am Ende mehr Einfluss hat, weil er mehr wahrgenommen wird und gehätschelt und getätschelt wird als diejenigen, die die Alltagsarbeit machen, dann stimmt etwas nicht in dem Laden. Gerade in einer Partei wie der SPD, die manchmal zu emotional eruptiven Entscheidungen neigt, ist es umso wichtiger, dass es feste Entscheidungsstrukturen gibt, die außer Frage stehen.

Was halten Sie von Direktwahlen der Mitglieder, die Basis stimmt direkt mit?

Auf Gemeinde- und Kreisebene kann ich mir das vorstellen, aber bei größeren Unterbezirken mit 2000 bis 5000 Mitliedern nicht. Da darf man nicht blauäugig sein. Das geht bei kleineren Gruppierungen. Das Delegiertenprinzip ist nicht problematisch. Entscheidend ist, ob wir Kandidaten zulassen, ihnen eine faire Chance geben, sich zu präsentieren.

Ohne die Patriarchen in der Partei kann niemand etwas in der SPD werden?

Ja – Patriarchen haben einen großen Einfluss. Es gibt zwei Erscheinungsformen. Wer stark ist als Patriarch, wird immer schauen, dass sich etwas erneuert. Wer schwach ist als Patriarch, beißt um sich herum die Leute weg.

Wie viele Mitglieder sind in der SPD aktiv?

Ich gehe von 20 bis 25 Prozent bei dauerhaft Aktiven in funktionierenden Ortsvereinen aus; bei Wahlkämpfen geht es darüber hinaus.

Das ist aber sehr optimistisch. Ihr Ex-SPD-Geschäftsführer Martin Gorholt geht von maximal 10 Prozent aus.

So viel Erfahrung wie ein Bundesgeschäftsführer habe ich nach 40 Jahren SPD-Mitgliedschaft auch noch. Das mag für Städte anders sein, und vielleicht ist die Erfahrung Ost auch eine andere.

Aber ist der Stil, wie man mit Ihnen umgegangen ist, nicht ein Grund, sich von der SPD fernzuhalten?

Es hätte nichts gebracht, eine Auseinandersetzung vor der Bundestagswahl zu führen, die kein Ende genommen hätte. Ich will keine Sprengsätze werfen. Ich will die Wahl im Herbst gewinnen.

Ist das nicht eine Überdosis Rücksichtnahme? Keiner versteht das.

Ich verstehe die Rücksichtnahme. Viele haben mir gesagt, es sei ganz gut, dass da einer nicht nachtrete. Ich bin fest davon überzeugt, dass dies eine verantwortliche Haltung war. Zu verändern war es nicht mehr. Dann muss man sich fragen: Was dient der Sache, was dient der Partei mehr? Nachtreten ist nicht meine Art. Es wäre natürlich schnell dahin geraten, weil Sie sich ja immer auch gegen Behauptungen wehren müssen. Es ging mir auch um mich ganz persönlich, um meinen eigenen Blick auf mich, nicht den Blick von außen auf mich. Zum zweiten ging es mir um meine Partei, die mir große Chancen im Leben geboten hat und der ich mich zutiefst verbunden weiß. Das dritte ist, dass man nicht die Brocken hinschmeißt und schmollt, sondern eine Aufgabe hat. Und ich wollte meine Arbeit hier in Rheinland-Pfalz nicht mit einer Dauerauseinandersetzung belasten. Das alles hat mich bewogen, mich so zu verhalten. Und ich bin sehr zufrieden.

Aber muss es nicht auch für ein Wolfsrudel in der SPD Gesetze geben?

Wolfsrudel haben ja auch Gesetze; aber es sind nicht die, die in eine moderne, menschliche Gesellschaft passen. Aus der Idee der Solidarität müsste eine Führung wachsen, die nicht ständig von Murren und Beißen abhängig ist.

Muss man den Anführer des Wolfsrudels, Peer Steinbrück, nicht offensiv stellen?

Was ihn angeht, konnte man zumindest am offensten wissen, was geplant wird. Das kann ich ja noch akzeptieren. Andere agierten ja viel verdeckter. Vor allen Dingen habe ich mit Abscheu zur Kenntnis genommen, dass einige nicht den Mut hatten, intern zu einer Auseinandersetzung auch mit ihrem Namen zu stehen, sondern das Hinter-den Banden-Spiel teilweise zu initiieren, teilweise zuzulassen, teilweise zumindest billigend in Kauf zu nehmen.

Insoweit gab es durchaus unangenehmere Formen.

Für mich ist das aufgearbeitet, ich bin mir im Klaren. Ich kommentiere das überhaupt nicht. Es ist ja auch nicht so, dass man selbst da völlig fehlerfrei ist, überhaupt keine Fehler gemacht hat. Das mache ich mir auch nicht vor.

Es geht ja um Stilfragen, wie man mit dem Führungspersonal umgeht. Es kann ja immer wieder andere treffen.

Es hat ja auch schon andere getroffen. Es ist nicht neu.

Aber niemand hat es aufgearbeitet.

Das muss man im Amt machen und nicht außerhalb. Und ich nehme für mich in Anspruch, dass ich es auf meine Weise versucht habe, eben keinen Bruch zu vollziehen, mit dem Personal der Vorgänger. Nicht sofort eine Machtdemonstration zu machen in dem Stil »Hoppla, jetzt bin ich da«. Nach dem Motto: Alles, was nach Vorgänger riecht und nach früherem, wird jetzt weggebissen. Das kann man auch als Fehler bezeichnen. Es war der Versuch, einen anderen Stil zu prägen. Man hat mir die Chance nicht lange genug gegeben, es sind auch Fehler dazugekommen. Ich halte nichts von Politikern, die im Nachhinein, wenn sie die Verantwortung nicht mehr haben, auf einmal alles erklären können. Das hilft niemandem. Ich habe es versucht. Die Spuren des Versuchs konnte man auch sehen.

War Ihr moderierender Stil ein Fehler?

Wenn man es unter dem Gesichtspunkt Machterhalt oder Machtausbau sieht, kann man sagen, es war ein Fehler. Nur für mich wäre es auch ein Fehler gewesen, wenn ich es anders gemacht hätte. Man kann auch nicht wider seinen eigenen Anspruch solch eine Aufgabe wahrnehmen.

Aber Sie haben selbst einen Generalsekretär gehalten, der nicht absolut loyal war.

Ich habe keine Lust mehr, dass weiter auszuführen. Es schadet anderen und ändert nichts mehr. Ich wollte ein versöhnendes Signal setzen, das nach einiger Zeit so weit zusammenführt, dass man eben nicht dauernd nur absolute Loyalitäten verlangt, sondern dass die aus dem gemeinsamen Ziel entstehen. Das war ein Irrtum. Ich habe aber auch die positive Erfahrung gemacht, dass einige diesen Weg gegangen sind, andere nur teilweise und dritte überhaupt nicht, weil sie in Denkstrukturen und innerparteilichen Machtstrukturen selber gefangen sind, und gar nicht die Kraft haben, da auszubrechen.

Noch am Schwielowsee haben Sie Arbeitsminister Olaf Scholz als Ihren Nachfolgekandidaten in der engeren Parteiführung vorgeschlagen.

Ja. Ich habe einen Vorschlag gemacht, zum Segen der Partei. Aber ich konnte mich mit diesem Verjüngungsvorschlag nicht durchsetzen.

Gehören solche Niederlagen mit zum Politikerleben? Sind sie gar Grundlage für die Bildung eines Charismas?

Auf Niederlagen kann ich verzichten, aber sie gehören zum Leben dazu. Man muss aufstehen können, weitermachen. Mein Koordinatensystem ist nicht angekratzt oder gestört. Man muss etwas abkönnen, wenn man so einen Job macht.

Selbst der »Seeheimer Kreis«, dem Sie sich verpflichtet fühlen, hat Sie nicht unterstützt.

Dem habe ich nie angehört. Ich habe mich da immer freigehalten. Ich habe von diesen Parteikreisen nie etwas gehalten, es hat mich immer abgestoßen. Ich bleibe dabei: Diese Gruppenbildung ist das zentrale Problem der SPD.

Warum?

Weil die Kreise so tun, als könne es Fraktionierungen geben, die ein politisches Meinungsspektrum widerspiegeln. Das erstarrt in Ritualen. Und da entstehen Grenzen zu der anderen Gruppierung. Ich halte davon überhaupt nichts. Ich hätte mich immer sozialpolitisch, was Mitbestimmungsfragen angeht, anders verortet als beispielsweise in Fragen der inneren Liberalität unseres Gemeinwesens. Ich bin ganz sicher, dass 90 Prozent oder viel mehr unserer Mitglieder oder gar unserer Wähler ein Meinungsspektrum vertreten, sich in unterschiedlichen Feldern unterschiedlich entscheiden.

Das muss die SPD widerspiegeln. Diese Erstarrungen sind problematisch, und deshalb habe ich in Rheinland-Pfalz dafür gesorgt, dass es hier solche Dinge nicht gibt.

Was wäre die Alternative zu diesen Kreisen?

Die Alternative ist: Wir haben eine Fraktion, einen Parteivorstand. Warum muss man sich vorbesprechen, wie ich argumentiere? Warum müssen hochkarätige, kompetente Leute Argumente absprechen? Wenn es so weit geht, dass man Argumente abspricht und vereinbart, wer redet wann? Was soll dieser ganze Quatsch? Was bindet das alles an Kräften? Für jemand, der von außen da reinkommt, muss das doch fürchterlich wirken. Die Kreise schaden einer differenzierten Diskussion. Das ist so, aber hilfreich ist das nicht. Der Meinung war ich schon immer, und die hat sich keinen Deut geändert in der Berliner Zeit. Ich habe diesen »Einbindungsquatsch« nie mitgemacht.

Ihr damaliger Stellvertreter Peer Steinbrück hatte selbst die Seeheimer zeitweise organisiert.

Er weiß von mir, dass ich das nicht gut gefunden habe.

In Hessen hat man die Kreise jetzt aufgelöst.

Ich kann Thorsten Schäfer-Gümbel nur gratulieren. Die Kreisbildung in Hessen war mitverantwortlich für die verfahrene Situation dort.

Sie haben vor dem Hamburger SPD-Parteitag eine behutsame Öffnung hin zu den Wählern der Linken betrieben.

Ich habe mich immer an die offizielle Beschlusslage gehalten. Mit Abgrenzungsbeschlüssen ist es nicht getan. Wenn sich das linke Parteienspektrum spaltet, dann schwächt es sich. Man muss sich mit der Partei Die Linke auseinandersetzen.

Was sind heute Ihre wichtigsten Ziele in der SPD?

Die SPD muss die Partei der sozialen Gerechtigkeit bleiben. Sie muss das Ideal der Solidarität selbst vorleben. Sie muss allen Menschen eine Chance geben und um ihr Vertrauen kämpfen. Täglich, nicht nur im Wahlkampf.

2. Politikberatung als getarnter Lobbyismus

Wenn man den politischen Betrieb in Berlin genauer unter die Lupe nimmt, fällt auf, dass sehr wenige Politiker eigenständig formulierte Texte, Positionen und Thesen zu aktuellen Streitfragen oder sogar »ihren« Politikfeldern verfassen. Offenbar sind sie so stark in die Rituale der Gremienarbeit und die Last des Sitzungsmarathons verwoben, dass ihnen nicht mehr die Zeit zur kreativen Konzeptarbeit bleibt. Bausteine für Programme werden oft sogar direkt bei den befreundeten Lobbyorganisationen angefordert. Dieser Wunsch nach politikberatender Dienstleistung gilt sogar für die üppig ausgestatteten Ministerien. Zur Bewältigung der Finanz- und Wirtschaftskrise griffen sowohl das Finanz- als auch das Wirtschaftsministerium auf zahlreiche externe Berater in Kanzleien und Unternehmensberatungen zurück. Deshalb ist die Aufhellung des Dunkelfeldes »Politikberatung« – in all seinen Facetten – wichtig zum Verständnis der Arbeitsweise der politischen Klasse. Politikberatung ist oft die Eintrittskarte für gewöhnliche Lobbyinteressen.

»Das Primat der Politik« und der Realitätsverlust der sogenannten Politikberater

Die gläsernen Wolken des Künstlers Nikolaus Weinstein geben dem riesigen »axica-Konferenzraum« am Pariser Platz in Berlin etwas Leichtes, Beschwingtes. Heilige Hallen des offenen Diskurses würde man hinter der sterilen Fassade des architektonischen Meisterwerks von Frank O. Gehry dagegen eher nicht erwarten. Möglicherweise haben die architektonischen Kontraste Ende Januar 2009 Thomas de Maizière inspiriert, eine Rede zu halten, die zweifellos über den Tag hinaus Wirkung entfalten wird.

Der Ex-Chef des Kanzleramts und heutige Innenminister macht

sich auf der öffentlichen Bühne rar. Nur ganz selten tritt er auf, noch seltener spricht er vor einem Fachpublikum. Der Bertelsmann Stiftung ist es gelungen, Merkels Administrator für eine Stunde vom Innendienst im Kanzleramt loszueisen. Von ihm wird die Schlüsselrede beim Kongress mit dem Titel »Von der Beraterrepublik zur gut beratenen Republik« erwartet. Die Veranstalter kannten seine Thesen vorher offenbar nicht, sonst hätten sie wohl nicht ausgerechnet Thomas de Maizière den »Zustand und Zukunft von Politikberatung in Deutschland« erklären lassen. Seine genau durchkomponierte Rede ist im Grunde eine Predigt vor Sündern. Den gut zweihundert Politikberatern – darunter viele Lobbyisten, PR-Berater und Public-Affairs-Manager – wirft de Maizière vor, dass sie zwar die Politik beraten wollten, aber im Grunde gar nicht verstünden, wie Politik funktioniere. Dass sie Politik nicht beraten, sondern in Wirklichkeit beeinflussen wollten und dass sie das Primat der Politik und die wichtige Rolle der Parteien in der parlamentarischen Demokratie nicht akzeptierten.

Der Chef des Kanzleramts spricht ruhig und gelassen und vermittelt den selbst ernannten Politikprofis, wie die Feinmechanik politischer Entscheidungen heute wirkt:[1] »Bedenke, dass Politik Parteien braucht.« Dieser wohl wichtigste Merksatz des Sozialkundeunterrichts für Erwachsene irritiert einige Zuhörer sichtlich. In der Politik brauche man Durchhaltevermögen, Mut und Ausdauer, das Gefühl für den richtigen Zeitpunkt, so de Maizière. »Verbände können das nicht«, fügt er schnörkellos hinzu. Man müsse alle Akteure im politischen Prozess »in ihren Antriebskräften verstehen«. Politik müsse führen und sammeln. Nach seiner Erfahrung würden Politiker scheitern, die nur führten, aber auch diejenigen, die nur sammelten. Politik beruhe auf der Tugend der »politischen Geduld«. Den Politikberatern ruft er zu: »Bedenke, dass der Mensch kompliziert ist!« Alle politischen Vorhaben müssten durch ein »komplexes Prüfraster« geschickt werden, um die »Wertebasis« und einen möglichen »Kulturbruch« zu identifizieren. Institutionen und Leistungseliten müssten für die Umsetzung gewonnen werden. Und stets müssten die »politischen Transformationskosten« eines Projekts kühl kalkuliert werden. Guter Rat – so sein Appell an die Politikberater – müsse immer einen harten »Praxistest« durchlaufen.

Er empfiehlt seinen Zuhörern Bodenhaftung zum normalen Leben: Fragen Sie Ihre Tochter, Schwiegermutter und den Taxifahrer; das diene der Horizonterweiterung. Der Blick allein auf den »Homo oeconomicus ist zu eng«, mahnt Deutschlands erster politischer Administrator, der ständig von beratenden Lobbyisten umlagert wird. Weil Politikberater ja stets davon ausgingen, dass sie die richtige und genaueste Expertise bereithielten und die Politik nur ein Akzeptanzproblem habe, folgt ein weiterer Denksatz des politischen Profis: »Bedenke, dass Psyche und Emotion stärker sind als Logik und empirische Studien.«

Die Summe dieser Merksätze und der Hinweis, dass Politik stets ihre Passfähigkeit zur politischen Kultur beweisen müsse, wirken wie ein erhobener Zeigefinger. Sie können als Hinweise verstanden werden, dass die Logik der meisten Politikberater weit entfernt ist von den Antriebskräften einer vernünftigen Politik. De Maizière lässt keinen Zweifel daran, dass Politikberatung heute »in Wahrheit Lobby-Arbeit ist« und keine Entscheidungsverantwortung habe. Diese Lobby-Durchdringung sei »unerfreulich«.

Ungewöhnliche Botschaften eines Spitzenpolitikers, die während des Kongresses nicht diskutiert wurden. Reaktionen aus der Fachwelt sind bislang nicht registriert worden. Die Branche schottet sich gewöhnlich von Kritik ab. Sonst müsste sie sich von dem eingefahrenen System der Gefälligkeitsgutachten, frisierten Statistiken und interessengeleiteten Expertisen verabschieden.

»Das Ding auf zwei Seiten, nicht auf zwanzig Seiten bringen«

Zuvor hatte ein anderes Mitglied der Bundesregierung in seinen kurzen Bemerkungen den denkbar größten Kontrast zu de Maizière präsentiert: Heinrich Tiemann, Ex-Staatssekretär im Auswärtigen Amt und Steinmeiers Koordinator für die Bund-Länder-Beziehungen, sah vor allem in der »strategischen Beratung« die größte Bedeutung. Zu dem vorgegebenen Thema »Beratungsunfähige Experten? Was Politikberatung leisten kann und soll« ließ sich der SPD-Spitzenbeamte nicht weiter aus. Aber er hatte einen ganz praktischen

Tipp für die Berater, die auf ausladende Beratungstexte oder Ergebnisberichte verzichten und stattdessen »das Ding auf zwei Seiten, nicht auf zwanzig Seiten bringen« sollten. Für die Berater gebe es eine »schöne Herausforderung«, weil die Politik in den vergangenen Jahren das Planungspersonal überall eingespart habe, mit der Folge: »Die Einheiten gibt es nicht mehr.« Das sei die Chance der Berater, die aufgerufen seien, der Politik ihre Ratschläge zu übermitteln.

Ein Hauch von Bürgersprechstunde lag in diesen Sätzen, die im Kern aber authentisch sind. Denn Tiemanns Chef Steinmeier hat im Dezember den McKinsey-Mann Markus Klimmer als wichtigsten Wirtschaftsberater angeheuert.[2] Klimmer leitet bei McKinsey den Bereich »Public Sector« und soll für Kanzlerkandidat Steinmeier als »strategischer Berater« wirken. Tiemann, der bereits in der rot-grünen Bundesregierung als Staatssekretär tätig war, blieb der Beraterfixierung treu.[3] De Maizière hingegen hatte zusammen mit der Kanzlerin die unter Schröder als systematisches Instrument neben dem Parlament eingesetzten Kommissionen als Plattformen für Berater und Lobbyisten konsequent abgeschafft. In der Rückschau ist dies wohl eine der nachhaltigen Korrekturen, die das »System Merkel« vorangetrieben hat.

Die Konferenzmacher hatten in der Einladung versprochen, »Ziel, Zustand und Perspektiven der Politikberatung in Deutschland zu beleuchten«. Zumindest wurden die Scheinwerfer auf zwei grundlegend verschiedene Politik- und Beratungsstile gerichtet.

»Beziehungsspiele und unbequeme Wahrheiten«

»Always wrong, but never in doubt!«
Der Politikwissenschaftler Werner Jann auf der Grundlage des Mottos eines dänischen Ökonomen.[4]

Werner Jann ist eines der seltenen Exemplare in der Wissenschaft, die als intellektuelle Grenzgänger produktive Impulse geben können. Er kennt die praktische Politik aus einer Zeit, als Björn Engholm sich von Kiel aus anschickte, die Sozialdemokratie umzupflügen. Die Welt der Wissenschaft ist dem Verwaltungsexperten aber auch nicht fremd: An der Universität Potsdam lehrt er seit vielen Jahren Politikwissenschaft. Er hat die Beziehungsspiele zwischen Politik und Beratung nicht nur analysiert, er hat sie selbst erlebt. Die Schnittmengen seiner vielfältigen Erfahrungen und sein direkter Einblick in ganz verschiedene Politikmilieus öffnen den Horizont für realistische Antworten auf die Frage nach der »beratungsresistenten Politik«.

Ende Januar 2009 überraschte er auf dem Politikberater-Kongress mit ungewöhnlichen Antworten[5] auf die Frage, warum Politik »gelegentlich zu schnell, zu leichgläubig und zu unkritisch lernt«. Außerdem verunsicherte er das Publikum mit der Frage, wie man Politikberatung so organisieren könne, »dass Politik nicht jede Beratermode mitmacht oder dass inkompetente oder eigennützige Experten und Thinktanks daran gehindert werden können, zu viel Schaden anzurichten«. Diese Frage hat ungefähr die gleiche intellektuelle Sprengkraft wie die Ausführungen eines Keynote-Speakers auf einem Internisten-Kongress, der die Kraft der Homöopathie preist.

Jann erklärte seinen Zuhörern, dass sie zunächst ein realistisches Bild des policy making – der politischen Praxis – benötigten, um überhaupt zu beraten. Denn in der Politikberatung funktionierten vor allem die sogenannten »Fachbruderschaften« und »Politiknetzwerke«, die sogenannten »eisernen Dreiecke« zwischen Ministerialbürokratie, Parlamentsausschüssen und Verbänden, sowie der Wissenschaft. »Aber diese Fachbruderschaften, zum Beispiel der Verkehrspolitiker, der Sozialpolitiker oder auch der Umweltpolitiker sind nur begrenzt innovativ«, erklärte er. »Solche fachlichen Politiknetzwerke lernen schwer und langsam, sie lernen in ihrem eigenen Interesse – und natürlich besonders schwer, solange Kontroversen nicht öffentlich politisiert werden.«

Jann hat auf dem Gebiet der praktischen Politikberatung vor allem die »Generalisten« in der politischen Führung als Adressaten ausgemacht. Ihr Problem seien »zuständigkeitsübergreifende Konzepte«, die »Interdependenz von Handlungsfeldern«. Die Defizite an Zukunftsorientierung und Integration auf dieser Ebene habe man als das »hole in the centre«, das Loch im Zentrum, bezeichnet. Dort sei man dem, was politikbereichspezifisch ausgehandelt werde, oft ziemlich machtlos ausgeliefert, und auf jeden Fall den Fachleuten und ihren wissenschaftlichen Beratern informationell unterlegen. Die Folge: »Politikberatung stärkt die Experten, die advocacy coalitions, und schwächt die Generalisten.«

Jann betonte die Bedeutung von Interaktionen in der Beratung[6], die Prozesse der Konfliktlösung und Konsensbildung, also das gesamte Spektrum des Verhandelns und Austauschens. Es gehe dabei um mehr als um reine Wissensvermittlung und Analysetiefe. Um diesen anstrengenden Annäherungen zu verstehen, empfiehlt er eine eigene Definition von Politik: »Politik ist der Prozess, in dem wir lernen, was wir wollen und was wir können.« Politikberatung ist – so Jann – stets parteilich und öffentliche Auseinandersetzung.

Politikberatung ist demnach immer Teil des politischen Meinungskampfes und, »ob sie es will oder nicht, Munition in politischen Auseinandersetzungen«, so Jann. In diesem Prozess gehe es darum, bessere Zahlen und bessere Belege zu liefern, die die größte Überzeugungskraft hätten. Da es keine abschließenden Beweise für die eigene Argumentation gebe, komme es in der Politikberatung vor allem darauf an, »informierte und überzeugende Argumente zu produzieren«. Jann nannte auch Erfolgsfaktoren: »Entscheidend ist die Bedeutung von Ideen, Weltbildern, Narrativem. Und es spricht einiges dafür, dass wissenschaftliche Beratung gerade hier erheblichen Einfluss hat.« Auch der frühere Berliner Finanzsenator Thilo Sarrazin, heute im Direktorium der Deutschen Bundesbank, stützt Janns Analyse. Im September 2008 erhärtete Sarrazin auf dem Berliner Kongress »In der Lobby brennt noch Licht« diesen von den meisten Praktikern unterschätzten Vorgang am Beispiel der Bahnprivatisierung: »Eine gute Story ist wirksamer als tausend richtige Argumente«, lautete Sarrazins zentrale politische Botschaft.

Wer Erfolg in der Politikberatung haben wolle, so Werner Jann in seiner Berliner Rede, müsse Konzepte liefern, »mit denen die Realität geordnet und interpretiert werden kann«. Praktiker übernähmen in der Regel keine fertigen Lösungen oder abstrakte Theorien, sondern würden durch Begriffe, Daten, Konzepte und Sichtweisen der Wissenschaft beeinflusst. Dies sei ein »diffuser Prozess der Aufklärung«, der den Adressaten der Politikberatung Legitimation für ihre Vorhaben verschaffe. Erfolgreiche Politikberatung habe immer die Sichtweise und die Lage des zu Beratenden im Auge, so Jann: »Es geht darum, die eigenen Bedingungen und Restriktionen, und die der anderen, besser zu verstehen, mit einem Wahlspruch, den ich auch unseren Studierenden mit auf den Weg gebe: cold eyed realism and sunny optimism.«[7] Kalter Realismus und sonniger Optimismus – das wäre wohl eine Philosophie, die die professionell und ethisch unterentwickelte Disziplin der Berater weiterentwickeln könnte. Die folgenden zehn Thesen könnten Leitplanken für eine kritische Überprüfung der gültigen Berliner Beratungspraxis sein, die im Kern Lobby-Interessen verfolgt.

Politikberatung in Deutschland: Zehn zusammenfassende Thesen zu einer Branche ohne Legitimation

1. Politikberatung ist in Deutschland keine entwickelte, professionell abgesicherte Disziplin mit geregelter Ausbildung, verbindlichen Standards und gereifter Ethik. Selbst Immobilienberater haben einen stärkeren Professionalisierungsgrad. Politikberater formulieren anspruchsvolle Leistungsversprechen, liefern aber bislang bescheidene, kaum überprüfbare Leistungsnachweise.

2. Deutschland ist also für echte Politikberater ein Entwicklungsland. In den vergangenen Jahren wurden überall in der politischen Administration Planungsabteilungen und Leitungsstäbe abgebaut. Dies hat jedoch nicht zum vermehrten Einsatz von echten Politikberatern im Markt geführt, sondern lediglich den Ausbau des persönlichen Beraterumfelds in direkter Nähe zu führenden Politikern bewirkt. Sie greifen auf Lobbyisten und Kanzleien zurück, die im Gewand der Politikberatung auftreten und die gewünschte Expertise (schnell) liefern.

3. Politikberatung wird von der überall in der Politik grassierenden Misstrauenskultur aufgezehrt. Wenn selbst jahrzehntelange »Freundschaften« in der Politik stets von Misstrauen unterlegt sind, kann man sich das Chancenpotenzial von Beratern von außen ausrechnen.

4. Dazu kommt die Konkurrenz mit den Mitarbeitern, die eigentlich die Beratung leisten sollten. Minister kommen und gehen.

Der Apparat bleibt. Politikberater werden mit Argusaugen gemustert und können nicht auf eine gewachsene, professionelle Akzeptanz bauen. Wenn die Hausleitung wechselt, ziehen meist auch neue Dienstleister aus dem Beratungsgewerbe ein.

5. Politikberater sind Gemischtwarenhändler und selten Spezialisten. Damit werden sie für ihre potenziellen Kunden nur schwer identifizierbar. In der Regel sind sie die verlängerte Werkbank der PR-Agenturen, die Hilfsbeamten der Demoskopen, die Praktikanten der wirklichen Strategen. Kurz: Es fehlt das genaue Profil. Politikberater bewegen sich irgendwo im Nirgendwo der Politik-Arena.

6. Faktisch sind die meisten Politikberater Lobbyisten für ihre Auftraggeber. Sie unterliegen allen Vor- und Nachteilen des Gewerbes. Lobbyismus unterscheidet sich aber von seiner instrumentellen Zielsetzung, dem oft unbegrenzten Einsatz der Mittel und dem Verzicht auf ethische Grenzen fundamental von unabhängiger Politikberatung.

7. Politikberater können (fast) keine schlüssige Erfolgsgeschichte erzählen. Nachgewiesener Erfolg, belastbare Ergebnisse sind aber der Rohstoff für Legitimation.

8. Spätestens seit dem Korruptionsskandal bei Siemens, wo Berater als Schlüsselfiguren für kriminelle Transaktionen in großem Stil auftraten, ist der breitgefächerte Beruf des »Beraters« ruiniert. Nun ist nachgewiesen, dass Berater oftmals als »Korruptions-Ermöglicher« eingesetzt werden und – wie im Fall Siemens – als getarnte Kriminelle agieren. Es wird immer schwerer, die »sauberen« Berater und die unehrlichen Scharlatane klar zu trennen. Der kulturelle Status und der Ruf selbst seriöser Berater wird durch solche Erfahrungen ramponiert. Nur eine öffentliche Aufarbeitung dieser Vorgänge garantiert einen Neuanfang.

9. Selbst ernannte Politikberater stehen im Schatten einer mächtigen Konkurrenz, der eigentlichen Berater mit Einfluss: Das sind Werber, Medienleute, Kampagnenmacher, und die Unternehmensberater von McKinsey bis Roland Berger. Sie gestalten Politik in ihren Projekten stärker als diejenigen, die sich selbst »Politikberater« nennen. Unternehmensberater kennen die Sim-

plifizierungsbedürfnisse von Politikern. Ihr Vorteil: Sie treten nicht explizit als Politikberater auf. Das entlastet die Politik als Auftraggeber, weil sie nicht begründen muss, dass sie Politikberater nötig hätte.

10. Den meisten Politikberatern fehlt Strategiewissen, eine umfassende strategische Kompetenz. Sie sind keine strategischen Generalisten und haben kein wirkliches Verständnis für die praktischen politischen Prozesse. Diese Kompetenz ist jedoch die Grundvoraussetzung, um ernsthaft in der Politik mitzuwirken. Strategiekompetenz (die nur wenige in der Politik haben), eine Vertrauensposition (die mühsam erworben werden muss) und das Wissen, wie Politik funktioniert, sind unverzichtbare Ressourcen für Politikberater im eigentlichen Sinn. Zudem verlangt erfolgreiche Politikberatung Geduld, einen hohen Zeiteinsatz, Frustrationstoleranz, Kontinuität und langfristig angelegte Konzepte.

Dieses anspruchsvolle Profil ist im Berufszweig der selbst ernannten Politikberater nicht besonders häufig anzutreffen. Deshalb haben es politische Berater so schwer, den Wert ihres Berufs gründlich zu legitimieren und Akzeptanz zu gewinnen.

Fazit: Beratung in der Lobby-Zone

Heute ist Politikberatung der Sammelbegriff für alle Dienstleistungen, die die Politik sich – vor allem für Kampagnen in Wahlkampfzeiten – einkauft. Politikberatung ohne erfolgreiche Gesichter und konkrete Leistungsnachweise bleibt in der Mediengesellschaft deshalb eine zweifelhafte Dienstleistung in einer nervösen Randzone, die um Legitimation ringt. Das niedrige Niveau der Professionalisierung, die fast durchgehende Instrumentalisierung der Beratung für Lobbyzwecke und die Tatsache, dass ein ganzer Berufsstand unter falscher Flagge segelt, treibt die Erosion der unterentwickelten Disziplin Politikberatung rasant voran.

Eine weitere Tendenz ist signifikant: Durch den wachsenden Einfluss des Lobbyismus auf die Politik werden »Möchtegern-Politikberater« für vielfältige Dienstleistungen gebraucht. Die Schattenseite dieser lukrativen Aufträge: Sie führen zu weiteren Imageverletzungen der Branche.

Das Lexikon der wichtigsten Thinktanks

Die folgende Übersicht von sogenannten Thinktanks gibt – als argumentativer Bypass zu den präsentierten Thesen des Beratermarktes – Einblick in die weitgehend abgeschottete Welt dieser Denkfabriken und dokumentiert drei wichtige Tendenzen. Erstens: Eine starke Dominanz einer neoliberalen Denkrichtung wird sichtbar, die Pluralität vermissen lässt. Zweitens: Die zentrale Motivation der Interessendurchsetzung durch Beratung ist fast durchgehend erkennbar. Und drittens: Es lassen sich eine signifikante Personalverflechtung, Netzwerkbildung und eine dichte Kooperation der Thinktanks untereinander dokumentieren (siehe Grafik auf S. 349).

Nennenswerte politische Gegengewichte existieren nicht.

Stiftung Ordnungspolitik/Centrum für Europäische Politik

Die 1999 in Freiburg gegründete Stiftung Ordnungspolitik (SOP) ist eine rechtsfähige Stiftung bürgerlichen Rechts, die für eine ordoliberale Wirtschaftsordnung eintritt. Zu ihren Zielen gehört nach eigenen Worten »die Weiterentwicklung der ordnungspolitischen Tradition der Freiburger Schule, wie sie von Walter Eucken begründet, von Friedrich August von Hayek maßgeblich vertieft und von Ludwig Erhard politisch umgesetzt wurde«.[8]

Das Centrum für Europäische Politik (CEP) ist der europapolitische Thinktank der SOP. Vorstandsvorsitzender von SOP und CEP ist Lüder Gerken. In den Kuratorien sitzen Roman Herzog, Hans Tietmeyer, Leszek Balcerowicz und Frits Bolkestein. Beide Organisationen gehören dem Stockholm Network an, einem Netzwerk neoliberaler Denkfabriken.

Friedrich-August-von-Hayek-Stiftung

Die Friedrich-August-von-Hayek-Stiftung, 1999 in Freiburg gegründet, ist eine Stiftung der Wüstenrot & Württembergische AG.
Ihre Aufgabe ist nach eigenen Angaben »die Festigung und Förderung der Grundlagen einer freiheitlichen Wirtschafts- und Gesellschaftsordnung auf nationaler wie auf internationaler Ebene im
Sinne Friedrich August von Hayeks«.[9] Vorstand ist Lüder Gerken.
Dem Kuratorium gehören an: Roman Herzog (Vorsitzender), Leszek Balcerowicz, Frits Bolkestein, Ralf Dahrendorf, Alexander Erd-
land, Lüder Gerken, Gert Haller, Otmar Issing, Jürgen Jeske, Christoph Keese und Hans Tietmeyer. Die Hayek-Stiftung ist Mitglied
des Stockholm Network.

Stiftung Marktwirtschaft/Kronberger Kreis

Die Stiftung Marktwirtschaft, 1982 als »Frankfurter Institut« gegründet, arbeitet nach eigenen Worten »für eine Renaissance ordnungspolitischen Denkens in Deutschland und Europa – geleitet
von der Überzeugung, dass der Markt für die Gesellschaft mehr
Freiheit und Wohlstand hervorbringen kann als staatliches Handeln«.[10] Der Thinktank verfügt über einen »wissenschaftlichen Beirat«, den Kronberger Kreis. Mitglieder dieses Kreises sind Juergen B. Donges, Johann Eekhoff (Sprecher), Lars P. Feld, Wolfgang
Franz, Wernhard Möschel und Manfred J. M. Neumann. Weitere
Wissenschaftler wirken in der »Kommission Steuergesetzbuch«
mit. Die Kommission hat einen politischen Beirat, dem Ingolf Deu-
bel, Finanzminister in Rheinland-Pfalz (SPD), der ehemalige bayerische Finanzminister Kurt Faltlhauser (CSU) sowie die Bundestagsabgeordneten Friedrich Merz (CDU) und Hermann Otto Solms
(FDP) angehören. Vorstände der Stiftung Marktwirtschaft sind Michael Eilfort und Bernd Raffelhüschen. Die Stiftung gehört zum
Stockholm Network.

Council on Public Policy

Das Council on Public Policy versteht sich als »regierungsunab-hängiger und überparteilicher, amerikanisch-europäischer Think-tank«.[11] Es hat sich zum Ziel gesetzt, die transatlantischen Bezie-hungen zu pflegen und »individuelle Freiheit zu stärken, indem es für freiheitliche, marktorientierte Prinzipien in Politik und Gesell-schaft eintritt«. Mitglieder des Kuratoriums sind Otto Graf Lambs-dorff und Roman Herzog (Vorsitzende), Martin Blessing, Karl-Theo-dor zu Guttenberg, Lee Hamilton, Wolfgang Ischinger, Josef Joffe, David B. Kennedy, Walter Köbele, Antonio Martino, Friedrich Merz und Kurt F. Viermetz. Mitglieder des Vorstands sind Michael Zöller (Vorsitzender), Manfred Petri (Schatzmeister), Sebastian Bieden-kopf, Enrico Colombatto, Gert Dahlmanns, Claus Detjen, Stephan Götzl, Dieter Grosser, Karen Horn und Robert von Rimscha. Das Council ist Teil des Stockholm Network.

Frankfurter Zukunftsrat

Der Frankfurter Zukunftsrat, 2008 von Manfred Pohl gegründet, ver-eint Wissenschaftler, Politiker und Wirtschaftsvertreter. Nicht »kleine Korrekturen«, sondern »grundlegende Neustrukturierungen« will der Rat erreichen.[12] Manfred Pohl ist Vorsitzender des Rates, seine Stell-vertreter sind Bernhard Bueb, Wolfgang Clement, Charlotte Höhn, Oswald Metzger und Volker Mosbrugger. Mitglieder sind unter ande-ren Roland Berger, Otmar Issing, Friedrich Merz und Rudolf Schar-ping. Der Zukunftsrat ist eine Initiative des »Frankfurter Kultur Komi-tees«, das von zwanzig großen Unternehmen getragen wird.

Initiative Neue Soziale Marktwirtschaft

Die 2000 gegründete Initiative Neue Soziale Marktwirtschaft (INSM) ist eine Mischung aus Agentur und Thinktank. Sie arbeitet nach eigenen Worten »für marktwirtschaftliche Reformen«.[13] Finanziert wird ihre Arbeit mit rund 8,32 Millionen Euro jährlich (nach Abzug von Steuern) durch den Arbeitgeberverband Gesamtmetall, den Dachverband der Metall- und Elektroindustrie. Zu den Kuratoren, Botschaftern, Beratern und Förderern zählen unter anderen Arnulf Baring, Roland Berger, Ralf Dahrendorf, Juergen B. Donges, Johann Eekhoff, Lüder Gerken, Martin Kannegiesser, Arend Oetker, Karl-Heinz Paqué, Randolf Rodenstock, Dagmar Schipanski, Nikolaus Schweickart, Lothar Späth, Hans Tietmeyer, Oswald Metzger, Bernd Raffelhüschen, Florian Gerster, Silvana Koch-Mehrin und Friedrich Merz.

Konvent für Deutschland

Der Konvent für Deutschland, 2003 von Hans-Olaf Henkel, Roland Berger und Manfred Pohl ins Leben gerufen, ist ein eingetragener Verein, dem es nach eigenen Angaben um eine grundlegende »Reform der Reformfähigkeit« geht, »damit Deutschland wieder dynamischer und damit wettbewerbsfähiger wird«.[14] Die Vorsitzenden des Trägervereins sind Henkel und Pohl, Kuratoriumsvorsitzender ist Berger. Sechzehn große Unternehmen werden als »Mitglieder und Förderer« genannt. Mitglieder des sogenannten Konventkreises sind Roman Herzog, Klaus von Dohnanyi, Roland Berger, Wolfgang Gerhardt, Alois Glück, Hans-Olaf Henkel, Hans Hugo Klein, Otto Graf Lambsdorff, Jutta Limbach, Oswald Metzger, Karl-Heinz Paqué, Manfred Schneider, Rupert Scholz, Gerhard Stratthaus, Erwin Teufel und Henning Voscherau.

Weitere deutsche Mitglieder des Stockholm Network sind:
• die Friedrich-A.-von-Hayek-Gesellschaft,
• das Hamburgische WeltWirtschaftsInstitut (Direktor: Thomas Straubhaar),
• das Institut für Unternehmerische Freiheit,
• das Institut für Innovation & Evaluation im Gesundheitswesen und
• das Walter-Eucken-Institut.[15]

Akteure: (Ex)-Politiker, (Ex)-Banker, (Ex)-Perten

Leszek Balcerowicz

geboren am 19. Januar 1947 in Lipno, gehörte von 1989 bis 1991 und von 1997 bis 2000 als Vizepremier und Finanzminister der polnischen Regierung an. Er ist Mitglied der Partia Demokratyczna. Der nach ihm benannte Balcerowicz-Plan sorgte für die wirtschaftliche Umstrukturierung Polens zu einer freien Marktwirtschaft, führte aber zu einem sozialen Kahlschlag. Von 2001 bis 2007 war Balcerowicz Präsident der Polnischen Nationalbank. Seit Juni 2008 ist er Aufsichtsratsvorsitzender des Brüsseler Thinktanks Bruegel. Er ist außerdem Kuratoriumsmitglied der Stiftung Ordnungspolitik, des Centrums für Europäische Politik und der Friedrich-August-von-Hayek-Stiftung.

Roland Berger

geboren am 22. November 1937 in Berlin, ist Gründer und Aufsichtsratschef der Unternehmensberatung Roland Berger Strategy Consultants und einer der Aufsichtsratsvorsitzenden der Investmentgesellschaft Blackstone. Er gehört dem Kuratorium/Botschafterkreis der Initiative Neue Soziale Marktwirtschaft an, ist Mitglied der Frankfurter Zukunftsrats und des Konventkreises des Konvents für Deutschland. Mitte März 2009 wurde bekannt, das er im Auftrag des Wirtschaftsministeriums die »Opel-Rettung« organisieren sollte. Nach Protesten korrigierte die Politik und verlagerte den Auftrag zur Konzernmutter General Motors.

Frits Bolkestein

geboren am 4. April 1933 in Amsterdam, war von 1982 bis 1986 Handelsminister der Niederlande und von 1988 bis 1989 Verteidigungsminister. Er ist Mitglied der Volkspartij voor Vrijheid en Democratie. Von 1999 bis 2004 war er als EU-Kommissar für Binnenmarkt, Steuern und Zollunion zuständig und entwarf die Europäische Dienstleistungsrichtlinie, die als »Bolkestein-Richtlinie« aufgrund ihrer akzentuiert neoliberalen Linie von Sozialdemokraten, Grünen und Linken scharf kritisiert wurde. Bolkestein war Berater der Mont Pelerin Society und ist Kuratoriumsmitglied der Stiftung Ordnungspolitik, des Centrums für Europäische Politik und der Friedrich-August-von-Hayek-Stiftung.

Wolfgang Clement

geboren am 7. Juli 1940 in Bochum, gehörte ab 1989 der Landesregierung von Nordrhein-Westfalen an und war von 1998 bis 2002 Ministerpräsident des Landes. Von 2002 bis 2005 war er Bundesminister für Wirtschaft und Arbeit, als der er vehement für die Hartz-Reformen eintrat. Clement war von 1970 bis zu seinem spektakulär inszenierten Austritt im November 2008 Mitglied der SPD. Dem Austritt vorangegangen war ein Parteiordnungsverfahren gegen ihn, weil er 2008 in der *Welt am Sonntag* vor einer Wahl der SPD bei der hessischen Landtagswahl gewarnt hatte. Nach seinem Ausscheiden aus dem Ministeramt nahm Clement zahlreiche Posten in der Wirtschaft an, unter anderem im Aufsichtsrat der RWE Power AG und im Aufsichtsrat des fünftgrößten deutschen Zeitarbeitunternehmens Deutscher Industrie Service (gehört heute zu Adecco) – als Minister hat Clement die Leiharbeit in der heutigen Form erst möglich gemacht. Clement ist Mitglied des Frankfurter Zukunftsrats und gehörte bis Juli 2008 dem Konvent für Deutschland an. Außerdem wirkt er bei der Initiative Neue Soziale Marktwirtschaft mit.

Juergen B. Donges

geboren 1940 in Sevilla, war bis zu seiner Emeritierung im Februar 2007 Professor für Wirtschaftspolitik an der Universität zu Köln und ist dort einer der Direktoren des Instituts für Wirtschaftspolitik. Von 1992 bis 2002 war er Mitglied des Sachverständigenrats zur Begutachtung der gesamtwirtschaftlichen Entwicklung (der sogenannten »Wirtschaftsweisen«), von 2000 bis 2002 als Vorsitzender. Donges ist Mitglied des Kronberger Kreises und gehört dem Kuratorium/Botschafterkreis der Initiative Neue Soziale Marktwirtschaft an.

Ralf Dahrendorf († 2009)

geboren am 1. Mai 1929 in Hamburg, ist ein deutsch-britischer Soziologe, Politiker und Publizist. Er war unter anderem Vorsitzender der Deutschen Gesellschaft für Soziologie, Bundestagsabgeordneter, parlamentarischer Staatssekretär im Auswärtigen Amt, EU-Kommissar und Direktor der London School of Economics and Political Science. Dahrendorf war ursprünglich SPD-Mitglied, wechselte aber 1967 zur FDP. Von 1982 bis 1987 war er Vorstandsvorsitzender der Friedrich-Naumann-Stiftung. 1988 nahm Dahrendorf die britische Staatsbürgerschaft an und wechselte zu den Liberal Democrats. Er war Mitglied des House of Lords, gehörte dem Kuratorium/Botschafterkreis der Initiative Neue Soziale Marktwirtschaft an und war Kuratoriumsmitglied der Friedrich-August-von-Hayek-Stiftung.

Johann Eekhoff

geboren 1941 in Boekzetelerfehn (Ostfriesland), ist Professor für Wirtschaftspolitik an der Universität zu Köln. Von 1979 bis 1983 leitete er die Planungsgruppe beim Ministerpräsidenten des Saarlands. Von 1991 bis 1994 war Eekhoff Staatssekretär im Bundesministerium für Wirtschaft. Seit 1995 hat er einen Lehrstuhl für Wirtschaftspolitik an der Universität zu Köln inne und ist neben Juergen B. Donges Direktor des Instituts für Wirtschaftspolitik. Eekhoff ist Mitglied des Kronberger Kreises (des wissenschaftlichen Beirats der Stiftung Marktwirtschaft) und gehört dem Kuratorium/Botschafterkreis der Initiative Neue Soziale Marktwirtschaft an.

Lüder Gerken

geboren am 30. Juli 1958 in Bremen, ist habilitierter Volkswirt und war von 2001 bis 2004 Vorstand der Stiftung Marktwirtschaft. Er ist Vorstandsvorsitzender der Stiftung Ordnungspolitik sowie Vorstand der Friedrich-August-von-Hayek-Stiftung und des Centrums für Europäische Politik. Außerdem gehört Gerken dem Kuratorium/Botschafterkreis der Initiative Neue Soziale Marktwirtschaft an.

Roman Herzog

geboren am 5. April 1934 in Landshut, war von 1994 bis 1999 Bundespräsident. Er ist Mitglied der CDU und war von 1978 bis 1980 Kultusminister von Baden-Württemberg und von 1980 bis 1983 Innenminister des Landes. Von 1983 bis 1994 war Herzog Richter am Bundesverfassungsgericht, ab 1987 als dessen Präsident. Herzog ist Konventkreis-Vorsitzender des Konvents für Deutschland, Kuratoriumsvorsitzender der Friedrich-August-von-Hayek-Stiftung und des Council on Public Policy sowie Kuratoriumsmitglied der Stiftung Ordnungspolitik und des Centrums für Europäische Politik.

Otto Graf Lambsdorff

geboren am 20. Dezember 1926 in Aachen, ist Ehrenvorsitzender der FDP. 1977 bis 1982 und 1982 bis 1984 war er Bundesminister für Wirtschaft. Von diesem Amt trat er 1984 zurück, als infolge der Flick-Affäre gegen ihn Anklage wegen Bestechlichkeit erhoben wurde. 1987 wurde Lambsdorff wegen Beihilfe zur Steuerhinterziehung zu einer Geldstrafe verurteilt. Eine Beeinflussung politischer Entscheidungen durch die Geldzahlungen ließ sich nicht nachweisen. Von 1988 bis 1993 war er Bundesvorsitzender der FDP, 1995 bis 2006 Vorsitzender des Vorstandes der Friedrich-Naumann-Stiftung. Lambsdorff ist Verfechter der freien Marktwirtschaft und prägte in diesem Sinne die Wiesbadener Grundsätze der FDP. Der Jurist Lambsdorff ist auch in der Wirtschaft tätig, unter anderem war er von 1988 bis 2008 Aufsichtsratsvorsitzender der IVECO Magirus AG. Er ist Mitglied im Kuratorium des Council on Public Policy und Mitglied im Konventskreis des Konvents für Deutschland.

Friedrich Merz

geboren am 11. November 1955 in Brilon, ist noch bis September 2009 CDU Bundestagsabgeordneter, gehört dem wirtschaftsliberalen Flügel der Partei an und war von 2000 bis 2002 Vorsitzender der CDU/CSU-Bundestagsfraktion. Neben seinem Mandat übt Merz zahlreiche Nebentätigkeiten aus, als Rechtsanwalt und im Aufsichtsrat mehrerer Unternehmen. Er wird aufgrund parteiinterner Differenzen bei der Bundestagswahl 2009 nicht erneut kandidieren. Merz ist Gründungsmitglied des Fördervereins der Initiative Neue Soziale Marktwirtschaft, Mitglied im Kuratorium des Council on Public Policy und Mitglied des Frankfurter Zukunftsrats.

Oswald Metzger

geboren am 19. Dezember 1954 in Grabs (Schweiz), war von 1974 bis 1979 Mitglied der SPD, 1987 bis 2007 Mitglied von Bündnis 90/Die Grünen und ist seit April 2008 Mitglied der CDU. Von 1994 bis 2002 war er Mitglied des Deutschen Bundestags und haushaltspolitischer Sprecher der grünen Bundestagsfraktion. Metzger setzte sich für ein rein marktwirtschaftliches Profil der Grünen ein, sich selbst bezeichnete er als »ordoliberalen Grünen«. 2002 unterlag er in einer Kampfabstimmung um den sechsten Platz der baden-württembergischen Landesliste seinem Konkurrenten Cem Özdemir. 2005 trat Metzger vergeblich als Direktkandidat im Wahlkreis Biberach/Wangen an. Er war seit seinem Ausscheiden aus dem Deutschen Bundestag zwei Jahre lang Fellow der Bertelsmann-Stiftung im Projekt Demografischer Wandel und erster »Distinguished Fellow« des Deutschen Instituts für Wirtschaftsforschung in Berlin. 2008 verließ Metzger die Grünen und trat in die CDU ein. Dort verlor er die entscheidende Abstimmung für eine Nominierung zur Bundestagswahl. Metzger ist Kuratoriumsmitglied der Initiative Neue Soziale Marktwirtschaft, Mitglied des Frankfurter Zukunftsrats und des Konventkreises des Konvents für Deutschland sowie Aufsichtsratmitglied der Conergy AG.

Manfred Pohl

geboren am 26. Mai 1944 in Bliesransbach, ist Historiker und Volkswirt mit Honorarprofessur am Fachbereich Wirtschaftswissenschaften der Johann-Wolfgang-Goethe-Universität in Frankfurt am Main. Von 1972 bis 2001 leitete er das Historische Institut der Deutschen Bank. Seit 2002 ist er Vorstandsvorsitzender des von ihm im Jahr 2002 gegründeten Vereins Frankfurter Kultur Komitee, der 2008 den Frankfurter Zukunftsrat ins Leben rief und dessen

Vorsitzender Pohl ebenfalls ist. Pohl ist zudem geschäftsführendes Vorstandsmitglied des Konvents für Deutschland, den er im Oktober 2003 zusammen mit Roland Berger und Hans-Olaf Henkel in Berlin gegründet hat.

Bernd Raffelhüschen

geboren 1957 in Niebüll, ist Professor für Finanzwissenschaft an der Albert-Ludwigs-Universität Freiburg. Er steht in der Tradition der »Freiburger Schule« und war Mitglied der Rürup-Kommission. Die Nebentätigkeiten Raffelhüschens in der Versicherungswirtschaft haben wiederholt zu Kritik geführt, da er als Wissenschaftler die kapitalgedeckte private Altersvorsorge propagiert. Er ist neben Michael Eilfort (CDU), dem früheren Büroleiter von Friedrich Merz, Vorstand der Stiftung Marktwirtschaft. Außerdem ist er Botschafter der Initiative Neue Soziale Marktwirtschaft.

Hans Tietmeyer

geboren am 18. August 1931 in Metelen, war von 1982 bis 1989 Staatssekretär im Bundesfinanzministerium und von 1993 bis 1999 Präsident der Deutschen Bundesbank. Er ist Kuratoriumsvorsitzender der Initiative Neue Soziale Marktwirtschaft und sitzt im Aufsichtsrat mehrerer Unternehmen. Der Vorschlag von Bundeskanzlerin Angela Merkel in ihrer Rede zum Finanzmarktstabilisierungsgesetz, dass Hans Tietmeyer den Vorsitz einer Expertengruppe übernehmen solle, scheiterte am Widerstand der SPD-Fraktion. Tietmeyer ist Kuratoriumsmitglied des Council on Public Policy und der Friedrich-August-von-Hayek-Stiftung.

Personelle Netzwerke marktliberaler Denkfabriken

Die folgende Grafik führt ausschließlich jene Personen auf, die in Gremien von zwei oder mehr deutschen Denkfabriken mitwirken. Berücksichtigt wurden nur solche Thinktanks, die auf die Unterstützung aktiver oder ehemaliger Politiker setzen.

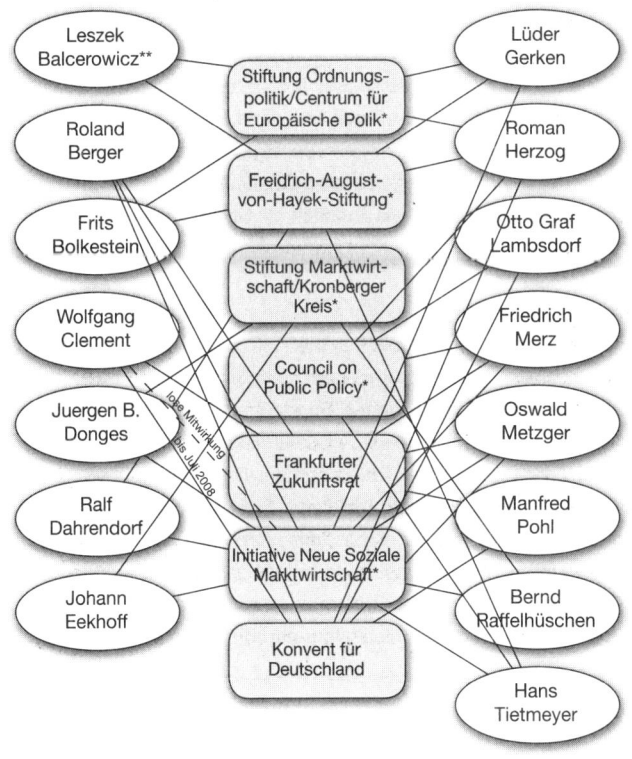

* Mitglieder des Stockholm Network

** Vorsitzender der Brüsseler Denkfabrik BRUEGEL

Quellen: Webseiten der Thinktanks, LobbyControl

Grafik: Günter Bartsch, Stand Dezember 2008

»Wenn man den entsprechenden Einsatz bringt, kann man Dinge bewegen«

Interview mit Tarek Al-Wazir, Fraktionsvorsitzender von Bündnis 90/ Die Grünen im Hessischen Landtag und einer der führenden Köpfe des realpolitischen Flügels.

Sitzen die Grünen auch in der Nachwuchsfalle?

Die Grünen haben zwei Vorteile gegenüber anderen Parteien: Noch ist der Abgang der Gründergeneration nicht erfolgt, im Gegensatz zu anderen Parteien, die wesentlich älter sind. Aber natürlich wird auch das irgendwann passieren. Man sieht es ja beispielsweise an der Debatte um die Frage: »Was kommt nach Joschka Fischer?« Das ist die erste wirkliche Nachfolgedebatte, die die Grünen seit ihrer Gründung durchmachen. Zweitens haben wir natürlich einen gewissen Vorteil, weil unser Altersdurchschnitt immer noch deutlich niedriger ist als der bei anderen Parteien.

Reicht der Zustrom neuer Mitglieder?

Ja, das ist einer unserer Vorteile. Unsere Mitgliederzahl wächst wieder. Und es sind gerade jüngere Leute, die Mitglied werden wollen. Das Neue für die Grünen ist die Tatsache, dass jetzt die erste Politikergeneration in die Verantwortung kommt, die politisch in der Partei sozialisiert wurde. Und das unterscheidet sie von der bisher dominierenden Politikergeneration. Diese hat ihre politische Sozialisation quasi außerparlamentarisch und außerhalb der Grünen durchgemacht, ob das nun die 68er oder irgendwelche selbst verwalteten Jugendzentren in den Siebzigern oder K-Gruppen oder Naturschutzgruppen waren.

Worin unterscheiden sich diese in der Partei sozialisierten Personen von den älteren Grünen?

Bei ihnen besteht eine Gefahr, die in anderen Parteien immer schon da war: dass sie nämlich die Organisation wichtiger nehmen als den Inhalt.

Ist das heute schon so?

Das ist aus meiner Sicht bei den Grünen noch nicht so. Aber man muss sich der Gefahr bewusst sein, damit es nicht so weit kommt.

Eine Apparatmentalität breitet sich aus: Man sichert sich selbst ab, man versucht, Macht im System zu organisieren, und es geht nicht mehr um die inhaltliche Motivation.

So ist es. Das betrifft im Übrigen nicht nur Parteien, die aber vielleicht in besonderem Maße. Jede Institution hat eine gewisse Tendenz, den Zweck der Gründung ein bisschen zu vernachlässigen und das Überleben der Organisation in den Vordergrund zu stellen. Das ist gerade in der Politik besonders gefährlich, weil dann die Frage im Mittelpunkt steht: »Wie sichere ich meinen Sitz?« Eigentlich müsste gefragt werden: »Warum sitze ich hier?«

Betreiben Sie selbst Talenthunting?

Natürlich. Wenn ich Leute sehe, von denen ich denke: »Oh, aus denen könnte mal was werden«, rede ich mit denen, schaue mir ihre Arbeit an, gehe ein bisschen tiefer bei der persönlichen Betrachtung. Das gehört für mich dazu, und das ist auch der Vorteil von kleinen Parteien, dass sie sehr übersichtlich sind.

Hat dieses Talenthunting Erfolg?

Die hessischen Grünen waren hier sehr erfolgreich. Matthias Berninger, Omid Nouripour, Anna Lührmann und Nicole Maisch sind vier ehemalige Vorstandsmitglieder des Jugendverbands. Heute sind sie Bundestagsabgeordnete. Ich war selbst einmal Vorsitzender der Grünen Jugend Hessen. Mathias Wagner, der Parlamentarische Geschäftsführer in meiner Fraktion, ist ebenfalls über die Grüne Jugend gekommen, genau wie die jetzige Landtagsvizepräsidentin Sarah Sorge. Insofern sind wir da in Hessen sehr, sehr erfolgreich gewesen. Und irgendwann wird es sicherlich Leute geben, die sagen: Der Al-Wazir, der alte Sack, der muss jetzt weg.

Das heißt, bei den Grünen gibt es ein ganz typisches Rekrutierungsmuster für ein Spitzenmandat im Landtag oder im Bundestag?

Ja, es gibt typische Rekrutierungsmuster. Der »klassische« Weg führt über den Jugendverband und die kommunale Verankerung. Allerdings kann man sich das bei uns nicht ersitzen, das heißt, es kann bei den hessischen Grünen sehr viel schneller gehen als bei anderen Parteien. Dazu trägt sicherlich bei, dass wir auf Landesparteitagen immer noch das Mitgliederprinzip haben. Das sorgt aber zum Beispiel auch dafür, dass viele von denen, die da wählen und auswählen, die Kandidaten nicht wirklich kennen. Stattdessen entscheiden manche aus dem Augenblick heraus, aufgrund der Bewerbungsrede. Das kann negativ sein, weil man manchmal böse Überraschungen erleben kann. Das hat aber auch etwas sehr Positives, weil jeder, der bei uns ins Parlament kommt, zumindest eine Rede halten kann. Das kann man nicht von allen im Parlament behaupten.

Wer also eine perfekte Show hinlegt, hat Startvorteile.

Anders herum gesagt: Ich würde behaupten, ohne eine gewisse Substanz gibt es eine Grundwarnung, die dazu führt, dass eine Versammlung sagt: »Den wählen wir nicht.« Aber allein Kontakte und Beherrschung des Apparats und derjenigen, die Vorschlagslisten erstellen, reichen bei uns nicht, weil es keine Vorschlagslisten gibt. Man muss auch reden können. Ich sehe den Aufstellungsprozess deshalb eher positiv als negativ.

Welche Motivationsstruktur sehen Sie bei jungen Leuten, die für ein wichtiges Amt kandidieren? Was treibt sie an?

Eine Grundaffinität zu Grundwerten der Grünen muss sicherlich vorhanden sein. Ich habe bisher niemanden erlebt, der hier mit sechzehn Jahren reingekommen wäre und gesagt hätte: »Ich will ins Parlament, und deswegen werde ich Parteimitglied.« Die Mitglieder der Grünen sind immer noch so gestrickt, dass sie eher kritisch reagieren, wenn sie das Gefühl bekommen, dies sei die Hauptmotivation. Ich stelle aber fest, dass wir auch bei uns oft das Problem haben, dass viele, die politisch interessiert sind, die auch Einblick haben in politische Prozesse, nicht Parteimitglied werden. Und zwar nicht nur bei uns, sondern bei allen Parteien. Diese gewisse »politische Bindungsangst«, die unsere Gesellschaft in den letzten Jahren entwickelt hat, oder auch ein Anspruch an die Politik nach dem Motto: »Es muss perfekt sein«, führt dazu, dass die Leute sich nicht mehr zu irgendetwas bekennen wollen.

Ist das auch ein Ergebnis der Politikverachtung, die man ja allenthalben beobachtet, nicht nur der Politikverdrossenheit?

Viele Menschen neigen heute dazu, immer dem Politiker die Schuld an allem Negativen zuzuschieben, kulminierend in dem Satz: »Die müsste man alle in einen Sack stecken.« Daneben ist in den letzten Jahren auch in der Medienlandschaft eine Form von, wie Max Weber es formuliert hat, »steriler Aufgeregtheit« entstanden, die dazu führt, dass Leute denken, Politik sei generell ein schmutziges Geschäft, da müsse man sich möglichst fernhalten.

Trifft das auch die Grünen?

Das trifft teilweise auch uns. Auf der anderen Seite hat es natürlich etwas mit einer gewissen Milieu-Auflösung einerseits zu tun, mit einer gewissen Lagerauflösung andererseits. Der Facharbeiter, der früher im großen Betrieb angefangen hat, bekam im Zweifel am ersten Tag der Ausbildung sein Gewerkschaftsaufnahmeformular hingelegt und sein SPD-Beitrittsformular am ersten Tag nach der Gesellenprüfung. Das gibt es so nicht mehr, weil sich die Gesellschaft verändert hat. Und die Lagerauflösung hat natürlich dafür gesorgt, dass es die Unterscheidungen »Gut« und »Böse« so auch nicht mehr gibt. Die Aufgabe dieser Begriffe ist gewollt, nach dem Motto: Streitet euch nicht, einigt euch. Wenn man sich aber einigt und jeder mit jedem redet, dann weiß man irgendwann auch nicht mehr, wer für welche Position steht. Abgrenzung sorgt für Identität. Und wenn die Abgrenzung nicht mehr da ist, dann heißt das auch, dass die Identität nicht mehr so klar zu fassen ist. Und wenn die Identität nicht mehr klar ist, kann man sich schwer für etwas begeistern. Ständig heißt es: »Schimpf nicht so sehr auf die anderen, sondern sag lieber, was *du* willst.« Aber natürlich bricht bei Parteitagsreden der größte Jubelsturm immer dann aus, wenn ein Redner die anderen beschimpft. Und wenn man die anderen nicht mehr beschimpfen kann, weil jeder mit jedem auskommen muss, hat man es schwer, die eigenen Leute zu begeistern. Das hat übrigens auch Auswirkungen auf die Wahlbeteiligung.

Sehen Sie in der Rückschau Veränderungen in der Rekrutierungspraxis?

Jede Partei hat inzwischen Mentoring-Programme und versucht, erkannte Talente zu fördern. Eine Kartei von potenziellen Bürgermeisterkandidaten, wie es sie angeblich bei der CDU gibt, haben wir nicht. Die antiautoritäre Grundausprägung einer basisdemokratischen Partei würde dafür sorgen, dass gerade diese Person nicht genommen würde, wenn die Wiesbadener Zentrale irgendeinen Kandidaten vorschlagen würde. Aber natürlich ist uns klar geworden, dass der Nachwuchs ein kostbares Gut ist, das es zu fördern gilt. Das war früher sicherlich nicht so.

Wie wichtig ist bei den Grünen die Nähe von potenziellen Kandidaten zu eingeführten Funktionären?

Bevor man sich entscheidet, ein Mandat anzustreben, ist es sicherlich gut, wenn man schon mal gesehen hat, worum es da eigentlich geht. Auf diese Weise werden die Leute nicht böse überrascht von der Realität des Betriebs. Der Negativfaktor, den es natürlich auch gibt, ist die Tatsache, dass das Seiteneinsteigen schwieriger wird. Wenn ich mir allerdings Schicksale von Seiteneinsteigern in Schattenkabinetten betrachte – das prominenteste Beispiel bei der letzten Bundestagswahl war Herr Kirchhoff im Schattenkabinett von Angela Merkel, oder auch Jost Stollmann im Schattenkabinett von Gerhard Schröder –, dann sieht man, dass Leute, die mit dem politischen System nicht vertraut sind, oft scheitern. Übrigens nicht an den Parteien, sondern in aller Regel an der Medienlandschaft.

Warum ausgerechnet an der Medienlandschaft?

Die Medien legen jedes Wort auf die Goldwaage und spießen die Fehler auf. Der politische Gegner schlachtet das dann aus. Und in der Partei gibt es wieder jemanden, der sagt: »Eigentlich wollte ich doch auf den Posten.«

Wie viele Berufspolitiker kommen Ihrer Schätzung nach direkt über die Station als Parteimitarbeiter oder Referent?

Schätzungsweise ein Drittel.

Wo sehen Sie die Defizite bei der Rekrutierung von politischem Nachwuchs in Deutschland?

Erstens: Das System ist nicht durchlässig. Der Seiteneinstieg ist schwierig. Im Zweifel ist er bei den Grünen noch am einfachsten, weil unsere Strukturen sehr durchlässig sind. Zweitens: Wer rausgeht, kommt nie zurück. Was in anderen Ländern ganz selbstverständlich ist, dass Leute mal aufhören, zwischendurch etwas ganz anderes machen und dann irgendwann wieder in die Politik zurückkehren, das gibt es bei uns nicht.

Wo liegen Probleme und Chancen für Seiteneinsteiger?

Es kommt immer auf die einzelne Person an. Ich glaube, dass es belebend ist, wenn man zwischendurch neue Leute im Betrieb hat, die aus einer anderen Ecke kommen, weil es die Mischung macht. Leute, die frischen Wind von außen hereinbringen, die sagen: »Okay, das mag jetzt zwar die Meinung innerhalb der Partei sein, aber Parteimeinung ist nicht Wählermeinung und auch nicht Mehrheitsmeinung.« Und dagegen diejenigen, die sagen: »Was du denkst, mag aus deiner Perspektive zwar richtig sein, aber wenn wir das jetzt fordern, dann fliegt der Laden auseinander.« Daran sieht man: Die Mischung macht's.

Kann man Politik lernen?

Politik ist in gewisser Weise Handwerk. Und deswegen muss man das auch lernen. Aber für dieses Handwerk gibt es keine Ausbildung mit einer IHK-Prüfung am Ende. Ausgelernt hat man nie, was heute für die meisten Handwerke ebenfalls zutrifft.

Welche Bedeutung haben die politischen Flügel heute noch bei den Grünen?

Ich empfinde diese Unterscheidung in Parteilinke und Realos bei den Grünen teilweise als eher folkloristisch, weil ich der Meinung bin, dass sie nur noch auf abgeschlossenen historischen Entwicklungen basieren. In Hessen sind es traditionell die Realos, in Nordrhein-Westfahlen sind es die Parteilinken. Ich glaube allerdings, dass die NRW-Grünen in den zehn Jahren, in denen sie regiert haben, genauso realpolitisch regiert haben, wie das die Hessen getan haben in ihren zehn Regierungsjahren.

Werden einzelne Talente gezielt kooptiert?

Es gibt ja keine Überfigur mehr bei den Grünen, wie Fischer eine war. Insofern gibt es auch niemanden mehr, der mit solch einer Autorität sagen kann: »Du kommst hierher, ich fördere dich jetzt.« Aber auch die gegenwärtigen Parteispitzen wissen, dass gute Leute nicht auf den Bäumen wachsen. Deshalb fördert jeder für sich jüngere Leute. Das passiert dann aber eher in der Art von »Die arbeiten dann bei mir im Büro« als »Ich sorge dafür, dass die irgendwo aufgestellt werden.«

Ist die hessische CDU Vorbild in Rekrutierungsfragen?

Nein. Es läuft bei der Hessen-CDU nur deshalb strukturierter, weil die Hessen-CDU seit den Zeiten von Alfred Dregger und Manfred Kanther eine sehr durchstrukturierte Organisation ist, mit einer klaren Einteilung in gut/böse, mächtig/ohnmächtig. Nachwuchsförderung wird gezielt forciert. Die Ernennung von Silke Lautenschläger im Jahr 2001 zur Sozialministerin, als sie gerade mal zwei Jahre im Parlament war, wäre beispielsweise in anderen Parteien sicherlich schwierig gewesen. Aber ambitioniert wäre es, wenn Koch jemanden fördern würde, der im Zweifel auch mal eine andere Meinung vertritt als er. Das habe ich aber noch nicht gesehen.

Welche Rolle spielt die Böll-Stiftung bei der Förderung des grünen Nachwuchses?

Aus meiner Sicht eine zu geringe, das hat aber etwas mit der eher chaotischen und parteifernen Gründungsphase zu tun. Die Grünen haben sich ja am Anfang geweigert, eine Stiftung ins Leben zu rufen, dann haben sie gleich drei gegründet. Anschließend hat es ewig gedauert, bis diese drei Stiftungen zu einer zusammengeführt waren. Die Aktiven der Stiftung haben zudem immer Wert darauf gelegt, dass sie von der Partei unabhängig waren. Es ist also eine irrige Vorstellung, dass jeder Böll-Stipendiat auch Unterstützer der Grünen ist.

Sie arbeiten seit zwei Jahren mit einem Mentoring-Programm.

Ja, wir haben Mentoring-Programme, auf die man sich bewerben kann. Die Mentees werden bestimmten Mentoren, die schon hauptberuflich arbeiten, zugeordnet. Und es gibt spezielle Mentorinnen-Programme für weiblichen Führungsnachwuchs. Hier müsste man eigentlich viel mehr machen. Aber da wir ja eine vergleichsweise junge Partei sind, ist der Handlungsdruck einfach noch nicht so groß. Wir haben noch nicht die Situation, dass reihenweise Generationen von Politikern sagen: »So, ich gehe jetzt in Rente, oder ich höre einfach auf.«

Ich würde behaupten, dass die Nachwuchsförderung bei den Grünen immer noch vergleichsweise schwach ist. Das hat sicherlich damit zu tun, dass die Grünen generell eine schwache Parteiorganisation haben. Und dies wiederum hat viel mit der basisdemokratischen Entwicklung der Anfangsjahre zu tun.

Insgesamt fallen Ihre Rekrutierungs-Anstrengungen sehr bescheiden aus.

Die Grünen sind da sicherlich deshalb gelassener als andere Parteien, weil es bei den Grünen von Anfang an so war. Die Stichworte »Milieuauflösung« und »Bindungsangst« habe ich in dem Zusammenhang bereits genannt. Die Grünen sind ja teilweise Produkt dieser Antiparteienstimmung und repräsentieren ein Milieu, das nicht mehr so gebunden ist. Deswegen hatten wir schon immer das schlechteste Verhältnis von Wählerzahl zu Mitgliederzahl. In Hessen haben wir knapp 4000 Mitglieder, und wir bekommen bei Bundestagswahlen 360000 Stimmen, wenn es richtig gut läuft. So ein Verhältnis hat keine andere Partei.

Reden Sie die Lage da nicht schön?

Ich sehe ein Riesenproblem darin, aber ich habe keine Lösung. Das Gefühl, sich nicht binden zu wollen, wird in der Gesellschaft eher stärker. Vor ein paar Jahren habe ich mit großem Interesse und auch einer gewissen Hoffnung auf Organisationen wie Attac geschaut. Ich hoffte, das könnte jetzt der Punkt sein, dass Leute mal wieder politisch sozialisiert werden und darüber irgendwann in die politischen Strukturen der parlamentarischen Demokratie kommen. Leider muss ich feststellen, dass dies bis auf wenige Ausnahmen ausgeblieben ist. Die Zahl derer, die dort wirklich aktiv sind, ist eher gering geblieben.

Wie sehen Ihre politischen Ziele – bezogen auf die Rekrutierung – aus?

Zunächst wünsche ich mir, dass bei den Grünen gute Leute unterstützt werden, unabhängig von ihrer Flügelzugehörigkeit. Zweitens wünsche ich mir bei uns, was jeder Partei gut ansteht und Max Weber schon 1919 formuliert hat: weniger Eitelkeiten, mehr Inhalte. Dazu gehört, dass mehr junge Leute sagen: »Okay, ich selbst bin nicht so wichtig.« Der dritte Wunsch ist: mehr Mut, die Wahrheit zu sagen, auch innerparteilich. Und ich glaube, dass das am Ende dazu führt, dass Leute, die Erfahrung von außen mitbringen können, ob diese nun wissenschaftlich, beruflich oder sonst wie geartet ist, auch sagen würden: »Das ist eine spannende Veranstaltung, da mache ich mit.«

Die Politik verliert ja generell an Zugkraft und Glaubwürdigkeit.

Nach meiner Beobachtung ist die Volatilität grüner Wahlergebnisse bei vergleichbaren Politikangeboten in letzter Zeit sehr groß. Ich glaube, dass die Medienlandschaft für dieses Auf und Ab der Wahlergebnisse mindestens genauso wichtig ist wie die Frage, ob man in der Regierung saß oder nicht. Ich erlebe es so, dass die halbe Million Mitglieder, die die SPD noch hat, ihr nicht helfen, wenn die handelnden Figuren in Berlin sich jeden Tag wie die Windräder drehen. Teil des Problems ist, dass zunehmend inhaltliche Auseinandersetzungen personalisiert werden. Wenn die Parteien dann Personen haben, denen man nicht zweifelsfrei Inhalte zuordnen kann, verscherzt man es sich mit dem Wähler.

Welche Rolle spielen die Medien als Vermittlungsinstanz und als Imageproduzent des politischen Betriebs?

Was mich zunehmend stört, ist, wenn Journalisten, auf gut Deutsch gesagt, Dinge fragen, von denen sie eigentlich keine Ahnung haben. An bestimmten Tagen merkt man durchaus, dass die Leute gar nicht wissen, worum es in der Sache eigentlich geht. Was ist ein Landeshaushalt? Was ist eine Verpflichtungsermächtigung? Was ist ein Planfeststellungsverfahren? Ich erwarte ja nicht, dass jemand Planungsexperte oder Raumordnungsexperte ist, aber dass es bestimmte Verfahren gibt, dass ein Haushalt vom Parlament beschlossen wird, dass Regierung und Parlament etwas Unterschiedliches sind, und Ähnliches sollte schon zur Allgemeinbildung gehören.

Zweitens: Die eigene Recherche, das Suchen nach bestimmten Themen jenseits des Pools ist für mein Gefühl weniger geworden. Das hat bestimmt auch etwas damit zu tun, dass die elektronischen Medien kurzlebiger geworden sind. Da wird niemand mehr freigestellt, damit er sich zwei Wochen lang nur um ein Thema kümmert. Außerdem sind die Printmedien schlicht ärmer geworden. Sie verdienen weniger und streichen Personal. Statt zwei Personen ist eben nur noch eine da, und die macht den ganzen Gemüsegarten der Landespolitik. Dass man unter solchen Umständen mit einem Thema nicht in die Tiefe gehen kann, ist nur logisch.

Welche Besonderheiten registrieren Sie in der Politikberichterstattung auf Landesebene?

Bei Politik auf der Landesebene ist das Problem, dass – überspitzt gesagt – die dritten Fernsehprogramme in der Zuschauerschichtung Altersheimprogramme sind. Junge Leute sehen dritte Programme praktisch nicht. Und wir haben zweitens das Problem, dass Sie als Politiker bei den Tageszeitungen ein wenig zerrieben werden zwischen Bundespolitik und Kommunalpolitik und somit in bestimmten Bereichen nicht vorkommen. Insofern wird gerade Landespolitik schwierig, wenn Sie nicht personalisieren. Den Ministerpräsidenten kennt man noch, aber danach wird's schon schwierig.

Wer hat – neben Cem Özdemir – Ihrer Meinung nach großes Potenzial bei den Grünen?

Sicherlich Boris Palmer, auch wenn ich inhaltlich mit ihm nicht immer einer Meinung bin. Wenn man sich bestimmte Entscheidungen anschaut, haben die Grünen auf Landesebene begriffen, dass man junge Leute in Verantwortung bringen muss. Dass Till Steffen Justizsenator in Hamburg geworden ist, war eine bewusste Entscheidung einer Landespartei, die gesagt hat: »Es darf nicht nur die Gründergeneration in Verantwortung kommen, da müssen auch neue Leute hin.« Unsere »Alten« sind jedoch im Vergleich zu anderen Parteien nicht wirklich alt. Wenn Sie Struck und Müntefering mit Kuhn und Künast vergleichen, stellen Sie fest, dass das fast schon eine andere Generation ist.

Im Berliner Abgeordnetenhaus wird bei den Grünen Ramona Popp sicherlich irgendwann einmal eine gewisse Rolle spielen. Wenn ich mir jetzt in Frankfurt Manuela Rottmann anschaue, die Stadträtin geworden ist, gebe ich ebenfalls eine positive Prognose ab. Ich habe das Gefühl, die Grünen haben vergleichsweise mehr Leute mit Potenzial.

Spielt Angst bei der zögerlichen Förderung des Nachwuchsen eine Rolle?

Ja, es gibt Leute, die Angst davor haben, andere Leute zu fördern, und die Angst davor haben, von denen irgendwann beerbt zu werden.

Vielleicht ist den Jungen auch der Preis für ein Spitzenamt zu hoch.

Politik hat das Problem, dass man sie entweder ganz oder gar nicht macht. Das ist in der Mediendemokratie noch mal schwieriger geworden, wo man ständig erreichbar ist und die dpa-Meldungen auf dem Blackberry hat. Und es gibt Leute, die diesen Preis nicht bezahlen wollen. Die Aufgabe von Privatleben, von Freunden, von Freizeit, von Erholung, von Wochenenden, von was auch immer ...

Hier findet natürlich eine Auslese statt. Leute, die bereit sind, den Preis zu bezahlen, müssen in einer gewissen Art und Weise auch Egomanen sein. Und von Egomanen zu verlangen, dass sie andere Leute fördern, ist eigentlich ein Widerspruch in sich.

Wo stehen Sie auf der Egomanen-Skala.

Ich glaube, ich gehöre eher zu den Mitteldingern. Ich bin reflektiert genug, um zu wissen, dass man ohne eine gewisse Eitelkeit diesen Job gar nicht gut machen kann. Aber immer noch nicht zu eitel, um nicht genau zu wissen, dass man selbst ersetzbar ist.

Teil V
Auswege statt Sackgassen – Chancen gegen die Krise

»Einmischung ist die einzige Chance, realistisch zu bleiben.«
Heinrich Böll

1. Von der verordneten zur erstrittenen Demokratie – Leitideen gegen die grassierende Politikverdrossenheit

Wolfgang Tiefensee, im Hauptberuf Verkehrsminister und im Nebenberuf »Beauftragter der Bundesregierung für die neuen Länder«, hat offenbar nicht allzu viel Vertrauen in die Chancen der Bürgerbeteiligung. Ausgerechnet zum »20. Jubiläumsjahr des Mauerfalls« 2009 lädt sein Ministerium schriftlich zu sogenannten »Bürgerdialogen« in die ostdeutschen Landeshauptstädte ein. Bei »regionalen Spezialitäten« wird mit »Bürgern, die sich als Gesprächspartner beworben haben«, diskutiert. Aber offenbar geht es nicht um die Wurzeln der ostdeutschen Revolution und die Reste der damaligen Bürgerbewegung. »Arbeit beschäftigt die Region« oder »Städtebau in Ostdeutschland« sind Themen der sogenannten Bürgerdialoge unter dem Logo »Unsere deutsche Einheit«. Bei der Veranstaltungsreihe handelt es sich um ein Produkt der Berliner Werbeagentur »Zum goldenen Hirschen«. Eine absurde Kulisse: Bürgerdialoge, die eigentlich an die Tradition der Bürgerbewegung erinnern sollten, werden als Köder für die Themen des Ministers genutzt und kommerziell abgewickelt. Das zuständige Ministerium ist anscheinend nicht in der Lage, wirkliche Dialoge eigenverantwortlich zu konzipieren und zu veranstalten. Offenbar reicht das Personal nicht. Dies wirft nur ein einzelnes Schlaglicht auf die Wirklichkeit in diesem Ministerium, das den Dialog mit den Bürgern durch externe Dienstleister anbahnen lässt.

Die Möglichkeiten der direkten Demokratie, der Bürgerbeteiligung und der Einflussnahme auf die Politik durch ein Engagement außerhalb von Parteien, sind in Deutschland sehr facettenreich. Nur: Diese Chancen zur Vitalisierung der Demokratie werden kaum wahrgenommen. An acht ausgewählten Beispielen wird deshalb im Folgenden skizziert, wie direkte Demokratie funktionieren kann und wie mögliche positive Effekte auf den parlamentarischen Betrieb aussehen könnten: Volksabstimmungen, Bürgerhaushalte,

Vorwahlen in Parteien (*primaries*), öffentliche Diskussionsforen, moderne Befragungsinstrumente wie die Bürgerpanels, die Planungswerkstatt, die E-Partizipation oder abgeordnetenwatch.de zeigen im Zeitalter von Internetkommunikation und »Web 2.0«, welche möglichen Erfolge, Chancen, aber auch Hindernisse direkt praktizierte Demokratie in Deutschland birgt.

Wie realistisch sind solche Formen direkter Demokratie? Werden sie genutzt, oder scheitern sie an der Passivität der Bürger? Wer sind die Förderer und wer die Nutzer? Gibt es gar drosselnde Faktoren? Stehen die parteipolitischen Akteure tatsächlich hinter der Praxis direkter Demokratie, oder überwiegen auch hier Lippenbekenntnisse? Fürchten sie um die »Infragestellung« des bestehenden Systems? Welche Erfolge gibt es im Zuge der Partizipation und Demokratieförderung, welche Misserfolge stehen dem gegenüber? Wie kann dadurch die politische Kultur bereichert oder gar verändert werden?

Möglichkeiten direkter Demokratie-Partizipation: Volksabstimmungen – Plebiszite – unmittelbare Demokratie

Plebiszite sind eine klassische Form von direkter Demokratie und unmittelbarer Beteiligung des Volkes an politischen Entscheidungen. Bei einer Volksabstimmung oder Volksbefragung wird die Bevölkerung direkt aufgerufen, an der Entscheidungsfindung teilzunehmen.

In der Bundesrepublik Deutschland sind derartige Abstimmungen auf nationaler Ebene im Grundgesetz nicht ausdrücklich vorgesehen, außer bei der Neugliederung des Bundesgebiets[1] und zur Ablösung der Verfassung[2]. Auf Landesebene (Volksbegehren, Volksentscheide) und in den Kommunen (Bürgerbegehren, Bürgerentscheide) gehören Plebiszite dagegen zum politischen Standardverfahren. Alle sechzehn Bundesländer lassen in ihren Verfassungen einen Volksentscheid zu, allerdings mit unterschiedlichen Regeln. Nicht jeder Volksentscheid ist bindend für die amtierende Regierung.

Hohe Hürden: Von der Initiative über das Begehren zum Entscheid

Jeder, der ein politisches Anliegen hat, das von einer Abstimmung des Landesparlaments oder eines Gesetzesentwurfs abhängig ist, hat nach Vorlage einer Mindestanzahl von Unterschriften zum Plebiszit das Recht, einen Volksentscheid zu einem Thema in Gang zu setzen. Grundsätzlich hat sich bei Volksentscheiden auf Länder- und kommunaler Ebene ein Dreistufenplan durchgesetzt, an dessen Ende der eigentliche Entscheid steht. Zunächst muss eine Gruppe von Bürgern eine bestimmte Zahl von Unterschriften aufbringen, damit das konkrete Abstimmungsthema im zuständigen Parlament diskutiert wird. Danach kann durch ein Volksbegehren ein Erlass, eine Aufhebung oder eine Änderung eines Gesetzes ins Landesparlament eingebracht werden. Wird dieses Gesetz vom Landtag abgelehnt, so kann ein Volksentscheid herbeigeführt werden, dem ebenfalls eine Unterschriftensammlung vorausgeht. Ein weiteres Handicap: Im gesamten Verfahren müssen strenge Fristen eingehalten werden.

Volksabstimmungen auf Bundesebene?

Volksabstimmungen auf Bundesebene werden hin und wieder von den Parteien diskutiert. Mittlerweile kann man – so der Tenor der Befürworter – von der Reife und der historischen wie politischen Kompetenz des Bürgers ausgehen. Mit der SPD, der FDP, den Grünen und den Linken sprechen sich derzeit nahezu alle im Bundestag vertretenen Parteien für eine Möglichkeit des Plebiszits auf Bundesebene aus und haben bereits Gesetzesentwürfe eingebracht. Nur die CDU/CSU-Fraktion lehnt Plebiszite auf Bundesebene ab. Politische Machteinbuße, Misstrauen gegenüber der Kompetenz der Bürger, Angst vor der Bindung durch Plebiszite sind die Gründe.

Pro und contra Volksentscheid

Plebiszite sind als direkte Volksbeteiligung Ausdruck des Volkswillens. Sie setzen nicht nur mündige Bürger voraus, sondern eröffnen den Bürgern auch das Recht politischer Mitsprache. Dies führt zu einem stärkeren Demokratiebewusstsein[3], zu intensiven Diskussions- und Meinungsbildungsprozessen und trägt insgesamt zur Auffrischung und Stabilität der Demokratie bei.

Da Politik – nicht zuletzt aufgrund des von der Sozialforschung gut belegten Realitätsverlustes – nicht immer die Interessen der Bürger treffen kann, können Volksentscheide wirksame Bypässe im demokratischen Kreislauf sein. Volksentscheide fordern und fördern das Engagement der Bürger.[4]

Die Gegner von Plebisziten stellen die Kompetenz der Bürger grundsätzlich infrage.[5] Kritiker warnen auch vor einer »Überdemokratisierung«, die den Bürgern zu viele Rechte einräume und die Politik durch öffentlichen Streit behindere. Bei einer verstärkten Tendenz zu Volksentscheiden würden diese sich inflationär ausbreiten. Das würde sich nicht bei jedem Plebiszit mit den Interessen der Mehrheit der Bürger decken. In der Tat gab es in den Ländern nach dem Zweiten Weltkrieg bis März 2009 lediglich fünfzehn Volksentscheide. Davon war nur die Hälfte erfolgreich, fünf scheiterten an mangelnder Wahlbeteiligung.[6]

Gleichzeitig drohe auch die Gefahr, so die Skeptiker, dass hinter dieser oder jener Kampagne Populismusstrategien von Interessengruppen aus Politik und Wirtschaft stünden. Außerdem könnten Volksentscheide die Gewaltenteilung und den klassischen Gesellschaftsvertrag, die Übergabe der Regierungsmacht in die Hände der Volksvertreter, infrage stellen.

Praxiserfahrungen und Widerstände der Wirtschaft

Auch die Wirtschaft sieht Volksentscheide skeptisch. In Berlin hatte der Bürgerentscheid »Mediaspree versenken«, der sich unter anderem gegen die Aussiedlung der Anwohner und die Privatisierung öffentlichen Raums am Spreeufer im Bezirk Friedrichshain richtete, großen Erfolg. Die geplanten Investitionen in die Zukunft seien nun genauso in Gefahr wie neue Arbeitsplätze, warnen Senat und Investoren. Sie wollten Kommunikations- und Medienunternehmen mitten im Zentrum der Hauptstadt ansiedeln.[7]

In Leipzig sorgten die Bürger mit einer überwältigenden Mehrheit von 90% für ein Nein zum Verkauf von Teilen der Stadtwerke an den französischen Konzern Gaz de France. Mit einer Beteiligung von 41% der Wahlberechtigten zog dieses Anliegen mehr Aufmerksamkeit und Engagement auf sich als die Wahl des Oberbürgermeisters.[8] Auch andere Demokratie-Initiativen können Erfolge vorweisen: Der »Berliner Wassertisch« hatte per Unterschriftenaktion dafür gesorgt, dass er Akteneinsicht in Geheimverträge zwischen dem Berliner Senat und den Unternehmen RWE sowie Veolia Water erhielt. Der Senat hingegen beruft sich auf die Verletzung des Eigentumsrechts der Konzerne. Zurzeit ist das Berliner Verfassungsgericht um eine juristische Klärung bemüht.[9]

Der Verein »Mehr Demokratie« sieht seine Arbeit für die Ausweitung der direkten Demokratie bestätigt. In vier Bundesländern – Berlin, Hamburg, Nordrhein-Westfalen und Thüringen – kam es in den vergangenen Jahren zur Aufwertung der direkten Demokratie durch Volksentscheide.[10] In den meisten anderen Ländern bestehen dagegen noch erhebliche Defizite. Nur ausgerechnet Bayern schneidet in der Beurteilung von »Mehr Demokratie e.V.« positiv ab und gilt gemeinhin mit seiner bürgerfreundlichen Gesetzgebung als Vorbild.[11]

Fazit: Quoren als Hemmschuh

Volksbegehren leiden an den hohen Schranken, die der Gesetzgeber den Bürgern aufbürdet. Die in den Landesgesetzen verankerten Beteiligungsquoren[12] blockieren eine weitere demokratische Mitwirkung.

In den Kommunen waren bisher 40% der Volksbegehren erfolgreich, auf Landesebene gerade mal 25%. Wenig interessante Themen, wahlmüde Bürger, die Passivität der Gesellschaft können als Grund für diese unbefriedigende Bilanz angeführt werden.

Volksentscheide müssen jedoch auch im Licht ihrer symbolischen Bedeutung bewertet werden. »Oft gelingt es einem Volksbegehren, auch wenn es nicht zum Erfolg führt, Impulse auszulösen, die von der Politik später aufgegriffen werden«[13], so Theo Schiller, Leiter der »Forschungsstelle für direkte Demokratie und Bürgerbeteiligung der Universität Marburg«.

2007 scheiterten 13% aller Bürgerbegehren an den Quoren.[14] Das zeigt: Je greifbarer und unmittelbarer die Entscheidungsfragen sind, desto mehr Resonanz finden die Begehren in der Bevölkerung. Der Demokratieforscher Theo Schiller ist überzeugt, dass durch eine stärkere Verankerung von Volksentscheiden auch die Bereitschaft zur Durchführung nationaler Plebiszite steigen würde.[15]

Bürgerhaushalte als Demokratie-Katalysatoren

Nach dem Vorbild der brasilianischen Millionenmetropole Pórto Alegre[16] haben in vielen Orten Deutschlands Bürgerinnen und Bürger die Möglichkeit, über einen Teil des öffentlichen Haushalts zu beraten und abzustimmen. Der sogenannte Bürgerhaushalt erfolgt in Zusammenarbeit mit der zuständigen Verwaltung und mit den gewählten Parlamenten wie dem Kreistag oder dem Stadtrat. Der Bürger bestimmt hier nicht die Politik, sondern gestaltet sie aktiv mit, sozusagen als »Praxisexperte«. Er wird dadurch zu einer Art »embedded political player«. Die Ergebnisse sind allerdings nicht bindend.

Die Verwaltung ist in dieser Konstellation das eigentliche Expertengremium. Sie informiert und berät die Bürger über den zurückliegenden Haushalt mitsamt den angestrebten Zielen. Bürgerforen stimmen über die jeweiligen Vorhaben ab. Das geschieht in Form eines Anschreibens an die Bürger oder über ein Bürgerabstimmungsforum im Internet. Die Ergebnisse werden in Zusammenarbeit mit der Politik und der Verwaltung ausgewertet. Voraussetzung für die Umsetzung ist die Zustimmung des Parlaments.

Win-win-Situation Bürgerhaushalt

Verlorenes Vertrauen zwischen Bürgern und Politikern kann durch Bürgerhaushalte zurückgewonnen werden. Das setzt allerdings voraus, dass die Bürger und ihre konkreten Vorstellungen zum Haushalt ernst genommen werden. Zum anderen soll durch die Beteiligung ein transparenter Informationsfluss befördert werden.

In Deutschland nimmt die Zahl der Kommunen mit Bürgerhaushalten stetig zu. In insgesamt 48 haben sich bereits Bürgerhaushalte etabliert.[17] Weitere sechs Kommunen lassen dieses Vorhaben allerdings wieder ruhen.[18] Dagegen nimmt das Abstimmungsergebnis der Bürger in Nürtingen bei Stuttgart bereits einen »Fraktionsstatus« ein[19], und die Stadt Hilden sowie der Berliner Bezirk Lichtenberg haben dauerhaft einen Bürgerhaushalt installiert. Hier befinden die Bürger eines Ortsteils und Vertreter zivilgesellschaftlicher Organisationen beispielsweise über Gelder zur Verbesserung des Wohnumfelds in Problemzonen. Laut buergergesellschaft.de zeichneten sich die Teilnehmer bei der Ausgabenverteilung durch Verantwortungsbewusstsein und Kompetenz in Finanzfragen aus.[20] Auch aus Hamburg berichtet der dortige finanzpolitische Sprecher der CDU-Fraktion im Jahr 2006 von überaus positiven Erfahrungen mit einem Bürgerhaushalt.[21]

Im Fall Freiburg wird deutlich, welche Gefahren ein nicht bindender Bürgerhaushalt mit sich bringen kann. Der Freiburger Oberbürgermeister Dieter Salomon (Grüne) setzte sich als führender Politiker der Stadt an die Spitze der Befürworter eines Bürgerhaushalts. Doch offenbar steht hier die Unterstützung des Bürgermeisters für seine Politik im Vordergrund.[22] Das Beispiel Freiburg zeigt: Bei nicht bindenden Bürgerhaushalten besteht die Gefahr, dass die Politik aus der Abstimmung der Bürger mehr politisch-strategischen als inhaltlich-planerischen Nutzen ziehen könnte.

Fazit: Bürger mit Haushaltskompetenz

Bürgerhaushalte haben dann Erfolg, wenn sie von Bürgern, Politikern und der Verwaltung angenommen und akzeptiert werden. Dazu müssen Parteien, Regierungen und Verwaltungsgremien den Bürgern die Chance geben, sich einzubringen und tatsächlich ergebnisorientiert mitzugestalten. Die Bevölkerung muss über die Neu- und Umverteilung von Haushaltstiteln sowie die Schuldenaufnahme aufgeklärt werden. Dazu ist eine direkte Beteiligung der Betroffenen unabdingbar.[23] Die Komplexität der Haushaltsproblematik sollte für den Bürger in verständlicher Form aufgearbeitet, Motive eingehender erläutert und die Folgen von Entscheidungen für die Zukunft anschaulich vermittelt werden. In diesem Sinne wirken Bürgerhaushalte wie eine große Volkshochschule; sie können ein wirksames Mittel sein, Interessenten in die komplexe Gestaltungswelt der Haushaltspolitik einzuführen und frühzeitig vor Fehlentwicklungen zu warnen.

Vorwahlen (»primaries«) in Parteien

Primaries sind Vorwahlen, die wir vor allem aus den US-Wahlkämpfen kennen. Mehrere Kandidaten einzelner Bundesstaaten werben in Rede und Gegenrede öffentlich um Zustimmung. Am Ende des Wettbewerbs entscheiden die Parteimitglieder über die zur Wahl stehenden Kandidaten. Dieses demokratiefördernde Prinzip könnte auch von den Parteien in Deutschland bei der Auswahl ihrer Kandidaten angewendet werden. Auf diese Weise würde der bislang dominierende Einfluss weniger Delegierter begrenzt.[24] Kann zum Beispiel durch eine Vorwahl, an der alle wahlberechtigten Parteimitglieder teilnehmen können, das Delegiertensystem ersetzt, so mit das Demokratieprinzip innerparteilich erweitert und damit die Basis besser beteiligt werden? Diese Frage wird in den regionalen Gliederungen der Parteien zunehmend diskutiert.

Chancen von Vorwahlen in Deutschland

Nach dem Vorbild der USA könnten Vorwahlen in jedem einzelnen Landesverband der Parteien in allen sechzehn Bundesländern stattfinden. Dies könnte eine Direktwahl eines Kandidaten durch die Parteimitglieder (»closed primary«) oder sogar durch alle wahlberechtigten Bürger (»open primary«) sein. Nach dem Prinzip der einfachen oder absoluten Mehrheit könnte dann die Parteispitze oder ein eigens einberufener Sonderparteitag den Gewinner zu ihrem Spitzenkandidaten ernennen.

Die Entscheidungen der Vorwahlen müssten bindenden Charakter für die Parteiführung haben. Zu diesem Schluss kommt der Journalist Marcus Pindur, der auf der offiziellen Internetseite der FDP ein Konzept zur Umsetzung von Vorwahlen in Deutschland vorstellt.[25]

Vorteile der Demokratie »von unten« und Bedenken

Die Übertragung der »Primaries«-Idee auf Bundesebene ginge mit einer innerparteilichen Demokratisierung von unten nach oben einher.[26] Die Entscheidung über einen Spitzenkandidaten würde somit auf einer wesentlich breiteren Basis fallen. Dies könnte das Politikinteresse der Bürger weiter fördern[27], sodass ein offener und vor allem transparenter Wettbewerb entstehen würde. »Gleichzeitig bringt das System ›wählbarere‹, kommunikationsstärkere, im weitesten Sinne attraktivere Kandidaten hervor«, resümiert Marcus Pindur.[28]

Das Bundeswahlgesetz schreibt vor, dass die Kandidaten von den Parteimitgliedern auf entsprechenden Wahlversammlungen offiziell bestätigt werden müssen. Gewinnt demnach ein Kandidat bei einer offenen Vorwahl das Vertrauen der abstimmenden Nichtparteimitglieder, so ist er noch lange nicht nominiert, denn er benötigt die formelle, mehrheitliche Zustimmung der Parteimitglieder. Wird ihm diese verweigert und ein anderer bei der Vorwahl gar unterlegener Kandidat zum eigentlichen Kandidaten gekürt, so hat die Vorwahl ihren Zweck verfehlt. Deshalb sind Vorwahlen nur dann sinnvoll, wenn sie im Bundeswahlgesetz auch juristisch legitimiert werden.

Bei einer denkbaren Vorwahl zur Bundestagswahl würde das System der Wahl über Landeslisten infrage gestellt. Für die Führungsspitzen der Parteien würde dies einen gewaltigen Machtverlust bedeuten. Für die politische Kultur bestünde das Risiko, dass Vorwahlen zu reinen Persönlichkeitswahlen werden. Schließlich ist auch die Gefahr der Einflussnahme starker lokaler Gruppierungen innerhalb einer Partei nicht zu unterschätzen.[29]

Die Umsetzung der Idee ist in der Praxis nicht komplikationsfrei. Der Bündnis 90/Die Grünen-Kreisverband in Berlin-Pankow hat seinen Spitzenkandidaten für die Bundestagswahl 2009 wie folgt gewählt: Heiko Thomas setzte sich in einer für jeden Pankower offenen Vorwahl gegen zwei Kandidaten durch. Voraussetzung war, dass er keiner anderen Partei angehören durfte. Dass sich von den 362 000 Pankowern gerade mal zweihundert an der Abstimmung beteiligten, trübt aus Sicht des Bezirksverbands die positive Bilanz aber nicht.[30]

»Primaries« können die innerparteiliche Demokratie beleben; besonders auf kommunaler Ebene können sie neue partizipative Kompetenzen entfalten und das Interesse an politischer Beteiligung wecken.'[31]

Stadtteilforen am Beispiel Tübingen: Mehr Demokratie vor Ort ist überall möglich

Können Bürger zu einer stabilen politischen Instanz werden, wenn es darum geht, die Quartiere mittlerer und großer Städte aufzuwerten? In Tübingen wird diese Idee in sogenannten Stadtteilforen ausprobiert. Hier sollen die Bürger eines Stadtteils ihrem »Wohnumfeld« ein eigenes Profil geben, eine Struktur, die »Handeln überhaupt erst ermöglicht«.[32] Hauptziel dieser Foren ist es, den Sozialstaat zu entlasten[33], soziale Netzwerke aufzubauen, eine religiöse, ethnische und kulturelle Integration und bürgerschaftliches Engagement zu fördern. Die Gleichgültigkeit, das Desinteresse und nicht zuletzt die fehlende Identifikation der Bürger mit ihrer Stadt waren Motive, die die Verwaltung Tübingens bereits 1995 veranlassten, Stadtteilforen einzurichten.

Uta Schwarz-Österreicher von der Stadt Tübingen nennt das Stadtteilforen-Projekt den »Versuch, einen Diskussions- und Handlungszusammenhang von Bürgerinnen und Bürgern in den Stadtteilen zu etablieren«.[34] Sich austauschen und interagieren, Konflikte lösen und Netzwerke aufbauen – das sind die Leitmotive der Stadtteilforen. Den Bürgern soll ein Handlungs- und Gestaltungsspielraum gegeben werden, in dem sie einen Teil der Aufgaben der Kommune erfüllen.[35]

Die Verwaltung der Stadt Tübingen bewertet die Stadtteilforen als erfolgreich.[36] Die Bürger lernen, wie die Verwaltung funktioniert, welche Möglichkeiten und welche Grenzen bestehen. Das bürgerschaftliche Engagement stieg seit Einführung der Stadtteilforen an. Konflikte gibt es eher zwischen Gemeinderat und Verwaltung als zwischen Gemeinderat und Bürgern. Viele Politiker sehen in Stadtteilforen gute und nützliche Stützen für eine nachhaltige Volksvertretung.[37] Laut Schwarz-Österreicher kommt in Tübingen immer wieder Kritik von Bürgerinitiativen, die den Stadtteilforen zu viel Anpassung und Obrigkeitsgefolgschaft vorwerfen. Uta Schwarz-Österreicher sieht deshalb in Stadtteilforen ein noch unvollendetes, aber dennoch zukunftsweisendes Projekt: »Zugegebenermaßen ist dies kein fertiges Konzept. Die Universitätsstadt Tübingen ist aber davon überzeugt, dass es sich lohnt, auf nicht institutionalisierte Formen der Teilhabe von Bürgern wesentlich stärker als bisher zu setzen. ... Die Stadt kann nicht alles machen, aber alle zusammen machen die Stadt«, resümiert die Projektmitarbeiterin.

Fazit: Die Rückkehr des Souveräns

In Stadtteilforen – die überall in Deutschland eingeführt werden könnten – wird der Bürger nicht mehr nur als Wähler angesehen, sondern vielmehr als der eigentliche Souverän. Sein Bedürfnis nach Engagement wird gefördert. Sein Wissen über den Stadtteil, seine Wünsche nach Verbesserung und seine Fähigkeiten werden als werteschaffendes Potenzial angesehen. Auch die Verwaltung muss umlernen, Konflikte lösen und Kritik aushalten. Die Grundzüge dieses Modells könnten in jeder Stadt in Deutschland aufgegriffen und

realisiert werden. Der Vorteil: Bürger müssten die bequeme Klage-
mauer verlassen, sich stärker für ihre öffentlichen Belange interessieren und aktiv einmischen.

Moderne Befragungsinstrumente – Das Bürgerpanel
fördert Transparenz

Bürgerpanels[38] sind Befragungen von zufällig ausgewählten Bürgern zu politischen Themen und Entscheidungen. Sie sind zugleich
auch ein Dynamo für die Auseinandersetzung und den Meinungsaustausch der Befragten untereinander. Ziel ist es, das politische Interesse der Bürger zu wecken und ihnen ihre demokratischen Mitwirkungschancen zu veranschaulichen. Vor allem aber fordern und
fördern Bürgerpanel den Gestaltungswillen der Bürger und vergrö-
ßern so deren politische Kompetenz. Allerdings konnte sich dieses
Verfahren in Deutschland noch nicht etablieren.[39] Großbritannien
und die Niederlande sammeln bereits Erfahrungen mit Bürgerpanels
nach folgenden Muster: Eine repräsentative Gruppe von fünfhundert bis tausend Bürgern trifft sich in regelmäßigen Abständen drei-
bis viermal im Jahr in einem Zeitraum von drei bis vier Jahren.[40]
Politik und Verwaltung müssen auf lokaler Ebene bereit sein, an
einem bestimmten Bürgerpanel teilzunehmen.

Nun folgen drei Phasen: 1. Information, 2. Befragungen und
3. Kommunikation. In Phase eins werden zunächst Informationen
transportiert. Nach der Festlegung eines Themas durch die Kommune werden freiwillig mitwirkende Bürger für das Panel öffentlich
akquiriert. Die Auswahl der Teilnehmer erfolgt zufällig, sodass eine
repräsentative Gruppe entsteht.[41]

In der zweiten Phase wird eine Befragung durchgeführt, zu der
die Bürger gleichzeitig alle nötigen Informationen über die Dauer,
das Ziel und den Inhalt des Panels erhalten. Hierbei soll zukünftig
das Internet die Vermittlerrolle spielen, ergänzt von einer telefoni-
schen oder postalischen Befragung. Das Netz bietet den Zugang
zu aktuellen Panelinformationen, die Möglichkeiten für Netz-
werkaktivitäten wie Chats mit sachverständigen Fachkräften oder
den Meinungsaustausch in Foren oder Blogs.

Die dritte und letzte Phase setzt auf einen nunmehr gewachsenen Kreis an Befragten. Nach der Auswertung des Panels werden die Ergebnisse sowohl den befragten Bürgern als auch der Kommune übermittelt.

Ein vergleichbares Beteiligungsinstrument, ein Bürgergutachten für den öffentlichen Personennahverkehr, wurde in Hannover erstellt. Insgesamt nahmen an der sogenannten Planungszelle rund dreihundert Hannoveraner im Alter von 18 bis 81 Jahren an zwölf verschiedenen sogenannten Planungszellen des Auftraggebers ÜSTRA Hannoversche Verkehrsbetriebe AG teil. Gewissermaßen ein Panel im Zeitraffer. Ziel war es, persönliche Erfahrungen einzubringen und dadurch konstruktive Verbesserungsvorschläge unter anderem zu Fragen der Mobilität, der Taktung des Fahrplans, der Sicherheit und des Tarifsystems aufzuzeigen.

Nach der Auswertung des Bürgergutachtens wurden die Ergebnisse den Bürgern zugänglich gemacht, um weitere Möglichkeiten der Kritik und Modifikation anzubieten. Resümierend beurteilten beide Seiten das Projekt positiv. Viele der beteiligten Bürger arbeiteten auch im Anschluss an das Gutachten an der Umsetzung der Ideen mit, zu der sich die Verkehrsbetriebe verpflichtet haben.

Fazit: Dezentrale Demokratie-Formate fördern Engagement, Transparenz und Dialog

Entscheidend am Bürgerpanel ist, gerade Bürger, die sich sonst nur wenig bis gar nicht für öffentlich relevante Fragen interessieren, politisch zu sensibilisieren und ihr Engagement zu fördern. Möglicherweise entsteht mit der Teilnahme an der Befragung auch ein weiterführendes Interesse und Engagement in der Lokalpolitik. Das Internet bietet als Befragungsinstrument ähnlich wie bei der E-Partizipation[42] (siehe S. 376) einen soliden Rahmen für solche Beteiligungsformen.

Das IFOK-Institut entwickelte weitere »Demokratie-Formate« wie das »BürgerForum Soziale Marktwirtsaft«, »Europäische Bürgerkonferenzen« oder sogenannte »Bürgergipfel« sowie Modelle der »Bürgerbeteiligung als Politikberatung«. Ziel der mehrstufigen

Konferenzen mit – je nach Aufgabenstellung – bis zu dreihundertfünfzig zufällig ausgewählten Bürgern sind die Dialogförderung, der Wissenstransfer von Experten und Laien, die Einübung von praktischen Fähigkeiten und der Test von Online-Beteiligungsverfahren. Auffällig ist, dass die vorliegende Evaluation im Auftrag von Stiftungen strikt geheim gehalten wird. Dies beruht wohl weniger auf einem Transparenz-Defizit, sondern auf nüchternen Geschäftsinteressen. Denn für das IFOK ist die kommerzielle Demokratie-Förderung ein Millionenmarkt.

E-Partizipation und E-Voting: Das »Web 2.0« als Instrument gegen Politikverdrossenheit?

Unter dem Begriff E-Partizipation werden sämtliche Verfahren zusammengefasst, die über das Internet Bürgern die Möglichkeit geben, sich über anstehende Gesetze und Vorhaben der Kommune einfach und schnell zu informieren und sich direkt an politischen Entscheidungen zu beteiligen. Dies kann in Form von konkreten Abstimmungen, konstruktiven Meinungsäußerungen oder verständlichen Informationsangeboten geschehen. Anders als das E-Voting, die bindende Stimmabgabe bei Wahlen, ist E-Partizipation eher ein wichtiger Gradmesser zur Evaluierung von Meinungen und Interessen. Es handelt sich also um eine indirekte Demokratiebeteiligung. E-Partizipation und E-Voting sind Teil der E-Democracy. Alle lassen Kommunikation mit Entscheidungsträgern (E-Government) zu, die den Möglichkeiten des Internets gerecht wird.

Es wird zwischen formeller und informeller E-Partizipation unterschieden. Themen wie Regionalplanung, Mitsprache bei Bauvorhaben, Abstimmung über den Haushaltsentwurf oder bestimmte Gesetzesvorschläge werden über die formelle E-Partizipation diskutiert und abgestimmt. Die endgültige Entscheidungsgewalt bleibt dabei jedoch in der Hand der Politik. Informelle E-Partizipation dient eher der Meinungsbildung. Hier findet ein Dialog zwischen Bürgern und Regierung beziehungsweise Parlament statt.

Die Politik passt sich den modernen Kommunikationsformen im Zeitalter von »Web 2.0« an. Professionelle Homepages der Parteien und auch persönliche Profilseiten von Kandidaten und Aushängeschildern der Parteien zeugen von einer steigenden Bedeutung des Internets. Das Medium nimmt vor allem in Zeiten von Wahlkämpfen einen hohen Stellenwert ein. Persönliche Chats mit Politikern oder deren Blogs haben da Konjunktur. Schließlich gilt es, Präsenz, Offenheit und Nähe auszustrahlen, und das möglichst zu jedermann oder zumindest gegenüber potenziellen Wählern.[43]

Ein Pilotprojekt der Stadt Köln aus dem Jahr 2008 illustriert diesen Trend.[44] Hier stimmten die Bürger unter anderem durch ein Beteiligungsverfahren via Internet über den Bürgerhaushalt ab. Die Themen waren: »Straßen, Wege und Plätze«, »Grünflächen« und »Sport«. Die Bürger konnten über das Internet Kommentare und Vorschläge zur planerischen Verwirklichung von Projekten einreichen. Insgesamt riefen zirka 900 000 Interessenten die Seite auf. 10 231 Kölner beteiligten sich an der Diskussion; 5000 Vorschläge wurden eingereicht. Nach Beratungen der Bezirksvertretungen und Fachgremien erhielten 306 Bürgervorschläge den Zuschlag für eine Umsetzung in den Jahren 2008 und 2009, mit einem Kostenvolumen von 8,2 Millionen Euro.[45] Fünfundachtzig dieser Vorschläge waren über das Internet eingereicht worden.[46]

Nach diesem Erfolg will Köln nun auch weitere Möglichkeiten der E-Partizipation bei Projekten starten. Der Prozess der Verarbeitung und Sondierung der Bürgerwünsche durch Verwaltung und Politik soll mit der E-Partizipation noch zügiger realisiert werden.

Fazit: Mehr Bürgerbeteiligung per Internet

Politik muss sich verstärkt neuen Kommunikationsmitteln öffnen. E-Partizipation bietet neue Räume für die demokratische Konsensfindung zwischen Bürgern und Politikern. Sie kann Vertrauen aufbauen, neues Interesse schaffen und zumindest den meist abgerissenen Kontaktfaden zwischen Bürgern und Politikern wieder aufnehmen.

Das Beispiel Köln zeigt, dass viele Bürger an dieser Form der Verständigung interessiert sind und diese nutzen. Die Teilnahme an E-Partizipation ist allerdings immer auch abhängig von der Attraktivität des Themas. Eine möglichst objektive und verständliche Darstellung der Themen durch die Verwaltung und Politik ist notwendig, denn sonst können relevante Informationen aus dem Internet schnell in der Informationsflut des World Wide Web untergehen.

abgeordnetenwatch.de – Die Parlamentariergeschichte dahinter

Überparteilichkeit, Unabhängigkeit, objektive Information – das sind Pfeiler der Internetseite abgeordnetenwatch.de.[47] Nach einem einfachen »FragenundAntworten«–Prinzip können die Bürger auf diesem Portal die Abgeordneten direkt ansprechen und befragen.

Im Dezember 2004 im Zuge der Hamburger Wahlrechtsreform von Parlamentwatch e.V. ins Leben gerufen, dient die Homepage vor allem der Schärfung der politischen Kompetenz der Bürger. Sie sollen ihre Politiker besser kennenlernen, mit ihnen kommunizieren, Probleme und Kritik artikulieren.

Der Hamburger Impuls für eine derartige Demokratiebasis im Netz konnte sich bereits 2005 auf die Bundestagswahl übertragen. Dazu wurde der Ableger kandidatenwatch.de kreiert, der eine ähnliche Plattform bietet und speziell vor Parlamentswahlen in den Ländern und im Bund die Kandidaten ins Blickfeld nimmt. Angelika Gardiner von »Mehr Demokratie e.V.« sieht die Seite abgeordnetenwatch.de als absoluten Erfolg: »Mehr als 200 000 Bundesbürger machten in den sechs Wochen vor der Wahl [Bundestagswahl 2005, Anm. d. Verf.) von dem Angebot Gebrauch. Sie stellten mehr als 12 000 Fragen an die 2061 Direktkandidaten in ganz Deutschland, knapp 8500 wurden beantwortet. Insgesamt wurden 2,6 Millionen Seitenabrufe gezählt.«[48]

Mittlerweile können auch auf abgeordnetenwatch.de Parlamentarier aus Landtagen und Bundestag eingesehen und befragt werden. In Hamburg ist auch die Befragung von Abgeordneten der einzelnen Bezirksversammlungen möglich.[49]

Vor allem Transparenz ist das Credo dieser Seite, denn alle Fragen und Antworten können öffentlich verfolgt und eingesehen werden. Sogar das Abstimmungsverhalten wird neben relevanten Daten des persönlichen Werdegangs mit aufgelistet.

Die Seite soll nicht nur politisch Interessierte, sondern auch Bürger mit geringeren politischen Kenntnissen ansprechen und informieren. Die »digitale Nähe« zwischen Politikern und Bürgern bewirkt eine höhere gegenseitige Aufmerksamkeit und ist so ein wirksames Mittel gegen den oft beklagten Realitätsverlust der Politik.

Fazit: Digitale Nähe zwischen Bürgern und Kandidaten

Abgeordnetenwatch.de und kandidatenwatch.de sind keine expliziten Förderprogramme für direkte Demokratie. Doch sie ermöglichen eine sachliche und kompetente Kommunikation der Akteure untereinander. Es geht nicht darum, einen »gläsernen« Politikertypus zu produzieren. Vielmehr werden ein Gedankenaustausch, ein Meinungsbildungsprozess und eine direkte Kommunikation angestrebt.

Die Chance, als Bürger mit Spitzenpolitikern zu interagieren, ist positiv zu werten. Es gibt keine Vorzimmer, keine Sprechzeiten, keine räumliche Distanz.

Die Initiatoren und Betreiber hinter den Seiten, die Vereine »Parlamentwatch e.V.« und »Mehr Demokratie e.V.«, schätzen ihr vor allem durch Spenden finanziertes Projekt als erfolgreich ein.[50] Die Erweiterungen der Seite abgeordnetenwatch.de, die sich anfangs auf die Hamburger Bürgerschaft beschränkte, sowie die Installation der zweiten Seite, kandidatenwatch.de, sprechen für den Erfolg und sind Vorboten für einen weiteren Ausbau des Projekts.

Nicht zuletzt durch die Erfahrungen im US-Wahlkampf ist eine Welle der Euphorie, bezogen auf die Möglichkeiten der digitalen Kommunikation, auch nach Deutschland geschwappt. Doch eine nüchterne Analyse der Nutzungsdaten trübt bislang die unterstellten Positiv-Effekte. Zu schnell und zu euphorisch würden Blogs als »Retter der Demokratie von unten« hofiert, sagt die Politikwissenschaftlerin und Publizistin Sarah Genner. Doch wie steht es um die tatsächliche Nachhaltigkeit von Politik-Blogs? Dazu gibt Genner eine nüchterne Einschätzung und kommt zu dem Resultat, dass Blog-Informationen nur dann die Öffentlichkeit erreichen, wenn sie von anderen Medien als relevante Beiträge aufgenommen werden.[51] »Insgesamt erweisen sich Faktoren wie Prominenz, Bildungsstand und Geschlecht als entscheidend, wer den Kampf um die Aufmerksamkeit einer breiten Öffentlichkeit gewinnt«, konstatiert sie.[52]

Resümee: Mehr Demokratie durch mehr direkte Bürgerbeteiligung

Kleinere Organisationen wie »Mehr Demokratie e.V.« oder die »Stiftung Mitarbeit«, die sich für eine stärkere Position der Bürger in der Mitbestimmung von politischen Entscheidungen einsetzen, kämpfen gegen die grassierende Politikverdrossenheit an. Das tun sie mit Erfolg, denn die Zahl der Volksbegehren, der Bürgerhaushalte und der Teilnehmer an der »elektronischen« oder »digitalen Demokratie« steigt stetig. Aber Distanz und Bequemlichkeit der Bürger prägt immer noch die Demokratie-Landschaft.

Überfordern die Formen der direkten Demokratie die Bürger? Die Praxis zeigt: Je mehr Engagement vonseiten der Bürger kommt und je mehr Praxis-Erfahrungen gesammelt werden, desto stärker wächst die Zustimmung für Aktivitäten der direkten Demokratie.[53] In diesem Beteiligungsprozess setzt sich zunehmend ein weiterer Lerneffekt durch: Die Menschen reagieren auf den wachsenden Einfluss von Lobbys, so die Erfahrung der Aktivisten von »Mehr Demokratie.« Die Bürger, die sich für öffentliche Belange einsetzen, lernen die Interessenverflechtung ihrer Stadt kennen und werden sensibler, beispielsweise für den Einfluss nicht legitimierter Wirtschaftsinteressen.[54]

Der Politikwissenschaftler Herfried Münkler von der Humboldt-Universität Berlin spricht im Zusammenhang mit der Parole von »Mehr Demokratie wagen« von einem Mentalitätswandel hin zu einer verstärkt projektbezogenen Engagementbereitschaft. Längerfristige Bindungen an Parteien, Gewerkschaften, Kirchen und Sportvereine lassen seiner Beobachtung zufolge nach. Gründe hierfür sind die Mehraufwendung an (Mobilitäts-)Zeit zur Sicherung des Arbeitsplatzes und ein stärkerer Drang zur individuellen Selbstverwirklichung. Wenn sich der Aufwand der Bürger lohnt, Erfolge sichtbar und erlebbar werden, wächst jedoch die Bereitschaft zur Mitwirkung.

Doch selbst dann sind die Blockaden für eine stärkere Mitwirkung der Bürger – jenseits von Wahlen – noch nicht überwunden. Denn jeder Machtgewinn der Bürger ist ein Machtverlust der gewählten Politiker. Dieser Konflikt ist vor allem den Parteiführungen präsent. Das ist der wichtigste Grund, um das skizzierte Spektrum möglicher Bürgerbeteiligung nur sehr dosiert zuzulassen.

Dass direkte Demokratie mehr Bürger erfassen kann, ist trotzdem nicht ausgeschlossen. Es liegt vor allem an den Bürgern selbst, dass sie die vorhandenen Möglichkeiten nutzen und ausbauen. Der Weg von der verordneten zur erstrittenen Demokratie ist nicht bequem, aber – wie die hier dargestellten Erfahrungsberichte zeigen, für den Einzelnen erfüllend und die Gesellschaft alternativlos.

»Gegenwind kann wach küssen!«

Interview mit Hermann Strahl, Geschäftsführer der Heinrich Böll Stiftung NRW, Experte für den (grünen) politischen Nachwuchs

Wie »funktioniert« der Weg in die Politik heute? Welche typischen Rekrutierungsmuster für wichtige Ämter und Funktionen von der Kommunalpolitik bis zum Bundestagsmandat gibt es?

Fraktionen mit ihrer professionellen Ausstattung bis auf die kommunale Ebene sind heute bei allen Parteien die arbeitsfähigen Machtorgane, meist die einzig wahrnehmbar arbeitenden Gliederungen. Raum für eigenständige »Parteipolitik« ist daneben kaum wahrnehmbar. Die organisch-dynamische »Normalrekrutierung« vor Ort findet auch deshalb in der Regel über die Ortsfraktionen statt. Die Medien nehmen Parteiarbeit schon lange nicht mehr sonderlich wahr, inzwischen auch zu Recht. Fraktionen bilden das Gesicht der Partei. Auch bei den Grünen ist das bis auf den einen oder anderen Kriegseinsatz-Parteitag seit zwanzig Jahren innerlich und äußerlich so.

Die neuen lockenden Inkarnationen sind im Wesentlichen Fraktionäre. Die Kontaktpersonen für Neue sind meist Fraktionsangestellte. In beiden Funktionen ist es schwierig, eine Aura zu entwickeln. Es gehört hohe Motivation dazu, hier einzusteigen. Umgekehrt könnte auch böse geschlossen werden, man müsse wenig Alternativen haben, um sich so locken zu lassen.

Weil die Masse der Aktivisten in den Kommunalparlamenten als Amateure fast ihre gesamte Freizeit verbraucht, sind die Landes- und Bundesebenen für diese Gruppe kaum zugänglich. Kommunales Rekrutieren beschäftigt beruflich, familiär oder initiativ gebundene Talente so stark, dass der Zugang zu höheren Spielklassen eher wenig basisgebundenen Menschen offensteht.

Welche Motive sind für junge Leute heute maßgeblich, um in die Politik zu gehen?

Es ist spannend, dass immer noch überproportional viele ehemalige Messdiener, Pfadfinder, Schülervertreter, Fachschaftler und Jugendtrainer die Politik beleben. Frühe Sozialerfahrung prägt offenbar nachhaltig positiv. Doch das Netzwerk der Jugendarbeit droht an vielen Stellen zu implodieren. Falken und Gewerkschaftsjugend sind entschwunden. Das Mobilitätsverhalten der Elitejugend schafft globale Orientierungen. Die letzten sozialen Bindungen zum Ortsteil verfliegen meist spätestens mit dem Führerschein.

Mit dem Beseitigen der Schulbezirkspflicht schon für Grundschulen hat die FDP in Nordrhein-Westfalen die wichtigsten Sozialknotenpunkte erfolgreich angegriffen. In einem in Elite und Reste aufgeteilten Gemeinwesen ist der politische Einstieg schwer. Kirchenfusionen, Stilllegung von Freibädern, der motivierende Erfahrungsraum für soziale Einmischung bröselt.

Der Einstiegsdruck auf Berufseliten ist meist so groß, dass es als günstig angesehen wird, Berufung und Beruf früh in der Politik zu koppeln, was zu einer relativ hohen Quote von Einsteigern ohne Ausstiegspotenzial führt. Wer keine Berufsbasis hat und auch noch keinen ökonomisierbaren Wert für Beraterfirmen und Ähnliches erworben hat, fällt tief, wenn er die Politik verlässt. Von daher bilden sich aus Netzwerken oft Filzfilter oder Seilschaften.

Ich halte es eher für einen gesunden Selbstschutz, dass viele junge Menschen sich in der beruflichen und familiären Basisphase vor allem punktuell in Kampagnen und Projekten engagieren. Die dort gewonnen Erfahrungen sind Frischzellenpotenziale für die Parteien.

Interessanteste Reservebank für Politikerneuerung sind für mich »ElternvertreterInnen, deren Kinder in die Pubertät kommen«. Die werden von ihrem Nachwuchs nicht mehr gern in der Schule gesehen und haben interessante Gemeinwohlerfahrung gesammelt.

Ähnliche außerparteiliche Reifetanks gibt es immer seltener. Von daher kommt dem Berufsbild Berufung deutlich höhere Bedeutung zu.

Lassen sich historische Veränderungen in der Rekrutierungspraxis ablesen? Sehen Sie Unterschiede zu früher?

Die ersten zehn Jahre der Grünen strahlten einen echten Zauber nach außen und innen aus, der an Obamas »Yes we can« erinnerte. Politik wurde bei allen Angstphantasien auch als freudvoller Erfahrungsraum besetzt. Das rekrutierte weitere neue dynamische Menschen mit Strahlkraft.

Neben der Einmischung hatte auch die eigene Mischung ihren Reiz. Maoisten, Friedis, Frauenbewegtinnen und Echt-Ökos hatten viele Reibungspunkte, die Wärme freisetzten.

Die SPD und auch die schwarzen Mehrheiten hatten nicht nur kommunale Posten zu vergeben (bis hin zum Hausmeister gab es Quotenbesetzungen, die den Vergleich mit der Ostzone erlaubten). Die FDP hatte die höchste Ministerialen-/Parteimitgliederquote aller Parteien.

Neben der Politik wurden Jungpolitiker über Stadtwerke, Bergbau und andere Großunternehmen, Anwaltskanzleien, Nachbarkommunen, Lobby etc. meist mit rentierlichen Berufsperspektiven versorgt. Rund ein Drittel der Kommunalabgeordneten wurde von diesen Arbeitgebern aus Eigeninteresse gern freigestellt. Das war bekannt und zog Karrieristen an.

Daneben waren auch die Jugend- und Studentenorganisationen der drei Altparteien noch eigenwertig dynamisch. Hier fand attraktiver Meinungskampf statt, der bei SPD und FDP oft durch Rausschmiss gelöst wurde. Trotzdem ließ sich ab und an hier ein kritischer Geist rekrutieren. Die Dominanz im FDP-Nachwuchs hatte aber seit den Siebzigern die pubertätsfreie Söhnlein-Riege der Westerwelles.

Auch die Verschulung der Studiengänge schränkt den Spielraum für politische Leidenschaft früh ein. Die kleine Schar der Studierenden, die ihr Leben dem »Primat der Politik« widmen, gibt ihr Motto in der Regel rund um das Examen auf. Leider ist die Abbrecherquote unter diesen Primaten trotzdem sehr hoch.

Heute sind die Pfründen erkennbar versiegt. Politik ist erst ab Landtag rentabel. In der Kommunalpolitik gibt es nur das gut bezahlte Amt der Bürgermeister. Fraktionsvorsitz hat in einer Mittelstadt den Zeitaufwand einer Halbtagsstelle. Bei einer Aufwandsentschädigung von 1200 € – rentenversicherungsfrei – reizt das wenig. Hier bessern diese Akteure oft über Aufsichtsratsgeld bei der Sparkasse, den Stadtwerken etc. nach. Trotzdem verdienen Lehrer über Nachhilfeunterricht viel mehr.

Fast alle Mandatsträger müssen Teile ihrer Aufwandsentschädigung an die Partei abführen. Bei den Grünen gibt es noch echte Edel-Ehrenämtlerlnnen, die alles abgeben. Dabei denken viele Menschen, Ratsmitgliedschaft sei ein gut bezahlter Vollzeitberuf. Es gibt wenige Medienberichte über die Mühsal der politischen Tiefebene.

Haben sich die Rahmenbedingungen der Rekrutierung durch die Veränderung der Volksparteien und die grassierende Politikverdrossenheit geändert?

Wenn Geiz geil ist und Politiker-Bashing in vielen Redaktionen und Stammtischen kultet, die Spielräume für Politik sich dramatisch verengen und dieser Trott am besten von Trotteln durchgestanden werden kann, dann ist es überraschend, dass auch einige frische Geister noch die Politikbühnen bespielen.

Die Rekrutierung von außen wird zumindest bei den Grünen auf allen Ebenen immer mehr als Chance gesehen.

Welche Rolle spielt in diesem Zusammenhang die Tätigkeit von »persönlichen Referenten« und »persönlichen Assistenten«?

Adoptivkaisertum hat nicht nur parlamentarische Tradition. Dass alle Parteien heute aus »Nöten ihre Jugend« machen, ist eine berechtigte Antwort auf mangelnden Nachwuchs von unten, bringt aber natürlich auch die üblichen Adoptivkaisertumsprobleme mit sich: Verschnitte, Doubles, Imitate, Klone oder Büttel.

Andererseits können eingeworbene Referentlnnen auch ausgebildet werden, um auf den unteren Ebenen wieder als Leistungsträger zu funktionieren. Landtagsmitarbeiter sind nicht die schlechtesten Großstadt-Fraktionsvorsitzenden. Die Personalentwicklung in den meisten Landtags- und Bundestagsfraktionen ist demokratiebereichernd, wenn sie auf eine spannende Vielfalt setzt.

Welche Bedeutung hat der Aspekt der »persönlichen Nähe« zu führenden Akteuren bei der Auswahl von Personal?

Politik ist immer personenorientiert gewesen, auch die Anarchisten trieben stets Personenkult. Bei den Grünen gibt es hier noch eine gesunde Allergie gegen Eintönigkeit und eine Sehnsucht nach Vielfalt.

In den Großparteien sehe ich da angesichts der Talentverknappung dramatische Tendenzen. Problematisch wird es, wenn örtliche Parteivorsitzende Fraktionsgeschäftsführer ihrer Partei werden, was immer öfter geschieht. Die Gefahr geschlossener Personalkreisläufe wird so verstärkt.

Mausgraue Steinmeierei wird bei den Grünen nicht möglich sein. Wenn unauffällige Hinterzimmerarbeit Karrieregrund wird, befördert das Politikverdruss.

Den Charme von Schattenkarrieren hat »Kohls Mädchen« als Schlupfwespe vorgeführt. Das hat Anerkennung gefunden. Die klonesken Strauß-Stoiber-Züchtungen haben dagegen der Anziehungskraft der CSU nachhaltig geschadet.

Welche Rolle spielt die Qualifikation über Studium, Ausbildung, Berufserfahrung etc. bei der Rekrutierung des politischen Nachwuchses?

Erfreulicherweise für Fachgebiet-EinsteigerInnen noch eine große. FachreferentInnen aller Fraktionen müssen meist die GeneralistInnen füttern. So werden durch qualifizierte und relativ offene Suche oft neue Talente in die Politik geführt. Besonders positiv ist hier, wenn Fachverstand aus Verbänden und Initiativen zusammen mit deren Wirklichkeitserfahrung eingekauft wird.

Welche Defizite in der Rekrutierungspraxis sehen Sie?

Es gibt zu wenig Spielräume. Es wird kaum offen über die Nöte gesprochen. Weder in den Einzelparteien noch gemeinsam, noch in den Medien.

Roadmaps für EinsteigerInnen gibt es kaum. Es existieren nur wenige Qualifizierungsprogramme, die Qualität durch Qualität locken, Leben durch Lebendigkeit. Die wenigen Organisation-Entwicklungskonzepte, die auf Erneuerung setzen, werden von den Sesselsitzenden (oft nicht bewusst) als Bedrohung empfunden.

In Deutschland herrscht seit Adenauer kaum Ausstiegskultur, was auch eine Einstiegskultur erschwert. Die grüne Rotation war eine spontane Antwort gegen die Vermuffung der Politik.

Welche politischen, kulturellen und ökonomischen Faktoren behindern junge Menschen heute beim Weg in die Politik? Ist die klassische »Ochsentour« noch zeitgemäß?

Die Ochsentour bedeutete ja, treu-tumb das Joch zu schleppen. Neue Mitglieder brauchen angemessene Spielräume für Teilhabe, um sich zu selbstbewussten Mitspielern zu entwickeln.

Sehen Sie bei den Rekrutierungsmustern grundlegende Unterschiede zwischen den im Bundestag vertretenen Parteien?

Neben den angedeuteten Faktoren haben die Industrieparteien natürliche Entsorgungssysteme beziehungsweise honorable Parksysteme in Unternehmen, Anwaltskanzleien oder Beraterfirmen, die den Weg sowohl für neue Talente frei machen, als auch die Politikoption vergolden. Den Grünen wird nicht nur weniger angeboten, bei ihnen ist das auch degoutanter. Die Grünen haben einige Rollenmodelle zu bieten, um den Rekrutierungsgruppen Bilder jenseits der Verdrossenheitsöde zeigen zu können. Fischers Rotation an die Hochschule, Vespers Wechsel in den Olympischen Sportbund, viele Ex-Abgeordnete arbeiten in Verbänden. Peter Siller beispielsweise, Joschka Fischers persönlicher Referent, wurde ein beeindruckender frei-frisch denkender Inlandsleiter der Böll-Stiftung.

Wie bewerten Sie die Rolle von speziellen innerparteilichen Karrierekreisen?

Wenn so was offen geschieht, finde ich es klasse. Wenn gebündelte Meinungsbildung zu offenen Debatten mit ausmachbaren Positionsköpfen führt, kommt Bewegung in die Politik. Richtungen werden unterscheidbar, Fragen entscheidbar. Eine kluge Basis kann dabei auch durchaus gewichten.

Wenn die Lagerbildung hauptseitig zum Karriere-Absichern vernutzt wird, kippt das allerdings schnell. Aus offenen Netzen werden rasch Seilschaften. Da die Jungen die Alten von morgen sind, sind sie oft die natürlichsten Feinde eines erfrischenden Nachwuchses, da ihr Kinderbonus nach der ersten Periode verfallen ist.

Welche Funktionen kommen diesen Kreisen auf dem Feld der Rekrutierung zu?

Faktisch wohl oft sehr negative, werden die Kreise doch oft von Rekrutenschindern geleitet. Personalentwicklung à la Wehner steht in der SPD noch heute hoch im Kurs. Die Jugendmeuten zeigen selten eigenartige Positionsentwicklungsqualität, sondern gieren nach Positionen. So sind solche Rudel vom Apparat leicht durch Karrierehappen zerlegbar.

Welche anderen informellen Gruppen- und Kreisbildungen mit Einfluss sehen Sie?

Bei Grüns hat Bundesgeschäftsführerin Steffi Lemke eine Nachwuchs AG gebildet, die sich allerdings selten trifft. Die NRW-Grünen haben 2008 eine M-AgentInnen-Bewegung (Mitgliederfindungs- und -bindungs-Bewegung) gestartet. Die sächsischen Grünen haben den Zabeltitzer Kreis, der sich um Mitgliedergewinnung kümmert.

Früher galten die Jugendorganisationen der Parteien als Führungsreserve. Hat sich deren Rolle in der politischen Praxis verändert?

In den Jugendorganisationen aller Parteien sehe ich heute eine Überdosis »Selbstverständnis als Führungsreserve«. Speziell ab Landesebene hat sich diese Gefahr in den letzten Jahren verstärkt. Weil derzeit keine Jugendorganisation landes- oder bundesweit Kampagnenfähigkeit besitzt, campen zu große Teile der Jugendhochebenen gerne auf Parteitagen und anderen erhabenen Erhobenheiten. Zeit und Lust auf den Kampf in den Tiefen der Ebenen geht oft schnell verloren.

Auf der anderen Seite gibt es in allen Parteien erfreulich viele zyklisch entstehende Jugendgruppen, die vor Ort eigenständig und eigenartig operieren und wichtige Erfahrungen machen.

Was unternehmen die Parteien und die parteinahen Stiftungen, um Rekrutierungsprozesse zu fördern und zu organisieren?

Aus diversen handwerklich interessanten Einzelansätzen hat der Böll-Verbund mit Greencampus eine Ideen-Manufaktur geschaffen, die Organisationsentwicklung im gesamten politischen Sektor bildend begleiten will. Die Rekrutierungsnot, im Bereich der klassischen Verbände noch deutlicher spürbar, ist eine der Hauptaufgaben der Stabsstelle, die auch die Angebote der Landesstiftungen synergetisch zusammenführt.

Neben Neumitglieder-Beauftragten auf allen Ebenen sollten Personalentwicklungs-Beauftragte und -budgets für angemessene Qualifizierung sorgen. Erfreulicherweise wird derzeit mit vielen Modulen in Orten, Landes- und Bundesgremien experimentiert. Die optimale Zusammensetzung in Politik-Management-Veranstaltungen der Böll-Stiftungen ist folgende: je ein Drittel Grüne, Verbände-Initiativen, frei Suchende – weniger, um Letztere zu gewinnen, sondern um der Dynamik willen.

In allen Bereichen sind Vertreter anderer Parteien gern gesehen. Gute Debatten brauchen Gegenüber. »Gegenwind kann wach küssen!«, ist eine Politik-Management-Weisheit.

Gute Erfolge zeigt auch das PraktikantInnen-Programm der Heinrich-Böll-Stiftung NRW, »Politik qualifiziert!«, über das Parteien, Fraktionen, Verbände und Institutionen motiviert werden, qualifizierte Praktikumstellen einzurichten. In sechs Wochen können junge Menschen meist Ansprechendes hinter der abgeschotteten Tagespolitik-Produktion entdecken.

Welche Rolle spielen gezielte Förderprogramme und Ausbildungskonzepte ?

Viele dieser Programme werden als Sonderprogramme gefahren und vom Altsystem nicht oder nur misstrauisch wahrgenommen. Die SPD hatte mal ein tolles Konzept des »5-Sterne-Ortsverbands« und auch eines »Kommunal-Diploms«. Beides wurde nicht lustvoll verkauft und verschlief sich.

Welche Rolle spielen hier persönliche Mentoring-Projekte?

Sehr große. Unsere Stiftung hat in fast zehn Jahren zahlreiche Frauen durch Mentoring-Programme weitergebracht. Ab 2010 wird das Programm voraussichtlich stärker kommunal orientiert.

Gute Erfahrungen haben wir auch mit Patensystemen gemacht, wobei sich Altkader als Coaches zur Verfügung stellen. »Aus Häuptlingen werden Medizinmänner.« Neuenbeauftragte und PersonalentwicklerInnen gibt es immer öfter durch Böll-Impulse auch in Verbänden.

Welche Hindernisse müssten beseitigt werden, um die Nachwuchsförderung zu beleben?

»Gelingt es uns, den Starrsinn zu besiegen, das Gute wird im Ganzen überwiegen!« Goethe formulierte ein gutes Motto für Nachwuchsförderung als Therapie gegen den Strukturen-Starrsinn. Alten Häuptlingen neue Rollen als Medizinmänner/Mentoren anzubieten heißt, das »Recht auf Rotation« wieder gängig zu machen.

Wenn fossile Wissensträger die nachwachsenden Talente auch beim Wildwachsen coachen, finden sie auch eigene Qualitäten wieder.

Nachwuchs braucht freiere Bildungswege. Die abzulösende Machtgeneration hat sich 68 ff. in diversen Gruppen- und Parteibildungen merkwürdig selbst ausgebildet. An neuen Orten besonders des bahnbrechenden Lernens mangelt es – trotz vieler Mühen in mancher parteinahen Stiftung.

Sehen Sie die Legitimation der Volksparteien schwinden, wenn der Nachwuchs ausbleibt?

Ja, schon heute implodiert Demokratie in vielen Kommunalparlamenten. Schadensveredelung an Verwaltungsvorlagen und Wirtschaftsvorstößen ist eine spärliche Legitimation. ABER, die gesammelten Übel dieser Tage sind nur demokratisch durchzustehen. We must do it!

2. Who is who der Talente, Aufsteiger und Hoffnungsträger – Nachwuchspolitiker mit Zukunftschancen

Überaltert, ausgelaugt, überfordert und auf die Wiederwahl konzentriert – das sind die Selbstdiagnosen von Politikern in den etablierten Parteien. Aber in allen Fraktionen und Parteien gibt es auffällige Talente, denen die Spitzenpolitiker der einzelnen Parteien, Insider, politische Beobachter, journalistische Kenner sowie wissenschaftliche Experten der jeweiligen Szene ein beachtliches Chancenpotenzial zutrauen.

Die folgende Liste zukunftsträchtiger Politiker und Politikerinnen der jüngeren Generation beruht auf zahlreichen Gesprächen, Rückfragen, Beobachtungen und der Auswertung vielfältiger Quellen. Sie erhebt keinen Anspruch auf Vollständigkeit und muss zwangsläufig subjektiv sein, weil in der Summe Einschätzungen, Bewertungen und Einordnungen gebündelt und gewichtet wurden. Aber im Gesamtpanorama der Aufsteiger von morgen wird – jenseits der Parteiformationen – klar, dass ohne Fachkompetenz, öffentliche Wirksamkeit, Kommunikations- und Vernetzungsfähigkeit, Konfliktbereitschaft (im richtigen Moment), Gestaltungswillen, Frustrationstoleranz, Ausdauer und Ehrgeiz eine politische Karriere wohl ausgeschlossen ist. Auffällig sind die Schnittmengen im Profil, unabhängig von der politischen Richtung.

SPD. Besondere Kennzeichen: Keine.

1. Sebastian Edathy – Erstklassiger Kommunikator mit »wertebasiertem Pragmatismus«

Sebastian Edathy, geboren am 5. September 1969 in Hannover, ist seit 2005 Vorsitzender des Innenausschusses des Deutschen Bundestags und stellvertretendes Mitglied im Rechtsausschuss. Im Parlament sitzt der Sohn einer Mecklenburgerin und eines in Indien geborenen Vaters seit 1998. Er beerbte seinen früheren Chef, den Abgeordneten Ernst Kastning, im Wahlkreis Nienburg-Schaumburg. Edathy war von 1993 bis 1998 Kastnings persönlicher Referent, zuvor (1990–1993) arbeitete er für die niedersächsische Landtagsabgeordnete Bärbel Tewes. Parallel absolvierte er ein Studium der Soziologie und Deutschen Sprachwissenschaft an der Universität Hannover, wo er heute einen Lehrauftrag am Institut für Soziologie hat.

Edathy trat 1990 der SPD bei, war von 1993 bis 1995 Juso-Vorsitzender im Landkreis Nienburg und ist seit 1993 Mitglied im SPD-Unterbezirksvorstand Nienburg. Er ist seit November 2000 Vorstandsmitglied der SPD-Bundestagsfraktion und seit August 2007 Vorsitzender der deutsch-südasiatischen Parlamentariergruppe. In seiner Abgeordnetenlaufbahn war Edathy unter anderem stellvertretender migrationspolitischer Sprecher der SPD-Bundestagsfraktion, Sprecher der Arbeitsgruppe »Rechtsextremismus und Gewalt« der Fraktion und Vorsitzender der deutsch-indischen Parlamentariergruppe.

Für Aufsehen sorgte Edathy, als er im August 2008 das Vorhaben der Union, das alte Abstammungsrecht wiederherzustellen, als »im Kern Biologismus und völkische Ideologie« bezeichnete.[1] Die heutige Ministerin Kristina Schröder forderte daraufhin den Rücktritt Edathys als Vorsitzender des Innenausschusses.[2]

Als »Schäuble-Opponent« charakterisierte ihn der *Tagesspiegel* und zitiert ihn mit den Worten: »Wenn es einen Bereich gibt, in dem eine Ampelkoalition gut funktionieren würde, dann ist das mit Sicherheit der Bereich Innenpolitik.«[3] Er provoziere gern, um Differenzen zuzuspitzen: »Bei der Union erscheint mir Sicherheit oft als Selbstzweck. Aber Sicherheit an sich ist auch in Nordkorea organisierbar, im Zweifel sogar besser.« Neben den etablierten Innenpolitikern wie Dieter Wiefelspütz und Fritz Rudolf Körper sei er »so etwas wie der Shootingstar«, heißt es in der SPD-Fraktionsspitze.

Edathy gehört dem Netzwerk Berlin an – den Politikstil der Gruppierung nennt er »wertebasierten Pragmatismus«. Er ist evangelisch (»Das christliche Menschenbild ist ein wesentlicher Bestandteil meines Wertesystems«) und Mitglied bei ver.di, AWO, Sozialverband Deutschland und Amnesty International.

Björn Böhning, geboren am 2. Juni 1978 in Geldern, trat 1994 der SPD bei und engagierte sich bei den Jusos in Lübeck. Die Ochsentour ist für ihn kein Fremdwort: Von 1995 bis 1997 war er Sprecher der Lübecker Jusos und Mitglied im SPD-Kreisvorstand, 1997 wurde er stellvertretender Juso-Landesvorsitzender in Schleswig-Holstein, 1998 Vertreter der schleswig-holsteinischen Jusos im Bundesausschuss. Von 1998 bis 1999 absolvierte er seinen Zivildienst in einer Behindertenwerkstatt in Lübeck, 1999 bis 2004 studierte er – als Stipendiat der Hans-Böckler-Stiftung – Politikwissenschaft am Otto-Suhr-Institut der Freien Universität Berlin und schloss dort als Diplompolitologe ab. Von 2001 bis 2004 war er stellvertretender Juso-Bundesvorsitzender, von Juni 2004 bis November 2007 dann Vorsitzender – eine Position, in der er sich auch auf Konflikte mit der SPD-Führung einließ, beispielsweise bei der Verabschiedung des schwarz-roten Koalitionsvertrags.

Seine berufliche Tätigkeit beschreibt er auf seiner Webseite[4] bewusst zurückhaltend: »Verwaltungsangestellter im Bereich Grundsatzangelegenheiten in der Senatskanzlei von Berlin«. Tatsächlich gilt Böhning, der Leiter der Abteilung »Politische Grundsatz- und Planungsangelegenheiten« in der Berliner Senatskanzlei ist, als einer der wichtigsten Berater des Regierenden Bürgermeisters Klaus Wowereit. Im Februar 2008 wurde Böhning als Nachfolger von Andrea Nahles zum Sprecher der SPD-Linken (Forum Demokratische Linke 21) gewählt. Nahles und Böhning gelten als enge Vertraute. Auch die Annäherung an die Linkspartei scheut Böhning nicht: »Die Partei müsse über neue Optionen diskutieren und sich künftig auch der früheren PDS öffnen.« – »Die Option FDP und der Ausschluss eines Bündnisses mit der Linkspartei sind Reflexe aus der Vergangenheit«, sagte Böhning bereits im Mai 2006 der *Frankfurter Allgemeinen Zeitung*.[5]

Er ist außerdem Mitglied des SPD-Parteivorstands. In einer Mitgliederbefragung im November 2008 setzte sich Böhning als Bewerber um die Direktkandidatur im für die SPD komplizierten Bundestagswahlkreis Berlin-Friedrichshain – Kreuzberg – Prenzlauer Berg-Ost gegen zwei weitere Bewerber durch, verlor aber den Wahlkreis.

3. Florian Pronold – Der brave Finanzexperte aus der bayerischen Provinz

Florian Pronold, geboren am 28. Dezember 1972 in Passau, wurde vom *Rheinischen Merkur* als »schlagfertig«, als einer, der »weiß, was er will« beschrieben. Er habe das Zeug zum Minister – nur fehle ihm eine starke Hausmacht.[6]

Turbulent begann Pronolds politische Karriere im CSU-dominierten Niederbayern: Noch vor Beginn seiner Lehre bei der Deggendorfer Sparkasse wurde er von deren Vorständen zur Aufgabe der politischen Arbeit aufgefordert. »Die Herren waren erbost, weil der Junggenosse etwas Ungeheuerliches gewagt hatte: Er hatte den wichtigsten Mann im Ort kritisiert, den CSU-Bürgermeister und Verwaltungsratsvorsitzenden der Bank. Und er hatte den damaligen Ministerpräsidenten Max Streibl als ›Krampfgockl‹ tituliert. Pronold pochte auf seine Meinungsfreiheit und durfte bleiben. Als er das Büro verließ, schlotterten ihm die Knie.«[7] 2002 nahm Pronold ein Jurastudium auf; er ist als Rechtsanwalt zugelassen.

1989 trat er in die SPD ein, in Deggendorf gründete er eine Juso-Gruppe. Von 1999 bis 2004 war er Juso-Landesvorsitzender, seit 2004 ist er Vorsitzender des SPD-Unterbezirks Rottal-Inn und seit 1993 Mitglied im SPD-Landesvorstand Bayern, Präsidiumsmitglied der Bayern-SPD, Schatzmeister der niederbayerischen SPD und seit 2004 stellvertretender SPD-Landesvorsitzender. 2006 legte er ein mit anderen jungen Sozialdemokraten erarbeitetes, 15-seitiges Diskussionspapier mit dem Titel »BayernMorgenRot« vor. Neben seinem Abgeordnetenmandat ist Pronold seit 1996 auch Stadtrat und seit 2005 Kreisrat in Deggendorf – an lokaler und regionaler Verankerung mangelt es ihm demnach nicht.

Im Bundestag sitzt Pronold seit 2002, seit 2006 ist er Vorsitzender der bayerischen Landesgruppe seiner Fraktion. 2003 initiierte er gegen die Agenda 2010 von Bundeskanzler Gerhard Schröder gemeinsam mit anderen Parteimitgliedern das erste Mitgliederbegehren in der SPD-Geschichte, um auf eine politische Kurskorrektur der SPD hinzuarbeiten. Er ist Mitglied des Finanzausschusses und stellvertretender finanzpolitischer Sprecher der SPD-Bundestagsfraktion.

Pronold ist Mitherausgeber der *spw – Zeitschrift für sozialistische Politik und Wirtschaft*. 2008 war er als Finanzexperte Mitglied im Kompetenzteam der SPD für die bayerische Landtagswahl. Zwischenzeitlich ist Pronold zum SPD-Landesvorsitzenden aufgestiegen.

4. Carsten Schneider – Auffällig-unauffälliger Haushälter

Carsten Schneider, geboren am 23. Januar 1976 in Erfurt, zog 1998 mit 22 Jahren als jüngster Abgeordneter in den Bundestag ein. 2002 kündigte er an, nach insgesamt zwölf Jahren sei Schluss: »Dann bin ich 35 und will mein Leben wieder anders ausrichten.«[8] Das würde bedeuten, dass Schneider 2010 den Bundestag verlässt – doch daran ist kaum zu denken. Im Haushaltsausschuss, in den er dank Ost-Proporz schon als Politküken eintrat, hat sich der gelernte Bankkaufmann in den vergangenen Jahren profiliert. Seit 2005 ist er haushaltspolitischer Sprecher seiner Fraktion. Von 2004 bis 2005 saß Schneider parallel auch im Erfurter Stadtrat. Bei der Bundestagswahl 2009 tritt er als Thüringer Spitzenkandidat an.

Schneider trat 1994 den Jusos bei, deren stellvertretender Landesvorsitzender er von 1996 bis 1999 war. 1995 wurde er SPD-Mitglied und im selben Jahr Mitglied im Kreisvorstand der SPD Erfurt (bis 1999), 1999 bis 2003 war er Mitglied im Landesvorstand der SPD Thüringen. Zur Kandidatur für ein Bundestagsmandat vom Ortsvereinsvorsitzenden aufgefordert, setzte er sich bei der Nominierung gegen einen Gewerkschaftsfunktionär durch – und errang überraschend das Direktmandat.

Heute bildet er zusammen mit Steffen Kampeter von der CDU das »Spar-Duo der großen Koalition«, wie die *Süddeutsche Zeitung* in der Reihe »Talente aus der zweiten Reihe« über die beiden schrieb.[9] »Mal gewinnt Kampeter, mal ich. Das ist ein Geben und Nehmen«, erläutert Schneider sein auf Konsens zielendes Parlamentsverständnis im persönlichen Gespräch.

5. Peter Friedrich – der politische Facharbeiter

Peter Friedrich, geboren am 6. Mai 1972 in Karlsruhe, ist Vorsitzender der »Youngsters«, der Gruppe junger Abgeordneter in der SPD-Bundestagsfraktion und seit Mitte März 2009 Generalsekretar der SPD Baden-Württemberg. Er ist Mitglied des Gesundheitsausschusses und liefert sich bei Parlamentsdebatten regelmäßig Wortgefechte mit dem vier Jahre jüngeren FDP-Abgeordneten Daniel Bahr. Besondere Aufmerksamkeit bekam Friedrich auch für das von ihm und seinem baden-württembergischen Fraktionskollegen Hermann Scheer verfasste Memorandum gegen die Privatisierung der Deutschen Bahn. Friedrich ist Mitglied der von Scheer gegründeten Organisation Eurosolar. Anders als Scheer wird der Netzwerker Friedrich aber nicht dem linken Parteiflügel zugeordnet. Im Bundestag ist er stellvertretendes Mitglied des Ausschusses für Umwelt, Naturschutz und Reaktorsicherheit und des Parlamentarischen Beirats zu Fragen der Ethik.

Nach Abitur und Zivildienst studierte Friedrich Verwaltungswissenschaften an der Universität Konstanz. 2001 wurde er wissenschaftlicher Mitarbeiter der Lernagentur Bodensee Impuls, 2004 Projektleiter für EU-Förderung bei der translake GmbH. In die SPD trat Friedrich 1990 ein. 1992 wurde er stellvertretender Vorsitzender der Jusos Baden-Württemberg, 1997 ihr Vorsitzender. 1999 wählte die SPD Friedrich in den Landesvorstand. Seit 2002 ist er Mitglied der Bundesantragskommission, seit 2003 Mitglied im SPD-Landespräsidium und seit 2004 Vorsitzender des Kreisverbands Konstanz.

Peter Friedrich ist konfessionslos, verheiratet und hat zwei Kinder.

6. Niels Annen – Scheitern fördert Charisma*

Niels Annen, geboren am 6. April 1973 in Hamburg, musste im November 2008 eine bittere Niederlage einstecken: Auf der Nominierungskonferenz der SPD für die Wahl des Direktkandidaten

---

* Annen wird in dieser Liste mit einem Sonderstatus (Nr. 6) aufgeführt, obwohl er nach einer Niederlage bei der Nominierung für den Bundestag einen Karriereknick zu verkraften hat. Aber es überwiegt die Einschätzung, dass dieser Vorgang nicht sein politisches Ende besiegelt – im Gegenteil.

für die Bundestagswahl 2009 unterlag er in einer überraschenden Kampfabstimmung mit einer Stimme dem Hamburger Juso-Vorsitzenden Danial Ilkhanipour. Auch auf der Landesliste wurde Annen – trotz intensiver Bemühungen der SPD-Spitze – nicht abgesichert.

Und doch gilt Annens politische Karriere noch nicht als abgeschrieben. Nicht nur, weil es andere prominente Beispiele für Rückkehrer gibt – auch seiner Vor-Vorgängerin Andrea Nahles gelang 2005 ein Comeback. Annen hat wichtige Fürsprecher wie Parteichef Franz Müntefering, der sich auch im Hamburger Nominierungsstreit für ihn stark gemacht hatte.

Nach Abitur und Zivildienst studierte Annen ab 1994 Geschichte, Geografie und Lateinamerika-Studien – schloss jedoch nicht ab: Als er vierzehn Jahre später abbrach, musste sich der »Berufsstudent« und – laut *Bild* –»Deutschlands bekanntester Bummelstudent« hämische Anfeindungen gefallen lassen.

Der SPD trat Annen 1989 bei. 2001 bis 2004 war er Juso-Vorsitzender, 2003 wurde er in den SPD-Bundesvorstand gewählt. Seit 2006 ist er Mitherausgeber der *spw – Zeitschrift für sozialistische Politik und Wirtschaft*. Annen zog 2005 in den Bundestag ein, er gehört der Parlamentarischen Linken an und ist einer ihrer stellvertretenden Sprecher. Bereits seit 2003 ist er stellvertretender Vorsitzender des Forums Demokratische Linke 21. Zusammen mit Nahles-Mitarbeiterin Angela Marquardt und den Abgeordneten Christine Lambrecht und Frank Schwabe traf er sich im Juni 2008 mit Vertretern der Linkspartei. Diese »Walden-Connection«, eine nach einem Berliner Lokal benannte Gruppe von Abgeordneten der Linkspartei und der SPD, empörte damals den rechten Parteiflügel.[10]

Annen ist Mitglied des Auswärtigen Ausschusses, Kuratoriumsmitglied am Institut für Friedensforschung und Sicherheitspolitik an der Universität Hamburg und Mitglied des Beirats des Vereins mobifair für fairen Wettbewerb in der Mobilitätswirtschaft.

Bereits in wichtigen Funktionen angekommene jüngere Politiker in der SPD:

Hubertus Heil (Ex-Generalsekretär), Ulrich Kelber (stellvertretender Vorsitzender SPD-Bundestagsfraktion), Andrea Nahles (SPD-Generalsekretärin).

CDU/CSU: Brav. Fleißig. Merkel-liberal

1. Jens Spahn – Mutig gegen die Rentnerrepublik

Jens Spahn, geboren am 16. Mai 1980 in Ahaus, zog 2002 mit 22 Jahren als jüngster direkt gewählter Abgeordneter in den Bundestag ein. Landesweite Bekanntheit erlangte er 2008 als Kritiker der außerplanmäßigen Rentenerhöhung: »Das Wahlgeschenk an die Rentner kostet die Jungen mittel- und langfristig viel Geld«, so Spahn gegenüber dem *Tagesspiegel*. Und: »Auch mit 1,1 Prozent sind die Rentner nicht zufrieden.« Damit zog er sich die Wut vieler Rentner zu, erhielt sogar Morddrohungen. Die Senioren Union in Nordrhein-Westfalen kündigte gar an, Spahns erneute Kandidatur für die Bundestagswahl im Jahr 2009 verhindern zu wollen. Unterstützung erhielt Spahn aus der Opposition: Er finde es »unglaublich, dass sich kein Jüngerer in der Union traut, ihm zur Seite zu springen«, sagte FDP-Kollege Daniel Bahr.[11] Intern ärgerte sich sogar Kanzlerin Angela Merkel über die Senioren: Diese müssten solche Äußerungen »auch aushalten. ... Da muss man nicht gleich so draufhauen. Das steigert nur die Verbitterung der Alten.«[12] Auch die kommunalen CDU-Spitzen gaben Spahn Rückendeckung. Als Altbundespräsident Roman Herzog, Mitglied verschiedener »Reforminitiativen«, von der »Rentnerdemokratie« sprach, wollte sich Spahn dem allerdings nicht anschließen.

Spahn dürfte insgesamt gestärkt, zumindest mit erheblich gesteigertem Bekanntheitsgrad, aus der Debatte hervorgegangen sein. 2009 gelang ihm denn auch die Nominierung für die Bundestagswahl 2009 problemlos.

In die Junge Union trat Spahn 1995, in die CDU 1997 ein, von 1999 bis 2006 war er Vorsitzender der Jungen Union im Kreis Borken, seit 1999 ist er Stadtrat in Ahaus – 2009 will er in den Kreistag einziehen. Seit 2005 ist Spahn Vorsitzender des CDU-Kreisverbands Borken. Im Bundestag ist er Gesundheitspolitischer Sprecher.

Spahn wurde nach seinem Abitur an der Bischöflichen Canisius-schule bei der Westdeutschen Landesbank zum Bankkaufmann ausgebildet, an der Fernuniversität Hagen absolvierte er ein Bachelor-Studium der Politikwissenschaften. Parallel zum Bundestagsmandat will er seinen Master machen. Spahn ist unter anderem Mitglied der Deutschen Atlantischen Gesellschaft, der Gesellschaft für Wehr- und Sicherheitspolitik, des Förderkreises Deutsches Heer, der Kerntechnischen Gesellschaft und Vorsitzender des Vereins Europabrücke.

2. Philipp Mißfelder – Frondeur der Konservativen

Aus Philipp Mißfelder, geboren am 25. August 1979 in Gelsenkirchen, wird noch was werden – da sind sich die Beobachter einig. 2003 standen seine Chancen allerdings nicht besonders gut: »Ich halte nichts davon, wenn 85-Jährige noch künstliche Hüftgelenke auf Kosten der Solidargemeinschaft bekommen.« Dieser Satz war es, der die Karriere des erst kurz zuvor gewählten JU-Vorsitzenden zu beenden drohte.[13] Kritik kam von allen Seiten – auch viele in der Union wandten sich von ihm ab. »Mißfelder gehört nicht mehr zur Union«, sagte der damalige Chef der Senioren Union, Gebhard Glück.[14] Doch Mißfelder habe »Stehvermögen« bewiesen, so die *Süddeutsche Zeitung* in ihrer Reihe »Mächtige von morgen«, als er sich für seine gezielte Entgleisung entschuldigte, da er damit womöglich die Gefühle von Menschen verletzt habe, inhaltlich aber nichts zurücknahm. »Die Entgeisterung wich einer zunehmenden Begeisterung: Der Mann kann Paroli bieten, kann Themen setzen, und wenn mal der Wind etwas kräftiger bläst, dann ist der Zwei-Meter-Mann der Letzte, der umkippt.«[15] Insofern dürfte auch sein jüngster Ausrutscher, als er die Anhebung des Hartz-IV-Regelsatzes für Kinder als »Anschub für die Tabak- und Spirituosenindustrie«[16] bezeichnete, langfristig ohne negative Konsequenzen bleiben. Im Gegenteil: Während der bayerische JU-Vorsitzende Stefan Müller Mißfelders Äußerung als »unanständige und unerträgliche Privatmeinung« verurteilte, erhielt der JU-Vorsitzende ausgerechnet vom Chef der Seniorenunion, Otto Wulff, Unterstützung.[17] Die beiden kennen sich aus der Ruhrgebiets-CDU – was für Mißfelders Gespür für lokale Netzwerke spricht. Sie leiten gemeinsam auch den Initiativkreis »Zusammenhalt der Generationen«.

Auch kleine Runden pflegt Mißfelder – und profiliert sich dabei als Konservativer. Er zählt zu den Verfassern des Papiers »Moderner bürgerlicher Konservatismus – warum die Union wieder mehr an ihre Wurzeln denken muss«.

Seit 2005 sitzt Mißfelder im Deutschen Bundestag, in den er über die Landesliste eingezogen ist. Von 2006 bis 2008 war er stellvertretender Vorsitzender des Unterausschusses Neue Medien. 2007 wurde er ordentliches Mitglied des Ausschusses für Wirtschaft und Technologie, 2008 des Auswärtigen Ausschusses, außerdem ist er Mitglied im Unterausschuss »Auswärtige Kultur- und Bildungspolitik«.

Nach Abitur und Wehrdienst begann Mißfelder im Jahr 2000 mit einem Jurastudium. 2003 bis 2008 studierte er Geschichte an der Technischen Universität Berlin, wo er mit dem Magister Artium abschloss.

3. Dorothee Bär – Stellvertreterin auf Stoibers Spuren

Dorothee Bär (Geburtsname Mantel), geboren am 19. April 1978 in Bamberg, zählt zu jenen jungen Unionspolitikern, die dem Konservatismus neues Leben einhauchen wollen: Sie ist gegen die Schwulen-Ehe, und 2006 forderte sie, die Namen von Sexualstraftätern im Internet zu veröffentlichen. Edmund Stoiber trauert sie nach: In der CSU gebe es nach seinem angekündigten Abgang die Haltung: »Um Gottes willen, was haben wir getan«, verriet Bär im März 2007 dem Magazin *Vanity Fair*.[18] Gefragt, was sie als Bundeskanzlerin machen würde, antwortete sie, es seien die kleinen Sachen, die viel veränderten: »Bei uns daheim gibt's jeden Samstag in der Zeitung die Babys, die in dieser Woche geboren wurden. Warum kann man nicht in der ›Tagesschau‹ mit dem Baby des Tages einsteigen?« Seit ihrem dritten Lebensjahr ist Bär Franz-Josef-Strauß-Fan.

Dorothee Bär trat 1992 der Jungen Union und 1994 der CSU bei. Von 2001 bis 2003 war sie Landesvorsitzende des Rings Christlich-Demokratischer Studenten (RCDS). Seit 2001 ist sie Mitglied im CSU-Parteivorstand, 2003 bis 2007 war sie stellvertretende Landesvorsitzende der Jungen Union Bayern. Seit 2007 ist sie 1. stellvertretende Vorsitzende der Jungen Gruppe der CDU/CSU-Bundestagsfraktion, seit 2008 Beisitzerin im Bezirksvorstand der CSU Unterfranken, stellvertretende Bezirksvorsitzende der Jungen Union Unterfranken, stellvertretende Kreisvorsitzende der Frauen Union Haßberge sowie stellvertretende Bundesvorsitzende der Jungen Union Deutschlands. 2002 zog Dorothee Bär in den Bundestag ein, der Wiedereinzug 2005 scheiterte – trotz eines als sicher geltenden achten Listenplatzes – aufgrund des vergleichsweise schwachen Zweitstimmenergebnisses der CSU. Im November 2005 rückte sie dann aber für den ausgeschiedenen Günther Beckstein in den Bundestag nach.

Sie ist Schriftführerin sowie ordentliches Mitglied im Auswärtigen Ausschuss, im Unterausschuss Neue Medien und im Ausschuss für Kultur und Medien. Mediale Aufmerksamkeit erhielt Bär, als sie im November 2008 als Nachfolgerin von Karl-Theodor zu Guttenberg (der CSU-Generalsekretär wurde) mit dem Posten der stellvertretenden Sprecherin für Außenpolitik der Unionsfraktion betraut und Obfrau im Auswärtigen Ausschuss wurde. Als zu Guttenberg im Februar plötzlich zum Wirtschaftsminister aufstieg, rückte Bär wieder – als Stellvertreterin – auf. Dieses Mal als Ersatz-Generalsekretärin neben Alexander Dobrindt.

4. Kristina Schröder – von der Miss Bundestag zur Blitz-Ministerin

Kristina Schröder (geb. Köhler), geboren am 3. August 1977 in Wiesbaden, hat die klassische Ochsentour über die Junge Union hinter sich. 1991, mit 14 Jahren, trat sie in die Junge Union ein, 1994 in die CDU. Seit 1992 gehört sie dem JU-Kreisvorstand in Wiesbaden an, von 1997 bis 2003 war sie JU-Kreisvorsitzende. 1995 wurde sie in den CDU-Bezirksvorstand Westhessen gewählt, gleichzeitig in den Kreisvorstand der Frauen Union Wiesbaden, 2002 in den hessischen CDU-Vorstand.

Bis zu ihrem Eintritt in den Bundestag 2002 über die Landesliste war Köhler Mitarbeiterin der Wiesbadener Landtagsabgeordneten Birgit Zeimetz-Lorz, parallel 1998 bis 2002 wissenschaftliche Hilfskraft am Institut für Soziologie der Universität Mainz, wo sie als Diplomsoziologin abschloss. 2000 bis 2001 war sie Stadtverordnete in Wiesbaden.

Seit Oktober 2008 ist Schröder Obfrau im BND-Untersuchungsausschuss; in den Medien wurde hier besonders hervorgehoben, wie energisch sie bei der Befragung von Außenminister Steinmeier nachhakte. Schröder ist außerdem Mitglied des Innenausschusses und Berichterstatterin der CDU/CSU-Fraktion für Islam, Integration und Extremismus – ein Thema, bei dem ihr Stimmungsmache im hessischen Wahlkampf vorgeworfen wurde. Anfang 2008 berichtete das ARD-Magazin *Panorama* von Köhlers Behauptung, es gebe eine Zunahme deutschenfeindlicher Gewalttaten, bei der sie auf die Erfahrungen von Polizisten, Staatsanwälten und Richtern verwies. Diese bestritten im Beitrag aber eine Zunahme. Der von Schröder herangezogene Kriminologe Christian Pfeiffer sprach von einem Missbrauch seiner wissenschaftlichen Befunde.[19]

Neben ihrer Abgeordnetentätigkeit promovierte Kristina Schröder Anfang 2009 im Fach Politikwissenschaft bei Jürgen Falter in Mainz.

(Siehe auch das Interview mit Kristina Schröder in diesem Buch auf S. 268 ff.)

5. Julia Klöckner – »Geländegängige« Winzerkönigin

Julia Klöckner, geboren am 16. Dezember 1972 in Bad Kreuznach, bezeichnet sich selbst gern als »geländegängig«.[20] Gemeint ist: Sie »kann« mit den Leuten zwischen Weinfest und Marktplatz.

Nicht zuletzt diese Fähigkeit zum ungezwungenen Smalltalk bescherte ihr bei der Bundestagswahl 2005 einen beachtlichen Erfolg: Klöckner nahm dem Sozialdemokraten und Ex-Staatssekretär Fritz Rudolf Körper den Wahlkreis Kreuznach ab. Zum ersten Mal seit fünfzig Jahren war der Wahlkreis damit wieder in der Hand der CDU.

Nach ihrem Abitur 1992 absolvierte Julia Klöckner ein Studium der Politikwissenschaft, Theologie und Pädagogik, das sie 1998 mit Staatsexamen und als Magister Artium abschloss. Während des Studiums arbeitete sie von 1994 bis 1998 als Religionslehrerin an einer Grundschule in Wiesbaden. Beim Südwestrundfunk absolvierte sie von 1998 bis 2000 ein Volontariat, bis 2002 war sie als freie Mitarbeiterin beim SWR-Fernsehen in Mainz in der Abteilung Landeskultur tätig. Von 2000 bis 2002 war die Winzertochter außerdem Redakteurin bei der Zeitschrift *weinwelt*. Seit 2001 ist sie Chefredakteurin des *Sommelier Magazins*, des Verbandsblatts der Sommelier-Union Deutschland – eine Aufgabe, die sie auch neben ihrem Bundestagsmandat weiterhin ausübt.

Klöckner trat 1997 Junger Union und CDU bei, 2002 bis 2007 gehörte sie dem JU-Landesvorstand in Rheinland-Pfalz sowie dem Kreisvorstand von JU und CDU an. Seit 2002 sitzt sie im Bundesvorstand der Frauen Union, seit 2003 ist sie Mitglied des Landesvorstands der CDU Rheinland-Pfalz – 2006 wurde sie zur stellvertretenden CDU-Landesvorsitzenden gewählt, 2010 zur Landesvorsitzenden.

Erstmals zog Klöckner 2002 in den Bundestag ein, damals über die Landesliste. Der frühere Präsident der Prädikatsweingüter (VDP) und CDU-Politiker Prinz Michael zu Salm hatte ihre Kandidatur vorbereitet. Über die Frauenquote erhielt sie einen sicheren Listenplatz. Nach drei Jahren im Parlament kandidierte Klöckner 2005 erneut – und holte mit 43% den Wahlkreis. »Dieser Erfolg, die Chance, zu zeigen, was man kann, wäre ohne die Quotenregelung nie möglich gewesen«, sagte sie der *Frankfurter Allgemeinen Zeitung*.[21]

Seit 2005 ist sie Beauftragte für Verbraucherpolitik der CDU-/CSU-Bundestagsfraktion, Schriftführerin im Plenum und ordentliches Mitglied des Ausschusses für Ernährung, Landwirtschaft und Verbraucherschutz.

Außerdem ist Klöckner seit 2006 Mitglied des Fraktionsvorstands, stellvertretende Vorsitzende der Jungen Gruppe (der Vereinigung junger Unions-Abgeordneter), Vorstandsmitglied der Deutschen Parlamentarischen Gesellschaft und Mitbegründerin des Parlamentarischen Weinforums.[22] 2011 tritt Julia Klöckner als Herausforderin gegen Ministerpräsident Kurt Beck an.

(Vgl. das Interview mit Julia Klöckner im Buch auf S. 89 ff.)

Bereits in wichtigen Funktionen angekommene jüngere Politiker in der Union: Alexander Dobrindt (CSU-Generalsekretär), David McAllister, (CDU-Landes- und Fraktionsvorsitzender Niedersachsen), Georg Fahrenschon, (Finanzminister Bayern), Karl-Theodor zu Guttenberg (Minister der Verteidigung), Hendrik Wüst (Ex-CDU-Generalsekretär NRW).

Bündnis 90/Die Grünen: Der bunte Volkstribun dominiert

1. Boris Palmer – Volkstribun aus dem Ländle

Boris Palmer, geboren am 28. Mai 1972 in Waiblingen, gilt für manche Beobachter schon als der »neue Joschka«: »Er hat Selbstvertrauen und ein überdurchschnittlich entwickeltes Gefühl für politische Symbolik. Er provoziert, um einen Standpunkt zu verdeutlichen. In all dem ähnelt er Joschka Fischer.«[23] Doch der Hoffnungsträger der Grünen macht sich in Berlin noch rar: Sein Amt als Tübinger Oberbürgermeister will er vorerst nicht zugunsten der Bundespolitik aufgeben. Als »grüner Star« gilt er aber längst.[24]

Palmer war von 2001 bis 2007 Landtagsabgeordneter in Baden-Württemberg, dort umwelt- und verkehrspolitischer Sprecher und ab 2006 stellvertretender Fraktionschef. Sein Mandat legte er nieder, als er im Oktober 2006 mit 50,4% der Stimmen zum Oberbürgermeister von Tübingen gewählt wurde. Der Sohn des »Remstal-Rebellen« Helmut Palmer[25] – einer Art regionaler Robin Hood – hatte zwei Jahre zuvor bereits für den Posten des Stuttgarter Oberbürgermeisters kandidiert, wo er im ersten Wahlgang 21,5% der Stimmen erhalten hatte. Palmer zog daraufhin seine Kandidatur zurück und sprach sich indirekt für die Wahl des Gegenkandidaten der CDU, Wolfgang Schuster, aus – und gegen SPD-Kandidatin Ute Kumpf.

Seine Empfehlung löste im grünen Lager teilweise heftige Empörung aus. Palmer gilt nach wie vor als einer der Wegbereiter künftiger schwarz-grüner Bündnisse. Dem *stern* vertraute er an: »Die CDU mag zwar der schwierigere Partner sein. Gleichzeitig ist sie aber auch die Partei, mit der etwas Neues erreicht werden könnte.

Und zwar die Versöhnung von Ökologie und Ökonomie. Wenn wir und die CDU bei der ökologischen Modernisierung zusammenarbeiten, ist mehr erreichbar als mit der SPD.«[26]

Nach seinem Abitur an der Freien Waldorfschule Engelberg studierte Palmer von 1993 bis 1999 Geschichte und Mathematik an der Eberhard-Karls-Universität Tübingen und in Sydney. Er war Studentenvertreter und von 1995 bis 2000 AStA-Referent für Umwelt und Verkehr. Im Anschluss an sein Studium arbeitete er als wissenschaftlicher Mitarbeiter für die grüne Bundestagsfraktion.

Palmer ist seit 1996 Mitglied der grünen Partei. Der zum Realo-Flügel zählende Politiker war von 1997 bis 2000 Mitglied im Kreisvorstand der Grünen. Dass er nicht immer in der Kommunalpolitik bleiben wird, scheint aber klar: In der Reihe »Mächtige von Morgen« der *Süddeutschen Zeitung* sagte Palmer: »Vorstellen kann man sich viel. Phantasielose Menschen sollte man nicht in Führungspositionen wählen.«[27]

2. Alexander Bonde – Kein Freund, kein Feind, nur lohnende Ziele

Alexander Bonde, geboren am 12. Januar 1975 in Freiburg im Breisgau, ist ein seit Jahren regional gut verankerter Politiker. Er sitzt seit 2002 im Bundestag. Dennoch stand seine Berufspolitiker-Karriere 2008 auf der Kippe: Bei der Landesdelegiertenkonferenz der baden-württembergischen Grünen trat Cem Özdemir gegen ihn an. Bonde konnte sich in dem Duell der Realos allerdings überraschend durchsetzen – das Ergebnis ging jedoch als Affront gegen den designierten Parteichef Özdemir in die grüne Parteigeschichte ein.[28] Pikantes Detail: Bei der Bundestagswahl 2002 war Bonde ausgerechnet für Özdemir nachgerückt, der sein Mandat aufgrund der Bonusmeilen-Affäre zurückgegeben hatte.

Erste politische Gehversuche machte Bonde in der Schüler- und Jugendarbeit. 1993 trat er den Grünen bei, lange Jahre engagierte er sich bei der Grünen Jugend, war von 1994 bis 1995 Mitglied in deren Bundesvorstand und von 1998 bis 2001 ihr Landesvorsitzender in Baden-Württemberg. Von 1995 bis 1997 war Bonde Mitglied im Landesvorstand der Grünen, seit 1999 ist er es wieder.

2002 und 2005 kandidierte er im Wahlkreis Emmendingen-Lahr

für den Bundestag und zog über die Landesliste ins Parlament ein. Er ist haushaltspolitischer Sprecher seiner Fraktion, Mitglied des Haushaltsausschusses, des gemeinsamen Ausschusses von Bundesrat und Bundestag. Zudem vertritt er die Grünen im Kontrollgremium zum Finanzmarktstabilisierungsfonds und fällt hier mit seiner hohen Vermittlungskompetenz bei komplizierten Themen auf. Nach Abitur und Zivildienst studierte Bonde 1996 zunächst Jura, dann Verwaltungswirtschaft. Diesen Weg gab er auf, um 2001 als persönlicher Referent der baden-württembergischen Landtagsabgeordneten Heike Dederer sowie als Kampagnenleiter für verschiedene Bürgermeisterwahlkämpfe in die Politik einzusteigen. Er gründete eine Wahlkampfagentur, gab diese jedoch auf, als er 2002 in den Bundestag einzog.

3. Gerhard Schick – Halblinker zwischen den Flügeln mit lupenreiner neoliberaler Biografie

Gerhard Schick, geboren am 18. April 1972 in Hechingen, ist finanzpolitischer Sprecher der Grünen, »einer, der Gerechtigkeit mit Nachhaltigkeit verbinden will«, so die *Süddeutsche Zeitung*[29] und »ein auch bei den großen Parteien sehr respektierter Finanzexperte«, wie die *Kölnische Rundschau* schreibt.[30]

Schick ist seit 1996 Grünen-Mitglied. Von 2001 bis 2007 war er Sprecher der Bundesarbeitsgemeinschaft Wirtschaft und Finanzen. Nach weiteren Jahren in Fachkommissionen wurde Schick 2005 in den Bundestag gewählt. Dort ist er seit 2007 finanzpolitischer Sprecher seiner Fraktion und ihr Obmann im Finanzausschuss und im Parlamentarischen Beirat für nachhaltige Entwicklung. 2008 wurde er mit sechs Stimmen Vorsprung vor Fritz Kuhn in den Parteirat gewählt.

Mit Blick auf seinen beruflichen Werdegang dürfte mancher Gerhard Schick skeptisch beäugen: Nach Abschluss seines VWL-Studiums an der Universität Freiburg war er von 1998 bis 2002 wissenschaftlicher Mitarbeiter am ordoliberalen Walter-Eucken-Institut, wo er bis 2003 auch promovierte. 2001 bis 2004 war er wissenschaftlicher Mitarbeiter bei der Stiftung Marktwirtschaft, einem wirtschaftsliberalen Thinktank, 2004 bis 2005 dann Projektmanager bei der Bertelsmann-Stiftung. Zudem ist er Vorstandsmitglied der Gesellschaft zum Studium strukturpolitischer Fragen (Kurzbezeichnung: Strukturgesellschaft). Die Strukturgesellschaft steht für eine Wirtschaftsordnung, »die wirtschaftliche Leistungsfähigkeit und soziale Gerechtigkeit bei einem hohen Maß an individueller Freiheit gewährleistet«.[31] Laut der *Süddeutschen Zeitung* gilt Schick dennoch als »Nachwuchshoffnung der Linken«. Er selbst sehe das ein bisschen anders, zumindest was das Linkssein angehe: »Er hat ein Konzept für ein Grundeinkommen entwickelt, fordert mehr Geld für Arbeitslose, da ist er ein Linker, weniger Bürokratie, da ist er nah an der FDP, mehr Anreiz zur Eigeninitiative, da steht er im grünen Herzland.«[32]

Aufmerksamkeit erhielt Schick im Frühjahr 2009 durch den Vorschlag, dass Vermögende einen »Krisen-Soli« zahlen und so einen Teil der durch die Wirtschaftskrise entstandenen Schulden tragen sollten.

4. Sven Giegold – Grüner Späteinsteiger mit dem Politikgen

Sven Giegold, geboren am 17. November 1969 in Las Palmas de Gran Canaria, ist erst im September 2008 den Grünen beigetreten. Dennoch sehen bereits viele Beobachter in ihm einen Hoffnungsträger der Grünen.

Nach Abitur und Zivildienst studierte Giegold in Lüneburg, Bremen und Birmingham und erwarb 1996 einen Master of Social Science in Wirtschaftspolitik und -entwicklung. In dieser Zeit ließ er sich in Moderation und Verhandlungstechnik ausbilden. 1999/2000 studierte er an der Universität Bremen mit dem Schwerpunkt Globalisierung (Finanzmärkte, Handel, kulturelle Globalisierung).

Schon zu Schulzeiten beschäftigte sich Giegold mit Umweltschutzthemen, gründete dazu 1983 an der Herschelschule in Hannover eine Arbeitsgemeinschaft. Anschließend engagierte er sich in verschiedenen Umweltschutzorganisationen, darunter im BUND. Von 1996 bis 1999 baute er das Ökologisches Zentrum in Verden mit auf, wo heute rund vierzig Menschen beschäftigt sind. 1997 gründete er eine ökologische Wohnungsgenossenschaft, im Jahr 2000 den Verein Share. Im selben Jahr war er auch an der Gründung von attac Deutschland beteiligt, deren Koordinierungskreis er bis 2007 angehörte. 2002 gründete er die europäische attac-Koordination und wurde deren Mitglied. Darüber hinaus arbeitete Giegold bei zahlreichen Kongressen, Nichtregierungsorganisationen und Netzwerken mit und verfasste Papiere mit (wie etwa dem Konzept »Solidarische Einfachsteuer« von attac, IG Metall und ver.di oder dem »Steueroasenschließungsplan«). 2006 war er Mitkoordinator der Kampagne gegen die als neoliberal eingeschätzte Bolkestein-Richtlinie. »Der attac-Mitbegründer und Neu-Grüne Sven Giegold soll die Ökopartei wieder deutlich rebellischer machen – und sie für die vernachlässigten Protestbewegungen öffnen«, schrieb die *Financial Times Deutschland* in ihrer Reihe »Köpfe von morgen«[33]. Dabei hätte er nicht einmal Parteimitglied werden müssen – der nordrhein-westfälische Landesverband bot ihm an, als Parteiloser zu kandidieren. An Giegolds hartnäckigem Agitieren liegt es wohl auch, dass in diesem Jahr fast das gesamte grüne Establishment in Gorleben gegen die Atomkraft auf die Straße gegangen ist – nach Jahren der Abstinenz. Nicht nur bei der Parteilinken, auch bei den Realos habe er Fürsprecher wie etwa Parteichef Cem Özdemir.

Für die Medien ist Giegold ein gefragter Gesprächspartner, weil er die Erwartungen der Medienindustrie nach Klartext stets erfüllt. Seine Ämter in attac-Gremien gab er auf, als er 2008 der grünen Partei beitrat. 2009 wurde er mit gut 73% auf Listenplatz 4 für die Europawahl gewählt (hinter Rebecca Harms, Reinhard Bütikofer und Heide Rühle und vor der bisherigen Generalsekretärin der deutschen Sektion von Amnesty International, Barbara Lochbihler).

5. Ekin Deligöz – Mehr als Multikulti

Ekin Deligöz, geboren am 21. April 1971 in Tokat (Türkei), wurde früh politisch geprägt: Schon ihre Großmutter nahm sie mit zu Demonstrationen in der nordanatolischen Provinzhauptstadt. 1979, mit acht Jahren, zog sie mit ihren Eltern nach Deutschland und ging mit ihrer Mutter auf die Friedensdemos der achtziger Jahre. Vor allem der Kampf gegen die selbst erlebte Diskriminierung aufgrund ihrer Herkunft lenkte Deligöz in die Politik.[34]

1989, noch als Schülerin, trat sie den Grünen bei. 1989 bis 1991 war sie Sprecherin der Grün-Bunt-Alternativen Jugend Bayern, 1991 bis 1993 Vorstandsmitglied der Grünen in Senden, von 1993 bis 1995 baute sie die grüne Hochschulgruppe an der Universität Konstanz auf. Seit 2002 ist Deligöz Vorsitzende des Bezirksverbands Schwaben ihrer Partei. Seit 2004 gehört sie dem Parteirat der bayerischen Grünen an.

1998, im selben Jahr, als Deligöz ihr Studium der Verwaltungswissenschaften abschloss, wurde sie über die bayerische Landesliste in den Bundestag gewählt – als damals einzige Muslimin. Die deutsche Staatsbürgerschaft hatte Deligöz ein Jahr zuvor angenommen. Von 2002 bis 2005 war sie parlamentarische Geschäftsführerin ihrer Fraktion, seit November 2005 ist sie stellvertretende Vorsitzende des Ausschusses für Familie, Senioren, Frauen und Jugend. Seit Januar 2009 leitet sie die Kinderkommission. Sie kündigte an, sich für »frühe Hilfen«, Elementarbildung und Frühförderung sowie das »Dauerthema Kinderlarm« schwerpunktmäßig einzusetzen zu wollen. Deligöz betont, dass sie keine Türkei- oder Ausländerpolitik macht, nicht nur für eine einzelne Gruppe spricht, sondern fürs ganze Land Verantwortung übernimmt: Sie sei eine deutsche Politikerin, »kein Ufo, das aus der Türkei entsandt wurde«, so Deligöz auf Rückfrage. Aufsehen erregte sie im Oktober 2006 mit ihrem Appell an in Deutschland lebende Musliminnen, das Kopftuch abzulegen. Sie wurde daraufhin beleidigt und bedroht, auch einige türkische Zeitung kritisierten sie scharf.[35]

Bereits in wichtigen Funktionen angekommene jüngere Politiker von Bündnis90/Die Grünen:
Tarek Al-Wazir (Fraktionsvorsitzender der Grünen im Hessischen Landtag; siehe Interview S. 350 ff.), Cem Özdemir (Sprecher der Grünen).
Von der Grünen-Parteispitze und weiteren Beobachtern werden die beiden Bundestagsabgeordneten Kerstin Andrae (wirtschaftspolitische Sprecherin) und Nicole Maisch (verbraucherpolitische Sprecherin) als Zukunftstalente hervorgehoben.

FDP: Konsequent neoliberal

*1. Daniel Bahr – Westerwelles Paladin ohne Angst
vor großen Tieren*

Daniel Bahr, geboren am 4. November 1976 in Lahnstein, ist seit 1992 FDP-Mitglied. Nach einer Lehre als Bankkaufmann bei der Dresdner Bank studierte er Volkswirtschaftslehre an der Universität Münster. Er blieb währenddessen Mitarbeiter der Dresdner Bank und ist seit der Aufnahme seines Bundestagsmandats unbezahlt beurlaubt. Bahr hat außerdem ein Masterstudium Business Management mit dem Schwerpunkt »International Health Care and Hospital Management« abgeschlossen. Von 1999 bis 2004 war er Bundesvorsitzender der Jungen Liberalen und wirkte eifrig mit bei Westerwelles 18-Prozent-Spaßpartei: 2002 beispielsweise stellte er sich mit einem Beamer vors Kanzleramt und projizierte auf die Mauern den Spruch: »Kann man hier bei 4,3 Millionen Arbeitslosen ruhig schlafen?«[36]

Bahr ließ sich als JuLi-Chef aber auch auf Konflikte mit dem Parteioberen ein: 1999 forderte er den Rücktritt von FDP-Chef Wolfgang Gerhardt. »Ein ehemaliger Außerminister« sei ihm da bis auf die Toilette gefolgt und habe ihn »eingeseift« und »richtig bedroht«.[37] Dennoch sei er bei seiner Position geblieben. Sein Grundsatz: »Habe keine Angst vor großen Tieren. Deine Stimme hat so viel Wert wie die eines Fraktionsvorsitzenden.«[38]

Seit 2001 ist er Mitglied im FDP-Bundesvorstand, seit Oktober 2003 Vorsitzender des FDP-Kreisverbands Münster, seit April 2006 Vorsitzender des FDP-Bezirksverbands Münsterland. 2002 zog Bahr über die Landesliste Nordrhein-Westfalen erstmals in den Bundestag ein, 2005 gelang ihm der Wiedereinzug. Er ist seit Ende 2009 Staatssekretär im Gesundheitsministerium. Als FDP-Gesundheitspolitiker ist er einer der schärfsten Kritiker der Politik der großen Koalition. Bahr ist Mitglied des Beirates der ERGO Versicherungsgruppe, des Beirats des DUK Versorgungswerks, Mitglied im Deutschen Bankangestellten Verband, der Friedrich-August-von-Hayek-Stiftung und des Vereins »Mehr Demokratie«.

2. Otto Fricke – Der Haushalts-Diplomat

Otto Fricke, geboren am 21. November 1965 in Krefeld, ist streng genommen kein ganz Junger mehr. Seine Karriere als Bundestagsabgeordneter begann aber vergleichsweise spät: Erst 2002 zog er ins Parlament ein, vorher war er nur Berater der FDP-Fraktion. Bereits 2005 wurde er Vorsitzender des mächtigen Haushaltsauschusses – ein beachtlicher Karrieresprung, der ihm wohl nicht zuletzt durch den Zuspruch Guido Westerwelles gelang.[39]

Nach Abitur und Wehrdienst studierte Fricke ab 1986 Jura, seit 1995 ist er Rechtsanwalt in Krefeld. 1996 begann seine Tätigkeit als Berater der FDP-Bundestagsfraktion für Rechtspolitik und Parlamentsrecht in Bonn und Berlin.

In die FDP trat Fricke 1989 ein. Wenngleich er von 1996 bis 1998 und seit 2002 stellvertretender Kreisvorsitzender der FDP Krefeld ist, blieb ihm eine harte Ochsentour erspart. Von 1997 bis 2002 war er Geschäftsführer des Bundesfachausschusses Innen- und Rechtspolitik der FDP.

Fricke ist Mitglied in verschiedenen Anwaltsverbänden. Seit 2005 gehört er dem Verwaltungsrat der Bundesanstalt für Immobilienaufgaben an, seit 2004 ist er Mitglied in der Kammer für öffentliche Verantwortung der Evangelischen Kirche in Deutschland.

3. Volker Wissing – Der parlamentarische Arm des Bundes der Steuerzahler

Volker Wissing, geboren am 22. April 1970 in Landau in der Pfalz, ist die größte Nervensäge des Bundestags. Das jedenfalls sagte die ehemalige parlamentarische Staatssekretärin im Finanzministerium, Barbara Hendricks, die immer wieder parlamentarische Detailfragen von Wissing beantworten musste. Grund für diesen »Titel« sind die zahlreichen Anfragen, die der FDP-Abgeordnete an die Bundesregierung richtet – und Wissing bestreitet das auch gar nicht: »Ich weiß, ich nerve fürchterlich«, zitierte ihn der *Spiegel* in einem Porträt.[40] Das parlamentarische Fragerecht ist nach Wissings Auffassung »ein scharfes Schwert«. Von Beginn der Wahlperiode bis April

2008 hatte Wissing bereits mehr als hundertzwanzig Fragen formuliert – er ist damit »der Meistfrager des Bundestags«, so der *Spiegel*. Es ist eine recht professionelle Mischung aus Idealismus und Kalkül, mit der sich Wissing sein Markenzeichen, die Frage, aufgebaut hat. Mit seinen Fragen schaffte es Wissing immer wieder in die Medien – besonderes Aufsehen erregte eine Antwort des Finanzministeriums über die absurd unterschiedlichen Mehrwertsteuersätze.[41]

Wissing ist gelernter Jurist. Nach Abschluss von Studium und Promotion war er 1997 Richter am Landgericht Zweibrücken und anschließend von 1997 bis 1999 Staatsanwalt in Landau. Von März bis Dezember 1999 arbeitete er als Richter am Amtsgericht Landau. Von 2000 bis 2004 war Wissing persönlicher Referent, Kabinetts- und Parlamentsreferent sowie Programmbeauftragter von Justizminister Herbert Mertin (FDP).

In die FDP trat Wissing 1998 ein, 1999 wurde er Vorsitzender der Landauer FDP, 2000 Mitglied des FDP-Bezirksvorstands Pfalz, 2001 Vorsitzender des FDP-Kreisverbands Landau/Südliche Weinstraße und 2004 Mitglied des Landesvorstands der FDP Rheinland-Pfalz. Seit 2007 ist er stellvertretender Vorsitzender der FDP Rheinland-Pfalz und Mitglied des FDP-Bundesvorstands.

Im Januar 2004 rückte er für die verstorbene Abgeordnete Marita Sehn in den Bundestag nach. Nach der Bundestagswahl stieg Wissing zum Vorsitzenden des Finanzausschusses auf und wurde im März 2009 auch zum finanzpolitischen Sprecher der FDP-Fraktion gewählt. Sowohl in Stil, Kompetenz und Position ist Wissing der lebendige Kontrast zur »Westerwelle-FDP«. Dies wird seine Karriere beschleunigen.

4. Miriam Gruß – Tabulos populär

Miriam Gruß (Geburtsname Krebs), geboren am 3. Dezember 1975 in Bobingen, wurde 2005 auf der Welle des guten Wahlergebnisses der FDP über Listenplatz 9 in den Bundestag gespült. Eher peinliche Vorstöße brachten ihr Schlagzeilen: 2006 sprach sie sich dafür aus, Fußball-Bundestrainer Jürgen Klinsmann vor den Sportausschuss zu zitieren, nachdem dessen Mannschaft im Vorfeld der WM ein Spiel vergeigt hatte. Klinsmann solle »dem Sportausschuss sein Konzept erklären, denn es geht ja nicht nur darum, ob eine Mannschaft mal schlecht spielt, sondern um die Frage: Wie präsentiert sich Deutschland«, so Gruß damals.[42] Im August 2008 stopfte sie das Sommerloch mit dem Vorschlag, Kinderüberraschungseier zu verbieten. Sie ist Mitglied der Kinderkommission, des Ausschusses für Familie, Senioren, Frauen und Jugend sowie kinder- und jugendpolitische Sprecherin der FDP-Fraktion.

Gruß ist seit 1997 FDP-Mitglied, 1998 und 2003 bewarb sie sich als Direktkandidatin für den Bayerischen Landtag. Von 2003 bis 2007 war sie Kreisvorsitzende in Augsburg-Stadt, seit 2005 Bezirksvorsitzende der FDP Schwaben. Im Februar 2009 wurde sie auf Vorschlag von Sabine Leutheusser-Schnarrenberger vom FDP-Landesparteitag als Nachfolgerin von Martin Zeil zur Generalsekretärin der bayerischen FDP gewählt.

Gruß studierte ab 1994 zunächst einige Semester Jura und wechselte dann zur Politikwissenschaft, 2001 schloss sie an der Universität Augsburg als Diplompolitologin ab, seit 2005 promoviert sie. Beruflich war sie unter anderem von 2001 bis 2005 als selbstständige Wirtschaftsberaterin für die Finanzberatung MLP tätig.

5. Florian Toncar – Liberaler Sacharbeiter mit dem Schwiegersohn-Flair

Florian Toncar, geboren am 18. Oktober 1979 in Hamburg, ist zwar noch kein heißer Kandidat auf einen Ministersessel. Doch viele Beobachter trauen dem Baden-Württemberger eine Karriere zu, die über das Bundestagsmandat hinausgeht. Dafür spricht auch, dass Toncar neben seinen Tätigkeiten als Mitglied des Ausschusses für Menschenrechte und humanitäre Hilfe (und Sprecher seiner Fraktion) und des Petitionsausschusses, als stellvertretendes Mitglied im Haushaltsausschuss und als Schriftführer nun auch der FDP-Vertreter im Kontrollgremium zum Finanzmarktstabilisierungsfonds wurde.

Nach Abitur und Wehrdienst studierte Toncar von 2002 bis 2005 als Stipendiat der Friedrich-Naumann-Stiftung Jura und machte 2007, parallel zum 2005 angetretenen Abgeordnetenmandat, das

Zweite juristische Staatsexamen. Toncar ist als Rechtsanwalt zugelassen.

Der FDP trat Toncar 1998 bei, von 2003 bis 2006 war er Landesvorsitzender der Jungen Liberalen Baden-Württemberg. Über verschiedene Funktionen wurde er 2008 Kreisvorsitzender der FDP Böblingen. Er ist unter anderem Mitglied bei den Liberalen Juristen, der Deutschen Atlantischen Gesellschaft, der Deutsch-Israelischen Gesellschaft und der Europa-Union Deutschland.

Bereits in wichtigen Funktionen angekommene Jüngere in der FDP: Philipp Rösler (Wirtschaftsminister Niedersachsen), Silvana Koch-Mehrin (Spitzenkandidatin Europa-Wahl)

Die Linke: Bunte Truppe ohne historische Hypothek

1. Katja Kipping – Liebling der Medien und erfrischend unkonventionell

Katja Kipping, geboren am 18. Januar 1978 in Dresden, ist stellvertretende Vorsitzende der Partei Die Linke und sozialpolitische Sprecherin der Linksfraktion. »Die Dresdnerin bringt jede Menge Selbstbewusstsein und Chuzpe mit«, heißt es in einem Porträt, das die *Süddeutsche Zeitung* 2007 in der Reihe »Mächtige von morgen« über Kipping veröffentlichte.

Seit ihrem Parteibeitritt 1998 hat Kipping eine Blitzkarriere hingelegt, bereits fünf Jahre später wurde sie stellvertretende Bundesvorsitzende der Linkspartei/PDS und bei der Fusion zur Partei Die Linke 2007 in diesem Amt bestätigt. Kipping gehörte von 1999 bis 2003 dem Stadtrat von Dresden an, von 1999 bis 2005 war sie Mitglied des Sächsischen Landtags. 2005 zog sie als sächsische Spitzenkandidatin in den Bundestag ein.

Dass es so schnell ging, ist wohl auch dem Nachwuchsmangel der PDS/Linken geschuldet. Kipping kann sich rhetorisch durchaus mit alten Hasen messen. Nicht nur im Bundestag, sondern regelmäßig auch bei Talksendungen sorgt sie für überraschende Auftritte.

Kipping arbeitete energisch für die Fusion von PDS und WASG. Berührungsängste hatte sie nie: Sie arbeitete zusammen mit linken Organisationen wie attac und ließ sich für ein Modemagazin fotografieren.[43] Deutlich distanzierte sie sich von Leugnern des DDR-Mauerbaus in den eigenen Reihen.[44]

Nach Abitur und freiwilligem sozialen Jahr in Russland absolvierte Kipping von 1997 bis 2003 ein Magisterstudium der Slavistik, Amerikanistik und Rechtswissenschaft an der TU Dresden. Von 2004 bis 2008 war sie Sprecherin des Netzwerks Grundeinkommen – ein Amt, dass sie zugunsten der Herausgeberschaft der Zeitschrift *prager frühling* niederlegte. Gemeinsam mit Caren Lay und Julia Bonk hat sie die Emanzipatorische Linke initiiert, die sich als »Denkrichtung innerhalb und außerhalb der Partei Die Linke« versteht. Im Dezember 2007 trat sie gemeinsam mit weiteren Abgeordneten in einem Solidaritätsakt der vom Verfassungsschutz als linksextremistisch eingestuften Roten Hilfe bei, jener Organisation also, aus der Franziska Drohsel bei Antritt des Juso-Vorsitzes nach Kritik aus dem konservativen Lager ausgetreten ist.

2. Stefan Liebich – Pragmatischer Regierungslinker

Stefan Liebich, geboren am 30. Dezember 1972 in Wismar, hat seine politische Karriere, wenn auch im Kleinen, bereits in der DDR begonnen. Er war Mitglied der Jungen Pioniere und der FDJ. Später gründete er den Marxistischen Jugendverband »Junge Linke« mit. 1990, an seinem 18. Geburtstag, trat er der PDS bei. »Ich war immer einer von denen in der DDR, die eher dafür als dagegen waren«, zitierte ihn die *Zeit* 1999.[45] In einem anderen Porträt der Wochenzeitung wird seine Stasi-Mitarbeit aufgehellt. Weil er Medizin studieren wollte, sein Zeugnis aber nicht gut genug war, bot die Stasi Hilfe an, als Liebich dreizehn Jahre alt war: »Er verpflichtete sich zur Mitarbeit und wurde zum Abitur zugelassen. Alle paar Monate ließ er sich dann über ›staatsfeindliche Bestrebungen‹ in seinem Umfeld befragen. ›Ich habe das MfS als normalen Teil der Regierung gesehen‹, erklärt er im Rückblick. Er spricht offen über seine Verstrickung. Und hofft, er wäre »irgendwann noch an Ecken und Kanten gestoßen‹ und ins Grübeln gekommen. Sicher ist das nicht. Als die DDR kollabierte, war er deprimiert.«[46]

Liebich gilt als pragmatischer Stratege und Reformer, ist aber auch für überraschende Vorstöße bekannt. So forderte er 2007 bei der Fusion von PDS und WASG einen außenpolitischen Kurswechsel: Die neue Linkspartei sollte nach seiner Auffassung bewaffnete UN-Missionen zur Lösung von internationalen Konflikten nicht mehr von vornherein ausschließen. Auch initiierte er das »Forum demokratischer Sozialismus« (beziehungsweise dessen Neuformierung 2007), einen Zusammenschluss von PDS-Leuten, um »im internen Verteilungskampf um Posten und Positionen gegen Oskar Lafontaines WASG-Wessis und Sarah Wagenknechts Altkommunisten nicht unterzugehen«.[47]

Als Liebich zehn Jahre alt war, zog seine Familie von der Ostsee in den Berliner Bezirk Marzahn. Dort kandidierte er 1995 erstmals – mit Erfolg – für ein Mandat im Berliner Abgeordnetenhaus. Seitdem gehört er dem Landesparlament an, inzwischen ist er Kandidat im Stadtteil Prenzlauer Berg. 2002, nach dem Rücktritt Gregor Gysis als Wirtschaftssenator, wurde er Fraktionsvorsitzender. 2006 gab er das Amt zugunsten von Carola Bluhm auf – seitdem ist er stellvertretender Fraktionsvorsitzender. Liebich ist Mitglied des Hauptausschusses und des Haushaltskontrollausschusses, seit August 2007 wirtschaftspolitischer Sprecher seiner Fraktion.

Auch in der Berliner PDS/Linkspartei schaffte er einen schnellen Aufstieg: 1996 wurde er Bezirksvorsitzender der Marzahner PDS, 1999 stellvertretender Landesvorsitzender, 2001 schließlich Landesvorsitzender. 2005 schlug er seinen Stellvertreter Klaus Lederer als Nachfolger vor.

3. Jan Korte – West-Umsteiger mit Format

Jan Korte, geboren am 5. April 1977 in Osnabrück, ist ein Konvertit: Als Schüler wurde er Mitglied der Grünen, für die er auch im Stadtrat von Georgsmarienhütte saß. 1999 verließ er die Partei aus Protest gegen deren Zustimmung zum NATO-Einsatz im Kosovo-Krieg und trat wenig später der PDS bei.

Nach Abitur und Zivildienst studierte Korte Politikwissenschaft, Soziologie und Geschichte in Hannover, wo er 2005 mit dem Magister Artium abschloss. Noch zu Studienzeiten wurde er Vorsitzender des PDS-Kreisverbands Hannover (bis 2005) und Mitglied des Bundesvorstands seiner Partei, dem er auch nach der Fusion von PDS und WASG zur Partei Die Linke weiterhin angehört. Er arbeitet im reformorientierten »Forum demokratischer Sozialismus« und ist Sprecher der Bundesarbeitsgemeinschaft Demokratie und BürgerInnenrechte.

2005 zog Korte über die Landesliste Sachsen-Anhalt in den Bundestag ein, wo er im Innenausschuss wirkt. Seine Themen sind Datenschutz, innere Sicherheit und die Grund- und Bürgerrechte. Er ist ein scharfer Kritiker der Innenpolitik von Wolfgang Schäuble.

Neben der Innenpolitik engagiert sich Korte, Mitglied im Kuratorium »Haus der deutschen Geschichte«, für die Rehabilitierung sogenannter Kriegsverräter, also jener Wehrmachtsangehörigen, die im Nazi-Deutschland wegen sogenannten Kriegsverrats verurteilt wurden. Das Thema hat jedoch einen Parteienstreit entfacht, nicht zuletzt, weil der Vorstoß für einen überfraktionellen Antrag aus der Linkspartei kommt.[48]

Korte zählt zur »Walden-Connection«, die durch regelmäßige Treffen die Parteien einander annähern will.

4. Janine Wissler – Oskar Lafontaines Mädchen

Janine Wissler, geboren am 23. Mai 1981 in Langen, lässt sich nicht so leicht einordnen: »Manche sehen in der 27-Jährigen eine trotzkistische Kaderfrau, andere zeichnen das Bild einer rhetorisch aalglatten Pragmatikerin«, schrieb etwa die *taz*.[49] Und *Spiegel Online* schreibt über »Hessens linke Strippenzieherin«: »Die 27-Jährige muss überlegen, wie radikal sie sich noch äußern kann und darf. Hält sie sich wie zuletzt zurück, gilt sie als angepasste Karrieristin. Steht sie stärker zu ihrer politischen Überzeugung, wird ihr der Vorwurf gemacht, extremistische und umstürzlerische Positionen zu vertreten.«[50] Klar ist nur: Sie ist eine junge Hoffnungsträgerin der Partei: »Allen voran Oskar Lafontaine sieht in ihr ein großes politisches Talent, das er bereitwillig fördert.«[51]

Wissler studierte Politikwissenschaften in Frankfurt und arbeitet nebenbei im Wahlkreisbüro des Bundestagsabgeordneten Werner Dreibus. Politisch engagierte sie sich ab 2001 als eine der Sprecherinnen von attac in Frankfurt, in der Friedensbewegung und in hessischen Studentengruppen, bei ver.di und der trotzkistischen Organisation Linksruck. Sie ist Unterstützerin des aus Linksruck hervorgegangenen marxistischen Netzwerks marx21.

Ab 2004 war sie in der WASG aktiv und hier Mitglied des geschäftsführenden Landesvorstands in Hessen. 2007, nach der Neugründung der Partei Die Linke, wurde sie dort Mitglied des Bundesvorstands und 2008 mit den zweitmeisten Stimmen erneut gewählt.

2008 wurde Wissler über die Landesliste in den Hessischen Landtag gewählt, 2009 gelang ihr der Wiedereinzug. Sie ist stellvertretende Fraktionsvorsitzende, *Spiegel Online* meint sogar, sie sei »die heimliche Chefin«[52]. Trotz mitunter harter Attacken gegen die SPD unterstützte Wissler das Vorhaben der Tolerierung einer rot-grünen Hessen-Regierung.

5. Julia Bonk – Farbtupfer und Ost-Sponti

Julia Bonk, geboren am 29. April 1986 in Burg, ging 2004 als »jüngste Landtagsabgeordnete Deutschlands« in die Geschichte ein. Mit 18 zog sie, damals noch als Parteilose auf der Liste der PDS, in den Sächsischen Landtag ein. Viele Zeitungen zeigten damals das Foto der jungen Parlamentarierin, die ein T-Shirt mit dem Aufdruck »Schöner leben ohne Nazis« trug. Doch auf die anfängliche Euphorie folgten Rückschläge: Kritik hagelte es vor allem für ihre Aktion zur Fußball-WM 2006. Damals erklärte Bonk, die Deutschlandfahne stehe für Nationalismus und Fremdenhass. Jeder, der drei Fahnen abgebe, würde von ihr ein Antifa-Shirt bekommen. Die PDS-Fraktion distanzierte sich deutlich von Bonk. »Zu unvorsichtig« sei sie damals gewesen, sagte Bonk 2008 dem *SchulSpiegel*. »Als Anfänger hast du keine Hausmacht, da darfst du dich nicht zu weit aus dem Fenster lehnen.«[53]

Mit vierzehn Jahren begann ihr politisches Engagement: Sie wurde Schülersprecherin ihres Gymnasiums, dann Dresdner Stadt- und später Landesschülersprecherin. Nach dem Abitur 2004 begann sie ihr Politikwissenschafts- und Geschichtsstudium in Dresden. Im selben Jahr wurde sie Mitglied des Landtags. Bonk ist schulpolitische Sprecherin ihrer Fraktion, stellvertretende Vorsitzende im Ausschuss für Schule und Sport und Mitglied im Ausschuss für Wissenschaft und Hochschule, Kultur und Medien.

Zusammen mit Katja Kipping und Caren Lay hat Bonk die Parteiströmung Emanzipatorische Linke initiiert. Sie ist außerdem Mitglied im BundessprecherInnenrat der Linksjugend ['solid].

Bereits in wichtigen Funktionen angekommene Jüngere bei den Linken:

Fehlanzeige. Breit gestützte Namen für diese Rubrik konnten nicht ermittelt werden, offenbar weil die wichtigsten Funktionen in der Partei Die Linke noch für die ältere Generation reserviert sind.

»Parteien verlieren an Anziehungskraft und an Kompetenz, weil sie sich nicht öffnen«

Interview mit Matthias Machnig, Wirtschaftsminister in Thüringen und Ex-Bundesgeschäftsführer der SPD

Warum ist es so schwierig, gute Leute für die Politik zu begeistern?

Politik ist in der jetzigen Situation keine attraktive berufliche Perspektive. Sie ist finanziell uninteressant, die Karrierechancen sind nicht kalkulierbar, schon vor der Professionalisierung muss enorm viel Zeit aufgewandt werden, und zwar ehrenamtlich. Deshalb kommt dieser Weg für viele, die auch Karriere-Optionen in anderen Bereichen verfolgen, nicht infrage.

Was kann die etablierte Politik tun, um dem entgegenzuwirken?

Es muss eine Öffnung der Parteien geben auch für »Zeitarme«, für Leute mit professionellem Hintergrund. Denen müssen Räume bei Entscheidungsprozessen ermöglicht werden. Es kann nicht sein, dass derjenige entscheidet, der am längsten sitzt. Und es müssen Netzwerkstrukturen geschaffen werden. Das Dramatische an den heutigen Parteien ist, dass sie nicht nur Mitglieder verlieren; sie bilden sozialstrukturell nicht mehr den Beginn des 21. Jahrhunderts ab, sondern die Vergangenheit. Das ist deshalb problematisch, weil sich damit bestimmte

Kompetenzen, die es in modernen Gesellschaften gibt, nicht mehr oder nur zu gering in den Parteien wiederfinden. Diese Kompetenzen werden aber gebraucht, um Antworten auf die neuen Fragen und die Herausforderungen unserer Zeit zu entwickeln.

Aber die Probleme sind den Parteimanagern doch seit Jahren bekannt. Warum hat sich nichts getan?

Da gibt es eine ziemlich einfache Antwort: Organisationsfragen sind immer machtpolitische Fragen. Um die Fragen aufzunehmen, über die wir gerade diskutieren, müsste über sehr grundlegende Veränderungen von Parteistrukturen nachgedacht werden. Allerdings würde das gewohnte Strukturen, auch Machtstrukturen, tangieren. Die Konsequenz ist, dass diese Fragen zurückgestellt werden. Es gibt keine erkennbaren Gegenbewegungen aller großen politischen Parteien gegen den dramatischen Mitgliederverlust. Er wird zur Kenntnis genommen, er wird beklagt, er wird statistisch dokumentiert.

Etwas überspitzt heißt das: Der Druck ist noch nicht groß genug, damit endlich gehandelt wird.

Die Frage ist ja: Für wen ist das eigentlich ein Druck? Für diejenigen, die sich persönlich abgesichert haben, die im System sind, über Landeslisten, Vorstände und so weiter, für die stellt sich die Frage von vielen oder wenigen Mitgliedern nicht. Für die Kampagnenfähigkeit, für die Finanzkraft und für die Kompetenz von Parteien sieht das natürlich völlig anders aus. Parteien brauchen eine schlagkräftige, große Organisation, die kampagnenfähig und organisationsstark ist, die Kompetenzen bündeln kann, die in der Lage ist, interessante Diskurse zu entwickeln. Dazu ist eine aktive Mitgliedschaft unerlässlich. Für diejenigen, die etabliert sind, sind Mitglieder, die sehr aktiv sind und etwas fordern, zumindest eine Herausforderung, wenn nicht gar eine Bedrohung.

Das heißt: Die Parteien leben heute von der Substanz?

Es ist eben die Frage, ob es diesen einfachen Zusammenhang gibt. Ein Beispiel: Wir haben bei Bundestagswahlen durchaus relativ hohe Wahlbeteiligungen, verglichen mit Ländern wie den USA oder Spanien. Warum ist das so? Weil bislang auf der Bundesebene zumindest klar war, worum es geht: Es waren Richtungsentscheidungen, die personifiziert waren. Merkel gegen Schröder, Kohl gegen wen auch immer. Das hat dazu geführt, dass wir eine hohe Mobilisierung hatten. Zum Beispiel Fernsehduelle der Spitzenkandidaten: Die haben über 20 Millionen Menschen verfolgt. Das ist ungefähr die Einschaltquote des EM-Halbfinal-spiels Deutschland gegen die Türkei.

Also alles in Butter?

Nein, nicht alles in Butter. Die Frage ist nur, ob die relativ hohe Mo-bilisierung, die Beteiligung an Wahlen, so bleibt. Da, wo es nicht den Eindruck gibt, es gehe um Richtungsentscheidungen, um grundlegende Fragen, gibt es natürlich eine Gegenbewegung. Bei Kommunalwahlen liegt die Wahlbeteiligung häufig bei unter fünfzig, manchmal sogar unter vierzig Prozent. Bei Landtagswahlen ist die Tendenz ähnlich: Es gibt fast keine Landtagswahl mehr mit einer Wahlbeteiligung von über sechzig Prozent. Das ist bedrohlich, und das nehmen die Akteure durchaus zur Kenntnis. Allerdings glauben sie immer auch daran, dass sie persönlich, durch ihre persönliche Attitüde, durch ihren persönlichen Auftritt, das ausgleichen könnten. Und stellen damit Organisationsfragen hinten an.

Aber Ihre Argumentation mündet in einer Paradoxie: Die politische Klasse erkennt das Problem, aber aus Machtgründen tun sie nichts da-gegen, wartet ab, bis sie am Abgrund steht?

Ja, die Gegenfrage lautet: Gibt es in den letzten Jahren eine erkenn-bare, ernsthafte Bewegung, grundlegend über die Struktur von Par-teien, ihrer Ordinationsform, ihrer Kultur und so weiter nachzudenken? Ich kann das nicht erkennen.

Es gab Reformanstöße, Partei-Kommissionen – aber sie haben keinen Erfolg. Warum?

Die Kommissionen stellen sicher, dass der innerparteiliche Comment erhalten bleibt, dass die Strukturen gesichert werden. Es gibt dann kos-metische Veränderungen, die aber das Kernproblem nicht lösen.

Welche positiven Modelle gibt es denn?

Um ein Beispiel zu nennen: In Amerika haben wir einen Obama-Fak-tor. Gemeint sind damit zwei Dinge: ein anderer Stil in der Politik, eine Debatte über grundlegende Werte und Orientierungsfragen einer Gesell-schaft. Und eine breite Mobilisierung im Rahmen einer Grassroots-Kam-pagne über das Internet und viele Aktive vor Ort.

Ist denn dieser Geist von Obama auf Deutschland übertragbar?

Politik wird hier zum Teil als Herrschaft der Technokraten wahrgenom-men. Es muss der Mut da sein, über Fragen der grundsätzlichen Orien-tierung in diesem Land zu streiten. Wir brauchen wieder eine Streitkultur, wie wir sie in den siebziger Jahren erlebt haben – oder in den achtziger

Jahren zum Thema Krieg und Frieden. Im Moment fehlen Themen und Bewegungen, die eine solche Politisierung ermöglichen.

Viele Politiker beginnen ihre Karriere als Referenten von Spitzenpolitikern. Ist dieses Muster typisch?

Bislang nicht, das ist eher die Ausnahme. Eine Karriere über den Beamtenapparat ist nicht der typische Weg.

Welchen Zweck hat die Führungsakademie der Sozialdemokraten? Nützt sie der Rekrutierung?

Ich glaube, die Qualifizierung des eigenen Personals ist ein richtiger Ansatz, den man viel breiter angehen müsste. Es gibt vier Grundmotive für ein Engagement in Parteien: erstens das grundsätzliche Bekenntnis zu bestimmten Werten. Zweitens: Man möchte gerne teilhaben an Entscheidungsprozessen. Drittens: Man möchte Zugang zu exklusiven Informationen über die Partei erhalten. Der vierte Grund ist die persönliche Qualifizierung.

Partizipation, exklusive Information und auch Professionalisierung oder Aneignung von bestimmten Fähigkeiten bieten die Parteien relativ wenig. Wir haben eher den Trend zur Administrationspartei. Die wichtigen politischen Entscheidungen werden in den Administrationen getroffen, das heißt in diesem Fall nicht nur in der Regierung, sondern auch in den Fraktionen. Und es gibt dann meistens eine nachträgliche Legitimation. Partizipation ist schwierig. Exklusive Informationen gibt es kaum, weil die Medien heute Informationen sehr viel schneller, präziser, kompetenter und zum Teil auch interessanter aufbereiten können als die Parteien. Im Bereich Qualifikation haben die Parteien bislang kein Angebot. Sie müssen daran arbeiten, diese drei grundlegenden Elemente für Engagement zu reaktivieren.

Greifen wir ein Reforminstrument heraus. Wären Vorwahlen auf Deutschland übertragbar?

Das wäre sinnvoll, und es ist realistisch. Im Bezirk von Sigmar Gabriel gab es vor der Nominierung eines OB-Kandidaten eine Vorwahl, an der auch Nichtmitglieder teilnehmen konnten. Das Ergebnis war, dass an diesen Vorwahlen und auch an den Abstimmungen relativ viele Personen von außerhalb der Partei teilgenommen haben. Am Ende hat sich übrigens derjenige Kandidat durchgesetzt, der nicht der Favorit der Funktionäre war. Auch interessant.

Was kann man bei der Listenaufstellung ändern? Die Listen werden im Hinterzimmer zusammengeschustert und sind recht stabil. Kann man dieses System aufbrechen?

Da haben wir ein Problem: Das gemischte Wahlsystem mit zwei Stimmen. Ein reines Mehrheitswahlsystem würde für deutsche Verhältnisse bedeuten, dass es zementierte Plätze für bestimmte Parteien in bestimmten Regionen gibt. Insofern ist es gut, dass ein Teil über die Listen kommt und der andere Teil über Direktmandate. Für falsch halte ich aber, dass es gerade dort, wo eine Partei in der Minderheit ist, eigentlich nur darauf ankommt, wie man im Landes- oder Bezirksvorstand verbleibt, um sich damit einen Listenplatz zu sichern. Ich kann mich völlig abkoppeln von der realen Arbeit in meinem Wahlkreis. Das ist eines der großen Probleme.

Wer hat das Sagen bei der Listenaufstellung?

Die jeweiligen Landes- und Bezirksvorstände. Das sind diejenigen, die über die Liste entscheiden und die Liste vorbereiten.

Lassen sich die Listen öffnen – zum Beispiel mit Quoten für Seiteneinsteiger auf aussichtsreichen Plätzen?

Nein, man müsste Sonderquoten schaffen. Es gab ja 1998 eine Bewegung »30 unter 40« für den Deutschen Bundestag. Das war erfolgreich, die Zahl haben wir erreicht. Aber heute sind alle, die damals unter vierzig waren, über vierzig. Und wir haben keine zweite Welle der Erneuerung gehabt. Bei der Aufstellung sollten aber auch noch andere Kriterien zugrunde gelegt werden: Es kann nicht sein, dass nur das Engagement im Landesvorstand, nicht aber das im Wahlkreis bei der Nominierung berücksichtigt wird. Es kommt auch auf jede Stimme im Wahlkreis an. Und es gibt große Unterschiede, trotz bundespolitischer Trends, was das Abschneiden bestimmter Personen in den Wahlkreisen angeht. Das deutet darauf hin, dass persönliches Engagement und Verankerung im Wahlkreis eine zentrale Rolle spielen, was aber von den Parteien nicht immer gewürdigt wird.

Könnten mehr Kampfabstimmungen etwas bewirken?

Es kann nicht sein, dass es immer nur einen Kandidaten, einen Bewerber für ein Amt gibt. Wir brauchen die demokratischen Alternativen, wir brauchen die unmittelbare Beteiligung. Allerdings muss man auf eines achten: Eine Vielzahl von Wahlen ist natürlich auch ein Grund dafür, dass es am Ende zu einer geringeren Wahlbeteiligung kommt. Und wir haben ja relativ viele Wahlen. Die sind immer auch ein Gradmesser für bundespolitische Entscheidungen, was Entscheidungsprozesse auf der Bundesebene nicht immer befördert.

Welche Rolle spielen Gruppierungen wie die Parlamentarische Linke, Netzwerker und Seeheimer Kreis bei der Verteilung von Posten und wichtigen Positionen?

Die spielen auf der Ebene der Bundestagsfraktion eine erhebliche Rolle – allerdings haben dabei auch Regionalproporze eine wichtige Bedeutung. Sind Landesgruppen vertreten, und wenn, in welchen Funktionen? Das ist eher sogar noch wichtiger als die Strömungen. Um bei Personalabsprachen durchzukommen, schmiedet man am besten ein möglichst breites Bündnis zwischen den großen Landesverbänden – und das gedeckt durch eine der großen Strömungen. Dann ist man ein sicherer Kandidat und kommt in viele Funktionen.

Sind die Strömungen nach wie vor einflussreich?

Ich halte sie für überschätzt.

Wie sieht die Machtaufteilung in der SPD aus?

Ich würde sagen: Parteilinke fünfunddreißig Prozent, Seeheimer Kreis dreißig Prozent, Netzwerker fünfzehn Prozent. Und dann gibt es noch zwanzig Prozent Unentschiedene, die mal hier, mal da sind.

Welche Rolle spielt die sogenannte Denkfabrik in der SPD-Linken?

Ich höre immer, dass da gedacht wird, kenne aber keine Ergebnisse.

Welche Bedeutung hat denn der sagenumwobene »Andenpakt« bei der CDU?

Ich glaube, das hat über Jahre sehr gut funktioniert, habe aber Zweifel, ob der Pakt heute noch funktioniert. Für bestimmte Akteure war er über viele Jahre ein wichtiges Sprungbrett, um politische Ämter in der CDU zu erreichen. Über den Andenpakt sind auch viele Verabredungen für individuelle Karrieren getroffen worden.

Also sind solche Seilschaften in der Politik lebenswichtig?

Sie sind zumindest nützlich, sie können Karrieren beschleunigen.

Wie ist es in diesen Gruppierungen um die Inhalte bestellt?

Die Jusos waren mal programmatische Treiber in der SPD. Davon sind sie heute weit entfernt. Das Gleiche gilt für die Arbeitsgemeinschaft Sozialdemokratischer Frauen oder für die Arbeitsgemeinschaft für Arbeitnehmerfragen. Das sind heute im Kern Überholspuren auf der Karriereleiter: Man kann dort über bestimmte Funktionen die normalen Karrierestufen überspringen und seinen Aufstieg beschleunigen.

Wenn es für die Parteien Machtverluste gibt, wer gewinnt dann auf der anderen Seite an Macht?

Leute aus Regierungsämtern und wichtigen Fraktionsämtern haben einen deutlichen Bedeutungsgewinn für die Ausrichtung, für die Rekrutierung und für die Karrierechancen bestimmter Akteure.

Wenn Sie etwas ändern könnten bei der Rekrutierung, wo würden Sie ansetzen?

Erstens Vorkampagnen zur Nominierung von Bundestags- und Landtagskandidaten. Zweitens eine stärkere Öffnung der Partei gegenüber Nichtmitgliedern, insbesondere der Aufbau von Kompetenznetzwerken innerhalb der Partei, wo sich auch Nichtmitglieder engagieren können und Bedeutung haben. Drittens: Schulung und Professionalisierung der eigenen Mitglieder und des eigenen Nachwuchses, Stärkung eines hauptamtlichen Korsetts – ein Großteil der Funktionsträger, die in Parteien aktiv sind, sind ehrenamtlich aktiv. Wir brauchen einen professionellen, dienstleistungsorientierten hauptamtlichen Apparat.

Bedeutet die Auszehrung der Parteien eine Gefährdung für die Demokratie?

Ich sehe derzeit keine Demokratiegefährdung. Aber Parteien verlieren an Anziehungskraft und an Kompetenz, weil sie sich nicht öffnen. Damit verlieren sie auch die potenzielle Bereitschaft von Menschen, sich zu engagieren und ihnen ihre Stimme zu geben.

Warum tun sich die Parteien mit Organisationsreformen so schwer?

Für Funktionäre bringt Veränderung von Strukturen zunächst mal Unruhe. Und diese Unruhe möchte man sich ersparen.

Wer sind aus Ihrer Sicht die aussichtsreichsten Talente in der SPD?

Die Führungsreserve der SPD ist völlig klar. Das sind Frank-Walter Steinmeier, Sigmar Gabriel, Andrea Nahles, Klaus Wowereit, Olaf Scholz, Heiko Maas, Christoph Matschie – also einige.

Und die Unbekannteren?

Florian Pronold aus Bayern zum Beispiel, der in den nächsten Jahren eine wichtige Rolle übernehmen wird, und Hannelore Kraft – die SPD-Chefin in NRW –, die haben eine Chance für 2010.

Verfassungsrechtler sehen inzwischen die Gefahr, dass die Parteien keine ausreichende Legitimation mehr besitzen, um die wichtige Rolle, die sie in Staat und Gesellschaft haben, zu garantieren.

Da gibt es Nachholbedarf. Das hängt aber immer auch vom Engagement Einzelner in den Parteien ab. Und es hängt auch davon ab, dass in den Parteien eine Streitkultur erhalten bleibt. Damit nicht derjenige, der Diskussionen entfacht, nicht mehr für Ämter infrage kommt, weil er sich als zu wenig anpassungsfähig erwiesen hat. Allerdings muss das Streiten auch erlaubt sein und darf dann in den Medien nicht als mangelnde Geschlossenheit interpretiert werden.

Ist Anpassungsfähigkeit heute die wichtigste Tugend, um ein Mandat oder eine Funktion zu bekommen?

Nicht die wichtigste. Aber die Bereitschaft, sich anpassungsfähig zu zeigen, ist schon wichtig, um in bestimmte Funktionen zu kommen.

Die Medien fördern die Personalisierung – sind diese Prozesse veränderbar?

Die schönste Nachricht für Medien ist doch immer der Streit in den politischen Parteien, möglichst über Personalfragen. Das ist wenig hilfreich. Es führt dazu, dass innerparteiliche Diskussionsprozesse sich noch weiter reduzieren, weil jeder Beitrag dann quasi ein öffentlicher Beitrag ist. Das hat weitreichende Konsequenzen für den Meinungsbildungsprozess und den Abstimmungsprozess in den Parteien.

Beim Wettbewerb um die Spitzenkandidatur in der SPD wurden einzelne Kandidaten heruntergeschrieben – das hatte zum Teil kampagnenhafte Züge. Sehen Sie eine neue Qualität in der medialen Auseinandersetzung?

Ja, das ist eine neue Qualität. Manche Medien wollen mit darüber entscheiden, wer denn nun eigentlich was wird. Manche Medien wollen auch Opfer. Das ist unanständig und hat mit den Realitäten sehr häufig nichts zu tun. Das ist eine Selbstinszenierung der Medien, und die ist durchaus problematisch. Wir sind eine Soundbyte-Gesellschaft geworden. Und der Journalismus trägt seinen Teil dazu bei, was dazu führt, dass Halbsätze stilisiert werden zu Richtungsaussagen, zu Personalaussagen.

3. Mythos Seiteneinsteiger – Die Medien idealisieren das Bild des Seiteneinsteigers

Es gibt wohl kaum einen Personenkreis in der Politik, der in der öffentlichen Wahrnehmung so positiv aufgeladen und in der politischen Klasse gleichzeitig so verachtet ist wie die sogenannten Seiten- und Quereinsteiger. Vor allem die Medien verbinden mit diesem in der deutschen Politik seltenen Typus all die Eigenschaften und Fähigkeiten, die sie in der Realpolitik vermissen. Seiteneinsteiger bieten folglich reichlich Stoff, um publizistische Blütenträume reifen zu lassen.

Demnach repräsentieren die Seiteneinsteiger vor allem Fachkompetenz und sind nicht von den Sachzwängen der Parteipolitik oder dem Anpassungsdruck der politischen Klasse verdorben. Sie garantieren parteiunabhängiges Denken und Handeln zum Wohle der Allgemeinheit und gelten somit als Kontrastfiguren zu den überforderten und inkompetenten Hinterbänklern. Politische Seiteneinsteiger eignen sich also – so das überwiegende Meinungsbild in den Medien – vortrefflich als Projektionsfläche. Sie sollen all das leisten, was die Akteure im routinierten Politikbetrieb überfordert.

Die deutsche Parteien- und Politikkultur leidet im internationalen Vergleich an einem Mangel an Seiteneinsteigern[1], so der publizistische Grundtenor in Deutschland. Franz Walter kritisiert insbesondere des gesamtgesellschaftliche Repräsentationsdefizit: »In Parteien und Parlamenten kommen ganze Soziallagen und Lebenswelten nicht mehr vor: nicht das agrarische, nicht das proletarische, kaum das gewerblich-bürgerliche, nicht das kreativ-kulturelle Deutschland.«[2] Daraus ergibt sich die Frage: Fehlen der deutschen Politik tatsächlich Seiteneinsteiger, vor allem aus den unterrepräsentierten gesellschaftlichen Milieus?

Fallstricke und Einstiegsbarrieren

Der erfolgreiche Seiteneinstieg setzt voraus, dass sich die Einsteiger auf die persönliche Unterstützung einer Partei und speziell die eines »verdienten« Mentors – in der Regel eines Spitzenfunktionärs – der Partei stützen können. »Die Kontaktaufnahme mit potenziellen Quereinsteigern erfolgt eher zufällig und nicht systematisch«[3], stellt die Publizistin Nicola Mögel nach der Auswertung zahlreicher Fallstudien fest.

Der Mentor besitzt Autorität und Durchsetzungsvermögen in der Partei und hat die Ochsentour meist selbst absolviert. Dessen Akzeptanz und Sozialkapital hilft dem Seiteneinsteiger, sich zunächst innerparteilich zu etablieren. Der Mentor fungiert dabei als Türöffner und Bindeglied zwischen der Partei und der ausgewählten Person. Doch selbst eine gut gepolsterte Protektion ist keine Überlebensgarantie. Die innerparteiliche Stellung des Seiteneinsteigers ist trotz möglicher Fachkompetenz stets fragil und gefährdet. Für Seiteneinsteiger ist es überlebenswichtig, sich frühzeitig von dem Einstiegsmentor zu lösen und Eigenständigkeit zu beweisen.

Seiteneinstieg statt Ochsentour

Seiteneinsteiger sind meist Experten auf einem Fachgebiet. Sie müssen in einem kurzen Zeitraum die politischen Spielregeln in Partei und Fraktion lernen, Überzeugungsarbeit leisten, Kompromissbereitschaft zeigen und Mehrheiten an sich binden. Dies fordert Einsatzbereitschaft, Energie und jahrelange Arbeit. Vor diesem schwierigen und zeitintensiven Autoritätsaufbau wurden die Seiteneinsteiger in ihren vorherigen Berufsfeldern verschont. Seiteneinsteiger arbeiten stets gegen eine gläserne Wand von stillen Ressentiments: Sie werden als Konkurrenten um Ämter angesehen, denen die Ochsentour erspart blieb. Ihnen wird immer wieder unterstellt, dass der Aufenthalt in der Politik nur eine Karriere-Zwischenstation sei und die Kandidaten sich immer Rückzugsmöglichkeiten offenhalten würden.

Das größte Handikap für politische Seiteneinsteiger besteht meist in der Fehlwahrnehmung der formellen und informellen Spielregeln des Politikbetriebs. Zum Repertoire gehören: die Regierungs- oder Fraktionsdisziplin einhalten, die Mehrheiten und die Konsensfindung mühsam organisieren, ständiges Verhandeln und Taktieren sowie den Regionalproporz und die »Sitzrechte« langgedienter Abgeordneter akzeptieren. All das erfordert die Bereitschaft, sich einem strukturell ineffizienten politischen Regelwerk diszipliniert unterzuordnen. Dies fällt vor allem denjenigen schwer, die bisher gewohnt waren, ihre Vorstellungen nur anzusagen und an die Arbeitsebene zu delegieren. »Fast alle Menschen, die aus der Wirtschaft kommen, kommen naiv zur Politik. Es kann jemand ein erfolgreicher Manager eines mittelständischen Unternehmens sein und in der Kommunalpolitik trotzdem nicht bestehen (und umgekehrt natürlich auch)«, sagt Ulrich Maly, Oberbürgermeister von Nürnberg.[4]

Die gültigen politischen Erfolgskriterien lernen die meisten Politiker im Dunst der parteiinternen Sozialisation. Hier werden Erfolge nach ganz anderen Kriterien bemessen als etwa in der Wirtschaft, der Kultur oder Wissenschaft. Auf Dauer können Seiteneinsteiger nur erfolgreich sein, wenn sie die Handlungslogiken des politischen Geschäfts verinnerlichen. »(Politiker) müssen Virtuosen der Verknüpfung verschiedener Informationen aus mannigfaltigen Bereichen der Gesellschaft mit ihren je eigenen Logiken sein«, fasst Franz Walter das gewünschte Profil zusammen.[5]

Seiteneinsteiger stehen nicht zuletzt aufgrund ihrer Außenseiterrolle zunächst im Rampenlicht. Ein mediengerechtes Auftreten wird erwartet. Das fällt vielen Seiteneinsteigern jedoch oft schwer, weil diese Fähigkeit etwa in der Wirtschaft nicht gefordert wird.[6] Sie müssen den Umgang mit Medien lernen, deren Regeln antizipieren. »Ihre [gemeint hier: Medien] Normalitätsvorstellungen entsprechen daher denen der politischen Klasse insgesamt. Seiteneinsteiger sind in der Folge auch für Journalisten Exoten, die zunächst faszinieren, mit der Zeit aber belächelt werden«[7], resümieren die Göttinger Politologen Robert Lorenz und Matthias Micus. Gleichzeitig besteht für Seiteneinsteiger ständig die Gefahr, von den Medien zu Fall gebracht zu werden, da sie auch von ihren (übergangenen) Konkurrenten in den jeweiligen Parteien misstrauisch kontrolliert werden.

Nadia vom Scheidt, die bei den Grünen schon sehr früh Mentoringprogramme entwickelt hat, kennt die Probleme, die eine Rekrutierung von oben verursachen kann: »Die Ochsentour verschafft in der Partei ein besseres standing als der smarte Durchmarsch – durch Empfehlung, Beziehung, Skrupellosigkeit; daher wird sie nicht zu ersetzen sein.« (Email vom 17.2.09)

Ein junger Sozialdemokrat, der im September in den Bundestag einzieht, gibt Seiteneinsteigern kaum Chancen. »Die haben es ganz schwer. Die beißen sich meist die Zähne vor Ort aus. Auch Protektionen von oben werden misstrauisch beäugt und scheitern auch mal auf Parteitagen. Die Ochsentour ist dagegen legitim, weil sie ja nur ein langjähriges ehrenamtliches Engagement vor Ort beschreibt. Dadurch werden reine Karrieristen ausgefiltert.«

Fünf Typen von Seiteneinsteigern

Die Göttinger Politikwissenschaftler Lorenz und Micus haben eine Typologisierung von Seiteneinsteigern vorgenommen. Sie unterscheiden nach »Experten und Vordenkern« wie Ralf Dahrendorf, Werner Maihofer, Kurt Biedenkopf, Klaus Töpfer und Ursula Lehr, nach »Interessenvertretern und Galionsfiguren« mit den Biografien vom Typus Siegfried Balke, Otto Schily, Rita Süssmuth, Walter Riester, Michael Naumann und Ursula von der Leyen, nach »Verwaltern und Vertrauten«, zu denen sie Ludger Westrick, Horst Ehmke, Egon Bahr, Klaus Kinkel und Karl Lauterbach zählen, sowie nach den »Karrieren des Umbruchs«, die Carlo Schmid, Ludwig Erhard, Hans Leussnik, Gert Bastian, Angela Merkel und Matthias Platzeck eingeschlagen haben.

1. Die Anfänger – »echte« Seiteneinsteiger

Seiteneinsteiger, die als Berater oder als Mitglied in eine Partei berufen werden, ohne zuvor mit Politik in Berührung gekommen zu sein, können als »echte« Seiteneinsteiger bezeichnet werden. Es handelt sich um Experten, deren Wissen und Erfahrung für die Parteien nützlich ist und denen man relevante Lösungsansätze für spezielle Themenfelder zutraut. Exemplarisch für diese Spezies des Seiteneinsteigers ist der Sportler Eberhard Ginger, der für die CDU in Baden-Württemberg aufgestellt wurde.

2. Die Planer – Seiteneinsteiger mit politischem Hintergrund

Der Berater mit Parteibuch ist der quantitativ häufigste Seiteneinsteigertyp. Er strebt schon vor seiner politischen Karriere nach möglichen Ämtern, baut Kontakte zu Politikern auf, ist Mitglied einer Partei. Exemplarisch für diese Form des Seiteneinstiegs ist der SPD-Bundestagsabgeordnete Professor Dr. Karl Lauterbach. Er war vor Antritt seines Mandats Berater von Gesundheitsministerin Ulla Schmidt und Mitglied verschiedener Fachkommissionen.

3. Die Aufsteiger – politisch assimilierte und etablierte Seiteneinsteiger

Seiteneinsteiger – mit langjährigen polischen Arbeitsbeziehungen – können zu erfolgreichen Politikern werden. Rita Süssmuth ist dafür ein Beispiel. An der Pädagogischen Hochschule Ruhr hatte sie einen Lehrstuhl für Erziehungswissenschaften und in zahlreichen Beratungsgremien mitgewirkt. Die Professorin wechselte 1985 in die Politik und wurde sofort Bundesministerin für Jugend, Familie, Gesundheit und Frauen. Das Ressort verantwortete sie bis 1988. Danach gehörte sie zum politischen Inventar der Bonner und Berliner Bühne; zehn Jahre lang, von 1988 bis 1998, war Süssmuth Präsidentin des Deutschen Bundestages.

4. Die Gestalter des Umbruchs – »Wende-Aktivisten« als Seiteneinsteiger in die Demokratie

Politische Reformbewegungen wie das Neue Forum, Demokratie Jetzt oder Demokratischer Aufbruch wurden in der Umbruchphase der DDR 1989 gegründet und strebten nach grundlegenden gesellschaftlichen Veränderungen. Im Zuge ihrer Etablierung und Integration in das etablierte Parteiensystem gelang Angela Merkel und Matthias Platzeck der Seiteneinstieg in die Politik.

5. Die Aussteiger – Seiteneinsteiger als Zwischenstation/Gründe für das Scheitern

Einige Seiteneinsteiger kehren nach einer Periode in der Politik wieder in ihren ursprünglichen Beruf zurück. Der Ausstieg erfolgt oft aufgrund des Scheiterns bei Wahlen, infolge politischer Angriffe oder Attacken der Medien. »Starke Wissenschaftler verkümmern dadurch zu schwachen Politikern«[8], schlussfolgern Lorenz und Micus.

Seiteneinsteiger halten sich meist die Möglichkeit offen, wieder in ihren alten Beruf zu wechseln. Besitzen sie diese Rückversicherung nicht, ist es schwierig, sie für einem Seiteneinstieg zu gewinnen. »Auf der anderen Seite muss es aber auch möglich sein, gerade wenn Fachleute aus Wirtschaft und Kultur dazu gebracht werden sollen, in die Politik zu gehen, jederzeit wieder in seinen eigentlichen Beruf zurückkehren zu können, wenn man nicht Berufspolitiker werden möchte. ... Ein politisches System muss für Quereinsteiger offen bleiben und solche persönlichen Entscheidungen wie meine aushalten können«[9], fordert der Philosophieprofessor Julian Nida-Rümelin. Er gab sein Amt als Kulturstaatsminister in der Regierung Schröder nach zwei Jahren wieder auf.

Viele Berufe verhindern ein starkes politisches Engagement allein aus zeitlichen Gründen. Eine Auszeit mit Rückkehrgarantie ist in den meisten Positionen nur schwer zu realisieren.[10] Der Politikwissenschaftler Jens Borchert belegt, dass die Rückkehr des überwiegenden Teils der Quereinsteiger an den alten Arbeitsplatz nicht aus fachlichen Gründen scheitert. Vielmehr wollen die Quereinsteiger gar nicht mehr dahin zurück. Die Motive liegen vielmehr in der schon vorher bestehenden Unzufriedenheit mit dem Arbeitsplatz, in der durch den Seiteneinstieg gewonnenen Unabhängigkeit sowie in dem durch ihre politische Tätigkeit errungenen Status als prominente Führungspersönlichkeit: »Über den Verbleib von Politikern gibt es keine gute empirische Studie, doch soweit bekannt, versuchen die meisten im politiknahen Bereich unterzukommen wie z.B. Politik- und Kommunikationsberatungsfirmen oder als Lobbyisten von Firmen. Die Neigung von Politikern, in der Nähe von Politik zu bleiben, kann man international beobachten.«[11]

Der ehemalige Bundesverfassungsrichter und von den Medien gefeierte Steuerexperte Paul Kirchhoff ist eines der prominentesten Beispiele für das Scheitern von Seiteneinsteigern. Seit 2000 arbeitete er zusammen mit sechs Landesfinanzministern und deren Experten an einem Konzept zur Reform des Steuer- und Körperschaftssteuerrechts. Im Bundestagswahlkampf 2005 holte ihn Angela Merkel für das Finanzressort in ihr Schattenkabinett. Gerhard Schröder übte seinerzeit vehemente Kritik am Steuerentwurf Kirchhoffs, verhöhnte ihn als »Professor aus Heidelberg« und warf ihm vor, ein für die Wähler ungerechtes Konzept vorgelegt zu haben. Der neoliberale Professor verschwand von der politischen Bühne. Insider aus dem Umfeld Kirchhoffs behaupten, dass es nach diesem unrühmlichen Abgang keinerlei Kontakt mehr zur Kanzlerin gab.

Seiteneinsteiger müssen meist schmerzlich registrieren, dass ihre Arbeit weniger Einfluss entfaltet als etwa der Einsatz eines Top-Lobbyisten.[12] Zu diesem Schluss kommt der Politikwissenschaftler Knut Bergmann: »Der durchschnittliche Lobbyist dieser Welt ist wesentlich besser im Bundestag verdrahtet als der durchschnittliche Bundestagsabgeordnete.«[13]

Eine Ehrenrettung der vielgeschmähten Ochsentour nimmt Andreas K. Gruber in seiner aktuellen Dissertation zu Karrierewegen von Politikern vor. Im Gegensatz zu anderen Wissenschaftlern vertritt er den Professionsstatus für Politiker. Er begründet dies mit den klaren Karrieremustern in der Politik: »Die Ochsentour mit den Phasen der Lehrzeit in verschiedenen innerparteilichen und kommunalpolitischen Funktionen ist das Äquivalent zu einer vorgeschriebenen Berufsausbildung. Dies bedeutet nichts anderes, als dass die politische Karriere als die spezielle Form der Ausbildung für Berufspolitiker anzusehen ist. Das über die Karriere vermittelte Spezialwissen ist das Rüstzeug für spätere Spitzenpolitiker. Ein Engagement in den Jugendorganisationen der Partei, in lokalen und regionalen Parteifunktionen oder in der Kommunalpolitik sowie die parlamentarische Erprobungsphase bilden den Ersatz für eine formelle, zertifizierte Berufsausbildung.«[14]

Muster der Rekrutierung – Die alten Gesetze gelten immer noch

Über die Rolle von Seiteneinsteigern und Quereinsteigern wird intensiv gestritten. Insgesamt gewinnt man den Eindruck, dass es sich dabei eher um ein Medienthema handelt, das aber in der praktischen Politik nur eine Randbedeutung hat. Denn in den sechzig Jahren der Bundesrepublik haben sich die Fundamente der Rekrutierung für politische Führungskräfte nicht wesentlich verändert. Das ist der Befund von mehreren professionellen Beobachtern aus Staatskanzleien und Ministerien sowie der Auswertung der vorliegenden Literatur. Nach wie vor gilt die soziale Herkunft als eigenständiger Wirkfaktor; die schulische, berufliche und akademische Ausbildung spielt ebenfalls eine zentrale Rolle. Dazu kommt die politische Professionalisierung in Parteien, Parlamenten, Ministerialverwaltungen und in politiknahen Berufsfeldern; auch die Einbindung in persönliche Beziehungsnetzwerke, das sogenannte Vitamin B, ist nach wie vor ein sehr wichtiger Rekrutierungsfaktor. Die personelle Verflechtung mit bedeutsamen Interessenverbänden sollte ebenfalls nicht gering bewertet werden. Vielfach unterschätzt wird ein weiteres zentrales Kriterium: Die regionale und landsmannschaftliche Herkunft – in Übereinstimmung mit der landsmannschaftlichen Herkunft des jeweiligen Regierungschefs oder Ressortministers – spielt eine wesentliche Rolle. Beispielsweise rekrutierte Willy Brandt Berliner, Helmut Schmidt Hanseaten und Norddeutsche, Helmut Kohl baute zu Beginn seiner Kanzlerschaft auf Kräfte aus Rheinland-Pfalz, Gerhard Schröder hatte ein Faible für zentrale Mitarbeiter aus Niedersachsen. Dazu gehören der SPD-Kanzlerkandidat Frank-Walter Steinmeier und die Justizministerin Brigitte Zypries.

Lediglich die Einführung von Frauenquoten hat zu einer nachhaltigen Korrektur und zu einer häufigeren Rekrutierung von weiblichen Spitzenkräften in der Politik und den Ministerialverwaltungen geführt. So ist beispielsweise die Frauenquote in der rheinland-pfälzischen Landesregierung zwischen 1991 und 2008 von 10 auf über 30 Prozent angestiegen.

Fazit: Braucht Deutschland mehr Seiteneinsteiger?

Deutschland ist kein Land der Seiteneinsteiger. Ohne die Unterstützung aus der ersten Etage der Parteien hat ein Seiteneinsteiger keine Chance. Michael Fuchs, selbst ein Seiteneinsteiger und CDU-Mittelstandspolitiker, spitzt zu: »Wir haben in Berlin zu viele Berufspolitiker, denen Erfahrungen aus einem eigenen Berufsleben fehlen.« Fuchs sieht zudem ein ernsthaftes Problem in der finanziellen Abhängigkeit der Abgeordneten. »Solche Abgeordnete haben keine Selbstständigkeit im Denken mehr. Und weil sie von ihrem Mandat abhängig sind, sind sie leicht zu disziplinieren.«[15]

Um Seiteneinsteigern den Weg in die Politik politisch wie auch finanziell zu erleichtern, unterbreitet die ehemalige niedersächsische Wirtschaftsministerin Susanne Knorre (einst Seiteneinsteigerin bei der FDP in Rheinland-Pfalz, dann bei der SPD in Niedersachsen, dann Ausstieg in die PR) einige Lösungsvorschläge. Demnach würden die Einführung von Quereinsteigerquoten und die Anhebung der Politikergehälter den Einstieg erleichtern. Zudem sollten Firmen, die dazu in der Lage sind, ihre Manager für einen begrenzten Zeitraum für die Politik abstellen, und ihnen Rückkehrmöglichkeiten offenhalten.[16]

Eine Quote für Seiteneinsteiger wollte schon Franz Müntefering als Bundesgeschäftsführer der SPD im Jahr 2000 unter dem Motto »Zehn von außen« einführen. Zehn sozialdemokratische Seiteneinsteiger sollten nach seiner Vorstellung der Bundestagsfraktion angehören. Doch Parteimitglieder und Funktionäre kritisierten dieses Konzept vehement, sodass Müntefering seine Idee schnell wieder ad acta legen musste.[17] Heute spricht niemand mehr über die verwelkte Idee.

Eine Öffnung des politischen Systems nach dem Vorbild der USA ist in Deutschland nicht denkbar, diese Korrektur würde eine grundlegende Veränderung der politischen Kultur und des Selbstverständnisses deutscher Parteien mit sich bringen. Allerdings erzielen die vermeintlich leichteren Einstiegsmöglichkeiten für Seiteneinsteiger in den USA ohnehin nicht die gewünschte Widerspiegelung der gesellschaftlichen Schichten auf der politischen Führungsebene.

»Ähnlich wie in den USA sind auch in Deutschland politische Seiteneinsteiger in erster Linie Angehörige höherer sozialer Schichten, verstärken die Überrepräsentanz von Akademikern und Beamten also nur noch weiter.«[18]

Aufstieg garantiert: Zentrale Rolle der persönlichen Referenten

Im individuellen Prozess der politischen und ministeriellen Karriere spielt die Funktion des »persönlichen Referenten« oder »Assistenten« eine essenziell wichtige Rolle. Der Aufstieg in politisch-administrative Führungspositionen ist auf diesem Wege wesentlich leichter und vollzieht sich in einem rasanteren Tempo als über den klassischen Bewährungsweg über die Fachebene. Fast ist man geneigt, von einer »conditio sine qua non« zu sprechen. Die Untersuchung der Lebensläufe zahlreicher Bundes- und Landespolitiker sowie führender Ministerialbeamter (schon ab Abteilungsleiterebene) belegt die privilegierte Sonderstellung von persönlichen Referenten auf dem Karriereweg in der Politik.

Ein markantes (historisches) Beispiel: Dr. Klaus Dieter Leister, von 1981 bis 1982 beamteter Staatssekretär im Verteidigungsministerium, stieg innerhalb von zehn Jahren vom einfachen Referenten zum Amtschef auf. Konkret bedeutet dies, dass er jedes Jahr um eine Stufe befördert wurde, was eigentlich nach dem Beamtenrecht nicht möglich war. Er war persönlicher Referent und Büroleiter von Helmut Schmidt und begleitete ihn in verschiedenen Regierungsfunktionen nach oben.

Auf Landesebene gelten ähnliche Prinzipien. Wenn der frühere hessische Innenminister Herbert Günther mit einem aufstrebenden Referenten längere Spaziergänge im Wiesbadener Kurpark unternahm, war dies die offizielle Ankündigung für den nächsten Karriereschritt hin zum Staatssekretärsposten, Verfassungsschutzchef oder andere Toppositionen.

Die »persönliche Nähe« zu einem führenden politischen oder ministeriellen Akteur ist für die Auswahl einer Person von zentraler Bedeutung.

Der Auswählende möchte bei der Rekrutierung in der Regel die Gewissheit haben, dass der neue Mitarbeiter »nicht aus dem Ruder« läuft. Ob eine solche »Linientreue« gegeben ist, lässt sich besser abschätzen, wenn »persönliche Bindungen« bestehen oder als vertrauenswürdig erachtete Gewährsleute für eine solche Zuverlässigkeit »bürgen«. Zudem ist der von der Führung gewünschte und favorisierte Politikstil bereits durch die politische Praxis eingeschliffen und trainiert. Die Verdopplung einer Machtposition über den Einsatz von Referenten ist einer der typischen Rekrutierungswege in Deutschland. Ein Insider aus einer Personalabteilung einer wichtigen deutschen Staatskanzlei sieht diese Rekrutierungswege als durchaus funktional an:

»Möglicherweise kann man hinsichtlich der Rekrutierungsprozesse im politischen Bereich einen Mangel an Offenheit, Transparenz und fachspezifischer Kenntnis beklagen. Man sollte allerdings bedenken, dass es in den tagtäglichen politischen Ablauf- und Konkurrenzprozessen um Macht sowie die Erlangung und Absicherung derselben geht. Deshalb sind Faktoren, wie wir sie von archaischen Gefolgschaftsstrukturen her kennen (Treue, Loyalität, Verbundenheit, Solidarität, persönliche Nähe etc.), besonders relevant und wirksam.« Die Platzierung von persönlichen Referenten in den politischen Apparaten hat einen weiteren Vorzug: Auf diese Weise werden flächendeckend Kontrollposten und Frühwarnsysteme installiert. Die Ex-Referenten verhalten sich bei dieser Aufgabenstellung meist »loyal«, weil für sie natürlich schon die nächste Beförderung eingepreist ist.

So schließt sich der Kreis von Cliquen und Claqueuren, die die Betriebsgeheimnisse der Politik kennen und sich deshalb strikt an die Betriebsabläufe halten. Dies wird sich nur ändern, wenn die Bürger ihre Beobachterposition in der Stimmungsdemokratie aufgeben.

4. Siebzehn Thesen zum Buch: Ein alternatives Lesezeichen

Ohne die Wiederherstellung des Primats der Politik und der Einführung einer Jugendquote in den Parteien ist die Auszehrung der Demokratie nicht zu stoppen

1. Die Nachwuchsfalle ist die größte Gefahr für die Volksparteien. Sie bluten langsam aus.

Die chronische Überalterung der Parteien produziert automatisch die Abschottung junger Interessenten. Immer öfter treten nur noch Kandidaten der zweiten, dritten oder vierten Wahl an oder müssen zu einer Kandidatur gedrängt werden. Immer seltener gibt es Kampfabstimmungen um wichtige Ämter und Funktionen. Immer mehr Listen für Kommunalwahlen in Großstädten, Kreisen und Gemeinden können nicht mehr aus dem Kreis der Parteimitglieder besetzt werden. Die jahrelang kritisierte Problemlösungsschwäche, die Politikverflechtung der konkurrierenden Kommunal-, Landes- und Bundespolitik und die freiwillige Aufgabe des »Primats der Politik« zugunsten der Dominanz der Wirtschaft blieb nicht ohne Konsequenz. Der politische Preis für den zunehmenden Glaubwürdigkeitsverlust vieler Politiker und der daraus resultierenden Politikverachtung ist hoch: Distanz, Misstrauen und grundlegende Politik-Skepsis.

2. Die Sklerose der Volksparteien gefährdet langsam und weitgehend unbemerkt die Demokratie und zehrt die Legitimationsreserven der Parteien im parlamentarischen System auf.

Der drohende Demokratie-Verfall ist empirisch belegt und hat ein bedrohlich großes Ausmaß erreicht. Die massive Demokratie-Entfremdung und Distanz zu den Parteien in Deutschland wird von den Verantwortlichen trotzdem verdrängt. Sie gehen davon aus, dass es – auch aufgrund der stabilen verfassungsrechtlichen Absicherung –

keine Alternative zum Parteienstaat gibt und der ohnehin von der Regierungsadministration gesteuerte parlamentarische Betrieb auch mit weniger Kandidaten und weniger Parteimitgliedern funktioniert.

3. Im Zuge dieses Auszehrungsprozesses gefährden die Parteien Zug um Zug ihre im Grundgesetz verankerte Legitimationsbasis.

Die Privilegien der Verfassung, die den Parteien eine umfassende Mitwirkung in Staat und Gesellschaft garantieren, erfordern im Gegenzug von den Parteien ein stabiles Beteiligungsfundament für die Bürger und eine feste Verankerung von Mitgliederparteien im Volk. Zudem müssen die Parteien den Meinungsbildungsprozess zu zentralen Fragen organisieren und haben eine Bringschuld bei der Bereitstellung von qualifiziertem Personal. Alle Faktoren für die privilegierte Position werden heute nicht mehr im notwendigen Umfang garantiert, sodass sich die Legitimationsfrage der Parteien immer deutlicher und dramatischer stellt.

4. Diese Trends sind schon lange bekannt, wurden aber systematisch verdrängt oder kosmetisch »aufgehübscht«.

Die Parteien haben sich in einer Wagenburgmentalität eingerichtet. Der Grund: Eine kleine Gruppe der politisch Mächtigen in den Parteien kann bequem – und ohne spürbare Nachteile – weitermachen wie bisher. Politische Konkurrenz durch die jüngere Generation, durch eigenwillige, unabhängige Köpfe sind in deren Kontrollsystem lästig. Nichtwähler, Protestwähler, fehlender Nachwuchs oder der Rückzug von einst Aktiven sind keine Krisentendenzen, die sie direkt und persönlich betreffen. Das ist der wesentliche Grund, warum alle Öffnungs- und Reformprozesse der Parteien seit vielen Jahren versanden und faktisch nur appellativen Charakter haben. Parteiführungen haben kein Interesse an wirksamen Parteireformen.

5. Die Parteien in Deutschland leiden unter einem massiven Realitätsverlust. Die Partei-Realität vieler Spitzenpolitiker unterscheidet sich fundamental von der Lebensrealität der Bürger und Wähler.

Die Folge: Die Parteien verlieren zunehmend ihre Problemsensorik, ihre Orientierungsfunktion für die Bürger, ihren inneren Kompass. Fraglich ist, ob sie die Wirklichkeit ihrer Wähler noch kennen, programmatisch filtern und integrieren können. Die Verankerung in der Bevölkerung sinkt, die Parteien verlieren an politischer Deutungsfähigkeit. Eine Konsequenz: »Das leise Verschwinden der Politik« als »Profilierer der Interpretationsordnung« (Werner Weidenfeld, 2006).

Die Distanz-Dynamik der sich wechselseitig verstärkenden Faktoren wird in der Wissenschaft wie in der medial vermittelten Öffentlichkeit chronisch unterschätzt. Die sich vertiefende Kluft zwischen Partei-Realität und Lebens-Realität der Bürger verlangt grundlegende Korrekturen und Anpassungen an die Wirklichkeit, weil andernfalls demokratisch nicht legitimierte Akteure und Lobbykräfte ihren politischen Einfluss noch weiter ausbauen und so die eigentlichen gewählten Volksvertreter überflüssig machen, somit das demokratische Prinzip aushöhlen.

6. Die Parteien vergeuden zu viel Zeit mit der Konsensfindung und der Konfliktverarbeitung in den eigenen Reihen.
Die Parteien sind zunehmend mit Selbstorganisation beschäftigt und nehmen sich zu wenig Zeit für die notwendige Programmentwicklung und die Klärung des inhaltlichen Profils. Darunter leidet die direkte und dialogische Vermittlung von Positionen und Standpunkten. Politik wird unzureichend erklärt, der Bürgerwille nicht aufgespürt und erfasst. Die Demoskopie und die täglichen Pressemappen werden für Spitzenpolitiker zum »inneren Geländer«. Auf diese Weise verlieren Parteien in der Mediendemokratie ihre Urteilsfähigkeit. In der Spirale von Gremienwirklichkeit, Umfragen und Medienresonanz produzieren sie ihren eigenen Bedeutungsverlust. Wenn sie sich vorrangig der Logik der Medien unterwerfen und Medienöffentlichkeit mit Bürgeröffentlichkeit verwechseln, entfernen sie sich freiwillig von ihrem eigentlichen Auftrag.

7. Die Parteien schaffen zu wenige echte Entscheidungssituationen, die Meinungsbildung vorantreiben und alle interessierten Akteure zu einer argumentativen Auseinandersetzung zwingen.

Wirksame Teilhabe ist in Parteien der Ausnahmefall. Selbst Parteitage sind zunehmend Teil einer eventorientierten Politikvermittlung, die mithilfe professioneller Inszenierung bestimmte, vorab bereits abgeklärte Botschaften über die Medien transportieren und eine attraktive Politikshow präsentieren will. Parteitage sind der Abschluss einer intern im kleinsten Kreis vorangegangenen Entscheidungsfindung. In den wichtigen Gremien und Vorständen wird ebenfalls nicht mehr offen und streitig diskutiert. Hier werden die Mehrheiten eingesammelt, die vorher organisiert wurden.

8. Der Leidensdruck zur Durchsetzung von Reformen ist zu
schwach ausgeprägt.
Die in den jugendfreien Parteien laufenden Öffnungsversuche sind nur ein Tropfen auf den heißen Stein. Nachwuchsakademien zur Schnellausbildung von aufstrebenden Jungpolitikern ziehen oft die falschen »Karrieristen« an. Im Schlepptau der Funktionäre, die »ihre« Kandidaten aussuchen und »mentorieren«, wächst der Typus des angepassten Außenseiters, der sich nach der von der jeweiligen Parteiführung vorgegebenen Linie verhält. »Politik als Job« ist aber eine zweifelhafte Motivation und reduziert den politischen Kommunikations-, Beteiligungs- und Entscheidungsprozess auf eine technokratische Managementfunktion. Ohne Ideale, große Ideen und die notwendige Konflikt- und Einsatzbereitschaft für Positionen und Visionen fehlen aber zentrale Antriebskräfte für eine gemeinsinnorientierte Politik. Mit der Zentrierung auf Karriere- und Eliteschulungen wächst eine graue, sinnentleerte Funktionärskultur, überzeugungsarm und angepasst, angetrieben von hektischer, tagesgetriebener Symbolpolitik und der Orientierung auf die politische Agenda der Medien. Leidenschaft für die Sache stirbt in diesem Klima.

9. Parteireformen werden meist technokratisch gedacht
und dienen lediglich der Simulation von Aktivität und der
Beruhigung von Kritikern in unruhigen Krisenzeiten.
Keine der beschlossenen Reformen, die mehr Partizipation, bessere Information und gesellschaftliche Öffnung versprachen, wurde kontinuierlich und konsequent vorangetrieben. Alle Reformen sind

faktisch gescheitert. Der Grund: Kein Parteiführer oder Spitzenpolitiker machte bislang das Thema Parteireform zu seinem persönlichen Anliegen – über den Tag hinaus. Zudem haben die wichtigen Funktionäre Sorge, dass die Veränderung der noch existierenden schwachen »Vereinsstrukturen« nach einem Modernitätsschub ganz weggespült würden und die Parteien vor dem virtuellen Nichts stünden. Reformen hatten bislang nur eine Ventil-Funktion.

10. *Die Politik leidet unter dem Verlust von Typen mit Willen, Charisma und Konfliktbereitschaft. Politiker von der Stange dominieren.*

Erhard Epplers Diagnose »Willy Brandts wachsen nicht auf Bäumen« stimmt. Die ganze, viel erschreckendere Wahrheit aber ist: Typen wie Brandt und andere kämen in den Parteien heute nicht mehr in Spitzenämter. Sie würden unter dem Druck eines massiven Anpassungszwangs früh ausgemendelt oder in die Einflusslosigkeit abgedrängt.

Die größten Aufstiegschancen haben heute Personen, die sich geräuschlos an die jeweilige (lokale oder regionale) kleine Führungsschicht – eines Patronats – anpassen und unauffällig die eingeführten Machtsysteme stützen. So werden sie zu Marionetten, die zur passenden Gelegenheit »platziert« werden und dieses etablierte Politikmodell fortsetzen. Damit verlieren sie aber ihre persönliche Ausstrahlung und werden austauschbar. Zudem blockiert dieses »Patronat«, das die Kandidaten der Zukunft bestimmt, eine offene Elite-Auswahl. Denn ohne Patronage und die damit verbundenen Abhängigkeiten ist ein politischer Aufstieg heute undenkbar. Das System im Leerlauf rekrutiert sich also aus sich heraus und schottet sich mit hoher Energie von unkontrollierbaren Außeneinflüssen ab. Neue Ideen und Rekrutierungsverfahren haben auch deshalb kaum eine Realisierungschance.

11. *Das reale Anforderungs- und Aufgabenprofil in der Politik kollidiert mit den Wünschen, Erwartungen und Hoffnungen interessanter, persönlich unabhängiger Kandidaten.*

Mit den massiven Anpassungsanforderungen können nur bestimmte Typen leben, denen – mangels Alternativen – ein beruflicher Aufstieg in der Politik in Aussicht gestellt wird. Aus diesem Prozess und dem Ansehensverlust der professionellen Politik entsteht auf Dauer ein negativer Ausleseprozess, der nicht die Besten sondern eher die Angepassten auf die vorderen Listenplätze bei der Mandatsverteilung bringt. Da Wettbewerb meist im Vorfeld verhindert wird und Kampfabstimmungen oft unterbunden werden, wird dieses System gezielt stabilisiert.

12. *Quereinsteiger und Seiteneinsteiger haben nur dann eine Chance in der Politik, wenn sie als mediale Farbtupfer wahrgenommen werden oder von Spitzenpolitikern der Parteien kooptiert werden.*

Quereinsteiger werden in ihrer Wirkung und ihrem vermeintlichen Potenzial überschätzt. Echte Öffnungsprozesse in den Parteien, wirksame Teilhabe und qualifizierte, frühzeitige Informationen für die Mitglieder sind – in der Gesamtschau – effizienter und nachhaltiger als öffentlichkeitswirksame Kooptationen bestimmter Images, die über Quer- und Seiteneinsteiger »eingekauft« werden sollen.

Die oft verpönte »Ochsentour« hat auch den positiven Effekt, dass die entsprechenden Absolventen unter Realitätsdruck gesetzt werden und lernen, was ihre Wähler bewegt und wer welche Interessen in der jeweiligen Partei-Hierarchie verfolgt.

13. *Die meisten Politiker auf allen Ebenen kennen die Tabus und Lebenslügen der Politik.*

Die beschriebenen geheimen Codes und die unausgesprochenen Verhaltensweisen gehören zur hidden agenda – dem verborgenen Lehrplan – der Parteien. Die Macht der wenigen Machteliten, die Bedeutung der informellen Kreise und Strömungen, der gewachsene Lobby-Einfluss und Mediendruck auf die Parteien ist vielen Aktiven durchaus bekannt. Diese Einflusszonen werden aber nicht angesprochen und ausgeleuchtet, weil der Sanktionsdruck derjenigen, die von diesem System zu profitieren glauben, zu groß ist. Kritik in der Öffentlichkeit wird stets von den Führungskräften als »schädlich« tabuisiert und systematisch unterbunden beziehungsweise sanktioniert.

14. *Parteien bieten in der politischen Praxis modernes*
Illusionstheater.

Parteien vermitteln noch den Eindruck, dass sie an den Hebeln der
Macht sitzen würden. Tatsächlich existiert das »Primat der Politik«
aber nicht mehr. Politiker arbeiten unter dem »Primat der Wirtschaft« im Schatten einer mächtigen Exekutive und unkontrollier-
ten Ministerialbürokratie. Im Dreieck potenter Lobby-Interessen,
einflussreicher Regierungs-Administration und steuernder Medien-
Akteure versuchen die Parteien mitzuspielen und den Eindruck
hektischer Betriebsamkeit und situativer Entschlossenheit zu vermitteln.

Die Einsicht in die realen Einflusszonen dieser neuen Vetospie-
ler wächst bei Politikinteressierten in der Praxis nur langsam. Die
Erkenntnis, dass man in der Politik – unter Berücksichtigung der genannten Einflussfaktoren – kaum etwas verändern kann, fördert
Desillusionierung und Rückzug.

15. *Die undurchschaubare Informalisierung von Entscheidungs-*
prozessen – von oben nach unten nach oben – befördert
eine Closed-shop-Mentalität und löst langsam Loyalitäts-
beziehungen auf.

Viele Parteifunktionäre verhalten sich wie Warlords, die nur ihre
eigenen Interessen verfolgen und ihre Positionen durchsetzen, beziehungsweise gegnerische Konzepte frühzeitig unterbinden sollen.
Die Folge dieser »top-down-« Prozesse ist ein massiver Autori-
tätsverlust von führenden Politikern, deren Halbwertzeit folglich
immer kürzer wird. Auch dieser Prozess der Schnellabnutzung
wichtiger Persönlichkeiten birgt ein Gefährdungspotenzial für die
Demokratie. Affairen, Intrigen und Machtkämpfe, über die Medien
ausgetragen, werden micht aufgearbeitet und bilden so den Humus
für die nächsten Konflikte.

16. *Die Flucht ins Ungefähre, die gezielte Unverbindlichkeit und*
die grassierende Multi-Optionspolitik verschärfen die Krise.

Eine möglichst unpräzise politische Sprache im Vakuum des Sowohl-als-auch, eine gezielte programmatische Unschärfe und eine
Kultur der Nicht-Festlegung fördern die Distanz zur Politik. Wo

alles möglich und gleichzeitig unmöglich erscheint, alle Bündnis-
formationen denkbar sind, werden Orientierung und Identifikation
unmöglich. Unterscheidbarkeit und erkennbares programmatisches
Profil ist aber die Voraussetzung für Entscheidungsfähigkeit: für
gut und böse, richtig und falsch, bezahlbar und nicht bezahlbar.
Für eine verlässliche Werteorientierung von politischen Entscheidungen. Führende Politiker wollen aber Verbindlichkeit ausschließen, um nicht festgelegt zu werden. Deshalb können sie Politik
auch nicht nachvollziehbar erklären

17. *Lösungsansatz: Das Primat der Politik muss wiederhergesellt,*
    direkte Beteiligung gefördert und eine Jugendquote eingeführt
    werden
Die Politik darf sich nicht länger der von den Wählern übertragenen
Aufgaben entziehen. Das Primat der Politik muss wieder der gültige Maßstab in der Demokratie sein. Parteien müssen sich öffnen
und die Beteiligung der Bürger mit einen möglichst großen Set an
Mitwirkungsmöglichkeiten als durchgehendes Prinzip ihrer Arbeit
verankern. Analog zu der erfolgreich durchgesetzten Frauenquote
müssen alle Parteien umgehend eine vergleichbare Jugendquote einführen, um sich selbst auf diese Weise einen Demokratieschub zu
verordnen. Dies ist die einzige Chance zur Vitalisierung der Bürgergesellschaft und die einzige Antwort zur Bekämpfung der bedrohli-
chen Demokratiekrise.

Anmerkungen

**Cliquen und Claqueure in den Parteien treiben die Politik in eine Nach-
wuchsfalle (Vorwort)**

1 Wissenschaftliche Dienste im Deutschen Bundestag (WD) 10. 2007: 12

2 ebd.: 15

3 ebd.

4 Art. 21 GG Abs. 1

5 Gunkel, Christoph, et. al., Der Spiegel, 07.07. 2008: 40

6 Hohmann-Dennhardt, Christine, Vortrag vom 09.04. 2008: 4

7 ebd.: 5
   Den Einfluss von Kommissionen hat Nicole Kaspari in ihrer Dissertation
   ausführlich dokumentiert und die Steuerungsfunktion dieser »Instrumente
   der Politikentscheidung« analysiert. Vgl. Nicole Kaspari: Gerhard Schröder –
   Political Leadership im Spannungsfeld zwischen Machtstreben und politischer Verantwortung, Frankfurt 2008.

8 ebd.: 2

9 ebd.: 8

10 ebd.: 3

11 ebd.: 8

12 Bruns, Tissy, Tagesspiegel, 09.02. 2009: 33.

13 BVerfGE 91, 262

14 ebd.: 268

15 Interview mit Christine Hohmann-Dennhardt, 05.12. 2008

16 WD, 10. 2007: 6

17 Wiesendahl; 2006: 105 f.

18 Wiesendahl; 2006: 101

19 ebd.: 7

20 ebd.: 8

21 Rüttgers, Jürgen; 1993: 35

22 ebd.: 36

23 ebd.: 37

24 ebd.: 183

25 ebd.: 187

26 ebd.: 39

Teil I Mandat statt Leidenschaft – Anatomie des Niedergangs

1. Eine unbequeme Wahrheit: Von der »Demokratie-Entfremdung« zur »Demokratie-Distanz«

1 Datenreport 2008: 398

2 Persönliche Lebensumstände, Einstellungen zu Reformen, Potenziale der Demokratie-Entfremdung und Wahlverhalten. Eine Untersuchung im Auftrag der Friedrich-Ebert-Stiftung, Bonn 2008 (unveröffentlichte Ergebnisse): 78

3 ebd.: 63

4 ebd.

5 ots, 05.06. 2008

6 Die Welt, 15.12. 2006

7 ebd.

8 Die Welt, 26.9. 2008

9 ebd.

10 Berliner Zeitung, 02.01. 2009: 2. Eine aktuelle Studie der FDP-nahen Friedrich-Naumann-Stiftung kommt zu wesentlich kritischeren Ergebnissen: »Nur jeder zweite Ostdeutsche ist mit der Demokratie zufrieden.« vgl. Die Welt, 31.03. 2009

11 Aktueller Begriff, Nr. 49/06 vom 8.12. 2006

2. Mythos Ehrenamt: Wie Deutschland zum Weltmeister des freiwilligen Engagements statistisch hochfrisiert wird

1 Süddeutsche Zeitung (SZ), 13.12. 2008

2 vgl. Engagement Atlas 2008: 9

3 ebd.: 13

4 ebd.: 39

5 epd-sozial, 28.11. 2008: 12

6 ebd.

7 ebd.

vgl. die schriftliche Stellungnahme auf Fragen des Autors von Olaf Ebert (Freiwilligen Agenturen) vom 03.02. 2009 und vom Geschäftsführer des BBE (Bundesnetzwerk bürgerschaftliches Engagement), Ansgar Klein, vom 10.02. 2009. Dr. Philip Steden, Senior Projektleiter bei der Prognos AG, antwortete in einer Mail vom 05.01. 2009 auf detaillierte Fragen zum Forschungsdesign der Generali-Studie. Zentrales Ergebnis: Die insgesamt pauschale Befragung wurde nicht in einzelnen Themenfelder spezifiziert, sodass viele Fragen zum Befragungskonzept offen bleiben. Detailliertere Kritik dazu in BBE-newsletter Nr. 1/2009 vom 08.01. 2009.

8 vgl. von Rosenbladt, 1999: 401

9 ebd.

10 Frankfurter Allgemeine Zeitung (FAZ), 10.10. 2002

11 vgl. Informationsfaltblatt des hessischen Innenministeriums 2009; selbst die Zeitschrift Focus publizierte eine Reportage mit dem Titel »Es brennt! Die freiwilligen Feuerwehren haben massive Nachwuchsprobleme. Immer mehr Standorte schließen«. Focus 8/2009 vom 16.02. 2009

3. Die Innenausstattung des politischen Personals in Deutschland. Oder: Wer wird Politiker und warum?

1 Schüttemeyer, Suzanne 2002: 154.

2 vgl. Weege, Wilhelm 2007: 9 f., Wiesendahl 2006: 104 f., Weßels 1997: 87

3 vgl. Weege 2007: 11 f., Wiesendahl 2006: 108 ff.

4 vgl. Weege 2007: 12

5 vgl. ebd., Wiesendahl 2006: 108 ff.

6 vgl. Weege 2007: 12, Weßels 1997: 84

7 vgl. Ali, Anwar Syed 2003: 119, 147 f., 160

8 vgl ebd.: 121 ff.

9 vgl ebd.: 128

10 vgl. Weege 2007: 12

11 vgl. ebd.: 6

12 vgl. Wiesendahl 2006: 100, Weßels 1997: 86 f., Borchert/Stolz 2003: 153

13 vgl. Weege 2007: 6

14 vgl. ebd.

15 vgl. Borchert, Jens/Stolz, Klaus 2003: 156 ff.

16 ebd.: 157

17 vgl. Herzog, Dietrich 1975: 219 ff.

18 vgl. auch Weege 2003: 6 f.; andere Typologien liefern etwa Klages, Wolfgang 2001: 26 f. und Römmele, Andrea 2004: 271 f.

19 Wiesendahl 2006: 105 mit Bezug auf Guha, Anton-Andreas 1998: 54 und Zeuner, Bodo 1971: 177 f.; bei ihrem erstmaligen Eintritt in den Bundestag sind Abgeordnete im Schnitt 42 bis 44 Jahre alt, vgl. Weege 2007: 10

20 Wiesendahl 2006: 96

21 Weege 2007: 12

22 vgl. Weege 2007: 8

23 vgl. Schüttemeyer, Suzanne/Sturm, Roland 2005: 542

24 ebd.

25 ebd.: 546

26 Wiesendahl 2004a: 135

27 ebd.: 134

28 vgl. ebd.: 135 und Norris, Pippa/Lovenduski, Joni 1995: 137 ff.

29 ebd.

30 vgl. Schüttemeyer 2005

31 Schüttemeyer/Sturm 2002: 151

32 vgl. Wiesendahl 2004a: 135

33 Schüttemeyer/Sturm 2005: 546

Teil II Kaderbildung statt Parlamentserfahrung – Karrieren am Reißbrett

1. Eine Deutschlandreise zu Auf- und Absteigern, zu Karrieristen, Aussteigern und Ausgestoßenen

1 Wiesbadener Kurier, 03.08. 2001
2 Tagesspiegel, 11.02. 2009

2. Reserve hat Ruh – Die ausgezehrten Jugendorganisationen

1 Eubel, Cordula/Siebenmorgen, Peter: Keine Hüftgelenke für die ganz Alten. In: Tagesspiegel am Sonntag, 03.08. 2003 (URL: http://www.tagesspiegel.de/politik/;art771,1930676)
2 Bunte, 04.02. 2009
3 Stuttgarter Nachrichten, 23.10. 2006: 4
4 Issig, Peter: JU-Chef fordert neuen Politikstil. In: Die Welt, 06.05. 2007 (URL: http://www.welt.de/muenchen/article854770/JU_Chef_fordert_neuen_Politik_Stil.html)
5 Siehe http://www.stefan-mappus.de/fileadmin/download/Moderner_buergerlicher_Konservatismus.pdf
6 Gespräch mit Professor Dr. Gerd Langguth
7 Stroh, Kassian: Hilfreiches Netzwerk. In: SZ, 23.07. 2008: 6 (URL: http://www.sueddeutsche.de/bayern/180/303175/text/).
8 Angaben SPD-Vorstand
9 Holl, Thomas/Löwenstein, Stephan: Federn gelassen. FAZ, 27.10. 2003: 10
10 FAZ, 27.10. 2003
11 Christ, Sebastian: Die Jusos – eine zerrüttete Jugend. In: stern.de, 17.06. 2008 (http://www.stern.de/politik/deutschland/:Patient-SPD-Die-Jusos-Jugend/624103.html?eid=625096).
12 Höll, Susanne: Marsch in die Alltagstauglichkeit. In: SZ, 30.07. 2008: 6 (URL: http://www.sueddeutsche.de/politik/183/304160/text/).
13 Interview des Autors mit Franziska Drohsel.
14 Konferenzunterlagen o.D.
15 ebd.
16 E-Mail von Katrin Münch, Bundesgeschäftsführerin der Jusos, vom 06.02. 2009
Katrin Münch zur Mitgliederentwicklung: »Die Mitgliederentwicklung zeigt eine kontinuierliche Reduktion der Mitgliedszahlen bis 2005. In den letzten drei Jahren haben wir es geschafft, den Trend zu durchbrechen und neue Mitglieder zu werben. Zurzeit haben wir den Stand von vor fünf Jahren übertroffen, Tendenz steigend.«
Katrin Münch zum Etat: »Im Gegensatz zu der Jungen Union sind die Jusos kein eingetragener Verein, sondern eine Arbeitsgemeinschaft der SPD. Laut Satzung (Richtlinie vom 23. Juni 2008) dürfen Arbeitsgemeinschaften

keine Beiträge erheben. Die Jugendorganisationen der Parteien bekommen für ihre politische Arbeit staatliche Zuschüsse. Die Jusos finanzieren sich vor allem aus Parteigeldern.«

17 Christ, Sebastian: Die Jusos – eine zerrüttete Jugend. In: stern.de, 17.06.2008. (http://www.stern.de/politik/deutschland/:Patient-SPD-Die-Jusos-Jugend/ 624103.html?eid=625096).

18 www.gruene-jugend.de

19 ebd.

20 SZ, 02.09.2008

21 ebd.

22 Fahrenholz, Peter: Auf der Suche nach dem sozialen Herzblut. In: SZ, 06.02.2008 (URL: http://www.sueddeutsche.de/politik/164/305134/text/)

23 ebd.

24 www.julis.de

25 www.linksjugend-solid.de

26 SZ, 27.08.2008

27 Auskunft von Christoph Kröpl

28 Quelle: Christoph Kröpl, Bundesgeschäftsführer

29 Christoph Kröpl, Bundesgeschäftsführer, zum Etat der Linksjugend: »Von Seiten der staatlichen Fördertöpfe für die politische Jugendarbeit erhielten wir bis 2008 keine Mittel. Da uns eine Mitgliedschaft im Ring Politischer Jugend wegen Vetos der Jungen Union verwehrt ist und das zuständige Ministerium BMFSFJ den mitgliedschaftsunabhängigen Förderantrag bis zur Klärung eines anhängigen Verwaltungsgerichtsverfahren nicht behandelt.«
vgl. Auf dem Weg nach oben, p&k zeigt, was aus ehemaligen JU- und Juso-Vorsitzenden geworden ist. In: Politik und Kommunikation 4/2008, 01.04. 2008

3. Treibhäuser für die neue Funktionärsaufzucht

1 vgl. internes Einladungsschreiben für die Teilnehmer der Akademie

2 vgl. Fellowship 2007–2009, Führungsakademie der sozialen Demokratie (Hrsg.), Berlin 2009, Arbeitsmaterialien

3 vgl. Anm. 2

4 vgl. Anm. 2

5 vgl. Anm. 2

6 Einladung zur Jahrestagung, Führungsakademie der sozialen Demokratie

7 Interview in der Rhein-Zeitung, 27.08.2007

8 Interview mit dem Autor

9 ebd.

10 ebd.

11 ebd.

12 ebd.

13 ebd.

14 vgl. von der SPD beauftragte Evaluation zu der Bewertung der Führungs-akademie

15 vgl. Gehring, Kai Nachwuchsförderung politischer Parteien – innerpartei-liche Strategien zur Qualifizierung und Entwicklung junger Professionals, Bochum 2003 (Diplomarbeit): 132 ff.

4. Geheimoperation CDU-Nachwuchs: Warum die Schulung der Partei-Elite die Öffentlichkeit nicht zu interessieren hat

1 Email-Absage CDU Hessen vom 14.10. 2008

2 Sömmez, Eser Kiziloglu: Personalentwicklungsmaßnahmen deutscher Par-teien des Landes Hessen – Eine Bewertung der institutionellen Professionali-sierung in CDU, FDP, Bündnis 90/Die Grünen und SPD. Universität Bremen, Januar 2008

3 im Gespräch mit dem Autor

4 im Gespräch mit dem Autor

5 Prospekt der CDU Niedersachsen zur »Talentschmiede Niedersachsen«, o. D. (2008) und 14-seitige Informationsschrift »Talentschmiede Nieder-sachsen«, Oktober 2006

6 vgl. Anm. 5. Die CDU weitet die Talentförderung nun auch auf die Ziel-gruppe der jungen Frauen aus.

»Die CDU in Niedersachsen organisiert gemeinsam mit der Frauen Union ein Schulungsprogramm »Talente aus der Mitte des Lebens« ähnlich der »Talentschmiede für Niedersachsen«, konzipiert speziell zur Förderung von Frauen und Männern nach der ersten Familienphase.« Vgl. Dynamische Volkspartei, internes Papier, Stand 16.01. 2009

Auch die CDU Bremen startet »nach einem Bewerbungsverfahren im Sommer 2009« ein 18-monatiges »Nachwuchsförderprogramm« für 10 bis 20 Per-sonen im Alter von 18 bis 25 Jahren. Vgl. zweiseitige Beschlussvorlage des CDU-Landesvorstand Bremen vom 19.12. 2008

7 vgl. Bayernkurier, 22.09. 2007: 15

8 Interview mit dem Autor

9 Beschlussvorlage des Grünen Parteitages (2007)

10 Liberales Kolleg, Vorschläge für ein Mentoring-Programm im liberalen Raum, 9/2008

11 ebd.

12 ebd.

13 Schlönvoigt, Dieter: Übersicht über aktuelle Beschlüsse, Programme und Verfahren politischer Nachwuchsarbeit der im Deutschen Bundestag ver-tretenen Parteien. Berlin, August 2008

14 vgl. Betriebsvereinbarung zur Durchführung von Praktika in der Bundesge-schäftsstelle des Parteivorstands Die Linke. Berlin, 2005

15 Gris, Richard: Die Weiterbildungslüge. Warum Seminare und Trainings Kapital vernichten und Karrieren knocken. Frankfurt/Main, 2008

16 SZ,0 6./07.12. 2008: »Warum Seminare sinnlos sind«

17 vgl. »Seminare bringen nicht!« In: wirtschaft + weiterbildung, 9/2008: 28 ff.

18 ebd.

19 Informationen zum Mentoring-Programm der SPD Rheinland-Pfalz. 2-seitiges Papier, August 2008

Teil III Closed shop statt Bürgerpartei – Lernunfähigkeit als Parteiprinzip

1. Das Scheitern aller Programmreformen: Die SPD in der Umsetzungsfalle

1 Bliemel, Stephan u.a. im Auftrag des SPD-Landesvorstands Mecklenburg-Vorpommern: Parteireform der SPD M-V; Abschlussbericht der Arbeitsgruppe Mitgliederentwicklung.12.10. 2005: 5

2 ebd.: 5

3 ebd.: 10

4 ebd.

5 ebd.: 19

6 ebd.: 21

7 ebd.: 23

8 ebd.: 24

9 ebd.: 27

10 ebd.: 28

11 ebd.: 31

12 ebd.: 32

13 Bericht und Empfehlungen der Arbeitsgruppe Mitgliederpartei unter Leitung von Kurt Beck, SPD-Parteivorstand (Hrsg.). 15.06. 2005

14 ebd.: 5

15 ebd.: 14

16 Neumitglieder 2004, Ergebnisse der Befragung im September 2004, polis (Ergebnisbericht), München 2004; Untersuchungszeitraum: 06.–19.09. 2004. – Später firmierte das Forschungsinstitut unter dem Namen Polis Sinus.

17 Policy, Hrsg. Politische Akademie der Friedrich-Ebert-Stiftung, Nr, 18/ 2007: 8

18 ebd.: 8

19 ebd.

20 ebd.

21 ebd.

22 ebd.: 6

23 ebd.

24 ebd.: 4

25 ebd.:11

26 Intern, Informationsdienst der SPD, Nr. 4 vom 28.02. 1992.
Die Ergebnisse der vom SPD-Parteivorstand am 20.02. 1995 einberufenen neuen Arbeitsgruppe Mitgliederentwicklung, die explizit auf den Ergebnissen Projektgruppe »SPD 2000« aus dem Jahr 1993 aufbauen sollte, wird hier nicht vorgestellt. Der 26-seitige Bericht liefert keinen einzigen neuen Gedanken, keinen wesentlichen Impuls oder gar eine realistische Analyse, die über das drei Jahre zuvor veröffentlichte Material hinausginge. Mit dieser Kommission hatte die SPD wohl einen Tiefpunkt erreicht. Vgl. Abschlußbericht der Arbeitsgruppe »Mitgliederentwicklung« des SPD-Parteivorstands unter der Leitung von Christoph Zöpel, Bonn 1995, und den dazu gehörenden Band »Anlagen zum Abschlußbericht«, Bonn 1995

27 ebd.: 10

28 ebd.: 9

29 ebd.: 10.

30 Internes Papier des SPD-Parteivorstands vom 26.04. 1993

31 ebd.: 11 (vgl. auch Anm. 26)

32 Dr. Malcher Unternehmensberatung: Organisationsuntersuchung für die NRW-SPD, Köln 21.11. 2004: 11

33 ebd.: 14; vgl. auch Dr. Malcher Unternehmensberatung: Bericht zur Umsetzung des Strukturvorschlags zur Einführung von Regio- und Teamstrukturen und der Einrichtung von Service-Centern. Köln 01.12. 2005 und die dem Autor vorliegende interne Korrespondenz zu diesem Projekt.

34 Im Gespräch mit dem Autor. Vgl. zum Finanzdesaster der Parteien auch SZ, 18./19.04. 2009: »Die Mitgliedsbeiträge der Parteien brechen ein.«

2. Programmatische Sackgassen – Die SPD in der Zwickmühle der Linken

1 vgl. sueddeutsche.de, 25.2. 08

2 zitiert nach: sueddeutsche.de, 22.12. 08

3 zitiert nach focus.de, 27. 12. 2008

4 Die Welt, 29.12. 2008

5 zitiert nach Tagesspiegel, 16.11. 2008

6 Zitat am Rande einer öffentlichen SPD-Konferenz 2006

7 Nautilus Politikberatung (Hrsg.): Diskurse mit links. Berlin 2008

8 ebd.: 152

9 ebd.: 154

10 ebd.: 156

11 ebd.: 157f.

12 ebd.: 158ff.

13 ebd.: 162 ff.

14 ebd.: 162 ff.

15 ebd.: 168 ff.

16 ebd.: 177

17 ebd.: 178

18 ebd.

19 ebd.:178 ff. Arbeitsminister Olaf Scholz formulierte: »Keiner Partei steht die SPD programmatisch ferner als den Linken.«

20 ebd.: 182

3. CDU-Parteireform: Mutige Antragstexte – weiche Beschlüsse ohne Praxisrelevanz

1 Flugblatt der CDU, anlässlich der CDU Pressekonferenz zur CDU-Mitglieder-Entwicklung 28.07.2008

2 vgl. Neu, Viola: Die Mitglieder der CDU. Eine Umfrage der Konrad Adenauer Stiftung; Zukunftsforum Politik 84/2007

3 ebd.: 17

4 ebd.: 17 f.

5 ebd.:18

6 Der Wahlforscher will nur ohne Namensnennung zitiert werden.

7 Name der Quelle, die Anonymität wünscht, ist dem Autor bekannt.

8 vgl. Beschluss des Landeshauptausschusses der CDU Hamburg vom 29.02. 1992

9 Lebendige Volkspartei - Reformprojekte der CDU Deutschlands für eine moderne, demokratische und interessante »Partei-Arbeit«; Beschluss der Präsidiums-Kommission »Parteireform« vom 04.04.2001: 3

10 ebd.: 6

11 ebd.: 8

12 ebd.: 12

13 ebd.: 14

14 ebd.

15 ebd.: 27

16 vgl. Beschluss des CDU-Bundesvorstands vom 16.12.2002 – Kommission »Bürgerpartei«. Klare Ziele, neue Wege.

17 ebd.: 3

18 vgl. Beschluss des CDU-Bundesvorstands vom 21.06.2003 – Bürgerpartei CDU, Reformprojekt für eine lebendige Volkspartei und Beschluss des 17. Parteitags der CDU am 01./02.12.2003 in Leipzig. In: Union in Deutschland, 18.12.2003. Am 24.01.2009 beschloss der Landesvorstand der CDU Niedersachsen das 12-seitige organisationspolitische Papier mit dem Titel »Dynamische Volkspartei – engagiert, motiviert, meinungsbildend«, das derzeit profilierteste Konzept für moderne Partei-Arbeit der Union.

4. Happy Hour, Ladies Lunch @ Beachparty: Die FDP auf dem Weg zur modernen Marketing-Partei

1 vgl. Arbeitsgruppe »Parteireform« (Hrsg.): Willkommen Bürgergesellschaft, Konzept zur Reform der Parteiarbeit in Deutschland. Berlin, 20.07. 2008

2 ebd.

3 ebd.

4 ebd.: 1

5 ebd.: 2

6 ebd.

7 ebd.: 3

8 ebd: 4

9 ebd.

10 ebd.: 5

11 ebd.

12 ebd.: 8

13 Beerfeltz, Hans-Jürgen: Führungspraxis und Führungspersönlichkeit, Manuskript 2008, (vorgesehen für die Reihe »Neue Führungskunst – The new Art of Leadership«, o. O., o. J.)

14 ebd.: 1

15 ebd.: 10

16 ebd.

17 ebd.: 18

18 Charts des Referenten Frank Baumgärtner zum FNS-Kongress vom 16.12. 2008

19 ebd.

20 ebd.

21 ebd.

22 Redemanuskript des Referenten Wolfgang Fürstner zum FNS-Kongress vom 16.12.2008

23 ebd.

24 Charts des Referenten Michael Meeske zum FNS-Kongress vom 16.12. 2008

25 vgl. Text in der FDP-Zeitschrift Die Liberale II/1992: 5

26 ebd.

27 ebd.

Teil IV Geheimbünde statt Arena – Lobbyisten als parlamentarische Schrittmacher

1. »Schweigen und herrschen« – Geheimbünde und informelle Kreise der Parteien

1 Der Spiegel, 24/2006 : 30

2 Neukirch, Ralf/Schult, Christoph: Der Männerbund. In: Der Spiegel, 30.06. 2003: 38 ff.

3 Steinbeis, Maximilian: Harmlose Herren. In: Handelsblatt, 18.05. 2007: 6

4 im Interview mit dem Autor

5 Neukirch, Ralf/Schult, Christoph: Der Männerbund. In: Der Spiegel, 30.06. 2003: 38 ff.; vgl. auch Hajo Schumacher, MachtPhysik. Führungsstrategien der CDU-Vorsitzenden Angela Merkel im innerparteilichen Machtgeflecht 2000–2004; Berlin 2006 : 154 ff.

6 ebd.

7 ebd.

8 Ende Februar 2009 verabschiedete sich Böhr aus der Politik und legte sein Landtagsmandat nieder. Vgl. Wiesbadener Kurier, 19.02. 2009: 13

9 Neumann, Philipp: Die Welt, 02.02.2008: 2; und »Ende der ewigen Treue«. In: Der Spiegel 10/2009: 36

10 vgl. Kaliwoda, Harald: Eine »Tankstelle« fürs Leben, Kochs legendärer politischer Freundeskreis gründete sich in der Raststätte Wetterau. Heute trifft man sich am Kabinettstisch, Gießener Anzeiger, 03.03. 2006; vgl. auch Hajo Schumacher, Roland Koch. Verehrt und verachtet, Frankfurt/M. 2004, mit Ausführungen zur »Tankstelle«: 83 ff. und 130 ff.

11 ebd.

12 ebd.

13 ebd.

14 ebd.

15 vgl. Scherer, Peter: Die zehn von der Tankstelle. In: Die Welt, 26.02. 2003: 1. Karin Wolff musste im Februar 2008 als Kultusministerin ausscheiden. Franz-Josef Jung wechselte von Hessen nach Berlin ins Verteidigungsministerium. Auch Tankstellen-Mitglied Volker Hoff avancierte zum Europa-Minister. Kochs Weggefährte Jürgen Banzer kam zu Ministerehren. Christian Wagner wurde CDU-Fraktionsvorsitzender.

16 Grabenströer, Michael: »Koch geht es nur um Macht«. In: Frankfurter Rundschau (FR), 22.07. 2006: 20

17 im Gespräch mit dem Autor

18 im Gespräch mit dem Autor

19 vgl. Richter, Christine: Die Mallorca-Connection ist hinter Pflüger her. In: Berliner Zeitung, 17.08. 2007: 20; und Hintzmann, Karsten: Kontaktpflege am sonnigen Ballermann. Berliner Morgenpost 03.06. 2007: 14

20 ebd.

21 Neukirch, Ralf: Konservative Häppchen. In:Der Spiegel, 37/2007 vom 10.09. 2007: 38

22 Hefty, Georg Paul: Konservatismus ohne Ankerpunkte. FAZ 10.09. 2007: 16. Zu einem milderen Urteil kommt Wulf Schmiese: Vgl. »Konservativ im Herzen – progressiv im Geist«. FAZ, 06.09. 2007: 4. Hier heißt es: »Die jungen Konservativen sollen nicht als reaktionär gelten. Standhaft, aber nicht beharrend, offen, aber achtsam, vorurteilsfrei aber wertbezogen.« Mit-Initiator Stefan Mappus erklärt die Linie des Einstein-Pakts in der *Welt*, 06.10. 2007: 4. »Junge Leute wollen kein Einheitsgesülze.«

23 Schneider, Jens: Auf der Suche nach dem Konservatismus. SZ, 07.09. 2007

24 im Gespräch mit dem Autor

25 von Spitzenfunktionären der CDU gewählter Begriff zur Einordnung des Papiers

26 Positionspapier – September 2007

27 vgl. Anm. 22

28 Langguth, Gerd: Können Kaffeehaus-Konservative die Union retten? Spiegel online 28.07. 2007; selbstverständlich gibt es in der CDU noch weitere Gruppen und Fraktionen, die aber keine vergleichbare politische Bedeutung haben. Vgl. die »Gruppe 94« unter Führung des Ahrtaler CDU-Abgeordneten Wilhelm Josef Sebastian, ein lockerer Zusammenschluss von Abgeordneten, die 1994 in den Bundestag einzogen. Sie beschreiben ihr Selbstverständnis so: »Wir verstehen uns als Unterleib der Partei, wir tun die Arbeit vor Ort, und wir meinen, dass Helmut Kohl Solidarität erfahren muss.« Welt am Sonntag, 09.07. 2000 : 3.
Der »Zugspitzkreis« der CSU u.a. werden hier ebf. nicht gesondert vorgestellt.

29 Schütz, Hans-Peter: Der Absturz des Andenpakts. Stern.de, 30.10. 2008.
vgl. auch Der Spiegel, 10/2009: 36 zum Niedergang des Andenpakts

30 vgl. Grüter, Michael: Karrieresprünge mit Schröders Netzwerk. In: Neue Presse (Hannover), 21.01. 2006: 3. Und Ehrlich, Peter: Schröders Welt. In: FTD 09.09. 2005, S. 14 f.
Zu den frogs gehören demnach u.a.: Georg Wilhelm Adamowitsch, Werner Müller (RAG), Alfred Tacke Steag (RAG-Tochter), Carsten Maschmeyer (AWD), Béla Anda (AWD-Pressesprecher), Utz Claassen (Ex-EnBW), Schröder-Biograf Jürgen Hogrefe (früher *Spiegel*, Ex-EnBW), Frank-Walter Steinmeier, Uwe-Karsten Heye (Ex-Regierungssprecher), Thomas Steg (ehemaliger stellvertretender Regierungssprecher unter Schröder), Michael Naumann, Franz Muntefering, Wendelin Wedeking, Wolfgang Clement, Otto Schily, Götz von Fromberg (Anwalt in Hannover), Joschka Fischer, Sigrid Krampitz (Büroleiterin).

31 im Gespräch mit dem Autor

32 im Gespräch mit dem Autor; vgl. Langguth, Gerd: Machtmenschen. München, 2009: 412 ff.

33 Siebert, Sven: Merkels Schattenfrau. Sächsische Zeitung, 18.06. 2007 : 3

34 Die Merkel-Loge. In: Der Spiegel, 24/2006 vom 12.06. 2006: 30 ff.

35 im Gespräch mit dem Autor

36 Birnbaum, Robert: Kanzleramt Nr. 007. Der Tagesspiegel, 04.05. 2007: 8

37 Die Merkel-Loge. Der Spiegel, 24/2006 vom 12.06. 2006: 30 ff.

38 ebd.

39 zum System Merkel vgl. Inacker, Michael: Die Vermittler. Wirtschaftswoche 26.02. 2007, Nr. 9: 24 ff. und Ehrlich, Peter: Chefin ohne Berührungsängste. FTD 08.12. 2005: 10 sowie Langguth (Anm. 32)

40 im Gespräch mit dem Autor

41 Ansprechpartner: Baden-Württemberg: Rainer Arnold, Lothar Binding, Hilde Mattheis, Lothar Mark, Karin Roth, Jörg Tauss; Bayern: Klaus Barthel, Martin Burkert, Angelika Graf, Brunhilde Irber, Bärbel Kofler, Anette Kramme, Florian Pronold, Marlene Rupprecht, Ludwig Stiegler, Heidi Wright; Berlin: Klaus Uwe Benneter, Petra Merkel, Mechthild Rawert, Swen Schulz (auch Netzwerker); Brandenburg: Steffen Reiche (auch Netzwerker); Hamburg: Niels Annen, Ortwin Runde; Hessen Youngsters- Vorsitzender: Peter Friedrich: Christine Lambrecht, Helga Lopez, Gerold Reichenbach, Frank Schmidt, Rüdiger Veit, Ute Zapf; Mecklenburg-Vorpommern: Christian Kleiminger; Niedersachsen: Clemens Bollen, Rolf Kramer, Margrit Wetzel; Nordrhein-Westfalen: Lale Akgün, Ingrid Arndt-Brauer, Klaus Brandner, Willi Brase, Gerd Bollmann, Marco Bülow, Ulla Burchardt, Reinhold Hemker, Christel Humme, Ulrich Kelber (auch Netzwerker), Karin Kortmann, Jürgen Kucharczyk, Karl Lauterbach, Rolf Mützenich, René Röspel, Anton Schaaf, Axel Schäfer, Frank Schwabe, Angelica Schwall-Düren, Christoph Straesser; Rheinland-Pfalz: Andrea Nahles, Heinz Schmitt, Lydia Westrich; Saarland: Elke Ferner, Astrid Klug (auch Netzwerkerin), Ottmar Schreiner, Rainer Tabillion; Sachsen: Wolfgang Gunkel, Detlef Müller (auch Netzwerker), Marlies Volkmer; Sachsen-Anhalt: Ulrich Kasparick, Christel Riemann-Hanewinckel, Andreas Steppuhn, Waltraud Wolff; Schleswig-Holstein: Bettina Hagedorn, Gabriele Hiller-Ohm, Sönke Rix, Ernst-Dieter Rossmann, Wolfgang Wodarg; Thüringen: Iris Gleicke

42 vgl. Nelles, Roland: Pakt der Genervten. In: Der *Spiegel*, 14.01. 2008 : 22

43 vgl. Staud, Toralf: Alt und Links. Die Zeit, 08.07. 2004, Nr. 29 : 6 und Winkelmann, Ulrike: SPD-Nachwuchs übt sich in Selbstblockade. 29.11. 2004, Nr. 7526. Zum Vorstand der Denkfabrik gehören: Niels Annen MdB, Dr. Bärbel Kofler MdB, Christine Lambrecht MdB, Florian Pronold MdB, Sönke Rix MdB, Frank Schwabe MdB, Marie-Luise Beck, Martin Deschauer, Heiko Mau, Larissa Schulz-Triglaff

44 vgl. Riedel, Donata: SPD sucht linke Grenze. Handelsblatt, 19.06. 2008, Nr. 117 : 4

45 ebd.

46 Sprecher: Petra Ernstberger, Klaas Hübner (auch Hrsg. Berliner Republik), Johannes Kahrs

47 Sprecherkreis: Gerd Andres, Doris Barnett, Carl-Christian Dressel, Susanne Kastner, Johannes Pflug; Leitungskreis (inkl. Sprecher/Sprecherkreis): Gerd Andres, Doris Barnett, Petra Bierwirth, Bernhard Brinkmann, Gerhard Botz, Marion Caspers-Merk, Peter Danckert, Carl-Christian Dressel, Garrelt Duin, Detlef Dzembritzki, Petra Ernstberger, Karin Evers-Meyer, Gabriele Fograscher, Rainer Fornahl, Dagmar Freitag, Sigmar Gabriel (auch Netzwerker), Martin Gerster (auch Netzwerker), Dieter Grasedieck, Monika Griefahn, Achim Großmann, Wolfgang Grotthaus, Hans-Joachim Hakker, Alfred Hartenbach, Rolf Hempelmann, Petra Heß, Stephan Hilsberg, Petra Hinz, Klaas Hübner (auch Hrsg. Berliner Republik), Johannes Kahrs, Susanne Kastner, Walter Kolbow, Fritz-Rudolf Körper, Hans-Ulrich Krüger (auch Netzwerker), Angelika Krüger-Leißner, Uwe Küster, Caren Marks (auch Netzwerkerin), Markus Meckel, Ulrike Merten, Thomas Oppermann (auch Netzwerker), Heinz Paula, Johannes Pflug, Christoph Pries, Maik Reichel, Bernd Scheelen, Silvia Schmidt (auch Netzwerkerin), Ulla Schmidt, Carsten Schneider (auch Netzwerker), Reinhard Schultz, Rolf Schwanitz, Jörg-Otto Spiller, Simone Violka, Jörg Vogelsänger, Gunter Weißgerber, Dieter Wiefelspütz, Engelbert Wistuba

Mitglieder: ca. 80 (vgl. Politik & Kommunikation, 23.02. 2007: 12 ff.); 57 im Leitungskreis (s. u.)

48 nach Berichten von Teilnehmern

49 Insgesamt fanden drei Treffen zwischen den Vorständen vom Netzwerk und den Seeheimern statt; man konnte sich nicht einigen, aber Vertreter der Netzwerkes sind sicher, dass die Seeheimer die Idee einer Fusion nicht aufgegeben haben, weil sie – besonders nach der nächsten Bundestagswahl – dringend auf eine Verjüngung angewiesen sind.. vgl. auch Bannas, Günter: Flügelschlagen gegen links. FAZ, 15.01. 2008 : 3

50 vgl. die Angaben der Doppelmitglieder in den Verzeichnissen und Bewertung der Netzwerk-Organisatoren.

Sprecher: Nina Hauer, Christian Lange. Weitere Vorstandsmitglieder: Siegmund Ehrmann, Kerstin Griese, Michael Hartmann, Andreas Weigel. Mitglieder (MdBs): Gregor Amann, Sabine Bätzing, Hans-Peter Bartels, Sören Bartol, Dirk Becker, Ute Berg, Kurt Bodewig, Martin Dörmann, Elvira Drobinski-Weiß, Sebastian Edathy, Siegmund Ehrmann, Gabriele Frechen, Peter Friedrich, Sigmar Gabriel (auch Seeheimer), Martin Gerster (auch Seeheimer), Kerstin Griese, Michael Hartmann, Nina Hauer, Hubertus Heil, Iris Hoffmann, Johannes Jung, Josip Juratovic, Ulrich Kelber (auch PL), Astrid Klug (auch PL), Nicolette Kressl, Hans-Ulrich Krüger (auch Seeheimer), Christian Lange, Dirk Manzewski, Caren Marks (auch Seeheimer), Katja Mast, Ursula Mogg, Detlef Müller (auch PL), Gesine Multhaupt, Thomas Oppermann (auch Seeheimer), Sascha Raabe, Steffen Reiche (auch PL), Carola Reimann, Silvia Schmidt (auch Seeheimer), Carsten Schneider (auch Seeheimer), Swen Schulz (auch PL), Martin Schwanholz, Rita Schwarzelühr-Sutter, Rolf Stöckel, Andreas Weigel, Andrea Wicklein

51 Seitz, Norbert: Mit Herzblut gegen Anzugträger. In: Rheinischer Merkur, 22.11. 2007, vgl. auch: Soldt, Rüdiger: Platzecks junge Garde sieht sich als »Allianz der Vernünftigen«. In: Frankfurter Allgemeine Sonntagszeitung, 06.11. 2005: 6: »Mit der Nominierung Matthias Platzecks zum neuen Bundesvorsitzenden und dessen Vorschlag, den Abgeordneten Heil aus dem niedersächsischen Gifhorn zum Generalsekretär zu machen, sind die Netzwerker nun innerparteilich so stark wie nie zuvor. Mit dem Parlamentarischen Geschäftsführer Olaf Scholz und Sigmar Gabriel haben sie zwei weitere Unterstützer an einflussreichen Stellen. Vor allem aber haben sie erstmals Einfluss auf die Organisation, auf das Willy-Brandt-Haus und den Funktionärsapparat.« Die Berliner Zeitung schrieb bereits 2003: Die Netzwerker »beklagen sich ohnehin schon, dass sie in ihrer eigenen Partei als machthungrig und inhaltsarm gelten – praktisch als ein Verein für das gegenseitige Fortkommen.« Vgl. Vestring, Bettina: Jüngere SPD-Abgeordnete streben nach oben. In: Berliner Zeitung, 03.07. 2003: 6.
Bereits 2001 schrieb Hartmut Palmer: Marsch der Urenkel. In: *Der Spiegel*. 9/24.02. 2001: 46 ff: »Weil alle Pfründen verteilt waren, als sie frisch in den Bundestag kamen, und sie sich weder von den Rechten noch von den Linken vereinnahmen lassen wollten, gründeten sie einfach ihren eigenen Verein – das ›Netzwerk‹. Willy Brandts Urenkel haben den Marsch durch die Institutionen der Berliner Republik begonnen. Und manche sind in 2 Regierungsjahren weiter vorangekommen als die Enkel-Generation in 16 Bonner Oppositionsjahren.
Sie sind nicht links oder rechts, sondern in erster Linie jung. In 10 oder 15 Jahren werden einige von ihnen zur Führung der Partei gehören, das ist klar. Aber darüber reden sie selten. Stattdessen versichern sie, wie einst der Juso Schröder, es gehe ihnen nicht um Posten, sondern um Inhalte. Dabei wissen sie natürlich, dass man Themen besetzen und öffentlich vertreten muss, um aufzufallen und nach oben zu kommen.« »Vehement bestreiten die Jungen, dass es ihnen um Karriere und Posten geht. Das Netzwerk sei ›keine Seilschaft‹, wehrt Minister Bodewig ab. ›Es geht um die Profilierung von Themen, nicht von Personen‹, sekundiert Hans-Martin Bury, 34, Staatsminister im Kanzleramt und bekennender Sympathisant, ›aber dass das Zweite dem Ersten folgen kann, ist natürlich richtig.‹ Bury war in den neunziger Jahren selbst Sprecher einer damals winzigen Gruppe von Neulingen, die sich »Youngsters« nannte, aber einflusslos blieb. Gerade mal acht SPD-Abgeordnete waren am Ende der vorigen Legislaturperiode unter 40 Jahre alt. Nach Schröders Wahlsieg 1998 waren es 36, beinahe ebenso viele, wie FDP- und PDS-Fraktion jeweils Mitglieder haben.«
»Marktwirtschaft? Na klar! ›Wir haben‹, tönt die ›Berliner Republik‹, ›wie

unsere Vorgängergeneration, keine bessere Totalalternative in der Tasche – und wissen es sogar schon.‹«
Mehr zu Forderungen siehe auch: Bartels, Hans-Peter: So weit. Zwei Jahre Netzwerk – eine Zwischenbilanz. In: Berliner Republik, 17.01.2001: 27 ff.

52 Ehrenstein, Claudia: Keine »Realos« und »Fundis« mehr bei Grünen. In: Die Welt, 04.06.2008 (URL: http://www.welt.de/politik/article2066424/Keine_Realos_und_Fundis_mehr_bei_Gruenen.html).

53 Agci, Serkan: Geschichte von Bündnis 90/Die Grünen. In: Bundeszentrale für politische Bildung (Hrsg.): Dossier Parteien (URL: http://www.bpb.de/themen/K5WUA2,0,0,Geschichte_von_B%FCndnis_90Die_Gr%FCnen.html).

54 vgl. http://www.realismus-und-substanz.de, Mitglieder sind laut Webseite unter anderem Tarek Al-Wazir, Klaus Müller, Peter Siller (zugleich Ansprechpartner), Ramona Pop, Grietje Bettin, Boris Palmer, Mathias Wagner, Omid Nouripour, Katja Husen, Niombo Lomba, Stefan Tidow, Ralph Obermauer, Felix Holefleisch, Olaf Cunitz, Heiko Thomas, Anna Lührmann, Kerstin Andreae, Michael Schäfer, Robert Heinrich, Sibylle Knapp, Ulrike Gauderer, Malte Spitz, Jan Fries, Stefanie Wolpert, Till Steffen, Dieter Janecek, Kai Gehring, Oliver Dalichow, Aram Lintzel, Michael Hack, Michael Scharfschwerdt, Theresia Bauer, Wulfila Walter, Michael Ortmanns, Michael Kellner, Bastian Bergerhoff, Sebastian Bukow, Sarah Sorge, Bene Lux u.a.

55 Siehe http://www.petersiller.de

56 vgl. Weiland, Serverin/ Fischer, Sebastian Pizza-Connection, Die schwarzgrüne Geburtstagsrunde. Spon,17.03.2008

57 vgl. Die Pizza-Connection sagt adieu. FAS 16.12.2007

58 vgl. »Abschied von den Ideologien der Vergangenheit. Um das alte Lagerdenken zu überwinden, wollen junge Abgeordnete von FDP und Grünen künftig enger zusammenarbeiten.«, Ein Gespräch zwischen Daniel Bahr (FDP) und Gerhard Schick (Güne), Die Welt, 21.02.2008

2. Politikberatung als getarnter Lobbyismus

1 Die folgenden Zitate sind der Rede von Lothar de Maizière auf dem Politikberater-Kongress der Bertelsmann-Stiftung am 28. Januar 2009 in Berlin entnommen. Die Rede liegt nicht schriftlich vor.

2 vgl. Nachhilfe von McKinsey, FAS 30.11.2008 : 42

3 Die Politikwissenschaftlerin Nicole Caspari hat in ihrer Dissertation die Arbeit der Regierungskommissionen unter Rot-Grün minutiös rekonstruiert und damit eine präzise Quellenlage des rot-grünen Kommissions-Systems geliefert. vgl. Gerhard Schröder – Political Leadership im Spannungsfeld zwischen Machtstreben und politischer Verantwortung. Frankfurt /Main, 2008; vgl. auch die Analysen von Rolf G. Heinze: Viel Rat – Wenig Tat. Wiesbaden 2002 und vom selben Autor: Staat und Lobbyismus – Vom Wandel der Politikberatung in Deutschland. In: Zeitschrift für Politikberatung, 1/2009 (i.E.)

4 unkorrigiertes Redemanuskript von Prof. Dr. Werner Jann vom 28.01.2009

5 Die folgenden Zitate sind der Rede von Werner Jann auf dem Politikberater-Kongress der Bertelsmann-Stiftung am 28. Januar 2009 in Berlin entnommen. Das unkorrigierte Redemanuskript (o. D.) liegt dem Autor vor.

6 vgl. Grunden, Timo: Politikberatung im Innenhof der Macht – Zu Einfluss und Funktion der persönlichen Berater deutscher Ministerpräsidenten. Wiesbaden 2009. Grunden hat in seiner Dissertation am Beispiel von
drei Ministerpräsidenten nachdrücklich bewiesen, welche zentrale Bedeutung der individuelle Zugang und das persönliche Vertrauensverhältnis zu
den »Beratungs-Subjekten« haben.

7 Prof. Peter Weingart von der Universität Bielefeld hat ein pragmatisches
Konzept für die Politikberatung in der Berliner Republik entwickelt, das die
Aspekte Zieldefinition, Unabhängigkeit der Expertise und Transparenz des
Beratungsprozesses in den Vordergrund rückt. Dieses rationale und überprüfbare Beratungssystem ist ein wertvoller Beitrag für die politische Diskussion. In der Praxis werden die Faktoren »Persönlichkeit« und »Prominenz« Spitzenpolitiker eher überzeugen. Unter dem Titel »Leitlinien für die
wissenschaftliche Politikberatung« hat eine Arbeitsgruppe der Berlin-Bran-
denburgischen Akademie der Wissenschaften ein entsprechendes Konzept
vorgelegt. Vgl. FAZ, 22.04. 2008
Wie wichtig der Faktor Prominenz in der Politikberatung ist, beweist auch
die im April 2008 von Jürgen Rüttgers ins Leben gerufene »Zukunftskom-
mission«, die Ende April 2009 ihre Ergebnisse vorlegte (vgl. erste Ergebnisse FAZ 21.04. 2009). Unter dem Vorsitz von Prof. Dr. Lord Dahrendorf
und Ex-Kanzleramtschef Bodo Hombach (WAZ) soll ein 23-köpfiges Gremium einen Bericht »Nordrhein-Westfalen 2025 – Innovation, Beschäftigung, Lebensqualität« vorlegen. Mit dabei: Telekom-Chef René Ober-
mann und die Emma-Gründerin Alice Schwarzer. Vgl. WZB-Mitteilungen,
Nr. 120, Juni 2008 : 57. Der frühere Finanzminister Theo Waigel schlug sogar einen »Rat der Alten« vor, um die Lebenserfahrung und Glaubwürdigkeit früherer Spitzenpolitiker zu nutzen. Der Clou: Die 15 bis 20 Mitglieder
sollten den »Rang eines Verfassungsorgans« haben (vgl. FAZ, 27.12. 2008).
Vgl. auch Lutz, Martin: Generation 70 plus mit Verfassungsrang. Die Welt,
27.12. 2008. Das interessanteste Gegenkonzept zu diesem Mainstream bietet das Konzeptpapier »Was ist gute Politikberatung?«, Berlin, Juli 2007,
publiziert von Nautilus Politikberatung (www. nautilus-politikberatung.de)

8 siehe http://www.sop-cep.de/cep.html

9 siehe http://www.hayek-stiftung.de/116.html

10 siehe http://www.stiftung-marktwirtschaft.de/ (unter »Vision«)

11 siehe http://www.council.uni-bayreuth.de/

12 siehe http://www.frankfurter-zukunftsrat.de/Anspruch/

13 siehe http://www.insm.de/Die_INSM.html

14 siehe http://www.konvent-fuer-deutschland.de/derKonvent/Ziele/

15 siehe http://www.stockholm-network.org/The-Network/Think-Tank-Details

Teil V Auswege statt Sackgassen – Chancen gegen die Krise

1. Von der verordneten zur erstrittenen Demokratie – Leitideen gegen die grassierende Politikverdrossenheit

1 Das Grundgesetz sieht in Artikel 29, Absatz 2, dazu folgendes vor: »Maßnahmen zur Neugliederung des Bundesgebietes ergehen durch Bundesgesetz, das der Bestätigung durch Volksentscheid bedarf. Die betroffenen Länder sind zu hören.« Grundgesetz der Bundesrepublik Deutschland (GG): Artikel 29, Abs. 2

2 Der letzte Artikel im Grundgesetz lautet wie folgt: »Dieses Grundgesetz, das nach Vollendung der Einheit und Freiheit Deutschlands für das gesamte deutsche Volk gilt, verliert seine Gültigkeit an dem Tage, an dem eine Verfassung in Kraft tritt, die von dem deutschen Volke in freier Entscheidung beschlossen worden ist.« GG: Artikel 146

3 Auch positive Wertungen über Volksentscheide finden in der Politik Anklang, wie 2008 Münchens SPD-Oberbürgermeister Christian Ude zu verstehen gab. Dabei pries er die Nähe zwischen Bürgern und Politiker an und hob den pädagogischen Wert von Volksbegehren für die Demokratie hervor.

4 Das Beispiel Hamburg zeigt diesbezüglich die Schwierigkeiten. Nachdem 2004 das Ergebnis einer Volksabstimmung, die sich gegen der Verkauf der städtischen Krankenhäuser richtete und für eine Änderung des Wahlrechts eintrat, vom Hamburger Senat negiert wurde, führten die Bürger 2007 erneut einen Volksentscheid herbei, der die Verfassung mit Zweidrittelmehrheit dahingehend ändern sollte, dass Volksentscheide für die Regierung künftig bindenden Charakter haben. Doch das Plebiszit von 2007 scheiterte an mangelnder Wahlbeteiligung. Warum kamen die Hamburger nicht zu einer derart wegweisenden Entscheidung in die Wahllokale? Der eigentliche Grund hierfür ist schlicht in der Terminierung des Wahltags zu suchen. So fand der Volksentscheid nicht an einem Wahltag zur Hamburger Bürgerschaft statt, was erfahrungsgemäß eine signifikante höhere Wahlbeteiligung mit sich bringt. Engagierte Bürger und die Initiative »Mehr Demokratie« e.V. gaben nicht auf. Aus dem Motto »Hamburg stärkt den Volksentscheid – mehr Demokratie« des ersten Volksentscheides wurde kurzer Hand die neuen Initiative »Rettet den Volksentscheid«. Diese brachte dann den durchschlagenden Erfolg, allerdings nicht per Plebiszit, denn die CDU verlor im Februar 2008 die absolute Mehrheit und musste mit den Grünen koalieren. Diese, genauso wie SPD, FDP und Linke, unterstützten die Stärkung von Volksentscheiden schon seit Längerem. So wurde die Verfassung geändert. Danach sind Volksentscheide für die Regierung künftig verbindlich. Zudem müssen diese an einem Wahltag (Landtagswahl, Bundestagswahl), außer an einem Europawahltag, stattfinden, und auch das Quorum wurde so modifiziert, dass diesem nun die allgemeine Beteiligung an der parallel stattfindenden Wahl zugrunde liegt.

5 Der Hamburger Bürgermeister Ole von Beust beispielsweise warnte 2007 davor, Bürger über finanzpolitische und verfassungsändernde Vorgaben abstimmen zu lassen. Zu niedrige Quoren würden die Demokratie in ihren Grundfesten antasten. Vgl. Hanauer, Florian: Ole von Beust: Volksentscheid kann die Stadt unregierbar machen, In: http://www.welt.de/welt_print/article1201521/Ole_von_Beust_Volksentscheid_kann_die_Stadt_unregierbar_machen.html, Berlin 2007

6 Mehr Demokratie e.V. (Hrsg.): Bundesländer: Volksbegehren. Volksentscheide in den deutschen Bundesländern, In: http://www.mehr-demokratie.de/3088.html, Berlin 2009

7 Ein Teil der Bauvorhaben, wie eine neue Mehrzweckarena nach amerikanischem Vorbild oder der Einzug von Universal Music ins ehemalige Eierkühlhaus, wurde bereits realisiert.

8 Grefe, Christiane: Nicht Ohne Uns. Die Zeit, 05.02. 2009: 8

9 vgl. ebd.

10 vgl. Mehr Demokratie e.V. (Hrsg.): Bundesländer: Volksbegehren. Kampagnen. In: http://www.mehr-demokratie.de/410.html, Berlin 2009

11 Vgl. Sonnabend, Lisa: Sehnsucht nach bayerischen Verhältnissen. In: http://www.spiegel.de/politik/deutschland/0,1518,510950,00.html, Hamburg 2007

12 So versuchte der rot-rote Berliner Senat, das Volksbegehren Pro Reli von der Abstimmung zur Europawahl zu separieren. Vgl. Grefe, Christiane: Nicht Ohne Uns. Die Zeit, 05.02. 2009: 8

13 Schiller, Theo In: Sonnabend, Lisa: Sehnsucht nach bayerischen Verhältnissen. In: http://www.spiegel.de/politik/deutschland/0,1518,510950,00.html, Hamburg 2007

14 Mehr Demokratie e.V. (Hrsg.): Bürgerbegehrensbericht 2007. In: http://www.mehr-demokratie.de/buergerbegehrens-bericht.html

15 vgl. Anm. 13

16 Seit Mitte der 90er Jahre existiert hier ein sogenannter Bürgerhaushalt, der von den Bürgern befürwortete Investitionen der Großstadt im Süden des Landes enthält.

17 vgl. Bundeszentrale für politische Bildung (Hrsg): Statusbericht: Bürgerhaushalte in Deutschland (Dezember 2008). In: http://www.buergerhaushalt.org/grundlagen/statusbericht-buergerhaushalte-in-deutschland-dezember-2008/Bonn

18 vgl. ebd.

19 vgl. Stiftung Mitarbeit (Hrsg.): Bürgerhaushalt: Die Idee. In: http://www.buergergesellschaft.de/politische-teilhabe/buergerhaushalt/die-idee/die-idee-beteiligungsmodell-buergerhaushalt/105433/

20 vgl. Stiftung Mitarbeit (Hrsg.): Bürgerhaushalt: Sind Bürger kompetent im Umgang mit Geld? In: http://www.buergergesellschaft.de/politischeteilhabe/buergerhaushalt/rahmenbedingungen/buergerkompetenz/103493//

21 Kruse, Rüdiger: Eine Bürgerbeteiligung zum Haushalt schafft Transparenz und Akzeptanz. In: Bundeszentrale für politische Bildung (Hrsg): Bürgerhaushalt. In: http://www.buergerhaushalt.org/beispiele/eine-buergerbeteiligung-zum-haushalt-schafft-transparenz-und-akzeptanz/

22 vgl. Reuss, Jürgen: Euer Wille geschehe - In Freiburg stimmen die Bürger über den Haushalt der Stadt ab. Die Zeit, 10.04. 2008: 10. Und der Bürgermeister resümiert für sich treffend: »Die Ergebnisse ... sind für mich sehr beruhigend.« Salomon, Dieter ebd.

23 Ein Blick ins Ausland bestätigt dies: »In Philadelphia (ca. 1.5 Millionen Einwohner im US-Bundesstaat Pennsylvania) werden die Bürgerinnen und Bürger über die Auswirkungen der Finanzkrise auf ihre und in ihrer Stadt informiert und in Bürgerversammlungen dazu aufgerufen, sich durch Vorschläge an dem Abwägungs-- und Priorisierungsprozess zu beteiligen, wo und wie Philadelphia sparen kann (und wo nicht), um die Finanzkrise zu bewältigen.« Bundeszentrale für politische Bildung (Hrsg): Finanzkrise: Bürgerbeteiligung zum Haushalt in der Millionenstadt Philadelphia (USA). In: http://www.buergerhaushalt.org/neuigkeiten/finanzkrise-buergerbeteiligung-zum-haushalt-in-der-millionenstadt-philadelphia-usa/

24 Der Vorsitzende der Jungen Liberalen, Johannes Vogel, konstatiert dazu: »Da im ›starren‹ deutschen System die Selektion der Kandidaten für politische Wahlen parteiintern geschieht, sind nur weit unter einem Prozent der Bevölkerung an der Nominierung der Wahlkandidaten tatsächlich beteiligt. Selbst dieser geringe Anteil geht stetig zurück, da die Mitgliederzahlen der im Bundestag vertretenen Parteien beständig sinken.« Vogel, Johannes: Vorwahlen in Deutschland. Friedrich-Naumann-Stiftung für Freiheit (Hrsg.), Washington D.C. 2008, in: http://www.ipd.fnst.org/webcom/show_article.php/_c-874/_nr-164/printmode-true/i.html

25 Vgl. Pindur, Marcus: Vorwahlen. Thesen von Dr. Marcus Pindur. In: http://reform.fdp.de/2008/07/29/primaries-in-deutschland-ein-gedankenspiel/

26 Gerald Häfner, Sprecher von »Mehr Demokratie e.V.«, sieht in Parteien grundsätzlich eine immanente, von oben nach unten drückende Vorschrift zur Einheitlichkeit, die dazu führt, dass »in den Fraktionen immer hierarchischer und in kleinen Zirkeln diskutiert, immer öfter ›parteipolitisch durchregiert‹ (wird)«. Vgl. Grefe (Anm.8). Es wird Gefolgschaft erwartet, nur korrespondiert diese nicht immer mit einer demokratischen Überzeugung.

27 Der Politikwissenschaftler Andreas Kießling unterscheidet hierbei die Art der Parteimitgliedschaft wie folgt: aktiv, gelegentlich aktiv und passiv. Allerdings wäre bei mehr innerparteilichen Partizipationsmöglichkeiten auch die letztere Gruppe geneigt, sich mehr und öfter zu engagieren, so das Ergebnis von internen Mitgliederbefragungen der CDU 1992 und 1993. Vgl. Kießling, Andreas: Politische Kultur und Parteien in Deutschland. Sind die Parteien reformierbar? In: Aus Politik und Zeitgeschichte, Heft B. 10, Bonn 2001: 31 f.

28 vgl. Anm. 25

29 Allerdings birgt die Direktwahl eines Kandidaten in einem Landesverband wohl weniger Risikopotenzial in sich als ein Delegiertensystem für Vorwahlen. Letzteres muss, wenn die Partei glaubwürdig erscheinen will, öffentlich und transparent durchgeführt werden.

30 Die Mitgliedersitzungen der Grünen in Pankow weisen ähnliche Teilnehmerzahlen auf, weiß Tobias Pralle, Geschäftsführer im Bezirksverband. So zeigte er sich hinterher auch zufrieden: Immerhin seien insgesamt 135 Stimmen abgegeben worden, wovon fast die Hälfte, nämlich 72, von Nicht-Parteimitgliedern kamen.

31 vgl. ebd.

32 Schwarz-Österreicher, Uta: Der Stadtteil als Bezugsgröße für einen neuen Umgang mit der Stadt – Stadtteilforen in Tübingen. In: Stiftung Mitarbeit (Hrsg.): http://www.mitarbeit.de/364.99.html, Bonn 1999: 1.

33 Gemeint sind steigende Versicherungs- und Sozialabgaben. Die Familie, kleinste soziale Einheit und Basis der Gesellschaft, verliert dramatisch an Stellenwert. Job-Angst und eine daraus resultierende Priorität der Arbeitsplatzsicherung gefährden unter anderem Familienplanungen.

34 Schwarz-Österreicher, Uta: Der Stadtteil als Bezugsgröße für einen neuen Umgang mit der Stadt – Stadtteilforen in Tübingen. In: Stiftung Mitarbeit (Hrsg.): http://www.mitarbeit.de/364.99.html, Bonn 1999. 2

35 ebd.

36 ebd.

37 ebd.: 3

38 Das Deutsche Forschungsinstitut für öffentliche Verwaltung Speyer versucht unter dem Titel »Realisationsbedingungen lokaler Bürgerpanels als Instrument und Motor der Bürgerbeteiligung« seit 2004 in Zusammenarbeit mit der Hans-Böckler-Stiftung, die Anwendung von Bürgerpanels in deutschen Kommunen zu eruieren. Vgl.: Deutsches Forschungsinstitut für öffentliche Verwaltung Speyer (Hrsg.): Realisationsbedingungen lokaler Bürgerpanels als Instrument und Motor der Bürgerbeteiligung. In: http://www.foev-speyer.de/buergerpanel/inhalte/01_home.asp, Speyer 2009

39 vgl. Stiftung Mitarbeit (Hrsg.): Das Bürgerpanel – eine repräsentative Methode der Bürgerinnen- und Bürgerbeteiligung. In: http://www.buergergesellschaft.de/politische-teilhabe/modelle-und-methoden-der-buergerbeteiligung/meinungen-einholen-buergerinnen-und-buerger-aktivieren/das-buergerpanel/106179/

40 Um dies sicherzustellen, muss zuvor die Bevölkerungsstruktur der betreffenden Kommune nach relevanten soziologischen Merkmalen untersucht werden (Alter, Beruf, Schulabschluss, Wohnort usw.).

41 Stiftung Mitarbeit (Hrsg.): Bürgerforen (Planungszellen). In: http://www.buergergesellschaft.de/politische-teilhabe/modelle-und-methoden-der-buergerbeteiligung/planungsprozesse-initiieren-und-gestaltend-begleiten/buergerforen/106209/, Bonn 2009 (Link: Planungsbeispiel).

42 Die Bedeutung einer »Digitalisierung der Politik« ist nicht von der Hand zu weisen. Aus Frankreich wird beispielsweise über den großen Erfolg der Wahlkampfseite von Ségolène Royal beim Präsidentschaftswahlkampf 2007 berichtet. Schnelle und ständige Verfügbarkeit von Informationen auf einen Blick können Wahlen und vor allem unentschiedene Wähler mittlerweile zusätzlich beeinflussen. Das zeigen auch der US-Vor- und Präsidentschaftswahkampf von Barack Obama, der über das Internet nicht nur Sympathisanten sondern auch Wechselwähler und sogar anfängliche Anhänger des konkurrierenden Lagers auf seine Seite zog.

Aber das Netz birgt auch Gefahren für Politiker, neue Möglichkeiten für »Schmutzkampagnen«. Über Barack Obama tauchten im Internet zum Beispiel Gerüchte über seinen angeblich muslimischen Glauben auf, da er früher Kontakt zum umstrittenen Jeremiah Wright pflegte.

43 Auch der Berliner Bezirk Lichtenberg hat die Perspektiven von E-Partizipation erkannt, und das schon seit einigen Jahren. Über die Bezirkshomepage werden die Bürger über verschiedene Themen jederzeit informiert und können ihre Meinung kundtun. Ob Mitsprache beim Bürgerhaushalt, die Einsicht in die Beschlüsse der Bezirksverordnetenversammlung, eine Meinungsäußerung auch als Nicht-Mitglied der Bezirksverordnetenversammlung, eine Einwohnerfragestunde, die Mitwirkung von Kindern und Jugendlichen, Eingaben und Beschwerden oder Einwohnerversammlung, Anträge und Bürgerbegehren – die Möglichkeiten der Beteiligung sind vielfach. Berlin.de (Hrsg.): Bezirksamt Lichtenberg. In: http://www.berlin.de/ba-lichtenberg/aktuelles/buergerbeteiligung.html

44 vgl. Klein, Manfred: Kölner an Haushaltsplanung der Stadt beteiligt. In: http://www.egovernment-computing.de/projekte/articles/170303/index2.html, Augsburg 2009

45 ebd.

46 Das unterstreichen auch die Medienpartner der Seite: Dies sind die digitalen Ausgaben renommierter und einschlägiger Zeitungen wie spiegelonline.de, süddeutsche.de, stern.de, welt.de, tagesspiegel.de und fr-online.de.

47 Gardiner, Angelika: Demokratie im Internet – wie abgeordnetenwatch.de entstand. In: http://www.abgeordnetenwatch.de/wir_ueber_uns-150-0.html, Parlamentwatch e.V. (Hrsg.)

48 Volksverhetzende, diskriminierende, das Privatleben betreffende oder beleidigende Aussagen werden von vornherein nicht weitergeleitet. Dazu kontrollieren Moderatoren die Beiträge, bevor sie an die Politiker weiter versandt werden.

49 vgl. Anm. 48

50 Genner, Sarah: Politik 2.0 – sind Blogs Motoren oder Bedrohung für die Demokratie? In: http://netzpolitik.org/2007/politik-20-sind-blogs-motoren-oder-bedrohung-fuer-die-demokratie/

51 ebd.

52 Dies betrifft zum Beispiel die Bereitstellung der verfügbaren Mittel und die Akzeptanz durch Politik und Verwaltung.

53 Häfner, Gerald, in: Grefe vgl. Anm. 8

54 Münkler, Herfried, in: Kurbjuweit, Dirk: Gefährliche Trägheit. Der Spiegel 10.05.2008, Hamburg 2008: 57

2. Who is who der Talente, Aufsteiger und Hoffnungsträger – Nachwuchspolitiker mit Zukunftschancen

1 Lutz, Martin/Jungholt, Thorsten: Edathy wirft der Union völkische Ideologie vor. In: Die Welt, 19.08. 2008 (URL: http://www.wel t.de/politik/article2326030/Edathy-wirft-der-Union-voelkische-Ideologie-vor.html

2 Edathy soll nach CDU-Attacke Amt aufgeben. In: Die Welt, 20.08. 2008 (URL: http://www.welt.de/politik/article2329443/Edathy-soll-nach-CDU-Attacke-Amt-aufgeben.html.

3 Der Schäuble-Opponent. In: Der Tagesspiegel, 28.07. 2008 (URL: http://www.tagesspiegel.de/politik/deutschland/Sebastian-Edathy;art 122,2580862).

4 www.bjoern-boehning.de

5 Juso-Chef Böhning: SPD muss sich der Linkspartei öffnen. Pressemitteilung der Frankfurter Allgemeinen Zeitung vom 18.05. 2006 (URL: http://www.openpr.de/news/archiv/146/3/FAZ.html).

6 Kuhlmann, Jan / Mishra, Robin: Generation rastlos. In: Rheinischer Merkur, 11.09.2008: 7 (URL: http://www.florian-pronold.de/haupt.php?nav=person&id=pressespiegel&num=18).

7 ebd.

8 Weber, Corina: Der Nachwuchs. In: Die Zeit, 06.06. 2002: 71

9 Bohsem, Guido: Ein seltsames Paar. In: Süddeutsche Zeitung, 07.04. 2008 (URL: http://www.sueddeutsche.de/wirtschaft/74/300072/text/).

10 Volkery, Carsten/Hengst, Björn: Walden-Connection schreckt SPD auf. In: Spiegel Online, 18.06. 2008 (URL: http://www.spiegel.de/politik/deutschland/0,1518,560562,00.html).

11 Woratschka, Rainer: Wenn die Alten nicht wären. In: Der Tagesspiegel, 08.04. 2008 (URL: http://www.tagesspiegel.de/politik/deutschland/Renten;art122,2508791

12 ebd.

13 ebd.

14 Eubel, Cordula/Siebenmorgen, Peter: Keine Hüftgelenke für die ganz Alten. In: Tagesspiegel am Sonntag, 03.08. 2003 (URL: http://www.tagesspiegel.de/politik/;art771,1930676).

15 Denkler, Thorsten: Der Steher. In: Süddeutsche Zeitung, 24.09. 2007 (URL: http://www.sueddeutsche.de/politik/510/419274/text/). Das beste Porträt über Philipp Mißfelder hat Holger Schmale in der Berliner Zeitung, 24.03.2009: 3 geschrieben. Titel: Der Aufsteiger.

16 vgl. JU Chef Mißfelder teilt gegen Arbeitslose aus. In: Spiegel online, 20.02. 2009

17 vgl. etwa Schlieben, Michael: Aufstand gegen Mißfelder. Zeit Online, 23.02. 2009 (URL: http://www.zeit.de/online/2009/09/ju-missfelder-kritik)

18 Kaiser, Jost/Asmuth, Tobias: Die Staatsfreunde. In: Vanity Fair, 08.03. 2007: 86 ff.

19 Bolz, Bern/Lindner, Sarah/Ockenfels, Iris/Steinhoff, Volker: Wer Deutsche beschimpft, fliegt raus – abenteuerliche Thesen in der Hessen-CDU. In: Panorama, 24.01. 2008 (URL: http://daserste.ndr.de/panorama/archiv/2008/erste730.html)

20 Astheimer, Sven: Zwischen Glamour und Gelände. In: Frankfurter Allgemeine Zeitung, 03.01. 2009, S. C3 (URL: http://www.julia-kloeckner.de/_media/faz-2009-01-03-c3-kloeckner.pdf)

21 ebd.

22 ebd.

23 Esser, Sebastian: Der neue Joschka. In: Vanity Fair, 25.06. 2008 (URL: http://www.vanityfair.de/articles/gesellschaft/manner/boris-palmer/2008/06/25/4/09831/)

24 Drieschner, Frank: Der grüne Star. Die Zeit, 26.07. 2007 (URL: http://www.zeit.de/2007/31/Boris-Palmer)

25 vgl. Löwisch, Georg: Das Rebellenkind. In: die tageszeitung, 17.10. 2006 (URL: http://www.taz.de/index.php?id=archivseite&dig=2006/10/17/a0143)

26 Isert, Jörg: Mit der CDU können wir Neues erreichen. In: stern.de, 01.04. 2008 (URL: http://www.stern.de/politik/deutschland/:Gr%FCner-Boris-Palmer-Mit-CDU-Neues/615822.html)

27 Märschel, Sarina: Der Stern am schwarz-grünen Himmel. In: SZ, 19.9. 2007 (URL: http://www.sueddeutsche.de/politik/104/418868/text/).

28 Wie es dazu kam: vgl. Schürig, Henning: LDK: Alex Bonde vs. Cem Özdemir – wie kam das? In: Henning Schürig Blog, 14.10. 2008 (URL: http://www.henningschuerig.de/blog/2008/10/14/ldk-alex-bonde-vs-cem-oezdemir-wie-kam-das/).

29 Bullion, Constanze von: Der Widerspenstigen Zähmung. In: S Z, 27.03. 2008 (URL: http://www.sueddeutsche.de/politik/474/437219/text/).

30 Zitiert nach Schicks Presseschau (URL: http://www.gerhardschick.net/index.php?option=com_content&task=blogsection&id=7&Itemid=100).

31 Eigendarstellung auf der Webseite (http://strukturgesellschaft.degato.de/?call-id=182-0-1130-9877-0-0-0).

32 vgl. Anm. 29

33 Sven Giegold, Der Grünen Rebell. In: Financial Times Deutschland, 29.12. 2008

34 vgl. Deligöz, Ekin: In Lackschuhen über Steine. In: Spiegel Spezial 1/2008: 74 f. (URL: http://wissen.spiegel.de/wissen/image/show.html?di

d=55972863&aref=image036/2008/02/25/ROSPC200800100740075.
PDF&thumb=false)

35 vgl. Kau, Mariam: Drohbriefe gegen Kopftuch-Gegnerin. In: Die Welt, 20.10.2006 (URL: http://www.welt.de/print-welt/article88513/Drohbriefe_gegen_Kopftuch_Gegnerin.html).

36 vgl. Weber, Corina: Der Nachwuchs. Die Zeit, 06.06. 2002: 71

37 ebd.

38 Müller, Peter/Sturm, Daniel: Dreißig junge Politiker im die dreißig. Werden sie uns einmal besser regieren? In: Welt am Sonntag 29.10. 2006: 8

39 Ramthun, Christian: FDP-Nachwuchs sammelt Erfahrung. In: Wirtschafts-Woche, 29.5. 2008 (URL: http://www.wiwo.de/unternehmer-maerkte/fdp-nachwuchs-sammelt-erfahrung-293980/)

40 Schwennicke, Christoph: Wissing will's wissen. In: Der Spiegel, 28.04. 2008: 54 (URL: http://wissen.spiegel.de/wissen/dokument/83/36/dokument. html?titel=Wissing+will%27s+wissen&id=56756338&top=SPIE GEL&suc hbegriff=wissing+will%27s+wissen&quellen=&qcrubrik=natur)

41 vgl. Neubacher, Alexander: Maulesel zum halben Satz. In: Der Spiegel, 12.11. 2007: 84 (URL: http://wissen.spiegel.de/wissen/dokument/02/81/ dokument.html?titel=Maulesel+zum+halben+Satz&id=53621820&top=S PIEGEL&suchbegriff=wissing+will%27s+wissen&quellen=&qcrubrik=na tur)

42 Politiker wollen Klinsmann vor Sportausschuss zitieren. In: Spiegel Online, 04.03. 2006 (URL: http://www.spiegel.de/sport/fussball/0,1518,404208,00. html)

43 Wild, Beate: Lieber aufmüpfig als nett. In: SZ 19.09. 2007 (URL: http:// www.sueddeutsche.de/politik/676/417442/text/) und vgl. Soboczynski, Adam: Allein unter Männern. Die Zeit, 32/2005 (URL: http://www.zeit. de/2005/32/Allein_unter_Maennern). Vgl. auch Beate Wilds 2009 erschie-nenes Buch: Ausverkauf der Politik. Für einen demokratischen Aufbruch

44 Leipziger Volkszeitung (LVZ): Linkspartei-Vize Kipping: Frau Wegner ist »schädlich« für die Linke. In: Presseportal, 16.02. 2008, (URL: http://www. presseportal.de/pm/6351/1137252/leipziger_volkszeitung)

45 Kaiser, Mario/Kirbach, Roland: Gysis rote Wundertüte. In: Die Zeit 41/1999 (URL: http://www.zeit.de/1999/41/199941.pds_.xml)

46 Staud, Toralf: Immer nach oben. Die Zeit 51/2001 (URL: http://www.zeit. de/2001/51/Immer_nach_oben)

47 Fahrum, Joachim: Erbitterte Machtkämpfe in der Linkspartei. In: Die Welt, 13.06. 2007 (URL: http://www.welt.de/politik/deutschland/article943929/ Erbitterte_Machtkaempfe_in_der_Linkspartei.html)

48 Reinecke, Stefan: Parteienstreit um NS-Kriegsverräter. In: die tageszeitung, 28.01. 2009 (URL: http://www.taz.de/1/politik/deutschland/artikel/1/par-teienstreit-um-ns-kriegsverraeter/)

49 Maier, Anja: Die Vorzeigefrau. In: die tageszeitung, 28.12. 2008 (URL: http://www.taz.de/1/politik/deutschland/artikel/1/die-vorzeigefrau/)

50 Teevs, Christian: Hessens linke Strippenzieherin. In: Spiegel Online, 09.10. 2008 (URL: http://www.spiegel.de/politik/deutschland/0,1518,582640,00. html)

51 ebd.

52 ebd.

53 Popp, Maximilian: Julia Bonk, rote Schönheit im Landtag. In: SchulSpiegel, 03.03.2008 (URL: http://www.spiegel.de/schulspiegel/leben/0,1518,538449, 00.html).

3. Mythos Seiteneinsteiger – Die Medien idealisieren das Bild des Seiteneinsteigers

1 vgl. Herz, Dietmar: Politiker in Beton. Die Zeit 28/2002

2 Walter, Franz: Parteikarriere geht durch den Magen. Spiegel online vom 13.08. 2006. Nicola Mögel: Quereinsteiger in Deutschland. In: Public Affairs Manager Nr. 4/ Januar 2008: 6.

3 Mögel: 12

4 Maly, Ulrich, in: Mögel 2008: 14

5 vgl. Anm. 2

6 Vgl. Robert Lorenz/ Matthias Micus (Hrsg.), Seitenseinsteiger. Unkonventionelle Politiker-Karrieren in der Parteiendemokratie, Wiesbaden 2009: 503

7 ebd..

8 ebd.: 498.

9 Nida-Rümelin, Julian, in: Mögel, 2008: 18

10 In diesem Zusammenhang fügt der Autor und ehemalige Leiter des Berlin-Büros des Spiegel Jürgen Leinemann ein deutliches Beispiel an und berichtet von einem Quereinsteiger, »der sechs Wochen ungefähr in der Politik war, und dann ein hoch qualifiziertes Angebot in der Wissenschaft erhielt und mit der Begründung abgelehnt wurde: ›So weit kommt es noch, dass wir abgehalfterte Politiker hier aufnehmen‹«. Leinemann, Jürgen: Höhenrausch. Die wirklichkeitsleere Welt der Politiker. Einmalige Sonderausgabe, München 2006, in: Mögel, 2008: 18

11 vgl. Borchert, Jens: Die Professionalisierung der Politik. Zur Notwendigkeit eines Ärgernisses, Frankfurt/New York 2003; in: Mögel, 2008: 18

12 Der Journalist, Publizist und Verleger Michael Naumann wurde 1998 von Gerhard Schröder zum Kulturstaatsminister berufen. Nach drei Jahren gab er dieses Amt wieder auf. Bei der Hamburger Bürgerschaftswahl im Februar 2008 allerdings wagte er einen neuerlichen Versuch als Spitzenkandidat der SPD. Den Amtsinhaber Ole von Beust jedoch konnte Naumann nicht ablösen. Nur drei Monate später gab Naumann sein zweites Engagement als Politiker auf und widmete sich wieder seiner Tätigkeit als Herausgeber beim

Hamburger Verlag »Die Zeit«. Das Beispiel Naumann zeigt, dass auch eine Abkehr von Politik nicht auf Dauer Bestand haben muss. Zumal sich Naumann bei seinem zweiten Versuch, in der Politik Fuß zu fassen, nicht ein für ihn bereit stehendes Regierungsamt übernahm, sondern den beschwerlichen Weg des Wahlkampfes ging.

13 Bergmann, Knut, in: Mögel 2008: 21.

14 Gruber, Andreas K., 2009: 241

15 Fuchs, Michael, in: Die Partei, die Partei, die hat immer recht, in: Rheinischer Merkur, 05.02. 2009: 3

16 vgl. Knorre, Susanne: Politik ist komplexer. In: Berliner Republik 2/20:, Berlin 2002: 34 ff. Und in: Mögel, 2008: 17

17 vgl. Anm. 15

18 Lorenz/Micus, 2009: 505

Die genannten Internet-Seiten wurden zum letzten Mal vor Drucklegung am 15.04. 2009 genutzt.

Literaturverzeichnis

Eine sehr gute und ausführliche Übersicht zur relevanten Literatur über Parteien sowie Hinweise zu den wichtigsten, wissenschaftlichen online-Quellen von Instituten, Stiftungen und Organisationen hat Prof. Dr. Elmar Wiesendahl online gestellt. Es handelt sich um den Auszug aus seinem Buch »Parteien, Frankfurt/M., 2006 www.sixcms/detail.phb?template=autor_hinweis&id=800526

Ali, Anwar Syed, Karrierewege und Rekrutierungsmuster bei Regierungsmitgliedern auf Bundesebene von 1949 bis 2002. Dissertation Martin-Luther-Universität Halle-Wittenberg, 2003

Badura, Bernhard/Reese, Jürgen, Jungparlamentarier in Bonn – ihre Sozialisation im Deutschen Bundestag, Stuttgart, 1976

Beck, Kurt, Ein Sozialdemokrat, Berlin 2008

Biehl, Heiko, Parteimitglieder im Wandel, Partizipation und Repräsentation, Wiesbaden 2005

Borchert, Jens/Stolz, Klaus, Die Bekämpfung der Unsicherheit: Politikerkarrieren und Karrierepolitik in der Bundesrepublik Deutschland. Politische Vierteljahresschrift, 2/2003, 148–173

Brüggemann, Axel, Wir holen uns die Politik zurück, Frankfurt/M., 2009

Crouch, Colin, Postdemokratie, Frankfurt/M., 2008

Eppler, Erhard, Eine Partei für das zweite Jahrzehnt: die SPD?, Berlin 2008

Gabriel, Sigmar, Links neu denken, Politik für die Mehrheit, München 2008

Geiselberger, Heinrich (Hrsg.), Und jetzt?, Politik, Protest und Propaganda, Frankfurt/M., 2007

Grasselt, Nico/Korte Karl-Rudolf, Führung in Politik und Wirtschaft, Wiesbaden 2007

Gruber, Andreas K., Der Weg nach ganz oben – Karriereverläufe deutscher Spitzenpolitiker, Wiesbaden 2009

Grunden, Timo, Politikberatung im Innenhof der Macht, Zu Einfluss und Funktion der persönlichen Berater deutscher Ministerpräsidenten, Wiesbaden 2009

Heinze, Rolf G., Die Berliner Räterepublik, Viel Rat – Wenig Tat?, Wiesbaden 2002

Herzog, Dietrich, Politische Karrieren. Selektion und Professionalisierung politischer Führungsgruppen. Opladen 1971

Herzog, Dietrich, Der moderne Berufspolitiker. Karrierebedingung und Funktion in westlichen Demokratien. In: U. Hoffmann-Lange/H.-G. Wehling (Hrsg.), Eliten in der Bundesrepublik Deutschland. Stuttgart 1990

Kaspari, Nicole, Gerhard Schröder – Political Leadership im Spannungsfeld zwischen Machtstreben und politischer Verantwortung, Frankfurt/M., 2008

Klages, Wolfgang, Republik in guten Händen? Leistungsschwächen des politischen Personals in Deutschland, Würzburg, 2001

Klein, Joe, Vom Ende der Politik, Wie Meinungsforscher und Wahlkampfstrategen die Demokratie ruinieren, Berlin 2006

Kleinemeyer, Judith/Busch-Janser, Sandra, Die Strippenzieherinnen, Welche Frauen stehen im Hintergrund? Berlin 2008

Lang, Hans R., Der Vorstandsassistent, Aufgaben und Karrierechancen, Wiesbaden 2005

Langguth, Gerd, Das Innenleben der Macht, Krise und Zukunft der CDU, Berlin 2001

Leif, Thomas/Hans-Josef Legrand/Ansgar Klein (Hrsg.), Die politische Klasse in Deutschland, Eliten auf dem Prüfstand, Bonn 1992

Leif, Thomas/Joachim Raschke, Rudolf Scharping, die SPD und die Macht. Eine Partei wird besichtigt, Reinbek 1994

Leinemann, Jürgen, Höhenrausch, Die wirklichkeitsleere Welt der Politiker, München 2005

Leggewie, Claus, Der Geist steht Rechts, Ausflüge in die Denkfabrik der Wende, Berlin 1987

Lorenz, Robert/Micus Matthias (Hrsg.), Seiteneinsteiger, Unkonventionelle Politiker-Karrieren in der Parteiendemokratie, Wiesbaden 2009

Machnig, Matthias/Bartels Hans-Peter (Hrsg.), Der rasende Tanker, Analysen und Konzepte zur Modernisierung der sozialdemokratischen Organisationen, Göttingen 2001

Meng, Richard, Nach dem Ende der Parteien, Politik in der Mediengesellschaft, Marburg 1997

Mischra, Robin, Wie ich lernte, die Politiker zu lieben, Ein Ratgeber für Volk und seine Vertreter, Freiburg 2009

Müller, Kay/Walter Franz, Graue Eminenzen der Macht, Küchenkabinette in der deutschen Kanzlerdemokratie. Von Adenauer bis Schröder, Wiesbaden 2004

Müntefering, Franz mit Bruns, Tissy, Macht Politik!, Freiburg 2008

Norris, Pippa/Lovenduski, Joni, Political representations und recruitment: gender, race and class in the British parliament, 1995

Oldag, Andreas/Tillack, Hans-Martin, Raumschiff Brüssel, Wie die Demokratie in Europa scheitert, Berlin 2003

Osner, Andreas (Hrsg.), Personalentwicklung in der Politik, Kommunale Mandatsträger qualifizieren – politischen Nachwuchs fördern, Gütersloh 2005

Polar, Halbjahresmagazin Politik, Theorie, Alltag, Politik der Freundschaft, (Themenausgabe 5/2008), Frankfurt/M. 2008

Prinz, Tanja, Ausgewählte Mentoring-Programme für Frauen in der Politik in Deutschland im Vergleich, Bremen 2003 (Diplomarbeit)

Römmele, Andrea, Elitenrekrutierung und die Qualität politischer Führung. Zeitschrift für Politik, 3/2004, 259–276

Rüttgers, Jürgen, Dinosaurier der Demokratie, Wege aus der Parteienkrise und Politikverdrossenheit, Köln 1993

Schüttemeyer, Suzanne, Der Kandidat – das (fast) unbekannte Wesen: Befunde und Überlegungen zur Aufstellung der Bewerber zum Deutschen Bundestag. Zeitschrift für Parlamentsfragen, 3/2005, 539–553

Schüttemeyer, Suzanne, Wer wählt wen wie aus? Pfade in das unerschlossene Terrain der Kandidatenaufstellung. Gesellschaft Wirtschaft Politik, 2/2002, 145–159

Schüttemeyer, Suzanne/Sturm, Roland, Wozu zweite Kammern? Zeitschrift für Parlamentsforschung 1992, 517-536

Steingart, Gabor, Die Machtfrage, Ansichten eines Nichtwählers, München 2009

Stock, Alexander, Neumitglieder im Visier, Das Rekrutierungsmanagement der politischen Nachwuchsorganisationen am Beispiel der NRW-Landesverbände, Marburg 2008

Sturm, Daniel Friedrich, Wohin geht die SPD?, München, 2009

Thörmer, Heinz/Einemann, Edgar, Aufstieg und Krise der Generation Schröder, Einblicke aus vier Jahrzehnten, Marburg 2007

Vorgänge, Zeitschrift für Bürgerrechte und Gesellschaftspolitik, Macht und Charisma (Themenausgabe 4/2002), Opladen 2002

Walter, Franz, Im Herbst der Volksparteien? Eine kleine Geschichte von Aufstieg und Rückgang politischer Massenintegration, Bielefeld 2009

Wiesendahl. Elmar, Mitgliederparteien am Ende, Eine Kritik der Niedergangsdiskussion, Wiesbaden 2006 (auch kostenfrei online zugänglich)

Personenregister

Adenauer, Konrad 76
Agci, Serkan 320
Ahrens, Sandra 113–121
Albrecht, Ernst 199
Alheit, Kristin 141
Altmaier, Peter 313, 321
Al-Wazir, Tarek 106,
  350–359, 407
Andrae, Kerstin 407
Annen, Niels 38 f., 102,
  315 f., 318, 394 f.
Aurenz, Helmut 301

Bachmann, Ingeborg 27
Bahr, Daniel 108, 394,
  396, 408
Bahr, Egon 428
Balcerowicz, Leszek
  339 f., 343, 349
Baldauf, Christian 308
Balke, Siegfried 428
Bär, Dorothee 99, 398 f.
Baring, Arnulf 342
Bartels, Hans-Peter
  250–258, 318
Bartsch, Dietmar 110 f.,
  288 ff.
Bastian, Gert 428
Bätzing, Sabine 141,
  396
Baum, Gerhart 108
Baumann, Beate 200,
  311
Baumgärtner, Frank
  283 f.

Beck, Kurt 235, 315 f.,
  324–329, 401
Beckstein, Günther
  399
Beemelmans, Stéphane
  313
Beerfeltz, Hans-Jürgen
  282 f.
Benneter, Klaus-Uwe
  102
Berg, Guido van den
  142
Berg, Ute 141
Berger, Roland 341 ff.,
  349
Bergmann, Knut 431
Berninger, Matthias
  321, 351
Beust, Ole van 301
Biedenkopf, Kurt 428
Biedenkopf, Sebastian
  341
Bilger, Steffen 309
Blessing, Karlheinz 225,
  227, 256
Blessing, Martin 341
Bliemel, Stephan 210,
  215 f., 232 f.
Bloch, Ernst 207
Bluhm, Carola 414
Böhmer, Maria 312 f.
Böhning, Björn 102,
  173, 315, 318, 391
Böhr, Christoph 301,
  304

Bolkestein Frits 339 f.,
  343 f., 349
Böll, Heinrich 361
Bonde, Alexander 106 f.,
  403 f.
Bonk, Julia 111, 413,
  416 f.
Borchert, Jens 61
Bosbach, Wolfgang 297,
  300
Böschen, Sibylle 141
Bouffier, Volker 55 f.,
  301, 305 f.
Brandt, Willy 13, 24,
  42, 432, 440
Breitenströter, Stefanie
  182
Brock, Elmar 301
Bruch, Karl-Peter 67
Brunnhuber, Georg
  (»Schorsch«) 95,
  295 ff., 300 f., 311
Brunotte, Marco 141
Bruns, Tissy 18
Brusniak, Benjamin 111
Bude, Norbert 141
Bueb, Bernhard 341
Bütikofer, Reinhard 406

Christ, Harald 86 ff.
Christiansen, Eva 312
Christiansen, Sabine
  278
Clement, Wolfgang 146,
  150, 341, 344, 349

479

Orts- und Sachregister

Das Schwarzbuch der Beraterbranche

512 Seiten
ISBN: 978-3-442-15485-2

Der SPIEGEL-Bestseller